दलित साहित्य और सौन्दर्यबोध

दलित साहित्य और सौन्दर्यबोध

शरणकुमार लिम्बाले

अनुवाद
पद्मा पाटील

वाणी प्रकाशन

प्रकाशन के उत्कृष्टतम 62 वर्ष

सजिल्द पहला संस्करण : 2025

vaniprakashan.com

वाणी प्रकाशन

4695, 21-ए, दरियागंज, नयी दिल्ली-110 002

फ़ोन : +91 11 23273167, 23275710

शाखाएँ

अशोक राजपथ, पटना-800 004, बिहार

कॉफ़ी हाउस कैम्पस, महात्मा गांधी मार्ग, प्रयागराज-211 001, उत्तर प्रदेश

महात्मा गांधी अन्तरराष्ट्रीय हिन्दी विश्वविद्यालय, वर्धा-442 001, महाराष्ट्र

sales@vaniprakashan.in

vaniprakashan@gmail.com

Dalit Sahitya Aur Saundaryabodh

by Sharankumar Limbale

Translated by Padma Patil

ISBN : 978-93-6944-961-3

Criticism

मूल्य : ₹ 795

जी.एस. ऑफ़सेट, दिल्ली-110 095 में मुद्रित

वाणी प्रकाशन का लोगो मक़बूल फ़िदा हुसैन की कूची से

लेखक की ओर से

यद्यपि दलित साहित्य का उद्गम भारत में हुआ हो तो भी वह आज समस्त भारत में तथा भारत के बाहर भी चर्चा योग्य प्रमाणित हुआ है। दलित साहित्य की ओर 'वैश्विक घटना' के परिप्रेक्ष्य में देखा जाना चाहिए। 'दलित साहित्य और सौन्दर्य बोध' ग्रन्थ की रचना केवल मराठी भाषा की आवश्यकता के रूप में नहीं की है। राष्ट्रीय और अन्तरराष्ट्रीय स्तर पर ऐसे विषय का अध्ययन, ज़रूरत दिन-ब-दिन बढ़ रही है। प्रस्तुत ग्रन्थ अन्य भारतीय भाषाओं और विदेशी भाषाओं में अनूदित कर पाठकों के समक्ष रखने हेतु तैयार किया है।

मैं 1980 ई. से दलित लेखक के रूप में लेखन कर रहा हूँ। लगभग सैंतीस वर्षों से प्रस्तुत लेखन निरन्तर रूप में जारी है। दलित साहित्य के प्रारम्भिक समय में हिन्दू धर्म की जातिव्यवस्था का प्रखर विरोध करने के लिए एड़ी-चोटी का ज़ोर लगाकर लेखन द्वारा विद्रोह किया। जातिव्यवस्था, उध्वस्त करना ही प्रबल भूमिका थी। जातिव्यवस्था, मराठी भाषा और महाराष्ट्र की पृष्ठभूमि में मैं व्यक्त हो रहा था। आगे चलकर इसमें राष्ट्र, गणतन्त्र और जातिव्यवस्था के बारे में विचारों का अग्रक्रम रहा। दलित आन्दोलन और दलित साहित्य का राष्ट्रीय स्तर पर उभरते जाते रहने का अनुभव हो गया। राज्य में उद्भूत हुआ विचार राष्ट्रीय स्तर प्रस्थापित होते समय ही जागतिकीकरण जैसी आँधी का सामना करना पड़ा।

राष्ट्रीय और अन्तरराष्ट्रीय स्तर पर दलित साहित्य पर विमर्श करते समय अनेक घटनाएँ ज्ञात हुईं। सिंहालोकन पश्चात ध्यान में आया कि दलित साहित्य के सन्दर्भ में नये सिर से विचार करने की आवश्यकता है। महसूस हुआ कि न केवल दलित बल्कि उनके साथ शोषण की बलि चढ़े अनेक सामाजिक स्तर जाग्रत हो रहे हैं और व्यक्त भी हो रहे हैं। ऐसा लगने लगा कि दमन किये गये सामाजिक स्तरों को चाहिए कि संगठित समूह स्वरों में व्यक्त हों, ज़रूरी है कि इनके बीच संवाद हों और इसी

सुसंवाद द्वारा सामाजिक सुलह की भाषा उत्कटता से व्यक्त हों ज़रूरत की परिपूर्ति हेतु 'दलित साहित्य और सौन्दर्य' ग्रन्थ उपयुक्त प्रमाणित होगा।

आशा है कि इस ग्रन्थ के कारण ऐसे संवाद का प्रारम्भ हों। प्रस्तुत ग्रन्थ में समय-समय पर किया विचार मन्थन तथा समकालीन संवादी ठहरने वाला विवेचन समाविष्ट किया है। आशा है कि प्रस्तुत ग्रन्थ की प्रस्तुति दलित साहित्य के अध्येताओं को पसन्द आयेगी।

—डॉ. शरणकुमार लिंबाळे

अनुवादक की ओर से

साम्प्रत डॉ. शरणकुमार लिंबाळे मराठी दलित साहित्यकार के रूप में ही नहीं तो भारतीय दलित साहित्यकार के रूप में पहचाने जाते हैं। उन्हें विश्व साहित्यकार कहने में भी कोई आपत्ति नहीं होगी। साहित्यशास्त्र जैसे गम्भीर विषय पर लिखी उनकी 'दलित साहित्य आणि सौन्दर्य बोध' शीर्षक की पुस्तक का हिन्दी अनुवाद करते समय मुझे बड़ी ख़ुशी हुई। साहित्यशास्त्र मेरा पसन्दीदा क्षेत्र। अनुवाद प्रारम्भ करने के पूर्व प्रस्तुत पुस्तक पूर्ण पढ़ी तो मन को सुकून मिला। डॉ. शरणकुमार लिंबाळे साहित्यशास्त्र की गहरी पैठ रखते हैं। उनकी प्रस्तुत पुस्तक दलित साहित्य को गहराई तथा गम्भीरता से समझने की सम्पूर्ण क्षमता रखती है। पुस्तक में निरूपित स्पष्ट विचारों से दलित साहित्य का बोध होने में निश्चित सहायता होगी। डॉ. शरणकुमार लिंबाळे ने कार्ल मार्क्स तथा डॉ. आम्बेडकर जी के विचारों के बीच के सूक्ष्म अन्तर को दर्ज किया है। हिन्दू धर्म और बौद्ध धर्म के बीच की भी सूक्ष्म रेखा को दर्ज किया है। लम्बी कालावधि से गुजरते हुए वर्तमान काल तक पहुँचने तक की दलितों की सामाजिक स्थिति का सम्पूर्ण चिन्तन विश्लेषित किया है। वर्तमान में जी रहे दलितों की मानसिकता पर दृष्टिपात किया है। कहना उचित होगा कि दलित साहित्य की सभी विधाओं की विकास प्रक्रिया का आकलन करा देने में उनकी लेखनी सफल हुई है। उन्होंने अनेक राजनीतिज्ञ, लेखक, कवि तथा कवयित्रियों के उल्लेख किये हैं तथा उनकी विचारधारा का भी विस्तृत रूप में विश्लेषण किया है।

दलित साहित्यकारों की आत्मकथाएँ महाविद्यालयीन समय में ही पढ़ी थी। लम्बी कालावधि तक इस साहित्य ने अस्वस्थ कर रखा था। उस स्थिति का वर्णन करने शब्द-सीमा ही है। उनकी प्रस्तुत पुस्तक का अनुवाद कार्य चुनौती भरा रहा। कुछ आशंकाएँ थीं पर वे सुलझती गयीं। सम्भवतः मेरा प्रगतिशील पारिवारिक वातावरण, मेरी मित्र (दलित तथा अन्य बुद्धिजीवी), मेरे छात्र तथा छात्राएँ (दलित

तथा अन्य जिज्ञासु) कारण रहे होंगे। इन सभी के साथ के सम्पर्क ने मेरा अनुवाद कार्य आसान बना दिया। उनसे अनेक वर्षों से रहे सम्पर्क के कारण मुझे उनकी सामाजिक गतिविधियों तथा उसके स्वरूप की जानकारी मिलती रही थी। इसका काफ़ी उपयोग अनुवाद प्रक्रिया के दरमियान हुआ। प्रगतिशील शब्द में ही सब अनुस्यूत है। मेरा 'मनुष्यता' पर विश्वास है तथा उसी तरह के आचरण पर भी। 'मनुष्य' को 'मनुष्य' समझने की मानसिकता दृढ़ होने से इस प्रवृत्ति ने भी साथ दिया होगा। इसके पूर्व मेरे मराठी से हिन्दी अनुवाद प्रकाशित हुए हैं जिन्होंने मेरी नींव मज़बूत बना रखी। अनुवाद कार्यों से जुड़ी रहने से एक माहौल पहले से मौजूद रहा। अनेक विख्यात लेखक, विद्वतजन, दलित साहित्यकारों की पुस्तकें और उपरोक्त विद्वतजनों के साथ हुई चर्चा से मेरा दृष्टिकोण अधिकाधिक सुष्ठु बनता गया। शोषित कोई भी हो यानी मज़दूर हो या दलित हो, वह शोषित ही होता है। किसी भी व्यक्ति को मनुष्य समझना चाहिए। मनुष्य जैसा आचरण उसके साथ होना चाहिए। यह दृष्टि तो निश्चित ही बन गयी थी। डॉ. शरणकुमार लिंबाळे की 'दलित साहित्य आणि सौन्दर्य' पुस्तक का हिन्दी अनुवाद करते हुए मुझे आनन्द मिला। लेखक के परिश्रम दृष्टिगत होते हैं। अनुवाद कार्य के दरमियान लेखक के साथ हुई बातचीत से भी काफ़ी सहायता मिली। उम्मीद है कि प्रस्तुत अनुवाद का हिन्दी जगत में स्वागत होगा। सम्प्रेषण में कुछ कमियाँ रही हों तो जान लेने में भी ख़ुशी होगी। डॉ. शरणकुमार लिंबाळे की प्रस्तुत पुस्तक के अनुवाद हेतु जब उनकी ओर से पृच्छा हुई तो बड़ा अच्छा लगा। मैंने ख़ुशी से इस कार्य का स्वीकार किया। डॉ. शरणकुमार लिंबाळे के प्रति मैं अन्तस्तल से आभार व्यक्त करती हूँ।

—डॉ. पद्मा पाटील

प्रोफ़ेसर एवं पूर्व अध्यक्ष, हिन्दी विभाग,

शिवाजी विश्वविद्यालय, कोल्हापुर (साम्प्रत निवृत्त)

भ्रमणध्वनि : 982307776

अनुक्रम

लेखक की ओर से 5

अनुवादक की ओर से 7

खण्ड-एक

1. दलित साहित्य की सांस्कृतिक पृष्ठभूमि 13
2. दलित साहित्य की प्रेरणा 62
3. दलित पैंथर का आन्दोलन 72
4. दलित साहित्य का स्वरूप 96
5. भारतीय दलित साहित्य 118

खण्ड-दो

6. दलित आत्मकथा 139
7. दलित कविता 157
8. दलित प्रेम कविता 166
9. दलित कथा 183
10. दलित नाटक 195

खण्ड-तीन

11. दलित चेतना 203
12. ग़ैरदलित चेतना 217
13. साहित्य के निकष और बदलते सन्दर्भ 227
14. दलित साहित्य और सौन्दर्य बोध 245
15. दलित साहित्य और अभिरुचि 264

खण्ड-चार

16. जाति व्यवस्था को समझे बिना दलित साहित्य को नहीं समझ सकते 275
17. मानवाधिकारों के लिए दलित साहित्य लिखा जा रहा है 285
18. आज़ादी की प्रेरणा बौद्धिक स्वतन्त्रता है 290

खण्ड-पाँच

19. आन्दोलन के ख़ूनी पहचानो 301
20. सामाजिक दहशतवाद का मृत्युपत्र लेखक ही लिख सकता है! 312
21. लेखक का शब्द 'काल' का उद्‌गार! 320
22. आन्दोलन को अपने मित्र बढ़ाने चाहिए 330
23. मनुष्य हिंस्र है 343

खण्ड-एक

1
दलित साहित्य की सांस्कृतिक पृष्ठभूमि

1

भारतवर्ष में बीसवीं शती 'स्वतन्त्रता' की शती के रूप में पहचानी जाये। इस शती का पूर्वार्ध राजनीतिक स्वतन्त्रता की प्रेरणा से प्रेरित संग्राम का था तो उत्तरार्ध सामाजिक स्वतन्त्रता के लिए हुए अनेक आन्दोलनों से व्याप्त था। बीसवीं शती राजनीतिक और सामाजिक स्वतन्त्रता आन्दोलनों की कोख में आराम कर रही थी। वस्तुतः सामाजिक स्वतन्त्रता तथा राजनीतिक स्वतन्त्रता के रूप में स्वतन्त्रता को विभाजित करना सम्भव नहीं। राजनीतिक और सामाजिक स्वतन्त्रता अर्थात 'पूर्ण स्वतन्त्रता' है। इसी का दूसरा नाम 'जनतन्त्र' दे सकते हैं। बीसवीं शती के पूर्वार्ध में राजनीतिक ग़ुलामी के विरुद्ध अनेक आन्दोलन हुए। उत्तरार्ध में सामाजिक ग़ुलामी विरुद्ध अनेक आन्दोलन हुए। प्रस्तुत शती आन्दोलनों के इतिहास की शती थी। महात्मा गांधी जी के आन्दोलन की ओर प्रस्तुत शती की राजनीतिक स्वतन्त्रता के प्रतीक रूप में देख सकते हैं तो डॉ. बाबासाहेब आम्बेडकर के आन्दोलन की ओर सामाजिक स्वतन्त्रता के प्रतीक रूप में। गांधी जी को देश स्वतन्त्र करना था तो बाबासाहेब को मनुष्य। बीसवीं शती के भारत के दो चेहरे हैं—गांधी जी और आम्बेडकर।

विश्व को आघात देने वाले दो महायुद्ध इस शती में ही हुए। इस शती में ही अनेक राष्ट्र स्वतन्त्र हुए। 'जनतन्त्र' और 'मानवाधिकार' इस शती का श्वास-उच्छ्वास रहा।

इक्कीसवीं शती 'सूचना और प्रौद्योगिकी' के क़दम से अपने जीवन में प्रवेश कर रही है। वैश्वीकरण, मुक्त अर्थव्यवस्था और निजीकरण के अनुकूल विचार से विकास का विचार प्रस्तुत किया जा रहा है। मुद्रानिधि, जागतिक बैंक और देशी-विदेशी प्रसारण चैनलों के कारण अपनी पारम्परिक रचना बदल रही है। 'संगणक' और 'अंग्रेज़ी' इस शती के दो कदम हैं। 'ज्ञान और सूचना' के विश्व में उपग्रह तथा

फायबर ऑप्टेक जैसे आधुनिक तकनीक के परिणामस्वरूप बहुत बड़ी क्रान्ति हो रही है। एक नवीन 'आभासी दुनिया' निर्माण हो रही है।

प्राचीन भारत में ज्ञान का एकाधिकार एक वर्ग के पास था। वही स्थिति पुनः एक बार नवीन स्वरूप में उदित हो रही है। जो वर्ग साधनरहित नहीं है वही वर्ग उच्च ज्ञान तथा प्रौद्योगिकी का लाभ लेने वाला है। विश्व में सूचना तथा प्रौद्योगिकी का विस्फोट होते समय, आज भी अज्ञान के अन्धकार में टटोलनेवाला विराट मानव समाज हमारे सामने है। इस शती को विगत शती की सामाजिक विषमता, दरिद्रता तथा निरक्षरता जैसे 'देयक' चुकाने पड़ रहे हैं। जिस प्रकार इंटरनेट के कारण दुनिया को जोड़नेवाली गतिमान व्यवस्था अस्तित्व में आयी उसी प्रकार मनुष्य को मनुष्य से तोड़नेवाली अमानुष जातिव्यवस्था भी चिरंजीव हो रही है। विगत शती की सामाजिक विषमता का इतिहास और इक्कीसवी शती में आ रहे भविष्य का अन्दाज़ा किये बग़ैर समग्र परिवर्तन का विचार प्रस्तुत करना सम्भव नहीं है।

2

प्राचीन वाङ्मय में विश्व की उत्पत्तिविषयक अनेक चमत्कारिक कथाएँ दिखाई देती हैं। सबसे प्राचीन संहिता 'ऋग्वेद' मानी जाती है। ऋग्वेद के छठे मण्डल की नब्बे क्रमांक की ऋचा 'पुरुषसूक्त' शीर्षक से पहचानी जाती है। इसमें विश्व निर्मितिविषयक वर्णन किया है। विश्व की उत्पत्तिविषयक मजेदार वर्णन अनेक धर्मग्रन्थों में पढ़ने मिलते हैं।

पुरुषसूक्त के बारहवें श्लोक में ऐसा वर्णन मिलता है कि 'ईश्वर ने अपने मुख से ब्राह्मण, बाहुओं से क्षत्रिय, जाँघों से वैश्य और पैरों से शूद्र की निर्मिति की।' हिन्दू धर्म का सूत्र है; वर्णव्यवस्था ईश्वर निर्मित है। विषमता के आधार पर हिन्दू समाज का श्रेणीबद्ध चार वर्णों में विभाजन किया है। इसी को आदर्श समाज व्यवस्था के रूप में भी गौरवान्वित किया है।

सूर्य स्वयं के अक्ष पर प्रचण्ड गति से परिभ्रमण करते समय उसके टुकड़े हुए। वे टुकड़े हैं पृथ्वी और चन्द्र। अत्यन्त तप्त ऐसे ये टुकड़े सूर्य का परिभ्रमण करने लगे। तप्त पृथ्वी का गोला धीरे-धीरे ठण्डा होकर उस पर जीवसृष्टि निर्माण हुई। ऐसा दृष्टिगत नहीं होता कि 'पृथ्वी तल पर बन्दर से मनुष्य तैयार हुआ है, इस बात पर दुनिया के किन्हीं भी धर्मग्रन्थों ने विश्वास रखा हो।' यह वास्तविकता है।

आर्य जन पश्चिम से हिन्दुस्थान आये। हिन्दुस्थान के मूल निवासी लोगों पर आर्यों की टोलियों ने हमले किये और उन्हें पराजित किया। आर्यों ने पराजित जनों पर ग़ुलामी थोप दी और उन्हें ग़ुलाम बनाया। डॉ. बाबासाहेब आम्बेडकर को प्रस्तुत इतिहास मान्य नहीं है। 'शूद्र' आर्यवंश के थे। उन्होंने ब्राह्मणों पर अत्याचार किया। इसलिए ब्राह्मणों ने उनका यज्ञोपवीत विधि करना नकारा। परिणामत: शूद्रों का सामाजिक स्तर गिर गया ऐसा बाबासाहेब का ऐसा मत है।

चातुर्वर्ण्य व्यवस्था में श्रम का कठोरता से विभाजन किया गया था। 'ब्राह्मण ज्ञानार्जन करें, विद्यादान करें; क्षत्रिय युद्ध करें, देश का रक्षण करें; वैश्य व्यापार-उद्योग करें तथा शूद्र त्रैवर्णिकों की सेवा करें, ऐसे आदेश हिन्दू धर्मशास्त्रों में दिये हैं। हिन्दू समाज में शूद्रों से भी अतिशूद्र प्रकार के लोग हैं।

1. अस्पृश्य जाति
2. घुमन्तू–विमुक्त जनजाति
3. आदिवासी जमात

हज़ारों वर्षों से हिन्दू समाज में अतिशूद्रों का अमानुषता से शोषण हुआ है।

हिन्दुस्थान में आर्यों के पश्चात् शक, कुशाण, तुर्की, मोगल, ईरानी तथा अफ़गानी देश के लोग आये। यहाँ के लोगों पर उन्होंने अपना आक्रमण तथा संस्कृति थोपी। हिन्दुस्थान पर अनेक विदेशी हमले हुए, उसी प्रकार धार्मिक विद्रोह भी हुए हैं। जिस प्रकार सनातनी धर्म और संस्कृति पर अनेक विदेशी हमले हुए उसी प्रकार हिन्दुस्थान के अवैदिकों के भी हुए। चार्वाक, गौतम बुद्ध, वर्धमान महावीर, गुरु नानक, सन्त बसवेश्वर, सन्त कबीर, महात्मा फुले, ई.व्ही. रामस्वामी पेरियार तथा बाबासाहेब आम्बेडकर ने विषम व्यवस्था के विरुद्ध प्रतिवाद किया दिखाई देता है। सनातन व्यवस्था अन्दर और बाहर से होने वाले हमले पचाकर मज़बूत रीति से टिकी रही परन्तु मुसलमानों के हमले दूरगामी परिणाम करने वाले ठहरे। हिन्दू-मुस्लिम सत्ताओं के सम्बन्ध केवल युद्ध के जय-पराजय तक ही मर्यादित नहीं थे तो उनके बीच वैवाहिक सम्बन्धों का भी नाता था। हिन्दुस्थान में आते समय मुसलमान एक हाथ में 'तलवार' और दूसरे हाथ में 'कुरआन' ले आये थे। उन्होंने हिन्दुस्थान में अपने धर्म तथा संस्कृति का अनिवार्यता से प्रचार किया। प्राचीन काल से हिन्दू-मुस्लिमों के बीच संघर्ष और सहजीवन की संस्कृति विन्यास कर रही है। इन सम्बन्धों के साथ निरन्तर इतिहास का नाता रहा है। हिन्दू समाज के सामने इस्लाम के आक्रमण तथा प्रचार के परिणामस्वरूप एक चुनौती निर्माण हुई थी। उसी

प्रकार हिन्दू समाज की जातिव्यवस्था भी जर्जर हो रही थी। इसी पृष्ठभूमि पर सन्तों का उदय हुआ था और इसी कारण बहुजन समाज से बड़े पैमाने पर सन्त निर्माण हुए एवं उन्होंने अपनी आध्यात्मिक अभिव्यक्ति का मार्ग प्रशस्त किया।

सोलहवीं शती में हिन्दुस्थान में और एक विदेशी संस्कृति सत्ता ने प्रवेश किया। अंग्रेज़ी और अंग्रेज़ उनके नाम। उनका स्वरूप था एक हाथ में 'तौल' और दूसरे हाथ में 'बायबल'। ब्रिटिश कार्यकाल के कारण तलवार की तुलना में तौल कितना दूरगामी परिणाम कर सकता है, इसका प्रत्यन्तर आया। अंग्रेज़ी शासन हिन्दुस्थान में आया और जीवन के सभी क्षेत्रों में बदलाव होने लगा। हिन्दू समाज तह से हिलने लगा। हिन्दू समाज 'इस्लाम' और 'ईसाई' जैसी दो विदेशी संस्कृतियों के विराट घेरे में इतना उलझा गया कि भविष्य में 'स्वधर्म', 'स्वदेश' और 'स्वराज्य' जैसे हथियार हिन्दुस्थान के राजनीतिक जीवन के निर्णायक हथियार बने।

अंग्रेज़ों ने स्थानीय रियासत नरेशों से व्यापार हेतु अधिकारपत्र प्राप्त किये। हिन्दुस्थान में अपने मालगोदाम खोले। उन्हें लगने लगा कि 'कच्चा माल' तथा 'बज़ार-क़स्बा' प्राप्त कराने के लिए हिन्दुस्थान पर अपना वर्चस्व हों। विलासी रियासत नरेश, उनकी निरुपयोगी संरक्षण व्यवस्था, सस्ते मज़दूर तथा सस्ते दर में मिलने वाले सैनिक देखकर ईस्ट इंडिया कम्पनी ने अपने पैर फैलाना शुरू किया।

अंग्रेज़ों ने सबसे पहले हिन्दुओं की वर्णव्यवस्था नकारी तथा जाति पंचायत के अधिकारों को दुत्कार दिया। स्वयं का प्रशासन, शिक्षा, लश्कर, कायदा तथा राज्य स्थापित करने का प्रयत्न शुरू किया। उन्होंने हिन्दुस्थान के लोगों को सिखाकर स्वयं के लिए नौकरवर्ग तैयार किया। उन्होंने स्वयं के लिए हिन्दुस्थान के लोगों को सैन्य में भर्ती करके अपनी फ़ौज तैयार की। हिन्दुस्थान में पाठशालाएँ शुरू कीं। प्रशासकीय कार्यालय शुरू किये। न्यायालयों की स्थापना की। डाक, तार तथा रेल जैसी आधुनिक व्यवस्था ले आये। हिन्दुस्थान का कच्चा माल विदेश भेजना और विदेशी पक्का माल हिन्दुस्थान में लाकर बेचने की मुहिम शुरू की। यहाँ की अर्थव्यवस्था तथा व्यवसायों की हालत खस्ता हुई। महामारी तथा अकाल के कारण यहाँ का व्यक्ति पीस गया। ऐसी दीन अवस्था में अटके लोगों को ईसाई धर्म में लाने के प्रयास शुरू हुए। जगह-जगह चर्च निर्माण हुए। हिन्दुओं के जुल्म से थके अनेक अस्पृश्यों ने धर्मान्तर कर ईसाई धर्म स्वीकृत किया।

इतिहास यह है कि हिन्दू धर्म ने अपने ही धर्मबन्धुओं पर अमानुष अत्याचार कर उन्हें 'इस्लाम' तथा 'ईसाई' धर्म में धकेल दिया है।

उदाहरण देना हो तो पेशवाई का दिया जा सकता है। पेशवाई में अस्पृश्यों पर अनन्वित अत्याचार हुए दिखाई देंगे। अस्पृश्य रास्ते पर न थूके इसलिए उसके गले में मटका बाँधना अनिवार्य किया था। अस्पृश्य रास्ते से चलते समय उसके कदमचिह्न न उमड़ें, इसलिए उसकी कमर को झाड़ू बाँधना अनिवार्य किया था। मानवता की यह क्रूर अप्रतिष्ठा ही थी। इसी समय ब्रिटिशों ने अस्पृश्यों को लश्कर में भर्ती करवाकर उनके हाथ में शस्त्र दिया था।

1818 ई. में ब्रिटिशों ने जब पेशवाई पर चढ़ाई की तब ब्रिटिश फ़ौज के महार सैनिकों ने पराक्रम की चरम सीमा लाँघ दी और पेशवाई को पराजित किया। एक तरह से महारों ने पेशवाई पर प्रतिशोध लिया था। अंग्रेज़ों ने कोरेगाव में महार सैनिकों के पराक्रम की क़द्र करने लड़ाई में वीरगति प्राप्त किये शूर महार सैनिकों के स्मृति प्रीत्यर्थ विजयस्तम्भ का निर्माण किया।

ब्रिटिशों ने हिन्दुस्थान की अनेक रियासतें ख़ारिज की। निपुत्रिक रियासत नरेशों की रियासतों को विलीन किया। अपनी फ़ौज दुर्बल रियासत नरेशों के यहाँ तैनात की और अपने साम्राज्य का विस्तार किया। ब्रिटिश सत्ता दिन-ब-दिन अधिक आक्रमक तथा हिंस्र बनने लगी।

ब्रिटिशों के अधीन जो फ़ौजें थीं, उनमें हिन्दू, मुस्लिम तथा अस्पृश्यों की भी भर्ती हुई थी। देशी रियासत नरेश अंग्रेज़ों की फ़ौज के सामने टिक न पा रहे थे। अस्वस्थ तथा नाराज रियासतनरेशों ने अंग्रेज़ों के विरुद्ध विद्रोह करना तय किया। अंग्रेज़ों की तानाशाही से प्रजा भी थक गयी थीं। ब्रिटिश फ़ौज के हिन्दू-मुस्लिम सैनिकों ने विद्रोह में सहभाग लिया। ब्रिटिश फ़ौज के हिन्दू-मुस्लिम सैनिकों ने जो विद्रोह किया था वह देशप्रेम या स्वतन्त्रता हेतु नहीं किया था। ध्यातव्य है कि उनका विद्रोह बन्दूक़ के कारतूस को लगायी चर्बी के विरुद्ध था। अनेक कारणों से 1857 ई. का विद्रोह असफल रहा। परन्तु उस विद्रोह के कारण जन आन्दोलन का उदय हुआ। लोग अंग्रेज़ों के विरोध में एकत्र होने लगे। 1857 ई. के विद्रोह के कारण अंग्रेजों की रानी को घोषणापत्र जारी कर आश्वस्त करना पड़ा कि हिन्दुस्थान की प्रजा की 'धार्मिक गतिविधियों में दख़लन्दाजी नहीं की जायेगी'।

ब्रिटिश फ़ौज के हिन्दू सैनिकों के अस्पृश्य सैनिकों की बराबरी से काम करना पड़ता था। ब्रिटिश फ़ौजों में अस्पृश्यता का पालन नहीं किया जाता था। परिणामतः हिन्दू सैनिकों के मन अशौच होते रहने की भावना निर्माण होती थी। ब्रिटिश अधिकारों की ओर हिन्दू सैनिकों ने अपनी तकरारें दर्ज करना शुरू किया।

इसी कारण ब्रिटिशों ने 1890-91 ई. के दरमियान अस्पृश्यों की लश्कर में भर्ती न करने का निर्णय लिया।

1886 ई. में गोपाळ बाबा वलंगकर ब्रिटिशों के लश्कर से निवृत्त हुए थे। उन्होंने निवृत्ति पश्चात् अस्पृश्य समाज की सेवा हेतु 'अनार्य दोष परिहार' नामक संगठन की स्थापना की थी। उन्होंने 1888 ई. में 'विटाळ विध्वंसन' नामक पुस्तिका लिखकर अस्पृश्यता पर विदारक प्रकाश डाला। जब गोपाळ बाबा वलंगकर को पता चला कि अस्पृश्यों को ब्रिटिश लश्कर में मनायी की है तब वे महात्मा फुले, बाबा पद्मनजी से मिले; उनसे विचार-विमर्श किया और 1894 ई. में ब्रिटिश सरकार से निवेदन किया। उन्होंने अपने निवेदन में कहा था, 'लश्कर में अस्पृश्यों की भर्ती करनी चाहिए। ब्रिटिशों की ओर से लड़कर अस्पृश्यों ने समय-समय पर अपना शौर्य दिखाया है। इस कारण ब्रिटिश सरकार अस्पृश्यों की लश्कर भर्ती के लिए बन्दी न करें।'

अस्पृश्यों का सुधारविषयक कार्य गोपाळ बाबा वलंगकर पश्चात् किसन फागू बन्दसोडे तथा शिवराम जानबा काम्बळे ने समर्पित भाव से आगे बढ़ाया। किसन फागू बन्दसोडे, गणेश अक्काजी गवई और शिवराम जानबा काम्बळे ने अस्पृश्यों की उपजातियों के बीच का भेदभाव ख़त्म करने, उनके बीच रोटी-बेटी व्यवहार शुरू करने, उन्हें मृत मांस खाने से परावृत्त करने, उनमें संगठन की सूझ निर्माण करने के लिए कार्य किया। किसन फागू बन्दसोडे और शिवराम जानबा काम्बळे द्वारा अस्पृश्यों के लिए पाठशाला, वाचनालय तथा छात्रावास शुरू करना, अस्पृश्यों की सभा तथा संगठनों की स्थापना करना, अस्पृश्यों की सभा तथा परिषदों का आयोजन करना, अस्पृश्यों के प्रश्नों पर आवाज़ उठाने समाचारपत्र निकालना तथा लेखन करना आदि प्रकार के कार्य किये हैं। 'अस्पृश्यों ने ब्रिटिश सरकार की अन्तस्तल से सेवा कर शौर्य किया है। परिणामत: ब्रिटिश सरकार सैन्य में अस्पृश्यों की भर्ती करें।' यदि अस्पृश्यों को अवसर दिया तो वे पराक्रम कर दिखायेंगे। उन्होंने इस तरह के निवेदन ब्रिटिशों को दिये हैं। किसन फागू बन्दसोडे ने 1890 ई. के दरमियान अपना समाज कार्य प्रारम्भ किया। उन्होंने 1907 ई. में अस्पृश्य लड़कियों की शिक्षा के लिए 'चोखामेळा कन्याशाला' की स्थापना की। लड़कों के लिए छात्रावास शुरू किया। महारों ने ब्रिटिश शासन काल में अछूतों का काम छोड़ दिया और बड़े पैमाने पर रेल, रास्ते निर्माण कार्य तथा मिल में काम करना शुरू किया। इस कारण अस्पृश्यों में मज़दूर वर्ग की वृद्धि हुई। महार मज़दूर पर मालिक और सवर्णों द्वारा

एक जैसा ही अन्याय होता था। किसन फागू बन्दसोडे ने महार मज़दूरों के प्रश्न सुलझाने प्रयत्न किये। उन्होंने 1888 ई. से 1922 ई. तक की कालावधि में 'मज़दूर पत्रिका' नामक समाचारपत्र प्रकाशित किया। साथ ही 1919 ई. में 'अन्त्यज समाज' नामक संस्था की स्थापना की। किसन फागू बन्दसोडे ने कविता, लेख, तमाशा और नाटक आदि लेखन कर अस्पृश्यों के प्रश्नों विषयक सजगता निर्माण की तथा अस्पृश्यों की ओर से संघर्ष किया।

1903 ई. में शिवराम जानबा काम्बळे ने पुणे ज़िले में स्थित सासवड में 51 गाँवों के महारों की सभा आयोजित की थी। अस्पृश्यों ने अपने हक़ों के लिए किया प्रस्तुत प्रयत्न पहला संगठित तथा अधिकृत प्रयत्न था। उन्होंने 1908 ई. में 'सोमवंशीय मित्र' नामक मासिक पत्रिका शुरू की। शिवराम जानबा काम्बळे ने 1910 ई. में जेजुरी में महारों की भव्य परिषद का आयोजन कराया तथा ऐसा आह्वान किया कि महार अपनी लड़कियों को 'मुरळी' (देवदासी) के रूप में देवता को अर्पित न करें। उन्होंने अपने लेखन से जिस प्रकार अस्पृश्यों में स्थित अन्धश्रद्धा पर प्रहार किये हैं उस प्रकार सवर्ण तथा ब्रिटिशों द्वारा होने वाले अन्याय विरुद्ध न्याय भी माँगा है।

किसन फागू बन्दसोडे, गणेश अक्काजी गवई और शिवराम जानबा काम्बळे के समाजकार्य को महर्षि विट्ठल रामजी शिन्दे का समर्थन था। महर्षि शिन्दे की सहायता तथा मार्गदर्शन से यह मण्डली प्रभावित हुई थी। 19वीं शती तक दलित आन्दोलन ने संगठित होकर समूह रूप लिया नहीं। उन्नीस शतकों तक अज्ञान के अन्धकार में टटोलने वाला दलित बीसवीं शती में आत्मतेज से स्वयं प्रकाशित होता है, इसके कारण खोजने चाहिए। इसके अलावा परिवर्तनवादी आन्दोलन का मूल आधार मिलने वाला नहीं है।

3

हिन्दुस्थान की पुरानी राज्यव्यवस्था और समाजंव्यवस्था अंग्रेज़ों के आगमन पश्चात् गिरने लगी। जीवन के सभी क्षेत्रों में 'अंग्रेज़ी' और 'ईसाई' धर्मों के प्रचार से एक नवीन सजगता आयी। सामाजिक जागृति के लिए ब्रिटिश कालखण्ड अनुकूल था। इसी काल में हिन्दुस्थान के सन्दर्भ में राजनीतिक और सामाजिक पुनर्रचना का विचार प्रस्तुत किया गया। इसी काल में सामाजिक और राजनीतिक सुधारों ने गति ले ली। वर्णव्यवस्था के कारण पीसी जाने वाली विषम समाज व्यवस्था तथा अधीनस्थ

राजा-महाराजाओं के क़ब्ज़े में होने वाले छोटे-छोटे दुर्बल राज्य ख़त्म हुए। जिस प्रकार इस्लाम के आक्रमण पश्चात् सन्तों के आन्दोलन का उदय हुआ उसी प्रकार ब्रिटिशों के आगमन पश्चात् समाज सुधारकों के आन्दोलन का उदय हुआ। इन दोनों आन्दोलनों ने हिन्दू समाज का जागरण किया है। एक आन्दोलन पूर्णतः आध्यात्मिक स्वरूप का था तो दूसरे आन्दोलन का आधार अध्यात्म था। वस्तुस्थिति यह कि स्वतन्त्रता पूर्व हिन्दुस्थान के आन्दोलनों को धर्म का अधिष्ठान लेकर ही खड़ा होना पड़ा। महात्मा फुले का 'सार्वजनिक सत्यधर्म' हो, बाबासाहेब आम्बेडकर का 'बौद्ध धम्म' हो या महात्मा गांधी का 'रामराज्य' हो–हिन्दुस्थान के आन्दोलन धर्म से अन्तर न रख सके, ऐसा दिखाई देता है। क्योंकि हिन्दुस्थान में धर्म को छोड़कर किसी भी बात का समग्रता से विचार नहीं कर सकते।

स्त्री सुधार के जनक के रूप में राजा राममोहन रॉय को माना जाता है। उन्होंने सती प्रथा के विरोध में प्रथम आवाज़ उठायी। इतना ही नहीं तो उन्होंने विधवा विवाह का भी समर्थन किया। 1828 ई. में उन्होंने 'ब्राह्मो समाज' की स्थापना की। उनका वचन था, 'निराकार ईश्वर ही सबका पिता'। उन्होंने मूर्तिपूजा का विरोध किया। सर्वधर्मसमभाव का समर्थन किया। उनका सतीप्रथा, बालविवाह तथा कन्या विक्रय को विरोध था। वे अन्तरजातीय विवाह के समर्थक थे। वे भेदभाव पालन के विरोधी थे। अंग्रेज़ों ने 1829 ई. में राजा राममोहन रॉय के आन्दोलन के परिणामस्वरूप सतीप्रथा क़ानूनन बन्द की। 1837 ई. में अंग्रेज़ों ने कायदा कर ठगियों का धन्धा बन्द किया और 1843 ई. में ग़ुलामों का व्यापार बन्द किया। लोकहितवादी तथा गोपाळ हरि देशमुख उन्नीसवीं शती के अग्रणी समाजसुधारक थे। वे स्त्री-पुरुष समानता के समर्थक और स्त्री शिक्षा के हिमायती थे। उनका जातिभेद को भी विरोध था। 1867 ई. में विश्वबन्धुत्व की भावना से 'प्रार्थना समाज' की स्थापना हुई। प्रार्थना समाज का व्रत था 'पीड़ितों की सेवा ही ईश्वर सेवा'। प्रार्थना समाज की स्थापना आत्माराम दादोबा तर्खडकर और भास्कर दादोबा तर्खडकर बन्धुओं ने की और अस्पृश्यों के लिए पाठशालाएँ खोलीं। अनाथालय शुरू किये। विधवाओं के 'विधवा विवाह संघ' और 'विधवाश्रम' शुरू किये और पीड़ितों की सेवा की। आधुनिक महाराष्ट्र के प्रणेता के रूप में महादेव गोविन्द रानडे पहचाने जाते हैं। उनकी ऐसी धारणा थी कि परम्परा के साथ का अपना नाता न तोड़ते आधुनिक मूल्यों का प्रसार करना चाहिए। उन्होंने परिवार में स्थित स्त्री के दोयमत्व पर प्रहार किया। स्वामी दयानन्द सरस्वती ने 1875 ई. में 'आर्य समाज' की स्थापना की। उन्होंने अस्पृश्यता का विरोध किया।

परधर्म का स्वीकार किये हुए जनों के शुद्धीकरण का विचार प्रस्तुत किया। आर्य समाज ने वैदिक परम्परा का पुनरुज्जीवन किया। गोपाळ गणेश आगरकर व्यक्ति स्वतन्त्रता और सामाजिक समानता के प्रखर समर्थक थे। बालविवाह, प्रौढ़ाविवाह, केशवपन जैसी रूढ़ियों पर भी उन्होंने ज़ोरदार हमला किया। आगरकर अस्पृश्यता विरोधी विचारों के थे। स्वामी विवेकानन्द समान अवसर के समर्थक थे। उनकी समाजवादी विचारों पर श्रद्धा थी। स्वामीजी का विचार मत था, 'चाण्डाल के लिए जितनी शिक्षा की ज़रूरत है, उतनी ब्राह्मण को नहीं। ब्राह्मण की शिक्षा के लिए एक अध्यापक की ज़रूरत हों तो चाण्डाल की शिक्षा के लिए दस शिक्षकों की।' राम मनोहर लोहिया ने कहा था, 'स्त्री, शूद्र, आदिवासी और हरिजनों को समान अवसर देकर समाधान नहीं होगा। उन्हें अग्रक्रम देना होगा। शूद्र, हरिजन, गिरीजन की उन्नति के अलावा देश का भविष्य नहीं है' ऐसी उनकी दृढ़ भूमिका थी। इस काल के समाजसुधारक सवर्ण समाज के होने से उनके विचार और कार्य की मर्यादाएँ थीं। इस पृष्ठभूमि पर महात्मा फुले का कार्य बग़ावती तेवर का महसूस होता है।

महात्मा जोतिराव फुले कृतिशील विचारक और विद्रोही समाजसुधारक थे। उन्होंने 1848 ई. में सार्वजनिक जीवन में प्रवेश किया। उन्होंने इसी वर्ष पुणे में लड़कियों के लिए पाठशाला शुरू की। अपनी पत्नी सावित्रीबाई फुले को शिक्षा देकर अध्यापिका बनाया और उन्हें अपने सामाजिक कार्य में सहभागी करवा लिया। अस्पृश्य बच्चों के लिए 1852 ई. में पाठशाला शुरू की। ब्रिटिशों द्वारा 1856 ई. में पुनर्विवाह को क़ानूनन मान्यता मिली। तत्पश्चात् महात्मा फुले ने पुणे के सारस बगीचे में पुनर्विवाह करवाया। विधवाओं के केशवपन न किये जायें, इसलिए पुणे के नाई लोगों का हड़ताल करवाया। उन्होंने 1863 ई. में 'बालहत्या प्रतिबन्धक गृह' शुरू किया ताकि ब्राह्मण विधवा तथा कुमारी अविवाहित माताओं के अवैध सम्बन्धों से होने वाले बालकों की हत्या न हो। इतना ही नहीं तो उन्होंने एक ब्राह्मण कुमारी माता के बच्चों को गोद ले लिया। 1868 ई. में स्वयं के घर के पीने के पानी का हौज खुला किया ताकि अस्पृश्यों को पीने का पानी मिलें। उन्होंने 1873 ई. में 'सार्वजनिक सत्यधर्म' की स्थापना की ताकि देवी-देवता-धर्म के नाम से ब्राह्मणों द्वारा समस्त सामान्य जनों का शोषण न हों और ऐसा माना कि 'सत्य ही ईश्वर है।'

महात्मा फुले ने बहुविध लेखन किया है। 'तृतीय रत्न' नाटक (1855 ई.), छत्रपति शिवाजी भोसले का पोवाड़ा (1869 ई.), ब्राह्मणाचे कसब (1869 ई.), ग़ुलामी (1873), शेतकऱ्याचा असूड (1883 ई.), सत्सार अंक 1, 2 (1885 ई.),

इशारा (1885 ई.), सार्वजनिक सत्यधर्म पुस्तक (1891 ई.) और अखण्डादि काव्य रचनाओं का सृजन कर स्त्री-शूद्रातिशूद्रों की व्यथा-वेदनाओं को मुखर किया। विषम व्यवस्था को आड़े हाथ लिया।

महात्मा फुले का कार्य प्रस्थापित व्यवस्था को धक्का देनेवाला था। फुले दाम्पत्य ने सन्त्रास और अत्याचार सहकर समाजसेवा की। उन्होंने जीवनभर समाज में स्थित अन्धश्रद्धा, पाखण्ड, दीनता और दास्य के विरुद्ध संघर्ष किया। फुले के कार्य तथा विचारों का केन्द्र बिन्दु था आम आदमी।

उन्नीसवीं शती जनजागरण का युग था। इस काल में मानवतावाद, जनतन्त्रीय मूल्य, व्यक्तिस्वातन्त्र्य, वैज्ञानिकता, सामाजिक और धार्मिक दास्यविमोचन के लिए आन्दोलन हुए। उस काल की पीढ़ी की समझ में 'शिक्षा और सामाजिक सुधार' का महत्त्व आया था। अखण्डता से समाज गठित करने का कार्य 'शिक्षा' है। मनुष्य बनाने वाली शिक्षा मिलनी चाहिए और शिक्षा से समाज में समानता आनी चाहिए। इसी ध्येय से प्रेरित होकर महाराष्ट्र के समाजसुधारकों ने कार्य किया है।

बीसवीं शती के महत्त्वपूर्ण समाज सुधारक थे महर्षि विट्ठल रामजी शिन्दे। उन्होंने 1906 ई. में 'डिस्प्रेड क्लास मिशन' की स्थापना की। उनकी माँग थी, 'अस्पृश्यों को स्वतन्त्र प्रतिनिधित्व न दें'। उनका अस्पृश्यों के 'स्वतन्त्र मतदार संघ' के लिए भी विरोध था। उनकी भूमिका थी कि जातिधर्म के नाम से अलगता न बढ़े। उन्होंने मानव-निर्मित भेदभाव और उच्चनीचता को तीखा विरोध किया। उन्होंने पूरा जीवन अस्पृश्यों की उन्नति हेतु और अस्पृश्यता नष्ट करने हेतु बिताया। उन्होंने अत्यन्त उत्साह से समानता का विचार विविध सभा सम्मेलनों तथा परिषदों के माध्यम से प्रस्तुत किया। महर्षि धोंडो केशव कर्वे ने स्त्री शिक्षा को अपना जीवित कार्य माना। समाज में स्थित विधवाओं की अवहेलना देखकर उनके पुनर्वसन कार्य को गति दे दी। उन्होंने अनाथ बालिका आश्रम की स्थापना की। ग्रामीण क्षेत्र की महिलाएँ सीख सकें, इसलिए ग्रामीण क्षेत्र में शैक्षिक संस्थाएँ प्रारम्भ कीं। उन्होंने स्त्रीशिक्षा को ईश्वर की प्रार्थना माना। राजर्षि शाहु महाराजा ने महात्मा फुले के कार्य से प्रेरणा ली और सामाजिक कार्य किया। उन्होंने अपनी रियासत में ज़रूरतमन्द तथा होशियार बच्चों के लिए छात्रावास शुरू किये। ग़रीब विद्यार्थियों की शिक्षा हेतु आर्थिक सहायता की। शाहु महाराजा को जातीयता और अस्पृश्यता मान्य नहीं थी। उन्होंने अपनी रियासत में अस्पृश्यों के लिए आरक्षित पद रखे। वे अस्पृश्यों के परिषदों में उपस्थित रहते थे। इस कारण उनकी 'ढेढ़ों का राजा' के रूप में निन्दा

होती थी। सन्त गाडगे महाराज ने सीधे-सादे लोगों को अपने अभंग-कीर्तन द्वारा सजग किया। उन्होंने अपने प्रवचनों द्वारा अन्धश्रद्धा, कामचोर प्रवृत्ति, लतखोरी और जातिभेद पर प्रखर प्रहार किये। सन्त गाडगे महाराज स्वयं पिछड़ी जाति के तथा निर्धन थे। इस निर्धन सन्त ने ग़रीब तथा ज़रूरतमंदों के लिए मुम्बई में धर्मशालाएँ बाँधी। शैक्षिक संस्थाओं की स्थापना की ताकि जनसामान्यों के बच्चे शिक्षा ले सकें। ग़रीबों के लिए जगह-जगह अन्नछत्र खोले। सन्त गाडगे महाराज के कार्य से प्रेरित होकर सन्त तुकडोजी महाराज, कर्मवीर भाऊराव पाटील, पंजाबराव देशमुख तथा बाबासाहेब आम्बेडकर ने शिक्षाप्रसार कार्य किया। कर्मवीर भाऊराव पाटील ने ग्रामीण समाज की शैक्षिक आवश्यकता पूर्ण करने के लिए 'रयत शिक्षा संस्था' प्रारम्भ की। 'कृषि को पानी और बच्चों को शिक्षा अपने समाज की भूख है', उनकी ऐसी भूमिका थी। 'विद्यार्थी दशा में ही जातीयता ख़त्म होनी चाहिए' ऐसे उनके विचार थे।

पारतन्त्र्य काल में स्वतन्त्रता सेनानी ब्रिटिशों के विरुद्ध लड़ रहे थे तो समाजसुधारक अनिष्ट प्रथाओं के विरुद्ध। सामाजिक परिषद के वार्षिक सम्मेलन 1885 ई. तक भारतीय राष्ट्रीय कांग्रेस के सम्मेलन में आयोजित होते थे। तत्पश्चात् राजनीति तथा समाजनीति के बीच अन्तर पड़ गया। विवाद तूल पकड़ने लगा कि 'पहले सामाजिक या पहले राजनीतिक सुधार'? सामाजिक सुधारकों को ऐसा लगता था कि सामाजिक मुक्ति से भारत का राजनीतिक उन्नयन हों। सामाजिक सुधारों के अतिरिक्त स्वतन्त्रता मिली तो वह सनातनियों के हाथ में जायेगी। उनकी ऐसी भूमिका थी कि एक का स्वराज्य दूसरे की ग़ुलामी होगी। समाज व्यवस्था में सुधार हुए बग़ैर हम राजनीतिक सुधारों के लिए पात्र नहीं होंगे। सामाजिक विषमता स्थायी रखकर मिला हुआ स्वातन्त्र्य वास्तविक स्वातन्त्र्य नहीं। स्वतन्त्रता सेनानियों को राजनीतिक सुधार महत्त्वपूर्ण महसूस होते थे। बाबासाहेब आम्बेडकर की माँग थी कि इन राजनीतिक सुधारों का न्याय हिस्सा अस्पृश्यों को मिलना चाहिए। राजनीतिक स्वतन्त्रता के लिए लड़ने वालों को 'सर्वप्रथम देश को स्वतन्त्र करना और तत्पश्चात् अपने समाज में सुधार करवाना' उचित लगता था। उन्हें स्वतन्त्रता के सामने सुधार कम महत्त्वपूर्ण लगते थे।

1932 ई. में महात्मा गांधी जी ने अस्पृश्यता निर्मूलन कार्य को महत्त्वपूर्ण मानकर 'हरिजन सेवक संघ' की स्थापना की। कराची में आयोजित कांग्रेस के अधिवेशन में घोषित किया गया था कि स्वतन्त्रता पश्चात् अस्पृश्यों को अन्य जनों जैसे अधिकार दिये जायेंगे। महात्मा गांधी जी का मानना था कि अस्पृश्यता हिन्दू धर्म

का कलंक है। फिर भी उनके कार्य की परिधि शिक्षा संस्था, मन्दिर, पनघट तथा अन्य सार्वजनिक जगहों पर अस्पृश्यों को प्रवेश मिलना चाहिए तक ही सीमित रही।

स्वातन्त्र्यवीर सावरकर ने भी ग़लत परम्पराएँ, बुरी रूढ़ियाँ और अन्धश्रद्धाओं पर प्रहार किया। उन्हें पोथीनिष्ठा मान्य नहीं थी। उनकी ऐसी भूमिका थी कि पाठशाला में स्पृश्यास्पृश्य बच्चे एकत्र आने चाहिए, रोटीबन्दी तोड़नी चाहिए। वे अस्पृश्यों के मन्दिर प्रवेश का समर्थन करते थे।

स्त्री तथा अस्पृश्यों की शिक्षा का व्रत लिए अण्णासाहब शिंदे, बहुजन समाज शिक्षित होना चाहिए, इसलिए रातदिन प्रयासरत रहने वाले पंजाबराव देशमुख, हरिजनों को मन्दिर में प्रवेश मिलें, इसलिए सत्याग्रह करने वाले साने गुरु जी तथा अस्पृश्यों की वेदना तथा समस्याओं को अपने साहित्य से व्यक्त करने वाले श्री.म. माटे की कोख में महाराष्ट्र की नवजागरण परम्परा विश्राम करती हुई दिखाई देती है। सन्त चोखामेळा, गोपाळ बाबा वलंगकर और सन्तश्रेष्ठ गाडगे महाराज की पृष्ठभूमि पर डॉ. बाबासाहेब आम्बेडकर का कार्य और विचार क्रान्तिकारक महसूस होते हैं।

4

डॉ. बाबासाहेब आम्बेडकर के जीवन कार्य का पुनर्विलोकन करना थोड़ा सुलभ है, पर उन्होंने जगायी समस्त बहिष्कृत वर्ग की स्वाभिमानी संवेदनाएँ अमर्यादित हैं। इस युगपुरुष ने तो एक इतिहास ही निर्माण किया। उनके दर्शन से अनेक विचारक-लेखक प्रभावित हुए, उनके कार्य से प्रस्तुत समय भी अभिभूत हुआ। उनके जीवन ने विराट समाज को बहुत विश्वास दिया। 'बाबासाहेब' एक महामानव का नाम नहीं है तो वे प्रतीक हैं जाग्रत मूक समाज का। जुझारु आन्दोलन का। वह एक विचार है, मनुष्य को मनुष्यत्व प्राप्त करवा देनेवाला। बाबासाहेब ने दलितों के लिए आमरण संघर्ष किया। यह संघर्ष सर्वव्यापी था। राजनीतिक, सामाजिक, शैक्षिक, आर्थिक और अनेक।

1918 ई. में बाबासाहेब आम्बेडकर ने साउथ ब्यूरो कमिशन के समक्ष अस्पृश्यों के राजनीतिक अधिकारों की कैफियत रखते हुए अपने सार्वजनिक जीवन का प्रारम्भ किया। आगे चलकर उन्होंने 1920 ई. में अस्पृश्यों के प्रश्नों को मंच प्राप्त करवाने 'मूकनायक' शीर्षक का समाचारपत्र शुरू किया। उसी वर्ष नागपुर में आयोजित अस्पृश्यों की परिषद में छत्रपति शाहु महाराजा ने इन शब्दों में बाबासाहेब आम्बेडकर का गौरव किया था कि 'अस्पृश्यों को उनका नेता मिला है'। इस समय

तिलक युग का अस्त होकर गांधी युग का उदय हो रहा था।

बाबासाहेब आम्बेडकर 1923 ई. में अपनी विदेश में जारी उच्च शिक्षा पूर्ण कर मातृदेश लौट आये। उन्होंने 1924 ई. में 'अखिल बहिष्कृत हितकारिणी सभा' की स्थापना की। सवर्णों की पनघट पर अस्पृश्यों को पानी पीने प्रतिबन्ध था। अत: बाबासाहेब ने 1927 ई. में महाड के 'चवदार तालाब' का पानी पीने के लिए सत्याग्रह किया। प्रस्तुत सत्याग्रह इस हक पर अमल करने के लिए किया था कि सार्वजनिक पनघट पर अस्पृश्य पानी पी सकता है। सवर्णों ने महाड के 'चवदार तालाब' सत्याग्रह पश्चात् तालाब में गोमूत्र डालकर तालाब को पवित्र किया था। बाबासाहेब आम्बेडकर ने फिर एक बार महाड में जाकर सत्याग्रह करके 'मनुस्मृति' की जाहिर होली जलायी थी। इसी समय यानी 1928 ई. में 'सायमन आयोग' के समक्ष बाबासाहेब आम्बेडकर ने निवेदन देकर अस्पृश्यों के राजनीतिक अधिकारों की माँग की थी। 1930 ई. में नाशिक के कालाराम मन्दिर में अस्पृश्यों को प्रवेश मिलने हेतु सत्याग्रह किया। प्रस्तुत सत्याग्रह केवल मन्दिर प्रवेश के लिए ही नहीं किया गया था बल्कि 'हम हिन्दू हैं, हमें अन्य हिन्दुओं की तरह हिन्दुओं के मन्दिर में जाने का अधिकार है'; इस सत्याग्रह के पीछे यह भूमिका थी। कालाराम मन्दिर प्रवेश सत्याग्रह को स्वातन्त्र्यवीर सावरकर ने समर्थन किया था। मन्दिर प्रवेश के सत्याग्रह में ब्राह्मणेतर आन्दोलन के दिनकरराव जवळकर बीमार होते हुए भी सहभागी हुए थे। अस्पृश्यों के मन्दिर प्रवेश को सवर्णों ने विरोध किया। इसी दरमियान ब्रिटिश सरकार ने गोलमेज परिषदों का आयोजन किया। इन परिषदों के माध्यम से बाबासाहेब आम्बेडकर ने अस्पृश्यों के लिए स्वतन्त्र निर्वाचन क्षेत्र की माँग की। 1932 ई. में सिख, मुस्लिम, ईसाई, अंग्लो इंडियन, रियासत नरेशों के साथ ही अस्पृश्यों के लिए भी अलग मतदाता संघ घोषित हुआ।

इसे महात्मा गांधी जी ने तीव्र विरोध दर्शाया। गांधी जी की यह धारणा थी कि 'स्वतन्त्र निर्वाचन क्षेत्र' के परिणामस्वरूप अस्पृश्य हिन्दुओं से स्थायी स्वरूप से टूट जायेंगे। 20 सितम्बर 1932 ई. में महात्मा गांधी जी ने अस्पृश्यों के लिए प्राप्त स्वतन्त्र निर्वाचन क्षेत्र के विरुद्ध पुने के बन्दीगृह में प्राणान्तिक उपोषण प्रारम्भ किया। 26 सितम्बर 1932 ई. में बाबासाहेब आम्बेडकर ने पूने करार पर हस्ताक्षर किया और स्वतन्त्र निर्वाचन क्षेत्र की माँग छोड़ दी। महात्मा गांधी जी ने दलितों के आरक्षित पदों की माँग मान्य की।

हिन्दुओं द्वारा दलितों पर होने वाला अन्याय कम न हो रहा था। बाबासाहेब

आम्बेडकर ने हिन्दुओं में परिवर्तन करवाने की तुलना में हिन्दू धर्म ही त्याग कर देना चाहिए जैसे विचार से 1935 ई. में धर्मान्तर की घोषणा की। 'मैंने हिन्दू के रूप में जन्म लिया। इस बात के लिए मजबूर था। परन्तु मैं हिन्दू के रूप में मरने वाला नहीं हूँ'। ऐसी घोषणा की और सभी ओर हलचल मची। 1936 ई. में 'स्वतन्त्र मजूर पार्टी' की स्थापना की। उन्हें उसमें भी जितनी चाहिए उतनी सफलता नहीं मिली। द्वितीय महायुद्ध के परिणामस्वरूप सम्पूर्ण देश का राजनीतिक वातावरण बदल गया था। स्वतन्त्रता आन्दोलन अपनी चरम सीमा पर था। 1942 ई. में महात्मा गांधी जी ने अंग्रेज़ों के विरुद्ध 'चले जाओ' की घोषणा की थी। सम्पूर्ण देश आन्दोलनमय बना था। यदि देश को स्वतन्त्रता मिली तो वह सवर्ण हिन्दुओं के हाथ में जायेगी और सवर्ण हिन्दुओं के हाथ में सत्ता गयी तो उनकी ओर से अस्पृश्यों के हितों की रक्षा नहीं होगी, इसलिए देश के सभी दलित नेता एकत्र आये और उन्होंने 1942 ई. में 'शेड्यूल्ड कास्ट फेडरेशन' की स्थापना की।

जुलाई, 1946 ई. में कांस्टीट्यूएनट असेम्बली इलेक्शन में महाराष्ट्र में कांग्रेस उम्मीदवार की ओर से बाबासाहेब आम्बेडकर को चुनाव में पराजय स्वीकारनी पड़ी। तब उन्हें मुस्लिम लीग के समर्थन से बंगाल से चुनाव जीतना पड़ा। बाबासाहेब का संविधान समिति पर चयन हुआ। उन्होंने स्वतन्त्र भारत का संविधान बनाने प्रचण्ड परिश्रम किये। परिणामत: उनका 'संविधान के शिल्पकार' के रूप में सम्मान हुआ। बाबासाहेब आम्बेडकर को स्वतन्त्र भारत के मन्त्रिमण्डल में उनकी योग्यतानुसार खाता नहीं मिला। उनके द्वारा प्रस्तुत 'हिन्दू कोड बिल' भी मंजूर न हो सका। उन्होंने अपने क़ानून मन्त्री पद का इस्तीफ़ा दे दिया। बाबासाहेब आम्बेडकर ने अपने लाखों अनुयायियों के साथ 14 अक्तूबर 1956 ई. में 'बौद्ध धर्म' की दीक्षा ली। उसके बाद तुरन्त ही 6 दिसम्बर 1956 ई. में उनका निधन हुआ।

बाबासाहेब आम्बेडकर यानी दलितों के इतिहास के युगपुरुष। वे पददलित समाज में स्वाभिमान का तूफ़ान ले आये। भूखे-कंगाल व्यक्तियों को क्रान्तिकारी बनाया। सभा, सम्मेलन, परिषदें, सत्याग्रह तथा जलसों द्वारा दलितों के अस्तित्व तथा अस्मिता के आन्दोलन गतिमान किये। पत्रकारिता, पार्टी, संगठन तथा समाजसेवा के माध्यम से निरन्तर संघर्ष खड़ा किया। उनकी वाणी और क़लम, उनका जीवन और कार्य, उनका धर्म और कायदानीति, उनके आन्दोलन एवं माँगों से स्वातन्त्र्योत्तर काल के दलित आन्दोलन और दलित साहित्य का जन्म हुआ।

5

स्वातन्त्र्योत्तर काल जन आन्दोलन का काल है। काल का स्वरूप जैसे बदलता गया वैसे इस काल के आन्दोलनों का स्वरूप भी बदलता गया। युवकों ने दलित, घुमन्तू, विमुक्त, आदिवासी, स्त्री, मज़दूर और असंगठित मज़दूर के प्रश्नों को सुलझाने के लिए एकत्र आकर आन्दोलन शुरू किये। देश को मिला स्वातन्त्र्य इस देश में रहनेवाली अन्तिम इकाई तक पहुँचना चाहिए, इस उद्देश्य से अनेक 'संगठन' तथा 'सत्याग्रह' शुरू हुए।

स्वातन्त्र्योत्तर काल में लोगों के प्रश्नों में होनेवाली बढ़ोतरी तथा अशान्ति के परिणामस्वरूप नवीन नेतृत्व उदित होने लगा। नवीन नेता-कार्यकर्ताओं ने संघर्ष का प्रारम्भ किया ताकि स्वातन्त्र्य, समानता और न्याय भागीदारी स्वयं को मिले। इसी से जन आन्दोलनों का उदय हुआ। अपना देश डेढ़ सौ वर्ष विदेशियों का ग़ुलाम था तो दलित हज़ार वर्षों से अपने ही स्वकीयों के ग़ुलाम के रूप में जी रहे थे। परकीयों के विरुद्ध लड़ना आसान होता है, क्योंकि परकीयों के विरुद्ध सभी स्वकीय संगठित होते हैं, परन्तु जब स्वकीयों के विरुद्ध संघर्ष शुरू होता है, तब वह संघर्ष अधिक कठिन होता है। क्योंकि स्वकीयों के साथ लड़ते समय आन्दोलनकर्ता अकेले पड़ने की सम्भावना होती है। इसी कारण इन आन्दोलनों के सामने अनेक जटिल चुनौतियाँ निर्माण हुईं। सहजता से सुलझनेवाले सीधे-सादे प्रश्न क्लिष्ट बने और वे प्रदीर्घ समय तक प्रलम्बित रहे।

स्वातन्त्र्योत्तर काल के दलित संगठनों को ब्रिटिश भारत के नवजागरण आन्दोलनों की वैचारिक विरासत मिली है। यहाँ दलितों के प्रश्न के साथ ही स्वातन्त्र्योत्तर काल में निर्मित प्रश्नों को भी दर्ज करना आवश्यक है। दलितों के आन्दोलनों के साथ-साथ अन्य प्रगतिशील आन्दोलनों को समझना भी उचित है। क्योंकि प्रगतिशील आन्दोलनों ने दलितों के कन्धे से कन्धा मिलाकर उनके आन्दोलनों में भाग लिया। स्वातन्त्र्योत्तर काल के दलित आन्दोलन कभी भी अकेले नहीं पड़े हैं।

स्वातन्त्र्योत्तर काल और दलित समाज

15 अगस्त 1947 ई. को अपने देश को स्वतन्त्रता मिली। इस समय का वास्तव अत्यन्त विदारक था। इस काल में भी द्वितीय महायुद्ध के दुष्परिणामों से सम्पूर्ण विश्व झुलस रहा था। उसका परिणाम अपने देश पर भी हो रहा था। अपने देश को स्वतन्त्रता मिली पर अपने देश का विभाजन करके। विभाजन के परिणामस्वरूप

जातीय दंगलें और लोगों की अदलाबदल से जातीय अनबन बढ़ गयी थी और मनुष्य को असुरक्षितता के भय से आघात पहुँचा था। तत्पश्चात् महात्मा गांधी जी की हत्या से क़स्बों-देहातों में दंगलें उछली थीं। फिर एक बार जातीय तनाव को खादपानी मिला।

देश स्वतन्त्र हो जाने से जनता के मन में स्वातन्त्र्यविषयक आकांक्षाएँ बढ़ने लगीं और नवसमाज, नवराष्ट्र निर्माण करने का विश्वास भी बढ़ा। प्रत्येक पंचवार्षिक योजना, निर्वाचन, सत्ता का विकेन्द्रीकरण, जनकल्याणकारी योजनाएँ, शिक्षा के प्रसार से भारतीय जनजीवन में आमूलाग्र परिवर्तन हुआ। सामान्य मनुष्य जनतन्त्र शासन प्रणाली के कारण हक-अधिकारों की भाषा समझने लगा। समाज के पिछड़े तबकों में प्रचण्ड जागृति निर्माण हुई।

स्वातन्त्र्य मिलने से अपने सभी प्रश्न सुलझ जायेंगे, ऐसी आशा पल्लवित हुई थी। परन्तु समय के साथ अनेक समस्याएँ बढ़ने लगीं। बेगारी, दरिद्रता, बढ़ती जनसंख्या, जातीय दंगलें, भ्रष्टाचार, जातियों पर आधृत राजनीति और उससे जातियों को प्राप्त हुआ महत्त्व, हिन्दुत्ववादी शक्तियों की उछल-कूद, अत्याचार और अकाल के कारण दलितों का स्वातन्त्र्य से विश्वास खत्म होने लगा। स्वतन्त्रता के बाद भी अन्याय, महँगाई और बढ़ती जनसंख्या के कारण सामान्य मनुष्य के मन में असन्तोष के बीज जड़ें पकड़ने लगी। आम आदमी को शिक्षा का सार्वत्रिकीकरण, एक व्यक्ति एक मूल्य जैसे तत्त्व का प्रसार, ज्ञान, विज्ञान और क़ानून के प्रसार के कारण आम आदमी को संघर्ष और संगठन की आवश्यकता महसूस होने लगी और अपने प्रश्नों को सुलझाने हेतु लोगों के आन्दोलन जड़े पकडने लगे।

गाँव, तहसील, ज़िला, राज्य तथा देश स्तर पर जनतन्त्रीय समाजवाद का विचार होने लगा। ग्रामपंचायत, पंचायत समिति, ज़िला परिषदें, नगरनिगम, महानगरनिगम, सहकारी संस्थाएँ, राज्य तथा केन्द्र शासन में लोगों का सहभाग बढ़ने लगा। इस हेतु से कि 'अपना विकास हों, स्वतन्त्रता के लाभ अपने को भी मिलें', लोगों के आन्दोलनों ने तूल पकड़ा। जैसे-जैसे सत्ता तथा शिक्षा का विकेन्द्रीकरण होने लगा वैसे-वैसे समाजजीवन के अनेक दबे हुए स्तर जाग्रत होने लगे और अपने विकास की दिशा खोजने लगे।

स्वातन्त्र्योत्तर काल का दलित आन्दोलन डॉ. बाबासाहेब आम्बेडकर के विचार और कार्य की प्रेरणा लेकर खड़ा हुआ। दलितों की मानसिकता में धर्मान्तर के कारण क्रान्तिकारी बदलाव हुआ। दलितों को नवीन आत्मबोध प्राप्त हुआ। बहुसंख्य

दलितों ने हिन्दू धर्म का त्याग किया। हिन्दू देवताओं को नकारा, हिन्दू समाज की प्रथा-परम्पराओं को दुत्कार दिया, धर्मान्तर की बात क़स्बों-पाड़ों तक पहुँच गयी। इस कारण गाँवों में सामाजिक तनाव बढ़ गया। कुछ जगहों पर सवर्णों द्वारा दलितों पर सामाजिक बहिष्कार डाला गया। उन पर अत्याचार किये। दलितों के लिए गाँव बन्द किये। उनका काम बन्द किया। उनकी नाकाबन्दी की। फिर भी दलितों ने ग़ुलामी स्वीकार नहीं की। गाँवों के दलित-सवर्णों के बीच की अनबन के कारण ही परिवर्तन होने लगा।

डॉ. बाबासाहेब आम्बेडकर के निधन से जिस प्रकार एकाध परिवार के कर्तृत्ववान व्यक्ति की मृत्यु से इस परिवार की स्थिति बेहाल हों वैसी अवस्था दलित समाज की हुई। दलित समाज की स्थिति अनाथ बच्चे-सी हुई। दलित समाज में एक प्रचण्ड रिक्तता निर्माण हुई।

आम्बेडकर अनुयायियों का रिपब्लिकन आन्दोलन

डॉ. बाबासाहेब आम्बेडकर के निधन पश्चात् यह प्रश्न उपस्थित हुआ कि उनका वारिस कौन होगा। आम्बेडकर परिवार की सदस्य श्रीमती सविता आम्बेडकर, भैयासाहब आम्बेडकर तथा मुकुन्दराव आम्बेडकर के नामों का विचार हुआ परन्तु दलित नेता जनों ने आम्बेडकर परिवार का नेतृत्व मान्य नहीं किया। दलित आन्दोलन का नेतृत्व अपने पास हो ऐसा प्रत्येक दलित नेता को लग रहा था। हर कोई स्वयं को प्रति आम्बेडकर समझने लगा था। नेतृत्व के विषय पर विवाद उपस्थित हुआ। आख़िर 'सामूहिक नेतृत्व' की कल्पना आगे आयी। कोई एक नेता होने के अतिरिक्त सामूहिक नेतृत्व द्वारा आन्दोलन चलाया जाना चाहिए, इस बात पर सभी का एकमत हुआ।

रिपब्लिकन पार्टी की 1957 ई. के पूर्व ही स्थापना करना तय हुआ था। परन्तु आम्बेडकर के निधन से समाज में निर्माण हुई रिक्तता, नेतृत्व सम्बन्धी निर्माण हुआ विवाद और समक्ष खड़े सार्वत्रिक चुनावों के कारण प्रेसिडियम द्वारा 'शेड्यूल्ड कास्ट फेडरेशन' के नाम पर ही सार्वत्रिक चुनाव लड़े गये। शे.का.फे. ने संयुक्त महाराष्ट्र आन्दोलन में सहभाग लिया था। इसी कारण 1957 ई. के सार्वत्रिक चुनावों में महाराष्ट्र की जनता ने शे.का.फे. के छह उम्मीदवारों को लोकसभा के लिए जीता दिये। महाराष्ट्र के बाद कर्नाटक, मद्रास तथा गुजरात से पार्टी का एक-एक उम्मीदवार चुनाव में जीत गया। पार्टी के नौ सांसद लोकसभा में गये तो देश के

राज्यविधि मण्डल पर शे.का.फे. के बीस सदस्य चुनाव में जीत गये। उसमें से कर्नाटक-2, मुम्बई-13 तथा पंजाबी–5 ऐसा संख्या-बल था।

3 अक्तूबर 1957 ई. को नागपुर में दीक्षाभूमि पर शे.का.फे. के अन्तिम अधिवेशन का आयोजन हुआ। इस अधिवेशन में हज़ारों की उपस्थिति में तालियों की गूँज में शे.का.फे. भंग की गयी और 'रिपब्लिकन पार्टी ऑफ़ इंडिया' नामक नवीन राजनीतिक पार्टी की स्थापना की गयी।

रिपब्लिकन पार्टी ने भारत के सभी दुर्बल इकाइयों, अल्प भूधारकों, भूमिहीन मज़दूरों, श्रमिकों, अल्पसंख्याकों को संगठित किया तथा उन्हें सामाजिक एवं आर्थिक न्याय दिलाने की घोषणा की। परन्तु रिपब्लिकन पार्टी के नेताओं के बीच की एकता अधिक समय तक टिक न सकी। रिपब्लिकन पार्टी में 1959 ई. में दो गुट निर्माण हुए। बी. सी. कांबळे ने एक गुट का नेतृत्व किया तो दादासाहब गायकवाड ने दूसरे गुट का।

भूमिहीनों का सत्याग्रह

शे.का.फे. ने 1953 ई. से ही 'भूमिहीनों' को कृषिकर्म के लिए शासन द्वारा ज़मीन दी जानी चाहिए, इस माँग हेतु सत्याग्रह शुरू किया था। तत्कालीन मुख्यमन्त्री ना. यशवन्तराव चव्हाण के समक्ष रिपब्लिकन पार्टी के शिष्टमण्डल ने 7 मार्च 1960 ई. को निवेदन दिया और भूमिहीनों का प्रश्न रखी। रिपब्लिकन पार्टी ने समय-समय पर भूमिहीनों के प्रश्नों के साथ बौद्धों को सहुलियतें मिलने, दलितों को दीक्षाभूमि के लिए जगह मिलने, कृषिकर्म मज़दूरों पर होनेवाले अन्याय रुक जाने, मंहगाई पर नियन्त्रण डालने, झुग्गी-झोंपड़ियों के सुधार कराने, आरक्षित पदों का अनुशेष पूर्ण करने, अस्पृश्यता निर्मूलन कायदा अमल में लाने तथा लोकसभा के केन्द्रीय सदन में बाबासाहेब आम्बेडकर का तैलचित्र लगाया जाने हेतु सत्याग्रह किया। अपने प्रश्नों पर दलितों को संगठित किया और शासन तथा जनता का ध्यान आकर्षित किया। 1964 ई. के भूमिहीनों के सत्याग्रह को अधिक महत्त्व दिया जाता है। क्योंकि यह सत्याग्रह देशव्यापी था। 1 अक्तूबर 1964 ई. को तत्कालीन प्रधानमन्त्री लालबहादुर शास्त्री को देश के विविध क्षेत्रों से हज़ारों दलितों ने संसद पर मोर्चा ले जाकर अपनी माँगों का निवेदन दिया। एन. शिवराज ने प्रस्तुत सत्याग्रह का नियोजन किया था। परन्तु सत्याग्रह के पूर्व ही उनका निधन होने से प्रस्तुत सत्याग्रह का नेतृत्व दादासाहब गायकवाड ने किया। उसी समय ज़िला कचहरी, पुलिस थाना, तहसील कार्यालय जैसे कार्यालयों पर दलित मोर्चा ले गये और उन्होंने अपनी माँगों के निवेदन दिये।

रिपब्लिकन एकता और विघटन

1959 ई. में रिपब्लिकन पार्टी के 'दुरुस्त' और 'नादुरुस्त' नामक दो गुट हुए। दुरुस्त गुट का नेतृत्व बी. सी. कांबळे ने किया तो नादुरुस्त गुट का दादासाहब गायकवाड ने। भैयासाहब आम्बेडकर के आह्वानानुसार रिपब्लिकन पार्टी का विघटन न हो; इसलिए आर. डी. भंडारे ने 1958 ई. में पहला मनोमिलन का प्रयत्न किया परन्तु बी. सी. काम्बळे ने इसे नामंजूर किया। कांग्रेस और रिपब्लिकन पार्टी के बीच 1962 ई. के चुनाव ध्यान में लेते हुए 1961 ई. में गठबन्धन हुआ। सत्ताधारी पार्टी के साथ दादासाहब गायकवाड के गुट ने गठबन्धन करने से उनकी ओर बड़ी संख्या में कार्यकर्ता आकर्षित हुए तो बी. सी. काम्बळे का गुट सत्ता से दूर रहने से उनका प्रभाव धीरे-धीरे लुप्त हो गया। दोनों गुटों का एक भी उम्मीदवार 1962 ई. के चुनाव में जीत हासिल न कर सका। आर. डी. भण्डारे ने 1965 ई. में दादासाहब गायकवाड का गुट छोड़कर कांग्रेस में प्रवेश किया तो दा. ता. रूपवते 1966 ई. में बी. सी. कांबळे का गुट छोड़कर दादासाहब गायकवाड के गुट में शामिल हुए। 1967 ई. के सार्वत्रिक चुनाव ध्यान में लेकर दा. ता. रूपवते ने 1966 ई. में एकता के प्रयत्न शुरू किये। उन्होंने ऐक्य परिषद आमन्त्रित की। प्रस्तुत बातचीत के लिए केवल दादासाहब गायकवाड अकेले ही उपस्थित रहे; परिणामतः ऐक्य स्थापित न हो सका। बाबू हरदास आवळे ने 1970 ई. में दादासाहब गायकवाड और बॅ. खोब्रागडे के बीच ऐक्य होने हेतु प्रयास किये। परन्तु उन्हें उसमें सफलता प्राप्त नहीं हुई। दादासाहब गायकवाड के निधन पश्चात् 1970 ई. में बॅ. खोब्रागडे ने अपने नाम का स्वतन्त्र गुट स्थापन किया। दादासाहब गायकवाड के निधन पश्चात् उनका गुट रा. सु. गवई गुट के रूप में पहचाना गया। बी. सी. कांबळे ने 1971 ई. में रिपब्लिकन ऐक्य के प्रयत्न किये। परन्तु बी. सी. कांबळे के प्रयत्नों के प्रति किसी ने समर्थन नहीं दिया। कारण यह था कि काम्बळे ने इसके पूर्व के ऐक्य के प्रयत्नों को किसी भी तरह का सहयोग नहीं दिया था। 1974 ई. में ऐक्य के ठोस प्रयास हुए। सभी नेताओं ने ऐक्य की क़सम ले ली। जनता को वचन दिया कि वे एकत्र काम करेंगे, परन्तु यह भी ऐक्य सत्ता-स्पर्धा के कारण नहीं टिका।

1984 ई. में प्रकाश आम्बेडकर के नेतृत्व का उदय हुआ। प्रकाश आम्बेडकर, डॉ. बाबासाहेब आम्बेडकर के पोता होने से दलित जनता ने उनका नेतृत्व स्वीकारा और गुट बनानेवाले नेताओं को नकारा। प्रकाश आम्बेडकर ने रिपब्लिकन नेताओं का ऐक्य करने के अलावा दलित जनता को अपने नेतृत्व में लाने का प्रयत्न

किया। उन्होंने अपने पार्टी को 'रिपब्लिकन पार्टी ऑफ़ इंडिया' सम्बोधित करने के अतिरिक्त 'भारतीय रिपब्लिकन पार्टी' सम्बोधित करना शुरू किया। सम्पूर्ण महाराष्ट्र में भारिप की शाखाओं की स्थापना हुई। 1985-86 ई. में प्रकाश आम्बेडकर ने सभी विरोधी पक्षों के साथ गठबन्धन करके नान्देड के उपचुनाव के लिए संघर्ष किया परन्तु उसमें उनकी पराजय हुई।

दलित जनता ने 'रिपब्लिकन पार्टी के सभी गुटों का ऐक्य हुए बग़ैर पार्टी का कोई भविष्य नहीं'; इसलिए दलित जनता ने रिपब्लिकन पार्टी के ऐक्य की माँग की। इस गुटबाज़ी के विरुद्ध दलित लेखक तथा कवियों ने लेखन किया। रिपब्लिकन पार्टी 1989 ई. में हुए लोकसभा चुनाव में एक भी स्थान न जीत सका। दलित जनता में इस पराजय के कारण असन्तोष की भावना फैल गयी। इस माँग को लेकर कि रिपब्लिकन नेता ऐक्य स्थापित करें दलित युवकों ने अनशन शुरू किया। लोगों की भावनाएँ तीव्र थीं। जनक्षोभ बढ़ गया। 1991 ई. में होनेवाले विधानसभा के चुनाव समक्ष रखकर पुनः एक बार रिपब्लिकन ऐक्य की प्रक्रिया प्रारम्भ हुई। प्रकाश आम्बेडकर, रामदास आठवले तथा रा. सु. गवई की संचालन समिति की स्थापना हुई और बत्तीस सदस्यों की एक अस्थायी समिति की स्थापना की गयी। दलित पैंथर, मासमूवमेंट, दलित मुक्ति सेना जैसी दलितों के सामाजिक संगठन भंग किये गये और 6 जनवरी 1990 ई. को रिपब्लिकन पार्टी का ऐक्य घोषित किया गया। ऐसा प्रश्न उपस्थित हुआ कि 1990 ई. में होने वाले सार्वत्रिक चुनाव में जनता पार्टी को समर्थन दें या कांग्रेस को।

केन्द्र में जनता पार्टी की सरकार थी। इसे भारतीय जनता पार्टी का बहिस्थ समर्थन था। संसद के केन्द्रीय सदन में प्रधानमन्त्री विश्वनाथ प्रताप सिंह ने बाबासाहेब आम्बेडकर का छायाचित्र लगाया था। बाबासाहेब आम्बेडकर को मरणोत्तर भारत का सर्वोच्च नागरिक सम्मान 'भारतरत्न' प्रदान किया गया था। 'मण्डल आयोग' पर अमल कराने की घोषणा की गयी थी। परिणामतः दलित जनता 'जनता पार्टी' की ओर आकर्षित थी परन्तु महाराष्ट्र में कांग्रेस की सत्ता थी। वस्तुस्थिति यही थी कि महाराष्ट्र में जनता पार्टी सत्ता में नहीं आ सकता था। इस कारण इस विषय के बारे में मतभेद निर्माण हुए। इस पर मतभेद हुए कि 1991 ई. के विधानसभा चुनावों में कांग्रेस या जनता दल दोनों में से किसे समर्थन दे। रिपब्लिकन ऐक्य टूट गया। रामदास आठवले के 'रिपब्लिकन पार्टी ऑफ़ इंडिया' पार्टी ने कांग्रेस के साथ गठबन्धन किया तो प्रकाश आम्बेडकर की 'भारतीय रिपब्लिकन पार्टी' ने स्वतन्त्र

रूप में चुनाव लड़े। इस चुनाव में भी दोनों गुटों को दयनीय पराजय स्वीकारनी पड़ी। परन्तु विदर्भ से रिपब्लिकन पार्टी खोब्रागडे गुट के उम्मीदवार उपेन्द्र शेंडे जीत गये। कांग्रेस ने आठवले गुट को दिये बारह स्थानों के आर.पी. आय उम्मीदवार पराजित हुए।

महाराष्ट्र में चुनाव पश्चात् कांग्रेस पार्टी की सरकार अस्तित्व में आयी। मुख्यमन्त्री शरद पवार ने रामदास आठवले को अपने मन्त्रिमण्डल में ले लिया और उनके पास समाजकल्याण मन्त्री पद दिया। इस घटना का महाराष्ट्र में कौतुक हुआ। एक सामान्य कार्यकर्ता को मन्त्री पद मिला। आन्दोलन में उत्साह निर्माण हुआ। दलितों को लगा कि आन्दोलन का कार्यकर्ता मन्त्री बना अब अपने प्रश्न सुलझते जायेंगे। रामदास आठवले गुट को कांग्रेस पार्टी ने विधान परिषद पर एक स्थान देना निश्चित किया। इस कारण टी. एम. काम्बळे को विधान परिषद पर नियुक्त किया गया। इसी समय आठवले के साथ मतभेद होकर गंगाधर गाडे ने पार्टी छोड़ी और उन्होंने फिर से 'दलित पैंथर' संगठन पुनः शुरू किया। मुम्बई से कीर्ति ढोले, नागपुर से अशोक शंभरकर, प्रसेनजित ताकसांडे आदि कार्यकर्ताओं ने दलित पैंथर की छावनियाँ शुरू कीं। राजा ढाले ने 'मास मूवमेंट' संगठन का नामान्तर किया और 'सम्यक क्रान्ति' नामक नवीन संगठन शुरू किया। इस दरमियान विश्वनाथ प्रताप सिंह ने प्रकाश आम्बेडकर को राज्यसभा का सदस्य बनाया।

1992 ई. में डॉ. बाबासाहेब आम्बेडकर की जन्मशती तथा म. फुले की स्मृति शती मनायी जा रही थी। इस शती के औचित्यस्वरूप महाराष्ट्र शासन द्वारा बहुत समय तक लटका रहा मराठवाड़ा विश्वविद्यालय के नामान्तर का प्रश्न सुलझाया जाने की माँग जोर पकड़ने लगी। रामदास आठवले कांग्रेस शासन में सहभागी हुए हैं तो यह प्रश्न सुलझ जायेगा, ऐसा लगता था। यद्यपि कांग्रेस रिपब्लिकन गठबन्धन ने अपने चुनाव घोषणापत्र में नामान्तर का आश्वासन दिया था तो भी कांग्रेस ने जनमत का कारण दर्शाकर नामान्तर करना टाल दिया। परिणामतः दलित समाज में विफलता का भाव निर्माण हुआ। दलित आन्दोलन की ओर से रामदास आठवले के मन्त्री पद के इस्तीफ़े की माँग होने लगी। दलितों द्वारा नामान्तर हेतु जगह-जगह आत्मदहन करना शुरू हुआ। अन्ततः रामदास आठवले ने इस्तीफ़ा दिया और ऐसी शर्त डाल दी कि निर्धारित समय में यदि नामान्तर न हुआ तो यह इस्तीफ़ा ग्राह्य समझा जायें। 14 अप्रैल 1994 ई. में महाराष्ट्र शासन ने 'मराठवाड़ा विश्वविद्यालय' का नाम बदलकर नवीन नाम 'डॉ. बाबासाहेब आम्बेडकर मराठवाड़ा विश्वविद्यालय' करने

की घोषणा की और आठवले का मन्त्री पद अबाधित रहा। 1994 ई. में शरद पवार ने अपने मन्त्रिमण्डल का विस्तार किया। उसमें रिपब्लिकन पार्टी को स्थान नहीं दिया। परन्तु आठवले गुट के अनिल गोंडाणे को कांग्रेस ने विधान परिषद पर चुनाव में विजयी कराया।

नामान्तर का प्रश्न सुलझ जाने से रामदास आठवले का महाराष्ट्र में कौतुक हुआ। उनकी छवि दीप्तिमय हुई। उनका राजनीतिक महत्त्व बढ़ गया परन्तु यह कांग्रेस में स्थित दलित नेताओं को पसन्द न आया। उन्होंने कांग्रेस तथा रिपब्लिकन गठबन्धन के विरुद्ध हो-हल्ला मचाया। रिपब्लिकन पार्टी की बढ़ती माँग को कांग्रेस में दलित नेता दा. ता. रूपवते, एकनाथ गायकवाड आदि ने विरोध दर्शाया।

कांग्रेस-रिपब्लिकन गठबन्धन तथा सेना-भाजपा गठबन्धनन द्वारा 1995 ई. की विधानसभा के चुनाव लड़े गये। इस समय कांग्रेस द्वारा रिपब्लिकन पार्टी के लिए केवल छह सीटें दी गयी थीं। इस बात को लेकर मतभेद हुए। अनेक आर.पी.आई. कार्यकर्ताओं ने चुनाव लड़ने टिकट न मिलने के कारण बग़ावत की और इंडिपेंडेंट चुनाव लड़ने आवेदन जमा किये। भाई संगारे और चन्द्रकान्त हांडोरे ने आठवले द्वारा टिकट आबंटन पर आक्षेप लेकर पार्टी त्याग किया। चुनाव में सेना-भाजपा को बहुमत मिला। रिपब्लिकन पार्टी के किसी भी गुट का एक भी उम्मीदवार विजय प्राप्त न कर सका।

सेना-भाजपा गठबन्धन का शासन सत्ता पर आ गया। इस शासन ने पूर्ववर्ती शासन द्वारा लिया मराठवाड़ा विश्वविद्यालय के नामान्तर का निर्णय स्थायी रखा। परन्तु नामान्तर आन्दोलन के दरमियान दलितों ने सवर्णों पर किये मुक़दमे पीछे लेने का निर्णय लिया। परिणामतः दलितों में असन्तोष की भावना निर्माण हुई। इस निर्णय के साथ-साथ महाराष्ट्र में कुछ स्थानों पर बाबासाहेब आम्बेडकर के पुतले की अप्रतिष्ठा हुई। दलितों में क्रोध की लहर उछली। इसी दरमियान प्रकाश आम्बेडकर की सांसद पद की अवधि समाप्त हुई। रामदास आठवले का मन्त्री पद समाप्त हुआ। टी. एम. कांबळे का विधायक पद समाप्त हुआ। आर.पी.आई. नेताओं के सत्ता स्थान समाप्त होने पर उन्हें पुनः एक बार ऐक्य की ज़रूरत महसूस हुई। 6 दिसम्बर 1995 ई. को चैत्यभूमि पर एकत्र हुई दलित जनता ने ऐक्य की माँग की। पुनः ऐक्य के लिए बातचीत प्रारम्भ हुई। 25 दिसम्बर 1995 ई. को रिपब्लिकन नेता एकत्र आये और ऐक्य की घोषणा की। नौ जनों का अध्यक्षीय मण्डल रिपब्लिकन पार्टी के नेतृत्व के लिए नियुक्त किया गया। इसमें रा. सु. गवई, प्रकाश आम्बेडकर, रामदास

आठवले, नामदेव ढसाळ, राजा ढाले, बी. सी. कांबळे, धनश्याम तळवटकर, जोगेन्द्र कवाडे तथा टी. एम. कांबळे का समावेश किया गया। प्रस्तुत अध्यक्ष मण्डल को निर्णय लेने के समस्त अधिकार दिये गये। प्रस्तुत ऐक्य 1996 ई. में होने वाले लोकसभा के सार्वत्रिक चुनावों को समक्ष रखकर ही हुआ। दलितों के मन में आज तक के ऐक्य का इतिहास देखते हुए इस ऐक्यविषयक भी साशंकता दिखाई दी। रिपब्लिकन पार्टी ने कांग्रेस के साथ गठबन्धन किया। इस कारण रिपब्लिकन पार्टी के रामदास आठवले, रा. सु. गवई, जोगेन्द्र कवाडे और प्रकाश आम्बेडकर सांसद के रूप में चुनाव जीत गये। इस चुनाव में किसी भी पार्टी को स्पष्ट बहुमत नहीं मिला था। भारतीय जनता पार्टी ने अपनी सहयोगी पार्टियों का समर्थन लेकर एनडीए की स्थापना की। परन्तु वह अधिक समय तक टिक न सका। चुनाव पुन: एक बार घोषित हुए। इस समय कांग्रेस में विभाजन हुआ था। 1999 ई. में सार्वत्रिक चुनावों में प्रकाश आम्बेडकर, रा. सु. गवई और जोगेन्द्र कवाडे ने सोनिया कांग्रेस को समर्थन दिया तो रामदास आठवले ने शरद पवार के राष्ट्रवादी कांग्रेस के साथ गठबन्धन किया। एक बार फिर रिपब्लिकन पार्टी में दरार पड़ी। इक्कीसवीं शती की दहलीज पर प्रस्तुत पार्टी फूट के कारण ग्रस्त हुआ।

रिपब्लिकन पार्टी की मर्यादा

रिपब्लिकन पार्टी का एक गुट 1960 ई. पश्चात् निरन्तर सत्ता के साथ रहा तो दूसरा गुट सत्ता के विरोधी। रिपब्लिकन पार्टी का सत्ता के लिए और सत्ताधारी पार्टी के साथ गठबन्धन रहने से इस पार्टी का स्वतन्त्र कार्यक्रम न रहा। कार्यकर्ता सत्ता में मग्न रहे। कुछ कार्यकर्ताओं ने सत्ताधारी पार्टी में प्रवेश किया। कार्यकर्ताओं में सत्ता में साझेदारी तथा नेतृत्व की महत्त्वाकांक्षा के परिणामस्वरूप निरन्तर असन्तोष फैलने लगा। नेतृत्व की स्पर्धा बढ़ने लगी। रिपब्लिकन पार्टी का ऐक्य चुनावों को सामने रखकर होने से वह अधिक काल टिक न सका। रिपब्लिकन पार्टी में नेतृत्व की होड़, सत्ता में साझेदारी, स्वार्थ तथा अहंकार के कारण निरन्तर गुटबाज़ी हुई।

रिपब्लिकन पार्टी ने चुनावी राजनीति को महत्त्व दिया। इस पार्टी के बहुसंख्य नेता नवबौद्ध समाज के थे। इस कारण यह पार्टी एक जाति के पार्टी के रूप में पहचाना गया। अन्य राजनीतिक पक्षों ने अन्य जाति-उपजातियों को अपनी ओर झुकाया था। इस कारण ग़ैर-महार दलित जाति-जमात इस रिपब्लिकन पार्टी की ओर आकर्षित न हो सकीं। रिपब्लिकन पार्टी के नेताओं के बीच का विवाद, सत्ताहोड़,

स्वार्थ और गुटबाज़ी के कारण दलित जनता का भी इस पार्टी नेतृत्व पर का विश्वास घटने लगा। रिपब्लिकन पार्टी नेताओं ने अपने नेतृत्व से परे जाकर अन्य दलित जाति-जमात की ओर गम्भीरता से ध्यान न दिया।

रिपब्लिकन पार्टी सर्वहारा वर्ग का पार्टी होने से उसकी आर्थिक स्थिति मज़बूत नहीं थी। इस कारण चुनाव के अर्थकारण में इस पार्टी की अगतिक स्थिति हुई। भारतीय चुनावों की राजनीति में किसी भी एक जाति का उम्मीदवार अपनी जाति के मतों पर चुनाव जीत नहीं सकता। उसे अन्य जातियों के मत भी मिलने आवश्यक होते हैं। रिपब्लिकन पार्टी अल्पसंख्यांक जातियों का पार्टी होने से उसे चुनाव में आवश्यक जितना बहुमत प्राप्त करना सम्भव न हुआ। रिपब्लिकन पार्टी के नेताओं को अपने पार्टी की एक जातीय छवि भी बदलना सम्भव न हुआ। परिणामतः रिपब्लिकन पार्टी की भारतीय राजनीति में निरन्तर हार हुई।

दलित युवकों के आन्दोलन

स्वातन्त्र्योत्तर काल के दलित युवकों ने अनेक संगठनों की स्थापना की। अनेक आन्दोलनों में सहभाग लिया। इसमें दलित युवकों के दो आन्दोलन काफ़ी ख्यात हुए। पहला 'दलित साहित्य आन्दोलन' और दूसरा 'दलित पैंथर' आन्दोलन। स्वातन्त्र्योत्तर काल के दलित युवकों के मानसिक आन्दोलन के ये दो आन्दोलन प्रतीक हैं।

दलित साहित्य आन्दोलन

1920 से 1956 ई. तक का समय अर्थात 'मूकनायक' से 'महानिर्वाण' डॉ. बाबासाहेब आम्बेडकर की क़लम, वाणी और कार्य से अभिभूत था। बाबासाहेब ने अस्पृश्यों की कैफियत गाँवकूस से गोलमेज परिषद तक प्रस्तुत की। पानी से लेकर ईश्वर तक अस्पृश्यों के समान अधिकारों के लिए संघर्ष किया। सम्पूर्ण दलित समाज बाबासाहेब के परिणामस्वरूप प्रभावित हुआ। इस बात से दलित लेखक भी अपवाद कैसे होगा? बाबासाहेब के विचार-कार्य का प्रचार दलित लेखकों ने शुरू किया। दलित शाहीरों का उल्लेख इस बात के सच्चे उदाहरण के रूप में किया जा सकेगा। अपने जलसों के माध्यम से शाहीरों ने समाज में आन्दोलन का चैतन्य निर्माण किया। इस समय जो लेखन हुआ वह जागरण का प्रचार करने वाला है। बाबासाहेब के कार्यकाल को दलित आन्दोलन के इतिहास का 'जागरण पर्व' कहना सम्भव है। प्रस्तुत जागरण पर्व के प्रमुख लेखक के रूप में बन्धु माधव, शंकरराव खरात, ना. रा. शेंडे तथा अण्णाभाऊ साठे का उल्लेख किया जा सकता है।

दलित समाज के बच्चों की उच्च शिक्षा हेतु 1946 ई. में बाबासाहेब आम्बेडकर ने मुम्बई में सिद्धार्थ-महाविद्यालय तो 1949 ई. में औरंगाबाद में मिलिन्द महाविद्यालय शुरू किया। इन महाविद्यालयों से शिक्षा लेनेवाली दलितों की पहली पीढ़ी बाबासाहेब के विचारों से अभिभूत थी। इस पीढ़ी का दलित युवक अपनी भावनाओं को शब्दबद्ध कर प्रस्तुत करने का प्रयत्न कर रहा था। इसका प्रत्यन्तर इस समय प्रकाशित हुए मिलिन्द महाविद्यालय के दलित विद्यार्थियों के वार्षिकांक के लेखन द्वारा दृष्टिगत होता है।

शुरुआती दौर में दलित लेखकों का लेखन सवर्ण प्रकाशक-सम्पादक छापते नहीं थे। दलित लेखकों के लेखन की तो दख़ल तक नहीं ली जाती थी। फिर भी दलित लेखक लिखते थे। इसी के फलस्वरूप 2 मार्च 1958 ई. को दादर के बंगाली हाईस्कूल के सभागृह में दलित लेखकों का पहले साहित्य सम्मेलन का आयोजन हुआ। प्रस्तुत सम्मेलन में ऐसा प्रस्ताव पारित किया गया कि 'दलित साहित्य का सांस्कृतिक महत्त्व पहचान कर दलित साहित्य की उचित दख़ल लेनी चाहिए।'

स्वातन्त्र्योत्तर काल के दलित युवक शिक्षित हुए। वे संगठन तथा संघर्ष का महत्त्व जान गये। उनकी यह आशा थी कि भारतीय स्वातन्त्र्य तथा संविधान के कारण उनके प्रश्न सुलझे जायेंगे। एक तरफ़ ज्ञान, विज्ञान तथा क़ानून के कारण दलित समाज में प्रचण्ड सजगता होने लगी तो दूसरी ओर दरिद्रता और जाति व्यवस्था ने दलितों को ज़र्जर बनाया। दलित युवकों ने शिक्षा का प्रसार, आन्दोलन का दबाव और समकालीन परिस्थिति के विरुद्ध संघर्ष के फलस्वरूप प्रस्थापित विषम समाजरचना के विरुद्ध अपने मन में स्थित 'चिढ़' और 'सन्ताप' अपने लेखन द्वारा व्यक्त किया। इस लेखन को ही 'दलित साहित्य' सम्बोधित किया गया।

दलित समाज को बाबासाहेब आम्बेडकर के विचार-कार्य के कारण अपनी ग़ुलामी का परिचय हुआ। उनकी वेदना को वाणी मिली। क्योंकि बाबासाहेब के रूप में इस मूक समाज को 'मूकनायक' मिला था। दलितों की वेदना एक की नहीं अथवा वह एक दिन की नहीं है। प्रस्तुत वेदना हज़ारों की है, हज़ारों वर्षों से है। परिणामतः वह व्यक्त होते समय समूह स्वरूप में व्यक्त होती है। दलित साहित्य की वेदना किसी एक के 'मैं' की नहीं है। वह बहिष्कृत समाज की वेदना है। इसलिए इस वेदना का स्वरूप सामाजिक बना है।

दलितों की वेदना से दलित साहित्य का 'नकार' और 'विद्रोह' ने जन्म लिया है। प्रस्तुत 'नकार' तथा 'विद्रोह' अपने पर थोपी अमानवी व्यवस्था के विरुद्ध

है। इस नकार का स्वरूप दुधारा है। प्रस्तुत विचार विषम व्यवस्था को नकार देते समय समानता, स्वातन्त्र्य, न्याय और बन्धुता की माँग करने वाला है। वेदना-नकार पश्चात् की अटल व्यवस्था 'विद्रोह' की होती है। मैं मनुष्य हूँ, मुझे मनुष्य के समस्त अधिकार मिलने चाहिए, इस एहसास से इस विद्रोह का जन्म हुआ है।

दलित लेखक सामाजिक प्रतिबद्धता की ज़िम्मेदारी से लिखता है। उसके लेखन में कार्यकर्ताओं का जोश और निष्ठा व्यक्त होती है। उनके लेखन में यह आत्मीयता व्यक्त होती है कि समाज परिवर्तित हो जायें, समाज को अपने प्रश्न मालूम हो जायें। दलित लेखक आन्दोलन कर लिखने वाला कार्यकर्ता-लेखक है। अपने साहित्य को वह आन्दोलन मानता है। उसकी प्रतिबद्धता 'समग्र ब्रोकन मैन' से है।

दलित लेखकों ने दलित साहित्य आन्दोलन के विकास के लिए जानबूझकर प्रयत्न किये हैं। उन्होंने अपने संगठनों की स्थापना की। दलित लेखकों की अनेक संस्था तथा संगठनाएँ अस्तित्व में आयीं। जैसे–दलित साहित्य संसद, दलित साहित्य परिषद, बौद्ध साहित्य परिषद, दलित नाट्य परिषद, फुले-आम्बेडकर पंचायत; ग्रामीण, दलित, आदिवासी साहित्य महासभा; प्रगतिशील विचार मंच, परिवर्तन साहित्य महामण्डल। दलितों ने दलित नाट्य सम्मेलन, बौद्ध साहित्य सम्मेलन, अस्मितादर्श साहित्य मेले, आम्बेडकरवादी साहित्य सम्मेलनों का आयोजन कर दलित साहित्य आन्दोलन गतिमान किया। नियतकालिक, अनियतकालिक, दैनिक, साप्ताहिक, मासिक, विशेषांक, परिसंवाद, व्याख्यानों का आयोजन और पुस्तक प्रकाशन जैसे उपक्रमों के माध्यम से दलित साहित्य आन्दोलन का विकास हुआ।

'अस्मितादर्श' त्रैमासिक का स्थान दलित साहित्य के मार्गक्रमण तथा इतिहास में अनन्य साधारण है। प्रस्तुत त्रैमासिक को डॉ. गंगाधर पानतावणे ने अत्यन्त सजगता से स्वखर्चे से चलाया। उन्होंने प्रत्येक वर्ष 'अस्मितादर्श लेखक-पाठक मेले' का आयोजन करके दलित लेखक-पाठकों के बीच सुसंवाद निर्माण किया एवं दलित साहित्य के विकास को परिवर्तन की गति दी। विलास वाघ की 'सुगावा' पत्रिका और प्रकाशन ने दलित साहित्य के विद्रोही विचार मंच के रूप में कार्य किया दिखाई देता है। दलितों की कुछ प्रकाशन संस्थाएँ थी। जैसे–आनन्द प्रकाशन, औरंगाबाद; प्रचार प्रकाशन, कोल्हापुर; सुगत प्रकाशन, नागपुर; सम्बोधी प्रकाशन, मुम्बई।

दलित पैंथर

बाबासाहेब आम्बेडकर के निधन पश्चात् कुछ समय तक दलित आन्दोलन रुक सा गया था। दलित समाज हकबका गया था। परन्तु दलित पैंथर के उदय के परिणामस्वरूप दलित आन्दोलन पुनः गतिमान हुआ।

9 जुलाई 1972 ई. को दलित पैंथर की स्थापना हुई है यानी स्वतन्त्रता प्राप्ति को एक चौथाई शती की कालावधि होने पर और बाबासाहेब के निधन पश्चात् डेढ़ दशक गुजरने पर 'दलित पैंथर' की स्थापना हुई है। इस सम्पूर्ण कालावधि के बीच एक तरफ़ दलितों पर अन्याय, अत्याचार हो रहे थे तो दूसरी तरफ़ इस जुल्म को वाणी देनेवाला प्रभावी संगठन दलितों के पास न था। दलित युवकों के मन में शिक्षा, विज्ञान, कायदा, आम्बेडकरी विचारधन और आन्दोलन के परिणामस्वरूप आत्मसम्मान की भावना प्रबलता से वृद्धिंगत हो रही थी। अर्थात् दलितों को त्रस्त करने वाले प्रश्न सुलझ न रहे थे। बाबासाहेब के विचारों की विरासत बतानेवाला रिपब्लिकन पार्टी सत्ता, स्वार्थ, समझौते और गुटबाज़ी के कारण खोखला हुआ था। 'अस्पृश्यता के प्रश्नों पर संघर्ष करने के लिए स्वतन्त्र संगठन' नहीं था। समय की ज़रूरत थी कि जाति अन्त के प्रश्नों पर प्रखरता से लड़नेवाला संगठन हो।

इस समय महाविद्यालयों में शिक्षा लेनेवाले दलित युवक शहर-शहर में संगठित हुए थे। प्रत्येक महाविद्यालय में रिपब्लिकन विद्यार्थी संगठनों की स्थापना हुई थी। दलित विद्यार्थी इन संगठनों के माध्यम से सामाजिक प्रश्नों पर संघर्ष कर रहे थे। परन्तु ये आन्दोलन अपने शहर तक ही सीमित थे। उनका बल महाविद्यालयों के छात्रावास तक ही मर्यादित था। महाराष्ट्र के अनेक दलित युवक शहर के छात्रावासों में केन्द्रित हुए थे। इस पृष्ठभूमि पर 'दलित पैंथर' का उदय अपरिहार्य घटना थी।

दलित युवकों के शहरों में स्वतन्त्र संगठन थे। परन्तु राज्य स्तर का संगठन नहीं था। परिणामतः इन संगठनों की दिशा और नीति तय नहीं थी। दलित युवकों के संगठन देश में कहीं भी दलितों पर अन्याय होने पर अपनी प्रतिक्रियाएँ व्यक्त करते थे। ये प्रतिक्रियाएँ स्थानिक स्तर पर भी व्यक्त होती थी। उन्हें राज्य स्तर का विचार मंच प्राप्त नहीं होता था। उनका दबाव नहीं पड़ता था। 'दलित पैंथर' की स्थापना के परिणामस्वरूप यह संगठनात्मक ज़रूरत पूर्ण हुई।

दलित पैंथर यानी दलितों पर होने वाले अन्याय विरुद्ध की प्रखर प्रतिक्रिया ही थी। बाबासाहेब आम्बेडकर के प्रति की असीम श्रद्धा, दलित समाजविषयक अमर्यादित आत्मीयता, सामाजिक विषमता के विरुद्ध भड़के हुए सन्तप्त युवकों

के कारण 'दलित पैंथर' संगठन अल्पावधि में ही समस्त राज्य में फैल गया। पैंथर की छावनियाँ गाँव-गाँव निकलीं। पैंथर के बग़ावती स्वर के भाषण, भीड़ खींचने वाली तूफ़ानी सभाएँ, मारपीट, मोर्चे, पुलिस मुक़दमों के कारण दलित पैंथर संगठन काफ़ी ख्यात रहा। बाबासाहेब के निधन पश्चात् शिथिल बने समाज को पैंथर नामक संगठन नवीन चिंगारी लगने लगी।

नामदेव ढसाळ ने सुनील दिघे नामक नक्सलवादी कार्यकर्ता के सहकार्य से दलित पैंथर का 'घोषणापत्र' तैयार किया। राजा ढाले ने इस घोषणापत्र का विरोध किया; उनका मत था कि यह घोषणापत्र कम्युनिस्ट विचारानुवर्ती है। नामदेव ढसाळ और राजा ढाले के बीच 1977 ई. के सार्वजनिक चुनाव में दलित पैंथर किसका समर्थन करे, इस बात को लेकर मतभेद हुए और इस विवाद के चलते राजा ढाले ने 'दलित पैंथर' संगठन ख़ारिज किया एवं नवीन 'मास मूवमेंट' नामक संगठन की स्थापना की। इस कारण दलित पैंथर का विभाजन हुआ। 'दलित पैंथर' (नामदेव ढसाळ) और 'मास मूवमेंट' (राजा ढाले) ऐसे दो गुट तैयार हुए। दलित पैंथर ख़ारिज होने से अनेक कार्यकर्ता व्यग्र-व्याकुल हुए। अरुण कांबळे, भाई संगारे, रामदास आठवले, उमाकान्त रणधीर, एसेम प्रधान, गंगाधर गाड़े, प्रीतमकुमार शेगावकर, वामन निंबाळकर, दयानन्द मस्के और टी. एम. कांबळे जैसे पैंथर नेताओं ने पैंथर ख़ारिज करने आक्षेप लिया। ऐसी भूमिका घोषित की कि इससे आगे दलित पैंथर संगठन हम चलायेंगे। दलित पैंथर पूरे देश में फैला था। 'दलित पैंथर' का पुनर्जीवन करके नवीन संगठन का नामकरण 'भारतीय दलित पैंथर' किया। इस संगठन के अध्यक्ष के रूप में अरुण कांबळे का चयन किया गया।

नामान्तर आन्दोलन

डॉ. बाबासाहेब आम्बेडकर ने मराठवाड़ा को अपनी कर्मभूमि माना। उन्होंने मराठवाड़ा जैसे पिछड़े प्रदेश में उच्च शिक्षा की अधिक ज़रूरत समझ कर; औरंगाबाद में 'मिलिन्द महाविद्यालय' की स्थापना की। इस कार्य से वे मराठवाड़ा के शैक्षिक आन्दोलन के प्रणेता ठहरे। ऐसी माँग आगे आयी कि मराठवाड़ा की भूमि पर बाबासाहेब द्वारा किये कार्य का उचित स्मारक हों; इसलिए मराठवाड़ा विश्वविद्यालय को डॉ. बाबासाहेब आम्बेडकर का नाम दें। प्रस्तुत माँग को आगे ले जाने में औरंगाबाद के दलित पैंथर्स का बहुत बड़ा सहभाग था। मराठवाड़ा की जनता ने पैंथर की माँग का स्वागत किया। नामान्तर माँग के लिए दलित पैंथर ने

मराठवाड़ा के विविध क्षेत्रों के सम्माननीय जनों के हस्ताक्षरों का अभियान शुरू किया। नामान्तर आन्दोलन दिन-ब-दिन अधिक व्यापक होता गया। गंगाधर गाडे के नेतृत्व में दलित पैंथर विश्वविद्यालय पर मोर्चा ले गया। मराठवाड़ा विश्वविद्यालय कार्यकारिणी ने दलित पैंथर की माँग को दर्ज कर मराठवाड़ा विश्वविद्यालय का नामान्तर 'डॉ. बाबासाहेब आम्बेडकर विश्वविद्यालय' करने के आशय का प्रस्ताव पारित किया। यह नामान्तरवादियों की पहली जीत थी। 24 सितम्बर 1977 ई. को विद्यार्थी, नगरजन और नामान्तर कृति समिति द्वारा विश्वविद्यालय का नाम बदलने के लिए प्रचण्ड मोर्चा निकालकर औरंगाबाद के उपायुक्त को निवेदन दिया गया। इस मोर्चा का नेतृत्व कॉ. चन्द्रगुप्त चौधरी, डी. एल. हिवराळे, सुभाष लोमटे, प्रा. बाबूराव जगताप और प्राचार्य मोहगावकर ने किया। प्रस्तुत मोर्चा हेतु म. भि. चिटणीस, प्रा. राजाराम राठोड, नानासाहब शिंदे आदि प्रतिष्ठित जन उपस्थित थे। पैंथर के साथ अन्य राजनीतिक तथा बग़ैर राजनीतिक पार्टियाँ भी शामिल थी। परिणामत: नामान्तर माँग को अधिक बल मिला। इसके साथ नामान्तर विरोधी भावना भी भड़कने लगी। गोविन्दभाई श्रॉफ, अनन्तराव भालेराव, नरहर कुरुन्दकर आदि प्रतिष्ठित जनों ने नामान्तर विरोधक की भूमिका ली। इससे महाराष्ट्र शासन भी अड़चन में आया। दलित पैंथर द्वारा 15 अगस्त 1977 ई. को नामान्तर के लिए मन्त्रालय पर प्रदर्शन किया गया। आज़ाद मैदान में मोर्चे के प्रदर्शन को रोका गया पुलिस ने लाठियाँ बरसाईं।

नामान्तर संघर्ष की परिणति के रूप में 27 जुलाई 1978 ई. को महाराष्ट्र राज्य विधिमण्डल के अधिवेशन के आख़िरी दिन दोनों सदनों में बहुमत से नामान्तर का प्रस्ताव सम्मत किया और मराठवाड़ा में दलित विरोधी दंगल शुरू हुए। इन दंगलों में दीन-ग़रीबों के घर उध्वस्त हुए। सम्पूर्ण जनजीवन बिखर गया। जनार्दन मोवाडे, पोचीराम कांबळे जैसे कार्यकर्ता मारे गये।

भारतीय दलित पैंथर ने मराठवाड़ा विश्वविद्यालय को डॉ. बाबासाहेब आम्बेडकर का नाम देने हेतु प्रदीर्घ संघर्ष किया। भारतीय दलित पैंथर ने 1976 से 1994 ई. दरमियान की कालावधि में अपनी माँग लोगों के सामने रखी। दलित आन्दोलन को नामान्तर संघर्ष के कारण, नवीन परिमाण प्राप्त हुआ। नामान्तर का संघर्ष दलितों की अस्मिता का प्रतीक था। इस संघर्ष में प्रगतिशील समाज का सहभाग था। आदिवासी, घुमन्तू, विमुक्त नामान्तर के प्रश्न पर रास्ते पर उतरे। नामान्तर संघर्ष में दलितेतर समानतावादियों का सहभाग था। पैंथर आन्दोलन के

इतिहास में तीन घटनाएँ महत्त्वपूर्ण हैं। 1977 ई. में नामान्तर हेतु पैंथर ने मुम्बई में निकाला मोर्चा, 1978 ई. में दिल्ली में निकाला मोर्चा और 1979 ई. में औरंगाबाद में नामान्तर हेतु किया सत्याग्रह।

नामान्तर आन्दोलन के कारण दलितों में बड़ी मात्रा में भावनिक ऐक्य निर्माण हुआ। समानतावादी आन्दोलन तैयार हुआ। सामान्य व्यक्ति बड़ी संख्या में आन्दोलन में सम्मिलित हुए। अनेक व्यक्ति जेल गये। नामान्तर का प्रश्न पैंथर आन्दोलन का प्राणबिन्दु ठहरा। नामान्तर आन्दोलन जिस तरह संघर्ष का था, उस तरह वह समाज जागृति का भी था।

मराठवाड़ा विश्वविद्यालय को डॉ. बाबासाहेब आम्बेडकर का नाम दिये जाने हेतु समानतावादी आन्दोलन सत्याग्रह कर रहे थे। कारण यह था कि बाबासाहेब आम्बेडकर संविधान के शिल्पकार हैं; उन्होंने मराठवाड़ा में शिक्षा का बीजारोपण किया। इसलिए इस विश्वविद्यालय को बाबासाहेब आम्बेडकर का नाम दिया जाये ऐसी माँग थी तो नामान्तर विरोधकों ने नामान्तर को विरोध किया। मराठवाड़ा हमारी अस्मिता है। इसलिए मराठवाड़ा विश्वविद्यालय का नामान्तर न करे; ऐसी भूमिका नामान्तर विरोधी संगठनों ने ली। दलितों ने सवर्णों द्वारा किये अन्याय-अत्याचार के आगे सर न झुकाते हुए अपनी माँग निरन्तर पन्द्रह वर्ष जोर लगाकर आगे जारी रखी। दलित युवकों ने नामान्तर के लिए आत्मदहन किया। नामान्तर की माँग हेतु एक के बाद एक आत्मदहन की वारदातें सामने आयीं। नान्देड़ के गौतम वाघमारे नामक पैंथर कार्यकर्ता के आत्मदहन से नामान्तर का प्रश्न अधिक उलझ गया। आख़िर महाराष्ट्र शासन ने 14 जनवरी 1994 ई. में मराठवाड़ा विश्वविद्यालय का 'डॉ. बाबासाहेब आम्बेडकर मराठवाड़ा विश्वविद्यालय' नामविस्तार किया।

मास मूवमेंट

राजा ढाले ने दलित पैंथर ख़ारिज कर नवीन 'मास मूवमेंट' संगठन की स्थापना की। राजा ढाले का दलित पैंथर का नेतृत्व माननेवाले कार्यकर्ता इस संगठन में दाखिल हुए। राजा ढाले, ज. वि. पवार ने 'मास मूवमेंट' संगठन चलाया। मुम्बई और नाशिक तक इस संगठन का प्रभाव क्षेत्र सीमित था। इस संगठन ने राजनीति से भी सामाजिक प्रश्न महत्त्वपूर्ण मानकर अपना कार्य प्रारम्भ किया। इस संगठन ने दलित पैंथर से भी उग्र स्वरूप धारण करने का मर्यादित प्रयत्न किया।

दलित मुक्ति सेना

प्रा. जोगेन्द्र कवाडे ने 'दलित मुक्ति सेना' नाम के दलित युवकों के उग्र संगठन की स्थापना की। प्रा. कवाडे के आक्रमक और विद्रोही भाषणों के परिणामस्वरूप दलित युवक 'दलित मुक्ति सेना' में सहभागी होने लगे। नामान्तर का संघर्ष प्रा. कवाडे ने उग्रता से लड़ा। उन्होंने नागपुर से औरंगाबाद तक का 'लांग मार्च' निकाला। इस लांग मार्च में अनेक प्रगतिशील संगठनों और कार्यकर्ताओं का सहभाग था। अनेक कार्यकर्ताओं को जगह-जगह लांग मार्च को रोककर क़ैद किया गया। प्रा. कवाडे के आक्रमक रवैये से उन पर जगह-जगह ज़िलाबन्दी के आदेश लागू किये गये। प्रा. कवाडे ने दलित-मुस्लिमों के ऐक्य करवाने के लिए 25 जनवरी 1994 ई. को 'दलित मुस्लिम अल्पसंख्यक सुरक्षा महासंघ' की स्थापना की।

मण्डल आयोग का संघर्ष

विख्यात गांधीवादी काकासाहब कालेलकर की अध्यक्षता में 1953 ई. में पिछड़े वर्ग के पहले आयोग की स्थापना की गयी थी। कालेलकर आयोग ने देश की 2399 जातियों को अन्य पिछड़ी वर्गीय जातियों के रूप में निर्धारित करने की सिफ़ारिश की। परन्तु इस आयोग की सिफ़ारिश पर अमल न किया गया। जनता पार्टी ने अपने घोषणापत्र द्वारा 1977 ई. के सार्वत्रिक चुनाव के दरमियान कालेलकर आयोग की सिफ़ारिशों पर अमल करने का आश्वासन दिया था। केन्द्र तथा अनेक राज्यों में जनता पार्टी की सरकारें अस्तित्व में आयीं। बिहार में कर्पूरी ठाकुर के सत्ता में आते ही उन्होंने अन्य पिछड़े वर्गों के लिए 26 प्रतिशत आरक्षण देने की सिफ़ारिश की और बिहार में आरक्षणों के विरुद्ध तीव्र आन्दोलन छिड़ गया। जनता पार्टी में आरक्षित स्थानों के अमल करने के प्रश्नों पर तीव्र मतभेद निर्माण हुए। इन प्रश्नों पर पर्दा डालने के लिए तत्कालीन पन्तप्रधान मोरारजी देसाई जी ने 1978 ई. में दूसरे 'पिछड़े वर्ग आयोग' की स्थापना की। इस आयोग का अध्यक्ष पद संसद सदस्य तथा पूर्व मुख्यमन्त्री, बिहार; बी.पी. मण्डल को सौंपा गया।

मण्डल आयोग ने भारत की कुल 3743 जातियों को अन्य पिछड़ी जातियों के रूप में घोषित किया। इनमें महाराष्ट्र की 272 जातियों का समावेश किया है। 1978 ई. में मण्डल आयोग का अहवाल आते ही गुजरात और बिहार में आरक्षण के विरोध में आन्दोलन छिड़ गया। दलित और प्रगतिशील संगठनों ने मण्डल आयोग की रिपोर्ट पर अमल किया जाये, इस हेतु संघर्ष जारी किया। इस संघर्ष में दलित आन्दोलन अग्रणी रहा।

13 अगस्त 1990 ई. में तत्कालीन पन्तप्रधान विश्वनाथ प्रताप सिंह ने मण्डल आयोग लागू किये जाने की घोषणा की और समस्त देश में आरक्षण के विरोध में कुछ सवर्ण छात्रों ने आत्मदहन किया। केन्द्र में जनता पार्टी और भाजपा के संगठन का शासन था। भाजपा अध्यक्ष लालकृष्ण अडवाणी ने मण्डल आयोग का संघर्ष चरम सीमा पर पहुँचा ही था कि रामजन्म भूमि के लिए रथयात्रा निकाली। प्रस्तुत रथयात्रा सम्पूर्ण देश से गुजर रही थी। यह रथयात्रा आख़िर में अयोध्या में विसर्जित होनेवाली थी। परन्तु बिहार में तत्कालीन मुख्यमन्त्री लालूप्रसाद यादव ने इस रथयात्रा को रोका। बिहार में जनता पार्टी की सरकार थी। इस कारण भाजपा ने जनता पार्टी का समर्थन वापस लिया। परिणामत: मण्डल आयोग पर अमल न हो सका। विश्वनाथ प्रताप सिंह की सरकार गिर जाने पर चन्द्रशेखर ने कांग्रेस की सहायता से अपनी सरकार बनायी। चन्द्रशेखर की सरकार अल्प काल तक ही सत्ता में थी।

1991 ई. में सार्वत्रिक चुनाव प्रचार की खुली सभा में राजीव गांधी की हत्या हुई। इस कारण सार्वत्रिक चुनाव में लोगों की सहानुभूति कांग्रेस को प्राप्त हुई और कांग्रेस पार्टी बहुमत से सत्ता पर आया। पन्तप्रधान पी. वी. नरसिंहराव मण्डल आयोग अमल में ले आये। केन्द्र सरकार के बाद राज्य सरकारों ने भी अपने-अपने राज्य में मण्डल आयोग लागू किया।

रिडल्स प्रकरण

1976 ई. में महाराष्ट्र शासन ने शिक्षा मन्त्री सदानन्द वर्दे की अध्यक्षता में डॉ. बाबासाहेब आम्बेडकर का समग्र लेखन तथा भाषण प्रकाशित करने के लिए 24 सदस्यों की सलाहगार समिति नियुक्त की। उसमें आम्बेडकर के राजनीतिक अनुयायी, अनुसन्धाता और विख्यात लेखकों का समावेश किया गया था। सलाहगार समिति के साथ सम्पादक मण्डल भी नियुक्त किया गया था।

14 अप्रैल 1987 ई. को डॉ. बाबासाहेब आम्बेडकर के अप्रकाशित साहित्य को समाविष्ट किया चौथा खण्ड प्रकाशित हुआ। प्रस्तुत ग्रन्थ के परिशिष्ट में 'द रिडल्स ऑफ़ राम एंड कृष्ण' प्रकरण समाविष्ट किया था। इस प्रकरण के कारण विवाद शुरू हुआ। दैनिक 'लोकसत्ता' के सम्पादक माधव गडकरी ने 3 नवम्बर 1987 ई. के अंक में 'चौफेर' शीर्षक स्तम्भ के अन्तर्गत लेख लिखकर 'रिडल्स प्रकरण' की समीक्षा की ओर समस्त महाराष्ट्र में 'रिडल्स' के कारण वातावरण तप्त हुआ। अमरावती की मण्डली ने उच्च न्यायालय के नागपुर खण्डपीठ के प्रति

रिट दाखिल किया था। अमरावती के मराठा महासंघ ने 'रिडल्स' की प्रति को जलाया था। विधानसभा में शिक्षा मन्त्री ने प्रस्तुत परिशिष्ट को निकाल देने का निर्णय 16 नवम्बर 1987 ई. को घोषित किया और सम्पादन समिति के सदस्य प्रा. अरुण कांबळे, भालचन्द्र फडके ने अपने पदों के त्यागपत्र शासन को प्रस्तुत किये। सदानन्द वर्दे और नानासाहब गोरे ने शासन के प्रति निषेध व्यक्त किया। विचार स्वातन्त्र्य हेतु संघर्षरत रहे डॉ. बाबासाहेब आम्बेडकर के लेखन को हटाने का निर्णय सन्तापजनक था। इससे दलित आन्दोलन छिड़ गया। जनतन्त्रवादी प्रवृत्तियों ने ऐसा आग्रह रखा कि 'लेखक का विचार स्वातन्त्र्य अबाधित रहना चाहिए'। 'विचार स्वातन्त्र्य' के समर्थनार्थ अनेक दलित संगठन इकट्ठा हुए और उन्होंने मुम्बई में प्रचण्ड मोर्चा निकाला। दैनिक 'केसरी' ने दलितों का पक्ष लिया। परिवर्तनवादी प्रक्षुब्ध जनमानस डॉ. बाबासाहेब आम्बेडकर के पक्ष में रहा। आख़िर में समझौता होकर बाबासाहेब आम्बेडकर का लेखन मूल रूप में लोगों को विचार करने के लिए उपलब्ध हुआ। यह परिवर्तनवादी आन्दोलन की जीत थी।

महात्मा फुले की बदनामी

'रिडल्स' वाद पश्चात् म. फुले के विरोध में प्रकाशित हुए लेखन से पुनः महाराष्ट्र में तूफ़ान मचा। ग. वा. बेहेरे द्वारा सम्पादित पुणे के 'साप्ताहिक सोबत' के 11 दिसम्बर 1988 ई. के अंक में बाळ गांगल ने लेख लिखकर म. फुले की बदनामी की। म. फुले ने बहुजन, दलित, कृषक समाज को सामाजिक क्रान्ति का नवीन हथियार दिया। अस्पृश्य और स्त्रियों के उद्धार स्वरूप जनप्रवाह के विरुद्ध जाकर उन्होंने समाज कार्य किया। महाराष्ट्र के समाज सुधार इतिहास का ज्वलन्त युग है, फुले-आम्बेडकर का विचार। बाळ गांगल ने 'यह कैसा महात्मा? यह तो फुले नाम की दुर्गन्धी।' इस शीर्षक से लेख लिखकर महात्मा फुले की निन्दा की। प्रस्तुत लेखन द्वेषमूलक वृत्ति से किया था। परिणामस्वरूप सम्पूर्ण महाराष्ट्र में क्रोध की लहर उछली और म. फुले की बदनामी करनेवाले लेखन की तीखी आलोचना की गयी। हरि नरके, रमेश ढावरे आदि लेखकों ने इस सन्दर्भ में अनुसन्धान कर मौलिक ग्रन्थ प्रकाशित किये। रिडल्स वाद पश्चात् फुले का वाद दूसरा हमला था। इस समय भी दलित आन्दोलनों ने फुले के विचारों का प्रचण्ड समर्थन किया। स्पष्ट हुआ कि महाराष्ट्र में सामाजिक, सांस्कृतिक, राजनीतिक और शैक्षिक क्षेत्र में होनेवाले परिवर्तन से अभी भी एक मनोवृत्ति तीव्र रूप में असन्तुष्ट है।

स्वातन्त्र्योत्तर काल के अन्तिम दशक का प्रारम्भ बाबासाहेब आम्बेडकर जन्मशती और म. फुले की स्मृतिशती वर्ष द्वारा हुआ। इस कारण दलित संगठनों ने अनेक उपक्रम तथा कार्यक्रम आयोजित किये। 3 अक्तूबर 1957 ई. अर्थात 'रिपब्लिकन पार्टी ऑफ़ इंडिया' पार्टी स्थापना से लेकर 14 जनवरी 1994 ई. तक, अर्थात 'मराठवाड़ा विश्वविद्यालय को डॉ. बाबासाहेब आम्बेडकर' का जोड़ने तक का काल दलित संगठनों की नींव रखने का काल है। यह काल दलित नेतृत्व और दलित संगठन की इम्तहान का काल रहा।

कांशीराम के संगठन

कांशीराम ने 1977 ई. से महाराष्ट्र के दलित आन्दोलन का नेतृत्व करने का प्रयत्न किया। कांशीराम ने महाराष्ट्र में प्रशासकीय सेवा में रहते हुए फुले, आम्बेडकर और शाहु महाराजा के विचारों का अध्ययन किया। उन्होंने महाराष्ट्र में अपना कार्य शुरू किया परन्तु महाराष्ट्र में उन्हें समर्थन नहीं मिला। उन्होंने उत्तर प्रदेश में दलितों का आन्दोलन शुरू किया। कांशीराम ने 'बहुजन समाज पार्टी' की स्थापना कर समस्त दलितों को संगठित किया। जातिवादी-मनुवादी प्रवृत्तियों पर जबरदस्त हमला किया। उत्तर प्रदेश की दलित जनता संगठित हुई और कांशीराम का नेतृत्व देश स्तर पर ख्यात रहा।

कांशीराम ने 'बामसेफ' नामक प्रशासकीय कर्मचारियों के दलित सामाजिक संगठन की स्थापना की। उन्होंने 'डी. एस. फोर' नामक सामाजिक संगठन की स्थापना कर अपने संगठन के ध्येय-नीतियों का प्रचार करना प्रारम्भ किया। कांशीराम को महाराष्ट्र के विदर्भ प्रान्त से बहुत बड़ा अनुयायी वर्ग मिला।

'समाजवादी पार्टी' और 'बहुजन समाज पार्टी' के संगठन को 1996 ई. के विधानसभा चुनावों में बहुमत मिला। परिणामत: कांशीराम की लोकप्रियता बढ़ गयी। दलित मुस्लिम जनता कांशीराम के नेतृत्व की ओर आशा से देखने लगी। सपा-बसपा संगठन का शासन उत्तर प्रदेश में राज्य करने लगा। परन्तु मुलायम सिंह और कांशीराम में सत्ता के मुद्दे पर हुआ विवाद चरम सीमा को लाँघ गया और कांशीराम ने मुलायम सिंह का समर्थन वापस ले लिया। परिणामत: सपा-बसपा संगठन की सरकार गिर गयी। तदनन्तर बसपा ने भाजपा के समर्थन से सरकार बनाई। मायावती मुख्यमन्त्री बनी। 'बसपा' और 'भाजपा' का गठबन्धन वैचारिक दृष्टि से अस्वाभाविक था। परिणामत: मायावती की सरकार केवल साढ़े चार महीनों

में ही गिर गयी। भारतीय जनता पार्टी के साथ बहुजन पार्टी ने गठबन्धन करने से कांशीराम और मायावती की राजनीतिक अवसरवादिताविषयक वातावरण निर्माण हुआ। महाराष्ट्र की दलित जनता को महाराष्ट्र के दलित नेतृत्व का प्रभाव नष्ट होते समय कांशीराम का नेतृत्व आशा की किरन महसूस हो रहा था। परन्तु उन्होंने भाजपा के साथ किये समझौते के कारण कांशीराम और उनके पार्टीविषयक दलित समाज में स्थित सहानुभूति और विश्वास में कमी आयी। उत्तर भारत में दलितों को कांशीराम के नेतृत्व के साथ रामविलास पासवान के भी नेतृत्व का लाभ हुआ। पासवान ने 'दलित सेना' संगठन की स्थापना की तथा इस संगठन की महाराष्ट्र में भी कुछ स्थानों पर शाखाएँ हैं। यह ध्यान में लेना चाहिए कि महाराष्ट्र के अतिरिक्त दक्षिण भारत से राष्ट्रीय स्तर पर दलित नेतृत्व उभरकर नहीं आया।

ग़ैर-महार जातियों के संगठन

सभी अस्पृश्य जातियों में ऐक्य नहीं है, इतना ही नहीं तो इन जातियों में भी जातिवाद है। जाति-उपजातियों में ईर्ष्या, मत्सर और होड़ बढ़ती हुई दिखाई देती है। महार अथवा नवबौद्ध समाज शिक्षित है, संगठित है, वह संघर्ष करता है। इस कारण वह समस्त अस्पृश्य जातियों में अग्रणी रहनेवाला समाज है। बाबासाहेब आम्बेडकर के आन्दोलन तथा धर्मान्तर के कारण अन्य अस्पृश्य जातियों से भी नवबौद्ध समाज की अधिक जागृति हुई है। इस समाज को शासकीय तथा राजनीतिक सुविधाएँ मिली हैं। नवबौद्ध समाज सभी क्षेत्रों में आगे हैं तो नवबौद्धों के अतिरिक्त जो अस्पृश्य समाज है वह नवबौद्ध समाज से दूर होता जा रहा है। उसने धर्मान्तर नहीं किया है। उसने नवबौद्धों का नेतृत्व स्वीकारा नहीं है। इसके विपरीत ग़ैर-महार अस्पृश्य जातियाँ स्वयं का स्वतन्त्र संगठन निर्माण कर रही हैं। मातंग समाज ने अण्णाभाऊ साठे और लहूजी वस्ताद को अपना दैवत मानकर के संगठनों की स्थापना की। ढोर समाज ने वीरशैव कक्कया नामक अपने पुराण पुरुष का पुनरुज्जीवन किया है और वीरशैव कक्कया के नाम से संगठनों की स्थापना हो रही है। चर्मकार समाज के सन्त रैदास के नाम से संगठनों की स्थापना हो रही है। जगजीवन राम, सुशील कुमार शिंदे तथा कांशीराम का नेतृत्व चर्मकार तथा ढोर समाज ने मान्य किया है तो मातंग समाज ने मातंग जाति के राजनीतिक नेताओं को अपना नेता माना है। कांग्रेस, भाजपा, शिवसेना जैसे पक्षों ने अपनी उम्मीदवारी देते समय जान-बूझकर ग़ैर-महारों को दी है। यद्यपि ऐसा होने पर भी फुले-आम्बेडकरी आन्दोलन में अनेक ग़ैर-महार कार्यकर्ता निष्ठापूर्वक कार्य करते हुए दिखाई देते हैं।

दलित महिलाओं का आन्दोलन

दलितों को विषम व्यवस्था ने ग़ुलाम बनाया है। दलित स्त्री ग़ुलामों की ग़ुलाम है। जब-जब दलितों पर अन्याय-अत्याचार होते हैं, तब-तब दलितों की साधन-संपत्ति के साथ ही दलित स्त्रियों पर भी हमला होता है। फुले-आम्बेडकर के विचारकार्य से दलित स्त्री मुक्ति आन्दोलन प्रारम्भ होता है।

स्वातन्त्र्योत्तर काल के दलित संगठनों में दलित स्त्रियों का सहभाग बढ़ रहा है। परन्तु दलित महिलाओं का स्वतन्त्र संगठन प्रभावशाली रूप में कार्य करते हुए दिखाई नहीं देता। दलित संगठन दलित स्त्रियों के न्याय प्रश्नों के लिए संघर्ष करते हुए दिखाई देते हैं। रिपब्लिकन पार्टी, दलित पैंथर जैसे संगठनों में से दलित महिला कार्यकर्ताएँ कार्य कर रही हैं। इस सन्दर्भ में शांताबाई दाणी का रिपब्लिकन पार्टी में किया हुआ कार्य बहुत अनमोल है।

दलित लेखिकाओं ने दलित आन्दोलन के लिए लेखन किया है। दलित लेखिकाओं के लेखन से दलित साहित्य समृद्ध हुआ है। सुगंधा शेंडे, कुमुद पावडे, ज्योति लांजेवार, बेबी कांबळे, शांताबाई कांबळे, उर्मिला पवार, मिनाक्षी मून, सुरेखा भगत, प्रतिभा गेडाम, प्रज्ञा पवार के साथ रूपा बोधी का कार्य और लेखन दलित स्त्री आन्दोलन के लिए महत्त्वपूर्ण ठहरा है।

घुमन्तू-विमुक्तों के आन्दोलन

महाराष्ट्र में कुल 42 घुमन्तू-विमुक्त जनजातियाँ हैं। उनमें से 28 घुमन्तू और 14 विमुक्त हैं। इन 42 जमात की उपजातियों की संख्या लगभग दो सौ तक पहुँचती है। इन जनजातियाँ में संस्कृति-रूढ़ि-परम्परा, भाषा और प्रादेशिक कारणों से समानता नहीं है। प्रत्येक जनजाति की भाषा, परिपाटी और रीतिरिवाजों में भिन्नता परिलक्षित होती है।

अंग्रेज़ी सत्ता में घुमन्तू-विमुक्त जनजातियों के मुक्त जीवन पर अनेक बन्धन लगाए गये। सामान्य लोगों के बीच ये जनजातियाँ निरन्तर भ्रमण करने वाली, चोरियाँ करने वाली होने से संशय तथा भय का वातावरण होता था। 1871 ई. में ब्रिटिशों ने क़ानून करके चोरी करके उपजीविका करने वाले लोगों की जनजातियों को 'गुनहगार जनजाति' सम्बोधित किया। परिणामत: इन जनजातियों के लोगों को जन्मना ही गुनहगार समझा जाने लगा। गुनहगार जमात की घुमकड़ी पर बन्धन डालकर उन्हें एक स्थान पर क़ैद कर तार की बाड़ में रोककर रखा गया। ऐसे

बन्दीखानों को 'सेटलमेंट' के रूप में पहचाना जाता था। अलग-अलग राज्यों में 52 सेटलमेंट्स थे। अंग्रेज़ों ने इन जनजातियों को इकट्ठा कर उनका पुनर्वसन करने का प्रयास किया। भारत स्वतन्त्र होने पर डॉ. बाबासाहेब आम्बेडकर क़ानून मन्त्री थे। तब 1952 ई. में ब्रिटिशों द्वारा बनाये गये कायदे रद्द करवाकर गुनहगार जनजातियों को 'विमुक्त' कराया गया।

जीने के लिए भीख माँगना, चोरी करना, रास्ते-रास्ते पर जादू के खेल करना, नाच-गाना करना; साँप, बन्दर, बैल और तोता जैसे प्राणि-पक्षियों के खेल करवाकर जीविका चलाना, भविष्य बताना; नाड़ी परीक्षा करना, औषधि वनस्पति बेचना; सुइयाँ, आलपिन, भिलावाँ, काले मनके, काँच की माला, ओखली, सिल, खरल और खट्टा, सूप, बाँस की टोकरियाँ, टोकरियाँ जैसी वस्तुएँ बेचकर उपजीविका चला लेती है। ऐसी जनधारणा है कि ये जनजातियाँ भीख माँगनेवाली, कभी-कभी चोरी करने वाली और घूमनेवाली होती हैं। इस पूर्वग्रह दूषित भावना के कारण घुमन्तू तथा विमुक्त जनजातियों के लोगों को गाँव में काम नहीं मिलता। उनकी तरफ़ लोग आशंका से देखते हैं। परिणामतः इन जनजातियों का जीवन निरन्तर पुलिस का डर, ग्रामजनों की संशयवृत्ति और अस्थिरता से ग्रस्त दिखाई देता है।

वसन्तराव नाईक दस वर्ष महाराष्ट्र के मुख्यमन्त्री थे। इसलिए 'बंजारा' जनजातियों में बहुत सुधार हुए। आगे चलकर सुधाकरराव नाईक भी महाराष्ट्र के मुख्यमन्त्री बने। इस कारण 'बंजारा' जनजातियों के सुधारों को गति मिली। घुमन्तू-विमुक्त समाज के संगठन स्वातन्त्र्योत्तर काल में अस्तित्व में आये। ये संगठन अपनी-अपनी जनजातियों के नेता-कार्यकर्ताओं ने स्थापित किये थे। इन संगठनों के कार्य अपनी-अपनी जनजातियों तक ही मर्यादित थी। बाळकृष्ण रेणके, आसाराम जाधव, मोतीराज राठोड, लक्ष्मण गायकवाड, मूलचन्द भाट, व्यंकप्पा जाधव, दौलतराव भोसले, ना. वा. माने आदि कार्यकर्ता अपना-अपना संगठन चला रहे थे। इन सभी को लगता था कि 'अपना एक ही संगठन हों।' उनमें विचार-विमर्श तो होता रहता था परन्तु ऐसे संगठन का उदय न हो रहा था।

दलित साहित्य और दलित पैंथर जैसे आन्दोलन के कारण दलितों में चेतना निर्माण हुई थी। दलित साहित्य बहुचर्चित ठहरा था। दलित लेखकों के आत्मचरित्र प्रकाशित होने लगे। उन पर तूफ़ानी विचार होने लगा। इसी काल में लक्षण माने की 'उपरा' आत्मकथा प्रकाशित हुई और इस पुस्तक के लिए साहित्य अकादमी का पुरस्कार मिला। लक्ष्मण माने को फोर्ड फाउंडेशन की छात्रवृत्ति मिली। इससे उन्हें

काफ़ी ख्याति मिली। इस काल में लक्ष्मण माने सतारा के 'समाजवादी युवक दल' में काम करते थे।

लक्ष्मण माने घुमन्तू-विमुक्त जनजाति के लेखक होने से घुमन्तू-विमुक्त जनजातियों के संगठनों की अभिलाषाएँ बढ़ गयीं और सभी घुमन्तू विमुक्तों का एक ही संगठन स्थापित करने का विचार दृढ़ हुआ। बालकृष्ण रेणके, लक्ष्मण माने, मोतीराज राठोड, आसाराम जाधव, लक्ष्मण गायकवाड, व्यंकप्पा जाधव, दौलतराव भोसले, ना. वा. माने और मूलचन्द भाट जैसे कार्यकर्ताओं ने एकत्र आकर घुमन्तू-विमुक्त जनजातियों के संगठन की स्थापना की। प्रस्तुत संगठन के प्रमुख नेता के रूप में लक्ष्मण माने तथा बाळकृष्ण रेणके ने ज़िम्मेदारी सँभाली।

सभा, परिषद, मोर्चे तथा सत्याग्रह जैसे कार्यक्रमों द्वारा घुमन्तू विमुक्त जनजातियों के आन्दोलन ने अपने संगठन बाँधे। अपने प्रश्नों पर जन मत को जाग्रत किया। इससे घुमन्तू-विमुक्तों पर अन्याय करने वाली पुलिस और गाँवगुंडों पर धाक रही। घुमन्तू-विमुक्तों में अपने अस्तित्व की संवेदना सजग हुई और वे अपने हक-अधिकारों के लिए संगठन के संघर्ष में सहभागी हुए।

वास्तविक गुनहगार को सजा होनी चाहिए परन्तु सम्पूर्ण जनजाति गुनहगार ठहराकर उस पर अत्याचार करना, पुलिस द्वारा अत्याचार करना सर्वथा ग़ैर है। ऐसी वृत्ति से ही ढोकी तथा मानवत में पारधियों की अमानुषता से हत्या करायी गयी थी। इन जुल्मों के विरुद्ध 1982 ई. में मोतीराज राठोड ने सन्देही गुनहगार अत्याचार निर्मूलन परिषद का आयोजन किया। पाँच हज़ार लोगों ने इस परिषद में अच्छा जीवन जीने की सामूहिक प्रतिज्ञा ली थी। इस परिषद में गुनहगारी के प्रतीक रूप में 'हथकड़ी' और भिक्षा के प्रतीक रूप में 'झोली' का दहन किया गया था। इसी वर्ष पण्डित जवाहरलाल नेहरू के जयन्ती दिवस पर महाराष्ट्र में दस स्थानों पर घुमन्तू विमुक्तों ने रास्ते पर बोरिया-बिस्तर रख अपना जीवन शुरू किया। 'गृहस्थी शुरू रास्ता बन्द' घोषणा थी। आन्दोलनों की माँग थी कि 'हम गृहस्थी कैसे करें, कहाँ करें।' इस आन्दोलन में अनेक कार्यकर्ताओं को क़ैद किया गया।

घुमन्तू-विमुक्तों की खोजयात्रा

घुमन्तू-विमुक्तों की खोजयात्रा 15 अगस्त 1986 ई. में निकली। यह खोजयात्रा लातूर, उमरगा, सोलापुर, पुणे और मुम्बई मार्गक्रमण कर गयी। इस शोध-यात्रा का नेतृत्व लक्ष्मण माने और बालकृष्ण रेणके ने किया।

15 अगस्त 1986 को स्वातन्त्र्य दिन मनाया जा रहा था, तभी लातूर से प्रस्तुत खोजयात्रा निकली। लक्ष्मण गायकवाड ने खोजयात्रा की सारी तैयारी की थी। इस खोजयात्रा में घुमन्तू-विमुक्त जनजातियों के लोग अपने पारम्परिक भेस में सहभागी हुए थे। सँपेरे अपने गले में साँप डालकर, बहुरूपी पुलिस का नकली भेस धारण कर, मसनजोगी गेरुँआ वस्त्र पहनकर इस खोजयात्रा में आये थे।

गाँव-गाँव लोगों ने खोजयात्रा का स्वागत किया। आर्थिक सहायता की। खोजयात्रा में सहभागी हुए कार्यकर्ताओं के भोजन की सुविधा की। उनके सत्कार किये। गाँव-गाँव सभाएँ होने लगीं। संगठन के कार्यकर्ता घुमन्तू-विमुक्तों के प्रश्न रखने लगे। जगह-जगह के नगर निगम और महानगर निगमों ने खोजयात्रा का भव्य स्वागत किया। वार्ताएँ समाचारपत्र में छप गयी। खोजयात्रा की ओर महाराष्ट्र की जनता का ध्यान आकर्षित हुआ।

यह खोजयात्रा घुमन्तू-विमुक्तों के प्रश्नों पर जनमत जाग्रत करने के लिए निकली, परन्तु खोजयात्रा के कारण संगठन में दरार पड़ना प्रारम्भ हुआ। खोजयात्रा का नेतृत्व कौन करें, पहले भाषण कौन करें, पोस्टर्स तथा पत्रक पर किसका नाम छपें, खोजयात्रा में मिला पैसा कैसा ख़र्च हुआ, ऐसे विवाद के कारण लक्ष्मण माने, बालकृष्ण रेणके और मोतीराज राठोड के तीन गुट हुए। सभी की ग़लतफ़हमियाँ दूर कर मनोमिलन करा लिया, परन्तु कार्यकर्ताओं के बीच का असन्तोष नष्ट न हुआ।

1986 ई. में घुमन्तू-विमुक्त जनजातियों के कार्यकर्ताओं ने 'अब जेलखाना ही हमारा घर' नामक आन्दोलन किया। 'हमें जेल में रखिए, हम चोर हैं।' गुनहगार हैं। उनका यह कहना था 'कि हमें बाहर पुलिस तथा गाँवगुंड जीने नहीं देते।' अनेक घुमन्तू-विमुक्त नाशिक रोड के जेल पर चढ़ाई कर गये। 1987 ई. में चालीस गाँव में 'बोरिया-बिस्तर अधिवेशन' आयोजित किया गया था। इतने बड़े खण्ड प्राय देश में घुमन्तू-विमुक्तों के लिए सादा निवास नहीं। हमारा गाँव कहाँ है? हमारा खेत कहाँ है? हम कितने दिन ऐसे रहेंगे? उस अधिवेशन में ऐसे प्रश्न उपस्थित किये गये। 'हमें एक गाँव दीजिए। हमारा पुनर्वसन कीजिए।'—यह बताते हुए 'बोरिया-बिस्तर रैली' निकाला गया। 'गाँव-खेतीबाड़ी लिए बग़ैर हम चुप न बैठेंगे', ऐसी प्रतिज्ञा कार्यकर्ताओं ने की थी।

महाराष्ट्र के घुमन्तू-विमुक्त जनजातियों के आन्दोलन के हज़ारों कार्यकर्ता 1988 ई. में मुम्बई में उच्च न्यायालय पर मोर्चा ले गये। महाराष्ट्र शासन और भारत सरकार को प्रतिवादी बनाकर याचिका दाख़िल की। 3 अगस्त 1988 ई. को उच्च

न्यायालय ने ऐतिहासिक न्याय निर्याण दिया। 'किसी भी तरह का प्रमाण न होते हुए इन जनजातियों को शक के रूप में क़ैद नहीं करना चाहिए।'

महाराष्ट्र की विधानसभा और विधान परिषद में घुमन्तू-विमुक्तों का प्रतिनिधि होना आवश्यक था। तत्कालीन मुख्यमन्त्री शरद पवार ने घुमन्तू-विमुक्त जनजातियों के संगठन का एक प्रतिनिधि विधान परिषद पर लेने का आश्वासन दिया। परिणामतः कार्यकर्ताओं में विधान परिषद का सदस्य होने होड़ शुरू हुई। कार्यकर्ताओं की अभिलाषाएँ बढ़ गयीं। 1990 ई. में लक्ष्मण माने की विधान परिषद के सदस्य के रूप में नियुक्ति हुई। फिर घुमन्तू-विमुक्त जनजातियों के कार्यकर्ताओं में दरार पड़ी। संगठन में शैथिल्य आया।

लक्ष्मण माने ने 1990 ई. के बाद शासन में रहते हुए घुमन्तू-विमुक्तों के लिए रचनात्मक कार्य किया। उन्होंने 'विमुक्तायन' नाम का शोधग्रन्थ लिखा। 1993 ई. में लक्ष्मण गायकवाड ने 'घुमन्तू विमुक्त संघर्ष महासंघ' की स्थापना की और स्वतन्त्र रूप में कार्य शुरू किया। उन्होंने 9 अगस्त 1997 ई. में 'बोंबाबोंब' (चीख़-पुकार) मोर्चा मन्त्रालय पर निकाला। मन्त्रालय पर असंख्य घुमन्तू-विमुक्त चीख़-पुकार करते हुए मन्त्रालय पर मोर्चा से गये थे। लक्ष्मण गायकवाड की 'मानव अधिकार आयोग' पर सदस्य के रूप में नियुक्ति हुई। घुमन्तू-विमुक्तों पर पुलिस द्वारा हुए अन्याय को लक्ष्मण गायकवाड और पश्चिम बंगाल की ज्ञानपीठ पुरस्कार से सम्मानित लेखिका महाश्वेता देवी ने आन्दोलन किया।

घुमन्तू-विमुक्त जनजातियों के लेखकों ने अपने साहित्य द्वारा अपनी व्यथा, वेदनाओं को वाणी दे दी। लक्ष्मण माने का 'उपरा', 'बन्द दरवाज़ा' तथा 'पालावरचं जग'; लक्ष्मण गायकवाड का 'उचल्या'; वैजनाथ कळसे का 'तांडा'; भीमराव गस्ती का 'बेरड' तथा 'आक्रोश'; किशोर शान्ताबाई काळे का 'कोल्हाट्याचं पोर' और अशोक पवार का 'बिराड' इन रचनाओं द्वारा घुमन्तू विमुक्त जनजातियों का विदारक तथा विस्फोटक दुःख का जीना व्यक्त हुआ है।

आदिवासी आन्दोलन

भारतीय जनजीवन से आदिवासी समाज भी प्रादेशिक और सांस्कृतिक दृष्टि से अलिप्त है। कातकारी, कोलाम, कोरकु, गोंड, दुबळा, ताडवी, परधान, पावरा, ठाकुर, भिल, महादेव कोळी, माडिया, वारली, गोवारी जैसी 47 जनजातियों में आदिवासी समाज बँट गया है। अज्ञान, अन्धश्रद्धा, निरक्षरता, दरिद्रता, बेरोज़गारी,

अस्वच्छता, बीमारियाँ, ऋणभारिपन और शोषण के चक्र में यह समाज पीसता गया है। उनकी श्रद्धा है कि 'आकाश ने फेंका और धरती ने पकड़ा।' इस समाज की ऐसी धारणा है कि 'बम्मन का जन्म लिया तो लिख-लिख कर मरेगा। परन्तु आदिवासियों का जन्म लिया तो जंगल का राजा बनेगा।' कुछ आदिवासी जमात में रोटी व्यवहार को प्रतिबन्ध है। यह समाज अनिष्ट प्रथा और पद्धतियों में अटका है।

आदिवासी समाज में शिक्षण का प्रमाण अत्यल्प है। इस समाज का अभी भी जादू-टोना पर विश्वास है। इस समाज में समस्त व्यवहार जाति पंचायत की ओर से नियन्त्रित होने से आदिवासियों में 'जाति पंचायती' की धाक दिखाई देती है। यद्यपि आदिवासी 'भूमिपुत्र' हो तो भी 50% समाज भूमिहीन है। जिनके पास खेती है वह प्रगत नहीं है। इस कारण उन्हें खेती व्यवसाय में नुकसान सहना पड़ता है। कुछ आदिवासी स्थिर खेती करते हैं। परन्तु यह खेती आधुनिक पद्धति से नहीं की जाती। परिणामतः खेती उत्पाद बहुत कम होता है। इस कारण आदिवासी निरन्तर ऋण लेता है और जीवनभर ब्याज जमा करता रहता है। बाहर के लोगों ने आदिवासियों के अज्ञान का फ़ायदा लेकर उनकी ज़मीनों को हथिया लिया। ज़मींदार, छोटे व्यापारी, जंगल के इज़ारेदार और सरकारी अधिकारी की ओर से आदिवासियों का शोषण होता है। शासन द्वारा वनसम्पत्ति राष्ट्रीय सम्पत्ति मानी गयी है। इस कारण शासन द्वारा भी आदिवासियों की वनसम्पत्ति पर होने वाले पारम्परिक अधिकारों पर अवरोध लाया गया है। जंगल कटाई पर भी निर्बन्ध थोपे गये हैं।

आदिवासियों को धन्धे का प्रशिक्षण नहीं होता। वह शहर में आकर मज़दूर बनता है। उसकी तरफ़ 'जंगली' के रूप में देखा जाता है। इस कारण नागरी जीवन में उनका दम घुट जाता है। रोजगार उपलब्ध न होने से आदिवासियों में अत्यन्त दरिद्रता, ऋण लेने की प्रवृत्ति और भूखमरी प्रकर्षता से दिखाई देती है। प्रादेशिक, आर्थिक, राजनीतिक, सामाजिक और सांस्कृतिक क्षेत्र में आदिवासियों का पिछड़ापन दृष्टिगत होता है।

ब्रिटिश शासनकाल में ईसाई मिशनरियों ने असम, नागालैंड, मिजोराम आदि क्षेत्रों में धर्मप्रसार करने से अनेक आदिवासियों ने धर्मान्तर किया। गुजरात में ठक्कर बाप्पा ने 1922 ई. में 'भील सेवा संघ' की स्थापना कर आदिवासियों में समाज सुधार आन्दोलन शुरू किया। काकासाहब बर्वे और शंकरराव ठकार ने खानदेश में 1988 ई. में 'भिल सेवा मण्डल' की स्थापना की और आदिवासियों में जागृति निर्माण करने का प्रयत्न किया। गोदूताई परुळेकर और शामराव परुळेकर ने आदिवासियों

में जाकर समाजसेवा की। गोदूताई परुळेकर ने 'जेव्हा माणूस जागा होतो' शीर्षक की अपनी आत्मकथा में आदिवासियों के बीच काम करते समय आये विदारक अनुभवों का वर्णन किया है।

नागा और मिझो आदिवासियों ने ब्रिटिशों के विरुद्ध स्वतन्त्र राज्य के लिए संघर्ष किया है। स्वातन्त्र्योत्तर काल में भी आदिवासियों ने अपना राजनीतिक अधिकार और अधिकारों के लिए संघर्ष किया है। बिहार के आदिवासियों ने 'झारखण्ड' नामक अपने स्वतन्त्र राज्य के लिए जनान्दोलन खड़ा किया। 15 नवम्बर 2000 ई. में 'झारखण्ड' राज्य की निर्मिति की गयी। आदिवासियों द्वारा बोडो लैंड की माँग भी होते हुए दिखाई देती है। महाराष्ट्र के आदिवासी समाज में भी रास्ते, यातायात साधन और शिक्षा के कारण परिवर्तन हो रहा है।

स्वातन्त्र्योत्तर काल में केन्द्र और राज्य शासन आदिवासियों के विकास के लिए शासकीय योजनाएँ अमल में ले आये हैं। ये योजनाएँ व्यक्ति विकास पर आधारित हैं। इस कारण सामाजिक विकास की गति बहुत ही अल्प दृष्टिगत होती है। गाँव, तहसील और ज़िला स्तर के नेतृत्व को महत्त्व प्राप्त हो रहा है और जाति पंचायत का नियन्त्रण शिथिल हो रहा है। केन्द्र तथा राज्य शासन में आदिवासियों को मन्त्री पद मिलने से उसका इस समाज के विकास पर परिणाम हो रहा है। आदिवासियों के प्रतिनिधि लोकसभा, विधानसभा, ज़िला परिषद, पंचायत समिति और ग्रामपंचायत स्तर पर चुनाव जीत रहे हैं। इसलिए आदिवासी नेताओं को आदिवासियों के कल्याण की ओर ध्यान देना सम्भव हुआ। शासन द्वारा रैयत कायदा, कमाल ज़मीन धारण कायदा, आदिवासियों की आर्थिक पालेमाडे योजना, ऋण बँटाई योजना, एकाधिकार धान्य ख़रीदी, न्यूक्लिअस बजट, प्रशिक्षण योजना, आश्रमशाला, छात्रावास जैसी आदिवासी विकास की योजनाएँ-उपयोजनाएँ अमल में लायी जा रही हैं। इस कारण आदिवासियों के पारम्परिक औज़ार, धान पद्धति, भेस, धरिधान और रीति-रिवाज परिवर्तित हो रहे हैं। नागरी जीवन और यन्त्र के सम्पर्क से वन जीवन पर परिणाम हो रहा है। सप्ताह के बाज़ार में होनेवाली वस्तुओं की ख़रीदी-बिक्री से आदिवासी लोग सम्पर्क में आते हैं और उनके आचार-विचार में फ़र्क़ पड़ता है। आदिवासियों में कृषि-सामाजिक तथा शैक्षिक संस्थाओं द्वारा हुए कार्य से परिवर्तन हो रहा है। हाट, पाड़ा, बाड़ा और गाँव केन्द्रित आदिवासियों का वन्यजीवन बदल रहा है। बहुपत्नीत्व की रीति, कोड़ा पर लाना, झगड़ा पद्धति, लमजाना पद्धति, काज पद्धति जैसी अनेक अनिष्ट प्रथाएँ और पद्धतियाँ कम होती जा रही हैं। आदिवासी विकास

योजना, उपयोजना के परिणामस्वरूप पीने का पानी, यातायात के लिए रास्ते, पाठशाला की इमारतें और स्वास्थ्य सुविधा जैसे प्रश्न सुलझने जा रहे हैं। आदिवासी और नागरी जीवन के बीच का सामाजिक अन्तर मिट रहा है; फिर भी आदिवासियों के मूलभूत प्रश्न अभी भी स्थायी हैं। उनका ठीक इतिहास नहीं लिखा गया। बिरसा मुण्डा, तंट्टया भिल, खाज्या नाईक, रामदास महाराज, भागोजी नाईक, उमाजी नाईक ने स्वतन्त्रता आन्दोलन में अंग्रेज़ों के ख़िलाफ़ संघर्ष किया, परन्तु उनका उल्लेख नहीं होता।

अनेक सामाजिक कार्यकर्ताओं ने स्वातन्त्र्योत्तर काल में आदिवासियों में जाकर उनमें सुधार कराने के प्रयत्न किये हैं। इसमें नक्सलवादी युवकों की संख्या अधिक है। शासन नक्सलवादियों की हिंसक कार्रवाई के परिणामस्वरूप यह आन्दोलन दबा रहा है। अनेक प्रगतिशील संगठन और संस्थाएँ आदिवासियों के लिए काम कर रही हैं। इसमें शहादा के श्रमिक संगठन का कार्य अत्यन्त महत्त्वपूर्ण ठहरता है। आदिवासी आन्दोलन के इतिहास में कुमार शिराळकर के कार्य का उल्लेख करना होगा। रामदयाल मुंढा, हरिराम मीणा, महादेव टप्पो, निर्मला पोत्तुल, रमणिका गुप्ता, गोविन्द गारे, गणेश देवी और झारखण्डी आखड़ा का आदिवासी साहित्य और उनका आन्दोलन में योगदान महत्त्वपूर्ण है।

दलित आन्दोलन और दलित साहित्य के दबाव से आदिवासी युवकों में साहित्य तथा आन्दोलन की प्रेरणा बढ़ने लगी है। वाहरु सोनावणे, भुजंग मेश्राम, विनायक तुकाराम और नजूबाई गावीत आदि आदिवासी लेखक अपने अनुभवों को उजागर कर रहे हैं। इससे ही कल का आदिवासी गतिमान होगा।

बीसवीं शती और दलित

बीसवीं शती के दो अर्धशतक में विभाजन करना हितकारी ठहरेगा। पहली अर्धशती पारतन्त्र्यविरोधी चेतना से सिक्त थी तो दूसरी अर्धशती स्वातन्त्र्य और जनआन्दोलनों से अभिभूत दिखाई देती है। दलितों के परिप्रेक्ष्य में सम्पूर्ण शती का अन्वयार्थ लगाते हुए कहना होगा कि प्रस्तुत शती एक महान शती थी। क्योंकि इस शती ने दलितों को आम्बेडकरी विचार और प्रेरणा दी। बाबासाहेब आम्बेडकर ने दलितों की मुक्ति के लिए किया संघर्ष बीसवीं शती का प्राण है। इस शती का आम्बेडकरी आन्दोलन और विचार अगली शती को प्रकाश देनेवाले हैं।

दलितों का पहली अर्धशती का आन्दोलन हम हिन्दू हैं, हमें अन्य हिन्दुओं की तरह समान हक़ और अधिकार मिलने चाहिए, इस विचार से प्रेरित हुआ दिखाई देता है तो दलितों का दूसरी अर्धशती का आन्दोलन हिन्दू धर्म का त्यागकर बौद्ध धर्म का स्वीकार करने वाला दिखाई देता है। पहली अर्धशती का महाड के चवदार तालाब का आन्दोलन और नाशिक के कालाराम मन्दिर प्रवेश का सत्याग्रह अभूतपूर्व संघर्ष हैं तो दूसरी अर्धशती का दलितों का दीक्षाभूमि पर हुआ धर्मान्तर हो अथवा मराठवाड़ा विश्वविद्यालय का नामान्तर हो–ये महान घटनाएँ हैं। बाबासाहेब आम्बेडकर का प्रभाव सम्पूर्ण शती पर दृष्टिगत होता है। बीसवीं शती का वैचारिक वेध लेते समय बाबासाहेब आम्बेडकर का विचार और उनकी प्रेरणा से निर्माण हुए आन्दोलनों को समझे बग़ैर इस शती की विचारशैली मालूम नहीं होगी।

बाबासाहेब आम्बेडकर के विचार और आन्दोलन पर जिस प्रकार रूढ़िवादी व्यक्तियों ने दोषारोप किये, उस प्रकार दलित साहित्य और आन्दोलन पर भी प्रहार हुए हैं। बाबासाहेब आम्बेडकर के विचार और आन्दोलन के साथ जिस प्रकार प्रगतिशील ग़ैर-दलित थे, उस प्रकार दलित साहित्य और दलित आन्दोलन के साथ प्रगतिशील ग़ैर-दलित थे। महात्मा फुले, राजर्षि शाहु महाराज, भाई माधवराव बागल, यशवन्तराव चव्हाण और बाबा आढाव की एक प्रगत परम्परा जो दलितों का समर्थन करती है। माईसाहब आम्बेडकर, गंगाधर नीळकंठ सहस्त्रबुद्धे, म. भि. चिटणीस, भालचन्द्र फडके, गं. बा. सरदार, पु. ल. देशपाण्डे और रूपा कुलकर्णी– एक परम्परा है जो दलितों की समर्थक है। इस शती का 'दलित विचार' दलित और प्रगतिशील ग़ैर-दलित के विचार और समाज कार्य से जन्मा है। 'जो वेद तथा शास्त्र तर्कबुद्धि को नकारते हैं उन्हें सुरंग लगाना चाहिए। जो वेद और शास्त्र नीति को नकारते हैं उन्हें सुरंग लगाना चाहिए।' डॉ. बाबासाहेब आम्बेडकर की यह भूमिका है। आम्बेडकरी विचार का सूत्र है, 'नीति तथा तर्कबुद्धि को नकारनेवाले विचारों के विरुद्ध विद्रोह करना चाहिए।' इसी कारण अण्णाभाऊ साठे कहते हैं, 'जो दलित को विद्रूप करता है उसे दलित भी विद्रूप करता है।' वैदिक काल से संघर्षरत अवैदिक परम्परा का पुनर्वसन करने के लिए हज़ारों वर्षों में स्थित विषम विचारों का उत्खनन और हनन करना आवश्यक ठहरता है।

इक्कीसवीं शती और दलित

बीसवीं शती 'एड्स' और 'वायटूके' का प्रसार करते हुए समाप्त हुई और 'सूचना और प्रौद्योगिकी' का घोष करते हुए इक्कीसवीं शती अपनी दहलीज पर आ खड़ी

हुई। बीसवीं शती के प्रारम्भ में भी 'अत्याधुनिक', 'प्रगत' शती के रूप में बात फैल गयी। इक्कीसवीं शतीविषयक भी वैसा ही कहा जा रहा है। बीसवीं शती के प्रारम्भ में भी बंगाल के विभाजन पर हिन्दू-मुस्लिम दंगल हुए। इस शती के आख़िर में भी 'मुम्बई बम विस्फोट सत्र' और 'बाबरी मस्जिद गिराना' जैसे दो कारणों से हिन्दू-मुस्लिम दंगल हुए। इस शती के मध्य में देश का विभाजन होने से हिन्दू-मुस्लिम दंगल हुए। यह सम्पूर्ण शती हिन्दू-मुस्लिम तनाव से ग्रस्त थी। कभी यह तनाव कश्मीर प्रश्न, कभी भारत-पाकिस्तान क्रिकेट सामना तो कभी मस्जिद पर लगाये भोंपों के कारण उग्र रूप धारण करते हुए दिखाई देती हैं। जब मुस्लिम विरोधी वातावरण तह से हिलने लगता है तब रूढ़िवादी मानसिकता 'हिन्दू-हिन्दू बन्धु-बन्धु' अथवा 'गर्व से कहो हम हिन्दू हैं' जैसी घोषणा देते हैं। अन्य समय पर यही हिन्दू अपने ही दलित हिन्दू भाई-बन्दों को शत्रु समझकर उन पर अत्याचार करते हुए दिखाई देंगे। यह षड्यन्त्रणा एक तरफ़ 'मुसलमान' और दूसरी तरफ़ 'दलित' को हमेशा परेशान करनेवाली है। दिखाई देता है कि इसी शती के आख़िर में ईसाइयों पर भी ऐसे ही हिंस्र हमले हुए हैं। एक ओर भारतीय लोगों की समाजसेवा करने के कारण मदर तेरेसा को नोबल पुरस्कार मिला तो दूसरी तरफ़ ईसाई धर्मप्रसारक ग्रहम स्ट्युअर्ट स्टेंस और उनके बच्चों की निर्घृण हत्या की गयी। एक ओर ईसाइयों को चाहिए कि वे 'स्वदेशी चर्च स्थापित करें' ऐसा राष्ट्रीय स्वयंसेवक संघ के अध्यक्ष सुदर्शन ने घोषित किया है तो दूसरी ओर 'मुस्लिम, भाजपा से अलिप्त न रहें' ऐसी सलाह भारतीय जनता पार्टी के बंगारू लक्ष्मण ने दी है। एक ओर हिंसक कार्रवाइयाँ करना और दूसरी ओर ऐसी दहशत की पृष्ठभूमि पर 'आप हमारा साथ मान्य करे' ऐसा धमकाना किसका द्योतक है? एक ओर इस देश ने बाबासाहेब आम्बेडकर को 'संविधान के शिल्पकार' के रूप में स्वीकारा है, 'भारतरत्न' से उन्हें गौरवान्वित किया है तो दूसरी ओर उनके पुतले की जगह-जगह अप्रतिष्ठा होती हुई दिखाई देती है।

दलितों को नामान्तर तथा मण्डल आयोग के अमल की बहुत बड़ी क़ीमत चुकानी पड़ी है। दलितों के कोई भी प्रश्न बड़ी क़ीमत चुकाये बग़ैर सुलझते नहीं है। इस शती में दलितों की निर्घृण हत्या हुई है। दलितों की झोंपड़ियाँ जलायी गयी हैं। दलित महिलाओं पर अत्याचार हुए हैं। इस शती का चेहरा दलितों के रक्त से लथपथ हुआ है। इस शती में हुई दलित, आदिवासी और घुमन्तू-विमुक्तों की हत्याएँ मानवता पर कालिमा लगानेवाली है।

उन्नीसवीं शती के समाजसुधारकों का कार्य इस शती में क्षीण हुआ दिखाई देता है। राजनीतिक साम्राज्य समाप्त होकर आर्थिक साम्राज्य का उदय होता हुआ दिखाई देता है। आर्थिक प्रश्नों पर विचार होता हुआ दिखाई देता है और सामाजिक प्रश्न वैसे ही रहे दिखाई देते हैं। महात्मा फुले का ब्राह्मणेतर आन्दोलन इस शती में असफल रहा। महात्मा गांधी जी की हत्या के साथ ही प्रगतिशील परम्परा लुप्तप्राय होती है। बची-खुची प्रगतिशील शक्ति को दलित आन्दोलन ने पृथक् रखकर हतोत्साह किया। इतना ही नहीं तो दलितों ने दलितों को कभी हिन्दुत्ववादी ठहराकर तो कभी मार्क्सवादी ठहराकर निष्कासित किया है। हिन्दुत्ववादियों ने 'आम्बेडकर और हेडगेवार' का एकत्र जुलूस निकाला हुआ भी दिखेगा।

बेशुमार बढ़ी हुई जनसंख्या, आकाश से छुई हुई महँगाई, सभी क्षेत्रों की प्रचण्ड बेरोज़गारी, सर्वत्र आयी मन्दी की तीव्र लहर और आसपास फैला हुए भोगवाद के रसायन से हिंसा, भ्रष्टाचार और अनाचार ही फैल सकता है। बीसवीं शती के प्रारम्भ में टिळक-गांधी जी ख्यात थे तो इक्कीसवीं शती के पूर्व राष्ट्रीय नेताओं ने किया भ्रष्टाचार, शासकीय कर्मचारियों के जुल्म और राजनीतिज्ञों की लूट जैसी है वैसी वीरप्पन, हर्षद मेहता और दाऊद इब्राहिम की गुनहगारी है। भ्रष्टाचार केवल शासकीय कर्मचारी और राजनीतिज्ञों तक सीमित न रहा तो क्रिकेट जैसे खेल के 'मैच फिक्सिंग' तक पोषित हुआ है। एक तरफ़ पोलियो निर्मूलन हो रहा है तो दूसरी तरफ़ पर्यावरण का विध्वंस हो रहा है। एक ओर 'कौन बनेगा करोड़पति' और 'विश्वसुन्दरी' की प्रतियोगिताएँ हैं तो दूसरी ओर एक तरफ़ा प्रेम से लड़कियों की हत्या और ऋणभारित किसानों की आत्महत्याएँ हैं।

निजीकरण और बढ़ती बेरोज़गारी के कारण भविष्यकाल में दलित युवकों के आगे गम्भीर प्रश्न निर्माण होने वाले हैं। यह शती मनुष्य को सर्वंकष ग़रीबी की चरम सीमा पर पहुँचा चुकी है। फिरौती, अपहरण, रिश्वतखोरी और कालेधन की कुण्डली में आज का समय विश्रान्ति ले रहा है। रिडल्स का विरोध हो, 'फायर' अथवा 'वॉटर' चित्रपटों का विरोध हो, भारतीय स्वतन्त्रता आन्दोलन के इतिहास का पुनर्लेखन अथवा राज्यघटना के पुनर्विचार की सोच हो, यह शती का एक वैचारिक दमन ही है।

इस शती के इतिहास में महिलाओं को 33% आरक्षण देनेवाला 'महिला आरक्षण बिल' धूल खाता पड़ा है। 'हिन्दू कोड बिल' से 'महिला आरक्षण बिल' तक का तफ़सील देखने पर स्वतन्त्र भारत में भी स्त्रियों का शोषण कैसे किया जाता है, इसका चित्र स्पष्ट होगा।

इक्कीसवीं शती विज्ञान-प्रौद्योगिकी की शती है। 'जीन' और 'क्लोनिंग' की खोज इस शती के नथुने हैं। इस शती की जन्मकुण्डली है, स्टार वॉर। एक ओर विश्वमानव और विश्वसमाज पर विचार होता है तो दूसरी ओर सम्पूर्ण विश्व को भस्म करने वाली शस्त्रास्त्र होड़ शुरू है। इन्फॉर्मेशन सुपर हाईवे के कारण मानव की आचार-विचार शैली में आमूलाग्र परिवर्तन होने वाला है। विकसनशील राष्ट्र लश्करी दृष्टि से दुर्बल तथा आर्थिक दृष्टि से पराश्रयी हैं। महासत्ता अपने मूल्य, अपनी संस्कृति ग़रीब राष्ट्रों पर थोपनेवाली है। इसमें ग़रीब राष्ट्र का देसीपन और स्वायत्तता अपने आप नष्ट होगी। बहुराष्ट्रीय कम्पनियों की ओर से यहाँ की व्यवस्था नियन्त्रित की जानेवाली है। इस शती का संक्रमणकाल एक असुरक्षित भय से उलझा हुआ है।

इस शती के संक्रमणकाल में दलितों का राजनीतिक पार्टी अनबन के कारण दुर्बल हुआ है। दलित युवकों की दलित पैंथर, मास मूवमेंट, दलित मुक्ति सेना जैसे लड़ाकू संगठन नष्ट हुए हैं। दलित लेखक ऐसी सम्भ्रमित मानसिकता में गुम हो गया है कि 'दलित साहित्य' को 'दलित साहित्य' कहे या 'बौद्ध साहित्य' या 'प्रबुद्ध साहित्य' कहे, 'परिवर्तनवादी साहित्य' कहे या 'आम्बेडकरवादी साहित्य' कहे? दलितों में से कुछ शक्तियाँ अपने स्वार्थ सुरक्षित रहें, इसलिए पुनरुज्जीवनवादी शक्तियों के साथ साँठ-गाँठ कर रहे हैं।

केन्द्र में 2014 ई. में भारतीय जनता पार्टी की सरकार सत्ता में आयी। भारतीय जनता पार्टी ने नरेन्द्र मोदी के प्रचारतन्त्र ओर तूफ़ानी दौरों के कारण यश मिला। स्वतन्त्रता पश्चात् प्रदीर्घ काल भारत पर कांग्रेस पार्टी ने सत्ता की। कांग्रेस ने देश को स्वतन्त्रता प्राप्त करा दी, इसलिए इन्दिरा गांधी और राजीव गांधी के बलिदान का विषय आगे करके तथा धर्मनिरपेक्ष विचार का प्रचार कर देश पर राज्य किया। राज्य करते समय अल्पसंख्यकों और दलितों को निरन्तर जात्यन्ध शक्ति का भय दिखाया। कांग्रेस प्रदीर्घ काल सत्ता में रहने के बावजूद धर्मनिरपेक्ष संस्कृति का संवर्धन न कर सकी। कांग्रेस ने ऐसा विचार प्रस्तुत करने का प्रयास किया कि धर्मनिरपेक्षता का अर्थ सर्वधर्मसमभाव है। कांग्रेस पार्टी भ्रष्टाचार, दहशतवाद और समाज में बढ़ा हुआ हिंसाचार रोक न सकी। बढ़ती महँगाई, बेरोज़गारी, भ्रष्टाचार, दहशतवाद और गुनहगारी के कारण कांग्रेस की छवि मलिन हुई। प्रदीर्घ समय तक सत्ता का उपभोग लेने से कांग्रेस पार्टी संवेदनाहीन बना था। लोगों में राजनीतिक घरानों के पास गिरवी पड़ी सत्ता और सम्पत्ति के कारण क्षोभ निर्माण हुआ था।

पन्तप्रधान नरेन्द्र मोदी ने देश की बेहाली दूर करने का काम किया। उनकी जनप्रियता नोटबन्दी के कारण बढ़ गयी। उन्होंने देश-विदेश में दौरे करके मोदी,

मोदी की घोषणाएँ जनप्रिय कीं। विकास का विचार रखा। विकास कितना हुआ यह विवाद का मुद्दा होने पर भी यह मानना होगा कि मोदी के भाषणों तथा व्यक्तित्व का जनमानस पर प्रभाव पड़ा। भाजपा सरकार सत्ता में आने पर हिन्दुत्ववादी संगठन और कार्यकर्ता आक्रमक हुए। उन्होंने मुस्लिम और दलितों को हतोत्साह करने की शुरू की। इस कारण दलित और अल्पसंख्यकों में दहशत का वातावरण फैल गया।

मुस्लिमों के विरुद्ध गोहत्या के प्रश्न को लेकर वातावरण भड़काया गया। इस फैसिस्ट प्रवृत्ति को भारत के लेखकों ने अपने पुरस्कार वापस कर ज़बरदस्त विरोध किया। हैदराबाद विश्वविद्यालय के दलित विद्यार्थी रोहित वेमुला ने आत्महत्या की। इस कारण सम्पूर्ण देश में भाजपा और अभाविप विरुद्ध सन्ताप की लहर उछली। देश के दलितों ने इस घटना का निषेध किया। जवाहरलाल नेहरू विश्वविद्यालय के छात्रों ने रोहित वेमुला के प्रश्न पर निदर्शन किये। इसी से कन्हैया कुमार जैसा युवा नेतृत्व उदित हुआ। 'जय भीम और लाल सलाम' की घोषणा छात्रों में प्रिय हुई।

2017 ई. में हुए उत्तर प्रदेश विधानसभा के चुनाव में भाजपा ने एक भी मुस्लिम उम्मीदवार नहीं दिया। बहुजनसमाज पार्टी ने अपने पार्टी की ओर से सौ मुस्लिम उम्मीदवार दिये। भाजपा महुमत से जीत गयी तो बहुजन समाज पार्टी की दयनीय पराजय हुई। धर्मनिरपेक्ष विचार के नाम पर लोगों को बहुत समय तक संगठित नहीं रख सकते। ग़रीबों के प्रश्न पर भी लोगों को बहुत समय तक एकत्र रखना सम्भव नहीं है। इसके विपरीत भाजपा ने यह बात ध्यान में ली कि लोगों की धार्मिक भावनाओं को भड़कवाकर उन्हें एकत्र किया जा सकता है। भाजपा ने यह बात जान ली कि धर्म के नाम पर लोगों को एकत्र ले आने पर वर्ग आन्दोलन हाशिये पर जाता है और धर्मनिरपेक्ष विचारों की पराजय की जा सकती है। इसे ध्यान में लेकर हिन्दुओं के तुष्टीकरण की राजनीति भाजपा ने की। उसके लिए बाबरी मस्जिद गिरायी। राम मन्दिर के प्रश्न को निहाई पर ले आये। पाकिस्तान विरोधी भावनाओं को लौ लगायी और हिन्दू-मुस्लिमों के बीच का बैर बढ़ाया। इस कारण भाजपा का सत्ता में आने का मार्ग खुला हुआ।

देश में हिन्दुत्ववादी विचार की सरकार आने से दलित आन्दोलन और दलित साहित्य के सामने आह्वान निर्माण होने का आभास निर्माण हुआ है। वस्तुतः हज़ारों वर्षों से दलितों ने हिन्दुत्व विरोधी आन्दोलन किया है और उसकी क़ीमत भी चुकायी है। भाजपा के सत्ता में आने से दलितों को हिन्दुत्ववादी संगठनों की सत्ता की सांस्कृतिक राजनीति समझ लेने का अवसर निर्माण हुआ है। इक्कीसवीं शती में

हिन्दुत्ववादियों की बदली हुई भाषा ठीक तरह से समझ लेना ज़रूरी है। हिन्दुत्ववादी शक्ति और दलितों में संवादहीनता थी। जातिवादी शक्तियों के साथ संवाद करने की अपरिहार्यता बढ़ गयी है।

सम्पूर्ण देश में एक ओर हिन्दुत्ववादी सत्ता पैर फैला रही थी तब देश की दलित जनता आम्बेडकरी विचार से जाग्रत हो रही है। यह वातावरण आशावादी है। महार, महाराष्ट्र और मराठी का घेरा लाँघकर आम्बेडकरी विचार देश के तथा देश के बाहर के दलितों को अपना-सा लगता है। देश तथा देश के बाहर के दलितों ने आम्बेडकरी विचार को अपनी मुक्ति के विचार के रूप में स्वीकारा है। महाराष्ट्र के दलित कार्यकर्ता, कलाकार और लेखकों को आम्बेडकरी विचार टिकाये रखने और उसका प्रचार करने का सारा श्रेय जाता है। इसी कारण देश तथा देश के बाहर आम्बेडकरी विचारों के साथ दलित आन्दोलन और दलित साहित्य पर विचार होता है। प्रस्तुत सांस्कृतिक गतिविधि और उथल-पुथल समझे बग़ैर दलित आन्दोलन और दलित साहित्य का आकलन होना कठिन लगता है।

2017 ई. के आख़िर में हिन्दुत्व को बदल ने वाले विचार के रूप में 'सॉफ्ट हिन्दुत्व' विचार आगे आया। 2017 ई. में हुए गुजरात की विधानसभा के चुनाव में राहुल गांधी ने सॉफ्ट हिन्दुत्व की नीति स्वीकारी तथा हिन्दुओं के मन्दिरों के दर्शन किये। परिणामत: पश्चिम बंगाल की मुख्यमन्त्री ममता बनर्जी ने भी सॉफ्ट हिन्दुत्व की भूमिका ली। अखिलेश यादव ने भी सॉफ्ट हिन्दुत्व की भूमिका लेना घोषित किया है। हार्ड हिन्दुत्व और सॉफ्ट हिन्दुत्व के बीच भविष्य में चुनावों की राजनीति में संघर्ष होता हुआ दिखाई देगा और धर्मनिरपेक्ष विचार को नज़रअन्दाज किया जायेगा, ऐसा वातावरण तैयार होने की सम्भावना है। भविष्य में दलित लेखक और विचारकों को इस पर विचार करना होगा।

2
दलित साहित्य की प्रेरणा

1

बाबासाहेब आम्बेडकर के महानिर्वाण पश्चात् के काल में दलित समाज में प्रचण्ड सांस्कृतिक उथल-पुथल हुई है। आज बाबासाहेब आम्बेडकर एक व्यक्ति का नाम न रहकर वह एक विराट विद्रोही सांस्कृतिक आन्दोलन का नाम बना है। बाबासाहेब आम्बेडकर के विचार कार्य द्वारा एक सांस्कृतिक क्रान्ति का उद्गम हुआ है। आम्बेडकरी विचार के क्रान्तिप्रवण हुए परिवर्तनवादी आन्दोलनों की गतिविधियाँ देखें तो यहाँ के इतिहास को उनके चरणों के पास बैठकर क्षमा माँगनी होगी! बहुत ही अभूतपूर्व तरीक़े का सामाजिक बदलाव हुआ है। हज़ारों वर्षों से मूक तथा बहिष्कृत समाज झंझोड़कर जगने लगा है। यह कैसा अचम्भित करनेवाला प्रवास है! जिस मानव समूह को अस्पृश्य समझा गया उस समाज के डॉ. बाबासाहेब आम्बेडकर देश का संविधान लिखते हैं। यहाँ डेढ़ सौ वर्षों की ग़ुलामी में ही सामाजिक समानता के बीजों ने जड़ें पकड़ी। अनेक ने डेढ़ सौ वर्षों की ब्रिटिश सत्ता के विरुद्ध संघर्ष किया, परन्तु हज़ारों वर्षों की विषम जाति व्यवस्था के विरुद्ध किसी ने संघर्ष न किया। डॉ. बाबासाहेब आम्बेडकर के रूप में हज़ारों वर्षों के इतिहास में पहली बार अन्धकार गर्भ में प्रज्ञासूर्य का उदय हुआ तथा उसकी कोटि-कोटि किरनों से वर्णव्यवस्था का विकृत चेहरा दुनिया के सामने आया। बाबासाहेब आम्बेडकर के उद्गारों के कारण रूढ़िवादियों के मन में भय निर्माण हुआ। इस भूमि का प्रचण्ड उद्रेक था, आम्बेडकरी विचार। इस उद्रेक के परिणामस्वरूप निचले तबके में विद्रोह की आँधी मच गयी। शोषितों के गले से समानता, स्वातन्त्र्य और न्याय की माँग विस्फोट समान व्यक्त होने लगी। सनातन व्यवस्था डर गयी।

डॉ. बाबासाहेब आम्बेडकर के जीवन का पुनर्विलोकन करना एक बार आसान है, परन्तु उनके द्वारा जगायी समग्र संवेदनाओं को नापना केवल असम्भव है। इस

युगन्धर ने नवीन इतिहास रचा है। उनकी दार्शनिकता से अनेक विचारक, लेखक प्रभावित हुए हैं। उनके कार्य से यह काल अभिभूत हो गया है। उनके जीवन से विराट दलित समूहों को प्रचण्ड आत्मविश्वास प्राप्त हुआ है। बाबासाहेब आम्बेडकर एक विचार है। बाबासाहेब आम्बेडकर ने दलितों के उत्थापन के लिए सर्वव्यापी संघर्ष किया है। प्रस्तुत संघर्ष चक्रवात जैसा साँय-साँय आवाज़ करता हुआ दिखाई देता है। सूर्य रोज उगता है, डूब जाता है। प्रज्ञासूर्य का उदय डूबने के लिए नहीं हुआ है। उसकी व्याप्ति रोजाना अनेक सामाजिक स्तरों में फैल रही है।

डॉ. बाबासाहेब आम्बेडकर ने दलितों को हक़ और अधिकारों का एहसास करा दिया। उन्होंने बताया कि 'क्या खायें, क्या पहनें'। उन्होंने चरित्र का महत्त्व बताया। उन्होंने पददलितों को डाँटकर स्वाभिमान सिखाया। उन्होंने अस्पृश्यों के अधिकारों की कैफियत प्रस्तुत की। उन्होंने गाँव की सीमा से गोलमेज परिषदों तक अस्पृश्यों के प्रश्न उठाये। सभा, सम्मेलन, परिषद, सत्याग्रह, मेलों के माध्यम से दलितों के अस्तित्व तथा अस्मिता के आन्दोलनों को ताक़त दी। उन्होंने प्रस्थापित व्यवस्था के विरुद्ध पत्रकारिता, पार्टी, संगठन और समाज कार्य के माध्यम से संघर्ष खड़ा किया। उनकी राजनीति और समाजनीति, उनकी माँगें और आन्दोलन, उनकी भूमिका और प्रस्तुति, उनके विचार तथा कार्य के माध्यम से सामाजिक समानता का विचार दृढ़ हुआ। बाबासाहेब आम्बेडकर ने अस्पृश्यों को न्याय दिलाने के लिए पानी से ईश्वर तक, समाज से संसद तक आवाज़ उठायी। जिन्हें हज़ारों वर्षों तक शिक्षा नकारी गयी थी, उनके लिए बाबासाहेब ने छात्रावास और महाविद्यालय शुरू किये। उनके द्वारा प्रारम्भ किये गये अनेक सत्याग्रहों द्वारा समानता, स्वातन्त्र्य, न्याय तथा बन्धुता की माँग हुई है। दलितों की ओर से लड़नेवाले बाबासाहेब भारतीय इतिहास में राजगद्दी के लिए लड़नेवाले राजा राजमहलों से भी बहुत अधिक महान लगते हैं। इसी कारण भारतीय इतिहास को अस्पृश्यों की लड़ाई का प्रत्यक्षदर्शी होना पड़ा है। बाबासाहेब आम्बेडकर के जीवन की तरफ़ कितनी नज़रों से निहारें, कितनी लेखनियाँ प्रेरणा माँगें, कितने आन्दोलन शक्ति माँगें, कितने व्यक्ति भक्ति माँगें, कितने इतिहास गौरव माँगें, कितने काल अलंकार माँगें, कितने होंठ आवाज़ माँगें, कितनी नज़रें सौन्दर्य माँगें, कितने माथे उनकी चरणधूलि माँगें, कितने हृदय उनकी प्रतिमा माँगें, यह ऐसी न समाप्त होनेवाली ऊर्जा है।

बाबासाहेब आम्बेडकर ने हिन्दू धर्म की जातिव्यवस्था के विरुद्ध जीवनभर संघर्ष किया है। बाबासाहेब ने हिन्दू धर्म पर प्रहार ही किये थे। बाबासाहेब की

प्रारम्भिक भूमिका हिन्दू धर्मसुधार की थी। 'हम भी हिन्दू हैं। अन्य हिन्दुओं की तरह हमारे साथ भी समानता का आचरण होना चाहिए।' बाबासाहेब ने ऐसी भूमिका द्वारा हिन्दू समाज में सुधार लाने का प्रयत्न किया। परन्तु हिन्दू समाज को बाबासाहेब के कार्य का महत्त्व मान्य न हुआ। बाबासाहेब ने अस्पृश्यों को उनकी ग़ुलामी का एहसास करा दिया और फिर अस्पृश्यों के मन में विद्रोह भावना जल उठी। उन्होंने अपना पूरा जीवन अस्पृश्यों को मानवाधिकार मिलने हेतु काम में लगाया। इस बात का विश्वास होने पर कि हिन्दू समाज सुधरनेवाला नहीं है, बाबासाहेब ने 'मैंने हिन्दू के नाते में जन्म तो लिया है परन्तु मैं हिन्दू के नाते मरूँगा नहीं', ऐसी प्रतिज्ञा की और बौद्ध धर्म का स्वीकार किया।

बाबासाहेब ने देश को दिया 'संविधान' और दलितों को दिया 'धम्म' जनतन्त्रीय जीवन के महान रूप हैं। दलितों ने धर्मान्तर करने के बाद हिन्दू समाज पर प्रचण्ड आघात हुए। दलितों ने हीन काम नकारे। हिन्दुओं की सेवा-नौकरी नकारी। इस कारण हिन्दू समाज में प्रचण्ड मनमुटाव निर्माण हुआ। दलितों ने हिन्दुओं की ग़ुलामी नकारने से उनके अहंकार को ठेस पहुँची। सवर्णों ने स्वाभिमानी दलितों पर अन्याय करने के लिए नवनवीन षड्यन्त्रों का आधार लिया। दलितों पर स्वातन्त्र्योत्तर काल में अमानुष अत्याचार हुए दिखाई देंगे। आज भी मानवता को कलंक लगानेवाली असंख्य घटनाएँ घटित होती हैं। दलित जुल्म से टकराते जीने का प्रयत्न करता है। उसकी निर्भयता का शास्त्र आम्बेडकरी प्रण में छिपा हुआ है। डॉ. बाबासाहेब आम्बेडकर के जीवन और विचारों का प्रचार और प्रसार हो रहा है। दूसरी ओर प्रतिगामी शक्तियाँ एकत्रित हो रही हैं। आज की आवश्यकता है समस्त समाज की समूल उथलपुथल करना। यह ज़रूरत केवल सुविधा-सहुलियत से पूर्ण नहीं होगी। शिक्षा, विज्ञान, क़ानून और आन्दोलन का परिणामकारी अस्त्र झुग्गी-झोंपड़ियों तक फैला है। हज़ारों वर्ष शस्त्र और शास्त्र से वंचित रहा समाज शिक्षा ले रहा है, संगठित हो रहा है, संघर्ष कर रहा है। अर्थात केवल शिक्षा से समाज जागरण नहीं होता। विश्वविद्यालय की सौ उपाधियाँ जितना परिवर्तन नहीं कर सकती उतना दलितों का एक मोर्चा यहाँ की एक शती का प्रबोधन कर सकता है। नामान्तर तथा मण्डल आयोग के आन्दोलन के परिणामस्वरूप आम्बेडकरी विचारधारा अधिक सशक्त बनी हुई है। राष्ट्र यानी लश्करग्रस्त सीमा नहीं। राष्ट्र का प्रत्येक मनुष्य महत्त्वपूर्ण होता है। राष्ट्र का निर्माण किसी भी मानव समाज का शोषण करके करना सम्भव नहीं होता। मनुष्य को मनुष्य के रूप में जीने के लिए आवश्यक

सामाजिक, राजनीतिक, धार्मिक, आर्थिक, शैक्षिक, सांस्कृतिक व्यवस्था निर्माण करने का मतलब 'राष्ट्र' है।

दलितों के होंठों से मिट्टी और मनुष्य को जाग्रत करने वाली पहली प्रलंयकारी आवाज़ निकली है। इस आवाज़ का सौन्दर्यशास्त्र आम्बेडकरी विचारों में है। सामाजिक न्याय की प्रस्थापना होने तक यह तूफ़ानी बौछार अमर रहनेवाली है। समाज के आज तक मौन रहे अनेक स्तर ज्ञानविज्ञान तथा क़ानून के कारण समानता, स्वातन्त्र्य और न्याय की भाषा करने वाले हैं। मुट्ठीभरों ने अपने हितसंवर्धन के लिए बन्धक रखे स्वातन्त्र्य, न्याय और समानता पर सभी सामाजिक स्तर अपना हक बतानेवाले हैं। परिणामत: उच्च तथा निम्न स्तरों में प्रचण्ड अनबनाव, तनाव और संघर्ष निर्माण होनेवाला है। ऐसे तनावों से नवीन मानसिकता निर्माण होनेवाली है। आम्बेडकरी विचारों के कारण सवर्णों के बीच निर्माण होने वाला मनमुटाव समानता का स्तम्भ पक्का करता जाता है। दलितों के हक़-अधिकारों का जन्म सामाजिक तनावों से होता है। बाबासाहेब आम्बेडकर के विचारों से यहाँ की जातिव्यवस्था की नींव ही डाँवाडोल हो गयी है। अनेक ने बाबासाहेब आम्बेडकर के महानिर्वाण पश्चात् उनके लेखन का मूल्यांकन और विश्लेषण अनेक प्रकारों से किया है। बाबासाहेब के लेखन के अनुवाद प्रकाशित हुए हैं उस प्रकार उनके लेखन की सम्पादित पुस्तकें और खण्ड भी प्रकाशित हुए हैं। अनेक ने बाबासाहेब पर लेखन किया है, उस प्रकार अनुसन्धान भी। अनेक ने बाबासाहेब पर कथा, कविता और उपन्यास लिखे हैं। बाबासाहेब ने लिखे साहित्य की तुलना में उन पर और उन्होंने लिखे साहित्य पर विपुल मात्रा में ग्रन्थ प्रकाशित हुए हैं। बाबासाहेब आम्बेडकर के महानिर्वाण पश्चात् अनेक विद्वान, विचारक, लेखक, कवि, पत्रकार और कार्यकर्ताओं ने अपने लेखन तथा भाषणों के लिए आम्बेडकरी विचारों का आधार लिया है। बाबासाहेब आम्बेडकर के महानिर्वाण पश्चात् भारतीय समाज में निर्माण हुए उतार-चढ़ाव विविध स्वरूप के हैं। दलितों के विरोध में जटिल सामाजिक और राजनीतिक परिस्थिति निर्माण हुई। दलितविरोधी अनेक दाँव-पेच रचे गये। बाबासाहेब आम्बेडकर के विचारों की और पुतलों की अप्रतिष्ठा की गयी। आम्बेडकरी आन्दोलन और समाज का दमन किया गया। दलितों के सामान्य प्रश्न भी सहजता से सुलझते नहीं है। दलितों का प्रत्येक प्रश्न सवर्णों के लिए भयप्रद लगता है। परिणामत: यह व्यवस्था दलितों के प्रश्नों की ओर सहानुभूति से देखने के अतिरिक्त जातिवादी दृष्टि से ही देखती है। दलितों ने अत्यन्त विरोधी और जटिल

परिस्थति के साथ सामना करते समय आम्बेडकरी विचारों का आधार लिया है। बाबासाहेब आम्बेडकर के विचारों को निरन्तर बदलते समय तथा परिस्थिति के साथ संघर्ष करना पड़ा है। आज के सन्दर्भ में बाबासाहेब का विचार जैसा लागू होता है, वैसा दलितों के भविष्य के सन्दर्भ में भी मार्गदर्शक ठहरता है। बाबासाहेब का लेखन दलित आन्दोलन के लिए संविधान जैसा ही है। दलितों में से कुछ विचारकों ने बाबासाहेब के लेखन का ऐतिहासिक महत्त्व पहचानकर आक्रमक भूमिका ली। बाबासाहेब आम्बेडकर के विचारों के साथ अन्यों की तुलना करने विरोध किया। बाबासाहेब ने मार्क्स का विरोध किया; इसलिए मार्क्स का विरोध, बाबासाहेब ने 'कांग्रेस को जलता घर' कहा; इसलिए कांग्रेस का विरोध, बाबासाहेब ने महात्मा गांधी का विरोध किया; बाबासाहेब ने हिन्दुत्व का विरोध किया; बाबासाहेब ने बौद्ध धम्म स्वीकारा; इसलिए सभी क्षेत्रों में धम्म की परिभाषा का आग्रह रखा गया। आम्बेडकरवाद के प्रखर समर्थकों का एक जबरदस्त गुट तैयार हुआ। अनेक ने आम्बेडकरवादी शक्ति पहचानकर आम्बेडकरी विचारों का अध्ययन करने लगे। अनेक विश्वविद्यालयों में आम्बेडकर अध्ययनों की स्थापना हुई। आम्बेडकरी जनता और आन्दोलन का दबाव अभूतपूर्व ही है। इस कारण शिवसेना, भारतीय जनता पार्टी जैसी हिन्दुत्ववादी राजनीतिक पार्टियाँ भी आम्बेडकरी अनुयायियों का समर्थन पाने का प्रयत्न करने लगीं। कुछ आम्बेडकर अनुयायियों ने शिवसेना, भारतीय जनता पक्षों के साथ सहकार्य करने की भूमिका ली तो कुछ ने कांग्रेस, राष्ट्रवादी कांग्रेस के विचारों को अपनाया। सत्ताधारी पार्टी हो या विरोधी पार्टी हो, उन्हें दलितों के समर्थन की ज़रूरत महसूस होने लगी। उसी तरह अन्य राजनीतिक पक्षों के साथ गठबन्धन करने की ज़रूरत दलितों को भी महसूस होने लगी। भारतीय राजनीति में निर्माण हुई इस आवश्यकता को समझ लेना महत्त्वपूर्ण है। यह आवश्यकता बाबासाहेब के विचारों से उपजी है। आधुनिक भारत के समाजकारण और राजनीति को सामाजिक न्याय की भूमिका लेनी पड़ती है। इसका सम्पूर्ण श्रेय बाबासाहेब आम्बेडकर के जीवनकार्य को दिया जाता है। आम्बेडकरी विचार दलितों के भूत, भविष्य और वर्तमान से जुड़ा है।

बाबासाहेब आम्बेडकर के विचार और कार्य से प्रेरणा लेकर आम्बेडकर अनुयायियों ने आम्बेडकरी आन्दोलन चलाया है। बाबासाहेब आम्बेडकर के नाम से अनेक सम्मान, पुरस्कार और छात्रवृत्तियाँ शुरू की गयी। अनेक ने अपने बाल-बच्चों तथा घरों के नाम आम्बेडकरानुवर्ती रखे। आम्बेडकर का छायाचित्र दलितों

के घर-घर में दिखाई देगा। चौदह अप्रैल, चौदह अक्तूबर तथा छह दिसम्बर को दलितों के जीवन में अनन्यसाधारण महत्त्व प्राप्त हुआ। नीला झण्डा, अशोक चक्र और जय भीम जैसे संकेत दलितों के स्वाभिमान तथा पहचान के चिह्न बने। दलितों की अस्मिता का रंग 'नीला रंग' ठहरा। दलितों का समग्र जीवन आम्बेडकरमय हुआ। दलितों के लिए बाबासाहेब आम्बेडकर नाम अपने प्राणों से भी प्रिय लगता है। उन्हें बाबासाहेब आम्बेडकर का पुतला अपने जीवन की आधारशिला लगती है, इसलिए बाबासाहेब आम्बेडकर एक सर्वव्यापी तथा सर्वस्पर्शी संवेदनाक्षम भावना बनी हुई है।

ऐसा नहीं कि बाबासाहेब आम्बेडकर के विचारों ने केवल दलितों को ही प्रभावित किया बल्कि यहाँ के समस्त प्रगतिशील व्यक्ति तथा प्रगतिशील विचारों को भी समर्थन दिया है। परिवर्तनवादी आन्दोलन और कार्यकर्ता आम्बेडकरी विचारधारा से अपना रिश्ता बनाते हैं। बाबासाहेब आम्बेडकर का नाम लिए बग़ैर आधुनिक भारत की राजनीति तथा समाजनीति पूर्ण नहीं हो सकती। प्रतिरोधी आन्दोलन और संगठन भी आम्बेडकरी विचारों के प्रभाव से अन्तर्मुख होकर विचार करते हैं और अपनी भूमिकाओं में कालानुरूप बदल कर रहे हैं। बाबासाहेब आम्बेडकर का विचार समाज परिवर्तन का विचार है। प्रगतिशील तथा रूढ़िवादी समाज परिवर्तन का गम्भीर विचार कर रहे हैं। ऐसा नहीं कि बाबासाहेब आम्बेडकर की भूमिका के परिणामस्वरूप निम्न स्तर में शुरू हुई समस्त गतिविधियों के कारण समग्र व्यवस्था ही अपनी कोख बदल रही है। इसके कारण प्रचण्ड अस्तव्यस्तता हो रही है। अनबन हो रही है। मनमुटाव और तनाव निर्माण हो रहे हैं। कभी-कभी रक्तपात हो रहा है। दंगलें हो रही हैं। परन्तु परिवर्तन की प्रक्रिया अपरिहार्य हुई।

महात्मा फुले और राजर्षि शाहु महाराजा के विचार तथा कार्य को आम्बेडकर विचार के साथ जोड़ा है। 'फुले-शाहु-आम्बेडकर' नामक क्रान्तिकारी विचार लेकर बहुजन समाज सक्रिय हुआ। सामाजिक ध्रुवीकरण की प्रक्रिया गतिशील हुई। नवीन राजनीतिक समीकरण अस्तित्व में आये। यह फुले-शाहु-आम्बेडकरी विचारों का प्रभाव है।

सम्पूर्ण भारत में फुले-शाहु-आम्बेडकरी विचारों की प्रेरणा लेकर महाराष्ट्र में शुरू हुए आन्दोलनों की ओर एक आदर्श के रूप में देखा जाता है। सम्पूर्ण भारतीय भाषाओं में दलित साहित्य आन्दोलन के कारण दलित साहित्य की निर्मिति हुई। सम्पूर्ण भारत में महाराष्ट्र के फुले-शाहु-आम्बेडकरी विचारों के कारण गतिविधियाँ शुरू हुई। महाराष्ट्र में उठा क्रान्तिकारी तूफ़ान सम्पूर्ण भारत में भायँ-भायँ करते बहने

लगा। महाराष्ट्र की ओर फुले-शाहु-आम्बेडकर की भूमि के रूप में देखा गया। महाराष्ट्र की यही आधुनिक पहचान है। महाराष्ट्र को प्रगतिशील महाराष्ट्र के रूप में पहचानने का श्रेय फुले-शाहु-आम्बेडकरी विचारों को जाता है।

बाबासाहेब आम्बेडकर का विचार और कार्य की व्याप्ति तथा मान्यता बढ़ती हुई नज़र आती है। आम्बेडकरी विचार का आज के सन्दर्भ में विमर्श होता हुआ दिखाई देता है। महात्मा गांधी जी के बाद महान व्यक्ति कौन है, ऐसा सर्वेक्षण कराया गया। इस सन्दर्भ में टी.वी. चैनेलों पर मुहिम चलायी गयी। इसके लिए सम्पूर्ण देशभर से मतदान करने का आह्वान कराया गया। इस कार्यक्रम में डॉ. बाबासाहेब आम्बेडकर को सर्वाधिक मान्यता मिली। सार्वत्रिक सर्वेक्षण द्वारा बाबासाहेब आम्बेडकर के नाम का चयन होना अपने राष्ट्र की मानसिकता समझ लेने काफ़ी है। बाबासाहेब आम्बेडकर को मरणोत्तर दिया गया भारतरत्न पुरस्कार हो या मराठवाड़ा विश्वविद्यालय को डॉ. बाबासाहेब आम्बेडकर का नाम देना हो, इन्दु मिल की जगह मुम्बई में बननेवाला अन्तरराष्ट्रीय स्तर का डॉ. आम्बेडकर का स्मृतिस्थल हो या दिल्ली में केन्द्र सरकार ने शुरू किया बाबासाहेब का अन्तरराष्ट्रीय स्मृतिस्थल हो या डॉ. आम्बेडकर के रहने से पवित्र हुए लन्दन के घर का स्मृतिस्थल हो; ये सभी घटनाएँ समकालीन सन्दर्भ में बाबासाहेब आम्बेडकर का महत्त्व विशद करने वाली हैं। भारत सरकार और महाराष्ट्र सरकार डॉ. आम्बेडकर की 124वीं जयन्ती मना रही है। आम्बेडकर विचारों पर देशभर विचार-विमर्श हो रहा है। भारतीय संविधान का बारम्बार उल्लेख होता है। सामाजिक और राजनीतिक जीवन में डॉ. आम्बेडकर का विचार किये बग़ैर आगे जाना सम्भव नहीं; ऐसी परिस्थिति निर्माण हुई है। डॉ. बाबासाहेब आम्बेडकर को समझ लेना यानी क्या? अथवा बाबासाहेब आम्बेडकर अन्यों को समझाना यानी क्या? जातिव्यवस्था से मनुष्य-मनुष्य के बीच भेदभाव के निर्माण की खाइयों के कारण राष्ट्रीय एकात्मकता को लगी दरारें समझ लेना यानी डॉ. आम्बेडकर को समझ लेना है। राष्ट्र के नवनिर्माण में और समाज के पुनर्निर्माण में न्याय के लिए होने वाला महत्त्व समझ लेना यानी डॉ. आम्बेडकर को समझ लेना है। डॉ. आम्बेडकर का विचार समानता पर आधारित समाज निर्मिति का विचार है। यह विचार मनुष्य को जाति समझने के अलावा बन्धुता समझा देनेवाला विचार है। अपना देश एक महान राष्ट्र के रूप में उभरने के लिए समानता, स्वातन्त्र्य और बन्धुता जैसे मूल्यों को बहुत महत्त्व है। ये मूल भारतीय संविधान के प्राणतत्त्व है।

जिन्हें देश से प्रेम है, उस प्रत्येक को डॉ. आम्बेडकर के विचारों से प्रेम करना अनिवार्य है। बाबासाहेब आम्बेडकर का व्यक्तित्व अत्यन्त प्रतिरोधी परिस्थिति

से गुजरकर गठित हुआ है। डॉ. बाबासाहेब आम्बेडकर ईश्वरी अवतार नहीं है। आम्बेडकर ने भगवान के नाम पर हज़ारों वर्ष अज्ञान के अन्धकार में टटोलकर हज़ारों जीवों को मुक्ति का मार्ग दर्शानेवाला विचार बताया। प्रतिरोधी परिस्थिति पर जीत हासिल करते हुए यश के अतिउच्च शिखर पर पहुँचना यानी डॉ. आम्बेडकर को जान लेना है। समाज के दीन-दलितों की व्यथाओं को वाणी देनेवाला विचार यानी डॉ. आम्बेडकर का विचार है। बाबासाहेब आम्बेडकर के विचार ग़ुलामों को ग़ुलामी से अवगत कराता है। मनुष्य के अवमूल्यन के विरुद्ध प्रतिकार करने सिखाता है।

जब हम बाबासाहेब आम्बेडकर समझाकर बताते हैं तब उनका जन्म, उनके माता-पिता, उनकी शिक्षा, उनका कार्य, उनकी जीवनी समझाते हैं। इस पृष्ठभूमि का उद्‌देश्य क्या होता है। बाबासाहेब को समझने का मतलब यह नहीं कि केवल इस व्यक्ति के जीवन की हक़ीक़त बताना है। बाबासाहेब की ओर एक व्यक्ति के नाते देख नहीं सकते। उनके सम्पूर्ण जीवन की ओर एक विचार और आन्दोलन के नाते ही देखना होगा। तभी बाबासाहेब के जीवन कार्य को स्पष्टता मिलती है। बाबासाहेब को समझाना यानी सामाजिक न्याय का अर्थ समझाकर बताना है। हज़ारों वर्षों से अस्तित्व में आये भेदभावों पर प्रहार किये बिना नवीन समाज की निर्मिति नहीं होगी। बाबासाहेब की सीख से भेदभाव के विरुद्ध लड़ने की अपरिहार्यता और नवीन समाज की निर्मिति की ज़रूरत समझी जा सकती है।

डॉ. बाबासाहेब आम्बेडकर हो या उनकी प्रेरणा से निर्मित दलित साहित्य हो, उसका समावेश पाठशाला शिक्षा स्तर से लेकर विश्वविद्यालयीन उच्च शिक्षा तक के स्तर तक हुआ है। नवीन पीढ़ी को बाबासाहेब आम्बेडकर सिखाते समय बताना होगा कि जातियाँ कालबाह्य हुई हैं। विद्यार्थियों को समझाना पड़ेगा कि समानता मूलक समाज के लिए भेदभाव बाधा है, उससे राष्ट्रीयता धोखे में आती है। शोषण और अन्याय का अर्थ समझा देना, हक़ और अधिकारों का महत्त्व विशद करना तथा अत्यन्त प्रतिकूल परिस्थिति पर जीत पाने की सलाह विद्यार्थियों को देना ही डॉ. बाबासाहेब आम्बेडकर को समझाकर बताना है। नवीन पीढ़ी को वास्तव से परिचित करा देना चाहिए। इसके लिए शिक्षकों को डॉ. आम्बेडकर को मन से स्वीकारना होगा। परन्तु ऐसा होते हुए दिखाई नहीं देता। शिक्षा व्यवस्था और शिक्षक बुनियादी स्तर पर जातिवादी हैं। जाति के गड्‌ढे में रमे हुए शिक्षकों को आम्बेडकर समझेंगे नहीं। डॉ. आम्बेडकर को छोड़कर सामाजिक वास्तव समझना सम्भव नहीं

है। दलित साहित्य गाली-गलौच भरा है, इसलिए वह न पढ़े, विकल्प के लिए रखे ऐसा छात्रों को बताना, दलित छात्रों से विद्वेष करना, उनका अपमान करना, उन्हें कम गुण देना; ये बातें गम्भीर हैं। पाठ्यक्रम में समाविष्ट किया दलित साहित्य छात्रों का सामाजिक चेतना प्रगल्भ करने वाला है। प्रस्तुत साहित्य इस बात का प्रत्यय देनेवाला है कि हम कौन से सड़े समाज में रहते हैं। उसके लिए सर्वप्रथम हमें बदलना चाहिए; इस संवेदना को जाग्रत करने वाला यह साहित्य है। अन्याय के विरोध में प्रतिकार करें, प्रतिरोधी परिस्थिति पर जीत हासिल करें, ऐसा दलित साहित्य के निमित्त से छात्रों को समझा देना है। इससे छात्रों को परावृत्त करना, वंचित रखने का मतलब उन पर अन्याय करने जैसा है। इतना ही नहीं तो यह नवीन समाज निर्माण के लिए विरोध करने जैसा है। डॉ. आम्बेडकर के विचारों को आत्मसम्मान हेतु संघर्ष करने का एहसास करा देने वाले विचार के रूप में समझ लेना चाहिए। बाबासाहेब आम्बेडकर का विचार समझने पश्चात् अन्याय के प्रति चिढ़ निर्माण होगी। भेदभाव का धिक्कार होगा। समानता और जनतन्त्र का महत्त्व समझने लगेगा। प्रत्येक व्यक्ति राष्ट्र से प्रेम करेगा। प्रत्येक के मन में मानवता का सुन्दर नाता निर्माण होगा। प्रत्येक व्यक्ति मनुष्य को महान मानने लगेगा। मुझे लगता है सुन्दर भारत का विचार यही है। हज़ारों वर्षों की विषमता नष्ट करनी हो तो उसके लिए एक पैसे का भी ख़र्चा नहीं करना है। केवल रूढ़िवादी वैचारिकता को चिपका रहा अपना मन बदलना ज़रूरी है। अपने मन में जब बन्धुताविषयक प्रेम निर्माण होता है तब-तब अपने मन में डॉ. आम्बेडकर के विचारों का उदय होता है। बन्धुता समझा लेने का मतलब डॉ. आम्बेडकर का विचार समझा लेना है। पहला सोपान है, डॉ. आम्बेडकर का विचार समझ लेना। दूसरा सोपान है, बाबासाहेब का विचार समझ लेने पश्चात् उस विचार के साथ प्रतिबद्धता स्वीकारना, सामाजिक प्रतिबद्धता से सामाजिक चेतना निर्माण होता है। आम्बेडकरी विचार से सामाजिक चेतना जब प्रेरित होता है तब उसका रूपान्तर दलित चेतना में होता है, यह तीसरा सोपान है। आम्बेडकरी प्रेरणा से जाग्रत हुई संवेदना जाति अन्तविषयक और शोषणविषयक प्रतिकार की भावना व्यक्त करती रहती है। प्रस्तुत प्रतिकार कार्य, विचार तथा लेखन के माध्यम से व्यक्त होता है। चौथा सोपान है, आम्बेडकरी विचार से प्रेरित होकर व्यक्त होना। यह अत्यन्त महत्त्वपूर्ण है कि व्यक्त होते समय विचारों से प्रामाणिक होना और परिणाम की परवाह न करना। आम्बेडकरी विचारानुवर्ती जीवन को अपनाने का मतलब है किसी भी तरह का समझौता न करते हुए

निर्भयता से सत्य को समर्थन देना पाँचवा सोपान है। यही दलित चेतना का पंचशील है। यही आम्बेडकरी प्रेरणा है।

मानवाधिकार की भाषा नवीन पीढ़ी को मालूम होनी चाहिए। सामाजिक स्वतन्त्रता का अर्थ मालूम होना चाहिए। नवीन पीढ़ी को परिस्थिति का आत्मभान आना चाहिए। सामाजिक प्रश्न मालूम हो जाने चाहिए। समाज में स्थित बुरी प्रथा, परम्परा-विषयक स्पष्ट बोलने का साहस आ जाना चाहिए। अन्यथा नवीन पीढ़ी को कौनसे नवीन मार्ग से ले जानेवाले हैं? यह ध्यान में लेना चाहिए कि समृद्ध परम्परा और महान मानवता की प्रतीक्षा डॉ. बाबासाहेब आम्बेडकर की उँगली पकड़कर आगे जाती है। डॉ. आम्बेडकर ने हज़ारों वर्षों की विषमता को दफ़ना दिया है और ग़ुलामी में छीजते रहे व्यक्तियों को स्वतन्त्रता की हाँक दी है। आम्बेडकर को पढ़कर इतिहास का अर्थ लगाना आना चाहिए। विकास का असन्तुलन मालूम करा लेना आना चाहिए। अन्याय किसी पर भी हो उसका पक्ष लेने की हिम्मत दिखानी चाहिए। समानता की ज्योति मन-मन में सुलगानी आनी चाहिए। आम्बेडकर पढ़कर मन में रख नहीं सकते। पढ़ने पश्चात् उस पर विचार होना चाहिए। यह अकेले का विचार नहीं है। यह समाज का विचार है। यह विचार नवीन इतिहास, नवीन परम्परा, नवीन संस्कृति की नवीन भाषा व्यक्त करने वाला है। यह दलितों का सौन्दर्यशास्त्र है। महान राष्ट्र का स्वप्न हज़ारों करोड़ों लोगों को पीड़ित रखकर देख नहीं सकते। यहाँ के वंचित मनुष्य को महान करने का अर्थ है, महान राष्ट्र की एक एक ईंट चढ़ाना। यह विचार है, दीन-दुर्बलों को धैर्य देनेवाला, शोषितों को हक़ का स्वर देनेवाला, किसान, कृषि मज़दूर और स्त्रियों को अधिकार से परिचित करा देनेवाला, विद्यार्थियों को ज्ञान की महत्ता सिखानेवाला। बाबासाहेब को समझने के लिए सबसे पहले अपनी जाति को भूलना चाहिए और बाबासाहेब की भी जाति को भूलना चाहिए। जाति की दीमक को ख़त्म किये बग़ैर बाबासाहेब को समझना सम्भव नहीं है।

दलितों पर होने वाले अन्याय ख़त्म नहीं हुए हैं, यह जितना सच है, उतना ही समाज बदल रहा है, यह भी सच है। दलित बदल रहे हैं। सम्पूर्ण भारतीय समाज करवट बदल रहा है। न्याय की भाषा तीव्र हो रही है। सामाजिक स्तर जाग्रत हो रहा है। जनतन्त्र का प्रचार और प्रसार हो रहा है। समाज परिवर्तन की गति बढ़ गयी है। मनुष्य सजग हुआ है। प्रस्तुत बदलाव की प्रक्रिया मालूम करा लेने की पद्धति ही डॉ. बाबासाहेब आम्बेडकर का विचार है।

3
दलित पैंथर का आन्दोलन

1

डॉ. बाबासाहेब आम्बेडकर के मरणोत्तर काल में आम्बेडकरी आन्दोलन का सक्षमता से नेतृत्व करने वाले 'लड़ाकू युवक आन्दोलन' के रूप में सर्वपरिचित हुआ संगठन है 'दलित पैंथर'। 'दलित पैंथर' का उल्लेख स्वातन्त्र्योत्तर काल के दलितों के प्रश्नों पर निरन्तर संघर्ष करने वाले संगठन के रूप में करना होगा। बाबासाहेब आम्बेडकर के निधन पश्चात् दलित आन्दोलन कुछ समय तक रुक-सा गया था। दलित समाज हकबका हो गया था, परन्तु दलित आन्दोलन 'दलित पैंथर' के उदय से पुनः गतिमान हुआ।

दलित पैंथर की स्थापना 9 जुलाई 1972 ई. की है। यानी स्वतन्त्रता मिलकर एक चौथाई शती गुजरने के बाद तथा डॉ. बाबासाहेब आम्बेडकर के निधन को सोलह वर्ष हो जाने के बाद दलित पैंथर की स्थापना हुई है। इस सम्पूर्ण काल में एक ओर दलितों पर अन्याय-अत्याचार हो रहे थे तो दूसरी ओर इस जुल्म के विरोध में लड़नेवाला प्रभावशाली संगठन दलितों के पास नहीं था। दलित सुशिक्षित युवकों में शिक्षा, विज्ञान, विधि, आम्बेडकरी विचार तथा आन्दोलन के परिणामस्वरूप आत्मसम्मान की भावना प्रबलता से वृद्धिंगत हो रही थी। स्वतन्त्रता मिलने के बाद भी दलितों को भयग्रस्त करानेवाले प्रश्न पच्चीस वर्षों में नहीं सुलझाए थे। इस समय डॉ. बाबासाहेब के विचारों की विरासत की राजनीति करने वाली रिपब्लिकन पार्टी तो सत्ता, स्वार्थ, समझौते तथा गुटबाज़ी से सना हुआ था। अस्पृश्यता के प्रश्नों पर दलितों का 'स्वतन्त्र' संगठन नहीं था। जातिअन्त के प्रश्नों पर प्रखरता से लड़नेवाला संगठन होना इस समय की माँग थी।

मुख्य धारा के साहित्य के विरुद्ध 1956 ई. के बाद लिटल मॅगजिन आन्दोलन ने बल पकड़ा था। यह लेखक 'सत्यकथा' में प्रकाशित होने वाले साहित्य के विरुद्ध बगावत कर रहे थे और इसी लघु अनियतकालिकों के आन्दोलन से प्रेरित होकर

राजा ढाले तथा नामदेव ढसाळ लिख रहे थे। 1956 ई. के बाद दलित साहित्य की चर्चा शुरू हुई। डॉ. म. ना. वानखडे अमरिका हो आने से उन्होंने अमरिका में स्थित काले लोगों का आन्दोलन तथा उनका विद्रोही साहित्य पर विचार प्रारम्भ किया था। ब्लैक लिटरेचर, ब्लैक पैंथर जैसे विषयों पर एवं दलित साहित्य और आन्दोलन के सन्दर्भ में तुलनात्मक विचार प्रस्तुत किये जाने लगे। 1971 ई. महाड़ में पहला बौद्ध साहित्य सम्मेलन आयोजित हुआ। महाविद्यालयों में शिक्षा लेनेवाले युवक शहर-शहर संगठित हुए थे। रिपब्लिकन विद्यार्थी संगठनों की प्रत्येक महाविद्यालय में स्थापना हुई थीं। दलित विद्यार्थी सामाजिक प्रश्नों पर इन संगठनों के माध्यम से संघर्ष कर रहे थे। परन्तु ये आन्दोलन बहुत ही अकेले और अल्प थे। महाविद्यालय के छात्रावास तक ही उनका बल सीमित था। दलित पैंथर की स्थापना के पूर्व नामदेव ढसाळ (प्रजासमाजवादी), राजा ढाले (दलित युवक अघाड़ी), भाई संगारे (कांग्रेस), गंगाधर गाडे, टी. एम. कांबळे (रिपब्लिकन विद्यार्थी संगठन) विविध संगठनों में थे। दलित पैंथर आन्दोलन में मुम्बई के सिद्धार्थ विहार छात्रावास के विद्यार्थियों का बहुमोल सहभाग रहा है। इस छात्रावास में महाराष्ट्र के अनेक दलित तरुण विद्यार्थी केन्द्रित हुए थे। इस पृष्ठभूमि पर 'दलित पैंथर' का उदय होना अपरिहार्य घटना थी।

दलित पैंथर का आन्दोलन नामदेव ढसाळ, ज. वि. पवार, राजा ढाले, रामदास सोरटे, लतीफ खाटिक, अविनाश महातेकर, प्रह्लाद चेंदवणकर, अर्जुन डांगळे, भाई संगारे, अनिल कांबळे, अरुण कांबळे, रामदास आठवले, गंगाधर गाडे, प्रीतमकुमार शेगावकर, टी. एम. कांबळे जैसे अघाड़ी के कार्यकर्ताओं ने आगे बढ़ाया। डॉ. बाबासाहेब के प्रति असीम श्रद्धा, दलित समाजविषयक असीमित आत्मीयता, सामाजिक विषमता के विरुद्ध धधकते युवकों के कारण 'दलित पैंथर' संगठन बहुत ही अल्प समय में विख्यात हुआ। पैंथर के बेपरवाह भाषण, भीड़ इकट्ठी करने ने वाली तूफ़ानी सभाएँ, मारपीट, मोर्चे, पुलिस मुक़दमों के कारण लोगों का ध्यान दलित पैंथर ने खींच लिया। दलित पैंथर की छावनियों की स्थापना जगह-जगह हो गयीं। पैंथर की सभाएँ मशहूर होने लगीं। पैंथर्स सभा में हिन्दू देवी-देवताओं को गालियाँ देते थे। रिपब्लिकन पार्टी पर तीव्रता से हमला करते थे। 'विद्रोह' पैंथर का मुखपत्र था और उसे ढसाळ तथा ज. वि. पवार चलाते थे। उसमें पैंथर की भूमिका प्रस्तुत की जाती थी। मराठी साहित्य में नामदेव ढसाळ, ज. वि. पवार, प्रल्हाद चेंदवणकर आदि कार्यकर्ताओं की कविता तूफ़ानी ठहरी। 'स्वतन्त्रता कौन सी गधी का नाम?' 'हम रामराज्य के कौन से घर में रहते हैं?' ऐसा प्रश्न ढसाळ ने कविता द्वारा व्यक्त किया। 15 अगस्त 1972 को पूरा देश आझादी का रजत महोत्सव मनाने जा रहा था। इस अवसर पर पुणे से प्रकाशित होनेवाली 'साधना' साप्ताहिक ने विशेष अंक प्रकाशित किया था। इसमें राजा ढाले का लेख प्रकाशित हुआ। इस लेख पर बहुत विचार हुआ।

दलित पैंथर के कार्यकर्ता राजनीतिक दृष्टि से अपरिपक्व थे तो भी उनका आवेश ज़बरदस्त था। सभी सन्तप्त, बेपरवाह तरुण थे। वरळी की दंगल, गीता का दहन, शंकराचार्य पर चप्पल फेंकना, शिवसेना के साथ की मारपीट आदि के कारण दलित पैंथर की ओर लोगों का ध्यान आकर्षित होने लगा। पैंथर का रोब निर्माण हुआ। अपने समाज पर अन्याय हो रहा है, अपना कोई संरक्षक नहीं, सौ दिन बकरी बन जीने से बेहतर एक दिन बाघ बनकर मरना; जैसी प्रखर प्रवृत्ति के ये कार्यकर्ता थे। उनका रिपब्लिकन पार्टी पर विश्वास न रहा था। वे विरोधी पार्टी, कांग्रेस तथा ट्रेड यूनियन पर भी लगातार तीखी आलोचना करते थे। मुम्बई से दलित पैंथर समस्त महाराष्ट्र में फैल रही थी।

दलित पैंथर का उदय और कुछ मत

अ. जातिव्यवस्था तथा दलितों पर होते रहे अत्याचार के विरुद्ध क्रोध के कारण पैंथर का जन्म हुआ। *–नागेश चौधरी*

ब. दलित पैंथर की स्थापना दलितों पर हो रहे बढ़ते अत्याचारों के कारण दलित तरुणों में फैले असन्तोष और रिपब्लिकन पार्टी के पुराने नेतृत्वविषयक हुए उनके भ्रमभंग से हुई थी। *–नलिनी पण्डित*

क. रिपब्लिकन पार्टी के सभी गुट विद्रोही आम्बेडकरवाद से बेईमान हुए। परिणामत: दलित युवकों के पैंथर जैसे विद्रोही संगठनों ने जन्म लिया। *–शरद पाटील*

ड. नेता जनता से दूर हो रहे थे और जनता को नवीन नेतृत्व चाहिए था। जनता की आशा दलित पैंथर के उदय से फलद्रूप हुई। *–रावसाहब कसबे*

दलित पैंथर यानी दलितों पर होने वाले अन्याय के विरुद्ध की तप्त प्रतिक्रिया ही! आम्बेडकर के निधन पश्चात् शिथिल हुए दलित समाज को पैंथर एक नवीन चिंगारी लगने लगी। अपनी मुक्ति की आशा महसूस होने लगी। दलित पैंथर के उदय से दलित तरुणों के मन में विषम व्यवस्था विषयक आक्रोश को एक नवीन मंच मिला। उसी प्रकार यह नकारा नहीं जाता कि दलित समाज में आन्दोलन का चैतन्य निर्माण हुआ था।

अ – सत्यशोधक, पुणे–दिसम्बर 1974

ब – जातिवाद और वर्गवाद–साधना प्रकाशन, पुणे

क – सत्यशोधक मार्क्सवादी–धुलिया, दिसम्बर 1982

ड – दलित आन्दोलन का मार्गक्रमण–केशवराव गोरे ट्रस्ट, मुम्बई

2

दलित पैंथर संगठन बहुसंख्य महार तथा बौद्ध तरुणों का है। इस संगठन में अन्य बहिष्कृत जाति को भी समाविष्ट करा लेना महत्त्वपूर्ण है। संसदीय राजनीति में संगठन का मनुष्य बल बढ़ाने के अलावा महत्त्व नहीं मिलता। दलितों के प्रश्न केवल नवबौद्धों का आन्दोलन खड़ा करने से सुलझनेवाले नहीं हैं। अपनी गर्भनाल किसके साथ? अखिल बहिष्कृत समाज के साथ या केवल नवबौद्धों के साथ? हम दलितों का प्रतिनिधित्व करने वाले हैं तो ग़रीब मनुष्यों की मुक्तिविषयक हमारी कौन सी भूमिका? पैंथर को आन्दोलन के नाते कोई एक भूमिका लेना ज़रूरी था। उसी कारण दलित पैंथर में मार्क्सवाद तथा आम्बेडकरवाद जैसे दो प्रवाह निर्माण हुए।

कम्युनिस्ट विचार माननेवाले दलित पैंथर के 'मार्क्सवादी' प्रवाह को उत्तेजना देने का काम कर रही थी। कम्युनिस्ट पैंथर को क़ब्ज़े में लेने के प्रयास कर रहे थे ताकि पैंथर की बढ़ती शक्ति का राजनीतिक स्वार्थ के उपयोग किया जा सकें तो कम्युनिस्टों की बौद्धिक अघाड़ी डॉ. आम्बेडकर का दोषदिग्दर्शन कर पैंथर को मार्क्सवाद की दीक्षा देने का प्रयत्न कर रही थी। यदि आम्बेडकरवाद स्पष्ट रूप से नकारा तो पैंथर्स सहमे जायेंगे; परिणामत: वर्णसंघर्ष और वर्गसंघर्ष एकत्रित स्वरूप में लड़ाया जाना चाहिए।1 इस प्रकार की भूमिका कम्युनिस्ट ले रहे थे।[1]

नामदेव ढसाळ 'मार्क्सवाद' का समर्थन कर रहे थे तो राजा ढाले 'आम्बेडकरवाद' का। ढसाळ की भूमिका रही कि दलित पैंथर को दलित, शोषित, श्रमिकों का संघर्ष निर्माण करना चाहिए। दूसरा विचार था; दलित पैंथर बौद्ध तत्त्वप्रणाली के अनुसार चलायी जानी चाहिए; पैंथर को साम्यवाद से दूर रहना चाहिए; पैंथर बौद्धों का संगठन है। राजा ढाले की भूमिका रही कि बुद्ध-आम्बेडकर के मार्ग से संघर्ष करना चाहिए।

नामदेव ढसाळ ने सुनील दिघे नामक 'नक्सलवादी' कार्यकर्ता के सहकार्य से दलित पैंथर का घोषणापत्र तैयार किया। यह घोषणापत्र कम्युनिस्ट विचारानुवर्ती होने से इसे राजा ढाले का विरोध था। जिस तरह पैंथर के 'मार्क्सवादी' प्रवाह को कम्युनिस्ट विचारकों का समर्थन तथा उसका मंच भी मिला वैसा आम्बेडकरी प्रवाह को नहीं मिला। उन्हें मार्क्सवादी प्रवाह द्वारा प्रस्तुत अर्थविचार को 'वैकल्पिक' आम्बेडकरवादी अर्थविचार दे नहीं सके। विविध पहलू दलितों के प्रश्न को चिपक गये थे। आम्बेडकरी विचार द्वारा उनका शास्त्रीय विश्लेषण कराके आन्दोलन को आम्बेडकरी तत्त्वों का अधिष्ठान देने में उन्हें असफलता नहीं मिली। वस्तुत: यह उनकी मर्यादा थी।"[2]

दलित पैंथर में 'मार्क्सवाद या आम्बेडकरवाद' जैसा संघर्ष शुरू हुआ। उसी तरह नेतृत्व की लालच, व्यक्तिवाद, झगड़े, आरोप-प्रत्यारोप के परिणामस्वरूप पैंथर दरार के मार्ग पर चलने लगी। नागपुर में आयोजित पैंथर के पहले ही अधिवेशन 1974 ई. में राजा ढाले ने नामदेव ढसाळ को पैंथर से बाहर निकाल डालने की बात घोषित की और दलित पैंथर बिखर गयी। इससे ढाले और ढसाळ जैसे दो गुट निर्माण हुए।

दलित पैंथर आन्दोलन ख्यात हुआ था। पैंथर का राजनीतिक दबदबा था। इस दरार की वजह से सामान्य पैंथर्स में सम्भ्रम मच जाना स्वाभाविक ही था। साथ ही दलित पैंथर के कार्य का, नाम का राजनीतिक सौदेबाज़ी के लिए उपयोग होने लगा। इसलिए राजा ढाले ने अपने गुट का नाम बदलना तय किया और पैंथर भी भंग कर डाली।

जिन्होंने (नामदेव ढसाळ) संगठन की अधिकृत भूमिका खुली होने के पूर्व ही विविध पक्षों को समर्थन घोषित किया, उन लोगों के साथ यहाँ से आगे हमारा कोई भी सम्बन्ध नहीं। हम दलित पैंथर का नाम लेकर दलित पैंथर की स्वयंभू प्रतिमा कलंकित करने का दाँव इससे आगे चलने न देंगे। दलित पैंथर का अस्तित्व स्वयंभू था। उस अस्तित्व का उद्देश्य दलितों के दु:ख दुनिया के सामने लाना ही था। यहाँ समर्थन का कहीं भी प्रश्न नहीं आता। परन्तु जिन्होंने समर्थन की भाषा प्रारम्भ की है, उनसे हमारा आइन्दा कोई भी सम्बन्ध नहीं तथा हमारा अस्तित्व स्वतन्त्र है, यह प्रभावित करने के लिए ही हम दलित पैंथर संगठन भंग कर रहे हैं एवं नवीन 'मास मूवमेंट' संगठन की घोषणा कर रहे हैं। जो लोग दलित पैंथर के नाम से व्यवहार कर रहे हैं वे कम्युनिस्टों के सहकारी हैं, आम्बेडकरवाद के शत्रु हैं और उनके साथ कोई भी आम्बेडकरवादी नहीं तो भी वही लोग दलित पैंथर के नाम का दुरुपयोग कर रहे हैं, वे लोग वैसा आगे न कर सकें, इसलिए ही यह उपाययोजना है।"[3]

दलित पैंथर भंग होने से अनेक कार्यकर्ता व्यग्रव्याकुल हुए। कुछ तो जी भर के रोए। कार्यकर्ताएँ संगठन से जी जान से प्रेम करते थे। पैंथर भंग होने से आन्दोलन गतिरुद्ध होने जैसा महसूस हुआ। पुन: एक बार सब तितर-बितर हुआ। जिन्होंने कुछ आशा निर्माण की थी, उन्होंने ही वह नष्ट की।

3

दलित पैंथर भंग होने के बाद पुन: एक बार पैंथर को संगठित करने का काम अरुण कांबळे, रामदास आठवले, दयानन्द मस्के, बापूसाहब पखिड्डे, रमेशचन्द्र परमार,

गंगाधर गाडे, प्रीतमकुमार शेगावकर, टी. एम. कांबळे जैसे पैंथर नेताओं ने किया। दलित पैंथर महाराष्ट्र के बाहर अनेक राज्यों में अपने पैर जमाकर खड़ी थी। महाराष्ट्र में निर्माण हुई दलित पैंथर अब भारतीय स्तर का संगठन होने से 'दलित पैंथर' का 'भारतीय दलित पैंथर' नामकरण किया गया। दिखाई देगा कि पहले अध्यक्ष अरुण कांबळे, दूसरे गंगाधर गाडे और तीसरे रामदास आठवले ने भारतीय दलित पैंथर को मज़बूत बुनियाद पर संगठित किया। मण्डल आयोग और नामान्तर का संघर्ष भारतीय दलित पैंथर द्वारा अत्यन्त आग्रहपूर्वक लड़ाया गया है। पैंथर ने अपनी माँगें गाँव स्तर से राज्य तथा देश की राजधानी तक मोर्चे ले जाकर लोग तथा शासन के समक्ष खुले रूप में प्रस्तुत की हैं। पैंथर ने मुम्बई में जन्म लिया, मुम्बई में भंग हुई; परन्तु मुम्बई के बाहर की असंख्य छावनियों और कार्यकर्ताओं ने पैंथर को कभी भी भंग न होने दिया। क्योंकि उनकी दृष्टि से दलित पैंथर केवल 'संगठन' नहीं था तो वह एक 'जीवन्त विद्रोही चेतना' थी।

भारतीय दलित पैंथर ने सर्वसमावेशक भूमिका स्वीकारी है। दलित, केवल नवबौद्ध नहीं तो जो सामाजिक और आर्थिक दृष्टि से शोषित है वह हमारा है, यह विचारप्रणाली पैंथर वालों की ओर से हर सभा द्वारा प्रस्तुत की जाने लगी है। फिर भी पैंथर पूर्णत: मार्क्सवाद को मान्य करने तैयार नहीं है। वे 'आम्बेडकरवाद' ही 'अपना प्राण' मानकर आन्दोलन को आगे ले जा रहे हैं। पैंथर को मार्क्सवाद अधूरा लगता है। जिस तरह भारतीय दलित पैंथर मार्क्सवाद के आवेश में आकर समर्थन नहीं करती उस तरह वह बौद्ध धम्म का भी ठीक से समर्थन करते हुए नहीं दिखाई देती। मार्क्स का रक्तरंजित क्रान्ति का मार्ग पैंथर को मान्य नहीं। भारतीय दलित पैंथर का संकल्प है 'सम्यक क्रान्ति'। परन्तु 'सम्यक क्रान्ति' का तफ़सील अभी तक प्रस्तुत नहीं किया गया है। अर्थात दलित पैंथर द्वारा रक्तरंजित मार्ग तथा हिंसा अमान्य की गयी हों तो भी उनके शब्द-शब्द में वह लबालब भरी दिखाई देती है। "मार्क्सवाद तथा आम्बेडकरवाद दोनों विचारधाराएँ विषमता-विरोधी हैं। परन्तु रूस और चीन में स्थित मार्क्सवाद भारत में जैसा का तैसा लागू करना अनुचित है। रामदास आठवले एक बातचीत के दरमियान मुझे कह गये थे, "भारत में मार्क्सवाद आम्बेडकरवाद के अलावा अधूरा है।"

भारतीय दलित पैंथर केवल महारों अथवा नवबौद्धों का संगठन है, इसलिए उसे जातीय संगठन ठहराना ग़लत है। पैंथर में प्रमुखत: महार तथा नवबौद्ध तरुण हैं, क्योंकि महार समाज की संख्या अधिक है। इस समाज का आम्बेडकरी विचार

और आन्दोलन का इतिहास है। यह समाज शिक्षा में अघाड़ी पर है। महार समाज में धर्मान्तर के कारण पुरानी रीति-रूढ़ियाँ और ग़ुलामी के विरुद्ध विद्रोह पोषित हुआ है। महार समाज के अनेक व्यक्ति ब्रिटिश सैन्य में थे। इन सभी का परिणाम होकर अन्य बहिष्कृत जातियों की तुलना में महार समाज सभी अघाड़ियों पर नेतृत्व की भूमिका में रहा है। दलित पैंथर, दलित समाज का संगठन है। वह दलितों पर होने वाले अन्याय के विरोध में तथा स्वसंरक्षण की भूमिका द्वारा उदित हुआ। परिणामतः जिस समाज पर अन्याय होता है उस दलित समाज का समर्थन करना उसकी ऐतिहासिक ज़िम्मेदारी है। इसे कतई 'जातिवाद' सम्बोधित नहीं कर सकते।

प्रभु रामचन्द्र से लेकर छत्रपति शिवाजी महाराजा तक की राजाशाही का इतिहास 'गोब्राह्मणप्रतिपालक' ही है। महात्मा गांधी के 'रामराज्य' में भी यही पद्धति अनुशासनबद्ध जारी है। इसे विरोध करने के लिए, 'हिन्दुस्थानी स्वतन्त्रता का धिक्कार करने के लिए' पैंथर सक्षमता से खड़ी रही है। दलितों पर हिन्दू धर्म द्वारा बलपूर्वक अस्पृश्यता और दरिद्रता थोपी है। दलितों का दलितपन जैसे सामाजिक है वैसे वर्गीय भी है। शूद्रों को सत्ता और प्रतिष्ठा नहीं थी। केवल त्रैवर्णिकों की सेवा करना ही मान्य किया गया था। शूद्रों का खेती, व्यापार, अर्थार्जन का अधिकार छीन लिया था। यदि शूद्र ने वेद पढ़ें तो जिह्वा छाट डालें, ऐसी आज्ञा हिन्दू-धर्म ग्रन्थों ने जैसी दी है वैसी ही शूद्र को गाँव के बाहर रहना चाहिए, उसे मिट्टी के बर्तन प्रयुक्त करने चाहिए, कुत्ते और गर्दभ ही उसका धन, शूद्र अर्थार्जन कर नहीं सकता, इस पद्धति से नियम कर शूद्रों को सामाजिक, धार्मिक, राजनीतिक, शैक्षिक, आर्थिक अधिकारों से वंचित रखा था।

वर्णव्यवस्था आदर्श समाज व्यवस्था नहीं थी। यह समाज में स्थित अधिकार का वर्गीकरण तथा आरक्षण करने वाली व्यवस्था थी। ज्ञानसत्ता ब्राह्मणों के लिए आरक्षित की थी और समाज में सबसे उच्च स्थान ब्राह्मण को दे दिया था। राजसत्ता क्षत्रियों के लिए आरक्षित की थी। समाज में क्षत्रिय का स्थान ब्राह्मण के बाद का था। धनसत्ता वैश्यों के लिए आरक्षित की थी। वैश्य समाजव्यवस्था में तीसरे स्थान पर थे। चौथे स्थान पर शूद्र थे। उनके लिए त्रैवर्णिकों का सेवाक्षेत्र आरक्षित किया था। इस आरक्षण को उखाड़ने का अधिकार किसी को भी नहीं था। इसका कारण यह था कि धर्मग्रन्थों में यह व्यवस्था दर्ज कर रखी थी। चातुर्वर्ण्यावस्था में अस्पृश्य, घुमन्तू-विमुक्त तथा आदिवासियों को स्थान नहीं था। वे अवर्ण थे। परिणामतः उनके लिए आरक्षण की सुविधा नहीं की थी। वर्णव्यवस्था केवल आरक्षण व्यवस्था थी

ऐसा नहीं था तो वह भेदभाव पर आधारित थी। हज़ारों वर्षों से अस्पृश्य, घुमन्तू-विमुक्त और आदिवासी हक़ और अधिकारों से उपेक्षित रहे। समाज के नाते उनकी गणना ही नहीं की थी। ये सभी दुर्लक्षित और उपेक्षित समाज घटक थे। दलित पैंथर ऐसे उपेक्षितों का पार्टी लेकर रास्ते पर उतरी थी।

दलितों का संघर्ष इतना व्यापक है। यह संघर्ष केवल सामाजिक अथवा केवल आर्थिक हो ही नहीं सकता। जिनका अस्तित्व ही नकारा गया था ऐसे मनुष्यों का यह संघर्ष सर्वव्यापी होता है। 'मैं मनुष्य हूँ' उसकी पहली ध्वनि होती है। 'मुझे भी शिक्षा मिलनी चाहिए, मुझे भी अन्न-वस्त्र-आवास तथा काम मिलना चाहिए, मुझे भी सत्ता-सम्पत्ति में समान हिस्सेदारी मिलनी चाहिए, मैं भी इस देश का नागरिक हूँ, मुझे राज्यकर्ता बनना आना चाहिए और यदि ये योग्य माँगें नकार रहे होंगे तो हमें इसके विरुद्ध लड़ना होगा एवं हमारे हक प्रस्थापित करने होंगे,' ऐसा स्वाभिमान जग गया था। इस स्वाभिमान में वेदना और विद्रोह होता है। उसे नवीन समाज व्यवस्था की इच्छा होती है। "मेरा आदर्श समाज समानता, स्वतन्त्रता और बन्धुभाव पर आधृत होगा,[4] उनकी ऐसी माँग होती है। उन्हें किसी पर अपना 'एकाधिकार' थोपना नहीं होता, इसलिए यहाँ मार्क्स और आम्बेडकर दो विचारधाराओं में मूलभूत फ़र्क होता है।

4

भारतीय दलित पैंथर ने मराठवाड़ा विश्वविद्यालय को डॉ. बाबासाहेब आम्बेडकर का नाम दिये जाने के लिए अनेक बार आन्दोलन किये हैं। धरना, निषेध, मोर्चा, घेरा, मन्त्रियों की गाड़ियों के सामने आड़े पड़ना, विधानसभा में छलाँग लगाना, पैंथर ने ऐसे अनेक मार्गों से संघर्ष किया है। डॉ. बाबासाहेब आम्बेडकर के मरणोत्तर काल के 'विराट संघर्ष' के रूप में नामान्तर के संघर्ष का उल्लेख करना होगा। नामान्तर आन्दोलन के कारण दलित समाज में बहुत बड़ा मानसिक ऐक्य निर्माण हुआ था। उसका लाभ लेकर दलित आन्दोलन को एक शक्तिशाली संगठन तैयार करना सम्भव था, परन्तु वैसा नहीं हुआ। इसके विपरीत नामान्तर के प्रश्न पर दलित आन्दोलन में मतभेद ही दिखाई दिये। प्रा. जोगेन्द्र कवाडे ने नामान्तर का प्रश्न स्वतन्त्र रूप से लड़ा। भारतीय दलित पैंथर ने वामपन्थी तथा प्रगतिशील आन्दोलन के साथ समझौता कर नामान्तर का प्रश्न लोगों के सामने रखा। अरुण कांबळे ने 'भारतीय नागरिकत्व का सामूहिक त्यागपत्र देने' की घोषणा की तो रामदास आठवले ने 'हम हज़ारों के

साथ धर्मान्तर करेंगे' ऐसी धमकी दी। इसी समय अन्य नेता 'बौद्ध विश्वविद्यालय स्थापित करें', 'कोंकण विश्वविद्यालय को डॉ. आम्बेडकर का नाम दें,' ऐसी माँगे कर रहे थे।

यह माँग कि 'विश्वविद्यालय को डॉ. आम्बेडकर का नाम दें,' स्वतन्त्र राज्य की माँग करने वाली नहीं थी या ज़मीन का राष्ट्रीयकरण करो कहनेवाली नहीं थी। फिर भी इस माँग को लगभग पन्द्रह वर्षों तक प्रखर विरोध किया गया।

मराठवाड़ा विश्वविद्यालय को डॉ. बाबासाहेब आम्बेडकर का नाम देने हेतु जो कारण मीमांसा थी, वह निम्नानुसार है–

1. डॉ. बाबासाहेब आम्बेडकर ने मराठवाड़ा विभाग में 1949 ई. में स्नातक तक की शिक्षा देनेवाला महाविद्यालय शुरू किया। प्रारम्भ में उसका नाम 'पीपल्स एज्युकेशन सोसायटीज कॉलेज' था और बाद में उसका 'मिलिन्द महाविद्यालय' नाम रखा गया। अर्थात मराठवाड़ा विभाग में उच्च शिक्षा का प्रारम्भ डॉ. बाबासाहेब आम्बेडकर ने ही किया। अब, उसके बाद ही शिक्षा का वृक्ष लहलहा गया, खिला, पुष्पित हुआ है।

2. महाराष्ट्र के अनेक विश्वविद्यालयों को अनेक महान पुरुषों के नाम दिये गये हैं। जैसे कोल्हापुर विश्वविद्यालय को शिवाजी विश्वविद्यालय तथा राहुरी कृषि विश्वविद्यालय को महात्मा ज्योतिबा फुले कृषि विश्वविद्यालय तथा अकोला में स्थित विश्वविद्यालय को डॉ. पंजाबराव देशमुख कृषि विश्वविद्यालय।

3. डॉ. बाबासाहेब आम्बेडकर ने जीवनभर ज्ञानसाधना की। उन्होंने कष्टपूर्वक, प्रतिरोधी परिस्थिति में शिक्षा की अत्युच्च उपाधियाँ प्राप्त की तथा अपने ज्ञान और प्रतिभा से दुनिया को प्रकाशमान कराया। उनमें प्रज्ञा, करुणा और शील जैसे तीनों गुणों का संगम था। संविधान लेखन तथा अन्य भी कार्य से उनका राष्ट्र प्रेम कितना विशुद्ध था, यह प्रमाणित होता है।

इन तथा इनके जैसे समुचित कारणों से बाबासाहेब का नाम मराठवाड़ा विश्वविद्यालय को देने का दलित पैंथर का आग्रह सभी को मान्य होने लगा।

महाराष्ट्र सरकार ने दोनों सदनों में 27 अप्रैल 1978 को विश्वविद्यालय नामान्तर का प्रस्ताव मान्य करते ही अन्याय-अत्याचार की कोई सीमा ही नहीं रही। जिन्हें 'विश्वविद्यालय' का अर्थ तक मालूम नहीं, ऐसे ग़रीब और अनपढ़ दलितों पर अन्याय-अत्याचार किये गये। 'शासन का निर्णय हमें मान्य नहीं है, ऐसी भूमिका जनतन्त्रवादी है ही, परन्तु इस बात को कारण मानकर सुसूत्र रीति से दलित बौद्धों

के घरों को आग लगाना, उनके धान का नुकसान करना, विनयभंग करना, हमले करना, अपने प्राण बचाने के लिए भाग जानेवाले दलितों को पकड़कर मारना, क्या ये मनुष्यता के प्रकार है?'[5] मराठवाड़ा विश्वविद्यालय के नामान्तर की माँग होने के बाद उच्चवर्णियों द्वारा हुई प्रचण्ड खींचातानी, हमला करके दर्ज किया विरोध, देहातों-पाड़ों में जलाये झुग्गी-झोंपड़ियाँ, सरकारी तथा सार्वजनिक सम्पत्ति को क्षति पहुँचाना, ये सब देखकर सवर्णों को मनुष्य जीवन से भी झूठी अस्मिता कितनी प्रिय हैं, इसका दर्शन हुआ।[6]

मेरी 'अक्करमाशी' आत्मकथा में नामान्तर के समय की भयानक वास्त विकता प्रकट हुई है। पार्थ पोकळे की आत्मकथा को भी नामान्तर का सन्दर्भ है। फ. मु. शिंदे ने नामान्तरविषयक 'सार्वमत' नामक कविता-संग्रह प्रकाशित किया है। नामान्तर की दंगल, संघर्ष पर अनेक दलित कवियों तथा लेखकों ने अपनी-अपनी तीव्र और विस्फोटक प्रतिक्रियाएँ प्रस्तुत की हैं। नामान्तर आन्दोलन से दलितों का समग्र जीवन हिल गया था।

लगभग पन्द्रह वर्ष नामान्तर के लिए दलितों का संघर्ष जारी था। अनेकानेक मोर्चे निकले। आन्दोलन हुए। अनेक जन कारागार गये। नामान्तर नहीं हो रहा है। ऐसा देखकर नान्देड़ के गौतम वाघमारे नामक युवक ने 25 नवम्बर 1993 ई. को आत्मदाह कर लिया। उसके पीछे-पीछे महाराष्ट्र में आत्मदहन का सत्र शुरू हो गया। सम्पूर्ण राज्य को आघात पहुँचा। सरकार को आघात पहुँचा। तत्कालीन समाज कल्याण मन्त्री ना. रामदास आठवले ने नामान्तर के प्रश्न के कारण शर्त रखकर त्यागपत्र दिया था। राज्य की दलित जनता नामान्तर के लिए आत्मदहन करने लगी, इस कारण महाराष्ट्र सरकार ने 14 जनवरी 1994 ई. को मराठवाड़ा विश्वविद्यालय का नामविस्तार किया। नामान्तर के लिए विरोध न हो, इसलिए सरकार ने नान्देड़ में स्वामी रामानन्द तीर्थ विश्वविद्यालय की स्थापना की और मराठवाड़ा विश्वविद्यालय के नाम में विस्तार कर डॉ. बाबासाहेब आम्बेडकर नाम जोड़ दिया। नामान्तर के शिल्पकार के रूप में मन्त्री रामदास आठवले के सम्पूर्ण राज्य में सत्कार किये गये। नामान्तर के कारण मराठवाड़ा और विदर्भ में बड़े पैमाने पर कांग्रेस विरोधी मतदान हुआ तथा 1995 ई. की विधानसभा में उसका कांग्रेस को बड़ा नुकसान भुगतना पड़ा। इस कारण शिवसेना-भाजपा सरकार सत्ता में आयी। इस सरकार ने नामान्तर के काल में सर्वर्णों पर दाख़िल हुए गुनाह रद्द कर दिये।

आम्बेडकर के मरणोत्तर समय की महत्त्वपूर्ण घटनाएँ हैं, भूमिहीनों का सत्याग्रह, नामान्तर आन्दोलन, दलित साहित्य तथा दलित पैंथर का उदय। दलित साहित्य द्वारा प्रकट हुआ 'विद्रोह' पैंथर ने कृति के स्तर पर ले आया। नामदेव ढसाळ, राजा ढाले, उमाकान्त रणधीर, ज. वि. पवार, अरुण कांबळे, अर्जुन डांगळे जैसे कवि-लेखकों ने पैंथर संगठन बढ़ाया। तदनन्तर दलित लेखक पैंथर आन्दोलन से दूर गया। मध्यवर्ग भी पैंथर के बारे में उदासीन बना। दलित मुक्तिसेना, समता सैनिक दल, बामसेफ, डी. एस. फोर, दलित युवक अघाड़ी, रिपब्लिकन युवक अघाड़ी, मास मूवमेंट, ढसाळ पैंथर, साथ ही अन्य संगठनों के कारण दलित युवकों में हलचल मच गयी है। बेरोजगार, गुनहगार, शराबी व्यक्ति आन्दोलन में आने से आन्दोलन का चारित्र्य नष्ट हो रहा है। आन्दोलन कार्यकर्ताओं के स्वच्छ चरित्र पर ही टिका रहता है।

बाबासाहेब का चरित्र उत्तुंग था। इसी कारण उनका नेतृत्व जनादर के लिए पात्र हुआ। परन्तु आज प्रत्येक नेता सम्बन्धी आदर व्यक्त करने की तुलना में लोग शंका ही अधिक ले रहे हैं। 'मला उध्वस्त व्हायचंय' में व्यक्त हुआ पैंथर नामदेव ढसाळ आन्दोलन का आदर्श हो सकता है? उपरोक्त सभी दुर्गुण दलित पैंथर में होते हुए भी प्रस्तुत आन्दोलन टिका हुआ है, इसका कारण यही कि पैंथर जनता की समस्याओं के साथ प्रामाणिक रही है। अधूरी आर्थिक स्थिति, स्वयं की प्रचार-यन्त्रणा का अभाव, प्रशिक्षित कार्यकर्ताओं का न होना, ऐसा होते हुए भी पैंथर का आन्दोलन व्यापक बना है। इसका कारण यही कि पैंथर के कार्यकर्ताओं के मन में होनेवाली डॉ. आम्बेडकरविषयक असीम श्रद्धा, दलित समाजविषयक आत्मीयता तथा विषम समाजव्यवस्था के विरुद्ध का प्रखर विद्रोह है। मानव चन्द्र पर पहुँचा परन्तु वस्तुस्थिति यह कि आज भी अस्पृश्य मनुष्य गाँव के कुएँ पर नहीं जा सकता। मराठी साहित्य सम्मेलन में दक्षिण आफ्रिका में फाँसी दिये काले कवि को श्रद्धांजलि व्यक्त की जाती है परन्तु महाराष्ट्र सरकार द्वारा दोनों सदनों में एकमत से मंजूर किया नामान्तर का प्रस्ताव साहित्य सम्मेलन में प्रस्तुत होने हेतु दलित पैंथर को मोर्चा निकालकर माँग करनी पड़ती है, इस वस्तु स्थिति को नज़रअन्दाज़ कर नहीं सकते। मुम्बई में काले घोड़े के नज़दीक मोर्चा को रोकने पर रामदास आठवले ने अपने भाषण में कहा था, "पुस्तक के पहले पृष्ठ पर जो प्रतिज्ञा होती है, उस प्रतिज्ञा में स्थित प्रत्येक दण्ड के अतिरिक्त एक-एक प्रश्नचिह्न खड़ा किया तो अपने इस देश का वास्तविक चित्र समझ में आ जायेगा।"

"ग़ुलाम को ग़ुलामी से परिचित करा दो, उससे वह विद्रोह कर उठेगा" यह विचार पैंथर ने दलित तरुणों के मन में अँखुआने का काम किया है। हज़ारों वर्षों की विषम समाज रचना में जीना हों तो अन्याय सहन करते नष्ट होने का मार्ग स्वीकारना पड़ता है अथवा सीधा आन्दोलन कर ताकतवर बल पर न्याय प्राप्त करना पड़ता है। दूसरी बात यही कि देश की दरिद्रता से जुड़े रहकर सामाजिक क्रान्ति की दिशा से एक 'संयुक्त' आन्दोलन खड़ा करना महत्त्वपूर्ण होता है। सोलापुर में पैंथर की खुली सभा में बोलते समय टी. एम. कांबळे ने कहा था, "हमें भी दहशतवादी बनना आता है। हम भी शहरों को जला सकते हैं। केवल दशहत से ही प्रश्न सुलझाये जाते होंगे तो हमें भी दशहतवादी बनना पड़ेगा। परन्तु हमें युद्ध का मार्ग मान्य नहीं। हम बुद्ध के मार्ग पर क्रमण करने वाले हैं।"

दलित पैंथर का प्रमुख संघर्ष परम्परागत विचारों तथा संस्कृति के विरुद्ध है। दलित पैंथर ने सामाजिक अन्याय-अत्याचार के विरुद्ध संघर्ष किये हैं, परन्तु वे आर्थिक तथा राजनीतिक संघर्ष को महत्त्व नहीं दिया। धर्म और जाति के नाम पर आन्दोलन करना रोकना चाहिए। संगठन मज़बूत करना, संगठन को दृढ़ वैचारिक नींव देना, उसका लड़ाकू क्रान्तिशील संगठनों के साथ जुड़ना महत्त्वपूर्ण है। संगठित तथा लड़ाकू शक्ति पर, 'मनुष्य' के रूप में जीने के लिए खड़े हो जाने के जबर निर्धार पर, शोषण तथा दबाव के विरुद्ध बढ़ रहे विद्रोही चेतना के आधार दलित पैंथर की दारोमदार होनी चाहिए। 'दलितों का संघर्ष यानी केवल बौद्धों का संघर्ष नहीं या डॉ. बाबासाहेब आम्बेडकर यानी केवल बौद्धों के नेता नहीं हैं। यदि विषमता के विरुद्ध प्रभावशाली रूप में संघर्ष करना हों तो ग़ैर-बौद्धों को भी संगठित को भी असंगठित कर उनका विश्वास सम्पादित करना चाहिए।"[7] तभी पैंथर का भविष्य है।

आज तक दलित पैंथर ने दबाव की ही राजनीति की है। उसे रचनात्मक कार्य की साथ भी होनी चाहिए। एक ओर संघर्ष करने चाहिए तो दूसरी ओर संगठन को गठित करना चाहिए। केवल जातिव्यवस्था के विरुद्ध विद्रोह की भाषा कहकर चलनेवाला नहीं है तो दलितों की जातिव्यवस्था नष्ट करना आवश्यक है। इसके अतिरिक्त निचली जातियाँ एक नहीं हो सकती। आज प्रतिक्रियावादी, पुनरुज्जीवनवादी, प्रतिक्रान्तिवादी विचार फैलते जा रहे हैं। फुले-आम्बेडकर के विचारों की बदनामी हो रही है। ऐसे समय पर कलापथक, व्याख्यान, सम्मेलन, शिविर, पदयात्रा जैसे माध्यमों से लोकशिक्षा देना ज़रूरी है।

6

डॉ. आम्बेडकर ने 'धर्मनियमों का उच्छेद और सजातीय विवाह को प्रतिबन्ध' विचार जातिअन्त के सन्दर्भ में प्रस्तुत किया है। हिन्दू धर्म की कठोर परख और जातिव्यवस्था विरोधी संघर्ष जैसे दो स्तरों पर संघर्ष करना महत्त्वपूर्ण है। प्रस्तुत संघर्ष सैद्धान्तिक और व्यावहारिक स्तर पर लड़ाया जाना चाहिए।

धीमी गति से रोटी-बेटी व्यवहार जाति-जातियों में हो रहे हैं। यद्यपि अस्पृश्यता नष्ट हो जाने का आभास हो रहा हो तो भी 'जातीवाद' भावना उग्र बनती जा रही है। एकाध को 'अस्पृश्य' समझना यानी 'वह नीच तथा हीन स्तर का है, शूद्र, ग़ुलाम है।' यह ऐसी प्रवृत्ति थी, परन्तु 'जातिवादी' भावना द्वेष और शत्रुत्व पर आधारित है। 'जाति' वर्णाश्रमधर्म की निर्मिति हो तो भी एब वह एक 'राजनीतिक शक्ति' बनी है। जाति के एकमुश्त मतों के कारण उस जाति को भारी-भरकम राजनीतिक चिरंजीवित्व का लाभ हुआ है तथा उसी कारण आज जाति के नाम पर संगठन बाँधना, अपना नेतृत्व तैयार करना, जाति के नाम पर चुनाव लड़ना सुलभ हुआ है। जातिधर्माधिष्ठित राजनीति के कारण जातिवाद पनपा है। प्रत्येक जाति दूसरी की राजनीतिक स्पर्धक बनी है। इस होड़ से ही जातीय तनाव, दंगलें उद्भवित हो रही हैं। मनुष्य यानी मनुष्य। जाति, पन्थ हम नहीं मानते। भारतीय ग़रीब जनता के प्रश्न आर्थिक प्रश्नों पर आधारित हैं। आर्थिक प्रश्नों के विरुद्ध संघर्ष खड़ा किया तो ही प्रश्न सुलझेंगे। मुझे यह भूमिका महत्त्वपूर्ण लगती है, "धर्म के विरुद्ध लड़ाई हों तो प्रश्न सुलझनेवाले नहीं हैं।"[8]

यह सच कि दलित पैंथर को आर्थिक प्रश्नों पर संघर्ष करने चाहिए। आर्थिक प्रश्नों पर संघर्ष करने वाले अनेक संगठन हैं, परन्तु उनका सामाजिक प्रश्नों की ओर दुर्लक्ष हुआ है। दलित पैंथर का वैशिष्ट्य तथा मूल संघर्ष सामाजिक विषमता के विरुद्ध का है और इसी में पैंथर की अलगता है। पैंथर अस्पृश्यता के कारण मनुष्य पर होने वाले अन्याय के विरुद्ध आवाज़ उठाता है। भारतीय समाज व्यवस्था में जाति और वर्ग अलग करना ही नहीं आता। उस कारण जातिअन्त और वर्गअन्त का संघर्ष अधिक जटिल हुआ है। वह एकत्रित ही लड़ाया जाना चाहिए।

भारतीय दलित पैंथर का जारी रखा नामान्तर का संघर्ष हो अथवा मण्डल आयोग का संघर्ष मुझे सांस्कृतिक संघर्ष ही लगता है। मण्डल आयोग और नामान्तर के कारण से दलित समाज में 'अधिकारों के लिए संघर्ष करने की' भावना जगाना, साथ ही ग़ैर-दलितों को अपने प्रश्न समझाकर बताना और जनमत निर्माण करना ये

महत्त्वपूर्ण कार्य किये हैं। आरक्षित पदों का संघर्ष केवल आरक्षित पदों का नहीं होता तो उसके पीछे अनेक सांस्कृतिक सन्दर्भ छिपे होते हैं। नामान्तर का भी वैसा ही है। पैंथर्स जब साहित्य सम्मेलन पर नामान्तर के लिए मोर्चा निकालते थे तब उन्हें पता था कि साहित्य सम्मेलन में हुए प्रस्ताव से यह प्रश्न सुलझनेवाला नहीं है। परन्तु बारम्बार अपनी माँग किसी-न-किसी मार्ग से जनता के सामने निरन्तर प्रस्तुत करना, अपने प्रश्नों पर विचार कराना, हम हमारी माँग पर अभी भी दृढ़ हैं; ऐसा निर्धार निदर्शन में ला देना एवं उसके उपलक्ष्य में समानता, स्वतन्त्रता, न्याय और बन्धुता जैसे विचार समाज में फैलाना, ये कार्य प्रतीकात्मक संघर्ष द्वारा पैंथर ने प्रभावशाली ढंग से सम्पन्न किये हैं।

दलित पैंथर ने अपनी आक्रमक तथा लड़ाकू भूमिका के कारण दहशत निर्माण की। यजमान संस्कृति को ऐसे आघात देना बहुत महत्त्वपूर्ण होता है। ऐसा सुनने को मिलता है कि नामान्तर संघर्ष के कारण जनजागरण का इतिहास सौ वर्ष पीछे गया है अथवा सवर्ण दलितों में खाई निर्माण हुई है, यह पूर्णतः असत्य है। यदि वास्तविक जनजागरण हुआ होता तो ऐसी मनुष्यद्रोही, समाजद्रोही जातीय दंगल ही नहीं होते। जनजागरण कभी भी पीछे जानेवाला नहीं होता। जनजागरण किसने किया, कब किया इसकी एक बार गिनती करो। दलित-सवर्णों में खाइयाँ अनेक वर्षों की हैं। वे नवीन स्वरूप में निर्माण नहीं हुई है। दलितों ने यह विषम रूढ़िवादी व्यवस्था यदि चुपचाप स्वीकारी तो कौन से भी प्रश्न निर्माण नहीं होते। फिर जनजागरण संघर्ष भी पीछे नहीं जाता अथवा खाइयाँ भी निर्माण नहीं होतीं, ऐसा समीकरण है। जब-जब दलितों ने अधिकारों की भाषा की है तब-तब उन पर हमले हुए हैं। इन हमलों का स्वरूप 'जो व्यवस्था है वह स्थायी रूप में सुरक्षित रखना' होता है; सवर्ण और दलितों के बीच ये केवल खाइयाँ नहीं होती।

यह भूमिका भी कि दलित राष्ट्रीय प्रवाह में शामिल हो जायें; बौद्धिक दीवाला होता है। सवर्णों का प्रवाह 'राष्ट्रीय प्रवाह' है और दलितों का प्रवाह क्या अराष्ट्रीय है? समानता, स्वतन्त्रता, बन्धुता और न्याय की माँग के लिए होने वाले दलितों के संघर्ष जनतन्त्रीय स्वरूप का सहजीवन माँगनेवाले हैं। यह सच है कि यहाँ की विषम व्यवस्था के विरुद्ध वे उद्धत और विद्रोही बोलते हैं। उनकी उद्धतता के पीछे एक समाजशास्त्र है।

'दलित पैंथर की भूमिका में उग्रता अधिक दिखाई देती है। जिस देश में स्त्री की आबरू सुरक्षित नहीं उस देश के हम शत्रु हैं ऐसा कहने की हिम्मत होना यानी

निश्चित ही मामूली बात नहीं। उसके लिए धैर्य चाहिए। होनेवाले परिणामों को भोगने की भी तैयारी होनी चाहिए। किसी को ऐसा लग सकता है कि उग्र अतिरेकी बग़ावत का अवलम्बन कर दलितों की समस्याएँ सुलझ पाना सम्भव ही नहीं, बल्कि वे अधिक जटिल होने लगेंगी। यह विषय किसी के लिए बहस का विषय बनेगा। परन्तु इस विद्रोही मार्ग का अवलम्बन करने से दलितों में आत्मविश्वास बढ़ने सहायता हुई।'[9] पैंथर की धाक के कारण अन्याय करनेवालों पर रोब बैठा है, इसे नकारा नहीं जा सकता।

इस देश में सवर्ण हिन्दुओं की बहुसंख्या है। इसी कारण मतदान गुणवत्ता पर न होकर जाति के आधार पर होता है। इसी कारण अर्थात सरकार, न्याय तथा विधिमण्डल सवर्ण हिन्दुओं के स्वामित्व के हैं। सभी की सभी सिंचाई की खेत-ज़मीन सवर्ण हिन्दुओं के क़ब्ज़े में है। बारानी ज़मीन भी सवर्ण हिन्दुओं के ही पास है। इस देश का समाचारपत्र व्यवसाय सवर्ण हिन्दुओं के स्वामित्व का है। इतना ही नहीं हवा, पानी, आकाश आदि प्राकृतिक शक्तियों पर भी केवल हिन्दुओं का ही क़ब्ज़ा है। अमरिका में निग्रों पर अन्याय-अत्याचार होते हैं परन्तु कुएँ का पानी अपवित्र किया, इसलिए बहिष्कृत कर निष्पाप बाल-बच्चों को भूखा मारा नहीं जाता। जिस समय मार्क्स ने वर्ग दर्शन बताया था, उस समय उसके सामने असंख्य जाति-जमात से सना हिन्दू समाज नहीं था। इसके लिए इस देश के दलितों की सर्वांगीण मुक्ति के लिए मार्क्स को जैसा का तैसा बताना कोई सयानापन का मार्ग नहीं है। इसलिए दलित पैंथर को दलितों की मुक्ति के मार्ग का सही अध्ययन करना चाहिए। इस देश में प्राकृतिक अकाल कभी-कभार तो आता है, परन्तु वैचारिक अकाल तीन हज़ार वर्षों का है। इस देश में केवल जनतन्त्र का कंकाल विचरण करता है। दलित पैंथर को तमाम दलितों को साथ लेकर उसमें प्राण निर्माण करना सम्भव है।[10] पैंथर के कार्य की दिशा यही होगी।

7

नामान्तर का संघर्ष प्रा. जोगेन्द्र कवाडे आक्रमकता से लड़े। उन्होंने नामान्तर के लिए नागपुर से औरंगाबाद तक का लांग मार्च निकाला था। समस्त महाराष्ट्र में नामान्तर की माँग हेतु 'लांग मार्च' निकले थे। प्रा. जोगेन्द्र कवाडे की 'दलित मुक्तिसेना' पैंथर जैसा दलित युवकों का आक्रमक संगठन है। 'तोड़के दिया पाकिस्तान, छीन के लेंगे दलितस्थान' ऐसी घोषणा इस संगठन ने दी हैं। परन्तु भारतीय दलित पैंथर 'दलितस्थान' की भूमिका से सहमत नहीं है। उसकी निष्ठा भारत के साथ है।

प्रा. जोगेन्द्र कवाडे ने 25 जनवरी 1984 ई. को 'दलित मुक्तिसेना अल्पसंख्याक सुरक्षा महासंघ' की स्थापना की। इस संगठन के नेता हाजीमस्तान थे। पैंथर ने इस गठबन्धन का भी विरोध किया था।

डॉ. आम्बेडकर के पश्चात् दलितों को मज़बूत नेतृत्व नहीं मिला। दादासाहब को 'कम्युनिस्ट' कहकर आन्दोलन से दूर करने का प्रयत्न रहा तो बाबासाहेब की मृत्यु का माईसाहब आम्बेडकर कारण बनीं, ऐसा प्रचार कर उनके राजनीतिक जीवन को नष्ट किया गया।[11] माईसाहब आम्बेडकर भी भारतीय दलित पैंथर के साथ थीं। प्रकाश आम्बेडकर ने राजनीति में प्रवेश किया। उन्हें डॉ. बाबासाहेब आम्बेडकर की कार्य की विरासत प्राप्त है। वे अकोला और नान्देड़ के चुनावों के कारण 'दलितों के नेता' के रूप में विख्यात हुए हैं। पैंथर के बाद दलित आन्दोलन को प्रकाश आम्बेडकर के रूप में एक नवीन नेतृत्व मिला है। प्रकाश आम्बेडकर को रिपब्लिकन पार्टी की तुलना में अधिक मत मिलने से वे स्वयं गुट को ही 'भारतीय रिपब्लिकन पार्टी' नाम से सम्बोधित करने लगे। 'दलित पैंथर अन्याय के ख़िलाफ़ युवकों ने खड़ा किया आन्दोलन था। उन्होंने संघर्ष किये, परन्तु इस आन्दोलन को आकार देना न आया। यह आन्दोलन की त्रासदी है।"[12] पैंथर के सम्बन्ध में प्रकाश आम्बेडकर का यह मत है। उन्हें पैंथर आन्दोलन इतिहास में गुम हुआ लगता है। भारतीय दलित पैंथर और दलित मुक्तिसेना ने इकट्‌ठा होकर प्रकाश आम्बेडकर का नेतृत्व स्वीकारने का 6 दिसम्बर 1985 ई. को ऐलान किया था।[13] परन्तु ऐसा ऐक्य आगे कभी भी अस्तित्व में आया नहीं।

आन्दोलन में तात्त्विक कारणों अथवा व्यावहारिक कारणों से गुट पड़ जाते हैं। वैचारिक मतभेद होकर संगठन टूट सकता है, उसी तरह नेतृत्व की लालच में भी संगठन में दरार आती है। रिपब्लिकन पार्टी, दलित पैंथर और दलित साहित्यकारों के बीच के मतभेद का दृश्य 'मार्क्सवाद या आम्बेडकरवाद? अथवा 'आम्बेडकर-मार्क्स समन्वय' ऐसा दिखाई देगा।

यशवन्तराव चव्हाण ने रिपब्लिकन पार्टी को ख़त्म किया और बाबा आढाव ने दलित पैंथर में फूट डाली, ऐसे आरोप सुनने मिलते हैं। बाबा आढाव ने सा. मनोहर (पुणे) में दो 'ढ' और मार्क्सवाद (दो 'ढ' यानी ढाले और ढसाळ) लेख लिखकर अपनी भूमिका स्पष्ट की हुई दिखाई देती है।

"समानता के आन्दोलन के अनेक सन्दर्भ स्पष्ट हो रहे हैं, विषमता के अंग उपअंग स्पष्ट हो रहे हैं। शारीरिक श्रम करने वाला मेहनती, देवदासी, घुमन्तू-विमुक्त, गाँव-व्यवस्था का लहनेदार, दलित, आदिवासी, स्त्री, शिक्षा से उपस्थित रहा युवक, स्वयंरोजगारी, बाँधग्रस्त तथा प्रकल्पग्रस्त लोग ऐसे अनेक उदाहरण

देना सम्भव है। महात्मा फुले और आम्बेडकर ने इस देश की वर्णजाति व्यवस्था के विरुद्ध विद्रोह छेड़ा। आज तक धर्म, भाषा, प्रान्त, जाति तथा लिंग आदि भेदों का प्रकर्षता से विचार करना पड़ रहा है। अब समाज को फुले-आम्बेडकर के विचारों की ज़रूरत महसूस होने लगी है। इस तरह सभी आन्दोलनों में दलित पैंथर सहभाग लें, ऐसा मुझे लगता है। आज तो पैंथर को संगठनात्मक विचार करना पड़ रहा है। दलित पैंथर की फूट मैंने की, ऐसा मुझ पर कोई आक्षेप ले रहा हो तो उसका उत्तर अन्य पैंथर्स ने दिया है। यदि किसी ने आक्षेप लिया हो तो उसका उत्तर देना मुझे उचित नहीं लगता है। मुझे ऐसे आरोपों के कारण बहुत दु:ख हो रहा है।"[14] बाबा आढाव का प्रस्तुत खेद जान लेना ज़रूरी है। बाबा आढाव पैंथर तोड़ें और पैंथर टूट जायें, क्या इतने पैंथर नेता मूर्ख थे?

दलित आन्दोलन के गुट केवल नेतृत्व के प्रश्न से विभाजित हुए दिखाई देंगे। सभी आम्बेडकरवादी हैं, परन्तु कोई किसी का नेतृत्व स्वीकारने तैयार नहीं। हर कोई स्वयं को नेता समझता है। स्वयं को 'आम्बेडकरवादी' कहलवाने वाले सभी 'आम्बेडकरवादी' गुट का आपस में मेल-जोल नहीं होता। इतना ही नहीं, कभी छुरामारी से झगड़े भी होने के उदाहरण हैं। दलितों के अनेक गुटों के दलित तरुण को किसी भी 'एक ही' गुट का कार्यकर्ता बनना पड़ता है। ये संगठन भी स्पर्धात्मक स्तर पर जीते रहते हैं। प्रत्येक के संगठनात्मक निर्णय दूसरे से अलग और विचित्र होते हैं, यह नामान्तर आन्दोलन तथा सार्वत्रिक चुनावों के समय निदर्शन में आया है ही। एक गुट में बदनाम हुआ कार्यकर्ता उस संगठन को छोड़ता है और त्वरित दूसरे गुट में प्रवेश कर पदाधिकारी बनता है। तब ऐसी परिस्थिति में लोग ही नेतृत्व लें और अपनी शक्ति का उपयोग कर गुटबाज़ी उखाड़ें। तत्त्व, नीति, त्याग तथा अस्तित्व के प्रश्नों के कारण सहजता से कोई भी नेतृत्व छोड़ नहीं सकती। तब प्रत्येक गुट के लोग नेता को ऐक्य के लिए तैयार करें। सभी गुट एकत्रित आने पर जनतन्त्र पद्धति से नवीन नेता का चयन करना ही एक मार्ग शेष है। मुक्त मन से अन्यों का नेतृत्व स्वीकारने की तैयारी दिखाने के अतिरिक्त दलित आन्दोलन की गुटबाज़ी ख़त्म होनेवाली नहीं है।

8

दलितों का संघर्ष राजनीतिक संघर्ष है। इसी कारण 'दलित पैंथर' एक 'राजनीतिक पार्टी ' के रूप में चुनाव लड़ा रहे हैं। राजसत्ता पर नियन्त्रण का उपयोग कर परिवर्तन और समानता प्रस्थापित करना सम्भव होगा, संसदीय मार्ग से अपने प्रश्न जनशक्ति

के बल पर सुलझाए जा सकते हैं। दलितों, श्रमिकों की सत्ता जब अपने देश में आयेगी तभी उनके प्रश्न सुलझ सकते हैं, उनकी हितपूर्ति होगी। अल्पसंख्यकों की अघाड़ी का दृष्टिकोण 'धर्म' के आधार पर चलनेवाला नहीं है। राजनीतिक शक्ति बढ़ाने का दृष्टिकोण चाहिए;[15] इसके पीछे यह भूमिका है। देश के पचहत्तर प्रतिशत लोग दलित हैं और उनके बल पर हम सत्ता प्राप्त करेंगे, यह आशावाद पैंथर ने संजोये रखा है। साथ ही यह भी सच है कि दलित पैंथर्स को समाजसेवा करना, पुलिस की लाठियाँ झेलना और रिपब्लिकन वालों द्वारा राजसत्ता का उपभोग लेना मान्य होने वाला नहीं था। इसलिए 1977 ई. में दलित पैंथर ने संसदीय राजनीति में प्रवेश किया। इस सन्दर्भ में गंगाधर गाडे का मत जान लेना उचित ठहरेगा। वे कहते हैं, 'दलित पैंथर ने राजनीति में प्रवेश क्यों किया बताने के लिए तत्कालीन रिपब्लिकन पार्टी की सीमाएँ क्या थीं यह बताना पड़ेगा। आर.पी.आई. ने दलित समाज की ज़रूरतें तथा इच्छाओं का त्याग करना शुरू किया, उस समय ऐसे भ्रष्ट नेताओं को रोकना आवश्यक था। दलित पैंथर के अभूतपूर्ण आन्दोलन से सजग हुई दलित जनता रिपब्लिकन पार्टी के सत्तालोलुप नेता को अपने मत दे रही थी। इसलिए दलित पैंथर को राजनीति में कूदना पड़ा। अपने समर्थन में कितना जनमत है इसे जानने के लिए चुनाव एक ही कसौटी है।'[16] दलित पैंथर ने राजनीति में प्रवेश करने के कारण रिपब्लिकन वालों के राजनीतिक भविष्य पर संकट आने के भय से वे अपने आप ऐक्य के लिए तैयार होंगे, ऐसा भी एक हेतु इसके पीछे था।

चुनाव की राजनीति से नेतृत्व निर्माण होने लगा था, इसलिए ऐसे नेतृत्व को त्याग, सेवा, आन्दोलन और विचारों की प्रतिबद्धता नहीं रही। पैसा, गुंड तथा जाति के नाम पर चुनाव लड़ाये जाने लगे। जिस मनुष्य को समाज तथा आन्दोलन की थोड़ी भी जानकारी नहीं ऐसा मनुष्य चुनाव के लिए खड़ा होता है एवं एक रात्रि में ही किसी पार्टी का नेता होता है। ऐसा ही रेडीमेड नेतृत्व दलितों की गर्दन पर बैठा है। राजनीतिक पक्षों की साँठ-गाँठ से पब्लिसिटी द्वारा दलित नेता होने का कुछ जन आभास निर्माण करते हैं, अन्य पक्षों के दलित उम्मीदवार चुनाव में जीत जाते हैं तथा दलित संगठन लड़ाकू दलित नेता चुनाव में पराजित होते हैं। 'दलित, भूमिहीन तथा कृषिमज़दूर के प्रश्नों पर स्वयं को दलित नेता कहलवानेवालों ने चुनावी राजनीति करने वाले अब तक कितने आन्दोलनों में सहभाग लिया?'[17] पैंथर कमलेश यादव का प्रस्तुत प्रश्न निश्चित वस्तुस्थिति पर उँगली रखनेवाला है।

आज रिपब्लिकन पार्टी एक जाति के अनेक गुटों पक्ष बना है। देश में दलितों की राजनीति दृढ़ता से आगे ले जानेवाला एक भी पार्टी नहीं। सभी पार्टी अपने-अपने वर्ग और वर्ण में बन्दिस्त हुए दिखाई देंगे। सभी दलितों और प्रगतिशील समाज को इकट्ठा करने वाली 'रिपब्लिकन पार्टी' हो, बाबासाहेब ने देखा यह सपना पूरा न हुआ। दलित समाज सत्ता में नहीं है। किसी ने उनकी राजनीतिक शिक्षा नहीं की। उल्टा उन्हें राजनीति से दूर रखकर, उनकी मतशक्ति का सौदा करने के ही दाँव खेले गये।

डॉ. आम्बेडकर की प्रतिज्ञा भी 'भारत बौद्धमय करूँगा' अधूरी ही रही है। डॉ. बाबासाहेब आम्बेडकर की स्पष्ट और दृढ़ धारणा थी 'बौद्ध धर्म के स्वीकारने से ही जातियाँ नष्ट होंगी।'[18] इस धर्मान्तर की ओर जातिअन्त के संघर्ष के रूप में देखना महत्त्वपूर्ण है।

धर्मान्तर के पीछे की भूमिका ऐसी थी कि 'हम अल्पसंख्यक' हैं। इसलिए हम पर अत्याचार होते हैं, हमने यदि धर्मान्तर किया तो हमें उस धर्म के लोगों का समर्थन मिलेगा। ऐसा हो तो भी धर्मान्तर के कारण दलितों के प्रश्न नहीं सुलझे। बौद्धों पर अत्याचार हो ही रहे हैं। उनकी आर्थिक दरिद्रता वैसी ही है। इसलिए पैंथर लड़ाकू भूमिका ले रही है कि 'बौद्धों को आरक्षण मिलना चाहिए।' साथ ही धर्मान्तर के कारण दलितों के सांस्कृतिक जीवन में बहुत फ़र्क़ पड़ा है, ऐसा नहीं है। 'नवबौद्ध' बौद्ध धर्म के साथ हिन्दू धर्माचरण करते रहते हैं। इसका कारण यह कि बाबासाहेब के धर्मान्तर के बाद आवश्यक जितना धर्मप्रचार बड़ी मात्रा में नहीं हुआ। एक तो धर्मान्तर के तुरन्त बाद हुई बाबासाहेब की मृत्यु और दूसकी बात यही कि सामान्य जनों को इस नवीन धर्मप्रणाली, उपासना तथा आचार पद्धति की जानकारी करा देने के लिए प्रचारयन्त्रणा नहीं थी। 'बौद्ध विहारों' में पंचशील, त्रिसरण यानी प्रार्थना के अलावा कुछ भी नहीं किया जाता। ये बौद्ध विहार केवल प्रार्थना मन्दिर न बनकर वे सांस्कृतिक केन्द्र बनने चाहिए। तभी हिन्दू धर्म द्वारा 'धर्माधिकार' नकारे समाज को 'धर्माधिकार' देना सम्भव है। केवल 'धर्म' और 'जाति' जैसी दो भावनाएँ 'मनुष्य' को इकट्ठा बाँधकर रखने वाली बड़ी शक्तियाँ हैं। इसलिए उनका अच्छे-बुरे मार्ग से संवर्धन करना और उसका राजनीतिक उपयोग करा लेना एक नैमित्तिक हित का हो तो भी दूरदृष्टि से देखें तो विघातक ही है।

भारतीय जनता की कलाकारों और लेखकों से बड़ी आकांक्षाएँ हैं। हम सांस्कृतिक अघाड़ी पर कैसा संघर्ष कर रहे हैं, इस पर भारत का निर्माण जनसत्ताक समाजवादी राष्ट्र के रूप में करना निर्भर है। रूढ़िवादी विचारों को लेखकों द्वारा क़लम से उत्तर देने चाहिए। भारतीय लेखकों ने पारतन्त्र्य के काल में बड़ा योगदान दिया है। वहीं सच्चे लेखक हैं जो साधारणजनों की बोली-भाषा में बात करते हैं तथा साधारणजन जो सीखना चाहते हैं, उसके बारे में लिखते हैं, जो साधारणजनों से सीखते हैं। दलितों का संघर्ष सांस्कृतिक संघर्ष है। दलित आन्दोलन सारी शक्ति केन्द्रित कर अन्याय के विरोध में लड़ते समय, दलित लेखकों को ऐसा लेखन करना चाहिए कि आन्दोलन में लड़नेवाले कार्यकर्ताओं का मनोबल बढ़ेगा, उन्हें प्रेरणा मिलेगी। मराठी साहित्य में ही नहीं तो भारतीय वर्णवादी साहित्य में गम्भीर वैचारिक ग़लतियाँ हुई हैं। दलित लेखकों को उनके बारे में लिखना चाहिए।

दलित पैंथर के आन्दोलन के परिणामस्वरूप दलित साहित्य पर बड़ा परिणाम हुआ है। पैंथर में अनेक लेखक-कवि काम कर रहे हैं। दलित साहित्य में पैंथर की भावना व्यक्त हुई है। पैंथर्स के आन्दोलन के परिणामस्वरूप बहुत बड़ी संख्या में कविताएँ लिखी गयीं। ये कविताएँ भड़कीली और प्रचारात्मक या अशिष्ट हुई। पैंथर के कुछ तरुण नेता जिस आक्रमक शैली में मंच पर अपना भाषण करते थे, उसकी जैसी की तैसी नकल दलित कवियों ने उतारी।'[19] दया पवार का यह मत स्पष्ट करने वाला है कि उस समय की दलित कविता पर दलित पैंथर का कैसा प्रभाव पड़ा था। पैंथर कविता की दूसरी बाजू ऐसी कि 'इस कविता का नायक व्यक्ति न होकर 'समाज' है। समाज मन का कुहराम इस कविता की लय बनता है। समाज की गतिविधियाँ कविता की गतिविधियाँ गढ़ती हैं। क्योंकि इस कविता की जड़ें जीवन के अन्तस में संचित विषमता और सांस्कृतिक भग्नता में गहरी जम गयी हैं। यह कविता एक ही भाषिक विश्व में व्यक्त होती रहती हो तो भी उसका अनुभव क्षेत्र प्रान्तिक मर्यादा में समानेवाला ही नहीं होता। इसी कारण देश के कोने-कोने का अत्याचार उसके माध्यम से बोलने लगता है।"[20]

दलित साहित्य आम्बेडकरी आन्दोलन की सन्तान है। दलित साहित्य एक आन्दोलन है। आन्दोलन तथा साहित्य; दलित आन्दोलन के दो पहलू हैं। दलित साहित्य और दलित आन्दोलन के बीच अन्तर नहीं कर सकते।

11

यदि आन्दोलन वस्तुत: जनाधिष्ठित हो तो नेता अपने आप मिलते हैं। जो आन्दोलन अल्पायुषी ठहरे अथवा परिणामकारक नहीं थे, उन्हें जनमानस में स्थान नहीं मिलता है। विचार का आन्दोलन के साथ क्या और कैसा सम्बन्ध होना चाहिए और आन्दोलन की दिशा कैसी होनी चाहिए। नेता और कार्यकर्ता सम्बन्ध, संगठन साधारण कार्यकर्ता की आवाज़ न होना, उन तक कभी भी न पहुँचनेवाला संवाद आदि सभी के कारण ही आन्दोलन कौन सी दिशा की ओर जा रहा है समझ में नहीं आता। आन्दोलन में भाग लेनेवाले कार्यकर्ता की ओर क्रान्ति के साधन के रूप में न देखते हुए उनके स्वतन्त्र अस्तित्व को 'एक नैतिक अधिकार' के रूप में देखना चाहिए।

आन्दोलन में आनेवाला कार्यकर्ता 'हमें समाज को कुछ देना होता है'; इस भावना से ही काम करता है। कार्यकर्ता को संगठन में काम करते समय निजी सुख, निजी जीवन और निजी महत्त्वाकांक्षा को त्याग देना पड़ता है। अनेक कार्यकर्ताओं की आकांक्षा होती है कि निरन्तर थ्रिलिंग, रोमांटिक कृति करने मिलेगी। आन्दोलन में ऐसे क्षण बहुत कम होते हैं। शेष समय अत्यन्त दृढ़ता से, जिद से काम करते हुए बिताना होता है। बहुत ही तफ़सील में जाकर ही काम में हाथ डालना पड़ता है।[21] कार्यकर्ता को इसके प्रति सतर्कता बरतनी पड़ती है। आज पैंथर्स समाज के लिए आर्थिक सहायता न होते हुए भी श्रम कर रहे हैं। उनके भविष्य की भीषण समस्या आन्दोलन के समक्ष है। कार्यकर्ता आर्थिक समस्या और वैचारिक अपरिपक्वता के कारण निराशा की गर्त में गिरने का धोखा है। यह अवस्था ही निराश हुए कार्यकर्ता को समझौता, पीछेहट और भ्रष्टाचार की ओर धकेल देती है। इसलिए कार्यकर्ताओं के काम के साथ ही उनका अध्ययन भी महत्त्वपूर्ण ठहरता है और उसी के साथ कार्यकर्ताओं की प्राथमिक ज़रूरतें एवं आन्दोलन की मूलभूत ज़रूरतें सुलझी नहीं तो वह आन्दोलन कहीं तो राह भटक जाता है। परिस्थिति और समस्याओं का योग्य आकलन, निर्णय के दूरगामी परिणामों का एहसास, यश-अपयश के दुहरे विचार, समझौते और संघर्ष की सम्भाव्यता का पूर्ण विचार कर ही प्रमुख कार्यकर्ता को सामूहिक रूप में निर्णय लेना आना चाहिए। प्रमुख कार्यकर्ता की अन्यों पर निर्णय थोपने की प्रवृत्ति मूलत: ग़लत है।

आन्दोलन का नेतृत्व तथा कार्यकर्ता के सन्दर्भ में दलित पैंथर (ढसाळ गुट) के कार्यकर्ता एस. आर. गायकवाड का मत विचार करने बाध्य करने वाला है। वे कहते

हैं, "अन्य छावनियाँ मुम्बई के आदेश से हिलती हैं। 'राजा बोले, सेना हिले', ऐसी यह अवस्था है। मुम्बई का नेतृत्व निबाहनेवाले हम हमाल ठहरे हैं। गाँव स्तर तथा ज़िला स्तर पर कार्यकर्ता बहुत ही श्रम करता है और ख्याति, पैसा, प्रतिष्ठा तो मुम्बई के नेता को ही मिलती है।" इसके साथ यह भी सच है कि पैंथर के कार्यकर्ताओं में नेतृत्व के लिए स्पर्धा निर्माण होती है। हर कोई स्वयं को 'नेता' समझता है। नवीन कार्यकर्ता निर्माण करने की तुलना में उन्हें छाँटकर पैंथर का नेतृत्व अपने ही हाथ में कैसे रहेगा, इसकी तरफ़ ही आज के कार्यकर्ताओं का अधिक ध्यान देते हैं। लोगों के प्रश्न सुलझे, ये किसी भी आन्दोलन का साध्य होना चाहिए तथा आन्दोलन यानी ये प्रश्न सुलझनेवाला साधन मानना चाहिए। लोगों के प्रश्नों के अलावा आन्दोलन महत्त्वपूर्ण बन जाने पर नेतृत्व साध्य ठहरता है तथा नेतृत्व के लिए झगड़े, स्पर्धा, गुटबाज़ी, आरोप-प्रत्यारोप जैसे प्रकार पराकाष्ठा तक पहुँचते थे। इन सभी का परिणाम अर्थात आन्दोलन के टुकड़े होना अथवा आन्दोलन बाधित होना ही होता है।

अनुभवी कार्यकर्ताओं के मत, कल्पना तथा सूचना ध्यान में लेकर ही कोई भी निर्णय लेना चाहिए। अपयश का धोखा स्वीकारने की सामर्थ्य, अपयश के झपट्टे में भी काम करने की हिम्मत, समाजकार्य में रुचि, वाचन तथा विचार जैसे गुणों की कार्यकर्ताओं में जानबूझकर वृद्धि होनी चाहिए। जब संगठन के नेता सामान्य कार्यकर्ताओं की प्रतिष्ठा रखने की सजगता बरतेंगे तथा उनके मतों की क़द्र करेंगे तब ही संगठन सच्चे अर्थ में जनतन्त्रीय स्वरूप का बनेगा।

कार्यकर्ताओं में स्थित राजनीति के अतिरिक्त साहित्य, क्रीड़ा, नाट्य, संगीत आदि गुणों की ओर ध्यान देना चाहिए। कार्यकर्ताओं के निजी जीवन का तीव्रता से एहसास होनेवाली समस्याओं को जान लेना चाहिए। प्रत्येक के विचार, कल्पना तथा योजना एक दूसरे को समझने के लिए समय-समय पर बैठकों का आयोजन करना चाहिए। आन्दोलन के निधि का पारदर्शी हिसाब रखना चाहिए।

नागपुर के दलित पैंथर के कार्यकर्ता मधुकरराव दुधे का मत यहाँ जानबूझकर दर्ज करने जैसा है। 'पैंथर के बैनर का निजी स्वार्थ के लिए उपयोग करा लेने की प्रवृत्ति के कारण पैंथर का कार्यकर्ता अधिक भ्रष्ट हो रहा है।' दुधे द्वारा व्यक्त विषाद कठोर आत्मपरीक्षण कराने बाध्य करने वाला है। पैंथर के नाम से ब्लैकमेलिंग करने वाले कार्यकर्ताओं को इस बात को गम्भीरता से लेना चाहिए तथा आन्दोलन का एवं अपना चरित्र स्वच्छ रीति से पोषित करना चाहिए।

दलित पैंथर तरुण रक्त का संगठन है। दलित पैंथर्स ने दिनरात तूफ़ान-सा

कार्य किया है। घर पर राख उड़ रही हो तब, भविष्य की कोई विश्वासार्हता न होते हुए पैंथर्स आन्दोलन में काम कर रहे हैं। कार्यकर्ताओं को परिवारों को भोगने पड़ी अडचनें, जुल्म तथा शोषण की ज़िम्मेदारी उठानी पड़ती है। इसलिए इस बात की ओर समाज को सहानुभूतिपूर्वक देखना चाहिए। दलित पैंथर्स के कार्यकर्ता अशिष्ट भाषण करते हैं। वे गुंडे हैं, पैसे खाते हैं, ऐसा प्रचार करके दलित पैंथर को 'दलित' समाज से अलग करने का प्रकार कुछ विघ्नसन्तोषी तथा स्वार्थी लोगों द्वारा होता रहता है। पैंथर को ऐसी प्रवृत्ति का दमन करना चाहिए।

12

मैं ऐसा नहीं कहूँगा कि आज के दलित आन्दोलन का चित्र निराशाजनक है। उल्टा, आन्दोलन बड़ी ताक़त से टिका हुआ है। सभी गुट तथा संगठन दलितों के प्रश्न लेकर मैदान में आ रहे हैं। सम्पूर्ण समाज आन्दोलनमय हो रहा है। छोटे बच्चे, स्त्रियाँ, वृद्ध तथा युवक बड़ी संख्या और प्रचण्ड आशा से जनतन्त्रीय मार्ग से अपने प्रश्न जनता तथा सरकार के समक्ष प्रस्तुत कर रहे हैं। उनके प्रश्न सुलझे नहीं तो उनका जनतन्त्र पर होने वाला विश्वास खत्म हो जायेगा। यह विद्रोह कि 'मैं ही सबसे पहले संविधान जला दूँगा' आम्बेडकर का यह कहना पैंथर कार्यकर्ता के मन में असन्तोष निर्माण करेगा, इसका डर लगता है।

दलितों की तुलना में घुमन्तू-विमुक्त जनजातियों की समस्याएँ अलग तथा प्राणांतिक हैं। पैंथर ने उनके प्रश्नों की ओर अभी तक ध्यान नहीं दिया है। ऐसा ही दुर्लक्ष दलित महिलाओं के संगठन की ओर हुआ है। जटिल प्रश्न अलग-अलग संगठनों की ओर से सुलझ नहीं पायेंगे। सब परिवर्तनवादी आन्दोलनों ने एकत्र आकर दलितों के प्रश्न संयुक्त शक्ति के बल पर लड़ना महत्त्वपूर्ण है। परिवर्तनवादी आन्दोलन अलग खेमों में काम कर रहे हैं। उनमें भी गुट निर्माण हुए हैं। आन्दोलन में स्थित अलगता, गुटबाज़ी, नैराश्य ख़त्म करना अत्यन्त महत्त्वपूर्ण है। यह सभी परिवर्तनवादी आन्दोलनों द्वारा एकत्र आकर कृति के स्तर पर 'दृढ़' भूमिका लेने का निर्णायक समय है, ऐसा मुझे लगता है।

सन्दर्भ टीपा

1. सुधाकर गायकवाड–अस्मितादर्शक दि. अं. 1980
2. सुधाकर गायकवाड–अस्मितादर्शक दि. अं. 1980

3. राजा ढाले-दलित पैंथर बरखास्त, मुद्रक–प्रकाशक-राजा ढाले
4. डॉ. बी. आर. आम्बेडकर–जातिनिर्मूलन, पृ. 38
5. डॉ. गंगाधर पानतावणे–प्रबोधनाच्या दिशा
6. बा. ह. कल्याणकर–अस्मितादर्श दि. अं. 1980
7. नामदेव ढसाळ–दै. केसरी, पुणे 9 ऑक्टोबर 1984
8. भाई संगारे–दै. नवशक्ति, मुम्बई, 6 दिसम्बर 1984
9. सचिन तासगावकर 'आम्ही' 1973
10. अशोक गोडघाटे–'आम्ही' दि. अं. 1973
11. माईसाहेब आम्बेडकर–सा. तरुण भारत, 6 दिसम्बर, 1986
12. प्रकाश आम्बेडकर–सा. तरुण भारत, 6 दिसम्बर 1986
13. सा. आम्रपली, मुम्बई, 1 जनवरी 1986
14. आढाव बाबा–दलित पैंथर (प. आ.) सुगावा, पुणे.
15. रामदास आठवले–दै. नवशक्ति, मुम्बई, 6 दिसम्बर, 1984
16. गाडे गंगाधर–दलित पैंथर (प. आ.) सुगावा प्रकाशन, पुणे.
17. कमलेश यादव–सा. तरुण भारत, 6 दिसम्बर 1986
18. आम्बेडकरांची भाषणे– खण्ड 6, सम्पादक–मा. फ. गांजरे, पृ. 46
19. दया पवार–छावणी हलते आहे, प्रस्तावना
20. राजा ढाले–पैंथर कविता
21. संजीव खांडेकर–संकल्प, ग्रन्थाली, मुम्बई।

4

दलित साहित्य का स्वरूप

अनेक ने दलित साहित्य और दलित आन्दोलन के सन्दर्भ में 'दलित' शब्द की परिभाषा बनायी है। वैश्वीकरण और सामाजिक ध्रुवीकरण के परिणामस्वरूप 'दलित' शब्द को नया, व्यापक, सामाजिक और राजनीतिक परिमाण प्राप्त हुआ। फलत: 'दलित' शब्द की परिभाषा नये सिरे से करने की आवश्यकता निर्माण हुई है।

'दलित' शब्द की परिभाषा 'जो जो शोषित, पीड़ित हैं', उन्हें केन्द्रस्थान में रखकर की गयी है। ऐसा दृष्टिगत होता है कि 'दलित पैंथर' का घोषणापत्र भी समस्त शोषित वर्ग का सन्निवेश करता है। ऐसा हो तो भी अनुसूचित जाति, जनजाति और आदिवासी जैसे मानव समूहों को 'दलित' सम्बोधित किया नज़र आता है। प्रतीत होता है कि जो जन्म से दलित हैं उनके साहित्य को ही 'दलित साहित्य' की मान्यता दी गयी है।

दलित साहित्य के आरम्भ काल में जो विचार-विमर्श हुआ उसमें उन लेखकों के साहित्य को केन्द्र में रखा गया जो पूर्वाश्रम के महार थे, अनन्तर काल के नवबौद्ध थे। तदनन्तर के काल में अन्य अनुसूचित जातियों से दलित लेखक उदीयमान हुए हैं। इन सभी के लेखन को 'दलित साहित्य' कहा गया। दृष्टिगत होता है कि यह बात कुछ नवबौद्ध विचारकों को मान्य न हुई। अपनी गणना अनुसूचित जातियों के साथ हो यह नवबौद्धों के लिए असहनीय सत्य था। निरन्तर महसूस होता है कि जिन अनुसूचित जातियों ने धर्मान्तर नहीं किया है, उनके बारे में नवबौद्धों के मन में मनमुटाव रहता है। इस पृष्ठभूमि पर दलित लेखक सभी शोषितों को 'अपना' मानते थे। वे सर्वहारों की भाषा बोलते थे। वे बाबासाहेब आम्बेडकर के साथ 'शोषितों का विचार' के रूप में मार्क्स का भी विचार कर रहे थे। बाबासाहेब आम्बेडकर ने मार्क्स का विरोध किया था। उन्होंने मार्क्स के विकल्प के रूप में बुद्ध का स्वीकार किया था। परिणामत: बौद्ध लेखकों को अलग करने का सबल कारण नवबौद्ध समाज के

कुछ विचारकों को मिला और उन्होंने दलित साहित्य का विरोध करना शुरू किया। नवबौद्धों ने बौद्ध साहित्य का समर्थन शुरू किया। दलित शब्द घृणित, बीभत्स और दुर्बल होने से नकारना चाहिए, ऐसा प्रचार शुरू हुआ। इस कारण यह प्रश्न अग्रणी हुआ, 'जिन्होंने धर्मान्तर नहीं किया है, ऐसे दलितोंविषयक अपनी क्या भूमिका!'

बौद्ध साहित्य सम्मेलन आयोजित किये गये। बौद्ध साहित्य के सम्बन्ध में ग्रन्थ भी प्रकाशित हुए; परन्तु यह विचार अग्रसर न हुआ। बौद्ध साहित्य का नेतृत्व नवबौद्ध कर रहे थे तो दलित साहित्य का नेतृत्व नवबौद्धों के साथ अन्य जातियों के दलित कर रहे थे। एक के बाद एक अनुसूचित जातियों में से लेखक उदीयमान हुए। परिणामत: दलित साहित्य का एक जातीय स्वरूप परिवर्तित हुआ। तदनन्तर के काल में घुमन्तू-विमुक्त और आदिवासी जनजातियों में से लेखकों का उदय हुआ। उन्होंने दलित साहित्य को व्यापक तथा समृद्ध जीवनाशय दिया।

दलित साहित्य का झंझावात बढ़ता ही गया। तब कुछ विचारकों ने यह बात ध्यान में ला देने का कार्य शुरू किया कि 'दलित' शब्द के कारण 'आम्बेडकर' शब्द अनदेखा रहता है। जैसा गांधीवादी, मार्क्सवादी साहित्य है, वैसा 'आम्बेडकरवादी साहित्य' होना चाहिए। इसी भूमिकान्तर्गत उन्होंने बुद्ध को भी परे कर दिया। बाबासाहेब के कारण हमें बुद्ध मिला, इस कारण बाबासाहेब प्रथम, तदनन्तर बुद्ध ऐसा भी विचार हुआ। परिणामत: भविष्य में प्रत्येक दलित लेखक को ऐसा घोषित करना अनिवार्य हुआ दिखाई देता है कि 'मैं आम्बेडकर प्रेरणा से लिखता हूँ।'

दलित लेखक आम्बेडकरी प्रेरणा से लिखता है, इसलिए उनके साहित्य को 'आम्बेडकरी प्रेरणा का साहित्य' कहना चाहिए, ऐसा आग्रह रखा गया। भविष्य में सामाजिक ध्रुवीकरण की प्रक्रिया शुरू हुई। अनेक पिछड़े वर्ग की जातियाँ मण्डल आयोग के संघर्ष के कारण आरक्षण की कक्षा में आयीं। बहुजनवाद की भाषा तीव्र होने लगी। फिर ग्रामीण, दलित और आदिवासी साहित्य को एकत्रित कराने का भी प्रयास हुआ। दलित, आदिवासी और ग्रामीण साहित्य सम्मेलन आयोजित किये गये, परन्तु यह प्रयोग सफल नहीं हुआ। दृष्टिगत होता है कि महात्मा फुले की स्मृति शती और बाबासाहेब आम्बेडकर की जन्मशती के काल में दलित साहित्य को 'फुले आम्बेडकरी साहित्य' ऐसा भी सम्बोधित किया गया।

बाबरी मस्जिद ध्वस्त करने पश्चात् यह अनुभव हो गया कि देश में सामाजिक, राजनीतिक वातावरण अधिक अस्थिर होता जा रहा है। वस्तुत: स्वातन्त्र्योत्तर काल में अनेक जाति और जनजातियाँ शिक्षित और स्वाभिमानी होती जा रही थीं। अपने

पिछड़ेपन के विरुद्ध वे संगठित होने लगी थीं। इसीसे ही जातीय भावनाएँ तीव्रतर होती गयी। एक ओर पंजाब के कुछ सिखों के गुट ने आतंकवादी कार्रवाइयों का मार्ग स्वीकारा। इन्दिरा गांधी ने उनका सफाया किया। परिणामस्वरूप उनकी हत्या हो गयी। उग्रवादी सिखों के साथ ही जम्मू कश्मीर के मुसलमानों के कुछ जिहादी गुट ने आतंकवादी कार्रवाइयों के मार्ग का अवलंबन किया। इन हिंस्र कार्रवाइयों को पाकिस्तान ने समर्थन दिया। इसी समय आदिवासियों ने अपने हक-अधिकारों का संघर्ष तीव्र किया दिखाई देता है। नक्सलवादी आन्दोलन भी सक्रिय हुए दिखाई देते हैं। सामाजिक ध्रुवीकरण की प्रक्रिया गतिमान हो रही थी, शोषितों के संघर्ष उग्र रूप धारण करते रहने की सम्भावना निर्माण होने पर हिन्दुत्ववादियों ने धर्मभावनाओं को हवा देकर मुस्लिमविरोधी वातावरण का तनाव उत्पन्न करना भी आरम्भ किया दिखाई देता है। यह समय प्रादेशिक विकास के लिए प्रादेशिक सत्ता अस्तित्व में आने का है। श्रीलंका के तमिळों ने तमिळ इलम के लिए संघर्ष शुरू किया। वहाँ राजीव गांधी जी ने शान्तिसेना भेज दी। उसके परिणामस्वरूप उनकी हत्या हुई। पंजाब का खलिस्तान आन्दोलन हो, कश्मीर की आतंकवादी कार्रवाइयाँ हो, बोडो लैंड, गोरखा लैंड की माँग का आन्दोलन हो, नक्षलवाद की घातपात करने वाली कार्रवाइयाँ हो, श्रीलंका का तमिळ बाघों का विद्रोह हो या नेपाल की हिन्दू राजशाही समाप्त करवाकर वहाँ गणतन्त्रीय राज्य की स्थापना करने का माओवादी आन्दोलन हो, ये सभी आन्दोलन कमोबेश हिंसा के मार्ग से ही निकले हैं। इस सम्पूर्ण काल में दलित आन्दोलन तो जनतन्त्रीय मार्ग से ही बढ़ता हुआ दिखाई देगा। ध्यान में लेना चाहिए कि दलितों ने इस समय मराठवाड़ा विश्वविद्यालय को डॉ. बाबासाहेब आम्बेडकर का नाम देने हेतु जो नामान्तर आन्दोलन किया वह आन्दोलन वैध मार्गों का अवलंबन करके ही किया हुआ दिखाई देता है।

देश में दक्षिण पंथी सत्ता ने अधिकार संभाला। सामाजिक समरसता का प्रचार शुरू हुआ। हिन्दुत्ववादियों ने दलित मुस्लिमों को अपनी तरफ़ करने के प्रयत्न किये। कुछ जनों का रुख अपनी ओर करने के प्रयास हुए। कुछ दलित लेखक इस उपक्रम में हिन्दुत्ववादियों के मंच पर गये। परिणामत: दलित लेखकों में हिन्दुत्ववादी और आम्बेडकरवादी जैसे गुट प्रवाह करने की प्रवृत्ति सामने आयी। आम्बेडकरी आन्दोलन के छुपे हिन्दुत्ववादी ढूँढने के प्रयास हुए। अनेक पर ठप्पे लगाने का प्रयत्न हुआ। इसीसे प्रखर आम्बेडकरवादी निर्माण हुए। उन्होंने दलित साहित्य का नाम 'आम्बेडकरवादी साहित्य' घोषित किया। उनमें कुछ ने 'आम्बेडकरी साहित्य'

ऐसा भी नाम दे दिया। यद्यपि दलित साहित्य की विकास प्रक्रिया में ऐसे अनेक प्रयोग हुए हो तो भी ऐसा दिखाई देता है कि पाठ्यक्रम तथा साहित्य विश्व में 'दलित साहित्य' नाम को ही मान्यता मिली।

बाबासाहेब आम्बेडकर के विचारों का प्रचार अन्य भारतीय राज्य और भारतीय प्रादेशिक भाषाओं में हुआ। उसके फलस्वरूप समस्त भारत में दलितों के बीच जागृति निर्माण हुई। दलित साहित्य का उदय अनेक भाषाओं में हुआ। दलित साहित्य मराठी में 1960 से 1970 के समय आकृतिबद्ध होता हुआ नज़र आता है तो अन्य भारतीय प्रादेशिक भाषाओं में दलित साहित्य का उदय स्पष्ट रूप में 1990 के दशक में होता हुआ दृष्टिगत होता है। भारतीय स्तर पर स्थित 'दलित साहित्य' का चित्र समझे बग़ैर 'दलित' कौन इस प्रश्न का उत्तर मिलनेवाला नहीं।

हिन्दू दलितों का साहित्य

हिन्दू धर्म की जाति व्यवस्था से पीड़ितों की संख्या बहुत बड़ी मात्रा में है। इस पीड़ित जातियों के लेखकों ने हिन्दू धर्म पर प्रहार करने वाला लेखन किया है। यह हिन्दू दलितों का लेखन है। यद्यपि महाराष्ट्र के नवबौद्धों ने बड़ी मात्रा में लेखन किया हो तो उनके लेखन का स्वरूप हिन्दू धर्म विरोधी है। उनमें से लगभग सभी लेखक पूर्वाश्रम के अनुसूचित जातियों के हैं। परिणामत: उनके लेखन का स्वभावधर्म तथा प्रवृत्ति अनुसूचित जाति-जमात के दु:ख का हुआ है। अपने वर्गीकरण की सुविधा हेतु ऐसे साहित्य की गिनती 'हिन्दू दलित लेखकों का साहित्य' के रूप में करनी होगी।

यद्यपि महाराष्ट्र के दलित लेखक बड़ी मात्रा में नवबौद्ध होने पर भी राष्ट्रीय स्तर पर इन बातों का विचार करते समय धर्मान्तर न किये हिन्दू दलित जातियों की संख्या अधिक होती है। हिन्दी भाषी क्षेत्र में चर्मकार समाज बहुत है। इस जाति के लेखकों ने हिन्दी में प्रचुर लेखन किया है। यही समाज दलित आन्दोलन का नेतृत्व भी करते हुए दिखाई देता है। परिणामत: भारतीय दलित साहित्य का चेहरा हिन्दू दलितों का साहित्य है, ऐसा ही अधिक दिखाई देता है।

ईसाई दलितों का साहित्य

ब्रिटिशकालीन भारत में अनेक दलितों ने ईसाई धर्म का स्वीकार किया है। पाश्चात्य ईसाई भारतीय ईसाइयों को निन्न समझते हैं। इतना ही नहीं तो सवर्ण जाति से धर्मान्तर किये ईसाई दलित ईसाइयों को निम्न समझते हैं। उनके बीच रोटी-बेटी व्यवहार नहीं

होता। 'द गॉड ऑफ़ स्मॉल थिंग्ज' नामक अरुन्धती रॉय के उपन्यास में भारतीय ईसाइयों के बीच की जाति व्यवस्था पर विदारक प्रकाश डाला है। ईसाई मिशनरियों ने दलित आदिवासियों के लिए धर्मार्थ सुविधाओं की पूर्ति की हैं। इस कारण अनेक दलितों ने ईसाई धर्म का स्वीकार किया है। ओडिशा में जातीय वैमनस्य अन्तर्गत ईसाइयों पर हमले हुए हैं। यदि आदिवासी दलितों ने ईसाई धर्म का स्वीकार किया है तो भी उनका सामाजिक, आर्थिक स्तर बदलता नहीं। इसी कारण उच्च न्यायालय ने एक न्याय में ऐसा निकाल दिया कि 'यदि आदिवासियों ने धर्मान्तर किया हो तो भी उनका सांस्कृतिक स्तर बदलने तक उन्हें आरक्षण देना चाहिए।' ईसाई बने दलितों में स्वाभिमान की भावना निर्माण हो रही है। उन्हें इस बात की ग्लानि है कि धर्मान्तर कर भी अपना दोयमत्व ख़त्म नहीं हुआ है।

ईसाई दलितों के दु:ख का उग्र उद्गार उनके साहित्य द्वारा व्यक्त होता है। बाळासाहब गायकवाड़ की 'ख्रिस्ती महार' आत्मकथा हो या इसादास भड़के की 'बाप्तिस्मा से धर्मान्तर' आत्मकथा हो, इनमें दलित ईसाइयों की जानलेवा व्यथाएँ अभिव्यक्त की हैं। बामा तमिळ दलित लेखिका है। वह नन है। उसने 'कोरकू' पुस्तक में ईसाई दलितों की समस्याओं को रखा है। गुजराती दलित ईसाई जोसेफ मकवान के 'अंगलियत' में भी दलित ईसाइयों की व्यथाएँ हैं। दलित ईसाई लेखक एकत्र हो रहे हैं। भारतीय स्तर पर उनकी धाक निर्माण हो रही है।

सिख दलितों का साहित्य

माना जाता है सिख धर्म में समानता है, परन्तु प्रत्यक्षत: सिख धर्म में ही जाति व्यवस्था है। बलबीर माधोपुरी की 'छांग्या रुख' आत्मकथा प्रकाशित हुई है। यह सिख दलित लेखक की आत्मकथा है। पंजाब में सिख दलितों के लिए अलग गुरुद्वारा है। वस्तुस्थिति है कि सिख दलितों को अनेक गुरुद्वारा में प्रवेश नहीं मिलता। सिखधर्मीय दलितों में आम्बेडकरी विचार तथा आन्दोलन पहुँचा है। उनमें जागृति निर्माण हुई है। उनके संगठन स्थापित हुए हैं। दलित सिख, सिख समाज की विषमताविरुद्ध संघर्ष कर रहे हैं। दलित सिख लेखकों का साहित्य प्रकाशित होने लगा है। सिखों में वाल्मीकि, सतनामी, चमार, छुरा, कबीरपन्थी, मझहबी, नाई तथा रैदासी जैसी दलित जातियाँ हैं। रैदासी यानी चर्मकार जाति की जनसंख्या कुल जनसंख्या में 11% जितनी है। कांशीराम दलित सिख थे। उन्होंने अस्पृश्यता के कारणस्वरूप बौद्ध धर्म का स्वीकार किया। बूटा सिंह दलित सिख विख्यात कांग्रेसी नेता। दलितों के बीच के सिखों में विद्रोही संवेदनाएँ निर्माण हो रही हैं।

मुस्लिम दलितों का साहित्य

इब्राहम खान की 'मुस्लिम महार' आत्मकथा विख्यात है। मुस्लिम दलितों की देश में संख्या लक्षणीय है। मुसलमानों में भी हिन्दुओं जैसी जातिव्यवस्था अस्तित्व में है। अरब, इराण और मध्य आशिया से भारत में आये मुसलमान स्वयं को उच्च समझते हैं। इन मुसलमानों ने 'पसमंदा' मुसलमानों को अस्पृश्य माना है। वे पसमंदा को मस्जिद में तथा श्मशान में दोयम भाव से बर्ताव करते आये हैं। 1901 ई. की जनगणना में पसमंदों को दर्ज किया है। उन्हें पसमंदा नाम से सम्बोधित किया जाता है। अयुब रईन ने भारतीय मुस्लिम दलितों पर काम किया है। अब्दुल बिस्मिल्ला ने 'पसमंदा' पर लिखे उपन्यास काफ़ी चर्चित रहे हैं। अली अन्वर ने इस विषय पर काम किया है। मोमिता आलम ने कविताओं में दलित मुस्लिम समुदाय की पीड़ा पर तीखी कविताएँ की हैं।

यद्यपि दलितों ने इस्लाम धर्म का स्वीकार किया हो तो भी उनकी जातीयता खत्म नहीं हुई है। धर्मान्तरित दलित मुस्लिमों के जीवन की दुर्गति जारी ही है। मुस्लिम दलितों में भी आम्बेडकरी विचार और आन्दोलन की गतिविधियाँ नहीं पहुँची हैं। ये जातियाँ संगठित होकर विचार कर रही हैं। आरक्षण की माँग कर रहे हैं।

पाकिस्तान, बांग्लादेश, श्रीलंका, भूटान, नेपाल, मालदीव में भारत जैसी ही जातिव्यवस्था है। यू.के., क़ैरेबिअन कंट्री, पूर्व अफ्रीका, दक्षिण आशिया और यू.एस.ए. में प्रवासी हिन्दू हैं। भारत से जानेवाले प्रवासी हिन्दू अपने साथ अपनी जातियाँ लेकर जाते हैं। विश्व में जहाँ कहीं हिन्दू चले जाते हैं वहाँ जातिव्यवस्था निर्माण करते हैं। यू.के. में हिन्दू गये। प्रारम्भ में उनकी संख्या कम थी। उस कारण उनमें जातिव्यवस्था का अस्तित्व नहीं था। वे मेल-मिलाप से रहते थे। उनमें विवाह होते थे। परन्तु पश्चात् काल में प्रवासी हिन्दुओं की संख्या जैसे-जैसे बढ़ गयी वैसे-वैसे जातियाँ निर्माण होते गयीं। बाद के काल में विवाह सम्बन्ध जाति में ही होने लगे। निम्न जाति से विवाह सम्बन्ध टालना प्रारम्भ हुआ। जाति-जातियों में तनाव निर्माण हुआ और भारत की तरह ही यू.के. में भी जातिनिहाय संगठन निर्माण हुए दिखाई देंगे।

दलित केवल एक देश में नहीं हैं। दलित केवल एक धर्म में नहीं हैं। भारत के सभी राज्यों में जातिव्यवस्था है। दलित साहित्य भारतीय प्रादेशिक भाषाओं में लिखा जा रहा है। दलितों का प्रबल संगठन प्रत्येक राज्य में अस्तित्व में आया है। समस्त देश में व्याप्त दलितों का संघर्ष आकार ले रहा है। यह स्पष्ट होगा कि सम्पूर्ण

वास्तव ध्यान में लेने पर कि दलित जैसे एक धर्म में नहीं हैं, एक देश में नहीं हैं, वैसे एक भाषा में भी नहीं हैं। विश्व के समस्त दलितों में प्रचण्ड; बड़े पैमाने पर मानवाधिकार का संघर्ष शुरू हुआ है। यह ध्यान में लेना ज़रूरी है कि इसी से इस संघर्ष का भविष्य में दलित साहित्य पर परिणाम होने वाला है। ऐसा विचार दृढ़ हो रहा है कि सभी दलितों के पूर्वज एक हैं।

2

'दलित साहित्य' नामक साहित्य प्रवाह केवल मराठी में ही नहीं तो भारतीय स्तर पर स्थापित हुआ है। विश्व के सन्निकट होने की प्रक्रिया बढ़ती जाने की स्थिति में 'दलित साहित्य' जैसे साहित्य प्रवाह का विश्व स्तर पर विमर्श प्रारम्भ हुआ है। 'सबआल्र्टन लिटरेचर', 'लिटरेचर ऑफ़ ऑप्रेस्ड', मार्जिनाइज्ड लिटरेचर', 'लिटरेचर ऑफ़ प्रोटेस्ट', 'लिटरेचर ऑफ़ डायस्पोरा', 'अब ओरिजनल लिटरेचर' तथा 'ब्लैक लिटरेचर' जैसे विविध साहित्य प्रवाहों का चर्चा सुनने मिलता है। भारतीय तथा वैश्विक स्तर परों पर 'दलितों की अभिव्यक्ति' पर जो बातचीत हो रही है और विश्व के शोषितों के साहित्यिक परिप्रेक्ष्य में जिस प्रकार दलित साहित्य की ओर अंगुली निर्देश किया जा रहा है, इन सभी का 'कल' के दलित साहित्य पर निश्चित ही प्रभाव पड़नेवाला है। कल तक 'दलित साहित्य' पर मराठी और महाराष्ट्र तक सीमित विमर्श होता था। अब, इसकी व्याप्ति बढ़ गयी है। परिणामत: महाराष्ट्र के मूल दलित साहित्य को अब 'मराठी दलित साहित्य' विशेषण लगाया जा रहा है। हिन्दी दलित साहित्य, तमिळ दलित साहित्य, गुजराती दलित साहित्य और कन्नड दलित साहित्य ऐसा वर्गीकरण शुरू हुआ है। अर्थात यह तो मान्य करना चाहिए कि अन्य भारतीय भाषाओं की तुलना में मराठी का दलित साहित्य समृद्ध है। परन्तु इसका अर्थ यह नहीं कि मराठी का 'दलित साहित्य' और 'दलित लेखक' ही महत्त्वपूर्ण हैं। अन्य भारतीय भाषाओं में मराठी की तुलना में भी स्तरीय दलित साहित्य की निर्मिति हो रही है, मुझे इसकी ओर ध्यान आकर्षित करना है।

कल-परसों तक हम दलित साहित्य के योगदान के सम्बन्ध के बारे में बात करते समय क्या विमर्श कर रहे थे? दलित साहित्य ने मराठी साहित्य को नवीन भाषा दी, नवीन अभिव्यक्ति दी, नवीन नायक दिया, मराठी अभिरुचि को अन्तर्मुख किया, मराठी समीक्षा का क्षितिज विस्तृत किया आदि। परन्तु आज यह स्वर बदलना पड़ रहा है। मराठी दलित साहित्य ने भारत के दलितों को लिखने प्रेरित किया।

भारतीय दलित साहित्य आन्दोलन को जन्म दिया। भारत के अन्य राज्यों के दलितों ने महाराष्ट्र के दलित आन्दोलन को तथा दलित साहित्य को आदर्शस्वरूप मानकर कार्य प्रारम्भ किया। ऐसा क्यों हुआ?

महाराष्ट्र के दलित युवकों ने 'दलित पैंथर' नामक विद्रोही संगठन की स्थापना की। (1972 ई.) यही दलित साहित्य के उदय का समय है। दलित पैंथर ने दलितों के अन्याय-विरुद्ध आन्दोलन किया। उसकी प्रतिध्वनियाँ समस्त देश में उमड़ती रही तथा अन्य राज्यों में भी दलित युवक संगठित होने लगे। दलितों ने मराठवाड़ा विश्वविद्यालय को डॉ. बाबासाहेब आम्बेडकर का नाम देने हेतु नामान्तर का संघर्ष पन्द्रह वर्षों तक चलाया। उनकी भी क्रिया-प्रतिक्रियाएँ समस्त देश में उमड़ी। देश के दलितों को भावनात्मक स्तर पर एकत्रित रखने का बहुत बड़ा कार्य नामान्तर संघर्ष ने किया। इसी समय महाराष्ट्र तथा केन्द्र सरकार ने बाबासाहेब आम्बेडकर का अप्रकाशित साहित्य प्रकाशित करना प्रारम्भ किया। सरकारी यन्त्रणा के कारण आम्बेडकरी साहित्य का गति से प्रसार हुआ। भारत के अनेक राज्यों में बाबासाहेब आम्बेडकर के साहित्य की माँग बढ़ी। जैसे-जैसे भारतीय स्तर पर आम्बेडकरी विचारों का प्रचार होने लगा उस मात्रा में भारतीय दलितों के मन विप्लवित होने लगा। भारतीय दलितों ने अपने विचार का प्रसार करने के लिए अपने नियतकालिक, मासिक, साहित्यिक संस्था, प्रकाशन संस्था, सम्मेलन और ग्रन्थ वितरण व्यवस्था प्रारम्भ की। इसके परिणामस्वरूप राष्ट्रीय स्तर पर दलित साहित्य के उदय की गतिविधियाँ शुरू हुईं।

गौतमबुद्ध, सन्त बसवेश्वर, कबीर, पेरियार ई.वी. रामस्वामी नायकर, चाँद गुरु, नारायण गुरु, स्वामी अछूतानन्द, गुरु घासीदास, महात्मा फुले, राजर्षि शाहु महाराजा, आयंकाळी और बाबासाहेब आम्बेडकर के साथ-साथ चार्वाक एवं मार्क्स के विचारों का मन्थन शुरू हुआ। सम्यक कान्ति के रसायन की निर्मिति प्रारम्भ हुई। दलित जाति का ध्रुवीकरण होने लगा। फुले, शाहु, आम्बेडकर के विचारों का कांशीराम के कार्य के परिणामस्वरूप उत्तर में तीव्र गति से प्रचार शुरू हुआ। दलितों के साथ 'बहुजनवाद' की प्रस्तुति होने लगी। ब्राह्मणविरोधी आन्दोलन का बल बढ़ गया। भारतीय राजनीति के समीकरण बदलने लगे। दलितों के मतों को चुनाव की राजनीति में महत्त्व प्राप्त हुआ। ब्राह्मणी व्यवस्था का प्रतीक 'राम और रामायण' पर दोष लगाये जाने लगे। पेरियार ने तो रामायण की प्रखर निन्दा की थी। बाबासाहेब आम्बेडकर ने भी रामायण की पहेलियाँ स्पष्ट कीं। प्रा. अरुण कांबळे ने 'रामायणातील संस्कृति संघर्ष' शीर्षक की पुस्तक लिखकर दलित लेखकों का क्रोध

प्रकट किया। उसके पहले राजा ढाले का 'साधना' में प्रकाशित 'काला स्वातन्त्र्य दिवस' लेख ने महाराष्ट्र में प्रचण्ड हलचल मचा दी थी और दलितों की नवीन पीढ़ी में विद्रोह की आँधी मचा थी। दलित साहित्य यानी जाति व्यवस्था और समानता विरोधी धर्मग्रन्थों का विरोध करने वाला साहित्य है। दलितों का धर्मान्तर, दलित पैंथर का आक्रमक संघर्ष, नामान्तर आन्दोलन और दलित साहित्य के स्वतन्त्र रूप में होने वाला तूफ़ानी विमर्श के कारण समाज मन हिल गया। इसके विपरीत प्रतिक्रियाएँ भी प्रकट होने लगीं। बाबासाहेब आम्बेडकर के पुतले की अप्रतिष्ठा होने लगी। फुले-आम्बेडकर को इंग्रजदब्बू के रूप में बदनाम करने के प्रयत्न भी हिन्दुत्ववादियों ने शुरू किये। इस कारण पुराण काल का संस्कृति संघर्ष आधुनिक रूप में तीव्र होने लगा।

'दलित, बहुजन तथा अल्पसंख्यक' का तिहरा संगम होने के संकेत दिखाई देने लगे। दलित-मुस्लिम एकता के फुटकल प्रयत्न भी शुरू हुए। ईसाई साहित्य, मुस्लिम साहित्य और आदिवासी साहित्य जैसे नवीन साहित्यिक एहसास व्यक्त होने लगे। दलित, शोषित, अल्पसंख्यक को एकत्र लाने की भाषा बढ़ने लगी। इसी समय 'मण्डल आयोग' को अमल में लाने की राजनीति प्रारम्भ हुई। मण्डल आयोग को अमल में लाने के लिए सम्पूर्ण देश में आन्दोलन शुरू हुआ। इसके परिणामस्वरूप दलित और ओ. बी. सी. समाज एकत्र होने की प्रक्रिया बढ़ने लगी। महाराष्ट्र के बहुजन समाज ने फुले, शाहु और आम्बेडकरी विचारों का अनुसरण करना प्रारम्भ किया। यह प्रयोग प्रस्थापित व्यवस्था को अड़चन में लानेवाला था। परिणामत: पारम्परिक व्यवस्था मज़बूत करने के लिए 'मण्डल विरोधी भावना' को भड़काया गया। आरक्षणविरोधी आन्दोलन तीव्र होने लगे। आरक्षण विरोध से दलित बहुजन एकता दृढ़ होने के संकेत दिखते ही मुस्लिमविरोधी वातावरण तैयार कराया गया। बाबरी मस्जिद गिरायी गयी। राम मन्दिर का प्रश्न राष्ट्रीय प्रश्न बना। इससे ही 'हिन्दू विरोधी मुस्लिम' प्रचार चरम सीमा को लाँघ गया। कश्मीर के दहशतवादी कृत्यों से उग्र हिन्दुत्ववादी आन्दोलनों को समर्थन मिलता गया। मुम्बई का बमविस्फोट और तदनन्तर उछली हिन्दू-मुस्लिम दंगल हो या गोध्रा हत्याकाण्ड के बाद उछली गुजरात की हिन्दू-मुस्लिम दंगल हो, ये दंगलें हिन्दू-मुस्लिम समाज के तीखे रोष को प्रकट करने वाली थीं। सम्पूर्ण देश में किसी न किसी कारण से हिन्दू-मुस्लिम दंगलें होने लगीं। देश का समाज जीवन संशय और असुरक्षिता से ग्रस्त हुआ। हिन्दुत्ववादियों के लिए 'दलित और मुस्लिम' समान शत्रु होने से बहुजन जाति हिन्दुत्ववादी आन्दोलन की ओर आकर्षित हुई। दलित आन्दोलन से प्रतिगामी हिन्दुओं के साथ

प्रगतिशील हिन्दू भी दूर हो गये। एक ओर दलित आन्दोलन अकेला पड़ रहा था तो दूसरी ओर उस आन्दोलन में गुट-गुट के रूप में टूटने की प्रक्रिया शुरू हुई। इसका लाभ हिन्दुत्ववादी आन्दोलन ने लिया। 'गोळवलकर और आम्बेडकर' दोनों की एक ही पालकी द्वारा शोभायात्रा निकाली गयी। हिन्दुत्ववादियों ने 'समरसता मंच' की स्थापना इस भूमिका लेकर की कि हिन्दू समाज संगठित रहना चाहिए। फलस्वरूप 'समरसता साहित्य सम्मेलनों' का प्रारम्भ हुआ। शिवसेना ने भी यह भूमिका ली कि 'शिवशक्ति और भीमशक्ति' को एकत्रित होना चाहिए। मायावती को भाजपा ने उत्तर प्रदेश के मुख्यमन्त्री पद पर विराजित कर दलितों की सहानुभूति प्राप्त कराने का प्रयोग किया। आज देश में उग्र हिन्दुत्ववादी आन्दोलन संगठित हो रहे हैं। मुस्लिमविरोधी भावनाएँ तनाव में आयी हैं और दलित आन्दोलन में गुटबाज़ी बढ़ गयी है। ऐसी पृष्ठभूमि पर राष्ट्रीय स्तर पर दलित साहित्य का उदय हो रहा है, इसे ध्यान में लेना चाहिए। परिणामत: अपने देश का समकालीन सामाजिक और राजनीतिक जीवन समझ लेना महत्त्वपूर्ण ठहरता है।

भारत में अनेक राज्य हैं। इन राज्यों की भाषाएँ भी अलग-अलग हैं। प्रत्येक राज्य की भौगोलिक परिस्थिति और समाज जीवन में फ़र्क़ है। मिझोराम, नागालैंड के व्यक्ति का चेहरा और रंग में तथा तमिळनाडु, केरल के व्यक्ति का चेहरा और रंग में समानता नहीं है। सम्पूर्ण भारत में जातिव्यवस्था का अमल होने पर भी उसकी प्रत्येक राज्य में होनेवाली तीव्रता और तफ़सील में भेद है। हर राज्यों में जातियाँ अलग हैं, उनकी प्रथा-परम्पराएँ अलग-अलग हैं। प्रत्येक राज्य का स्थानिक चेहरा अलग-अलग है। प्रत्येक राज्य का शिक्षा प्रसार का प्रमाण अलग-अलग है। इसका प्रत्येक राज्य के दलित साहित्य के स्वरूप पर परिणाम होने वाला है।

भारतीय दलित साहित्य की प्रेरणा आम्बेडकरी विचारधारा ही होगी। यद्यपि ऐसा हो तो भी प्रदेश तथा जातिनुसार स्थानिक क्रान्तिकारी विचारों का प्रभाव भी बढ़ सकता है। उत्तर भारत की चर्मकार जाति सन्त रैदास का डंका बजा सकते हैं। आदिवासी, घुमन्तू-विमुक्त क्रमश: बिरसा मुंडा, तंट्या भील तथा उमाजी नाईक को अपने पुराण-पुरुष के रूप में स्वीकार कर सकते हैं। मातंग समाज लहुजी उस्ताद की महत्ता का प्रचार कर सकते हैं। क्या दक्षिण में 'पेरियार' का विचार टाल सकते हैं? गुजरात में गांधी जी के कार्य का प्रभाव कैसे नकारा जा सकता है? बाबासाहेब आम्बेडकर के विचारों के साथ ही भविष्य में अन्य सामाजिक सन्दर्भ जाग्रत हो सकते हैं। विदेश में भी आम्बेडकरी विचार पर वहाँ के स्थानिक परिवेश में विमर्श होने की सम्भावना निर्माण हुई है। आम्बेडकरी विचार की भारतीय और वैश्विक

स्तर पर प्रस्तुति करने की ज़रूरत निर्माण हुई है। इससे ही भारतीय दलित साहित्य के विकास की रूपरेखा स्पष्ट होगी।

मराठी दलित साहित्य को भारतीय स्तर पर ले जाने का सारा श्रेय मराठी दलित साहित्य के अनुवादकों का है। मराठी दलित साहित्य के अनुवाद के कारण सबसे पहले हिन्दी में दलित साहित्य पर विमर्श होने लगा। 1980 ई. के प्रारम्भ में ही मध्य प्रदेश साहित्य परिषद ने प्रा. चन्द्रकान्त पाटील की सहायता से एक राष्ट्रीय स्वरूप की संगोष्ठी 'मराठी दलित कविता' पर आयोजित की थी। उसमें हिन्दी के त्रिलोचन, प्रयाग शुक्ल, ज्ञानरंजन, चन्द्रकान्त देवताले, कमला प्रसाद, भागवत रावत जैसे अनेक अग्रसर कवि-लेखक तीन दिन दलित साहित्य पर विचार-विमर्श कर रहे थे। तदनन्तर मराठी दलित कविता का एक महत्त्वपूर्ण संकलन 'सूरज के वंशधर' शीर्षक से 1982-83 ई. में प्रकाशित हुआ। इस संकलन का सम्पादन-अनुवाद चन्द्रकान्त पाटील ने किया था तथा उसके लिए एक प्रस्तावना भी लिखी थी। उसमें दलित साहित्य मराठी में ही क्यों निर्माण हुआ इस पर बात की थी। परिणामत: प्रथम मराठी दलित साहित्य हिन्दी तथा हिन्दी से सभी भारतीय भाषाओं में विशेषत: मलयाली, बंगाली, पंजाबी, कन्नड़, तमिळ, तेलुगु और गुजराती जैसी भाषाओं में विमर्श में रहे। मराठी दलित आत्मकथाएँ भी हिन्दी से अन्य भारतीय भाषाओं में गयी। साम्यवादी साहित्य के बढ़ते प्रभाव परिणामस्वरूप तथा 'ब्लैक लिटरेचर', 'अब ओरिजिनल लिटरेचर' एवं 'सबआल्र्टन लिटरेचर' के अध्ययन के कारण दलित साहित्य को साहित्य के जानकारों के बीच प्रतिष्ठा मिली। मराठी दलित साहित्य में स्थित मूलभूत जोश तथा दलित-शोषितों के दु:ख की तीव्र अभिव्यक्ति के कारण साधारण जनों ने भी मराठी दलित साहित्य का तत्काल स्वीकार किया। इस तरह से एक दशक में ही मराठी का दलित साहित्य भारतीय दलित साहित्य का प्रेरणा स्रोत ठहरा। इसी दशक के आख़िर में विख्यात नोबेल पुरस्कार विजेता लेखक वी. एस. नायपॉल द्वारा अपनी भारतविषयक तीसरी पुस्तक में नामदेव ढसाळ के सम्बन्ध में 40-42 पृष्ठों का मज़मून तथा दलित साहित्य का विचार-विमर्श 'मराठी दलित साहित्य' को वैश्विक स्तर पर ले गया। इस साहित्य के प्रति अंग्रेज़ी, फ्रेंच, जर्मन, स्पेनिश भाषाओं के पाठकों को भी विशेष रुचि महसूस होने लगी। हालही में प्रकाशित 'वसुधा' हिन्दी नियतकालिक का भारतीय दलित साहित्य विशेषांक और दलित साहित्य प्रसार में रमणिका गुप्ता का कार्य पाठकों को ध्यान में लेना चाहिए। मराठी दलित साहित्य के अनुवाद ने संवाद की भूमिका निबाही है। इसमें सूर्यनारायण रणसुभे, दामोदर खड़से, चन्द्रकान्त पाटील, निशिकान्त ठकार, दिनकर

सोनवलकर नाम महत्त्वपूर्ण हैं। मराठी दलित साहित्य को इन अनुवादकों ने राष्ट्रीय स्तर पर प्रस्तुत किया। मोहनदास नैमिशराय, ओमप्रकाश वाल्मीकि, मलखान सिंह, धर्मवीर, कँवल भारती, जयप्रकाश कर्दम, श्यौराज सिंह 'बेचैन', अजय नवारिया, हेमलता महिश्वर, प्रा. विमल थोरात, सूरज बड़त्या, तुलसीराम, अनीता भारती और सूरजपाल चौहान जैसे दलित लेखक हिन्दी में राष्ट्रीय स्तर पर प्रकाशमान हुए। सोहनलाल सुमनाक्षर ने भी दलित साहित्य के आन्दोलन को गति दी। मराठी के दया पवार, लक्ष्मण माने, शरणकुमार लिंबाळे, लक्ष्मण गायकवाड़, बेबी कांबळे, शंकरराव खरात, प्र. ई. सोनकांबळे, किशोर काळे, माधव कोंडविलकर जैसे लेखक हिन्दी में पहुँचे। परन्तु इनमें से दो तीन नाम ही राष्ट्रीय स्तर पर स्थिर हो सके।

सवर्ण समाज दलित साहित्य पढ़ रहा है, समझने का प्रयास कर रहा है। उसका अध्ययन कर रहा है, उस पर अनुसन्धान कर रहा है। सवर्ण पाठकों के मन में दलित साहित्यविषयक उत्सुकता की भावना है। परन्तु दलित व्यक्ति तथा उसके जीवन के सम्बन्ध में उदासीनता है। यह अस्वस्थ करने वाला चित्र है।

जागतिकीकरण से दुनिया सन्निकट आने की प्रक्रिया प्रारम्भ हुई है, उसमें 'इलेक्ट्रोनिक मीडिया', 'सोशल नेटवर्क' और 'मल्टीनेशनल पब्लिशिंग कंपनियों' को महत्त्व प्राप्त हुआ है। मल्टीनेशनल पब्लिशिंग कंपनियाँ दलित साहित्य की पुस्तकें छपवा रही हैं। दलित साहित्य को एक नवीन 'वर्ल्ड रीडरशिप' मिल रही है। विशेषत: अमेरिका में दलित साहित्य की काफ़ी माँग है। मराठी दलित लेखकों की आत्मकथाएँ पुस्तक रूप में अन्य भाषाओं में अनूदित हुई हैं। रामनाथ चव्हाण 'बामनबाडा' और दत्ता भगत का 'वाटा पळवाटा' नाटकों के अंग्रेज़ी अनुवाद प्रकाशित हुए हैं। अभी भी प्रचुर मराठी दलित लेखक अनुवाद की प्रतीक्षा में हैं।

लक्ष्मण माने, लक्ष्मण गायकवाड़ और दया पवार की आत्मकथाओं के अंग्रेज़ी भाषा में अनुवाद हुए हैं। शरणकुमार लिंबाळे, किशोर काळे, वसन्त मून, बेबी कांबळे, उर्मिला पवार और नरेन्द्र जाधव की पुस्तकों के भी अंग्रेज़ी अनुवाद प्रकाशित हुए हैं। दलित लेखकों के साहित्य का अन्य भाषाओं में अनुवाद हो रहा है। अन्य भाषाओं की तुलना में मराठी साहित्य प्रगत है। मराठी दलित साहित्य ने मराठी साहित्य की कक्षाएँ बढ़ायी हैं।

दलित लेखक अपनी व्यथा-वेदना बताने के लिए लिखता है। उसकी भूमिका है कि अपना दु:ख, अपने प्रश्न लोगों को मालूम होने चाहिए। सवर्ण पाठकों को अपना दु:ख और प्रश्न बताने के लिए प्रस्तुत लेखन करने से उसमें अभिनिवेश तथा लेखक की भूमिका प्रकट हुई है। जागतिकीकरण से दलितों का साहित्य देश विदेश

पहुँचनेवाला है। परिणामत: यह ध्यान में लेना चाहिए कि उनका पाठक केवल सवर्ण समाज नहीं होगा। प्रस्तुत साहित्य दुनिया का कोई भी पाठक पढ़नेवाला है। इसलिए दलित लेखक की व्यथा-वेदनाओं की तुलना में उसकी अभिव्यक्ति को महत्त्व मिलनेवाला है। मराठी जैसी छोटे प्रदेश की भाषा तुलना में बड़े भूप्रदेश को व्याप्त करने वाली हिन्दी भाषा में अपना साहित्य जाना चाहिए, हिन्दी से भी अधिक भू-भाग को व्याप्त करने वाली अंग्रेज़ी में अपना साहित्य जाना चाहिए ऐसा जब लेखक को लगने लगता है तब उसे अपना 'साहित्य' महत्त्वपूर्ण लगने लगता है। जब साहित्य महत्त्वपूर्ण लगने लगता है, तब 'मेरी वेदना, मेरा प्रश्न' गौण ठहरने लगते हैं। दलित लेखक का प्रश्न उसकी देशी जातिव्यवस्था से सम्बन्धित है। भविष्य में स्थानिक तथा वैश्विक, दो भिन्न क्षेत्र निर्माण होने वाले हैं। वैश्विकता का निरन्तर आक्रमण स्थानिकता पर होनेवाला है। स्थानिक प्रश्न अन्तरराष्ट्रीय प्रश्नों के सामने गौण ठहरने वाले हैं। बदलती परिस्थिति में अन्तरराष्ट्रीय स्तर पर अलग कप में मिलनेवाली चाय, नाई द्वारा बाल न काटने, मृत जानवर खींचने जैसे देहातों को केन्द्र में रखे स्थानिक प्रश्न कितने महत्त्वपूर्ण ठहरेंगे? स्थानिक लोगों के जनजागरण के लिए लिखना है या जागतिक बाज़ार का 'बेस्ट सेलर' होना है, यह भी महत्त्वपूर्ण है। भविष्य में वैश्विक पुस्तक बाज़ार और लोगों की रुचि जान लिए बग़ैर गाँव के दलित लेखकों के लिए विकल्प नहीं है। एक भाषा को केन्द्र में रखकर लिखने और विचार करने की आदत बदलनी होगी। अब पाठक भी बहुभाषी बन रहे हैं। मराठी लेखक को सतर्क रहना चाहिए कि कल मराठी साहित्य के दिन ऐसे आनेवाले हैं जो मराठी चित्रपटसृष्टि को मिले थे। दुनिया के उत्तमोतम ग्रन्थ जब फुटपाथ पर मिलने लगेंगे तब स्वभाषा के हल्के साहित्य की ओर दुर्लक्ष हुए बग़ैर नहीं रहेगा, इसे ध्यान में लेना चाहिए।

मराठी का एकाध महान लेखक भारतीय स्तर पर साधारण स्तर का लेखक ठहरनेवाला है तो मराठी का एकाध साधारण लेखक भारतीय स्तर पर असाधारण ठहरनेवाला है, ऐसा हो सकता है। एकाध काल का साधारण लेखक भविष्य में असाधारण ठहरता है। सन्त तुकाराम और महात्मा फुले उनके समय में उपेक्षित थे। एक काल का लेखक दूसरे काल में, एक भाषा का लेखक दूसरी भाषा में जब श्रेष्ठ ठहरता है, तब ऐसे लेखक के साहित्य का पुनर्वाचन करना अपरिहार्य ठहरता है। भविष्य में ऐसे पुनर्वाचन की ज़रूरत निर्माण होनेवाली है। साहित्यिक पुरस्कारों के निकष बदलनेवाले हैं और समीक्षा के सामने चुनौती निर्माण होनेवाली है। दलित साहित्य का प्रवाह अब प्रस्थापित हुआ है। ऐसा प्रश्न पूछा जा सकता है कि यह

प्रवाह प्रस्थापित करने वाली रचनाओं की संख्या कितनी है। कोई भी साहित्यप्रवाह समृद्ध कराने के लिए पाँच-पचास रचनाओं की ज़रूरत होती है। अन्य पुस्तकें ऐसे प्रवाह पर विचार जारी रखने के लिए सहायता करती हैं। प्र. ई. सोनकांबळे की 'आठवणींचे पक्षी', दया पवार की 'बलुतं', लक्ष्मण माने की 'उपरा', लक्ष्मण गायकवाड़ की 'उचल्या', शरणकुमार लिंबाळे की 'अक्करमाशी' और अशोक पवार की 'बिराड' आत्मकथाएँ महत्त्वपूर्ण हैं। दत्ता भगत के 'वाटा पळवाटा' और प्रेमनन्द गज्वी का 'घोटभर पाणी' नाटक, नामदेव ढसाळ का 'गोलपीठा', यशवन्त मनोहर का 'उत्थानगुंफा' और वामन निंबाळकर का 'गावकुसाबाहेरील कविता' कविता-संग्रह महत्त्वपूर्ण हैं। अण्णा भाऊ साठे का 'फकिरा', उत्तम बंडू तुपे का 'झुलवा', अशोक व्हटकर का 'मेलेलं पाणी' और नामदेव कांबळे का 'राघववेळ' उपन्यास महत्त्वपूर्ण हैं। बाबूराव बागुल का 'जेव्हा मी जात चोरली होती' और वामन होवाळ का 'येळकोट' कथासंग्रह महत्त्वपूर्ण हैं। भालचन्द्र फडके का 'दलित साहित्य : वेदना आणि विद्रोह', गंगाधर पानतावणे का 'विद्रोहाचे पाणी पेटले आहे' अर्जुन डांगळे का 'दलित साहित्य : एक अभ्यास' और बाबूराव बागुल का 'दलित साहित्य : आजचे क्रान्ति विज्ञान' पुस्तकें महत्त्वपूर्ण हैं। इन पुस्तकों ने मराठी दलित साहित्यप्रवाह समृद्ध किया है।

दलित साहित्य का जन्मकारण भारतीय समाजव्यवस्था में छिपा है। भारतीय समाज व्यवस्था गति से पाश्चात्यों का अनुकरण कर रही है। अनेक मार्गों से देश में विदेशी संस्कृति, साहित्य, मनोरंजन के साधन, चित्रपट, ज्ञान, भाषा और तकनीक आ रहा है। अनेक मार्गों से देश में नवीन कपड़े, पोशाख, व्यंजन, प्रथा, परम्परा और सूचना आ रही है। उससे देशी अभिरुचि में बदलाव हो रहा है। आज की पीढ़ी के आचार, विचार और भाषा व्यवहार में गति से परिवर्तन होता जा रहा है। एक ओर आधुनिकता का आक्रमण शुरू है तो दूसरी ओर अपनी सनातनी संस्कृति की रक्षा हेतु हरसम्भव प्रयत्न शुरू हैं। देश में मन्दिरों की संख्या बढ़ रही है। मन्दिरों के सामने भीड़ बढ़ रही है। पहले मन्दिरों के सामने भक्तजनों के भीड़ होती थी। उसे तीर्थस्थान का स्वरूप आता था। अभी की भीड़ को पिकनिक का स्वरूप प्राप्त हुआ है। मन्दिर पर्यटन स्थान बने हैं। परिवर्तित हुई मानसिकता को ध्यान में लेना चाहिए। जब सम्पूर्ण समाजव्यवस्था परिवर्तित होने लगेगी तब दलित साहित्य का समाजशास्त्रीय आधार ढहने लगेगा।

यदि साक्षरता के प्रचार जितना जातिव्यवस्था विरोधी प्रचार हुआ होता तो अपनी समाजव्यवस्था परिवर्तित हुई होती। एड्सविरोधी प्रचार केवल उस महाभयानक

रोग के विरुद्ध का नहीं। यहाँ की धर्मव्यवस्था स्त्री की योनिशुचिता पर खड़ी है। सम्पूर्ण भारतीय दर्शन रक्तसंकर का विरोधी है। आधुनिक उदारमतवादी दुनिया में योनिशुचिता की कल्पनाएँ बदल रही हैं। सम्मिश्रित लैंगिक सम्बन्धों के लिए रास्ता खुला हुआ है। परिणामत: प्राचीन परिवार व्यवस्था धोखे में आ रही है। पातिव्रत्य, शील जैसी बातों को पुरानी धर्मकल्पनाओं के आधार पर पकड़ कर रखना सम्भव नहीं है। यह व्यवस्था स्त्री-शूद्रों के दास्य पर खड़ी है। भविष्य में स्त्री-शूद्रों का साहित्य भारतीय साहित्य तथा समाज को नवीन चेहरा दानस्वरूप देगा।

दलितों की जातिव्यवस्थाविरुद्ध संघर्ष करते समय उसके साथ जागतिकीकरण के विरुद्ध लड़ना होगा। इस बात की खोज होनी है कि जागतिकीकरण की प्रक्रिया में जातिव्यवस्था मज़बूत होगी या जर्जर। जागतिकीकरण और जातिव्यवस्था के बीच दलित पीसे जानेवाले हैं। परिणामत: उनके प्रश्न भविष्य में कम होने की तुलना में बढ़नेवाले हैं। जागतिकीकरण के दबाव से निर्मित परिस्थिति का दलित साहित्य के स्वरूप पर परिणाम होने वाला है। कितने दलित लेखकों ने इस बात के लिए मानसिक तैयारी की है? जागतिकीकरण से दलितों के आरक्षित पद धोखे में आनेवाले हैं, ऐसा प्रचार किया जा रहा है। जागतिकीकरण तो केवल दलितों के आरक्षित पद नष्ट करने के लिए नहीं आता है। उसका यहाँ के समग्र जनजीवन पर अनुकूल-प्रतिकूल परिणाम होने वाला है। परकीय व्यवस्था जब-जब इस देश में आती है, तब दलितों के अभ्युदय का काल नज़दीक आता है, ऐसा इतिहास है। परकीय संस्कृति तथा साहित्य जितनी तेजी से यहाँ आयेगी, उतनी ही तेजी से यहाँ की जाति व्यवस्था बदलने लगेगी। जाति व्यवस्था बदलना दलितों की दृष्टि से हितकारी है, यह ध्यान में लेना चाहिए। आज के दलित लेखक को इस पर्यावरण का आकलन हुए बग़ैर उसके लेखन को गति मिलेगी, ऐसा नहीं लगता। ऐसा लगता है इसी कारण दलित साहित्य 'गतिरुद्ध' हुआ है।

3

क्या दलित साहित्य की भाषा अलग हो सकती है? यह प्रश्न ऐसा है। सांस्कृतिक सन्दर्भ में प्रस्तुत प्रश्न को स्पष्ट करना होगा। मनुस्मृति ने शूद्रों को गाँव के बाहर रहने बताया। प्रेत पर डाला वस्त्र पहनने बताया। शूद्रों के नाम अमंगल होने चाहिए, उन्हें ज्ञानार्जन का अधिकार नहीं, उन्होंने वेद पढ़ें तो उनकी जिह्वा काट डालने के आदेश दिये हैं। यह धर्माज्ञा हैं। यह व्यवस्था हज़ारों वर्षों तक अस्तित्व में थी। इसमें अतिशूद्रों का उल्लेख नहीं है।

दलितों को गन्दी बस्ती में रहना चाहिए, गन्दी भाषा बोलनी चाहिए, ऐसा रिवाज

था। उसी कारण बाबासाहेब आम्बेडकर को संस्कृत के अतिरिक्त पारसी भाषा लेनी पड़ी। क्योंकि संस्कृत के लिए देववाणी का स्तर था। स्वातन्त्र्य तथा जनतन्त्र के कारण जातिव्यवस्था को दरारें पड़ीं। दलितों में फुले, शाहु और आम्बेडकर के विचार-कार्य से आत्मसम्मान का चेतना निर्माण हुआ। इसी चेतना से दलित आन्दोलन और साहित्य का जन्म हुआ है।

दलित साहित्य आधुनिक साहित्य है। स्वातन्त्र्योत्तर काल के दलित आन्दोलन के तूफ़ान के कारण प्रस्तुत साहित्य जिस तरह प्रभावित हुआ है, उस प्रकार आम्बेडकरी विचार की प्रेरणा से इस साहित्य का उदय हुआ है।

दलित लेखक का जाति चेतना

स्वातन्त्र्योत्तर काल में अनेक जनजातियों में से लेखकों का उदय हुआ। प्रत्येक ने अपनी जाति की व्यथा-वेदनाओं को शब्दबद्ध किया है। जो जातियाँ हज़ारों वर्षों से अक्षरशत्रु थी, वे अक्षरों में व्यक्त होने लगीं। दलित लेखकों ने अपनी जाति के अनुभव अपनी जाति की बोली-भाषा में प्रस्तुत करने का प्रयत्न किया हुआ दिखाई देता है। प्रत्येक जाति का जीने का रिवाज स्वतन्त्र है। उनके जीने की अलगता के कारण उनकी बोली-भाषा 'अलग' ठहरी है। दलित लेखकों ने अपने अनुभव अपनी बोली-भाषा द्वारा व्यक्त किये हैं। प्रत्येक जाति की बोली अलग है। अनुसूचित जातियाँ ग्राम व्यवस्था से जुड़ी रहने से उनकी बोली ग्राम व्यवस्था से मिलती-जुलती है। ऐसा होते हुए भी प्रत्येक जाति के जीने के सन्दर्भ तथा तफ़सील भिन्न हैं। व्यवसाय और जाति के संस्कार भिन्न हैं। इसका परिणाम उनकी बोली-भाषा पर हुआ नज़र आता है। घुमन्तू-विमुक्त और आदिवासी जमात ग्राम व्यवस्था से दूर रहनेवाली जमात हैं। इस कारण उनकी बोली ग्राम व्यवस्था से मिलती-जुलती नहीं होती। वन्य और घुमन्तू जीवन के तफ़सील तथा सन्दर्भ इन जनजातियों की बोली-भाषा में पाये जायेंगे। दलित लेखकों की बोली-भाषा का चेहरा उनकी जाति का है। जाति उनकी जीने की तथा व्यक्त होने की प्रवृत्ति है। दलित लेखक की विशिष्ट जाति के कारण उनके अनुभव जैसे अलग हुए हैं वैसे ही उनकी भाषा अलग ठहरी है। प्रत्येक जाति का जीवन आचरण उस जाति के शब्दकोश को जन्म देता है।

दलितों की अशिष्ट भाषा

दलितों के दैनन्दिन जीवन में गालियों की भरमार होती है। साधारण बात करते समय भी एक-दो गलियाँ दी जाती हैं। प्रेम से भी गालियाँ देने की पद्धति है। दलितों की बोली-भाषा के विशेषण के रूप में इन गालियों का उल्लेख करना पड़ता है। जिस

प्रकार गालियों के कारण गुस्सा, द्वेष, मत्सर, ईर्ष्या व्यक्त होता है, उस प्रकार प्रेम, बोलनेवालों का स्वभाव, उनके रिश्ते-नाते सम्बन्ध भी व्यक्त होते हैं। एक ही शब्द का जैसे अर्थ होता है, वैसा सन्दर्भ भी होता है। इतना ही नहीं तो वह शब्द उच्चरित करने वाले के मन-मस्तिष्क में स्थित भाव तथा विचार भी उसमें अनुस्यूत होता है। परिणामत: शब्द सजीव बनता है। शब्द भावनाओं तथा संस्कृति का वाहक ठहरता है। भाषा केवल अभिव्यक्ति का माध्यम नहीं तो ज्ञान सुरक्षित रखनेवाला भण्डार है। परिणामत: दलितों की बोली में उनका जीवन आचरण जैसा व्यक्त होता है, वैसा उनकी जाति के ज्ञान का स्रोत भी व्यक्त होता है। प्रस्थापित व्यवस्था ने दलितों का शोषण करते समय दलितों की भाषा का भी शोषण किया है। जिस तरह मनुष्य का रोटी, पानी, कपड़ा और मकान तोड़ डाला जाये, उस तरह दलितों की भाषा तोड़ी है। उसी कारण दलितों को हज़ारों वर्षों तक अभिव्यक्त होना न आया। एकाध को ग़ुलाम बनाना हो तो उसकी मूलभूत आवश्यकताओं की तुलना में ही नहीं तो मूलभूत अधिकारों की तुलना में उसकी भाषा महत्त्वपूर्ण होने से उसे ही दबाया जाता है। सभी अभिव्यक्तियों की जननी भाषा होती है। इसलिए प्रस्थापित व्यवस्था ने दलितों की भाषा को व्यक्त होने से रोका हुआ दिखाई देता है। दलितों की भाषा को ज्ञान भाषा होने का अधिकार नहीं दिया। प्रस्थापित व्यवस्था को यह मान्य नहीं था कि मूलत: दलित ज्ञानी और प्रज्ञावन्त होते हैं। प्रस्थापित व्यवस्था ने दलितों की बोली-भाषा का तिरस्कार किया। बोली-भाषा को गन्दा ठहराया। इसी कारण दलितों का अनुभवविश्व और बोली-भाषा साहित्य का विषय नहीं बन सके।

दलितों की बोली-भाषा

दलितों की बोली-भाषा उनके जीने का अविभाज्य भाग है। दलितों को अपनी भाषा असभ्य, गन्दी, अशिष्ट नहीं लगती; परन्तु यही भाषा अभिजन वर्ग को ग़लत लगती है। इस भाषा के शब्द ग्राम्य लगते हैं। इतना ही नहीं तो 'सारस्वत दरबार में यह गन्दगी नहीं चाहिए' ऐसी प्रस्थापितों की भावना होती है। इसी कारण सारस्वतों ने महात्मा फुले के लेखन का तिरस्कार किया। सही लिखें, सही बोलें ऐसे पाठ देने के प्रयत्न किये। महात्मा फुले से आज के दलित लेखकों तक सभी ने सारस्वतों के कहने को बेदख़ल किया। उन्होंने अपनी बोली-भाषा में लिखने और बोलने का प्रयत्न किया। इतना ही नहीं तो दलित लेखकों ने प्रमाण भाषा का तिरस्कार किया। उन्होंने बताया कि प्रमाण-भाषा उन्हें बाहरी और परायी लगती है। घोषित किया कि प्रमाण-भाषा के पास दलितों का अनुभवविश्व व्यक्त करने वाला शब्द भण्डार

नहीं है। हम 'माय' को 'माँ' नहीं कह सकते ऐसा उन्होंने स्पष्टता से कहा। दलित लेखकों ने अपने अनुभव अपनी भाषा में व्यक्त करने का साहस दिखाया। अभिजन वर्ग ने दलितों की अलग भाषा के कारण आँख-भौं चढ़ायी। सभ्य पाठकों ने नाक सिकुड़े। परन्तु दलित लेखकों ने उसकी चिन्ता न की।

प्रमाणभाषा को समृद्ध करने वाला प्रयत्न

मराठी भाषा में दलित साहित्य के कारण अनेक नवीन शब्द आये। एक स्वर उमड़ा कि उससे प्रमाणभाषा समृद्ध हुई। परन्तु उसी के साथ ऐसा प्रश्न आगे आया कि यह भाषा समझ में नहीं आती। इस भाषा को सिखाते और समझ लेते समय अड़चनें निर्माण होती हैं। ऐसी भी माँग आयी कि दलित बोली-भाषा का शब्दकोश होना चाहिए। बोली-भाषा के अनेक शब्द साहित्य में आये। दलित लेखक को अपूर्व ही लगा कि वस्तुत: वह अपनी बोली-भाषा में लिख सकता है और उसे भी साहित्य की प्रतिष्ठा मिल सकती है। व्याकरण और प्रमाणभाषा के घपले में न पड़कर अपनी भाषा में अपने अनुभव लिखना ऐसी सीधी-सादी राह दलित लेखकों को मिलने से अनेक ने क़लमों को हाथ में लिया। उन्हें बोली-भाषा के कारण नवीन आत्मविश्वास मिला। व्यक्त होने का साहस मिला। उन्हें अपनी बोली में अपने अनुभव प्रस्तुत करना सहज लगा। इन सभी प्रकारों के कारण प्रमाणभाषा को बोली-भाषा का ख़ज़ाना मिला। प्रमाणभाषा गठित और कृत्रिम चौखट में अटक कर रही थी, तब बोली-भाषा ने उसे मुक्त करने और नवीन रूप देने का काम किया। परिणामत: मराठी प्रमाणभाषा उमड़ आयी। भाषा के क्षेत्र में नवीन खलबली निर्माण हुई। जिस तरह अंग्रेज़ी शब्दकोश देखकर अंग्रेज़ी साहित्य समझ लेने का प्रयत्न होता है, उस तरह के प्रयत्नों को बल मिला एवं बोली-भाषा के अध्ययन को गति मिली। नवीन नवीन बोली-भाषाओं में साहित्य प्रकाशित होने लगा। अनेक जनजातियाँ तथा प्रदेश के लेखक लिखने लगे, इसलिए भाषिक प्रयोग अभिनव महसूस होने लगे।

नवीन प्रतिमा और प्रतीक

दलित लेखकों ने अपने साहित्य में अनेक बिम्ब और प्रतीकों को प्रयुक्त किया है। इन बिम्ब और प्रतीकों का भी अध्ययन हुआ है। दलित लेखकों ने हिन्दुओं के पुराण बिम्बों का उपयोग किया है। द्रौपदी, एकलव्य, शम्बूक, अश्वत्थामा जैसे अनेक बिम्ब दलित लेखकों के लेखन में आये हैं। तकरार भी हुई कि दलित लेखक पुराण बिम्बों का उपयोग न करे। सूचना आगे आयी कि दलित लेखक हिन्दुओं के पुराण बिम्बों का प्रयोग न कर नवीन बिम्बों का निर्माण करे, दलित लेखक आत्मा,

पुनर्जन्म नहीं मानते, इस कारण उनके लेखक में 'आत्मा' शब्द न आये, इसीलिए 'आत्मकथा' शब्द के अतिरिक्त 'स्वकथन' शब्द का प्रयोग करे।

यद्यपि दलित लेखकों ने अनेक पुराण बिम्बों का प्रयोग किया हो तो भी इन बिम्बों को उन्होंने भग्न कर दिया है। पुराण बिम्बों को नवीन अर्थ और नवीन सन्दर्भ देने का प्रयत्न किया है। परिणामत: ये बिम्ब बदल गये हैं। दलित साहित्य में अंकित प्रकृति, केवल प्रकृति का रूप लेकर नहीं आती। दलित साहित्य में प्रकृति के अनेक रूप हैं। दलित लेखकों ने अपने लेखन के लिए प्रकृति का बख़ूबी उपयोग किया है। 'कल की बारिश हमारे खेत में आयी ही नहीं'। इस पंक्ति का शब्दश: अर्थ नहीं ले सकते। दलितों का विश्व तो अकालपीड़ित, वीरान तथा रेतीले स्वरूप का है। तकरार है कि यहाँ प्रस्थापित व्यवस्था की समृद्धि नहीं, यह समृद्धि हमारे पास नहीं आती। सूर्य, चन्द्र, तूफ़ान, नीली भोर, समुद्र, ज्वालामुखी, प्रलय, उद्रेक, उत्पात, उत्थानगुफा जैसे अनेक शब्द हैं जिनका नियोजन दलित लेखकों ने नवीन आशय के सन्दर्भ में किया है।

दलितों की भाषा

दलितों ने अपना क्रोध, नकार और विद्रोह अपनी भाषा द्वारा व्यक्त किया है। परिणामत: उनकी भाषा आक्रमक, अशिष्ट, आवेशपूर्ण हुई है। इस कारण वह सवर्णों के लिए चुभनेवाली, उद्धत और बीभत्स लगती है। दलितों ने ईश्वर को गालियाँ दी हैं। प्रस्थापित व्यवस्था को नकार दिया है। समानता, स्वातन्त्र्य और न्याय के लिए क्रान्ति की भाषा कही है। दलितों की भाषा में चिढ़, विद्रोह और उद्रेक की भावना दिखाई देती है। हज़ारों वर्षों से कुत्ते-बिल्लियों जैसे जी रहे थे, वे बाघ जैसी दहाड़ लगाने लगे हैं, यह देखकर प्रस्थापित व्यवस्था के होश उड़ गये। उन्हें यह आक्रोश और सीना ठोंक प्रवृत्ति लगी। ऐसी भाषा पर उन्होंने आक्षेप लिया। परन्तु दलित लेखकों ने अपनी तीव्र भावनाएँ अपनी बोली-भाषा में व्यक्त कीं। उस कारण दलितों की भाषा तेज़ हुई है। उसमें जिस तरह दु:ख, वेदना और व्यथा व्यक्त हुई हैं, उस तरह आन्दोलन हक़-अधिकारों की आवाज़ भी व्यक्त हुई है। इस भाषा को कोरस सुर का लाभ हुआ है।

प्र. ई. सोनकांबळे की 'आठवणींचे पक्षी', गुलाब वाघमोडे की 'रानभैरी' और नारायण कांबळे की 'राघववेळ' पुस्तकों में दलितों की अकृत्रिम बोली-भाषा व्यक्त हुई दिखाई देती है। कुछ दलित लेखकों ने अपनी बोली-भाषा के साथ प्रमाणभाषा का भी सहज उपयोग किया है। दलित लेखकों का लेखन हेतुनिष्ठ स्वरूप का है।

'यह आपको बताना है' हेतु से ही प्रस्तुत लेखन हो जाने से इस लेखक ने सवर्ण समाज को अपनी आँखों के सामने रखकर लेखन किया है। परिणामत: दलित लेखकों ने अपने साहित्य में सवर्ण समाज के विरुद्ध क्रोध और हाय व्यक्त की है। यह करते समय अपने अनुभव सवर्ण समाज को मालूम हो जाये, इसका ख़याल भी रखा है।

बोली-भाषा की मर्यादा

दलित साहित्य बोली-भाषा में होने से सवर्ण समाज के लिए जैसे चुभता है, उस तरह दलितों के बीच के उच्चभ्रू को भी। कॉन्वेंट में पढ़नेवाले दलित विद्यार्थी को दलित साहित्य पढ़ते समय समझ में नहीं आता। बोली-भाषा का साहित्य पढ़ते समय नवीन पीढ़ी ठिठकती है। उन्हें दलित साहित्य में व्यक्त भयावह दरिद्रता और अपमान के प्रसंग मालूम नहीं हैं। सफ़ेदपोश दलितों को लगता है कि उन्हें अपना भूतकाल नहीं चाहिए। उन्हें 'दलित' शब्द गन्दा लगता है।

दलित बोली-भाषा की सामर्थ्य है, वैसे मर्यादाएँ भी हैं। यदि दलित साहित्य में व्यक्त गालियों का 'ओवियों' के रूप में कौतुक किया हो तो भी अनेक ने इस साहित्य को पढ़ना टाला है। सभ्य समाज का पाठक बोली-भाषा के कारण यह साहित्य नहीं पढ़ता। उन्हें दलित साहित्य ग्राम्य असभ्य लगता है। ऐसा निदर्शन में आता है कि दलित लेखक बहुत बड़े पाठक वर्ग से वंचित रहता है। बोली-भाषा का दलित साहित्य अन्य भाषा में अनूदित होते समय वह प्रमाण-भाषा में अनूदित होता है। अनुवाद करते समय बोली-भाषा के कारण अड़चनें निर्माण होती हैं। बोली-भाषा के अनेक सन्दर्भ प्रमाणभाषा के पास नहीं होते। परिणामत: बोली-भाषा का साहित्य दूसरी भाषा की प्रमाणभाषा में अनूदित करते समय ऐसा अनुवाद कृत्रिम तथा शुष्क बनने का धोखा निर्माण होता है। आज वैश्विक भाषा और स्थानिक भाषा के रूप में संघर्ष निर्माण हुआ है। वैश्विक भाषा ने विश्व को निगलने का बड़े ज़ोरों से प्रयत्न जारी रखा है। अनेक जगहों पर स्पोकन अंग्रेज़ी की कोचिंग क्लासेस शुरू हुई हैं। अंग्रेज़ी का महत्त्वपूर्ण प्रचार शुरू है। परन्तु ऐसे प्रयत्न बोली-भाषा के सम्बन्ध में होते हुए नहीं दिखाई देते हैं। परिणामत: बोली-भाषा नष्ट होने का धोखा निर्माण हुआ है। दलित भाषा साहित्य ने बोली-भाषा को सुरक्षित रखा और उसे प्रतिष्ठा प्राप्त करवा देने के बाद भी उसके सामने नष्ट होने का धोखा निर्माण हुआ है।

4

दलित यानी हिन्दू धर्म की अनुसूचित जाति, जमात और आदिवासी। उसी के साथ ईसाई, मुस्लिम, सिख, बौद्ध जैसे धर्मों का स्वीकार किये पूर्वाश्रम के हिन्दू धर्म की पूर्वाश्रम की अनुसूचित जाति, जनजातियाँ और आदिवासी हैं। इस मानव-समूह को जिस प्रकार दलित कह सकते हैं, वैसे देश के बाहर की यही जाति-जमात की जनसंख्या को भी दलित कहना होगा। इस जनसंख्या से जन्म लेनेवाले और दलित चेतना द्वारा व्यक्त होने वाले साहित्य को 'दलित साहित्य' कहना पड़ेगा।

हिन्दू, बौद्ध, सिख, मुस्लिम और ईसाई दलितों का साहित्य 'दलित साहित्य' के रूप में पहचाना जानेवाला है। परन्तु साहित्य को धर्म के आधार पर पहचाना नहीं जाता। भाषा से साहित्य की पहचान होती है। परिणामत: महाराष्ट्र के दलितों के साहित्य को 'दलित साहित्य' कहा जाता है तो महाराष्ट्र में बाहर इस साहित्य को 'मराठी दलित साहित्य' के रूप में पहचाना जाता है। ऐसा प्रत्येक क्षेत्र के बारे में हो रहा है। परिणामत: भारतीय साहित्य का स्वरूप धर्माधिष्ठित न रहकर प्रादेशिक भाषाओं पर अधिष्ठित रहा है। भारतीय दलित साहित्य के सन्दर्भ में भी यही विचार हो रहा है। हिन्दी दलित साहित्य, पंजाबी दलित साहित्य, गुजराती दलित साहित्य, तमिळ दलित साहित्य, मलयालम दलित साहित्य की तरह भारतीय दलित साहित्य को पहचाना जा रहा है।

दलित लेखकों को आंचलिक और राष्ट्रीय भाषा का महत्त्व जान लेना आवश्यक हुआ है। दलित लेखक को अपनी बोली-भाषा के साथ अपनी आंचलिक भाषा की गहरी मालूमात तथा अध्ययन होना ज़रूरी हुआ है। इतना नहीं तो उसे भाषा का साहित्य, इतिहास, साहित्य-प्रवाह और प्रयोग का भी आकलन होना आवश्यक है। भाषिक क्षेत्र के सामाजिक और सांस्कृतिक स्तरों, सन्दर्भों और स्थित्यन्तरों की सूक्ष्म जानकारी होना ज़रूरी है। ये आंचलिक भाषिक ज़रूरतें हैं। हम जब भारतीय दलित साहित्य का विचार करने लगते हैं तब अलग-अलग भारतीय आंचलिक भाषाओं के दलित साहित्य की निर्मिति की जानकारी करा लेना आवश्यक है। साथ ही अलग-अलग प्रान्तों की जाति व्यवस्था और सामाजिक जीवन समझ लेना महत्त्वपूर्ण ठहरता है। विविध भाषिक प्रान्तों के सामाजिक और राजनीतिक जीवन के साथ ही वहाँ के दलितों के आन्दोलन और समानतावादी विचार भी जान लेना ज़रूरी है। अनेक प्रादेशिक भाषाओं से भारतीय दलित साहित्य की निर्मिति हो रही है। परिणामत: आंचलिक चेतना महत्त्वपूर्ण ठहरता है। प्रत्येक आंचलिक भाषा का साहित्य समझ लेते समय इस आंचलिक चेतना की ओर अनदेखा करके नहीं

चलनेवाला है। उसी के साथ प्रादेशिक लेखक को राष्ट्रीय चेतना भी होना चाहिए। आधुनिक भारत की निर्मिति के बीच हम एक ज़िम्मेदार इकाई हैं, इसका चेतना प्रत्येक नागरिक के मन में होना ही चाहिए। लेखक और कलाकार के मन का तो वह अविभाज्य भाग ही है।

भारतीय साहित्य की वैश्विक स्तर पर आंचलिक भाषाओं के स्तर पर होनेवाली पहचान पुनः बदलनेवाली है। भारतीय दलित साहित्य, नेपाली दलित साहित्य, पाकिस्तानी दलित साहित्य, बांग्ला दलित साहित्य जैसा देश स्तरों पर विचार हो सकता है। यहाँ भाषा दूर होकर प्रदेश को महत्त्व प्राप्त होने वाला है। राज्य के दलित साहित्य को व्यापक सामाजिक और राजनीतिक अधिष्ठान देने हेतु विचार किया तथा धर्म पर आधारित वर्गीकरण का भी विचार किया। परन्तु राज्य के बाहर धर्मवादी विचार टिकता नहीं। इसे ध्यान में लेकर आंचलिक भाषाओं को केन्द्र में रखा। साहित्य का वैश्विक स्तर पर विचार करते समय आंचलिक भाषाओं का दोयमत्व ध्यान में आता है। परिणामतः देश को प्रदेश के रूप में स्वीकार कर विचार करने का प्रयत्न करना मान लिया।

दलित साहित्य का विचार करते समय 'दक्षिण आशियायी दलित साहित्य' जैसा विचार करना अधिक समझदारी होगी। इतनी व्यापक और सामाजिक और भौगोलिक विविधता ध्यान में लेकर दलित साहित्य का विचार करने की सम्भावना निर्माण होने लगी है। अगले काल में दक्षिण आशियायी दलित समाज, साहित्य, संस्कृति और राजनीति के अध्ययन को महत्त्व आनेवाला है। मुझे ऐसा लगता है कि दलित लेखकों को तथा दलित साहित्य के अध्ययनकर्ताओं को इन बातों को गम्भीरता से समझ लेना चाहिए।

5
भारतीय दलित साहित्य

1

भारतीय भाषाओं के दलित साहित्यविषयक राष्ट्रीय स्तर की संगोष्ठी का आयोजन साहित्य अकादमी, नयी दिल्ली तथा डॉ. बाबासाहेब आम्बेडकर अध्यासन, शिवाजी विश्वविद्यालय, कोल्हापुर के संयुक्त तत्त्वावधान में 27, 28 और 29 नवम्बर 2008 ई. को किया गया था। मराठी भाषा हेतु साहित्य अकादमी के लिए समन्वयक के रूप में लक्ष्मण गायकवाड का चयन हुआ। परिणामत: मेरी और लक्ष्मण के बीच विचार होने लगा कि दलित साहित्य के लिए क्या करना सम्भव होगा? ऐसे विमर्श से गुजरते हुए प्रस्तुत प्रथम संगोष्ठी सम्पन्न हुई। तदनन्तर साहित्य अकादमी, नयी दिल्ली ने पटना, पांडिचेरी एवं नयी दिल्ली में 'दलित साहित्य' विषय पर राष्ट्रीय संगोष्ठियों का आयोजन किया। लक्ष्मण गायकवाड और मैं ऐसी संगोष्ठियों में उपस्थित रहते थे। राष्ट्रीय स्तर पर दलित साहित्यविषयक विचार विमर्श 2005 ई. के बाद ऊफान पर आया दिखाई देता है। दलित साहित्य को केन्द्र में रखकर अनेक विश्वविद्यालयों द्वारा राष्ट्रीय संगोष्ठियाँ आयोजित की गयीं। बड़ी मात्रा में हिन्दी और अंग्रेज़ी माध्यम से राष्ट्रीय स्तर पर संगोष्ठियाँ सम्पन्न हुईं। उस समय डॉ. सुखदेव थोरात विश्वविद्यालय अनुदान आयोग के अध्यक्ष थे। यह भी एक कारण ऐसी संगोष्ठियों के आयोजन के दरमियान रहा होगा। प्रत्येक वर्ष मार्च के पहले संगोष्ठियों का दौर प्रारम्भ होता है। परिणामत: अनेक जगहों की तिथियाँ एक-सी होने से सभी संगोष्ठियों में उपस्थित रह नहीं सकते। दूसरी बात यह कि संगोष्ठियों के ऐसे दौर में समस्त देश में हवाई जहाज़ से यात्रा करनी पड़ती थी। मैं बीजभाषण, समापन भाषण अथवा एकाध सत्र का अध्यक्षीय भाषण करने के लिए जाते समय अनेक बार अभिभूत हो गया हूँ। अनेक बार मैं और लक्ष्मण गायकवाड एकत्र होते थे। मुझे

यह बात बिल्कुल फैलानी नहीं है कि लक्ष्मण गायकवाड और सुखदेव थोरात के कारण राष्ट्रीय स्तर पर दलित साहित्य का विचार प्रस्फुटित हुआ।

दलित साहित्य का राष्ट्रीय स्तर पर जो जबरदस्त विचार प्रारम्भ हुआ उसका सारा श्रेय इस काल में दलित लेखकों की पुस्तकों के जो अनुवाद हुए, उन्हें देना होगा। मराठी दलित लेखकों का हिन्दी भाषा में बड़ा ही दबदबा है। अनेक मराठी दलित लेखकों की आत्मकथाएँ हिन्दी में प्रकाशित हुईं और वे काफ़ी सुर्ख़ियों में रहीं। मराठी दलित साहित्य के विचार-विमर्श के पश्चात् हिन्दी में दलित साहित्य का विस्फोट हुआ। अन्य प्रादेशिक भाषाओं में भी मराठी दलित लेखकों का साहित्य अनूदित हुआ है। हिन्दी में मराठी और हिन्दी भाषा के दलित लेखकों के लेखन का बहुत उल्टा-सीधा विचार हुआ।

कुछ हिन्दी दलित लेखकों के गुट ने प्रेमचन्द के 'रंगभूमि' उपन्यास को जला दिया। इस घटना के परिणामस्वरूप ही दलित साहित्यविषयक विचार-विमर्श को गति मिली। कमलेश्वर, राजेन्द्र यादव, महिप सिंह, रमणिका गुप्ता, नामवर सिंह तथा मैनेजर पाण्डेय जैसे प्रगतिशील समीक्षकों ने हिन्दी में दलित साहित्य के विचार विमर्श में सक्रिय सहभाग लिया दिखाई देता है। दूसरी ओर सोहनलाल सुमनाक्षर, तेजसिंह, विमल थोरात, कँवल भारती, ओमप्रकाश वाल्मीकि, जयप्रकाश कर्दम तथा मोहनदास नैमिशराय ने भी इस विमर्श को गतिशील रखा दिखाई देगा।

हिन्दी में मराठी दलित साहित्य का ज़ोरदार चर्चा प्रारम्भ हुआ था। परन्तु यह विचार सम्पूर्ण देश का ध्यान आकर्षित न कर सका। जब दलित लेखकों के लेखन के अंग्रेज़ी अनुवाद हुए तब तो देश-विदेश में दलित साहित्य के विचार की आँधी उमड़ आयी। अंग्रेज़ी में हुए अनुवाद सभी प्रादेशिक भाषाओं में लिखनेवाले दलित लेखकों की पुस्तकों के थे। उसी कारण भारतीय समाज व्यवस्था का अस्वस्थ करने वाला जातिवादी चित्र दुनिया के सामने आया। राष्ट्रीय स्तर पर दलित साहित्य की पहचान दलित साहित्य के हिन्दी-अंग्रेज़ी अनुवादों के कारण हुई। इस साहित्य का समावेश विश्वविद्यालय पाठ्यक्रमों तथा अनुसन्धान में हुआ। अर्थात मुझे यह समझ नहीं करा देनी है कि दलित साहित्य का राष्ट्रीय स्तर पर उदय अनुवाद के कारण हुआ।

स्वतन्त्रता पश्चात् के काल में दलितों में बहुत बड़ी मात्रा में शिक्षा का प्रसार-प्रचार हुआ। इसका कारण जितनी स्वतन्त्रता तथा जनतन्त्र है उतना ही बाबासाहेब आम्बेडकर द्वारा दलितों को दिये मूलमन्त्र 'सीखो, संगठित हो जाओ तथा संघर्ष

करो' में भी है। दलितों के पास अपने उद्धार हेतु शिक्षा के अतिरिक्त अन्य कोई साधन नहीं था। शिक्षा प्रसार के कारण बड़ी मात्रा में नवीन शिक्षित दलित वर्ग का निर्माण हुआ। यहाँ के अल्प उच्चवर्णीय वर्ग के लेखकों का कलावादी साहित्य शिक्षा-प्रसार के कारण इस शिक्षित वर्ग का रंजन अधिक समय तक कर नहीं सकता था। क्योंकि इस साहित्य में दलितों के सुख-दु:ख तथा वेदना-विद्रोह का चित्रण नहीं किया था। दलितों में से नवशिक्षित वर्ग की ज्ञान की आवश्यकतापूर्ति कराने नवीन साहित्य की ज़रूरत थी। यह आवश्यकता दलित साहित्य ने पूर्ण की। इन नवशिक्षित दलितों में 'अपना साहित्य अपने लेखकों का साहित्य' जैसी भावना वृद्धिंगत होने लगी। परिणामत: प्रकाशन व्यावसायिकों ने नवीन दलित वर्ग को ध्यान में लेकर दलित साहित्य का प्रकाशन प्रारम्भ किया। दलित साहित्य का अन्तर्भाव पाठ्यक्रम में हो सका। नवशिक्षित दलितों की सांस्कृतिक गतिविधियों के कारण दलित साहित्य का विचार सामाजिक परिवर्तन का विचार होने से प्रगतिशील लेखकों ने इस साहित्य का ज़ोरदार स्वागत किया। ऐसी घटनाओं के कारण दलित साहित्य के प्रवाह को बल मिला। मुझे यह सुझाना है कि स्वतन्त्रता पश्चात् के काल की सामाजिक परिस्थिति में भारतीय दलित साहित्य के उदय के जनन बीज छिपे हैं।

2

मराठी साहित्यजगत् में बीसवीं शती के आठवें दशक में दलित साहित्य पर विपुल विचार हुआ। स्वतन्त्रता पश्चात् निर्माण हुए दलित साहित्य की प्रेरणा आम्बेडकरी की प्रेरणा ही है। बाबासाहेब आम्बेडकर के विचार तथा कार्य से दलितों में जो अभूतपूर्व जागृति निर्माण हुई उसके साहित्यिक रूप के नाते दलित साहित्य की ओर देखना होगा। इस दरमियान नामदेव ढसाळ, बाबूराव बागुल के साहित्य का जिस प्रकार विचार होता था वैसा बीच-बीच में सन्त चोखामेळा का भी उल्लेख होता था। अनेक दलित लेखकों ने ऐसी ही भूमिका ली थी कि दलित सन्तों के साहित्य को 'दलित साहित्य' न कहे। आज तक के अध्ययन की दिशा यही रही है कि दलित साहित्य का उदय स्वतन्त्रता पश्चात् के काल में ही हुआ है। बाबासाहेब आम्बेडकर ने भी दलित सन्तों के लेखन पर प्रखर टिप्पणी की है। बावजूद इसके आज दलितों की परम्परा, अतीत तथा इतिहास ढूँढ़ा जा रहा है। बाबासाहेब आम्बेडकर ने भी ऐसी एक स्पष्ट ऐतिहासिक रेखा खींची हुई दृष्टिगत होती है। वह बुद्ध-कबीर-फुले की समयरेखा है। बुद्ध से लेकर फुले तक का एक विशाल काल है जिस काल के

उदर में बाबासाहेब आम्बेडकर का जन्म हुआ है। इस सम्पूर्ण समयांश पर ध्यान दे तो वैदिक और अवैदिक संस्कृति के बीच का तीव्र संघर्ष निरन्तर जारी रहा दिखाई देगा। स्वतन्त्रता पश्चात् समय की अवैदिक संस्कृति के संघर्ष का स्वरूप है–'दलित साहित्य'।

पुराण समय के रामायण का 'शम्बूक' हो या महाभारत का 'एकलव्य' दोनों का ज्ञान का अधिकार नकारा हुआ दिखाई देता है। वर्णव्यवस्था में शूद्रों को सत्ता, संपत्ति तथा ज्ञान का अधिकार नहीं था। अतिशूद्रों को तो इस वर्णव्यवस्था में स्थान ही नहीं था। उनकी अन्याय कथाएँ शब्दबद्ध हुई ही नहीं। मध्ययुग तक एकछत्री हिन्दू राजाओं का शासन था। हिन्दू धर्म ने शूद्र और अतिशूद्रों का प्रचण्ड शोषण किया है। चार्वाक, बुद्ध, महावीर, नानक, बसवेश्वर आदि महापुरुषों ने हिन्दू धर्म में मचे कर्मकाण्ड और असमानता के विरुद्ध विद्रोह किये हुए दिखाई देते हैं। हिन्दू धर्म ने इन सभी विद्रोहों को अपना-सा किया। यह इस देश की संस्कृति की आध्यात्मिक क्रान्ति थी। प्राचीन काल के अवैदिक संघर्ष के प्रतीक की स्पष्ट पहचान के रूप में गौतम बुद्ध का उल्लेख करना पड़ता है।

मध्ययुग में हिन्दू समाज व्यवस्था को बहुत बड़ी मात्रा में दरारें पड़ी दिखाई देती हैं। इस समय मुस्लिमों ने हिन्दुस्थान पर क़ब्ज़ा करने का प्रयत्न किया है। आठ सौ साल में मुस्लिम शासन, संस्कृति और धर्म के कारण हिन्दू समाज व्यवस्था तह से हिली हुई नज़र आती है। इस देश के धर्म, संस्कृति एवं समाजव्यवस्था पर दूरगामी परिणाम हुए। मुस्लिम धर्म, संस्कृति तथा शासन द्वारा इस देश की भूमि क़ब्ज़े में ली जाने लगी। हिन्दुओं ने बड़े पैमाने पर धर्मान्तरण किये। कोई भी सत्ता और संस्कृति चिरकाल सुरक्षित रखनी हो तो उसे भूमि तथा लोगों का मज़बूत आधार होना चाहिए। यह बात मुस्लिम राज्यकारों ने पहचानी थी। वे केवल प्रदेश पर क़ब्ज़ा कर नहीं बैठे तो लोगों को भी अपने धर्म में ले आये। इसमें हिन्दू धर्म की विषमता की बलि चढ़े समूह बड़ी मात्रा में थे। हिन्दू धर्म की आधार स्वरूप भूमि और प्रजा मुस्लिममय होती देख हिन्दुओं के मन में भय ने स्थान ले लिया। यदि मुस्लिम आक्रमण को रोका नहीं तो हिन्दवी शासन और संस्कृति नष्ट होने का धोखा निर्माण हुआ। इस समय धर्मरक्षण करने हिन्दू राजा अग्रसर हुए। इस आक्रमण को केवल तलवार के बल पर रोकना सम्भव नहीं था। क्योंकि हिन्दू धर्म के अन्याय से ऊबे लोग हिन्दू धर्म के अभेद्य किले में बड़ा सूराख डाल रहे थे। परिणामत: हिन्दू धर्म की 'सहिष्णुता' तथा 'महानता' का प्रचार करना अनिवार्य था। एक ओर 'हिन्दू राजा' तथा दूसरी ओर 'हिन्दू सन्तों' ने हिन्दू धर्म का नेतृत्व हाथ में लिया।

प्राचीन काल में धर्म मठ-मन्दिरों में बन्दिस्त हुआ था। मध्ययुग में अनेक सन्तों ने धर्म जागरण किया और मठ-मन्दिर में स्थित धर्म को आन्दोलन का स्वरूप दिया। 'सभी जन ईश्वर की सन्तान हैं'। उन्होंने यह सन्देश सर्वत्र फैलाया। इसके कारण 'ईश्वर' तथा 'मनुष्य' के बीच का अन्तर कम हो गया। भक्ति के माध्यम से समानता का विचार प्रस्तुत करने का प्रयत्न किया। परन्तु यह सामाजिक समानता नहीं थी। 'ईश्वर के द्वार पर सभी समान हैं' सन्तों को तो इतना ही अभिप्रेत था। यह एक आध्यात्मिक सन्देश था, 'ईश्वर की भक्ति कोई भी कर सकता है और ईश्वर किसी पर भी कृपा करता है'। इससे शूद्र-अतिशूद्रों में प्रचण्ड हलचल निर्माण हुई और अनेक जनजातियों से सन्तों का उदय हुआ। इस विश्व को हिन्दू धर्म ने तीन भागों में रेखांकित किया था। 'स्वर्ग, भूलोक तथा नर्क' ऐसी विश्व की रचना थी। स्वर्ग में तैंतीस कोटि देवी-देवताएँ रहते हैं। स्वर्ग में सुख का ठाठ है। ऐसी समझ फैलायी गयी कि जिसे मोक्ष मिलेगा उसे इस स्वर्ग की प्राप्ति होती है। जिनके हाथों से पाप घटित होता है, उसे स्वर्ग की प्राप्ति नहीं होती और उसे भूलोक पर जन्म लेना पड़ता है। वह भूलोक में रहकर पुण्य कर मोक्ष प्राप्त करना आता है। भूलोक में रहते यदि पाप किया तो उसे नर्क़ में जाना पड़ता है। इस प्रकार यह पाप-पुण्य और स्वर्ग-नर्क का फन्दा रचा गया था। लौकिक जीवन की तुलना में अलौकिक जीवन को महत्त्व दिया गया था। पुण्य प्राप्त करने, पाप विमोचन करने तथा ईश्वर को सन्तुष्ट करने के लिए प्रचण्ड प्रयत्न प्रारम्भ हुए। उसी में से पूजा-अर्चना, जाप-ताप, यज्ञ-अनुष्ठान, व्रतादि तथा साधु-सन्तों को महत्त्व प्राप्त हुआ। स्वर्ग के देवी-देवताओं की मूर्तियाँ बनवायी गयीं। इन मूर्तियों के लिए मन्दिर बाँधे गये। मन्दिर तथा मनुष्यों के बीच पुजारी निर्माण हुए। ईश्वर, पुजारी तथा पूजा में अटकता गया। तीर्थयात्रा की तरफ़ पाप-विमोचन के धार्मिक स्थान के रूप में देखा गया। सन्तों ने इस व्यवस्था में भक्त तथा भक्ति को महत्त्व दिया। इसे ऐसा रखा गया था कि यदि अन्तस्तल से भक्ति की तो ईश्वर सन्त जनाबाई का आटा पीसता है, सन्त गोरा कुम्हार का मटका बनाता है और सन्त चोखामेळा के मृत जानवर ढोता है।

सन्त ज्ञानेश्वर तथा सन्त बसवेश्वर जन्म से ब्राह्मण थे; परन्तु दृष्टिगत होता उन्होंने ब्राह्मण धर्म के विरोध में विद्रोह किया। सन्त ज्ञानेश्वर ने (संस्कृत) देववाणी में गीता को जनबानी में लाने का विद्रोही कार्य किया और सन्त बसवेश्वर ने जाति-व्यवस्था नकारने का महान कार्य किया। दिखाई देता है कि सन्तों से ही समानता के आशय को अनन्य साधारण महत्त्व प्राप्त होता है। सन्त रैदास, सन्त चोखामेळा,

सन्त चन्नय्या, सन्त कक्कय्या, सन्त हरळय्या और गुरु घासीदास जैसे दलित सन्तों ने अपने भक्तिगीतों के माध्यम से ईश्वर को जवाब माँगा है। शिकायत की है। दलित सन्तों की भक्ति रचनाएँ कारुण्य तथा वेदना से सिक्त हैं। उन पर जन्म से थोपी गयी हीनत्वविषयक उनकी व्यथा उनके अभंगों द्वारा प्रकट होती हुई दिखाई देती है।

ऊस डोंगा परि रस नोहे डोंगा
चोखा डोंगा परि भाव नोहे डोंगा

(गन्ना ऊपर से ऊबड़खाबड़ दिखाई देता है। फिर भी उसका रस तो मीठा ही होता है। रस की मिठास तो आड़ी-तिरछी नहीं होती। इसलिए बाह्य रूप पर आसक्त न हों। छलावे में न आयें। रंग तथा आकार दोनों बातें यानी बाह्य आवरण ऊपरी स्तर हैं। उसी के जाले में अटक गये तो हम मूल तत्त्व से परिचित न हो पायेंगे। सन्त चोखामेळा कहते हैं कि टेढ़ा होने पर भी मेरा भाव सरल भोला-भाला है। अर्थात सन्त चोखामेळा ने बताया है कि बाह्य रंग महत्त्वपूर्ण न होकर अन्तरंग महत्त्वपूर्ण होता है।)

ऐसी वेदना चोखामेळा के अभंगों द्वारा व्यक्त हुई है। अपने भक्ति गीतों से दलित सन्तों ने अपना आक्रोश तथा करुण कहानी व्यक्त की है। दलित सन्तों की वेदना को अध्यात्म तथा भक्ति का गहरा रूप मिला था। बावजूद इसके दलित सन्तों को मन्दिर में प्रवेश नहीं मिलता था। आज भी दृष्टिगत होगा कि पंढरपुर में दलित सन्त चोखामेळा की समाधि विट्ठल मन्दिर के पायदान के सन्निकट इस बात की गवाह देती खड़ी है। इसी कारण बाबासाहेब आम्बेडकर ने कहा है, "सन्तों ने जातिभेद तथा अस्पृश्यता के विरोध में" संघर्ष नहीं किया है। उन्हें सामाजिक समस्याओं की तुलना में मोक्ष महत्त्वपूर्ण लगता है। उन्होंने स्त्री शूद्रों को सहानुभूति से थपेटा है। ईश्वर के द्वार पर सन्त समान हों तो भी आचरण में तो अपने परम्परागत पायदान के नज़दीक ही थे।"[1] हरिजनों को पंढरपुर के मन्दिर में प्रवेश मिलने हेतु साने गुरुजी ने सत्याग्रह किया था। दलितों के लिए ईश्वर निर्मिति से मन्दिर प्रवेश के सत्याग्रह तक का समय अन्धकार-सा ही था। इस अन्धकार में फुले-आम्बेडकर का उदय होना समय की ज़रूरत थी।

3

दृष्टिगत होगा कि मुस्लिम सत्ता के पश्चात् अंग्रेज़ी सत्ता द्वारा हिन्दू धर्म तथा हिन्दुस्थान पर दूरगामी परिणाम किये गये। अंग्रेज़, अंग्रेज़ी तथा ईसाई धर्म का प्रभाव

प्रचण्ड मात्रा में एतद्देशियों पर हुआ। एतद्देशियों का जीवन मुस्लिमों की तुलना में अंग्रेज़ी सत्ता तथा संस्कृति के परिणामस्वरूप अधिक हिल गया। अंग्रेज़ तथा अंग्रेज़ी के कारण सम्पूर्ण समाज-व्यवस्था को ही आघात पहुँचा। अंग्रेज़ी सत्ता से राजाशाही शिथिल हुई। अंग्रेज़ी सत्ता आधुनिक ज्ञान-विज्ञान के कारण स्थिर हुई। ईसाई मिशनरी तथा अंग्रेज़ी शिक्षा के कारण समाजमन में आमूलाग्र परिवर्तन की हवा बहने लगी। हिन्दू धर्म के अन्यायों से ऊबे समूह विशेषत: दलित जाति-जमात तथा आदिवासियों ने ईसाई होना मान्य किया।

मुस्लिम आक्रमण के पश्चात् मध्य युग में सन्तों ने आध्यात्मिक क्षेत्र में जो मन्वन्तर कराया, उसी तरह अंग्रेज़ों के आक्रमण पश्चात् आधुनिक काल में समाजसुधारकों ने नवजागरण की। सन्त और समाजसुधारकों का कार्य हिन्दू समाज को समयानुरूप जाग्रत करना, विदेशी सत्ता एवं संस्कृति से सजग करना था। ब्रिटिशों ने दलितों को अंग्रेज़ी शिक्षा दी। उन्हें अपनी फ़ौज में भर्ती कराया। दलितों को डाक, रेल तथा बन्दरगाहों में नौकरियाँ मिलीं। परिणामत: वर्णव्यवस्था की कमर ही टूट गयी। ध्यान में लेना चाहिए कि दलितों को ज्ञान का अधिकार स्वकीयों तथा संस्कृत ने नहीं दिया तो अंग्रेज़ और अंग्रेज़ी ने दिया।

हिन्दू समाज की जीवट धार्मिक मानसिकता को ध्यान में लिए सन्तों ने जिस प्रकार आध्यात्मिक माध्यम से समाज में जागृति कराने का कार्य किया, ठीक उसी तरह ही ब्राह्म समाज, आर्य समाज, प्रार्थना समाज, रामकृष्ण परमहंस मिशन द्वारा समाज में जागृति निर्माण करने का प्रयास किया दिखाई देगा। महात्मा फुले, महात्मा गांधी तथा बाबासाहेब आम्बेडकर द्वारा भी अपने समाज जागृति के कार्य में धर्म को नकारा है, ऐसा दिखाई नहीं देता।

हिन्दू धर्म की उदारमतवादी पक्ष सवर्ण समाजसुधारक उजागर करते थे और उच्च जाति की स्त्रियों के सुधार का समर्थन करते थे। सवर्ण समाजसुधारकों का कार्य सामान्यत: पारिवारिक सुधार कार्य को महत्त्व देनेवाला था। प्रौढ़ाकुमारी विवाह, विधवाविवाह, बालविवाह, दहेज प्रथा जैसी कुप्रथाओं का समाजसुधारक तीखा विरोध करते थे। स्त्रीशिक्षा का समर्थन करते थे। दलितों के सन्दर्भ में उनकी छलाँग केवल मन्दिर प्रवेश के सत्याग्रह तक ही थी। वे सहभोजन तथा अन्तरजातीय विवाह के प्रश्न पर अड़े रहे।

उच्च जाति के समाजसुधारकों की तरह दलित समाजसुधारकों द्वारा भी दलितों में जागृति करने के प्रयास परिलक्षित होंगे। महाराष्ट्र में महात्मा फुले, केरल में

नारायण गुरु तथा तमिळनाडु में पेरियार ई.वी. रामास्वामी ने बहुजन समाज में जागृति निर्माण करने का कार्य किया है। महाराष्ट्र में दलितों में गोपाल बाबा वलंगकर, किसन फागू बन्दसोडे, केरल में अंयकाळी, उत्तरप्रदेश में अछूतानन्द 'हरिहर', पंजाब में मंगूराम, ओडिशा में भीमा भोई आदि ने दलित समाज में जागृति कराने का कार्य किया है।

जिस प्रकार महाराष्ट्र में महात्मा फुले ने सार्वजनिक सत्यधर्म के माध्यम से भेदभाव को चुनौती दी वैसे ओरिसा में भीमा भोई ने 'महिमा धर्म' के माध्यम से समानता का विचार प्रस्तुत किया। दिखाई देता है कि जिस प्रकार तमिळनाडु में पेरियार रामस्वामी नायकर ने 'आदि द्रविड़' भूमिका को दर्ज किया, उसी प्रकार हिन्दी प्रदेश में स्वामी अछूतानन्द ने 'आदि हिन्दू' भूमिका रखी। यही प्रवृत्ति कर्नाटक में 'आदि जांबव' तथा 'आन्ध्र प्रदेश' में 'आदि आन्ध्र' के रूप में व्यक्त हुई दिखाई देती है। दलित हिन्दू नहीं हैं। अछूतानन्द ने ऐसी भूमिका रखी है कि वे इस भूमि के मूल निवासी हैं; वे आदि हिन्दू हैं।

बुद्ध से कबीर कालखण्ड में वैदिक-अवैदिकों का धर्मसंघर्ष हुआ है। ऐसा होते हुए भी इस धर्मसंघर्ष के केन्द्र स्थान में अतिशूद्र नहीं थे। 'कबीर से महात्मा फुले' कालखण्ड में सन्तों ने अध्यात्म के मार्ग से समानता मार्ग का प्रचार किया है। बावजूद इसके इस अध्यात्म के आन्दोलन में दलित अपने सोपान के ही नज़दीक थे। महात्मा फुले से बाबासाहेब आम्बेडकर तक के कालखण्ड में जो सामाजिक जागृति हुई उसमें केन्द्रस्थान में दलित नहीं थे तो भी दलितों की जागृति से केन्द्रस्थान में विराजित प्रधान प्रवाह दलितों का विचार टाल न सका। विशेषत: भारतीय स्वतन्त्रता संघर्ष के 1920 ई. पश्चात् काल के जो नायक हैं उन्होंने महात्मा गांधी जी तथा बाबासाहेब आम्बेडकर द्वारा दलितों के उद्धार की ली भूमिका को लेकर ही कार्य किया। इस देश के इतिहास में गांधी-आम्बेडकर युग ही दलितों को केन्द्रस्थान में ले आया। बाबासाहेब आम्बेडकर का कार्य, आन्दोलन तथा विचार द्वारा सम्पूर्ण भारत का दलित समाज प्रेरित हुआ। यदि आम्बेडकर का उदय न हुआ होता तो दलितों का उद्धार इतनी सहजता से न हुआ होता। मैं मानता हूँ कि बाबासाहेब आम्बेडकर एक सामाजिक क्रान्ति का नाम है। बुद्ध, कबीर तथा फुले के कालखण्ड पश्चात् बाबासाहेब आम्बेडकर का उदय होता है। फिर भी बाबासाहेब आम्बेडकर जीवन के आख़िर में दलितों के अभ्युदय के मार्ग के रूप में बौद्ध धर्म का स्वीकार करते हैं। एक अर्थ से यह प्राचीन काल के अवैदिक धर्म की पुनर्प्रतिष्ठा ही है। मुझे सुझाना नहीं है कि तदनन्तर के काल में सन्त कबीर तथा महात्मा फुले की पुनर्प्रतिष्ठा करनी होगी।

4

15 अगस्त 1947 ई. को भारत स्वतन्त्र हुआ और यहाँ से एक अलग पर्व का प्रारम्भ हुआ। 26 जनवरी 1950 ई. को स्वतन्त्र भारत द्वारा संविधान का स्वीकार किया। बाबासाहेब आम्बेडकर संविधान के शिल्पकार थे। संविधान के कारण सभी को क़ानूनन समान माना गया। जनतन्त्र के कारण सभी को समान अधिकार प्राप्त हुए। वर्णाश्रम धर्मप्रणीत विषम समाजव्यवस्था को प्रचण्ड आघात पहुँचा। हिन्दू समाज व्यवस्था को परिवर्तित करने वाले महत्त्वपूर्ण तीन सोपान हैं; 'मुस्लिमों का आक्रमण', 'अंग्रेज़ों का आक्रमण' तथा 'भारतीय स्वातन्त्र्य'। स्वतन्त्रता के कारण दलितों के मन में नवीन आकांक्षा निर्माण हुई। दलितों में 'हम स्वतन्त्र हुए हैं। अपनी ग़ुलामी समाप्त हुई है'–भावना से अभूतपूर्व जागृति निर्माण हुई। स्वतन्त्रता पश्चात् बाबासाहेब आम्बेडकर ने हिन्दू धर्म का त्याग कर बौद्ध धर्म का स्वीकार किया। 'स्वातन्त्र्य' और 'धर्मान्तर' जैसी घटनाओं के कारण दलितों का समग्र मानसिक परिवर्तन हुआ। दलितों को आत्मसम्मान का एहसास हुआ। उनकी मुक्ति के मार्ग हैं 'भारतीय संविधान' तथा 'बौद्ध धर्म'। 'सीखो, संगठित हो जाओ तथा संघर्ष करो।' बाबासाहेब के इस एक विधान ने दलितों में प्रचण्ड जागृति निर्माण की।

बाबासाहेब आम्बेडकर का महानिर्वाण स्वतन्त्रता प्राप्ति के पहले ही दशक में हुआ और दलितों में प्रचण्ड शून्यता निर्माण हुई। दलितों की यह आशा ख़त्म हुई कि स्वातन्त्र्य प्राप्ति से अपने समस्त प्रश्न सुलझेंगे। दलितों के प्रश्न सुलझने के अलावा वे अधिक कठिन हुए। दलितों को महँगाई तथा बेरोज़गारी ने ग्रस्त किया। सार्वजनिक चुनावों में दलित टिक न सके। दलितों पर होने वाले अन्याय-अत्याचार कम न हुए। बाबासाहेब पश्चात् के दलित नेता छोटे निकले। दलित समाज में ऐसी भावना निर्माण हुई कि अब अपना कोई समर्थक नहीं है। इस समय दलितों की पहली पीढ़ी महाविद्यालय में शिक्षा ले रही थी। इस शिक्षित दलित युवकों में अस्वस्थता और बेचैनी निर्माण होती थी। दलित समाज में प्रस्थापित रिपब्लिकन नेतृत्वविषयक असन्तोष की भावना बढ़ने लगी थी। दलितों द्वारा धर्मान्तर किये जाने से सवर्ण समाज बिगड़ा हुआ था। दलित और सवर्णों में मनमुटाव निर्माण हुआ था। परिणामत: दलितों का सामाजिक बहिष्कार किया जाता था और अन्याय-अत्याचार की घटनाओं में वृद्धि भी हो रही थी। परिणामत: महाविद्यालयों में पढ़नेवाले दलित युवकों में मानसिक एकता का निर्माण हुआ था। इसी से 'दलित पैंथर' नामक लड़ाकू संगठन की स्थापना हुई। 'दलित पैंथर' ने बाबासाहेब आम्बेडकर के

निधन पश्चात् निर्माण हुई रिक्तता को दूर करने का काम किया। दलित पैंथर के आन्दोलन का विद्रोही दलित युवक अन्याय-अत्याचार के विरुद्ध संगठित होने लगा। यह सम्पूर्ण काल आन्दोलनमय हुआ था–जैसे रिपब्लिकन पार्टी द्वारा किया हुआ 'भूमिहीनों का सत्याग्रह', बाबा आढाव का 'एक गाँव एक पनघट' आन्दोलन, दलित पैंथर द्वारा मराठवाड़ा विश्वविद्यालय को डॉ. बाबासाहेब आम्बेडकर का नाम देने हेतु किया गया 'नामान्तर आन्दोलन', घुमन्तू-विमुक्तों के प्रश्नों के लिए निकली 'घुमन्तू-विमुक्तों की शोधयात्रा'। इस काल में दलित साहित्य का उदय हुआ है। दलित लेखकों ने भी बाबासाहेब आम्बेडकर के निधन पश्चात् जो रिक्तता हुई थी, उसे दूर करने का कार्य किया है, ऐसा मुझे जानबूझकर सुझाना है। यह दलित साहित्य का एक महत्त्वपूर्ण योगदान कहना होगा। महाराष्ट्र में फुले, आम्बेडकर के विचारों से प्रेरित होकर दलित युवकों ने 'दलित पैंथर' के माध्यम से समानता, स्वतन्त्रता, न्याय, बन्धुता जैसे मूल्यों के लिए संघर्ष प्रारम्भ किया। इसके साथ ही दलित लेखकों ने अपनी क़लम के माध्यम से दलित साहित्य का विद्रोही आन्दोलन गतिमान किया। महाराष्ट्र के दलित युवकों के 'दलित पैंथर' तथा 'दलित साहित्य' जैसे आन्दोलनों ने अन्य प्रान्त के दलित युवकों का ध्यान आकर्षित किया। महाराष्ट्र के बाहर के अनेक दलित युवकों ने 'दलित पैंथर' की प्रेरणा लेकर अपने-अपने राज्यों में दलित युवकों के संगठन स्थापित किये। अन्य भारतीय प्रादेशिक भाषाओं के दलित युवकों ने मराठी दलित साहित्य के प्रभावस्वरूप दलित साहित्य की निर्मिति शुरू की। 9 जुलाई 1972 ई. को दलित पैंथर की स्थापना हुई। 1972 ई. से नामान्तर का प्रश्न सुलझ जाने तक का यानी 14 जनवरी 1994 ई. तक का समय दलित साहित्य तथा आन्दोलन के लिए अत्यन्त अनुकूल समय था। इस काल ने अनेक कार्यकर्ता निर्माण किये। अनेक लेखक दिये। इस काल में अनेक उत्तम रचनाएँ निर्माण हुई। महाराष्ट्र की पहचान फुले, आम्बेडकर के महाराष्ट्र के रूप में इस काल ने ही निर्माण की।1972 ई. से 1992 ई. तक के दो दशकों में मराठी दलित साहित्य ने भारत का ही नहीं तो विश्व का ध्यान अपनी ओर खींच लिया।

1989 ई. महात्मा फुले स्मृति शती और 1991 ई. बाबासाहेब आम्बेडकर जन्म शती वर्ष दलित आन्दोलन और दलित साहित्य के लिए वॉटरशेड जैसे थे। महाराष्ट्र शासन और केन्द्र शासन ने फुले-आम्बेडकर का साहित्य हिन्दी तथा अंग्रेज़ी में लोगों को उपलब्ध करा दिया। फुले-आम्बेडकर के विचारों का तूफ़ान सम्पूर्ण देश में पहुँचा। बीसवीं शती के आख़िरी दशक में हिन्दी में दलित साहित्य का विपुल

विचार प्रारम्भ हुआ। हिन्दी दलित साहित्य ने इक्कीसवी शती के प्रथम दशक में अपनी स्वयं की पहचान निर्माण की। इन दो दशकों में उत्तर प्रदेश में कांशीराम तथा मायावती ने बहुजन समाज पार्टी के माध्यम से सामाजिक अभियान्त्रिकी के प्रयोग किये जिनसे हिन्दी भाषी प्रदेशों के दलित आन्दोलन को उनकी ऊर्जा मिली। इन्हीं दो दशकों में केरल, तमिळनाडु, कर्नाटक, आन्ध्र तथा गुजरात प्रदेशों में दलित साहित्य की निर्मिति होती हुए दिखाई देती है। इस समय महाराष्ट्र के दलित युवकों ने जिन विद्रोही मुहिमों को प्रारम्भ किया, उनका प्रभाव कर्नाटक, आन्ध्र, तमिळनाडु तथा गुजरात के दलित युवकों पर हुआ था। आम्बेडकरी आन्दोलन महाराष्ट्र के आसपास के प्रदेश में पहुँचा था।

प्राचीन काल में वैदिक परम्परा के विरुद्ध अवैदिकों ने जो संघर्ष किया, मध्ययुगीन सन्तों ने अध्यात्म के क्षेत्र में सामान्य जनों में जैसी जागृति की, ब्रिटिश भारत में समाजसुधारकों ने जो समाज जागृति की उसी का अगला सोपान स्वातन्त्र्योत्तर काल के दलितों के आन्दोलन की ओर मैं देखता हूँ। फुले आम्बेडकर के कालखण्ड की मज़बूत नींव पर ही स्वातन्त्र्योत्तर काल के दलितों का आन्दोलन खड़ा है। इसे कोई नकार नहीं सकता।

5

भारतीय दलितों के उत्थापन के फुले-आम्बेडकर के विचारों को केन्द्रस्थान में रखकर ही विमर्श करना होगा। कांशीराम ने फुले-आम्बेडकर के विचारों से प्रेरणा लेकर बहुजन समाज पार्टी का निर्माण किया और उत्तर भारत में दलितों में जागृति का कार्य किया। भारतीय दलित साहित्य के सन्दर्भ में विचार करते समय मराठी दलित साहित्य को केन्द्रस्थान में रखकर विचार विमर्श किया जाता है। इसमें तथ्य है। अर्थात कभी-कभी यह विमर्श अति का रूप धारण करता है। हिन्दी में ऐसा विमर्श प्रारम्भ हुआ कि 'हिन्दी दलित साहित्य, मराठी दलित साहित्य का क़लम है।' हिन्दी दलित लेखक इस बात से पीड़ित हुए और उन्होंने प्रतिवाद शुरू किया। वस्तुतः मध्ययुग में दलित सन्त रैदास, चोखामेळा, कक्कया को किसी के 'क़लम' नहीं थे। ब्रिटिश कालखण्ड में म. फुले, नारायण गुरु, पेरियार ई.वी. रामस्वामी और भीमा भोई कोई किसी के क़लम नहीं थे। साम्प्रत की कालावधि में यातायात के गतिशील साधनों के तथा सूचना प्रौद्योगिकी के परिणामस्वरूप तुलनात्मक विचार अग्रसर होता है। इसी से मराठी और हिन्दी दलित साहित्य की तुलना का मुद्दा

उपस्थित होता है। किसी ने ऐसी तुलना की तो उसका प्रतिवाद हो सकता है; परन्तु तुलना करने का अधिकार नकारा नहीं जाता। यदि ऐसा हों तो यह सत्य स्वीकारना होगा कि दलित साहित्य का सर्वप्रथम उदय मराठी में हुआ। जब मराठी में दलित साहित्य का उदय हो रहा था तब डॉ. म. ना. वानखेडे तथा डॉ. जनार्दन वाघमारे ने यह विचार प्रस्तुत किया था कि 'दलित लेखकों को नीग्रो लेखकों का अनुकरण करना चाहिए।' नीग्रो के 'ब्लैक पैंथर' का ही अनुकरण 'दलित पैंथर है।' मराठी दलित लेखकों ने नीग्रो साहित्य से ऊर्जा ली है। उन्होंने कभी इस बात को नामंजूर नहीं किया है।

अनुवाद के माध्यम से मराठी साहित्य भारत की आंचलिक भाषाओं में पहुँचा है और प्रत्येक प्रादेशिक भाषा में वहाँ के दलित लेखक साहित्य की निर्मिति कर रहे हैं। परिणामत: दलित साहित्य का प्रबल विचार भारतीय उपखण्ड में होने लगा है। प्रस्तुत विचार समाजशास्त्रीय स्वरूप का अधिक है। भारत का प्रत्येक प्रान्त भौगोलिक ही नहीं तो सांस्कृतिक दृष्टि से भी परस्पर भिन्न है। प्रत्येक प्रान्त की भाषा पृथक है तथा उसकी लिपि भी। पृथक लिपि तथा भाषा के कारण सुसंवाद का अभाव है। पश्चिम बंगाल की बांग्ला भाषा तथा केरल की मलयालम भाषा परस्पर कैसे समझ पा सकेंगे? कन्नड़, तेलुगु तथा गुजराती के बीच भी ऐसी ही भाषिक भिन्नता दिखाई देगी अर्थात यह भी दिखाई देगा कि भाषिक भिन्नता ही नहीं तो आचार-विचार, आहार-व्यवहार, त्योहार-उत्सव एवं प्रथा-परम्पराओं के बीच भी वैचित्र्य है। परिणामत: भारतीय चेहरा तथा संस्कृति के रूप में किसी एक का प्रातिनिधिक उल्लेख करना कठिन हो जाता है। साथ ही विविधता से एकता का नारा दिया जाता है। भारत में स्थित दलित भी इतने अलग-अलग तथा विभिन्न विविधता में बिखरे हुए हैं कि उन्हें इकट्ठा लाने के बीच की बाधा तथा समान सूत्र ढूँढ़ना उसी कारण आवश्यक ठहरता है। यह कह नहीं सकते कि यह विविधता लुभावनी तथा सुन्दर है। यह विविधता भेदभाव, उच्च-नीचता, विषमता से पोषित है। इस वस्तुस्थिति को नज़रअन्दाज़ नहीं कर सकते। इस विविधता ने विसंगति, वैचित्र्य, विषमता और विकृति को जन्म दिया है। प्रस्तुत विविधता में से ऐक्य के तफ़सील निश्चित करने होंगे। यही भारतीयत्व के अमरत्व के कवच-कुण्डल ठहरनेवाले हैं।

विविध भाषा, संस्कार और जातिधर्मों के विशाल-भूप्रदेश का एक देश; इस देश के सार्वभौमत्व को माननेवाले करोड़ों जन; इस देश का इतिहास, परम्परा, वर्तमान स्थिति तथा भविष्य के सम्बन्ध में लोगों में होने वाला मानसिक ऐक्य; विविधता में रहते हुए समयानुरूप ऐक्य की प्रक्रिया में घुलमिल जाने की वृत्ति, राष्ट्र के विकास

में एक नागरिक के रूप में दिये जानेवाले योगदान के रचनात्मक आत्मभान के आधार पर प्रत्येक को अपने भारतीयत्व की खोज करनी होगी। खण्डित आंचलिक अस्मिता, संकुचित जातिधर्म की अहन्ता, झूठी आत्मप्रतिष्ठा के गौरव को दूर करके भारतीयत्वविषयक विचार करना होगा। भारतीय दलित साहित्य पर विचार-विमर्श; महाकाय भूप्रदेश का अखण्ड देश, हज़ारों वर्षों के इतिहास से संपन्न संस्कृति, करोड़ों की जनसंख्या के साथ सामूहिक जीवन जीने की अपरिहार्य वस्तुस्थिति का गाम्भीर्य से आत्मभान रखकर ही करना होगा। प्रस्तुत विमर्श केवल दलित, दलित आन्दोलनों अथवा दलित साहित्य का नहीं है। प्रस्तुत विचार-विमर्श सम्पूर्णतः भारतीयत्व का रहेगा। मुझे कुछ बातों की पुनरुक्ति करनी पड़ती है। परन्तु करना अनिवार्य है।

हम 'बुद्ध से कबीर', 'कबीर से फुले' और 'फुले से आम्बेडकर' जैसी परम्परा कहते हैं। 'बुद्ध से आम्बेडकर' बहुत प्रचण्ड कालखण्ड है। इसका प्रारम्भ हम बुद्ध से करते हैं और अन्त भी बुद्ध से ही होता है। जहाँ यह कालखण्ड समाप्त होता है वहाँ बाबासाहेब आम्बेडकर ने बुद्ध का अनुसरण किया है। 'बुद्ध से बुद्ध तक' कालखण्ड का मध्ययुग नमूने के रूप में चयित किया तो क्या हाथ में आता है? सन्त रैदास, सन्त चोखामेळा, सन्त कक्कया, सन्त हरळय्या, सभी की वेदना एक ही थी। यद्यपि एक ही युग में विन्यास करने वाले दलित सन्त अलग-अलग भूभाग में रहते थे तो भी उनकी वेदना एक ही थी। मानवता के लिए उनका आक्रोश जारी था। विविध भारतीय भाषाओं में दलित साहित्य की निर्मिति करने वाले लेखक गुर्रम जाशुवा, कोलाकलुरी ईनोक, वाई. बी. सत्यनारायण, देवनरू महादेव, सिदलिंगय्या, दलपत चौहान, मनोरंजन बेपारी, मनोहर मौली विश्वास, के. बी. केशरशिवम, चन्द्रमोहन, बासुदेव सुनानी, हरीष मंगलम, बामा, बी. शिवगामी, अरविन्द मालगती, जोसेफ मॅकवान, ओमप्रकाश वाल्मीकि, बलबीर माधोपुरी तथा लक्ष्मण गायकवाड की चेतना एक ही हैं। यद्यपि प्रान्त अलग हो, भाषा अलग हो, जातियाँ अलग हों तो भी दलितों की वेदना एक ही है। उनकी चेतना समान है। उनके प्रश्न एक जैसे ही हैं। यह ध्यान में लेना चाहिए कि उसी कारण जाति अन्त का विचार दलितों की मुक्ति का समान वैचारिक सूत्र होना प्रमाणित हो सकता है। आम्बेडकरी विचार जातिअन्त का विचार है। यह विचार सामाजिक न्याय से प्रेरित हुआ है। प्रस्तुत विचार समानता, स्वतन्त्रता, बन्धुता तथा न्याय जैसे मूल्यों पर आधारित है। इस विचार का धर्म है, अहिंसा और जनतन्त्र। 'बुद्ध सेँ आम्बेडकर' विचार के विराट कालखण्ड की डोर इन्हीं मूल्यों की कसौटी के आधार पर जाँची जा सकती है।

6

दि. 25, 26, 27 मार्च 2011 ई. को नयी दिल्ली में दक्षिण एशियाई देशों के लेखकों का सार्क सम्मेलन आयोजित किया गया था। प्रस्तुत सम्मेलन में लक्ष्मण गायकवाड और मैं उपस्थित थे। इसके एक सत्र का अध्यक्ष मैं था। मैंने अपने अध्यक्षीय समापन भाषण में बात करते हुए ऐसी भूमिका रखी थी कि दलित साहित्य पर विचार करते समय प्रमुखत: हिन्दू दलित लेखकों के लेखन का विचार होता है। प्रस्तुत विचार जाति भेद पर आधारित समाजव्यवस्था, बाबासाहेब आम्बेडकर के जातिअन्त का विचार, जाति की गर्त में छीजते पड़े दलितों की व्यथा-वेदनाओं का पक्ष लेनेवाले दलित लेखन के इर्द-गिर्द केन्द्रित रहती है। हिन्दू धर्म का त्याग न किये, दलित जाति में जीनेवाले अनेक दलित लेखकों ने आम्बेडकरी विचारों से प्रेरित होकर, जातिअन्त का विचार रखनेवाले दलित साहित्य की निर्मिति की है। मैंने ऐसी भूमिका रखी कि इसके अतिरिक्त बौद्ध-दलित, ईसाई-दलित, मुस्लिम-दलित और सिख दलित लेखकों के लेखन पर भी विचार होना चाहिए। 'वर्ल्ड काउंसिल ऑफ़ चर्चिस' तथा 'नेशनल काउंसिल ऑफ़ चर्चेस इन इंडिया' द्वारा 1 से 4 मई 2011 ई. में आयोजित अन्तरराष्ट्रीय परिसंवाद 'कास्ट, रिलिजन एंड कल्चर' में मैं एक सत्र का अध्यक्ष था। भारतीय दलितों के सन्दर्भ मैंने इस समय विस्तृत बात की थी। हिन्दू व्यक्ति देशान्तर करता है। दिखाई देता है कि अनेक हिन्दू देशान्तर करके दुनिया के अनेक देशों में स्थायी रूप में वास्तव्य करने लगे हैं। यद्यपि हिन्दुओं ने देशान्तर किया हों तो भी उन्होंने अपनी जाति तथा जाति संस्कार छोड़े नहीं हैं। वे विदेशों में भी अपनी जाति तथा जाति के अहंभाव को लेकर बस गये हैं। परिणामत: दुनिया में जहाँ-जहाँ हिन्दुओं ने निवास किया है, वहाँ-वहाँ जातिव्यवस्था अस्तित्व में आई है। जिस प्रकार हिन्दुओं ने देशान्तर किया है वैसा धर्मान्तर भी किया है। हिन्दुओं ने इस्लाम, ईसाई जैसे धर्मों की दीक्षा ली है। यद्यपि हिन्दुओं ने धर्मान्तर किया हों तो भी उन्होंने अपनी जाति तथा जातियों के संस्कारों का त्याग नहीं किया है। उन्होंने जिन-जिन धर्मों में प्रवेश किया उन-उन धर्मों में वे अपनी जातियाँ ले गये। निदर्शन में आता है कि इसी कारण अनेक धर्मों में जातिव्यवस्था मौजूद है। जिस प्रकार सवर्णों ने 'देशान्तर' तथा 'धर्मान्तर' किया है वैसा दलितों ने भी किया है। इसलिए हिन्दू समाज व्यवस्था में प्रचलित भेदभाव अन्य धर्मों में भी दिखाई देता है। ईसाई ब्राह्मण ईसाई दलितों के साथ समानता का आचरण नहीं करते थे। उच्चवर्गीय सिख, कनिष्ठ सिख दलितों के साथ समानता का आचरण नहीं करते। मुस्लिमों

में उच्च जाति के मुसलमान कनिष्ठ जाति के मुस्लिमों के साथ समानता से पेश नहीं आते। यह वास्तविकता है। बामा तथा जोसेफ मॅकवान ईसाई दलित लेखक हैं। राष्ट्रीय स्तर पर इन लेखकों पर विचार-विमर्श होता है। बालवीर माधोपुरी सिख दलित लेखक हैं। नामदेव ढसाळ, बाबूराव बागुल, दया पवार जैसे बौद्ध दलित लेखकों को राष्ट्रीय स्तर पर दर्ज किया गया। केवल मराठी में इब्राहिम खान जैसे मुस्लिम दलित लेखक का लेखन पढ़ने को मिलता है। मुस्लिम दलितों में भी जागृति निर्माण हो रही है। ईसाई दलित और मुस्लिम दलित के आरक्षण का प्रश्न गरमाया जाता है। ऐसी दलील की जाती है कि यदि हिन्दू धर्म का त्याग कर बौद्ध धर्म का स्वीकार करने वाले दलितों को आरक्षण मिलता हो तो ईसाई तथा मुस्लिम धर्म का स्वीकार करने वाले दलितों को आरक्षण क्यों नहीं? 'हमने हिन्दू धर्म का त्याग कर बौद्ध धर्म को अपनाया है। अभी भी जाति व्यवस्था में छीजते पड़े, धर्मान्तर न किये दलितों के सम्बन्ध में हमारा कोई लेना देना नहीं है।' ऐसा कुछ बौद्ध दलितों द्वारा कहना कहाँ तक उचित ठहरता है? अन्य देश-विदेश, भाषा, धर्म तथा जाति में बिखरे तथा आम्बेडकरी विचारों से प्रेरित होकर लिखनेवाले दलित लेखकों के साहित्य की मीमांसा कैसे करें? मूलत: यही साहित्य संख्या और गुणवत्ता से अधिक है। मराठी बौद्ध दलित लेखक इसका किस प्रकार विचार करने वाले हैं?

7

दलित साहित्य का विचार करते समय दलित सन्तों के लेखन का भी विचार करना होता है। वस्तुत: दलित साहित्य स्वातन्त्र्योत्तर काल की सांस्कृतिक परिस्थिति की सन्तान है। दलितों की मुक्ति का हथियार दलित साहित्य है। दलितों के राजनीतिक अधिकारों की कैफियत के रूप में दलित साहित्य की तरफ़ देखना पड़ता है। स्वातन्त्र्योत्तर काल के दलितों की आशा-आकांक्षा तथा मोहभंग का प्रतिबिम्ब दलित साहित्य में प्रकट हुआ है। दलितों के समग्र आन्दोलन के सनद के रूप में मैं 'दलित साहित्य' की ओर देखता हूँ। दलित साहित्य मानव मूल्यों तथा मानव अधिकारों की भाषा बोलता है। दलितों के आन्दोलन का एक अविभाज्य अंग है, दलित साहित्य। परिणामत: दलित साहित्य का केवल साहित्यिक विचार नहीं कर सकते। दलित साहित्य, दलितों की समस्या तथा प्रश्नों से व्याप्त है। इन सभी प्रश्नों को जातिव्यवस्था ने निर्माण किया है। प्रस्तुत साहित्य दलितों के अपमान तथा उपेक्षा को नकार देता है। प्रस्तुत साहित्य दलितों पर होने वाले अन्याय-अत्याचार

के विरुद्ध विद्रोह करता है। इसी कारण दलित लेखकों के लेखन और दलित सन्तों लेखन में ज़मीन असमान का अन्तर है। दलितों की प्रारम्भिक अभिव्यक्ति के रूप में दलित सन्तों के भक्तिसाहित्य का उल्लेख करना होगा। दलितों ने अपनी अभिव्यक्ति मौखिक स्वरूप में सुरक्षित रखी दिखाई देती है। दलितों को व्यक्त होने और ज्ञानार्जन करने का अधिकार ही नहीं था। इस कारण दलितों का साहित्य लोकसाहित्य के स्वरूप में बड़ी मात्रा में देखने मिलता है। दृष्टिगत होता है कि लोकगीत, लोककथा, लोकनाट्य आदि प्रकारों से दलितों ने अपनी भावनाओं को व्यक्त कर दिया है। दलितों ने अपनी भावभावना और आशा-आकांक्षाओं को व्यक्त करने के लिए लोकसाहित्य को प्रयुक्त किया। दलितों ने अपनी अभिव्यक्ति पौराणिक कथानकों, आख्यानों, जनरूढ़ि, जनसमझ, प्रथा और परम्पराओं के आधार पर प्रकट की। आम्बेडकरी आन्दोलन के परिणामस्वरूप दलितों की अभिव्यक्ति का रूप बदल गया। जो दलित कलाकार 'तमाशा' के माध्यम से अपनी कला प्रस्तुत कर रहे थे, वे आम्बेडकरी जलसों के माध्यम से आम्बेडकरी आन्दोलन तथा विचार का प्रचार-प्रसार करने लगे, इसी से आम्बेडकर के कार्य की प्रशंसा तथा प्रचार करने वाले लोकशाहीर निर्माण हुए। इन भीमगीतकारों ने अपने गीतों के माध्यम से आम्बेडकरी विचार सुदूर तक फैलाया। परिणामत: विद्रोही दलित कविता का जन्म हुआ। दलित साहित्य दलित कथा, दलित नाटक, दलित उपन्यास, दलित आत्मकथा के रूप में प्रकट हुआ। दलित साहित्य मे वैचारिक साहित्य की बड़ी धाक है। दुनिया में सर्वत्र जनतन्त्रीय विचार का विजय होते समय भारत के दलितों का होता रहा दमन तथा अपमान का गम्भीरता से विचार करना पड़ता है। दुनिया दलितों के मानवाधिकारों का कैसा तथा कितना विचार करती है, इस पर बात हो सकती है। परन्तु दलितों में अपने हक तथा अधिकारोंविषयक जागृति निर्माण हुई है एवं दलित साहित्य उस जागृति का लक्षण है; इसे समझ लेना एक सांस्कृतिक अपरिहार्यता ही है।

केरल, तमिळनाडु, ओडिशा तथा पश्चिम बंगाल के दलितों पर बाबासाहेब आम्बेडकर के विचारों की तुलना में वामपंथी विचारों का अधिक प्रभाव है। इस प्रान्त के लेखक, विचारक तथा कार्यकर्ता दलितों के प्रश्नों का वामपन्थी विचारों के आधार पर विश्लेषण करते हुए दिखाई देते हैं। परिणामत: यहाँ के दलित लेखक और कार्यकर्ता वामपन्थी आन्दोलन का अंश बनकर ही काम करते हुए दिखाई देते हैं। साम्प्रत जाति के प्रश्न क्लिष्ट बन रहे हैं। दलित आन्दोलन का दबाव सुदूर फैल रहा है। आम्बेडकरी विचारों के उपयोजन की तीव्र आवश्यकता महसूस हो रही है।

इसी कारण वामपन्थी विचारों से प्रभावित दलित लेखक जातिव्यवस्था के ख़िलाफ़ लिखने को प्राथमिकता दे रहे हैं।

वामपन्थी आन्दोलन के प्रभावक्षेत्रान्तर्गत कार्यरत दलित अधिक संख्या से माओवादी विचार से प्रेरित हुए हैं। अनेक दलित, आदिवासी युवक सांस्कृतिक प्रतिशोध की भाषा का प्रयोग करते हुए सशस्त्र क्रान्ति की दिशा से विद्रोह करने लगे हैं। यह प्रश्न बड़ा ही कठिन है कि माओवादी विचारों के उग्रवादी युवकों के होंठों पर युद्ध के अतिरिक्त बुद्ध की भाषा कैसे रखे! जब मैं केरल गया था तब एक दलित ईसाई ने मुझसे प्रश्न किया! उसका प्रश्न सीदासादा, सुलभ तथा सरल था। 'मैं बाबासाहेब आम्बेडकर का विचार स्वीकृत कर सकता हूँ। आम्बेडकरी विचार स्वीकृत करने के अलावा कोई विकल्प ही नहीं। परन्तु घर में रखा ईसा मसीहा निकालकर वहाँ गौतम बुद्ध कैसे बदल दूँ?' हम ऐसा कह सकते हैं कि सभी को बौद्ध धर्म के पथ पर चलना चाहिए। परन्तु क्या सभी धर्मों में फैले हुए दलितों को एक धर्म में लाना सम्भव है? क्या अनेक प्रदेशों में स्थित दलितों से एक ही भाषा बोलने का आग्रह कर सकते हैं? ये प्रश्न इस प्रकार हैं। जिस धर्म में दलित हैं उस धर्म में, जिस प्रदेश में वे हैं उस प्रदेश में तथा जो भाषा वे जानते हैं उसमें रखकर क्या जातिअन्त का संघर्ष तीव्र कर सकते हैं? जातिअन्त का संघर्ष केवल दलितों का नहीं है। यह समस्त भारतीयों का है। भारतमाता के चेहरे पर स्थित जातियों का कालाकलूटा दाग मिटवाने का कार्य समस्त भारतीयों का है। जातिव्यवस्था के विरुद्ध लड़ना यानी भारत को अधिक सशक्त और सुन्दर करना है। दलित लेखक महान तथा सुन्दर भारत का स्वप्न देखता है। प्रस्तुत स्वप्न के प्रतीक के रूप में दलित साहित्य की ओर देखना होगा।

8

दलित साहित्य पर हो रहे विचार-विमर्श के लिए साहित्य के अनुवाद महत्त्वपूर्ण कारण है। मराठी की अनेक दलित आत्मकथाओं के विविध भाषाओं में अनुवाद हुए हैं। हिन्दी और अंग्रेज़ी अनुवादों के कारण मराठी दलित साहित्य का बड़े पैमाने पर विचार हुआ है। ऐसे विमर्शों को विशेष रूप में समाचारपत्रों तथा पत्रिकाओं ने विख्यात किया है। इसी कारण मराठी दलित आत्मकथा को मराठी परिधि से बाहर भी विपुल ख्याति मिली। इसका कारण यह दिखाई देता है कि मराठी दलित लेखक आन्दोलन से जुड़े रहने से अनुभवों को निर्भयता से व्यक्त करता है। मराठी दलित

लेखकों पश्चात् अन्य प्रादेशिक भाषाओं के दलितों का लेखन हिन्दी और अंग्रेज़ी में प्रकाशित हुआ है। इसी कारण दलित साहित्य का विचार केवल मराठी तक सीमित न रहकर अधिक व्यापक हुआ है। साथ ही अनुवाद तथा अनुवादकों के सम्बन्ध में भी विचार होने लगा है।

प्रारम्भ में जिन किताबों पर बहस होती उन पुस्तकों को अनुवाद हेतु चयनित किया जाता था। दलित आत्मकथाओं पर तूफ़ानी विचार होता था। इसीलिए अनुवादक भी दलित आत्मकथाओं का अनुवाद करना पसन्द करते थे। तत्पश्चात् के काल में अनेक दलित आत्मकथाओं का अनुवाद होने से पाठक वर्ग में दलित साहित्यविषयक अत्यन्त कौतुहल तथा जागृति निर्माण हुई। दलित साहित्य जान लेने और पढ़ने हेतु एक पाठकवर्ग निर्माण हुआ। इसलिए दलित कथा, दलित उपन्यासों के अनुवाद हुए। यह ध्यान में आने पर कि दलित साहित्य का अनुवाद छप जाता है अनेक शौकिया तथा नवीन अनुवादकों ने दलित साहित्य का धड़ल्ले से अनुवाद करना प्रारम्भ किया। परिणामतः दलित साहित्य के अनुवाद के सन्दर्भ में प्रश्न उपस्थित होते हुए दिखाई देंगे। एक तो दलित साहित्य का अनुवाद करने वाले दलित नहीं थे। इसलिए उन्हें दलित संहिता का पूर्ण आकलन होना कठिन था। जो अनुभवी अनुवादक थे, उनका तथा दलित लेखकों का निजी स्नेह सम्बन्ध था। उनमें विमर्श तथा संवाद था। इस कारण लेखक-अनुवादकों की परस्पर मान्यता तथा अनुमति से अनुवाद होते थे। परिणामतः उसमें दोष नहीं रहते थे। परन्तु कुछ अनुवादकों ने स्वयं को मिलने वाली ख्याति की लालसा स्वरूप जो मिली उन दलित कथा, कविता तथा लेखों का अनुवाद करना प्रारम्भ किया। लेखकों के साथ उनका प्रत्यक्ष सम्बन्ध नहीं था। उसके कारण ऐसे अनुवाद उथले स्वरूप के होते हुए दिखाई दिये। ग़ैर-दलित अनुवादकों ने दलितों के अनुभव, जीना तथा एहसासों को क्षीण कर प्रकट किया। 'दलित साहित्य के अनुवाद हेतु दलित अनुवादक हो', ऐसी माँग उठायी गयी। इससे ही दलित साहित्य के अनुवादक की 'जाति' का मुद्दा गरमा गया। दलित साहित्य का अनुवादक सवर्ण, मुद्रित शोधक सवर्ण, साहित्य सम्पादक सवर्ण तथा प्रकाशक भी सवर्ण, फिर दलित साहित्य के अनुवादविषयक तीखे प्रश्न उपस्थित होने लगे। विशेषतः विश्वविद्यालय क्षेत्र में अनुसन्धान करने वाले दलित शोधार्थियों द्वारा अनूदित दलित साहित्य के सम्बन्ध में यह प्रश्न अधिक प्रमाणों के साथ प्रस्तुत हुआ। इस कारण अनुवाद तथा अनुवादक की गुणवत्ता पर विचार होने लगा। सवर्ण अनुवादक 'दलित लेखकों' का तीखा अनुभव शिथिल भाषा में प्रस्तुत

करता है। पाठकों तक ग़लत सन्देसा जाता है। इस तरह पाठकों से आरोप होने लगा कि 'दलित साहित्य' का अनुवाद करने में सवर्ण अनुवादक की राजनीति होती है।' सवर्ण अनुवादक महत्त्वपूर्ण तथा विद्रोही दलित लेखकों की रचनाओं का अनुवाद करने के अतिरिक्त दोयम स्तर के लेखकों की शुमार रचनाओं का अनुवाद करके शुमार स्तर का दलित साहित्य पाठकों तक ले जाते हैं, ऐसी समझ फैलायी गयी।

अनेक सवर्ण अनुसन्धाता, अध्येता दलितों की भाषा, लोककला, लोकसाहित्य का अध्ययन कर रहे हैं। दलित-आदिवासियों की अलग भाषाओं तथा कलाओं का अध्ययन करने हेतु उन्हें छात्रवृत्ति मिलती है। इसके लिए विशेष विभाग और आर्थिक व्यवस्थापूर्ति की जाती है। कुछ स्वयंसेवी संस्था तथा व्रतस्थ अध्येता दलित-आदिवासियों की कला तथा बोलियों का अध्ययन कर रहे हैं। दलितों की चित्रकला, आवरण, रेखाचित्र पाठकों का ध्यान खींच लेते है। दलित कलाकार परम्परा को तोड़-मरोड़ कर नवीन आशय निर्माण करने का प्रयत्न करते हैं। दलित चित्रकार, दलित कलाकार की कलाओं का स्वतन्त्र रूप से विचार किया जा रहा है। अनेक अनुसन्धान संस्था तथा अनुसन्धाताओं को दलित आदिवासियों की बोलियाँ, कला, चित्रकला आदि को सुरक्षित रखा जाना चाहिए, उनका अध्ययन होना चाहिए, ऐसा निश्चित रूप से लगता है। हज़ारों वर्षों से दलित और आदिवासी समाज अपनी प्रथा परम्पराएँ सँभालता है। उसकी एक अलग पहचान है। उनकी भाषाएँ भी अलग हैं। ये भाषाएँ मरनी नहीं चाहिए। इन बोलियों को सायास सुरक्षित रखना चाहिए, ऐसा माननेवाला अध्ययनकर्ताओं का एक समूह है। दलित आदिवासी अपनी अमंगल और अभद्र ठहरायी गयी भाषा तथा संस्कृति का त्याग कर दें। उन्हें 'आधुनिक' बनना चाहिए। अंग्रेज़ी पढ़ना चाहिए। बनों-जंगलों से बाहर निकलना चाहिए और नागरी जीवन का भाग बनना चाहिए, ऐसा विचार दलितों और आदिवासियों में होता हुआ दिखाई देता है। सवर्ण अध्ययनकर्ता इस बात को मानते नहीं। 'उन्हें आदिवासियों के चीथड़ों के संग्रहालय चाहिए और दलित आदिवासियों को शासन और प्रशासन में स्थान चाहिए।' इन दो अलग संवेदनाओं का संघर्ष है।

सन्दर्भ

1. बाबासाहेब आम्बेडकर, जातिभेद निर्मूलन, पृ. 129

खण्ड-दो

6
दलित आत्मकथा

'दलित आत्मकथा' साहित्य विधा का दलित साहित्य में तूफ़ानी विचार हुआ। दया पवार की 'बलुतं', प्र. ई. सोनकांबळे की 'आठवणींचे पक्षी', शंकरराव खरात की 'तराळ अन्तराळ' लक्ष्मण माने की 'उपरा' और माधव कोंडविलकर की 'मु. पो. देवाचे गोठणे' प्रारम्भिक काल की विख्यात आत्मकथाएँ। आजतक के साहित्य में आत्मकथाओं में चित्रित हुआ दलितों का जीवन व्यक्त नहीं हुआ था। पाठकों के लिए यह नवीन तथा अलग साहित्य था। दलित आत्मकथाओं द्वारा व्यक्त दलित अनुभवों को पाठकों की प्रचण्ड पसन्दगी तथा सहानुभूति प्राप्त हुई। दलित आत्मकथा का नायक निडर, न लड़खड़ानेवाला और असंख्य दुःखों को सहज सन्तुलित रखनेवाला था। यह नायक परिस्थिति के सामने झुकनेवाला नहीं था। वह प्रतिरोधी परिस्थिति के विरुद्ध संघर्ष करते हुए आगे जा रहा था। एक सामान्य व्यक्ति की यह यशगाथा थी जो बलाढ्य व्यवस्था के विरुद्ध लड़ रहा था। दलित आत्मकथा पढ़कर मराठी पाठकों को इस सामान्य नायक से जिद से जीने और परिस्थिति पर विजय पाने की प्रेरणा मिली। यह वास्तव मालूम हुआ कि व्यवस्था की तुलना में मनुष्य का स्वाभिमान प्रखर होता है। इसकी सजगता आयी कि राक्षसी शक्ति तथा मनुष्य के स्वातन्त्र्य में मनुष्य के स्वातन्त्र्य की जीत होती है। एक साधारणजन अपने शोषण के विरुद्ध लड़ रहा हों तो हमें भी अन्याय के विरुद्ध आवाज़ उठानी चाहिए यह चेतना मराठी समाज में फैल गया। यह महसूस हुआ कि अन्याय सहन करना मानवता के विरुद्ध घोर अपराध है। प्रस्तुत चेतना से ही दलित आत्मकथा की लहर के साथ-साथ अनेक आत्मकथाएँ प्रकाशित हुईं। इनमें मराठी दलित लेखकों द्वारा लिखी आत्मकथाएँ अत्यन्त महत्त्वपूर्ण हैं। दलित लेखक को अपना जिया भोगा जीवन व्यक्त करना था। उसी के साथ अपने समाज पर होने वाला अन्याय-अत्याचारों को उघाड़ना था। अपनी व्यथा-वेदना समाज के सामने प्रस्तुत करनी

थी। दुनिया का ध्यान अपनी समस्याओं की तरफ़ खींचना था। अपना आक्रोश और अपनी न्याय माँग प्रस्तुति के माध्यम के रूप में दलित लेखक आत्मकथा की ओर मुड़ गया है। दलित लेखक की ऐसी भूमिका थी कि अपनी आत्मकथा अपने दुःख का दस्तावेज़ है। इस कारण वह स्वजीवन तथा स्वसमाज की ओर करुणा की दृष्टि से देखता है। उसे जो भीषण जीवन जीना पड़ा है, उसके प्रति उसे बहुत चिढ़ आती है। उसे दरिद्रता तथा अस्पृश्यता की व्यथा असह्य होती है। उसे अपने समाज पर होने वाले अन्याय-अत्याचार अस्वस्थ करते हैं। वह चुपचाप जीनेवाले समाज के पक्ष में लिखता है तथा उसे न्याय दिलाने के लिए बोलने लगता है। दिखाई देता है कि परिणामतः उसका कथन प्रस्थापित व्यवस्था को आरोपी के पिंजरे में खड़ा करने वाला हुआ है। 'हमारा जीवन समझ लीजिए। हम कितना पशुतुल्य जीवन जी रहे हैं। हम भी मनुष्य हैं। आप हम पर कितना और कैसा अन्याय कर रहे हैं, यह उसका तफ़सील है। हमारे दुःख और समस्या का विचार कीजिए।' यह लेखन इस तरह का आह्वान करने वाला है। दलित लेखक एक ही आत्मकथा की ओर एक भूमिका द्वारा देखता है तो पाठक दूसरी भूमिका द्वारा प्रस्तुत आत्मकथा पढ़ता है।

दलित आत्मकथा प्रकाशित होने पर उस आत्मकथा पर जिस तरह विचार हुआ उस तरह उस आत्मकथा में स्थित जनजातियों के प्रश्नों का भी हुआ। यह आत्मकथा एक व्यक्ति की न होकर एक समाज की है। उससे एक जाति का जीना स्पष्ट होता है। दलित आत्मकथा समाज का प्रातिनिधिक रूप है, ऐसी ही भावना से प्रेरित होकर इस आत्मकथा पर विचार हुआ। दलित आत्मकथा व्यक्ति की न होकर समष्टि की है, ऐसा मान लिया और वह सच भी था। दलित आत्मकथाएँ समाजप्रधान बनी हैं। इस कारण इन आत्मकथाओं पर विचार होते समय उनका स्वर समाजशास्त्रीय विचार की ओर मुड़ता हुआ दिखाई देता है। दलित आत्मकथाओं पर समाजशास्त्रीय विचार होने से उनके साहित्यिक मूल्यों की तरफ़ अनेक बार अनदेखा किया गया। आत्मकथा एक व्यक्ति की होती है, वैसे ही जीवनी भी एक व्यक्ति की होती है। परन्तु यद्यपि आत्मकथा एक व्यक्ति की हो तो भी वह उस समाज का 'प्रातिनिधिक' रूप लगती है। प्रत्येक आत्मकथा एक-एक जाति का चरित्र ही हुआ है।

दलित आत्मकथा के अनुभव प्रमुख रूप से 'जातिविशिष्ट' हैं। इन आत्मकथाओं में जातिव्यवस्था के कारण होने वाले अन्याय का विदारक वर्णन पढ़ने मिलता हैं। दरिद्रता से होनेवाली घुटन प्रकट होती है। एक ओर भूख और प्यास बुझाने का संघर्ष तीव्र होता है तो उसी समय अन्धश्रद्धा, अज्ञान, निरक्षरता, व्यसन और ऋण जैसे

भीषण लपेट में यह जाति उध्वस्त होती हुई दिखाई देती है। दरिद्रता और अस्पृश्यता के कारण शिक्षा में बाधा आती है, जातिपंचायत और ग्रामवासी दलितों पर शत्रु जैसा बर्ताव करते हुए दिखाई देते हैं। चारों ओर से अन्धकार घिरा हों तो उसमें टटोलने जैसा यह जीना है। अन्याय और अपमान सहते हुए जीना पड़ता है, उसी जीवन का दु:ख है यह। आत्मकथाओं में प्रचण्ड अवरुद्धता, असहायता, लाचारी और दुर्बलता दृष्टिगत होती है। एक ओर मनुष्य की पराकाष्ठा की अवरुद्धता और आक्रोश दिखाई देता है तो दूसरी ओर मनुष्य की मत्त मग़रूरी तथा अपनी जाति का अन्धा प्रेम भी दिखाई देता है। लगभग सभी दलित आत्मकथाओं में अन्याय की आवृत्ति दिखाई देती है। प्रत्येक आत्मकथा में दलित लेखकों के माता-पिता के अनवरत कष्ट तथा उनके द्वारा उठाये गये कष्टों के पहाड़ पढ़ने को मिलते हैं। भूत-भूतपिशाच प्रसंग, शरीर में देव का संचारण, देव के लिए बलि देना, तीर्थस्थान मेला, उत्सव, देवऋषि जैसे अनेक प्रसंगों की भरमार है। अनेक आत्मकथाओं में मृत जानवर को ओढ़ना, मृतमांस खाना, मृतमांस पर बहिष्कार डालने जैसे भी अनेक प्रसंग पढ़ने मिलते हैं। अनेक आत्मकथाओं में धूमधाम से होने वाला किसी अमीर का विवाह, विवाह का भोजन मिलने हेतु किया सायास प्रयास, गाँव का तीर्थस्थान मेला, उत्सव, त्योहार और कभी-कभार मिलनेवाले जूठे भोजन का भी वर्णन पढ़ने मिलता है। लगभग सभी आत्मकथाओं में पाठशाला जाना, पाठशाला में दलित होने के नाते दोयम आचरण होना, वर्दी न होना, पुस्तक न होना, शिक्षक की मार, सवर्ण विद्यार्थियों का द्वेष, शिक्षा हेतु उठाये अनवरत कष्टों का भी वर्णन पढ़ने मिलता है। सभी दलित आत्मकथाओं में नायक द्वारा शिक्षा के लिए किये प्रचण्ड प्रयास महसूस होते हैं। दलित आत्मकथा दलितों की उद्धारकथाएँ हैं। इन आत्मकथाओं से दलित समाज को शिक्षा का महत्त्व कैसे जँच गया इसकी प्रतीति दिखाई देती है। दलित समाज बाबासाहेब आम्बेडकर के विचारों से प्रभावित हुआ दृष्टिगत होता है। दलित लेखक अपने समाज को परिवर्तन की दिशा से ले जाने का प्रयत्न करते हुए दिखाई देता है। अनेक दलित आत्मकथाओं में जाति-पंचायतें हैं, नायक का प्रेम है, आसपास घटित होने वाले व्यभिचार का तफ़सील है, भीख माँगना और भीख माँगकर मिले अन्न को खाना जैसे प्रसंग हैं, ऋण निकालना, व्यसनों के कारण जीवन बरबाद होने जैसे भी प्रसंग अनेक दलित आत्मकथाओं में व्यक्त हुए हैं।

अनुभवों का साधर्म्य एक ही जाति की अनेक आत्मकथाओं को पढ़ते समय महसूस होता है। परिणामत: पुनरुक्ति प्रकर्षता से महसूस होती है। साथ ही आत्मकथा

की भाषा उन विशिष्ट जनजाति की बोली-भाषा है। परिणामतः आत्मकथा पढ़ते समय समस्याएँ निर्माण होती हैं। इस आत्मकथा की अशिष्ट भाषा और कुछ बीभत्स प्रसंगों के कारण सवर्ण समाज की ओर से इस बारे में नाराजगी तथा तकरार का स्वर व्यक्त होते हुए दिखाई देता है। एक ओर सवर्णों को दलित आत्मकथा की भाषा और हीन अनुभव अप्रिय होते हैं। उसी प्रकार दलित आत्मकथा में अंकित लाचार और हीन भूतकाल पढ़कर सफ़ेदपोश दलितों को अपनी बदनामी होती रहती है, ऐसा लगता है।

सभी आत्मकथाओं में सहृदय सवर्ण व्यक्तित्व पाये जाते हैं। दिखाई देता है कि दलित आत्मकथाओं के नायकों को इन सवर्ण व्यक्तित्वों के कारण ही आधार मिलता है। इस कारण ऐसे सवर्णोंविषयक दलित लेखक आत्मीयता से बात करता है। जिस प्रकार जातिवादी सवर्णों के बारे में चिढ़ व्यक्त होती हुई दिखाई देती है, उसी प्रकार मानवतावादी सवर्णों के बारे में अत्यन्त आत्मीयता तथा कृतज्ञता! सवर्ण प्रियतमा को बहुत कुछ सहना पड़ता है। दलितों से प्रेम करने वाली सवर्ण स्त्री व्यवस्था के अन्तर्गत टूट जाती है। उसकी उपेक्षा और अप्रतिष्ठा होती है। ये आत्मकथन, आत्मकथाओं के बीच के प्रेम प्रकरणों के कारण पठनीय ठहरे हैं। दलित साहित्य में भी स्त्री-पुरुष सम्बन्धों का चित्रण हुआ है। इन सम्बन्धों के बीच की चीमड़ता और आँच अन्य साहित्य में प्राप्त होना दुर्लभ ही कहना होगा।

यद्यपि दलित आत्मकथाएँ चर्चित रहीं, उनका असीमित स्वागत हुआ तो भी दलित लेखक के परिवार और रिश्तेदारों ने ऐसे लेखन का विरोध किया हुआ ही दिखाई देगा। आत्मकथाओं से अपनी बदनामी होगी; इस डर से दलित लेखक आत्मकथा न लिखें ऐसे भी प्रयत्न किये दिखाई देते हैं। जिस प्रकार आत्मकथा प्रकाशित होने पर दलित लेखक का सम्मान और सत्कार हुआ है, उस प्रकार उसे स्वजनों का विरोध भी हुआ है। दलित लेखक स्वजनों के विरोध के कारण त्रस्त हुए दृष्टिगत होते हैं। दलित लेखकों को अपने लेखन का मूल्य चुकाना पड़ा है। अपने लेखन के परिणाम भोगने पड़े हैं। स्वजनों की ओर से हुआ विरोध छोड़ें तो दलित लेखकों की प्रचण्ड प्रशंसा हुई नज़र आती है। उन्हें आत्मकथा के कारण ख्याति तथा प्रतिष्ठा मिली है। दलित आत्मकथा लेखन के लिए निर्भय तथा निर्भीड वृत्ति की ज़रूरत होती है। निर्लज्ज होकर जीवन में हुए अनेक अपमान और हीन अनुभव बताने का साहस होना चाहिए। परिणामों की परवाह न करते हुए सत्य कथन करना होता है। आत्मकथा का साहित्यिक मूल्य उसमें व्यक्त हुए वास्तव जीवन तथा सत्य

पर आधारित होता है। आत्मकथा में स्थित पात्र तथा प्रसंग सत्य पर आधारित होते हैं। इतना तो सच है कि आत्मकथाकार कुछ पात्रों तथा स्थानों के नाम बदलता है। आत्मकथा प्रकाशित होने पर दूसरे का जीवन उध्वस्त न हो इसका ख़याल रखा जाता है। आत्मकथा यानी दूसरे पर बदला लेने के लिए लिखा साहित्यिक हथियार नहीं है। आत्मकथा यानी अपने जीवन की प्रांजल कुबूली है।

अनेक दलित आत्मकथा उसमें स्थित अनुभवों के कारण नीरस और निकृष्ट स्वरूप की बनी हैं। आत्मकथा की लहर में ऐसे आत्मकथाओं की विचार तो हुई परन्तु बाद में स्पष्ट हुआ कि ये आत्मकथाएँ उत्तम और श्रेष्ठ स्तर की नहीं हैं। दलित स्त्रियों की आत्मकथाएँ तो दलित लेखकों की आत्मकथाओं की तुलना में निकृष्ट लगती हैं। जनाबाई गिऱ्हे की 'मरणकळा' पुस्तक के अलावा अन्य आत्मकथाओं में जीवन के व्यामिश्र अनुभवों की कमी प्रखरता से महसूस होती है। दलित साहित्य अनेक जनजातियों का साहित्य है। अनुसूचित जातियों में से कुछ ही जातियों की आत्मकथाएँ प्रकाशित हुई हैं। घुमन्तू-विमुक्त जनजाति की बहुत ही अल्प जाति की आत्मकथाएँ प्रकाशित हुई हैं। आदिवासी तो इस क्षेत्र से अभी भी दूर ही हैं। दलित साहित्य में बौद्धों की आवाज़ अधिक प्रखर तथा विद्रोही लगती है। अभी भी शिक्षा का प्रचार अनेक तक पहुँचा नहीं है। शिक्षा का प्रसार और प्रचार जैसे-जैसे होगा, वैसे-वैसे अनेक जातियाँ जग जायेंगी। लिखने लगेंगी। परिणामत: अनेक जाति-जनजातियों में से लेखक उदित होंगे। मण्डल आयोग की सीमा में आनेवाले अन्य पिछड़े वर्ग से अभी भी लेखक उदित नहीं हो रहे हैं। शिक्षा प्रसार, आन्दोलन की लहर और स्वाभिमान की चेतना से अभिभूत व्यक्ति लिखे बग़ैर नहीं रहेगा। यदि ये सारी जन-जातियाँ लिखने लगीं तो दलित साहित्य में महाबाढ़ आयेगी।

अनेक दलित लेखकों ने अपनी आत्मकथाएँ लिखीं। एक तो आत्मकथा जिये अनुभवों की होती है। इस कारण आत्मकथा लिखने प्रतिभा, कल्पना की ज़रूरत नहीं होती। जिये अनुभव अपनी ही भाषा में लिखने होते हैं, इसलिए अनेक ने इस साहित्यिक विधा को अपनाया। अनेक दलित लेखकों ने आत्मकथा लेखन करने के लिए अनेक से विचार-विमर्श किया है। मार्गदर्शन लिया है। अनेक ने दलित लेखकों की आत्मकथाएँ लिखने सहायता भी की है। यद्यपि दलित लेखक साहित्य के क्षेत्र में अनुभव सम्पन्न न हो तो भी उसने आत्मकथा लिखने के पूर्व अन्य आत्मकथों का अध्ययन किया हुआ दिखाई देता है। अनेक दलित लेखकों द्वारा मनोगत में कुछ दलित आत्मकथाओं का जानबूझकर उल्लेख किया दृष्टिगत होता है।

दलित आत्मकथाओं ने नये दलित लेखकों को आत्मकथा लिखने आत्मबल दिया। दलित आत्मकथाओं का प्रस्तुत योगदान भी बड़ा है। अनेक दलित आत्मकथाओं का अनेक भाषाओं में अनुवाद हुआ है। परिणामत: अन्य भाषाओं में भी मराठी दलित आत्मकथाओं पर विपुल विचार-विमर्श हुआ है। मराठी दलित आत्मकथा पढ़कर अन्य भाषा के लेखकों ने अपना लेखन किया है। दलितों के प्रश्न राष्ट्रीय और अन्तरराष्ट्रीय स्तर पर पहुँचने में दलित आत्मकथाओं को बहुत बड़ा श्रेय जाता है। अनेक दलित आत्मकथाओं पर आधारित नाटक प्रस्तुत हुए हैं। चित्रपट तैयार किये गये हैं। अनेक विश्वविद्यालयों में अनेक आत्मकथाओं पर अनुसन्धान हुआ है। अनेक आत्मकथाएँ पाठ्यक्रम में भी समावेशित हुई हैं। यह दलितों की आत्मकथाओं को मान्यता मिली।

दलित आत्मकथा में दलित स्त्रियों की बहुत तबाही हुई दिखाई देती है। दलित पुरुषों की तुलना में दलित स्त्रियों को बहुत सहना पड़ा है। दलित होने के कारण और स्त्री होने से दोहरा शोषण हुआ है। उसका जीवन फटे आकाश की भाँति रहा है। दलित होने की तुलना में 'स्त्री' के रूप में उसे जीते समय हुई वेदनाएँ बहुत ही विस्फोटक हैं। उसकी अन्न न मिलने से फ़ाक़ाकशी होती है। अस्पृश्य होने से उसकी अवहेलना होती है तो दबंग सवर्ण पुरुष की ओर से उसके देह की अप्रतिष्ठा भी होती है। दलित स्त्री अत्यन्त आवेश से प्रत्येक दिवस का सामना करती हुई दिखाई देती है। पुरुष की तुलना में स्त्री ही अपने परिवार के समर्थन में खड़ी हुई नज़र आती है। दलित आत्मकथाओं में उसके शोचनीय जीने के अस्वस्थ करने वाले वर्णन दृष्टिगत होते हैं। दलित पुरुषों द्वारा भी दलित स्त्री पर अनेक बार अत्याचार किया दिखाई देता है। पुरुष सवर्ण हो, दलित हो, स्त्री को दोयम तथा निराधार मानकर उसका शोषण करते हुए नज़र आता है।

दलितों की लगभग सभी आत्मकथाएँ इस ग्राम व्यवस्था में जन्म ले चुकी हैं। परिणामत: अनेक दलित आत्मकथाओं में ग्राम्य जीवन बड़े पैमाने में प्रकट हुआ दिखाई देता है। ग्राम्य बोली, ग्राम्य परिसर, ग्राम्य भाषा तथा ग्राम्य प्रदेश में अनेक दलित लेखकों की आत्मकथाएँ गठित हुई नज़र आती हैं। इसकी तुलना में शहरी दलितों की आत्मकथा पढ़ने नहीं मिलती। शहरों का जो वर्णन दलित आत्मकथाओं में आता है, वह आत्मकथा के उत्तरार्ध में आता हुआ दृष्टिगत होता है। दलित आत्मकथाओं में ग्राम व्यवस्था, जाति पंचायतें, अस्पृश्यता का वर्णन प्रमुखता से व्यक्त हुआ है। जब उच्च शिक्षा, नौकरी तथा शहरी जीवन का प्रारम्भ होता है तो

तब लगता है कि यह आत्मकथा आख़िरी प्रवास के लिए निकली है। किराये का मकान न मिलना, शहरी दिखावटी चमक-दमक के आगे अपनी ग़रीबी का तीव्र एहसास होना, परिवर्तन के आन्दोलन से जुड़ना, ऐसे शहरी जीवन के अनेक प्रसंग अनेक दलित आत्मकथाओं में व्यक्त हुए हैं।

दलित आत्मकथा का नायक अकेला ही परिस्थिति के दबाव से बाहर आया दिखाई देता है। परन्तु अन्य पात्रों की बरबादी हुई दिखाई देती है। दलित लेखक अपने गाँव की अपनी जाति का अकेला सवार महसूस होता है। उसके भाई-बहन, उसके मित्र, उसके रिश्तेदार परिस्थिति की चपेट में वैसे ही फँसे दृष्टिगत होते हैं। वे मुक्त नहीं हुए हैं। दलित आत्मकथा लिखने वाले एक-दो लेखक सुस्थापित हुए हों तो भी अनेक दलित लेखक अभी भी विस्थापित ही हैं। उनके जीवन की अभी भी तबाही होती हुई नज़र आती है। यद्यपि दलित आत्मकथाओं का दलित जीवन पुस्तक के रूप में सवर्णों के घर में पहुँचा हों तो भी प्रत्यक्षत: अभी भी दलित सवर्णों की जातिवादी वृत्ति का शिकार होता हुआ दृष्टिगत होता है। एक अच्छी पुस्तक के रूप में आत्मकथा पढ़ना अलग बात और एक दलित को अच्छा व्यक्ति मानकर उसके साथ समानता का आचरण करना अलग बात। समाज में अभी भी जातीयता की खाई नज़र आती है। उसका वास्तव स्वरूप जातीय दंगल के समय नज़र आता है।

दलित लेखक परिस्थिति के जितने बलि चढ़े हैं उतने अपने स्वभाव के भी। प्रत्येक लेखक का स्वभाव और व्यक्त होने की पद्धति अलग है। अशोक पवार डी. एड. होने चाहिए थे। उनका जीवन बदल गया होता। उत्तम बंडू तुपे को घर छोड़कर पलायन नहीं करना चाहिए था। उन्होंने भी शिक्षार्जन पूर्ण करना चाहिए था। सन्तोष पवार का भी ऐसा ही है। वे परिस्थिति के विरुद्ध संघर्ष करते हुए दिखाई देते हैं, परन्तु ऐन मौक़े पर बीच में ही शिक्षा अधूरी छोड़ देते हैं। असहाय होते हुए दिखाई देते हैं। इनमें शंकरराव खरात का जीवन तो सभी के लिए एक उदाहरण बना है। शंकरराव खरात अटल रहे हैं।

यदि दलित लेखक का स्वभाव व्यंग्यात्मक हो तो उसके लेखन में भी व्यंग्य टपकता है। यदि लेखक का स्वभाव गम्भीर हो तो उसका लेखन भी गम्भीर स्वरूप धारण करते हुए दिखाई देता है। शंकरराव खरात के 'तराळ-अन्तराळ' और प्र. ई. सोनकांबळे के 'आठवणींचे पक्षी' में प्रस्तुत भेद रेखांकित करना सम्भव है। खरात और सोनकांबळे पुरानी परम्परा के लेखक हैं तो दया पवार तथा लक्ष्मण माने नवीन परम्परा के। उनके लेखन पर दलित पैंथर के आन्दोलन के धधकते विद्रोह

के संस्कार हुए दिखाई देते हैं। लक्ष्मण गायकवाड का 'उचल्या', अशोक पवार का 'बिराड' तथा सन्तोष पवार का 'चोरटा' जैसे आत्मकथनों की तुलना हो सकती है। इसमें स्थित समाज-जीवन और अनुभव कमोबेश अन्तर से एक जैसा होने के संकेत दिखाई देंगे। इसी तरह किशोर काळे की 'कोल्हाट्याचे पोर' तथा शरणकुमार लिंबाळे की 'अक्करमाशी' की तुलना करना सम्भव है।

दलित आत्मकथाओं के शीर्षक भी ध्यान में लेने जैसे हैं–'बलुतं', 'उपरा', 'उचल्या', 'गावकी', 'अक्करमाशी', 'बिराड', 'चोरटा' आदि अनेक। इन शीर्षकों के आधार पर भी पुस्तक में मज़मून का आशय ध्यान में आयेगा। आज तक ऐसे शीर्षक नहीं थे। 'बलुतं' के लेखक, 'उपरा' के लेखक, 'अक्करमाशी' के लेखक, 'उचल्या' के लेखक जैसे अनेक नामों से लेखकों को पहचाना गया। शीर्षकों से ही उस आत्मकथा की जाति-कुल समझ में आती है।

लेखकों को अपनी रचनाओं की समीक्षा का स्वागत करना चाहिए। समीक्षक की भूमिका जान लेनी चाहिए। अपने व्यंग्य पर भी हँसना चाहिए। तभी स्वस्थ समीक्षा का विस्तार होगा। यह प्रश्न अपने बारे में लिखे प्रतिकूल मज़मून को पढ़कर अस्वस्थ होने से सुलझता नहीं। इस अस्वस्थता का अनुप्रयोग अगले सृजन के समय रचनात्मक ऊर्जा के रूप में करना चाहिए। अपने में स्थित कमियों को खोजना चाहिए। लेखक एक बार जब लिखता है और प्रकाशित करता है तो उसकी अभिव्यक्ति सामाजिक होती है। ध्यान में लेना चाहिए कि समाज उसका उल्टा-सुल्टा स्वागत कर सकता है। इसके विपरीत संवाद होना चाहिए। वाद उद्‌भवित होने चाहिए। इसमें से समीक्षा का क्षितिज विस्तृत होता है। दलित आत्मकथाओं के सम्बन्ध में तूफ़ानी विचार हुआ। यह विचार जिस प्रकार अनुकूल था, उसी प्रकार प्रतिरोधी भी था।

लेखन हमेशा ही वस्तुनिष्ठ और निरपेक्ष होना चाहिए। एकाध की प्रशंसा अपने सन्निकट का है, अपने गुट का है, ऐसा समझकर करना कभी भी अनुचित ही है। दलित साहित्य परिधि में अटके रहने का एक कारण यह है। दलित लेखन का स्वागत किया गया। परिणामत: दलित साहित्य की वस्तुनिष्ठ समीक्षा नहीं हुई। अच्छी समीक्षा का लक्षण है लेखकों को उनकी मर्यादाओं से परिचित करा देना। साथ ही लेखन की सामर्थ्य की पूजा करना तो समीक्षा का स्वभावधर्म ही होना चाहिए।

जातिव्यवस्था के विरुद्ध लड़ने वाला दलित लेखक कार्यकर्ता है। वह शोषण के विरुद्ध अपने अनुभवों का हथियार के रूप में इस्तमाल करता है। यजमान

संस्कृति के कलावादियों को यह पसन्द नहीं होता। ऐसे समय पर दलित समीक्षकों के लिए दलित रचनाओं का समर्थन करना अनिवार्य होता है। अनेक समीक्षकों ने एक नवीन प्रवाह प्रस्थापित करने के लिए दलित साहित्य का अन्तस्तल से स्वागत किया है। ऐसी प्रगतिशील और जीवनवादी समीक्षा के कारण दलित आत्मकथाओं की लहर ही निर्माण हुई। इस कारण दलित लेखकों में अपने जीवन के अच्छे-बुरे अनुभव बताने की होड़ ही निर्माण हुई। बावजूद इसके जिन आत्मकथाओं में मानव मूल्य और साथ ही साहित्यिक मूल्य हैं, वही प्रवाह में टिकी हुई दिखाई देगी।

सभी दलित आत्मकथाओं में जातिव्यवस्था के विरुद्ध विद्रोह व्यक्त हुआ है। दलितों पर प्राणान्तक हमले करने वाली समाजव्यवस्था कौन सी है? ब्राह्मण दलितों की आँखें नहीं निकालता, ब्राह्मण दलितों पर बलात्कार करते हुए नहीं दिखता, ब्राह्मण दलितों की झोंपड़ियाँ जलाते हुए नहीं दिखता। सभी दलित आत्मकथाओं में अन्याय के औज़ार हाथ में ले खड़ी रही जातियाँ ग़ैर-ब्राह्मण ऊँची जातियाँ और पिछड़ी जातियाँ हैं। जिन जातियों के पास सत्ता और सम्पत्ति है, जिन जातियों के पास जाति और खेती है, जिन जातियों का संख्या बल अधिक है, वे जातियाँ दलितों के विरुद्ध जाति के अन्धे प्रेम वृत्ति से आचरण करती हुई नज़र आती है। दलित आत्मकथाएँ ग़ैर-ब्राह्मण जातियों के बारे में विद्रोह की भाषा करती हुई दिखाई देती हैं। दलितों को ब्राह्मणी व्यवस्था का जो प्रहार बैठता है वह इन ग़ैर-ब्राह्मण जातियों की ओर से बैठता है। इस कारण सबसे पहले ये ग़ैर-ब्राह्मण जातियों में स्थित जातिवादी वृत्ति नष्ट होना आवश्यक है। इसी कारण ग़ैर-ब्राह्मण जातियों के समीक्षक लेखक दलित साहित्य के बारे में प्राय: प्रतिरोधी आवाज़ उठाते हुए दिखाई देते हैं। यह पुन: ध्यान में लेना आवश्यक है कि दलित आत्मकथाओं में ब्राह्मणों पर हमले नहीं हुए हैं। सम्भवत: इसी कारण ब्राह्मण वर्ग द्वारा दलित साहित्य का जोशपूर्ण स्वागत हुआ होगा नज़र आता है।

धर्मान्तरित बौद्धों की आत्मकथाओं में हिन्दू धर्म और समाजविषयक विस्तृत रूप में लिखा गया है। यद्यपि दलितों द्वारा बौद्ध धर्म स्वीकारा गया हों तो भी कालानुरूप नवीन बौद्ध संस्कृति का निर्माण होना आवश्यक है। इसके लिए थोड़ा समय दिया जाना होगा। धर्मान्तरित बौद्धों में बौद्ध आचार विचारों का प्रसार तथा प्रचार हो रहा है; परन्तु उसकी आवश्यक जितनी प्रतिध्वनियाँ दलित आत्मकथाओं में अंकित नहीं हुई हैं। बाबासाहेब गायकवाड की 'खिस्ती महार', इब्राहीम खान की 'मुस्लिम महार' और इसादास भडके की 'बाप्तिस्म ते धर्मान्तर' नामक आत्मकथाओं

में दलितों के धर्मान्तरित जीवन की दुर्गत व्यक्त हुई है। हिन्दू धर्म में होते हुए तथा हिन्दू धर्म त्यागने पर भी दलितों के साथ दोयम रुख़ अपनाने का व्यवहार बन्द नहीं हुआ। बौद्धों पर अत्याचार होते हैं। मुस्लिम और ईसाइयों पर भी अत्याचार हो रहे हैं। जिस तरह धर्मान्तर के कारण दलितों की सामाजिक परिस्थिति में बदलाव नहीं होता उसी तरह हिन्दुओं की मानसिकता भी बदलनी ज़रूरी है तथा हिन्दू समाज की जातिवादी मानसिकता बदलना दलित साहित्य की प्रतिज्ञा है तथा दलित लेखक यही भूमिका लेकर लिखते हुए दिखाई देते हैं। जिस तरह दलित आत्मकथा ग़ुलाम को ग़ुलामी से अवगत करा देती हैं, उस तरह मनुष्य को उसके मनुष्यत्व का एहसास भी। सामाजिक परिवर्तन में से यह महत्त्वपूर्ण कृति है। दलित आत्मकथाओं की ओर केवल 'ज़ुल्म की कहानियाँ' के रूप में नहीं देखा जाता तो वे मानवाधिकार की 'दस्तावेज़' हैं, ऐसी ही भूमिका से इन आत्मकथाओं को पढ़ने की ज़रूरत है।

दलितों की पुरानी पीढ़ी मौन रूप से अन्याय सह लेनेवाली दिखाई देती है तो नवीन पीढ़ी विद्रोही है। पुरानी पीढ़ी अपनी ग़ुलामी को अपना प्राक्तन मानते हुए दिखाई देती है तो नवीन पीढ़ी व्यवस्था बदलने की भाषा व्यक्त करती हुई दिखाई देती है। नवीन पीढ़ी के मन की विद्रोही एहसासों से ही दलित आत्मकथाओं का जन्म हुआ है। परिणामतः दलित आत्मकथाओं में बदलती समाज व्यवस्था की हलचल व्यक्त होते हुए दिखाई देती है। इन आत्मकथाओं से दलितों का विस्तृत तथा व्यापक सामाजिक स्तर जानने सहायता हुई है।

मराठी में अनेक दलित आत्मकथाएँ प्रकाशित हुई हैं। ऐसी आत्मकथाओं की संख्या लगभग दो सौ के आसपास पहुँची है। इतनी बड़ी संख्या तथा विविध सामाजिक स्तरों के दलितों की आत्मकथाएँ प्रकाशित होने से 'दलित आत्मकथाओं की लहर आयी' ऐसा शब्द प्रयोग किया गया। दलित आत्मकथा लिखना सुलभ होने से अनेक ने आत्मकथाएँ लिखीं। एक तो आत्मकथा साहित्यिक विधा का विपुल विचार हो रहा था, आत्मकथा लिखनेवाले को ख्याति तथा प्रतिष्ठा मिल रही थी इसलिए अनेक ने आत्मकथाएँ लिखने की पद्धति डाली। यह स्वयं को व्यक्त करने का सहज तथा सुलभ मार्ग था। इस कारण अनेक ने 'आत्मकथा' विधा का चयन किया। इसी कारण दलित आत्मकथाओं की लहर आयी। परिणामतः दलित कविता पीछे पड़ी। अनेक ने दलित साहित्य के प्रारम्भिक समय में कविताएँ लिखीं। स्वयं को व्यक्त करने कविता का माध्यम स्वीकारा। परन्तु पश्चात् काल में आत्मकथा साहित्य विधा जनप्रिय होने से दलित कविता अनदेखी रही। दलित आत्मकथा के

रोब से दलित उपन्यास, दलित नाटक जैसी साहित्य विधाएँ भी उपेक्षित रहीं। दलित आत्मकथा के कारण दलित साहित्य का पाठक वर्ग बढ़ गया। पाठकों की अभिरुचि दलित आत्मकथा का वास्तव जीवन पढ़कर बदल गयी। इतना ही नहीं तो दलित आत्मकथाओं के बाद मराठी साहित्य में अनेक आत्मकथाएँ प्रकाशित हुईं। इनमें स्त्रियों की और देहाती लेखकों की आत्मकथाएँ ध्यान देने योग्य ठहरीं। दलित आत्मकथाओं का प्रभाव ग्राम्य और स्त्रीवादी साहित्य पर भी हुआ। इस कारण ग्राम्य और स्त्रीवादी साहित्य का स्वरूप बदल गया। इस साहित्य में भी वास्तव को तथा मानवी मूल्यों को महत्त्व दिया गया। दलित साहित्य के कारण मराठी साहित्य का चेहरा बदल गया। मराठी लेखक अपने जीवन का, आसपास के परिवेश का तथा अपने प्रश्नों का गम्भीरता से विचार करने लगे। यह सारा दलित आत्मकथा की सफलता का चिह्न माना जा सकता है।

दलित साहित्य में अनेक साहित्य विधाओं में विपुल ग्रन्थ निर्मिति हुई है। विगत पचास वर्षों में इस साहित्य की बहुत प्रशंसा हुई और स्वागत हुआ है। अब, इस साहित्य पर गम्भीर विचार की ज़रूरत निर्माण हुई है। इन अनगिनत पुस्तकों में से कुछ अच्छी पुस्तकों का चयन करना होगा। उनकी गुणवत्ता निश्चित करनी होगी। उनमें स्थित अच्छे बुरे पर विचार करना होगा। अनेक दलित लेखकों में से अच्छे दलित लेखकों के नाम निश्चित करने होंगे। दलित साहित्य के मूल्यांकन के लिए यह ज़रूरी है। दलित साहित्य में मूल्यांकन की ज़रूरत को पहचानकर दलित साहित्य की वस्तुनिष्ठ समीक्षा करना आवश्यक है। साथ ही दलित साहित्य की आस्वादात्मक समीक्षा बढ़नी चाहिए। उपयोजित समीक्षा का विकास होना चाहिए। इससे ही दलित साहित्य की 'रसिकता' जन्म लेने वाली है। दलित साहित्य की अभिरुचि निर्माण होनेवाली है। यह सम्भावना दलित आत्मकथाओं के कारण बढ़ रही है।

दलित आत्मकथाओं के कारण दलितों की समस्याओं और अनुभवों पर विचार हुआ। दलितों के भयावह जीने से पाठक अवगत हुआ। पाठक इस बात से सजग हुआ कि वह कैसी सड़ी समाज व्यवस्था में जी रहा है। कलावाद की भाषा पीछे पड़ी। मानव जीवन को महत्त्व मिला। दलित साहित्य के कारण दलितों की ओर देखने की दृष्टि बदल गयी। साहित्य में जो पाप, पुण्य, स्वर्ग, नर्क, ईश्वर, धर्म तथा प्रकृति की अति मची थी वह कम हुई और मनुष्य की महत्ता बढ़ने लगी। समाज जीवन समझ लेने की दृष्टि से दलित आत्मकथा अत्यन्त महत्त्वपूर्ण ठहरी।

मराठी आत्मकथा साहित्य का स्वरूप ही दलित आत्मकथाओं के कारण परिवर्तित हुआ। आत्मचरित्र लेखन की शैली बदल गयी। अनेक सामाजिक स्तरों,

व्यवसायों में से लेखकों का उदय हुआ। साहित्य क्षेत्र में एक नवीन आत्मविश्वास निर्माण हुआ। मराठी साहित्य का क्षितिज विस्तृत हुआ। साहित्य की ओर देखने की पाठकों की रुचि बदल गयी। इन सभी के एकत्रित परिणामों से मराठी साहित्य की ओर अन्य भाषा के लेखक-पाठकों का ध्यान आकर्षित हुआ। मराठी साहित्य की समृद्धि पर विचार प्रारम्भ हुआ। मराठी साहित्य को दलित आत्मकथाओं के कारण महत्त्व प्राप्त हुआ।

दलित साहित्य केवल दलित पाठकों तक सीमित नहीं। जिस तरह दलित साहित्य के दलित पाठक हैं उस तरह सवर्ण पाठक भी बहुत हैं। दलित साहित्य की ओर से दोनों पाठकों की अलग इच्छाएँ हैं। अपेक्षाएँ और अभिरुचि के संघर्ष से ही दलित लेखक को स्वयं का एक पाठक वर्ग तैयार करना होगा। प्रतिबद्धता तथा शब्द माध्यम दोनों के सम्बन्धों की प्रगल्भ समझ लेकर ही लिखना होगा।

आत्मकथा के सुख-दुःख के प्रसंग पाठक को अन्तर्मुख करते हैं। आत्मकथा में स्थित जीवन पाठक को अनेक अनुभवों की गुफा से घुमाकर ले आता है। आत्मचरित्र का अनुभव पाठक को अपने जीवन के आकलन सन्दर्भ में बहुमोल ठहर सकते हैं। पाठक आत्मकथा से प्रतिभा की तुलना में लेखक की प्रामाणिकता की ही अपेक्षा करता है। कौन सी भी आत्मकथा वास्तव अनुभव, लेखक की प्रामाणिकता, लेखक का जीवनविषयक गहरा ज्ञान तथा जीते समय की मनुष्यता पर ही श्रेष्ठ अथवा कनिष्ठ ठहरती है। आत्मकथा में स्थित अवास्तव रंजकता, काल्पनिक अनुभवों की अतिशयता, पाखण्डीपन, दम्भ तथा जीवनविषयक, अधूरे आकलन से वह आत्मकथा झूठी तथा घटिया ठहर सकती है। ऐसा नहीं कि आत्मकथा में प्रतिभा नहीं होती। आत्मकथाकार अपना जिया हुआ जीवन पुनः-पुनः स्मरण करता है। विगत समय जिये अनुभवों की ठीक प्रस्तुति करता है। प्रस्तुति करते समय गौण अनुभव दूर करके विशेष अनुभवों की सूची तैयार करता है। इन विशेष अनुभवों को लोगों को बताते हुए उसके पास जिये जीवन से प्राप्त एक जीवन दृष्टि होती है। आत्मकथाकार जिस आयु का, जिस वृत्ति का, जिस समाज का, जिस परिस्थिति का, जिस समय का, जिस दृष्टि का तथा जिस प्रतिभा की सन्तान होगा उसी का ही प्रतिरूप आत्मकथा में भी व्यक्त होता है। आत्मकथा उस व्यक्ति की क्षमता का साहित्यिक सारांश होती है।

आत्मकथा प्रत्येक के जीवन का दर्पण होनी चाहिए। उसमें दर्पण जैसा स्वच्छ जीवन होगा ही ऐसा नहीं। अपने जीवन के अनुभवों का स्मरण करते समय कुछ

अनुभव विस्मरण में जाने की सम्भावना होती है। कुछ अनुभवों को जानबूझकर टाला जाने की भी सम्भावना होती है। कुछ अनुभव लिखने से लौकिक जीवन में उसकी गम्भीर प्रतिध्वनियाँ उमड़ सकती हैं, इस डर से लेखक कुछ अनुभवों की ओर अनदेखा कर सकता है। ऐसा भी होता है; लेखक समाज में स्थित उसका स्थान, उसका भूत और भविष्य, उसका वर्तमान में स्थित स्वार्थ, समाज और शासन का भय, नीति-मूल्यों की परवाह के कारण अपने जीवन के कुछ अनुभवों को छाँट डालता है। ऐसा नहीं कि आत्मकथा में अंकित सभी प्रसंग उस लेखक के ही होते हैं। कुछ प्रसंग लेखकों द्वारा सुने, देखे, कुछ कल्पनानिर्मित भी हो सकते हैं। यदि ऐसे अनुभवों की संख्या मात्रा में अधिक हों तो लेखक की प्रामाणिकता के सम्बन्ध में आशंका निर्माण हो सकती है। सनसनीखेज के नाते, पाठकप्रियता प्राप्त करने के लिए, लोगों की सहानुभूति प्राप्त करने के लिए, अपने स्वार्थ को सुरक्षित रखने के लिए लेखन में कुछ झूठी प्रवृत्तियों का प्रवेश हो सकता है। खामोखाम एकाध को देवत्व देना अथवा दानवपन दे देना लेखन की अपप्रवृत्ति है। इसी कारण लेखक के हेतु के सम्बन्ध में आशंका निर्माण होने लगती है। जब लेखक के हेतु विषयक पाठकों के मन में आशंका निर्माण होने लगती है तभी पाठक और लेखक के रिश्ते में, समानधर्मिता में वितुष्ट आने लगता है।

आत्मकथा की अनेक मर्यादाएँ हैं। आत्मकथा के पात्रों का उनका अपना जीवन होता है। वे उनकी इच्छानुसार जीते रहते हैं। यहाँ जानबूझकर किसी को खलनायक बना नहीं सकते। किसी का भी चाहे जैसा अन्त कर नहीं सकते। लेखक उपन्यास में किसी को भी नायकत्व दे सकता है। किसी का भी अन्त कैसा भी कर सकता है। परन्तु आत्मकथा के पात्र जीवन्त होते हैं। वे उनका जीवन जीते रहते हैं। वे उनका मरण स्वीकार करते हैं। यहाँ लेखक का कुछ भी नहीं चलता। इन पात्रों को उनका पूर्ण स्वातन्त्र्य देकर ही उन पात्रों के साथ का लेखक के कमोवेश सम्बन्ध सम्पूर्ण रूप में व्यक्त करने होते हैं। यहीं लेखक की जीवन दृष्टि तथा मनुष्यता की परीक्षा होती है। एकाध पात्र का लेखक द्वारा बदले की बुद्धि से चित्रण करना, एकाध पात्र को अपने स्वार्थ हेतु प्रयुक्त करना, एकाध पात्र को रचना की आवश्यकतापूर्ति हेतु निर्माण करना, एकाध पात्र का उसकी मर्यादा, उसकी परिस्थिति का विचार न करते हुए उसका मूल्यांकन करने की प्रवृत्ति लेखक के मनुष्यस्वभाव को कलंक लगाती है। लेखक को समग्र जीवन का विचार राग-लोभ, ख्याति-प्रतिष्ठा, परिणाम-

फलश्रुति से भी परे जाकर करना चाहिए। प्रस्तुत विचार जितना गहरे में जाकर तथा तफ़सील से कर पायेंगे उतनी रचना अच्छी बनेगी। पाठकों को वह अपनी लगेगी।

किसी भी रचना का अन्तिम निकष पाठक नहीं हो सकता। पाठकों को सामने रखकर लिखने से ही रचना में कुछ बुरे तत्त्वों का प्रवेश होता है। किसी भी रचना का अन्तिम निकष मनुष्य ही होना चाहिए। सम्पूर्ण मनुष्य!

अपने जीवन के अनुभव याद करना, उन्हें दर्ज करना, अनुभवों का उचित चयन करना, अनुभवों का क्रम लगाना, अनुभवों का विश्लेषण करना, अनुभवों के बीच का 'व्यष्टि बोध' निकाल फेंक उन्हें समष्टि तक पहुँचाना, उन अनुभवों को पुनः-पुनः पढ़ना, उन पर संस्कार करने जैसी प्रक्रिया द्वारा आत्मकथा साहित्य विधा की रचना तैयार होती रहती है। लेखक को इन सभी स्तरों पर अपने अनुभवों के साथ प्रामाणिक रहना होता है। आत्मकथा की परिणामकारकता, उसमें स्थित प्रामाणिकता, सत्य, वास्तवता के साथ सम्बन्धित होती है। यद्यपि आत्मकथा, साहित्य विधा लिखने, पढ़ने के लिए आसान लग रही हो तो भी वह नाजुक, विस्फोटक और संवेदनाक्षम होती है। केवल साहित्य की दृष्टि से कोई आत्मकथा की ओर नहीं देखता। आत्मकथा साहित्य की तुलना में भी अधिक असाहित्यिक दस्तावेज़ के रूप में व्यक्त हुई होती है। आत्मकथा में प्रकट व्यक्ति तथा परिस्थिति का अर्थ तत्कालीन जीवन के सन्दर्भ में लगाया जाता है।

दलित आत्मकथाएँ उन आत्मकथाओं में स्थित अनुभव और विषम व्यवस्था के बीच के शोषण सम्बन्धों पर 'क्ष' किरन डालनेवाली होती हैं। ये आत्मकथाएँ शोषण का इतिहास कथन करने वाली हैं। इन आत्मकथाओं में शोषणविरोधी भूमिका कार्यरत है। दलित लेखकों का हेतु स्पष्ट है, वह है; 'ग़ुलाम को ग़ुलामी से अवगत करा देना'। दलित लेखक की इस भूमिका से ही पाठकों की अपेक्षा तथा अभिरुचि के बीच तनाव निर्माण हुआ है। प्रस्तुत तनाव सामाजिक तनाव है। कभी भी रचना का ठीक आकलन सामाजिक तनाव लेकर नहीं हो सकता।

हिन्दुओं के मन्दिर में जाते समय, मुस्लिमों की मस्जिद में जाते समय, सिखों के गुरुद्वार में जाते समय, ईसाइयों के चर्च में जाते समय, बौद्धों के विहार में जाते समय वहाँ की प्रथा और परम्पराओं का पालन करना होता है। हमें यदि मस्जिद में जाना हों तो सिर पर वस्त्र धारण करना ही होता है। इसके अलावा मस्जिद में जा नहीं सकते। यही बात रचनाओं पर लागू होती है। रचनाओं की भी पाठकों की ओर से कुछ अपेक्षाएँ हो सकती हैं। व्यंग्य साहित्य पढ़ते समय व्यंग्य बुद्धि सजग

होनी ज़रूरी होती है। बाल साहित्य पढ़ते समय बालमन सजग होना ज़रूरी होता है। दलित साहित्य पढ़ते समय भी पाठक को यहाँ की समाजव्यवस्था मालूम होना आवश्यक होता है। जातिव्यवस्था की ओर आँखें मूँदकर दलित साहित्य समझ लेना सम्भव नहीं है।

उच्च पदों पर कार्यरत व्यक्तियों की आत्मकथाएँ उनका कार्य जान लेने के लिए पढ़ी जाती हैं। उसके जीवन में उसके द्वारा लिये गये निर्णय, दाँव-पेंच की राजनीति, समस्याएँ और उन्होंने प्राप्त कराया यश जान लेने में पाठकों की जिज्ञासा रहती है। चित्रपट के नायक-नायिकाओं की आत्मकथाएँ पढ़ते समय उनका निजी जीवन, उनके जीवन के उतार-चढ़ाव, यशापयश और परिश्रम जान लेने की पाठकों की इच्छा होती है। दलित लेखक की आत्मकथा पढ़ते समय तो उस व्यक्ति के जीवन के अतिरिक्त उस व्यक्ति का समाज, उस समाज पर होने वाले अन्याय-अत्याचार, उनका शोषित जीवन तथा संघर्ष जान लेने की पाठक की इच्छा होती है। यहाँ व्यक्ति की तुलना में समाज महत्त्वपूर्ण इकाई ठहरती हुई दिखाई देगी।

दलितों की आत्मकथाएँ पढ़कर 'कितना भोगा है'! 'ऐसा जीवन शत्रु के भी हिस्से न आयें', 'हम इनसे सुखी हैं', 'हम दलितों पर अन्याय करने वाले समाज के हैं', 'हमें इस समाज के लिए कुछ तो करना चाहिए', 'ऐसा जीवन हम जिये न होते' ऐसी भावना सवर्ण पाठकों के मन में निर्माण होती हैं। सवर्ण पाठकों के मन में एक प्रकार की करुणा, दया अथवा एक तरह की आत्मसन्तुष्टि अथवा एक तरह का अपराधीपन निर्माण होता था।

दलित पाठकों के मन में चिढ़, सन्ताप, विद्रोही भावना निर्माण होती है। कुछ दलित पाठकों को ऐसी आत्मकथा पढ़कर शर्म भी लगती है।

यद्यपि आत्मकथा एक लेखक की हो तो भी उसमें उस लेखक के रिश्तेदार, समाज, प्रदेश और परिस्थिति का भी चित्रण होता है। इसी कारण मेरी पत्नी मुझसे कहती है, 'यह सब क्यों लिखते हैं?' मेरी माँ कहती है, 'मैंने इसे जन्म दिया और इसने मुझे बदनाम किया।' मेरे गाँववाले कहते हैं, 'इसे यदि लिखना था तो यह स्वयं के बारे में लिखें। गाँवविषयक लिखने का इसे क्या अधिकार?' मेरा समाज कहता है, 'लिंबाळे ने दलित स्त्री को पाटील की रखैल दिखाकर दलित समाज को बेइज्जत किया है', अर्थात आत्मकथा उस लेखक की जैसी होती है, वैसी ही वह समष्टि की भी होती है।

लेखक आत्मकथा क्यों लिखता है, इसका भी विचार करना चाहिए। एक भूमिका यह हो सकती है कि 'मुझे मेरा जीवन अन्यों से अलग लगा, इसलिए मैंने

लिखा।' कुछ जन अपने पर हुए अन्याय का बदला लेने के लिए भी आत्मकथा की ओर मुड़ते हैं। वे लौकिक जीवन में शत्रु से मुकाबला नहीं कर सकते। इसलिए वे आत्मकथा के आधार से अपने शत्रु का मुखौटा फाड़ डालने का प्रयत्न करते हैं। ऐसे समय पर लेखक को 'यह काल्पनिक है', 'इसका किसी के साथ सम्बन्ध नहीं' ऐसे पलायनवादी स्पष्टीकरण भी करने पड़ते हैं। अपने जीवन का सार्थ गौरव, अपने जीवन के यश का रहस्य बताने के लिए भी कुछ जन आत्मचरित्र लिखते हैं। ऐसी पुस्तकें आत्मप्रशंसा से सिक्त होती हैं। अपना दुःख, अपनी व्यथाएँ अन्यों को मालूम हों, इसलिए भी आत्मकथा का आधार लिया जाता है। ऐसे लेखन का स्वरूप कैफियत जैसा होता है। यदि एकाध पुस्तक को ख्याति मिली तो पाठक कहते हैं, 'प्रस्तुत पुस्तक सनसनीखेज होने लिखी है,' यदि एकाध पुस्तक को बड़ा पुरस्कार मिला तो पाठक कहते हैं, 'प्रस्तुत पुस्तक पैसों के लिए लिखी हैं,' यदि एकाध लेखक का सत्कार, सम्मान होने लगे तो ऐसी बातचीत होने लगती है कि 'यह पुस्तक ख्याति के लिए लिखी है।' ऐसी भी टिप्पणी होने लगती है कि 'इन्होंने अपने दुःख की पूँजी बनायी।' इससे पाठक और लेखक का आत्मकथा की ओर देखने का दृष्टिकोण स्पष्ट होता है।

मैंने पच्चीसवीं आयु में आत्मकथा लिखी। क़द काफ़ी दुबला-पतला था। इस कारण अनेक स्त्रियाँ तथा पुरुष मुझे प्रायः पूछते रहते, 'इतनी कम उम्र में आपको ऐसे कौन से अनुभव आये?' आयु वर्ष से नापनी नहीं होती। आयु अनुभवों से नापनी होती है। जिनके वर्ष अधिक उनकी आयु बड़ी। यह गणित ग़लत है। 'जिसकी वेदना बड़ी उसका जीवन बड़ा' यह समीकरण मुझे उचित लगता है। मुझे आयु की तुलना में वेदना महत्त्वपूर्ण लगती है। अनुभव महत्त्वपूर्ण लगते हैं।

मध्यवर्गीय पाठक दलित आत्मकथा केवल रुचि बदलाव हेतु पढ़ता है। उसे जनजागरण-परिवर्तन से कोई लेना-देना नहीं होता। ऐसी पुस्तकों से ग्रन्थालय की अलमारी का एक खाना भर जायेगा, अधिक कुछ नहीं होगा, ऐसा भी बताया जाता है। दलित लेखक, मध्यवर्गीय पाठक दलित साहित्य कैसे पढ़ें, इसके बारे में आदेश नहीं निकाल सकता। लेखक जिस तरह स्वतन्त्र प्रवृत्ति का; वैसा पाठक भी स्वतन्त्र प्रवृत्ति का होता है। लेखक को 'क्या लिखें कैसे लिखें' यह बताना जैसे ग़ैर होता है, वैसे ही पाठक को 'क्या पढ़ें, कैसे पढ़ें', यह बताना ग़ैर होता है। एकाध लेखक द्वारा पाठकों से कुछ अपेक्षाएँ रखने जैसा अथवा पाठक द्वारा लेखकों से कुछ अपेक्षाएँ रखने जैसा व्यवहार रूढ़ है; इतना ही।

दलित पाठकों की एक तकरार होती है। उन्हें अपने अतीत के प्रति शर्म महसूस होती रहती है। उन्होंने मृत मांस खाया, मरे हुए जानवर ढोये, उन पर अन्याय हुआ, वे अस्पृश्य थे, ये बातें उन्हें नवीन पीढ़ी को बतानी नहीं होती। यह शिक्षित दलितों की प्रवृत्ति है। शिक्षित दलितों का सवर्णों में समानता से आवागमन होता है। उनकी अपेक्षा रहती है कि अपने सवर्ण सहकारियों को अपना लज्जास्पद जीवन मालूम न हों। शिक्षित दलितों की माँग होती है कि 'अब हम बौद्ध हुए हैं। हमें अपना स्वाभिमानी चित्रण करना चाहिए'। उन्हें लगता है कि अन्याय-अपमान चौमुहानी पर प्रस्तुत न करने चाहिए। परन्तु ग़ुलाम को ग़ुलामी का परिचय होना चाहिए। उसके अलावा वह विद्रोह कर कैसे सकेगा? मध्यवर्गीय मनुष्य भले ही वह किसी भी समाज का हो निरन्तर विद्रोह से दूर भागता है।

'दलित लेखक बंगले में रहता है। उसकी प्रतिबद्धता ख़त्म हुई है। उसे ब्राह्मणी समीक्षक खत्म करा रहे हैं। उसे सवर्ण समाज पुरस्कार देकर ख़रीद रहे हैं,' ऐसी भी शिकायत सुनाई जाती हुई दिखाई देती है।' दलित लेखक स्थायी रूप में झोंपड़ी में रहें।' झोंपड़ी में रहने से ही उसकी दलित समाज के साथ नाल मज़बूत रहेगी। यदि वह बंगले में गया तो वह अपनी प्रतिबद्धता भूलेगा, ऐसी निन्दा होती है। प्रतिबद्धता बंगला अथवा झोंपड़ी से जुड़ी नहीं होती। वह विचारों के साथ बद्ध होती है। लेखक तथा लोगों के रिश्ते का स्वरूप यानी प्रतिबद्धता। एक दो दलित लेखक बंगले में रहते होंगे। सभी दलित लेखक बंगले में रहते हैं, यह वास्तव नहीं है।

दलित लेखक एक पुस्तक में खत्म होता है। आत्मकथा लिखने पर जीवन का सारा रॉ मटेरियल समाप्त होता है। वह पुनः नवनिर्मिति नहीं कर सकता। ऐसी एक भूमिका प्रस्तुत की जाती है कि आत्मकथा जीवन के आख़िर में ही लिखी जायें। आत्मकथा युवावस्था में लिखने से ताजा अनुभवों का विस्मरण होने का भय नहीं होता। ताजा अनुभव, अनुभव का जोश जैसे का तैसे व्यक्त हो सकता है। आत्मकथा लिखने के लिए निश्चित आयु का निकष उचित नहीं लगता। आयु के साथ जीवन और साहित्य का आकलन परिवर्तित होता है। कारण यह कि आयु के साथ मनुष्य के अनुभव तथा अध्ययन बढ़ता जाता है। इसका लाभ देरी से आत्मकथा लिखने के कारण होता भी होगा। परन्तु छोटी उम्र में भी समझ महत्त्वपूर्ण नहीं होती, ऐसा भी नहीं है।

ऐसा नहीं कि आत्मकथा लिखने से जीवन रिक्त हो जाता है। जीवन कुएँ जैसा होता है। कितना भी पानी निकालो तो भी पानी टपकता ही है। कुआँ पुनः भर जाता

है। कल्पना और प्रतिभा के आधार पर जीनेवाले लेखक को अनुभवों की ज़रूरत नहीं होती। वह कल्पना तथा प्रतिभा से प्रतिविश्व निर्माण करता रहता है। अनुभवों के आधार पर लिखनेवाले लेखक को हमेशा नवीन अनुभवों का आकर्षण होता है। वह नवीन अनुभवों की खोज में रहता है। गृहपाठ करता है। लिखता है।

यहाँ एक मुद्दा अनिवार्य रूप में ध्यान में लेना चाहिए। वे यानी सभी आत्मकथाकार लेखक नहीं होते। यह अपेक्षा ग़लत है कि आत्मकथा लिखनेवाले सभी विधाओं साहित्य की निर्मिति करें। कुछ केवल आत्मकथा लिखते हैं। कुछ लेखक होते हैं। वे बहुत लिखते हैं। दलित लेखक 'दलित साहित्य' ही लिखता है। उसे 'ललित साहित्य लिखना नहीं आता' ऐसी निन्दा भी होती रहती है। मैंने 'अक्करमाशी' के पश्चात् लेखन प्रक्रिया के रूप में 'राणीमाशी' लिखी। तब पाठकों ने कहा, 'हम 'अक्करमाशी' का कौतुक करेंगे। राणीमाशी का नहीं। परिवर्तन के लिए लिखने की ज़रूरत ख़त्म नहीं हुई'।

अनेक पत्र आये। क्या 'अक्करमाशी' में अंकित जीवन वास्तविक है? क्या 'अक्करमाशी' में अंकित पात्र आज भी जीवन्त हैं? आत्मकथा मूलतः जीवन्त ही होती है। सभी पात्र जीवन्त ही होते हैं।

दलितों की आत्मकथा समाज के अन्याय के चिथड़े सब पर जाहिर करते हैं। दलित कविता, कथा और उपन्यास पढ़कर पाठक उसमें व्यक्त वास्तव काल्पनिक है, ऐसा मानकर नकार सकता है। 'अस्पृश्यता कहाँ शेष है? पहले का समय बदल चुका है। यह सब काल्पनिक है' इस तरह की पृच्छा हो सकती है। परन्तु दलित आत्मकथाएँ पढ़कर वे झूठी अथवा काल्पनिक हैं, ऐसा कोई कह नहीं सकेगा। क्योंकि आत्मकथा साहित्य विधा मूलतः सत्य तथा वास्तव पर आधारित होती है। दलित आत्मकथाओं कुचला गया सत्य और विदारक वास्तव प्रकाश में लाया गया है।

7
दलित कविता

बाबूराव बागुल का कहानी-संग्रह 'जेव्हा मी जात चोरली होती' तथा नामदेव ढसाळ का कविता-संग्रह 'गोलपीठा' के कारण दलित साहित्य पर विपुल विचार-विमर्श हुआ। पश्चात् काल में दया पवार की आत्मकथा 'बलुतं' और लक्ष्मण माने की आत्मकथा 'उपरा' के कारण दलित साहित्य पर तूफ़ानी विचार हुआ। दलित कविता और दलित आत्मकथा साहित्य विधाओं पर विचार-विमर्श होने से दलित साहित्य का प्रवाह प्रस्थापित हुआ। दलित साहित्य की बुनियाद दलित कविता ने रची। नामदेव ढसाळ, प्रल्हाद चेंदवणकर, दया पवार, अर्जुन डांगळे, ज. वि. पवार, भीमसेन देठे, वामन निंबाळकर, यशवन्त मनोहर, त्र्यंबक सपराळे, हिरा बनसोड, ज्योती लांजेवार और शरणकुमार लिंबाळे की कविता ने पाठकों का ध्यान आकृष्ट किया। कतिपय दलित कवियों ने दलित साहित्य को समृद्ध किया है। प्रत्येक ने अपनी उम्मीदवारी दलित कविता लिखकर की। आगे के समय में आत्मकथा लिखने की ओर झुकाव हुआ।

नवकविता, नारायण सुर्वे की कविता और दलित कविता के कारण कविता के विचार-विमर्श को मानो उफ़ान ही आया था। मराठी कविता की समीक्षा करते समय तुकाराम, मर्ढेकर और ढसाळ ऐसा भी उल्लेख हुआ। ढसाळ दलित कवियों के कैप्टन ही थे। उनकी कविता अभूतपूर्व थी। उनकी कविता में आक्रमकता, अशिष्टता और निडरता से व्यक्त हुई शैली के कारण उनकी कविता की संरचना विलक्षण अलग थी। ढसाळ के अनुभव, उनके जिए जीवन की आँच, साहित्य में कभी भी व्यक्त न हुआ भुक्खड़ वास्तव, आन्दोलन का रसायन, आम्बेडकर के प्रति दुर्दम्य निष्ठा और जातिवाद के विरुद्ध का अनियन्त्रणीय सन्ताप के कारण ढसाळ की कविता बन्दूक़ की नली से छूटी गोली की तरह व्यक्त हुई दिखाई देती है। ढसाळ ने अपनी कविता में बोली तथा गालियों का बेशुमार तथा बेझिझक प्रयोग

किया। ढसाळ की भाषा, उनकी कविता की विद्रोही लय, अनिवार्य रूप से व्यक्त हुई शैली तथा आन्दोलन की गतिविधि से मिले साज के कारण नामदेव ढसाळ की कविता सभी के गले की माला बनी। ढसाळ की कविता दलित पैंथर के आन्दोलन का दूसरा चेहरा थी। ढसाळ की कविता पैंथर के आन्दोलन के कारण दलित युवकों में आँधी जैसी पहुँची। उनकी कविता की पंक्तियाँ सार्वजनिक विचार का विषय बनीं।

कितने दिन सहना है इस अति भयानक नाकाबन्दी को
मरने तक रहें क्या ऐसे ही युद्ध क़ैदी
उसे देखो, उसे देखो मिट्टी की अस्मिता आकाश में फैली
मेरी भी आत्मा ने जिन्दाबाद की गर्जना की
रक्त में जले अगणित सूर्य!
अब इस शहर-शहर को आग लगाते चलिए।

दलित पैंथर के युवकों को ढसाळ की कविता ने पागल बनाया था। दलित युवकों के मन पर बाबूराव बागुल की पंक्तियों ने भी क़ब्ज़ा किया था। राजा ढाले, नामदेव ढसाळ और बाबूराव बागुल ने दलित साहित्य के तूफ़ानी विचार-विमर्श के लिए कारण मिला। यह समय दलित साहित्य के उदय का समय था। दलित कविता ने दलित साहित्य के उदय का मार्ग खुला करा दिया। बाबूराव बागुल की कविता की निम्न पंक्तियाँ अत्यन्त महत्त्वपूर्ण हैं।

यहाँ जन्म लेने की जिन्होंने की ग़लती
उसे उन्हें ही सुधारना चाहिए
देश छोड़कर अथवा भीषण युद्ध कर

दलित साहित्य और दलित पैंथर के मार्गक्रमण में दलित कविता का अनन्य साधारण महत्त्व है। दलित कविता आन्दोलन के प्रेम से लिखी गयी। यह दलित कविता का पहला प्रेम था। बाबासाहेब आम्बेडकर और दलित मनुष्य को अलग करना ही नहीं आता। इतना यह अटूट नाता है। दलित कवि बाबासाहेब आम्बेडकर के विचार से अभिभूत हुआ था। दलित कवि के अणुरेणु में आम्बेडकरी विचारों का तूफ़ान उठा था। दलित कवि की प्रत्येक कविता प्रहार जैसी व्यक्त होती थी। इस कविता ने हज़ारों प्रश्न उपस्थित किये। दया पवार की पंक्तियाँ पढ़ते ही उस समय प्रत्येक के मन में क्या चल रहा था, इसे पहचाना जाता है।

हे महाकवि!
तुम्हें महाकवि कैसे कहें

हमारे अन्याय अत्याचार पर
एक भी श्लोक तुमने रचा होता
तो तुम्हारा नाम मन:पटल पर कुरेदा रखा होता।

ये पंक्तियाँ सम्पूर्ण दलित समाज की मानसिकता व्यक्त करने वाली हैं। जाग्रत हुए समाज का यह अनुत्तरित प्रश्न है। इस प्रश्न ने प्रत्येक के मन को हौवा दिखाया है। दया पवार की कविता में दलितों के मन का क्षोभ व्यक्त हुआ है। प्रस्तुत कविता समाज मन की कविता थी। दलित कवि का मन समाज मन था। दलित कविता दलित समाज की प्रतिनिधि थी। इस कविता से दलितों को वर्जित नहीं कर सकते।

अब तुम्हारे बेजान दिल से अंगार खिलने दें।
अब तुम्हारे सूखे सूखे होंठों से ज्वालाएँ निकलने दें
हे माता! तुम्हारे हिम्मतपस्त कदमों को चाक उगने दें
तुम्हारे हाथ की बेड़ियाँ कड़कड़ टूटने दें।

ये पंक्तियाँ अर्जुन डांगळे की हैं। इन पंक्तियों से भरोसा कर सकते हैं कि कवि दलित समाजविषयक कैसा विचार कर रहा था, कैसे क्रान्ति के स्वप्न देख रहा था और समाज को कैसा आह्वान कर रहा था। दलित कवि अपनी कविताओं को समाज परिवर्तन के माध्यम के रूप में प्रयुक्त करते हुए दिखाई देता है। उसकी कविता के प्रत्येक शब्द में सामाजिक आँच है। दलित कवि स्वयं को समाज पुरुष के रूप में देखता है। उसकी कविता में समाज की गतिविधियाँ प्रकट होती हुई दिखाई देती हैं।

शब्दों से ही जलते हैं घर, द्वार, देश
और मनुष्य भी
शब्द बुझाते हैं आग भी
शब्दों से जल रहे मनुष्यों की

ये पंक्तियाँ वामन निंबाळकर की कविता की हैं। केवल वामन निंबाळकर ही नहीं तो सभी दलित कवियों की यही मानसिकता थी। साहित्य के इतिहास में प्रथम ही शब्दों की तरफ़ इस दृष्टि से देखा गया होगा। जिन्हें ज्ञान के द्वार बन्द किये थे, बाबासाहेब आम्बेडकर के कारण शब्द में अन्तर्निहित शक्ति उनकी समझ में आयी थी। दलित समाज के शब्द प्रस्थापित व्यवस्था ने छीन लिये थे। यह समाज हज़ारों वर्षों तक मूक था।

फिर, चलो उठो तो
तुम्हारा कांधा, मेरा कांधा
नट बोल्ट से टाईट करा लेंगे
तुम्हारा रक्त, मेरा रक्त
एक बॉयलर में उंडेलते हैं
न हुआ होगा अणुविस्फोट का भी
ऐसा प्रचण्ड विस्फोट करा लेंगे
समस्त दुनिया में दलितों की सत्ता स्थापित करा लेंगे।

—(प्रल्हाद चेंदवणकर, ऑडिट)

अथवा

कितने जेल्स कितने बॅरॅक्स हिसाब करो एक बार इसका
उफ़ानभरे समुंदर को कैसे बाँधेंगे गणित रखो एक बार इसका
समानता का पवन पिए पंछी बन्दी न बनाएँ उन्हें ऐसा
बन्दीखाने के साथ वे उड़ ही न जाएँ भ्रम में न रहें ऐसा

—(ज. वि. पवार- नाकाबन्दी)

दलित कवियों की कविता द्वारा व्यक्त होने वाला स्वर और समाज नवीन था। यह एक नवीन समाज के निर्माण का प्रारम्भ था। उससे इस कविता में आह्वान, आवेश, आक्रमकता तथा भव्य स्वप्नों की साजसज्जा देखने मिलती है। दलित कवि कविता लिखता है यानी वह उसके मन की अस्वस्थता, जलन और उद्रेक शब्द द्वारा व्यक्त करता है। दलित कवि के सन्तप्त मन की प्रतिकृति के रूप में ही दलित कविता की ओर देखना पड़ता है।

एक दिन मैंने ईश्वर को माँ-परक गाली दी
तो वह लुच्चा झट् से हँस पड़ा
साले! रोटी के एक टुकड़े तक के लिए
पूरी गाडी में रखी लकडी फोड़ेगा क्या?
माँ ने पहनी चिंदी के टुकड़े ने
पसीने से तर्बतर शरीर पोछेगा क्या?
बाप की बिड़ी-छड़ी के लिए
भाई-बहनों की हड्डियाँ घिस डालोगे क्या?

—(केशव मेश्राम-उत्खनन)

अथवा

हम गॉड मेकर
देते हैं नोटिस तुम पर
निग्लीजंस ऑफ़ ड्यूटी की
यूवर सर्विस इज नॉट रिक्वायर्ड

–(त्र्यंबक सपकाळे-सुरुंग)

अथवा

हे कृष्ण! तुम्हारे राज्य में
माँ-बहनों पर अत्याचार
और तुम तो आँखे बिल्कुल मिटाये ऐसे
शरीर ढंकने तक वस्त्र न दो
परन्तु वस्त्र ओढ़नेवाले वे हाथ
छाट तो दो जड़ से

–(ज्योती लांजेवार-दिशा)

केशव मेश्राम, त्र्यंबक सपकाळे और ज्योती लांजेवार की कविता पढ़ते ही भोले-भाले और अन्धविश्वासी मनुष्य को आघात पहुँचेगा। इस सृष्टि का निर्माण ईश्वर ने किया है। सृष्टि की चिन्ता वहीं वहन करता है। धर्म संकट में पड़ने पर वह अवतार धारण करता है। ईश्वर, धर्म और प्रारब्ध के विरोध में शब्द तक निकालने की हिम्मत नहीं थी। दलित कवि ईश्वर तथा धर्म पर टीका करता है। गालियाँ देता है। क्योंकि इस ईश्वर और धर्म ने ही उसे अस्पृश्य बनाया है। उस पर गुलामी थोपी है। ईश्वर को गालियाँ देना तथा उसे अपराधी के पिंजरे में खड़ा करना आघातदायी है। परिणामत: यह कविता प्रक्षोभक तथा ध्यान आकर्षित करने वाली हुई है। एकाध के कान पकड़कर उसे सुनाने जैसी ये कविताएँ प्रकट हुई हैं। दलित कविता द्वारा व्यक्त हुई वेदना तथा विद्रोह पढकर पाठक अचम्भित होता है। उसके रूढ़िवादी मन को आघात पहुँचता है। दलित कविता में स्थित आशय-विषय आज तक व्यक्त नहीं हुआ है। उस कारण यह कविता विस्फोटसमान व्यक्त हुई है।

दलित कविता में व्यक्त हुई धर्म और ईश्वर विरुद्ध गालियाँ, आज तक तुच्छ तथा अस्पृश्य मनुष्यों का केन्द्रस्थान में आना, दलित कवि द्वारा उपस्थित किये प्रश्न, कविता को अपनी लड़ाई का हथियार समझकर प्रयुक्त करना, कविता के भावरम्य रूप का तोड़-मरोड़ करना, इन सभी प्रकारों से पाठक स्तिमित हुआ।

बवम्डर में फँसे सूखे पत्ते जैसी उसकी अवस्था हुई। परिणामत: अभिरुचि और समीक्षा के सामने नवीन प्रश्न निर्माण हुए। दलित कविता के परिणाम से रूढ़िवादी मानसिकता सकते में आ गयी। दलित कवि ने किसी की परवाह न करते हुए अपनी क़लम चलायी। शब्दों के अतिरिक्त दलितों के पास दूसरा कुछ नहीं था।

कविता की संरचनाविषयक, रूप और सौन्दर्यविषयक, आशय-विषय और तरलताविषयक, नादमाधुर्य, गेयता तथा शैलीविषयक जो लिखा गया है, उस प्रकार का लेखन दलित कविता के सम्बन्ध में नहीं कर सकते। इस कविता में मूलत: व्यक्त हुई जो दग्ध भावना है, वह इतनी अनिवार्यता से तीव्र रूप से व्यक्त हुई है—इसका विचार करना छोड़ अलंकार, रस तथा लय का विचार करना यानी कविता के प्रधान आशय को दूर रख देना होगा। दलित कवि अपने मन, स्वप्न, चिन्तन का भाव जो सुझेगा उस शब्द द्वारा प्रभावशाली रूप से प्रस्तुत करता है। उसके शब्द से भी उसका भाव महत्त्वपूर्ण है। उसके द्वारा उपस्थित विधान महत्त्वपूर्ण हैं। परिणामत: उनका विचार करना अनिवार्य ठहरता है।

कोई दलित कविता को मुक्तछन्द कविता कहेगा। परन्तु यह कविता किसी छन्द द्वारा व्यक्त नहीं हुई है। प्रत्येक कवि ने छन्द को तोड़ते-मरोड़ते हुए मुक्त रीति से अपने मन की भावनाएँ व्यक्त की हैं। दलित कविता में स्थित खुलापन, व्यक्त होते समय की आक्रमकता, पुराण बिम्ब और प्रतीकों को दिया नवीन आशय, अभिरुचि का डौल बिखरा देनेवाली शब्द कला, झुठलाई न जानेवाली वेदना और विद्रोह, हज़ारों वर्षों में व्यक्त न हुए आशय-विषय के कारण प्रस्तुत कविता काफ़ी विचार योग्य ठहरी। इस कविता की आत्मा है, वेदना। कविता का स्वर है विद्रोह। कविता असभ्य और कठोर है। उसे किसी साज-सज्जित रूप की ज़रूरत नहीं लगती। यह कविता यानी दलितों के मन की हाय का दग्ध रूप है। केशव मेश्राम अपनी कविता के सम्बन्ध में कहते हैं, 'मुझे कविता साहित्य रूप की विविध उपलब्ध रचना-विधाओं के सम्बन्ध में अथवा उनके प्रयोगों के सम्बन्ध में विशेष रुचि नहीं है। परन्तु कविता द्वारा मुझे जो बताना हों—सुझाना हों, उसके बारे में मैं बिल्कुल सजग रहता हूँ। (केशव मेश्राम, अकस्मात निवेदन) यद्यपि दलित कवि कलामूल्यों की तुलना में सामाजिक मूल्यों पर निष्ठा रखता हों तो भी उसके साहित्य में कलामूल्य छिपे हैं। यदि ऐसा न होता तो उसकी अभिव्यक्ति पर इतना विचार होने का क्या कारण?

मुझे धोखादायी लगती है आज आकाश की छाँव
धोखादायी लगते हैं चिल्लानेवाले बेईमान ग्रन्थ
धोखादायी लगते हैं ज्ञान की विश्वविख्यात आतिशबाजी

धोखादायी लगते हैं धर्म के मुखौटे
धोखादायी लगते हैं चालाकों के चालाक देव सारे

–(यशवन्त मनोहर-उत्थानगुफा)

यशवन्त मनोहर की कविता की पंक्तियाँ पढ़ते समय गद्यात्मक महसूस हो सकती हैं। परन्तु उस शक्ति का विचार करना चाहिए जिसने आकाश की छाँव नकारी है। विश्वविख्यात दर्शन मेरे काम के नहीं हैं, यह बताने के आत्मविश्वास को परखना चाहिए। धर्म के मुखौटे, मक्कार देव और उनके मक्कार अनुयायियों के फ़रेब को नकारने का एहसास मालूम करा लेना चाहिए। बेईमान ग्रन्थ हमारे साथ विश्वसनीय नहीं हैं, यह घोषणा ध्यान में लेनी चाहिए। अर्थात इसके लिए कवि कौन है, इसे भी ध्यान में लेना चाहिए। कला को स्वायत्त नहीं मान सकते। कला कभी भी स्वायत्त नहीं होती। वह कलाकारों की निर्मिति होती है। कलाकार कभी भी स्वायत्त नहीं होता क्योंकि वह परिस्थिति की सन्तान होता है। परिस्थिति कभी भी अपरिवर्तनीय नहीं होती। उसे परिवर्तित कर सकते हैं। इसी कारण यशवन्त मनोहर अपनी कविता प्रतिरोधी परिस्थिति के विरुद्ध फतवे जैसी घोषित करते हैं। मनोहर को प्रतिरोधी परिस्थिति में परिवर्तन कराना है।

प्रतिरोधी परिस्थिति के विरुद्ध कब संघर्ष प्रारम्भ होता है? जब विजय का विश्वास होता है तभी लड़ाई शुरू होती है। दलितों को जिस परिस्थिति ने लूट लिया है, उस परिस्थिति के विरुद्ध लड़ना ही होगा और यह संघर्ष बहुत पहले से शुरू हुआ है। फुले, आम्बेडकर ने जातिअन्त की लड़ाई शुरू की है। दलित कवि यह लड़ाई लड़नेवाला योद्धा है। परिणामत: दलित कवि की केवल कविता समझ लेते हैं। ऐसा कहना थोड़ी मात्रा में ही सही उचित लगेगा कि हमारे पास कला की कसौटियाँ हैं। परन्तु यह कविता समग्र रूप में समझ लेने के लिए दलितों के संघर्ष की ओर अनदेखा नहीं कर सकते। सभी के सभी दलित कवि, उनकी सभी की सभी कविताएँ इस जातिअन्त विरुद्ध के संघर्ष से लबालब भरी हैं। दलित कविता को एक संघर्ष रूप में समझ लेना होगा।

मेरा गाना : एकदम टकरानेवाला
प्रचण्ड मोर्चा ने दी घोषणा जैसा
उसके रास्ते : परिकथान्तर्गत के पर जैसे
आँखे मूँदते ही इच्छित स्थान पर पहुँचानेवाले

मेरे रास्ते : एकदम रास्ते जैसे
पथरीले, मिट्टी के साथ जकड़े हुए

–(अर्जुन डांगळे- छावणी हलते आहे)

आपकी उँगली सामने की दिशा
मान्य नहीं मुझे
परम्पराओं की वर्णपाती नशा
मान्य नहीं मुझे आपकी दया
जिस पर डोलती हैं दिशाएँ
मान्य नहीं मुझे मेरी साँसें
जो आपके बल पर चलती हैं
मान्य नहीं मुझे आप
मेरे प्रात: की माँ के रूप में
मान्य नहीं मुझे मैं
आपके किसी रिश्तेदार के रूप में...

–(यशवन्त मनोहर-उत्थान गुंफा)

दलित कविता का वास्तव तथा दलित कवियों का नकार समझ लिए बग़ैर इस कविता को समझना कठिन होगा। दलित कविता ने दलित साहित्य के प्रवास के लिए हरी झंडी दिखाई और अनगिनत कवियों ने यह प्रवास प्रारम्भ किया। दलित कवियों की ओर दलित साहित्य का आरम्भ करने का श्रेय जाता है।

आकाश को दादा और ज़मीन को दादी मानकर
उनकी आगोश में
मिलजुलकर आनन्द से रहें
फीके पड़ेंगे सूर्यचन्द्र ऐसा सचेत कार्य करें
तिल एक सभी खायें बाँटकर मनुष्य पर ही सूक्त रचें
मनुष्य का गीत गायें मनुष्य

–(नामदेव ढसाळ-गोलपीठा)

ढसाळ की 'मनुष्य ने' कविता की ओर दलित कविता के प्रार्थना के रूप में देखा जा सकता है। दलित कविता दलित कवि के मन के हो-हल्ले की प्रतीति है। यह कविता इसी रूप में अधिक पसन्द आती है। रूढ़ार्थ से कविता की रम्य महफिल

में रमे रसिकों को नीरो की मानसिकता से बाहर निकालकर सार्वभौम दु:ख का दर्शन कराती है। यह कविता रसिकों को अस्पृश्यों के मनोविश्व में ले जाती है। रसिकों को दावाग्नि का तीव्र एहसास करा देती है। इसी कारण यह कविता अलग है। उस पर स्वतन्त्र ही विचार होना चाहिए।

8
दलित प्रेम कविता

1

दलित कविता की पहचान मूलत: 'विद्रोही कविता' ही है। दलित कविता में दलितों के क्रोध का तीव्र उद्रेक अभिव्यक्त हुआ है। दलित कविता का जन्म दलितों की वेदना, विद्रोह और नकार से होने के कारण उसका भावप्रकृति आक्रमक तथा उग्र स्वरूप की है। आज तक की कविता की तुलना में प्रस्तुत कविता पूर्णत: भिन्न है। प्रस्तुत कविता अस्पृश्य, आदिवासी और घुमन्तू विमुक्त मानव समूहों की ज्वालाओं जैसी नाचती हुई और धधकती व्यक्त होती नज़र आती है। इस कविता द्वारा बहिष्कृत उपेक्षित जाति और जनजातियों का हृदयद्रावक आक्रोश समूह स्वर में सुनने मिलता है। दलित कविता की ओर आन्दोलन की साहित्यिक अभिव्यक्ति के रूप में देख सकते हैं। प्रारम्भिक समय में दलित कवियों ने ही दलित आन्दोलन तथा साहित्य का भी नेतृत्व किया हुआ दिखाई देगा। राजा ढाले, नामदेव ढसाळ, अरुण कांबळे, प्रल्हाद चेंदवणकर, उमाकान्त रणधीर, रामदास आठवले जैसे दलित कवियों ने ही 'दलित पैंथर' जैसे लड़ाकू संगठन को नेतृत्व दिया है। दिखाई देता है कि इस कारण 'आन्दोलन' और 'कविता' एक ही सिक्के की दो बाजुएँ हैं। यह भी दिखाई देता है कि आन्दोलन तथा कविता परस्पर पूरक हैं। कविता के कारण आन्दोलन और आन्दोलन के कारण कविता ऐसा यह अभिन्न रूप है। दलित कविता में आन्दोलन का असन्तोष, उद्रेक, निर्णायक भाव, संघर्ष, विध्वंस की भाषा, चिढ़, आक्रोश और आपे से बाहर रहने की वृत्ति व्यक्त हुई दिखाई देगी। इस कविता का चमड़ा दलित है। भाषा दलित है। आशय-विषय दलित है। दलित कवि बाबासाहेब आम्बेडकर के विचारों से प्रेरित होकर समानता, स्वातन्त्र्य और न्याय के लिए कविता लिखते हुए नज़र आता है। इसी कारण उसकी कविता शस्त्र जैसी चमकती हुई दिखती है।

सभी दलित कवियों ने प्रस्थापित विषम व्यवस्था पर कविता के माध्यम से जबरदस्त हमला किया। परिणामत: इस कविता के पाठक को प्रचण्ड आघात लगा। यह हमला 'ईश्वर' और 'धर्म' के विरुद्ध था। जिस धर्म ने दलितों का मनुष्यत्व नकारा था, उस धर्म को नकारने का प्रण दलित लेखक कवियों ने स्वीकारा था। दलित कविता का धर्म और ईश्वर के विरुद्ध व्यक्त हुई चिढ़ और सन्ताप देखकर पाठकों की रूढ़िवादी मानसिकता व्यथित हुई। दलित कवियों ने अत्यन्त साहसपूर्ण आवेश में उन पर थोपी अमानवी ग़ुलामी को नकारा। हज़ारों वर्षों तक चुपचाप जिया समाज निर्भयता से अपने हक़-अधिकारों के बारे में बोलने लगा। तब रूढ़िवादी चौखट में दरारें आयीं। उनके शब्दों द्वारा दलितों का स्वाभिमान प्रकट हो रहा था। दलित कविता दलितों के मुक्ति संघर्ष की कैफियत बनकर व्यक्त हो रही थी। परिणामत: इस कविता ने अनेक प्रश्न निर्माण किये। जिस तरह ये प्रश्न साहित्यिक थे वैसे ही साहित्येतर भी।

दलित कविता अशिष्ट है, आक्रोशपूर्ण है, अश्लील है, इस तरह की प्रतिक्रियाएँ पाठक वर्ग से प्रकट हुईं। दलित कवियों ने किसी की भी परवाह किये बग़ैर बेमुर्वत रीति से अपने मन के उद्रेक का मार्ग प्रशस्त किया था। प्रस्तुत उद्रेक अकृत्रिम तथा स्वाभाविक था। रौंदे मन की तप्त हाय थी। दलित कविता दाहक वास्तवता की साक्ष्य थी। इसी कारण उस सत्य को नकारना किसी के लिए भी सम्भव नहीं था। कुछ प्रश्न सत्य का सामना करने के अलावा सत्य की ओर दुर्लक्ष करने के हेतु से ही उपस्थित किये गये। उनमें से एक प्रश्न था, 'दलित कवि प्रेम कविता क्यों नहीं लिखता?' इस प्रश्न में तथ्य था।

सभी दलित कवि युद्ध, विद्रोह और क्रान्ति की भाषा बोलते थे। उन्हें लड़ाई महत्त्वपूर्ण लगती थी। उनके लिए समानता के संघर्ष में प्रेम, प्रणय, शृंगार, विरह, मिलन जैसी भावनाएँ गौण महसूस होती थी। प्रत्येक व्यक्ति आन्दोलन से प्रेम करता था। उनकी प्राथमिकता समानता, स्वतन्त्रता और न्याय जैसे मूल्य थे। रौंदे गये जीवन में उन्हें प्रेम करने के लिए समय नहीं मिला। मूलत: उनका मनुष्य होना ही नकारा गया था, वहाँ उनके प्रेम का क्या मूल्य? जन्म से लेकर मृत्यु तक केवल अपमान और शोषण से ही ज्ञात विराट दलित समाज को मनुष्य के रूप में जीना ही न मिला था। उस कारण इस समाज का प्रथम संघर्ष मानवता के लिए प्रारम्भ हुआ था। दलित कविता में मानवता से बहुत प्रेम होने के कारण ही दलित कविता में विद्रोह व्यक्त हो रहा था। प्रस्तुत विद्रोह अनियन्त्रित तथा आक्रमक स्वरूप का था। दलित कवि

आग में झुलसने की भावना लिए जी रहा था। वह विषमता से अस्वस्थ हुआ था। परिणामत: उसका पहला स्वर प्रेम का नहीं था तो विद्रोह का था। यहाँ की अमानुष सामाजिक विषमता ने उसे विचलित किया था। वह आम्बेडकरी विचारों से जाग्रत हुआ था तथा जातिअन्त के संघर्ष के लिए सक्रिय हुआ था। दलित कविता मूलत: आन्दोलन की सक्रियता का जीवन्त लक्षण है।

2

दलित कविता में सामाजिक उथल-पुथल की भाषा प्रकट हो रही थी। वस्तुत: इस कविता का जन्म सामाजिक बदलाव हेतु ही हुआ था। जिन्हें सामाजिक परिवर्तन नहीं चाहिए था, उन्हें यह कविता पसन्द नहीं थी। उनके मन में यह कविता द्वेष निर्माण कर रही थी। ऐसी द्वेषभावना के कारण ही दलित कवि लेखकों को विविध प्रश्न पूछे जाते थे। ऐसे प्रश्नों के कारण दलित प्रेम कविता का मुद्दा अग्रणी रखा गया। प्रेम और कविता का अटूट नाता है। प्रेम व्यक्त होने की संवेदनशील भावना यानी कविता। कवि और कविता का जन्म प्रेम के लिए ही होना है, ऐसी धारणा रखे वर्ग को दलित कविता के भय ने अचम्भित किया था। कविता प्रेम के अलावा सन्ताप व्यक्त करने के लिए लिखना बिलकुल नयी घटना थी। यह सन्ताप पाठकों की भावना को दर्द पहुँचानेवाला था। इस कारण ऐसे पाठकों ने दलित कवियों को शान्त रहने की सलाह दी।

एक ओर शिक्षा, विज्ञान, कायदा और आन्दोलन के कारण दलितों के मन में प्रखर होनेवाली चेतना तथा दूसरी ओर बेरोज़गारी, अत्याचार, भ्रष्टाचार और भेदभाव के कारण हुई विफल अवस्था; ऐसी बेचैन अवस्था के बीच दलित कविता लिखी जा रही थी। इस कविता ने रूढ़िवादी अभिरुचि का तल मथ डाला था। दलित कवि बेपरवाह रीति से शब्दों द्वारा बदले की भावना प्रस्तुत कर रहा था। दलित साहित्य का प्रवाह वेदना, विद्रोह और नकार से लबालब बहने लगा था। परिणामत: पाठकों को इस कविता में 'एक जैसापन' महसूस होने लगा था। प्रेम विषय पर हज़ारों ग्रन्थ लिखे गये, अनेक कविताएँ लिखी गयीं, अनेक चित्रपट निर्माण किये गये। इस प्रेम के सम्बन्ध में किसी ने भी 'एक जैसा पन' की तकरार की हुई नहीं दिखाई दी, परन्तु न्याय हक़ों की माँग करने वाले तीखे स्वरोंविषयक ऐसी फरियाद व्यक्त हुई नज़र आती है। इस फरियाद का निर्मूलन करना ज़रूरी लगा। यह सत्य है कि दलित कवियों ने विद्रोही कविताएँ लिखीं। इसके साथ ही अनेक दलित कवियों

ने एकाध ही क्यों न हों प्रेम कविता भी लिखी है। जो कवि संघर्ष से जी जान से प्रेम करता हों वह प्रेम कैसे करता होगा? जिसकी कविता में चिढ़, सन्ताप और आक्रोश ही व्यक्त होता है, वह कवि अपनी प्रेमभावना कैसी व्यक्त करता होगा? यह एक जिज्ञासा थी। इस जिज्ञासा द्वारा ही दलित कवियों की कविताएँ पढ़नी चाहिए।

राजा भी प्रेम करता है, रंक भी प्रेम करता है। दोनों का भी प्रेम, प्रेम ही होता है। प्रेम सार्वकालिक सिक्त भावना है। ऐसा होते हुए भी दलित कवि प्रेम कविताएँ क्यों न लिखें? क्या दलित कवियों ने प्रेम नहीं किया है? क्या दलित कवियों से किसी ने जी जान से प्रेम नहीं किया है? दलित कवियों के पास प्रेम की अनुभूति न होना आश्चर्य ही है। मूलतः वह समाज पशुतुल्य जीवन जी रहा था, उस समाज का सांस्कृतिक जीना कैसा होगा? जो समाज हज़ारों वर्षों से मौन था, उसका भावविश्व कैसा होगा? बाबासाहेब आम्बेडकर ने उस विराट मानव समूह को जाग्रत किया। हड़बड़ाकर जगे इस समाज की प्रतिक्रिया के रूप में दलित कविता की ओर देखना पड़ता है। दलित समाज नवीन संवेद्यता, एक अदम्य विश्वास के साथ आन्दोलन के प्रभाव से चलने लगा। आन्दोलन में निजी जीवन और भाव-भावनाओं के लिए जगह नहीं होती। आन्दोलन समूह का होता है। आन्दोलन का स्वभाव समूह के जीने का होता है। दलित समाज को सबसे पहले समूह मन का एहसास हुआ। वह समूह द्वारा व्यक्त होने लगा। उसकी प्रत्येक अभिव्यक्ति सामूहिक थी। आन्दोलन का आह्वान समूहों के लिए ही होता है। ये समूह क्रान्तिकारी होते हैं। ये समूह निश्चित ध्येय से प्रेरित होकर सक्रिय होते हैं। दलित कवि ऐसी क्रान्तिकारी मानसिकता से सम्पन्न समूह की अविभाज्य इकाई था। परिणामतः उसका व्यक्त होना समूह का व्यक्त होना था। उसकी सामर्थ्य समूह की सामर्थ्य थी। उसका स्वप्न समूह का था। उसका स्वर समूह का था। इसी कारण दलित कविता प्रतिनिधिक स्वरूप की लगती है। प्रेम के लिए जीना-मरना इस कविता में नहीं था। इस कविता का स्थायी भाव था समूह के लिए जीना मरना। ऐसी कविता जब प्रेम कविता के रूप में व्यक्त होने लगती है तब उसका चेहरा पारम्परिक नहीं होता। दलित कवियों की प्रेम कविता का स्वरूप अपारम्परिक है। दलित कविता रौद्र प्रेम की कविता है। यह प्रेम शुष्क वास्तव द्वारा खिला है। इस प्रेम में केवल यौवनसुलभ भावनाएँ नहीं हैं तो एक आकर्षक सामाजिक संघर्ष है। यौवनाभरित दलित युवती को देखकर, उसके चेहरे का उग्र सौन्दर्य देखकर दलित कवि उससे प्रेम करने लगा है। दलित प्रेम कविता नवीन संवेदना का आविष्कार है।

3

पारम्परिक प्रेम कविता 'मैं तुम' की है। इस कविता की परिधि प्रियतम और प्रियतमा है। यह कविता यादें, विरह, आत्मिक प्रेम से लबालब सिक्त है। इस कविता में 'वह' के स्तन, नितंम्ब, नेत्र, होंठ, कपोल जैसे अवयवों का आधिक्य है। यह कविता अनिमिष, अतृप्त, असमंजस, क़समें-वादे, वचन, दुराव विरह, आहें, मीठी तड़प, उदास अकेलापन, चाहत, सईसाँझ, औदासिन्य जैसे वर्णन की है। इस कविता में उत्कट प्रेम का बाहुल्य है। इस कविता का अन्त 'प्रेमभंग' अथवा 'मिलन' जैसी भावना में होता हुआ दिखाई देता है। प्रेम कवि अपनी प्रियतमा को 'देवता' के रूप में प्रकट करते हुए दिखाई देता है। वह उसके अलावा जी नहीं सकता। भूमिका ऐसी होती है कि उसका जीना मरना केवल प्रियतमा के लिए ही होता है। प्रेम कवि अपनी प्रियतमा का उदात्तीकरण करते हुए नज़र आता है। उस पर भ्रामक प्रकृति वर्णन का मुखौटा चढ़ाते हुए दृष्टिगत होता है। परिणामत: वह अस्थि-मांस ढाँचे की वास्तव स्त्री न लगती; वह परी, देवदूत आदि होने का भ्रम निर्माण होता हुआ दिखाई देता है। इस प्रेम कविता में शृंगार, प्रणय और वासना सुप्त रूप में व्यक्त होती हुई दिखाई देती है। 'एक क्षण प्रेम का काफ़ी होता है, फिर यदि मरण की बौछार हों तो भी स्वीकार है।' ऐसी अनिवार्य भावना इस कविता से व्यक्त हुई है।

'यदि भूखा न रहकर चन्द्र देखा होता
तो हमने भी किसी को याद किया होता'

ये पंक्तियाँ नारायण सुर्वे की कविता की हैं। अभावग्रस्त समाज के कवि की प्रस्तुत भावना प्रातिनिधिक लगती है।

सुर्वे की कविता की 'भूख' विदारक है। बहिष्कृत समाज को दो समय का भोजन तक नहीं मिला है। यह समाज अन्न के लिए मुहताज था। सवर्णों द्वारा दिये गये जूठन पर, भीख पर और लहने पर यह समाज जिया है। ये मनुष्य भूख की आग बुझाने के लिए जिए, घिस गये, मर गये। 'भूख' और 'रोटी' के परे का जीवन उनके जिम्मे कभी आया नहीं। उन्होंने रोटी में चन्द्र को देखा। उन्हें चन्द्र प्रिया के चेहरे-सा कभी महसूस ही नहीं हुआ। उनकी अनेक पीढ़ियाँ रोटी के लिए बरबाद हुई। जीने की प्राथमिक ज़रूरत तो 'भूख' होती है। इस मानव समाज को उसे ही मिटाना नहीं आया। भूख का प्रश्न सुलझने पर जीवन का प्रश्न प्रारम्भ होता है और इस जीवन की प्राथमिक ज़रूरत 'प्रेम' भावना होती है। 'भूख' और 'अन्याय' से ग्रस्त जीवन में 'प्रेम' भावना ढूँढ़कर भी नहीं मिलेगी, फिर भी कुछ दलित कवियों ने प्रेम कविताएँ लिखीं हैं। यह प्रेम कविता अलग है।

'कितनी बार बताया तुम्हें
मुझे
ऐसे फूलों के राज्य में न घुमाओ
केवल
खड़ी रहने जमीन दो।'

–(मीना गजभिये)

यह फूल तथा कलियों का प्रदेश नहीं है। यह जीवनमरण का संघर्ष है। ऐसे संघर्ष में खड़े रहने के लिए ज़मीन मिलना जीने की वास्तविक ज़रूरत होती है। 'भूख' और 'ज़मीन' विस्थापितों का ज्वलन्त प्रश्न होता है। अस्थैर्य, आधारहीनता, टूटापन, असुरक्षितता, विवशता, लाचारी, भय और बेरोज़गारी से यह जीवन घिरा हुआ होता है। ऐसे वीरान, रौंदे जीवन में आक्रन्दन का तांडव होता है। यह अभिव्यक्ति भग्न तथा भयावह वास्तव की पृष्ठभूमि से सम्पन्न होती है।

हे सखी,
जब मार्ग ही श्मशान से गुजरता है
तब जलती हुई चिताओं को देख गद्गद नहीं होना है
लेना आया तो लेना है
चिता से अंगार क्रान्ति के लिए शृंगार के रूप में

–(लहू कानडे)

अथवा

हे सखी,
अब मैंने सुरंग बो दिये
उनकी बातियाँ तुम्हें ही जलानी हैं
इस संस्कृति की प्रत्येक गढ़ी को
इसके प्राचीनत्व के साथ जमीनदोज़ करने के लिए'

–(लहू कानडे)

ऐसी 'प्रियतमा' और 'प्रियतम' पारम्परिक प्रेम कविता में नहीं मिलेंगे। दलित प्रेम कविता में प्रेम की तुलना में भयानक वास्तव का घृणास्पद दर्शन अधिक ही होता हुआ नज़र आता है। दलित कवियों की प्रेम कविता प्रेम की तुलना में संघर्ष की ही अधिक है। दलित कविता का अनन्य साधारण वैशिष्ट्य है, संघर्ष। इस कविता को

संघर्ष के तफ़सील के बग़ैर समझना असम्भव है। ये तफ़सील यहाँ की जातिव्यवस्था के हैं। इस कविता का जन्म जाति संवेदना से हुआ है।

दलित प्रियतम निचोड़ा, झुलसा हुआ, रौंदा हुआ मनुष्य है। इस व्यवस्था ने उसका यौवन और वासना छीन ली है। जीने के बोझ से वह हिम्मतपस्त है। दे. शि. दुधलकर की प्रतिक्रिया है कि वह कभी भी जोर से हँसा नहीं है। केशव मेश्राम की कविता में ऐसा प्रियतम मिलता है, 'मिली हो ऐसे समय पर जब सूर्यचक्र ने कमर के टाँके ढ़ीले किये थे' संजीव मोरे की वेदना है, 'मेरे जख्म मुझे स्वस्थ बैठने नहीं देते।' धर्मराज निमसरकर की व्यथा है, 'आसरे के लिए एक भी पेड़ नहीं। धुआँधार जीना पड़ता है।' ऐसा प्रियतम प्रथम ही मराठी प्रेम कविता में प्रकट हुआ है। उसे अपनी प्रियतमा की तुलना में भी व्यवस्था के साथ सामना करना महत्त्वपूर्ण लगता है। यह कविता जीने की असुरक्षित भावना से ग्रस्त हुई है।

जीवन के काँटे चुनते समय
ऐसे ही कभी आराम के समय पर
तुम्हारे खुले बालों में
सेहुंड का ही क्यों न हों फूल लगाऊँगा
तब तो तुम होनी चाहिए
मेरे पास उस समय

–(दिलीप सूर्यवंशी)

यह प्रियतम अभावग्रस्त समाज का है। उसे प्रेम की तुलना में अभावग्रस्तता ने अधिक प्रभावित किया दिखाई देता है। उसका प्रेम परिस्थिति के परिणामस्वरूप ढंका हुआ है। इस प्रेम में परिस्थिति खलनायक का रूप लेकर खड़ी है। कवि प्रतिरोधी परिस्थिति के साथ जूझते हुए प्रेम करता है। इस कारण उसके प्रेम की अभिव्यक्ति मुठभेड़ की तरह ही व्यक्त हुई दृष्टिगत होती है।

4

दलित प्रियतमा लड़ाकू, मज़बूत, तेजस्वी और परिस्थिति के साथ सामना करने वाली है। उसे भी श्रृंगार की तुलना में संघर्ष प्रेरणादायी लगता है। वह फूलों के राज्य में रमती नहीं है। वह वास्तव के प्रति सजग है। 'इतनी पतझर अक्षरश: अनेक की, मुझे तुम्हारे लिए खिलना ही मान्य नहीं' ऐसा स्पष्ट तथा प्रखर स्वर जलते वास्तव

को दृग्गोचर करता है। कवयित्री शैला गजभिये अपने प्रियतम के लिए सजने-सँवारने, खिलने जैसी कल्पना को ही नकारती है। दलित कवयित्री अपने शब्दों को रोटी सेंकने जैसी सेंकती है। उसके हाथ मेहँदी से रंगे नहीं हैं तो काम करके उसके हाथों को घट्टे पड़े हैं। अपने साथी के साथ वह पसीने से लथपथ देह से चलती है। शशिकला कांबळे स्पष्ट सुनवाती है, 'विगत एक तप का इतिहास तो बिल्कुल ही न पूछो।' यह जीवन के अन्त तक अथकता से रक्तरंजित कदम से चलने का निग्रह है। ये पैर मेहँदी लगाये नहीं हैं।

'मौसम ने मेरे सभी पत्ते
लूट लिये हैं
अब शेष रही हैं शाखाएँ और काँटे
पुनः एक बार आकर जा
काँटे रख कर
शाखाएँ ले जा'

–(मीना गजभिये)

मीना गजभिये की कविता का वास्तव विचलित करने वाला, फिर भी पसन्दीदा है। प्रचण्ड पतझर पश्चात् निष्पर्ण हुए ख़ाली-ख़ाली जीवन में केवल काँटे और शुष्क शाखाओं के अवशेष बचे हैं। कवयित्री कहती है, 'काँटे रखकर जा' क्योंकि इन काँटों को पुनः पत्ते फटने की सम्भावना नहीं होती। सूखी शाखा को पुनः पत्ते फूटने की आशा हो सकती है। निष्पर्ण जीवन के वीरान आशावाद में भी रौद्र प्रेम की प्रतीति आती है।

'मेरे आसपास अंगारे खिले हैं
और यह अग्निकांड उछल रहा है
परन्तु
मैं तटस्थ एक ही स्थान पर
सारा आकाश अपना ही, इसलिए

–(ज्योती लांजेवार)

अथवा

'प्रत्येक रात्रि बेचैन साँसों की उछलती है
रानपंछियों के कण्ठ का उदास गीत बनती है

और
तुम्हारा अनिवार्य आकर्षण
मुझे क्षय जैसा कुतरता रहता है।'

—(शशिकला कांबळे)

अथवा

अतीत की गहरी काली बारिश ने
पीट दिया मुझे
खड़ा-आड़ा
हिंस्र
कुछ तो माँगने के प्रयास करने वाली
उँगलियों पर
होंठों पर
दिये दाग
प्रखर
खुरदरे

—(प्रज्ञा पवार)

ज्योती लांजेवार, शशिकला कांबळे और प्रज्ञा पवार की कविताओं की भावनाएँ अन्यत्र पढ़ने नहीं मिलेंगी। आसपास का परिसर आग में झुलसते समय भी सारा आकाश अपना ही इस कारण अंगारों का सामना करने की तटस्थता जितनी गम्भीर, दारुण है; उतनी ही अदम्य तथा मज़बूत भी है। बेचैन रात्रि बनपंछियों के कण्ठ के उदास गाने की तरह मोहमयी अनिवार्य आकर्षण क्षय जैसा कुतरते समय सारा अस्तित्व ही भग्न हो जाता है। फिर भी इस बिखरेपन में टिके रहने का एक अटूट एहसास व्यक्त होता हुआ नज़र आता है।

प्रज्ञा पवार कहती हैं, 'चन्द्र समाप्त हुआ मुझ तक आने तक,' सुरेखा भगत कहती हैं, 'महफिल तो अब कब की उठ गयी है; मैं भी अब जाती हूँ।' दलित कविता की स्त्री ऐसी है। यह परिस्थिति के सामने न झुके होते हुए आत्मतेज से प्रकाशित रौद्र अस्तित्व की प्रतीति है। इस कविता की ऊर्जा है, अटल आशावाद।

5

दलित कविता के तीन प्रमुख वैशिष्ट्य हैं। एक तो वह प्रेम कविता है। दूसरे वह सामाजिक विषमता के प्रखर एहसास से परिपूर्ण है तथा तीसरा वे प्रियतम-प्रियतमा होने के अलावा कार्यकर्ता हैं, ऐसा सुर है।

हे प्रिये!
यहाँ के जीवन-मरण के भीषण वास्तव से
और बेदर्द मौसम के मार्गक्रमण से
निकलेंगे हम विश्वास रखो इसका।
इस निर्णायक युद्ध के बाद
मैं वापस आऊँगा तब तुम आ जाना
हृदय में बुद्ध की करुणा ले
तुम आओ मेरे ज़ख़्मी जीवन के
साम्राज्य की सम्राज्ञी होकर

–(बबन लोंढे)

अथवा

तुम तो मेरे हृदयस्थ प्राण
ज़ख़्मों से शरपंजर होकर
मार्ग में गिर पड़ा कहीं
कफनविरहित मेरी देह को
तुम ही माटी दे सकती हो।

–(बबन चहांदे)

दलित प्रियतम समुन्दर के किनारे, बगीचे में अथवा प्रियतमा के आगोश में आराम करते हुए नहीं दिखता। वह आन्दोलन, गतिविधियाँ, मोर्चा में आते-जाते हुए दिखाई देता है। उसका पहला प्रेम आन्दोलन है। वह अपनी प्रियतमा की ओर मादी के रूप में अथवा देवता के रूप में भी नहीं देखता। वह उसकी संगिनी है। साथीदार है। कार्यकर्ती है। मित्र है। वह उससे दोयम नहीं। वह उसका विश्वास है। जीने की आशा है। संघर्ष में साथ देनेवाली कॉमरेड है। इस कारण दलित प्रेम कविता की स्त्री पारम्परिक अभिसारिका नहीं लगती। उसे दु:ख की गहराई का एहसास है। वह सजग और समाजाभिमुख है। उसे विरह, प्रणय, शृंगार की तुलना में समानता के लिए

संघर्ष महत्त्वपूर्ण लगता है। वह अचूक शस्त्र की तरह महसूस होती है। इस प्रेम को सांस्कृतिक सन्दर्भ हैं। यह जितनी प्रेम कविता है उतनी ही वह सामाजिक कलाकृति है। 'प्रचार' उसका फॉर्म है। प्रस्तुत कविता प्रेम और संघर्ष जैसे आरोह-अवरोहों ने गूँथी गयी है। इस कविता में सामाजिक चढ़ाव-ढलानों को तीव्र दर्ज किया है। दलित प्रेयसी एक स्त्री रूप नहीं है। वह क्रान्ति के रथ का दूसरा चाक है। प्रियतमा-प्रियतम दोनों मिलकर मधुर मिलन के मीठे स्वप्न देखते हुए नज़र नहीं आते अथवा प्रणय के लिए आतुर चातक जैसे भी दिखते नहीं। इन दोनों का प्रेम जिस प्रकार एक-दूसरे से रहा है, उस प्रकार परिवर्तन की लड़ाई से भी है। वे सामाजिक परिवर्तन के वाहक हैं। उनका एकत्र आना एक संघर्ष का प्रारम्भ है। इसमें वासना तनिक भी नहीं। उसमें जीने की अनगिनत तरंगें छिपी हैं। दलित प्रियतमाएँ सजग समाज का प्रतीक हैं।

अनेक बिम्ब तथा प्रतीक इस कविता से जगह-जगह मोतियों जैसे प्रस्तुत किये हैं। जैसे–तुम दूध से सिक्त दीर्घ रूप, तुम योद्धी, गीलि-सूखी उँगलियाँ, पृथ्वी को तौलनेवाले हाथ, सागर की अष्टमी की गूँज, मशाल हाथ, समुन्दर आँखें, तूफ़ानी होंठ, आकाश दुःख, रेशम हाथ, देह की ढाल, हाथ की तलवार, रथचक्र जैसे पैर, चंचल रात्रि, अरण्य के बसन्ती फल, असूँड़ हाथियों का झुण्ड, काँटेविहीन हरे गुलाब पुष्प, निष्पर्ण बस्तियाँ, पथरीला जीवन, रक्तरंजित मस्तिष्क, आकाशगर्भ, क्षितिजगीत, साँसों का सूर्यबल, चीमड़ जीवन, अनाथ वेदना, साँसों की भीड़, चाँदनियों का स्वप्न, मरणधुन, युद्ध पर जाते समय की यादें, फूलों की धूपपाँखी आवाज़ें, पहाड़ पुकारें, वनपाँखी दिये, निर्वासित बुद्ध, युद्धातुर मेघ, रस निचोड़े डंठल से गाल, कोढ़ फूटी निर्जन बस्ती, पाषाण युगी माँ-बाप, वेदनाओं से लम्बी हुईं संध्यासमय की छायाएँ, आँखभर होने वाला सूर्य, लुढ़काया विश्वास, वेदनाओं के बगीचे, गद्‌गद बहनेवाला समुद्र, साँस के दावाग्नि, आँसुओं की आवाज़ें, अँधेरे के मार्ग, बादलों की लहरें, मौन रस्ता, बाँबी आँखें, समझदार अभिलाषा, धुआँधार बरसती बारिश, ऊजड़ भरकम कपोल, मरण का जन्मोत्सव, नज़रों की फ़ौज के समुदाय, रक्त की आदिम भर्ती, मरण की आड़, हाथ-पाँव काटी ढेंकली, वेदनाओं की दरारें, जलते फूल, आकाश का घुटघुटकर मरना, गूढ़-गम्भीर, रम्यरौद्र, रूप-कुरूप, कटु-मीठी गहरी भावनाएँ व्यक्त करने वाले प्रतीक तथा बिम्ब इस कविता के सौन्दर्य स्थान हैं। निवेदन द्वारा, आह्वान द्वारा, घोषणाओं द्वारा जो प्रश्न निर्माण हुए हैं वे इस कविता के जननबीज हैं। इस कविता का स्थायीभाव है युद्ध।

रस निचौडे डंठल से मनुष्य, चिन्दी में ऊबा जीवन, काँच-सा कौमार्य, सूखा मातृत्व, क्षीण क्षीण होती जीवन की पुष्टता, कसाई द्वारा हुए कीमा जैसे दिल के

टुकड़े, धूप-बारिश से सामना करता हुआ क्षुद्र जीना, ताड़-माड़ की टहनियों से बने छोटे तम्बू सजी सूतिका सेज, चूल्हे पर रटरट पकनेवाली माँड़, ग्रामव्यवस्था की बेगारी खींचते-खींचते बलसम्पन्न डिल्ला आई अपनी पीढ़ियाँ लोंदा बनकर माटीमोल हुई,' ऐसे समाज और मनुष्य का वर्णन यह कविता करती है। 'टूटा घर, टूटी गृहस्थी, मैल गड्ढे से म्हसोबा की इमली वृक्ष को मुहासरा डालकर वापस आनेवाली बारात, बुद्ध पद्धति से हुई शादी से सालती जाति-पंचायत, भाईचारा, बेमेल बारात, जयन्ती का जुलूस, जुलूस और बारात पर होने वाला पथराव-लठमारी,' अस्वस्थ करने वाली यह टिप्पणी णी. सूगढ़ीकजे ठेबावे प्रस्तुत कविता देती है। जीवन की व्यर्थता, दरिद्रता, लाचारी अत्यन्त संयम से व्यक्त करती है। प्रस्तुत कविता दरिद्रता के असहनीय दाग देह पर गहनों जैसे शान से पहनकर इतराती हुई दिखाई देती है। इस कविता का गहना 'दु:ख' है।

6

दलित प्रेम कविता की प्रियतमा विविध रूपों में व्यक्त होती हुई दिखाई देती है। कभी वह पत्नी के रूप में, कभी प्रियतमा के रूप में तो कभी साथी के रूप में प्रकट होती हुई नज़र आती है। यह दलित स्त्री है। दलित प्रेम कविता में सवर्ण स्त्री का भी चित्रण हुआ दृष्टिगत होता है। यह सवर्ण स्त्री अपने प्रियतम की जाति का पता चलने पर उसे छोड़नेवाली स्त्री है। वह जाति की मर्यादाओं का उल्लंघन करने वाली नहीं है। उस पर प्रेम की तुलना में उसकी जाति के संस्कार अधिक हैं। उसे प्रेम की तुलना में उसकी जाति अधिक प्रिय महसूस होती है। वह प्रेम को नकारकर अपनी जाति में बंदिस्त होती हुई दिखाई देती है। दलित कवियों का प्रेम भंग सवर्ण प्रियतमा की ओर से हुआ नज़र आता है। सवर्ण स्त्री सामाजिक बन्धन में रहनेवाली और जाति की मर्यादा सँभालकर प्रेम करने वाली खलनायिका लगती है। सभी सवर्ण स्त्रियों का एकांगी चित्र दलित कवियों ने अत्यन्त कटुता से चित्रित किया हुआ नज़र आता है। कभी-कभी यह प्रियतमा, प्रियतमा न लगकर वर्णव्यवस्था का एक रूपक ही महसूस होती है। दलित कवि जाति व्यवस्था के विरोध का अपना क्रोध, उपरोध तथा उपहास सवर्ण प्रियतमा के बहाने व्यक्त करता हुआ दिखाई देता है।

'इस गाँव में बहुत बार होकर गया है तूफ़ान का नाच
धूप, हवा, बारिश का हिसाब मैंने नहीं रखा।
सच कहूँ तो गाँव तुम्हारा और मेरा भी था।

फिर तुम्हारा घर रह जायें।
और मेरा घर बह जायें, यह ऐसा क्यों हों?'

–(दे. शि. दुधलकर)

अथवा

किसी को क्या पता
तुम्हारे कुलमूल की ओर से
जब जाति मोटी होती गयी
अन्तर रखकर तुम भी फूल रौंदती गयी
और बौर के झड़ने जैसा
मैं खड़ा अस्वस्थ...उध्वस्त

–(दामोदर मोरे)

अथवा

तुम्हें कभी पता ही न चला
मुझमें स्थित सांस्कृतिक दुःख
मेरी जलनेवाली ज़ख्म मैं सहते हुए
तुम्हें कभी वेदना ही नहीं थी

–(शशिकान्त लोखण्डे)

सवर्ण स्त्री द्वारा नकार मिलने के बाद प्रियतम को केवल प्रेमभंग का दुःख नहीं होता तो उसे उसका अपमान, उपेक्षा और तिरस्कृत होने का तीव्र विषाद महसूस होता है। ऐसे समय पर वह विरह, निराशा और पश्चात्ताप से झुलसता नहीं तो वह अधिक चिढ़ता है। सांस्कृतिक बदले के स्वप्न देखता है। सवर्ण स्त्री के जात्यान्धपन का तिरस्कार करता है। उसमें होने वाला द्वेष, मत्सर उछल आता है। वह अपनी प्रियतमा को आरोपी के पिंजड़े में खड़ी करता है। उसे वह धोखेबाज तथा सनातनी महसूस होती है। उसे प्रेमभंग की भी तुलना में जाति के कारण मिले नकार से हुआ दुःख अधिक चुभनेवाला लगता है। उसे उसकी बहुत प्रताड़ना तथा उपेक्षा होने से वेदना होती है। वह स्वयं को घायल तथा ज़ख़्मी अवस्था में चित्रित करते हुए दिखाई देता है। इस पृष्ठभूमि में दया पवार की कविता बहुत ही अलग लगती है। वे कहते हैं–

तुम्हारे मेरे संकर से ही
मनु की अजस्र दीवार ढहनेवाली है
इसलिए आ जाओ
हेमाँगी आ जाओ

–(दया पवार)

दया पवार अपने प्रेम के सामाजिक परिणाम देते हुए नज़र आते हैं। उन्हें विश्वास लगता है कि वर्णसंकर से ही वर्णव्यवस्था नष्ट होगी। उनकी भूमिका ऐसी है कि प्रेम के कारण ही मनुष्यद्रोही जातिव्यवस्था नष्ट होगी। बाबासाहेब आम्बेडकर ने भी जातिअन्त के लिए अन्तरजातीय विवाह का समर्थन कराया था। दया पवार वही विचार अपनी कविता में प्रस्तुत करते हुए दिखाई देते हैं। तुम्हारा मेरा मिलन केवल शरीरभोग जितना मर्यादित नहीं है तो अपने मिलन से मनु की अजस्र दीवार ढहनेवाली है, ऐसा विचार इस कविता द्वारा व्यक्त होता है। यह मिलन केवल सम्भोग सुख नहीं तो समाज परिवर्तन के आन्दोलन का महत्त्वपूर्ण सोपान है, ऐसी भूमिका से वे हेमाँगी का स्वागत करते हुए दृष्टिगत होते हैं। यहाँ एक बात ध्यान में लेनी चाहिए कि जिस तरह दलित कवि अपनी जाति भूलने के लिए तैयार नहीं, उसी तरह उसकी सवर्ण प्रियतमा भी उसकी जाति भूलने के लिए तैयार नहीं है। दलित कवि अपनी जाति का विध्वंस करने के लिए पुनः-पुनः अपनी जाति रटते हुए दिखाई देता है। यह एक विचित्र व्यंग्य है।

सवर्ण प्रियतमा दलित प्रियतम से प्रेम करती है परन्तु उसकी जाति का पता लगने पर नकार देती है, ऐसा इकहरे प्रेमभंग का दारुण चित्र दलित प्रेम कविता में प्रकट हुआ नज़र आता है। प्रेम भावना तो सभी बन्धन तोड़कर व्यक्त होती है। प्रेम को जाति धर्म का बन्धन रोक नहीं सकता। समाज के कठोर बन्धनों के कारण सवर्ण स्त्री को विवश होकर पीछे आना पड़ता है। ऐसे अनेक उदाहरण हैं। अनेक सवर्ण प्रियतमाओं ने अपने प्रेम के लिए जाति धर्म के बन्धनों को उखाड़ फेंक दिया है। परन्तु ऐसा अनुभव दलित प्रेम कविता में व्यक्त हुआ दिखाई नहीं देता। यह समय की मर्यादा हो सकती है। प्रेम की नहीं। ऐसी आशा करने में कोई हर्ज़ नहीं कि जैसे सामाजिक बन्धन ढीले होंगे, सवर्ण प्रियतमा अपने दलित प्रियतम के प्रेम के लिए जब पागल होगी तब दलित प्रेम कविता को एक अलग मार्ग मिलेगा। सवर्ण प्रियतमा को दूषण देने वाले दलित प्रियतम को संवेदनाक्षम और अन्तर्मुख होना आवश्यक है। यही सच्चे प्रेम का लक्षण हो सकता है।

7

दलित कवियों की प्रेम कविता केवल सामाजिक तफ़सील की कविता नहीं। कविता में समाज के भेदभाव के सूक्ष्म ताने-बाने की बुनाई और झलक देखने मिलती है। परन्तु इतना ही एक स्तर इस कविता का नहीं है। यह कविता उत्कट, भावरम्य और गहरे आशय से परिपूर्ण अभिव्यक्ति है। इस कविता में स्थित मनोहारी लय और रौद्ररम्य शैली अफ़लातून है। सुखदेव ढाणके, भुजंग मेश्राम, लोकनाथ यशवन्त, धर्मराज निमसरकर, प्रसेनजित, प्रकाश खरात तथा प्रकाश घोडके की कविताएँ मर्मस्पर्शी हैं। इस कविता में व्यक्त हुई प्रकृति मानवी भावनाओं का वाहक बना है। इस कविता में फैंटेसी के अजब रसायन का अनुभव करने मिलता है। दलित प्रेम कविता में प्रकृति के भव्य दिव्य रूपों का विलक्षण चित्रण मिलता है। दलित प्रेम कविता की भाषा शैली बिम्ब और प्रतीक पाठकों को अचम्भित करने वाली हैं।

'सात समुन्दर के पार एक भालों का प्रदेश है। वहाँ पेड़ों पर सुए उगते हैं। पक्षी सुइयाँ निगलते हैं। बिजलियों के प्रवाह से सूर्य का पानी बहता है। उसमें एक राजकुमारी स्नान करती है।' इस दलित कवि का ऐसी राजकुमारी से प्रेम है। काले बड़े पत्थरों का पहाड़ी प्रदेश अपने घोड़ों की साँस फूलने से पहले ही हम पार करें तो अच्छा! असूँड़ हाथियों का झुण्ड पीछे के क्षितिज के पार रखकर आया हूँ। बग़ैर काँटे के हरे गुलाब फूलों के पेड़ साथ दे रहे हैं, ऐसा अमूर्त वास्तव इस कविता में पढ़ने मिलता है। दहकते और धधकते विषम वास्तव की दाहक जलन के साथ बेतहाशा शुभ्र घोड़े-सी पूरे जंगल में हुई घंघराली पहाड़ पुकारें, रास्ते की माटी पर भीदि अस्पष्ट टापाजायें, पहाड़ की ढलान से जानेवाली अंटियावालियाँ, बनफूल खिलते समय का प्रिया का मौन इस कविता में पढ़ने मिलता है। मूर्त-अमूर्त, व्यक्त-अव्यक्त, स्वप्न-वास्तव, धूप-बारिश ऐसी उटपटांग, संवाद-विसंवाद स्तरों से व्याप्त प्रस्तुत कविता पढ़ते समय पूरवी बारिश के बाद नयनरम्य इन्द्रधनुष देखने का स्मरण जग जाता है। 'उदास घर के ऊपर से छप्पर की आवाज़ की फटकार करते हुए रात्रि का बन पंछी उड़ता जायेगा। पश्चिम के सूर्य किनारे पर अन्धकार एक्सचेंज होने वाले प्रदेश में भग्न सुरों का वाद्य पूरी रात उछालता रहेगा, मृदु कदमों के झंकार संगीत में चन्द्र मद्य की आँखों में उतारता रहेगा, उस गाँव की वह 'फूलरानी' गुलाब की सेना के साथ अँखुआती रहेगी। दलित प्रेम कविता में ऐसा भी वर्णन पढ़ने मिलता है। क्लिष्ट, दुर्बोध और शब्दभरमार अनाकलनीय प्रत्यय देनेवाला यह वर्णन है। कविता क्लिष्ट ही होती है। जब एकाध कला दुर्बोध लगने लगती है

तब रसिक को वह आह्वान-सी लगती है। कलाकार की अतिवैयक्तिक अनुभूति शब्दरूप लेते समय अनेक मोड़दार पगडंडियों से प्रवास करती है। अतिवैयक्तिकता और अतिसंवेदनक्षम तरलता के कारण बिम्बों और प्रतीकों की मुक्त बौछार शुरू होती है। यह उल्कापात होता है। यह तूफ़ानी बौछार होती है। ऐसे व्यक्त होने की ध्यानमग्नता बेवजह अनाकलनीयता को जन्म देती रहती है। यह अनाकलनीयता ही अभिव्यक्ति के विलक्षण रूप की भावरम्य प्रतीति बनती रहती है। गूढ़रम्य तथा भावरम्य होना कविता का स्थायी धर्म है। दलित कविता भी इस धर्म के लिए अपवाद है, ऐसा दिखाई नहीं देता।

'वह कभी भी नहीं बोलती
अनेक शतकों से एकाध बार बोलती है
बोलती है तब आग जलती है
माटी थर्रा उठती है
आकाश को भी तब उसका शब्द भारी लगता है।

–(सुखदेव ढाणके)

अथवा

तुम्हारी पलकों से
समुन्दर की गूँज तिरछे भाग में घुल जाते समय
अब तूफ़ान ही
मुझे महान बातें बताते हैं
तुम्हारी तूफ़ानी होंठों की

–(लोकनाथ यशवन्त)

अथवा

उसके हृदय की उत्तररात्रि
झुके चन्द्र-सा
गहरा विश्वास
इस पेड़ पर फैला देखते हुए
आँखों में भर आते हैं वेदनाओं के बगीचे
और रक्त में लबालब भर

बहता है गद्गद
उसी ने खोदा समुन्दर'

–(प्रकाश खरात)

दलित प्रेम कविता की प्रियतमा कभी राजकुमारी के रूप में तो कभी फूलरानी के रूप में भी मिलती है। यह दलित कवियों का सपना है। जिन्हें कभी भी प्रेम करने नहीं मिला, उन्होंने अपने मन के उत्कट प्रेम के रंग इन्द्रधनुष जैसे उछाले हुए दिखाई देते हैं। अपने अव्यक्त प्रेम को सिक्तता से व्यक्त करने का निर्मल प्रयत्न है यह। यह असम्भव की सम्भवता को शब्द में पकड़कर उसे मूर्तरूप देने की कृति है। इस कारण दलित कविता में स्थित प्रकृति जितनी अकृत्रिम लगती है उतनी ही वह भ्रामक तथा अवास्तव भी लगती है। अनेक बार यह चमत्कृति कलात्मकता का रूप धारण करती हुई नज़र आती है। आशय, अर्थ, रूप और सन्दर्भों से यह कविता सजी हुई दिखाई देती है। समाज का दैन्य, दास्य और दुःख के साथ ही अतर्क्य और अमूर्त वास्तव से भी दलित कवि सहजता से सामना करता हुआ नज़र आता है।

8

दलित प्रेम कविता अनेकार्थों से अलग है। ऐसा हो तो भी यह कविता 'वेदना विद्रोह' का वर्तुल लाँघ न सकी ऐसा दिखाई देता है। 'तुम योद्धा हो, मैं योद्धा हूँ। हमें लड़ना है', यही एक प्रमुख सुर उच्चरव में गूँजता हुआ नज़र आता है। यहाँ मानव अन्तस्तल की समग्र भावनाएँ रसमसाकर प्रकट नहीं हुई हैं। अन्तस्तल से भी रणभूमि को प्रधानता दी जाने से शस्त्रों की झनझनाहट सुनाई पड़े, रोमहर्षक पुकारें सुनाई पड़ें, युद्ध की मन में थर्राहट पैदा करने वाली कवायतें दिखने लगें, उसी तरह दलित प्रेम कविता में प्रकट होते हुए दिखाई देता है। दलित प्रेम रणरागिनी का उग्र तथा दाहक रूप लेकर व्यक्त होता हुआ नज़र आता है। इसी कारण यह कविता पारम्परिक प्रेम कविता की तुलना में अलग स्वरूप की लगती है। यह उसकी मर्यादा है और बड़प्पन भी।

9
दलित कथा

अनेक मराठी दलित लेखकों ने बाबासाहेब आम्बेडकर द्वारा प्रारम्भ किये नियतकालिकों में कथा-कविताएँ लिखी हैं। 1933 से 1958 ई. के दरमियान दलित लेखकों की कुल 115 कथाएँ प्रकाशित हुई दिखाई देती हैं। बाबासाहेब आम्बेडकर ने प्रारम्भ किये नियतकालिकों में प्रकाशित हुई कथाएँ बाबासाहेब का विचार तथा कार्य का प्रचार एवं प्रसार करने के उद्देश्य से लिखी दिखाई देती है। बन्धु माधव, शंकरराव खरात तथा अण्णाभाऊ साठे दलित साहित्य के उदय काल के महत्त्वपूर्ण लेखक हैं। इनके साहित्य से यह संकेत कि 'हम भी मनुष्य हैं' व्यक्त होता हुआ दृष्टिगत होता है। इस समय की कहानियों में से दलितों की व्यथा वेदना प्रकट हुई हैं। प्रारम्भिक कहानियों में दलितों की मर्मान्तक वेदना और आक्रोश व्यक्त हुआ दिखाई देता है। ये कहानियाँ सवर्णों के मन में दयाभाव जाग्रत होने हेतु लिखी नज़र आती है। ये कहानियाँ मनुष्यता की माँग करने वाली, दया-याचना करने वाली और अपनी व्यथाएँ कथन करने वाली हैं। इन कहानियों द्वारा दलितों के जीवन का दारुण दुःख व्यक्त होता हुआ नज़र आता है। ऐसा तफ़सील देते हुए यह कहानी प्रारम्भ होती है, 'हम भी मनुष्य हैं, हमारा भी रक्त आपके जैसा लाल है।' इन कहानियों द्वारा व्यक्त होनेवाली वेदना शरीर पर रोंगटे खड़े करने वाली है। 'सांगावा', 'विखारी भाकरी' और 'श्मशानातलं सोनं' कहानियाँ दलितों के दारुण दुःख की प्रतिनिधि कहानियाँ लगती हैं। इन कहानियों में अंकित वेदना जानलेवी है।

बाबूराव बागुल ने दलित कहानी को विद्रोही आवाज़ दी। दलितों की वेदना विस्फोटक रूप से व्यक्त होने लगी। बागुल के कहानी के पात्र विद्रोही हैं। वे प्रस्थापित व्यवस्था नकारते हुए नज़र आते हैं। ये पात्र पूजा-अर्चना के विरुद्ध बोलते हुए दिखाई देते हैं। बाबूराव बागुल की कहानी ने दलित साहित्य को विद्रोह के रसायन की पूर्ति की। दलित साहित्य को एक अलग बदलाव मिला। अमिताब,

वामन होवाळ, योगिराज वाघमारे जैसे कहानीकारों ने दलित कहानी क्षेत्र समृद्ध किया। दलित कहानी दलित जीवन की दाहक अनुभूति है। दलित लेखकों ने दलितों पर होने वाला अन्याय, अत्याचारों को अपनी कहानी के विषय बनाये। इन कहानियों से दलितों के मन की छटपटाहट, सन्ताप, नकार, विद्रोह और विप्लव व्यक्त हुआ नज़र आता है। ये कहानियाँ दलितों के जीवन की विविध भाव-भावनाएँ व्यक्त करने वाली हैं। दलित कहानी दलितों की वेदना और बोली के कारण अलग ठहरी है। इन कहानियों द्वारा दलितों के न्याय अधिकारों का उद्गार सुनाई देता है। साथ ही इन कहानियों द्वारा दलितों के बदलते जीवन की प्रतिक्रियाएँ प्रकट हुई दिखाई देती हैं। इन कहानियों द्वारा गाँवकामगार महार से लेकर दलित नौकरपेशाओं के जीवन के विविध पहलू और स्तर खुलेपन से दर्शाये हुए दिखाई देंगे। इन कहानियों द्वारा दलित-सवर्णों के बीच का तनाव जिस प्रकार व्यक्त हुआ है उसी प्रकार दलितान्तर्गत का मनमुटाव भी व्यक्त हुआ है। दलितों के बीच के तनावों के प्रमाण के रूप में अर्जुन डांगळे की 'आणि बुद्ध मरून पडला' कहानी की ओर देख सकते हैं।

अमिताब, उत्तम बंडू तुपे और तु.लिं. कांबळे ने अपने कहानी लेखन के लिए बोली-भाषा का अत्यन्त अच्छा उपयोग किया है तो वामन होवाळ ने अपनी वेदना हास्य और व्यंग्य के आधार पर व्यक्त की है। रविश्चन्द्र हडसनकर, भीमसेन देठे, प्रकाश खरात और अर्जुन डांगळे की कहानियों में उपरोध और उपहास भेदकता से व्यक्त होते हुए दिखाई देता है। अनेक दलित लेखकों ने दलित कहानी का क्षेत्र समृद्ध किया है।

1

दलित कहानी दलितों की वेदना और प्रश्नों की कहानी है। वर्णव्यवस्था ने इस कहानी को व्यक्त होने का अधिकार नकारा था। यह कहानी विश्व भीषण और भयावह है। मध्यमवर्गीय पाठकों को ये कथाएँ ख़राब और अशिष्ट महसूस हो सकती है। दलित समाज और मनुष्य साहित्य का विषय हो सकता है, यह कल्पना ही मूलत: असम्भव श्रेणी की थी। दलित समाज यानी गन्दगी का गड्ढा है, उनके जीवन में काव्य नहीं उस वजह से उनके जीवन पर आधारित साहित्य की निर्मिति नहीं हो सकती, ऐसा यहाँ के लेखक तथा पाठकों को लगता था। रुपहला और धौला जीवन ही साहित्य का विषय हो सकता है, ऐसी उनकी दृढ़ धारणा थी। दलित साहित्य ने मनुवादी मानसिकता पर प्रहार किये। दलित कथा के पात्र और प्रसंग पढ़ते समय

मध्यवर्गीय पाठक हकबका गया। आज तक अज्ञात बहिष्कृत विश्व प्रथम ही उसे पढ़ने मिला। एक अनोखा अनुभवविश्व प्रथम ही साहित्य में व्यक्त हुआ। इसी कारण दलित कथा में बहिष्कृत मनुष्य का स्वर व्यक्त हुई था। इसी कारण दलित कथा में गाँव के मनुष्य की आवाज़ व्यक्त हुई थी। यह आवाज़ निडर तथा भयावह थी। इस आवाज़ में स्थित भाषा भयावह अललटप्पू, असभ्य और अश्लील थी। ये पात्र बेमुरौवत तथा उद्धत लगते थे। मूलतः इस कहानी का स्थायी भाव यही था। दलितों का व्यक्त होना सवर्ण मानसिकता को जलन देनेवाला था। परिणामतः दलितों के अधिकार की भाषा भी उन्हें उद्धत और अश्लील लग रही थी। परम्परा को तोड़मरोड़ करते हुए, सभी सभ्य तथा शिष्ट संकेतों का विरोध कर, किसी की भी परवाह किये बग़ैर दलित लेखक लिखने लगा। उसके लेखन में वेदना और विद्रोह के कारण उसकी अभिव्यक्ति आकर्षक ठहरी। एक मौन समाज की सांस्कृतिक गतिविधि शुरू हुई। निम्न समाज में विस्फोट होने लगे। शोषितों की आवाज़ भूचाल जैसी प्रकट हुई। दबे हुए समूह ज्वालामुखी जैसे सक्रिय हुए। परिणामतः प्रस्थापितों के पैरों तले की ज़मीन खिसकने लगी।

दलित साहित्य सांस्कृतिक विद्रोह का नाम है। दिखाई देता है कि दलित लेखकों ने अपने लेखन के माध्यम से यजमान समाज को अपराधी के पिंजड़े में खड़ा करके उनके गुनाहों और अमानवी कृत्यों का हिसाब पूछने का काम बड़े पैमाने पर किया है। परिणामतः इन कहानियों में अलिप्तता, तटस्थता दृष्टिगत नहीं होती। ये कहानियाँ हाय लगने के उद्रेक से जन्मी हैं। उस कारण उनमें स्थित आवाज़ सन्तप्त और आक्रमक लगती है।

दलित लेखकों की जो कहानियाँ 1930 से 1960 ई. के दरमियान प्रकाशित हुई हैं; उनका स्वरूप प्रचारक और जनजागरणात्मक है। ये कहानियाँ हिन्दू धर्म के अनिष्ट रीति-रिवाज तथा रूढ़ियों के विरुद्ध बोलती हैं। अस्पृश्यों पर सार्वजनिक स्थानों पर होने वाला प्रतिबन्ध, दरिद्रता, अज्ञान, अन्धश्रद्धा, अकाल, ऋण और महार समाज की पौनेदारीविषयक ये कहानियाँ लिखी हुई दिखाई देती हैं। अन्याय के एक-एक विषय का चयन कर उसके विरोध में ये कहानियाँ लिखी हुई महसूस होता हैं। इन कहानियों द्वारा प्रमुख रूप से ग्रामीण दलित समाज प्रकट होता हुआ नज़र आता है। दलित लेखकों ने 1930 से 1960 ई. तक के दशकों में जो लेखन किया है, वह करुणता से सिक्त है। दलित साहित्य का दुधारा स्वरूप यह है कि सवर्ण पाठकों के मन में मनुष्यता की भावना निर्माण करना और दलित समाज को अन्याय-अत्याचार से अवगत करा देना।

1947 ई. में देश स्वतन्त्र हुआ। दलितों की मानसिकता पर इस घटना का दूरगामी परिणाम हुआ। बाबासाहेब आम्बेडकर ने 1956 ई. में अपने हज़ारों अनुयायियों के साथ धर्मान्तर किया। दलितों के समग्र जीने पर इस घटना का भी दूरगामी परिणाम हुआ। स्वतन्त्रता मिली पर व्यवस्था वही रहा। क़ानून के समक्ष सभी को समान माना गया। प्रत्येक को मतदान का अधिकार मिला परन्तु सामाजिक विषमता नष्ट नहीं हुई। डॉ. बाबासाहेब आम्बेडकर का 1956 ई. में निधन हुआ। यह महानिर्वाण था। 'धर्मान्तर' और 'महानिर्वाण' जैसी घटनाएँ दलित आन्दोलन के विकास के सोपानों में अत्यन्त महत्त्वपूर्ण ठहरती हैं।

'धर्मान्तर' और 'महानिर्वाण' पश्चात् का काल संक्रमण का काल है। इस समय प्रचण्ड रिक्तता का एहसास होता रहा। रिपब्लिकन नेता सत्ता और स्वार्थ में जकड़े रहते हुए दिखाई देते हैं। आम्बेडकरी आन्दोलन का गुट-गुट में विभाजन होता हुआ नज़र आता है। ऐसे समय में दलित साहित्य ने दलित समाज को सांस्कृतिक नेतृत्व देने का काम किया है। शंकरराव खरात, अण्णाभाऊ साठे, बन्धुमाधव और बाबूराव बागुल के साहित्य के कारण मराठी दलित साहित्य की नींव मज़बूत हुई। दलित साहित्य में 1930 से 1960 ई. के काल में व्यक्त 'क्रौर्य-करुणता-करुणा' जैसी भावनाएँ दूर होती गयीं और 1960-1990 ई. के दरमियान 'वेदना-विद्रोह और आत्मनिन्दा' जैसी भावनाएँ प्रमुख बनती हुई दृष्टिगत होती हैं। अनेक मराठी दलित लेखकों ने दलितान्तर्गत का भेदा-भेद, गुटबाज़ी, स्वार्थान्धवृत्ति पर तीखे प्रहार किये हैं।

महार पौनेदारी के जीवन का विदारक चित्रण करने वाली अनेक कहानियाँ लिखी गयीं। अण्णाभाऊ साठे की 'श्मशानातलं सोनं', शंकरराव खरात की 'सांगावा' और बन्धुमाधव की 'विखारी भाकरी' ये कहानियाँ प्रातिनिधिक स्वरूप की हैं। ये कहानियाँ मानो दलितों के भयावह अतीत की भीषण हक़ीक़तें हैं। दलितों के जीवन की भयानक अप्रतिष्ठा और क्रूर शोषण इन कहानियों द्वारा व्यक्त होता हुआ दिखाई देता है। पहली पीढ़ी के प्रतिनिधि के रूप में अण्णाभाऊ साठे, शंकरराव खरात और बन्धुमाधव कहानीकारों का उल्लेख करना होगा।

उर्मिला पवार की 'चौथी भिन्त' और योगिराज वाघमारे की 'कावळे' कहानियाँ भेदक उपरोध और उपहास से व्यक्त हुई हैं। उर्मिला पवार की 'चौथी भिन्त' में वृद्धाश्रम के अनाथ वृद्धों के मन की जातीयता मरण की दहलीज पर भी कितना जीवट चिलखत पहनकर खड़ी है, इसका वर्णन व्यक्त हुआ है तो योगिराज वाघमारे की 'कावळे' कहानी मनुष्य में स्थित पशुता का दर्शन करने वाली है। 'चौथी भिन्त' और 'कावळे' कहानियाँ विलक्षण अस्वस्थ करने वाली कहानियाँ हैं।

दलितों ने हिन्दू धर्म का त्यागकर 'बौद्ध' धर्म का स्वीकार किया। यह केवल धर्म बदलना नहीं था। यह एक सांस्कृतिक क्रान्ति थी। दलितों के इतिहास का यह 'स्वातन्त्र्य' था। धर्मान्तर के कारण दलितों का अन्तर्बाह्य जीना ही बदल गया। वामन होवाळ की 'नवी वाट' कहानी धर्मान्तर का सन्दर्भ लेकर व्यक्त होती हुई दिखाई देती है। दलित समाज में ईश्वर के नाम से बच्चों को अर्पित करने की रूढ़ि थी। इस प्रथा के अनिष्ट रूप हैं–पोतराज, बाघ्या, मुरली, देवदासी। धर्मान्तर के कारण अनेक ने हिन्दू देवी-देवताओं को नकारा। जंगली रूढ़ि के विरुद्ध विद्रोह किया। वामन होवाळ की कहानी 'नवी वाट' में इस विद्रोह की प्रतिध्वनियाँ सुनाई देती हैं। यही संवेदना उत्तम बंडू तुपे के 'जग' कथा में व्यक्त होती हुई दिखाई देगी।

धर्मान्तर के बाद 'नामान्तर' आन्दोलन नामक महत्त्वपूर्ण सोपान आता है। दलित साहित्य का आन्दोलन धर्मान्तर से शुरू होता है तो नामान्तर से 'दलित पैंथर' आन्दोलन सर्वदूर पहुँच जाता है। शिक्षा तथा आरक्षित स्थानों के कारण दलित युवक अध्ययन कर रहे थे। शासकीय सेवा में दाखिल हो रहे थे। नौकरियाँ, शासकीय योजनाओं के कारण दलितों की प्रगति हो रही थी। दलित पैंथर आन्दोलन के कारण दलित तरुण लापरवाही से बोलते थे। दलितों का स्वाभिमान सवर्णों को ठेस पहुँचाने वाला था। हज़ारों वर्षों से जूते के नज़दीक मनुष्य सत्ता और अधिकार प्राप्त करवा रही थी। जीवन के हर क्षेत्र में अपनी छाप रेखांकित करा रही थी। देहातों क़स्बों-पाड़ों के दलितों ने ग्राम शासन को नकारा था। स्वाभिमान से जीना शुरू किया था। यह बात सवर्णों को पसन्द नहीं थी। नामान्तर आन्दोलन के काल में नामान्तर विरोधकों ने स्वाभिमानी दलितों पर अन्याय किया। उनके घर आदि जलाये। पोचिराम कांबळे नामान्तर आन्दोलन का शहीद। सवर्णों ने पोचिराम कांबळे का ख़ून किया। पोचिराम के बेटे चन्दर ने उसका बदला लिया। अनेक दलित कवि तथा कथाकारों को इस घटना ने प्रेरणा दी है। अविनाश डोळस की 'शान्तिदूत की खोज में' कहानी में नामान्तर आन्दोलन का धधकता विद्रोह व्यक्त हुआ है।

दलितों में भी अनेक जाति-उपजातियाँ हैं। ये जातियाँ एक-दूसरे को हीन समझती है। अनेक बार दलितों के बीच की जातियों का आपस में संघर्ष भी होता है। दलितों के बीच की जातियाँ जब तक नष्ट नहीं होंगी तब तक दलितों का अभेद्य संगठन सम्भव नहीं। बौद्ध समाज की गुटबाज़ी हो या महार-मातंग संघर्ष हो; इससे आन्दोलन की बहुत हानि हुई है। दलित लेखक को दलितांतर्गत की यह अनबन अस्वस्थ करती हुई दिखाई देती है। इसका प्रमाण अर्जुन डांगळे की 'आणि बुद्ध मरून पडला' कहानी देती है।

दलित समाज अखण्ड नहीं। वह जाति-जमात में विभाजित है। प्रत्येक जाति-उपजाति की मानसिकता, जीवनपद्धति और भाषा में भी अन्तर है। दलितों के बीच की जाति-उपजातियों में मनमुटाव और तनाव है। इन जातियों में रोटी-बेटी व्यवहार नहीं होता। दलित लेखक इस कटु वास्तव की ओर दुर्लक्ष नहीं करता। अपने समाज के भेदभाव पर वह प्रहार करते हुए दिखाई देता है। यद्यपि दलितों ने हिन्दू धर्म और हिन्दू देवी-देवताएँ नकारी हों तो भी उन्होंने बुद्ध-आम्बेडकर को देवत्व दिया है।

आरक्षित स्थानों के कारण दलितों का शासकीय कार्यालयों में प्रवेश हुआ। दलितों को नौकरियाँ मिलीं तो भी उनके प्रश्न छूटे नहीं। दलित कर्मचारी पर विविध तरह से अन्याय किया जाता है। उसका निरन्तर अनादर किया जाता है। उसे दोयम समझा जाता है। मानसिक स्तर पर उसका दम घोंटा जाता है। आरक्षित पद के कारण नौकरी में जुड़े दलित कर्मचारी की जो मानसिक दुर्गति होती है, उसका प्रत्ययकारी वर्णन अनेक दलित लेखकों ने किया है। ऐसा भी चित्र दिखाई देता है कि कई बार आरक्षित स्थान के कारण उच्चपदस्थ अधिकारी अपने ही समाज का शोषण करता है। शिक्षा तथा नौकरियों के कारण दलितों में निर्माण हुआ नवीन मध्यम वर्ग समाज तथा आन्दोलन से दूर हुआ है। दलितों का शिक्षा तथा सत्ता के कारण काया-परिवर्तन हुआ हो तो भी उनकी जाति नष्ट नहीं होती। एकाध दलित उच्चपदस्थ अधिकारी अथवा मन्त्री हुआ तो भी उसकी जाति को भूलते नहीं। ऐसे दलित अधिकारी का अन्तरजातीय विवाह हुआ हो तो उसकी त्रासदी में वृद्धि ही होती है। सवर्ण पत्नी के साथ बसर करते समय स्वसमाज की ओर दुर्लक्ष करना पड़ता है। सुशिक्षित दलितों के दु:ख पौनेदार दलितों के दु:ख से अलग हैं।

व्यवस्था कोई भी क्यों न हो उसे लगता है कि उसका कोई शत्रु न हो। सवर्णों को 'शान्तिदूत की खोज में' का पोचिराम नहीं चाहिए, 'नीले झण्डों में' का शरण नहीं चाहिए। 'विखारी भाकरी' का येताल का पोता महादेव नहीं चाहिए, क्योंकि व्यवस्था को उध्वस्त करने वाले विस्फोटक हैं।

दादासाहब मोरे की 'विमुक्त' कथा अस्वस्थ करने वाली है। लड़के की शल्यक्रिया के लिए माँ को गिरवी रखना पड़ता है, माँ भी अपने लड़के की शल्यक्रिया के लिए गिरवी रहने तैयार होती है, यह भयानक सत्य है कि पति भी पैसे के लिए पत्नी को गिरवी रखता है। गिरवी रखी स्त्री अपने बच्चों, संसार के आकर्षण से भाग आती है तब जाति पंचायत सजा सुनाती है। प्रस्तुत कथा बेचैन करने वाली है। क्या पढ़कर मन सुन्न होता है। मन को बड़ी टीस पहुँचती है। कथा का अन्त

आश्वासक है। अविनाश डोळस की कथा का अन्त 'एक छोटा हरा जंगली पौधा भी दिख रहा था,' ऐसे वाक्य से होता है तो दादासाहब मोरे की कथा का अन्त 'उसी समय सूर्य उग रहा था' वाक्य से होता है। इन कथाओं में फुले-आम्बेडकर द्वारा अँखुआए स्वप्न उगते हुए दिखाई देते हैं।

2

दलित कथा का आकर्षण स्वमन की तुलना में समाज की ओर अधिक दृष्टिगत होता है। ये कथाएँ समाज की घटना-प्रसंगों पर आधारित हैं। समाज की गतिविधियाँ और हलचल के माध्यम से दलित कथा आकार लेती हुई नज़र आती है। इससे समाज को अलग नहीं कर सकते। ये कथाएँ समाज की हैं। ये समाज के लिए ही लिखी हैं। इस कथा का पाठक समाज है; निवेदक समाज है। यह कथा समाज प्रधान है। दलित कथाओं के पात्र नवीन समाज रचना की इच्छा से प्रेरित हुए हैं, साथ ही 'स्व' की खोज करते हुए संघर्ष कर रहे हैं। दलित लेखक को अभिप्रेत मानव मूल्यों के रसायन से यह प्रक्रिया जन्मी है।

दलित कथा के विकास के सोपान दलित समाज के विकास के आलेख पर आधारित दिखाई देंगे। दलित कथा का दलित समाज समानता, स्वातन्त्र्य, न्याय तथा बन्धुता जैसी नवीन दिशा से तूफ़ानी गति से निकला है। परन्तु सवर्ण समाज तो दलितों के न्याय हकों के बारे में अधिक कट्टर तथा प्रतिरोधी होता हुआ नज़र आता है। 'सांगावा' का 'रामा', 'विखारी भाकरी' का 'येताळा' और 'शान्तिदूताच्या शोधात' का 'पोचिराम' एक चढ़ती कमान है। रामा अन्याय सह लेता है परन्तु उसके विरोध में विद्रोह नहीं करता। येताळा अन्याय सह लेता है। उसके विरोध में विद्रोह नहीं करता। परन्तु उसके मन में विद्रोह भावना जग जाती है। पोचिराम अन्याय के विरुद्ध लड़नेवाला है, इसलिए गाँववाले उसका ख़ून करते हैं।

'सांगावा' के रामा का छोटा लड़का यानी भूख का भग्न चित्र है। 'बा! रोटी लायी?' छोटे लड़के का यह भयावह प्रश्न आख़िर तक अनुत्तरित ही रहता है। 'विखारी भाकरी' के येताळा का पोता महादेव। यह 'सांगावा' के लड़के से भिन्न स्वरूप का है। उसे अन्यायी व्यवस्था की पहचान है। परन्तु वह परिस्थिति शरण है। 'सांगावा' में कष्ट करके भी रोटी नहीं मिलती। 'विखारी भाकरी' में भी कष्ट करके रोटी नहीं मिलती। भूख मिटाने के लिए जब रोटी नहीं मिलती तब येताळा गोबर-मूत्र से ज़हरीली बनी रोटी लेता है। यह ज़हरीली रोटी खाकर वह तड़प-तड़प कर मरता

है। यह मरण अस्वस्थ करने वाला है। उद्रेक को जन्म देनेवाला है। आगे चलकर यह मरण 'शान्तिदूताच्या शोधात' कहानी में पोचिराम की हत्या के रूप में दिखाई देता है। 'येताळा' और 'पोचिराम' की बलि इस व्यवस्था ने ली है।

'सांगावा' का अन्त मौन सहते हुए होता है, 'विखारी भाकरी' का अन्त अछूतों के काम नकारना चाहिए, यह स्पष्ट कहने में होता है तो 'शान्तिदूत की खोज में' कहानी का अन्त 'ख़ून का बदला ख़ून' करके होता है। 'सांगावा' के राम का छोटा लड़का, 'विखारी भाकरी' का महादेव और 'शान्तिदूत की खोज में' का चन्दर बदल ते समय के कदम लगते हैं। परन्तु दलित कथा में व्यक्त होने वाला सवर्ण समाज खलनायक के रूप प्रकट होते हुए दिखाई देता है। गाँव तथा ग्रामवासी दलितविरोधी षड्यन्त्र ही लगता है। अछूतों के काम और अछूतों के काम के बदले मिलने-वाली भीख दलितों के जीविकोपार्जन के दयनीय साधन हैं। सवर्ण समाज हज़ारों वर्षों से चलती आयी उन्मत्त जातिव्यवस्था की रक्षा करने वाली फ़ौज जैसा है। यह फ़ौज पोचिराम का ख़ून करती है; परन्तु पोचिराम का लड़का चन्दर तो अपने पिता के ख़ून का बदला लेता है। 'सांगावा' की वेदना 'विखारी भाकरी' में निषेध का रूप लेती है तो 'शान्तिदूत की खोज में' विद्रोह का रूप धारण करती हुई दिखाई देती है।

दलित कथा में व्यक्त हुई सवर्ण स्त्री भी अध्ययन का विषय होना चाहिए। 'नवी वाट' का 'हणमा' हो या 'नीळे झण्डे' का 'शरण' हो, ये पात्र सवर्ण स्त्री के जबरदस्त आकर्षण से अभिभूत नज़र आते हैं। 'नवी वाट' का हणमा नाना की बहुओं को नचाने के लिए पोतराज बनता है, 'नीळे झण्डे' का शरण अपनी सवर्ण प्रेयसी के लिए अपने सम्पूर्ण परिवार के हत्याकाण्ड की जबरदस्त क़ीमत चुकाता है। वामन होवाळ, शरणकुमार लिंबाळे, कुमार अनिल की कथाओं में सवर्ण स्त्रीविषयक होनेवाली आसक्ति और आकर्षण, आदर और पसन्द, धिक्कार और द्वेष जैसी भावनाएँ व्यक्त हुई दृष्टिगत होती हैं।

उत्तम कांबळे की 'माकड' कहानी पाठकों को दुःख पहुँचाने वाली है। श्री. म. माटे के मन की दलितोंविषयक करुणा लेकर उत्तम कांबळे की कहानी व्यक्त होती हुई दिखाई देती है। उनकी शैली प्रत्ययकारी और चित्रदर्शी है। बनों-जंगलों के बन्दर और जनजाति के शरणाप्पा के घर के बन्दर के बीच कितना बड़ा अन्तर है, यह जानकर पाठक परेशान हो सकता है। दंगल में होनेवाली सार्वजनिक सम्पत्ति की तोड़फोड़ ब्रेकिंग न्यूज ठहरती है। परन्तु यह किसी के भी ध्यान नहीं आता कि बन्दर का खेल दिखाकर जीविकोपार्जन करने वाले परिवार की दंगल के कारण कैसी

दुर्दशा होती है। उत्तम कांबळे ने दंगल की आँच बन्दरवाले को कैसे उध्वस्त करती है, उसका मर्मस्पर्शी चित्रण किया है। उत्तम बंडू तुपे की 'जग' कहानी भी ऐसी ही अस्वस्थ करने वाली है। 'जग' में देवदासी के जीवन की दुर्दशा का अंकन किया है। 'जग' के दलित जीवन का तफ़सील सन्दर्भ यदि पढ़े तो दलित लेखक ही दलित साहित्य लिख सकता है, इसका प्रत्यय आयेगा। उत्तम बंडू तुपे की बोली-भाषा और इस बोली की काव्यात्मकता की तरल लय लक्षणीय है। वामन होवाळ और उत्तम बंडू तुपे की कहानियाँ ईश्वर के प्रति बच्चे समर्पित करने वाली प्रथा पर लगातार प्रहार करने वाली हैं। वामन होवाळ की 'नवी वाट' का हणमा हो या उत्तम बंडू तुपे के 'जग' की राधा हो, उनके मन में विद्रोही एहसास निर्माण हुए हैं।

गौतमीपुत्र कांबळे की कहानियाँ दलित कहानी को प्राप्त हुआ सौन्दर्य स्थान है। यह साहित्यविषयक प्रगल्भ संवेदना का दलित कथाकार है। अस्वस्थ करने वाला आशय, अनगढ़ शैली और बिम्ब, प्रतीकों के भारी बोझ से लदी वाक्य संरचना के कारण गौतमीपुत्र कांबळे की कहानी पाठकों को आह्वानात्मक लगती है। उनकी कथाएँ दूर की मंजिल का विचार करने बाध्य करने वाली हैं। 'विरूपनगरी' उसका उत्तम उदाहरण कह सकते हैं। वामन होवाळ, उत्तम बंडू तुपे और गौतमीपुत्र कांबळे अपनी कहानियों में से ईश्वरशाही पर हमले करते हुए दिखाई देते हैं। अनिष्ट प्रथा और रूढ़ि के चीथड़े निकालते हुए नज़र आते हैं।

दलित लेखक ईश्वरप्रदत्त प्रतिभा से सम्पन्न कलाकार नहीं है। वह जीवन के विविध स्तरों पर संघर्ष करता है। वह जाति से मिला दोयमपन लेकर खड़ा है। उपहासपूर्ण, तिरस्कृत अस्तित्व उसकी पारम्परिक पूँजी है। उसे दलित के रूप में जन्म से लेकर मरण तक एक दमनयन्त्रणा में विचरण करना पड़ता है। वह जातिव्यवस्था और जातीय प्रवृत्ति के विरुद्ध अविरत लड़ रहा है। उसका यह लड़ना उसके साहित्य द्वारा व्यक्त हो रहा है। दलित लेखक केवल कलाकार नहीं है तो वह कार्यकर्ता भी है। वह जिया, भोगा तथा देखा हुआ लिखता है। परिणामतः उसकी अभिव्यक्ति प्रस्थापित अभिरुचि में बदलाव कर रही है। दलित लेखक का कार्यकर्तापन, उसके समाज के प्रश्न और जातिविशिष्ट अनुभवों के कारण उसका साहित्य मराठी साहित्य में विलक्षण अलग ठहरता है।

दलित लेखक का लेखन आज विपुल रूप में प्रकाशित हो रहा है। दलितों का लेखन केवल दलित नियतकालिक अथवा दलित प्रकाशक छाप रहे हैं ऐसा नहीं तो प्रतिष्ठित प्रकाशन संस्थाएँ भी दलित साहित्य प्रकाशित करने में अग्रणी हैं। दलित

लेखकों की संख्या बढ़ गयी है। अलग-अलग जाति-जमात के लेखक लिख रहे हैं। जिस तरह आन्दोलन और शिक्षा निम्न तबके तक पहुँचती है, उस तरह नवीन लेखक नवीन संवेदनाओं को लेकर दलित साहित्य में खड़ा रहता है। परिणामत: दलित साहित्य की मर्यादाएँ विकसित होती हैं।

दलित साहित्य का प्रारम्भिक प्रचारी स्वरूप परिवर्तित हुआ है। दलित साहित्य साहित्यिक गुणवैशिष्ट्यों द्वारा व्यक्त होता है। बोली भाषा, अशिष्ट आक्रमकता दूर रही और चिन्तनगर्भ काव्य तथा तरल ललित लेखन के पहलू से भी दलित लेखक लिखते हुए नज़र आता है।

3

दलित कथा की प्रकृति तथा चारित्र्य मराठी कहानी की तुलना में अलग है। पाठक इस कहानी को पढ़कर अस्वस्थ होता है। अन्तर्मुख होता है। यह कहानी मनुष्य की है। यह कहानी सच्ची है। दलित कथा में सुथरापन नहीं। मोहक शैली नहीं। बिम्ब-प्रतीकों की चाहत नहीं। आलंकारिक भाषा का उपद्व्याप नहीं। सीधी सरल भाषा में यह कहानी व्यक्त हुई है। यह कहानी दलितों की व्यथा है। इस कथा का दु:ख, दरिद्रता और प्रश्न काल्पनिक नहीं हैं। इस कहानी द्वारा उपस्थित समस्या महत्त्वपूर्ण है। यह कहानी विचार प्रवर्तक तथा प्रेरक है। यह कहानी जातिव्यवस्था के विरुद्ध, मनुष्य के शोषण के विरुद्ध खड़ी रहते हुए दिखाई देती है।

दलित कहानी की प्रेरणा, उसके पात्र, प्रसंग, भाषाशैली, अनुभव, वातावरण, अभिव्यक्ति और दलित लेखक की प्रतिबद्धता के कारण इस कथा की प्रकृति मराठी कहानी से अलग हुई है। यह कहानी ध्यान आकर्षित करने वाली है। वेदना, विचार और विद्रोह के कारण सामाजिक प्रवृत्ति की हुई है। उसमें साहित्यिक मूल्यों की तुलना में सामाजिक मूल्य अधिक प्रकर्षता से व्यक्त होते हुए दिखाई देते हैं। यह कहानी मनोरंजन करने वाली नहीं है। यह कहानी जनजागृति करने वाली है। इसका आशय, विषय मराठी कहानी की तुलना में अलग है। इसकी अभिव्यक्ति की पद्धति भी अलग है। सर्वार्थ से अलग होनेवाली यह कहानी बहिष्कृत समाज की कैफ़ियत ठहरी है।

ऐसा दृष्टिगत होता है कि दलित लेखक कथा लिखते समय अपने मन के साथ कुछ बातें निश्चित रूप में दृढ़ करता है। उसे बहिष्कृत समाजविषयक लिखना है, यह उसका युद्धक्षेत्र है, उसने अपने मन से निश्चित कर रखा होता है, उस पर हुए

अन्याय को वाणी देना है, ऐसा तय कर दलित लेखक ने अपनी ओर इस दुःख का प्रवक्तापन लिया है। उसे इस बात का एहसास होता है कि वह एक कहानी लिखने की तुलना में एक सामाजिक पीड़ा व्यक्त कर रहा है। परिणामतः वह साहित्यिक मूल्यों की तुलना में सामाजिक मूल्य अपने साहित्य में कैसे आविष्कृत होंगे, इसकी तरफ़ विशेष ध्यान देते हुए दिखाई देता है। अपना मनुष्य, अपना समाज, अपना अनुभव, अपनी भाषा अलग है। इसका उसे एकदम प्रारम्भ से एहसास है। उसके मस्तिष्क में कथाबीज बाद में आया है। उनकी कथा के जन्म के पूर्व उसकी वेदना जन्मी है। जातिव्यवस्था नष्ट करने के विचार से वह अभिभूत हुआ है और प्रेरित हुआ है। उसने विषम प्रस्थापित व्यवस्था के विरुद्ध क़लम उठायी है। उसकी कहानी यानी उसकी भूमिका। उसकी कहानी यानी उसके मन के असन्तोष का विस्फोट है। उसकी कहानी उसके दुःख की दस्तावेज़ है। उसकी कहानी हज़ारों वर्षों से न सुलझे प्रश्नों की उत्तरपत्रिका है। जिस प्रकार इस कहानी में प्रश्न व्यक्त हुए हैं वैसे इस कहानी ने उत्तर दिये हैं। यह कहानी मनुष्यता की भाषा बोलती है। यह कहानी मानवाधिकार की है। मानव धर्म की है।

दलित कहानी की त्वचा आन्दोलन की है। इस कथा के पीछे एक कार्यकर्ता का सक्रिय मन कार्य करता हुआ दिखाई देता है। परिणामतः यह कहानी तटस्थ अथवा अलिप्त नहीं लगती। वह अपने समाज की समर्थक है। उस कारण इस कहानी में आक्रमकता, आवेश और आन्दोलन का पैंतरा व्यक्त हुआ दिखाई देता है। इतना ही नहीं तो प्रेमकथा हो, दलितों के बीच की अनबन व्यक्त करने वाली कथा हो अथवा निजी जीवन का आविष्कार करने वाली कथा हो, उसमें सामाजिक परिवर्तन की आँच व्यक्त हुई नज़र आती है। जैसे-जैसे समय बदलता जा रहा है, वैसे-वैसे दलितों के प्रश्न अधिक क्लिष्ट होते जा रहे हैं। जातिव्यवस्था नवीन चेहरा धारण कर रही है। अन्याय-अत्याचार के साधन बदल रहे हैं। दलित समाज अन्याय के लोढ़े तले पीसा जा रहा है। उसका शोषण समाप्त नहीं हुआ है। उल्टा इस शोषण ने भीषण रूप धारण किया है। दलितों को इसका परिचय हुआ है। दलितों के शोषण के सभी रूप तथा परिमाण दलित कथा द्वारा प्रकट होते हुए नज़र आते हैं। जिस तरह यह कहानी समाज पर दोषारोपण करती है उस तरह स्वसमाज पर भी दोषारोपण करते हुए दिखाई देती है। वह स्वयं में स्थित दोष, अनबन और स्वार्थलोलुपता की धज्जियाँ उड़ाती हुई दृष्टिगत होती है। यह कहानी समाज समग्र रूप में बदल जायें ऐसा सम्यक एहसास लेकर व्यक्त होती हुई दिखाई देती है। परिणामतः पाठक के

मन में सामाजिक समानता का विचार जन्म लेता है। यह कहानी समानता, स्वातन्त्र्य, न्याय और बन्धुता जैसे विचारों की महत्ता करने वाली है। यह कहानी मनुष्य की है। मनुष्य के लिए व्यक्त हुई है। इस कहानी में आयी प्रकृति भी मनुष्य की वेदना व्यक्त करने वाली दूती रूप में महसूस होती है। इस कहानी की शैली और शब्द शस्त्र जैसे लगते हैं। यह लेखक कार्यकर्ता लगता है। इसी कारण इस कथा का मूल्यांकन करते समय इस कथा के सामाजिक मूल्य, उसमें व्यक्त हुआ आक्रोश और आवेश, विचार और प्रतिबद्धता की ओर आँखें अनदेखा नहीं कर सकते।

दलित लेखक को साहित्य के रूप की तुलना में अपनी पीड़ा अधिक महत्त्वपूर्ण लगती है। इस कारण उसकी कहानी आकारबद्ध, सुघड़ और कलात्मक नहीं लगती। वह इस कहानी के दाहक अनुभवों के कारण ध्यान आकर्षित करने वाली ठहरी है। दलितों के अनुभव-विश्व अलग होने से इस कथा पर विचार होता रहा। अनेक दलित कहानियों में से अन्याय अत्याचार के वहीं तफ़सील पुनः-पुनः व्यक्त होते रहने से यह कहानी ऊथल, रुक्ष और प्रचारी लगती है। दलित लेखकों ने साहित्यिक मूल्य, साहित्यिक प्रकारों की ओर ध्यान देने की तुलना में अपने मन की अस्वस्थता, सन्ताप, चिढ़ और निषेध की ओर ही अधिक ध्यान दिया हुआ दिखाई देता है। दया पवार, बाबूराव बागुल, कुमार अनिल और शरणकुमार लिंबाळे ने तो कहानी के लिए स्वकथन का प्रकार प्रयुक्त किया हुआ दृष्टिगत होता है। इस कारण यह कहानी अधिक जीवन्त, प्रत्ययकारी होती हुई नज़र आती है। तथापि कथा का रूप इससे व्यक्त होगा ही ऐसा नहीं। अनेक लेखकों ने अपनी कहानी में उपकथानक, बोली भाषा, प्रचारी संवाद, अपना हेतु साध्य करने वाला अन्त ऐसी क्लृप्तियों को प्रयुक्त किया नज़र आता है। इसी कारण भी दलित कहानी कृत्रिम और रचायी गयी व्यथा लगती है। कहानी की व्याप्ति, आकार और आशय की अभिव्यक्ति की दृष्टि से बहुत ही कम लेखकों ने गाम्भीर्य से विचार किया हुआ नज़र आता है। ये दलित कहानी की अन्तर्गत मर्यादाएँ हैं। सम्भवत: कुछ लेखक अपनी कमियों का समर्थन करने के लिए 'यह कलात्मकता का तोड़फोड़ का प्रकार है' ऐसी भी भूमिका लेंगे। ऐसे उत्तरों के कारण एक ओर लेखक सन्तुष्ट होंगे परन्तु पाठकों के आँचल में असन्तुष्टता ही आयेगी। दलित लेखकों को इस पर भी सजगता बरतनी होगी।

10
दलित नाटक

'महार के घर गाना, बामन के घर लिखना और कुनबी के घर दाना' ऐसी कहावत है। ऐसा माना जाता था कि गाना-बजाना अस्पृश्यों की कला है। इस कारण गाने बजाने की ओर तिरस्कृत नज़र से ही देखा गया। दलित लोककलाकार और उनकी कला उपेक्षित रही। दलित समाज निर्धन होने से वह अपनी कला का प्रदर्शन करके जी रहा था। कोल्हाटी जनजाति ने तो कलापथकों के आधार पर ही जीविका चलायी थी। लावनी नृत्य करने वाली 'कोल्हाटीन' को 'नाची' कहा गया तो सिनेमा में नृत्य करने वाली माधुरी दीक्षित को 'अभिनेत्री' कहा गया। दलितों की अनेक पीढ़ियों ने लोककला को सुरक्षित रखा। पोतराज, वाघ्या, मुरली, मसन जोगी, बहुरुपिया, रायरन्द (बहुरूपी), वासुदेव, साँप मदारी, मर्कटवाले, तिरमल, बुरबुर पोचम्मा, भालू नचानेवाला मदारी जैसी अनेक जनजातियों ने अपनी कला का प्रदर्शन करके भीख माँगी है। इन कलाकारों को राजाश्रय नहीं मिला। जनाश्रय भी नहीं मिला। उल्टा उन्हें पीड़ित किया गया। इसका एक उदाहरण निम्न जैसा है–

जे.सी. डैनियल ने अपना घर बेचकर पहला मलयालम सिनेमा तैयार किया। उन्होंने ही इस सिनेमा का लेखन, दिग्दर्शन किया और उसमें स्वयं नायक की भूमिका का अभिनय किया। उन्होंने 23 अक्तूबर 1930 ई. को त्रिवेन्द्रम में 'विगत कुमारन' मूक सिनेमा प्रदर्शित किया। उन्होंने इस सिनेमा में पी.के. रोसी (रोसम्मा) को नायिका की भूमिका दी थी। पी.के. रोसी ने इस सिनेमा में सरोजनी नामक 'नायर' स्त्री की भूमिका की थी। सिनेमा के पहले प्रदर्शन के लिए शहर के प्रतिष्ठितों को निमन्त्रित किया गया था। मूक सिनेमा प्रारम्भ होने के बाद पर्दे के पीछे से निवेदक निवेदन करता रहता था। इस सिनेमा के प्रदर्शन के दरमियान प्रेक्षकों ने गड़बड़ मचा दी। पर्दा जला दिया। प्रदर्शन बन्द कराया। उन्हें यह अपमानास्पद लगा कि नायर जाति की स्त्री की भूमिका एक दलित स्त्री निबाह रही है। साथ ही

उन्हें अछूत स्त्री को पर्दे पर नायिका के रूप में देखना पसन्द नहीं था। अस्पृश्य स्त्री पर्दे पर गायें, नाचें, हँसें और उसका अभिनय हम देखें? प्रेक्षकों ने तीव्र सन्ताप व्यक्त किया। पी.के. रोसी अभिनेत्री के लिए जीना दुश्वार हुआ। उसने मद्रास से पलायन किया। जे.सी. डैनियल को आर्थिक नुकसान सहना पड़ा। उसका आख़िरी समय विपन्नावस्था में बीता। इसी वृत्ति ने लोककलाकारों पर भी अत्याचार किये। तमाशा पर प्रतिबन्ध डालने की माँग की गयी। तमाशा के तम्बू पर हमले हुए। लोककलाकारों की अनेक पीढ़ियों ने अपनी कला पीढ़ी-दर-पीढ़ी सुरक्षित रखी। महात्मा फुले के काल में ब्राह्मणेतरों ने 'सत्यशोधक जलसे' शुरू किये। इन जलसों ने समाज परिवर्तन का कार्य प्रारम्भ किया। महात्मा फुले ने 'तृतीय रत्न' नामक नाटक लिखा। दलित नाटकों पर विचार इस नाटक से ही करना होता है।

सत्यशोधक जलसों ने ब्राह्मणों के विरुद्ध प्रखर आलोचना की। इस जलसे के साथ ही दलित लोककलाकारों के तमाशा के कार्यक्रम आयोजित किये जाते थे। लोककलाकार गाँव-गाँव जाकर तमाशा प्रस्तुत करते थे। उन्हें यात्रा तथा ऊरुसों के समय अनेक गाँवों से निमन्त्रण मिलता था। गाँव के बाहर तमाशा का फड़ चलता था। तमाशा में ग्राम्य, अश्लील और हँसी के फव्वारे छूटनेवाले प्रसंग होते थे। लावनी गायिका, लावनी पर नाचनेवाला नचनिया; डफली, हार्मोनियम, ढोलकी तथा इकतारा बजानेवाले वादक; इतने कलाकार एकत्रित आकर तमाशा प्रस्तुत किया जाता था। पश्चात् के काल में स्त्रियाँ नाचनेवाली के रूप में काम करने लगी। तमाशा मनोरंजनप्रधान कला थी। तमाशा में नाचनेवाली कलाकार प्रेक्षकों का मुख्य आकर्षण होती थी। जागरण, गोंधल, भारूड़, दशावतार, लळित, तमाशा, नाच, मदारी, डोंबारी, बाजीगर, बन्दरवाले, तिरमल, बुरबुर पोचम्मा, गुड़ियों का खेल खेलनेवाले, भालू नचानेवाले मदारी की कला देहाती लोगों का मनोरंजन करती थी। ग्रामीण क्षेत्र में मनोरंजन के साधन नहीं होते थे। लोककलाकारों ने लोककलाओं को सुरक्षित रखा। उनका जीना उन कलाओं पर ही निर्भर था। डॉ. बाबासाहेब आम्बेडकर के विचारों का प्रचार और प्रसार करने का व्रत उन्होंने स्वीकारा। भीमराव करडक, वामनदादा करडक, केरुबाबा गायकवाड, दीनबन्धु और अण्णाभाऊ साठे जैसे शाहीरों ने समाज जागरण क़ा बीड़ा उठाया।

सत्यशोधक जलसा और आम्बेडकरी जलसा के माध्यम से समाज जागरण हुआ है। गोपाळबाबा वलंगकर, किसन फागूजी बनसोडे, शिवराम जानबा कांबळे, हरिभाऊ तोरणे, गणेश अक्काजी गवई जैसे अनेक शाहीर और लेखकों ने फुले-

आम्बेडकर की प्रेरणा से जनजागरण का कार्य किया है। आम्बेडकर की प्रेरणा लेकर 1931 ई. के दरमियान आम्बेडकरी जलसे शुरू हुए। ये जलसे परिणामदायी थे। भीमराव करडक का एक जलसा देखकर बाबासाहेब आम्बेडकर ने गौरवोद्गार निकाले थे। 'दस भाषणों की तुलना में एक जलसा अधिक प्रभावी है।' आम्बेडकर जलसों ने ग्रामीण क्षेत्र के दलितों का मनोरंजन किया और उन्हें समाजपरिवर्तन की शिक्षा दी। दलित नाटकों की ओर आम्बेडकरी जलसों के आधुनिक रूप के नाते देखना होगा।

मिलिन्द महाविद्यालय का गैदरिंग कार्यक्रम देखने के बाद बाबासाहेब आम्बेडकर ने विद्यार्थियों से कहा था, 'आप स्वयं सामाजिक जीवन पर नाटक लिखकर प्रस्तुत करें।' मिलिन्द महाविद्यालय के प्राचार्य म. भि. चिटणीस ने 'युगयात्रा' नामक नाटक लिखा और बाबासाहेब आम्बेडकर के जन्मदिवस के अवसर पर 14 अप्रैल 1955 ई. में बोधी मण्डल द्वारा मिलिन्द महाविद्यालय में इस नाटक की प्रस्तुति हुई थी। यह नाटक बाबासाहेब और माईसाहब आम्बेडकर के प्रति समर्पित था। तदनन्तर म.आ. कारंडे गरुजी ने 'नवी वाट' और 'संगीत जय बौद्ध' नाटक किये। इस नाटक के प्रयोग अनेक ने किये। मेरे गाँव में दलितों ने 'नवी वाट' नाटक का प्रयोग किया था। उस समय मैं प्राथमिक स्कूल में पढ़ता था। मैंने इस नाटक के अनेक पूर्वाभ्यास देखे हैं। इस नाटक का प्रयोग भी देखा। मेरे अन्दर के लेखक गठन में 'नवी वाट' नाटक का प्रभाव है। अनेक दलित नाटककारों ने दलित नाटक लिखे। एकांकी लिखे। पथनाटक लिखे। गंगाधर पानतावणे, दत्ता भगत, रामनाथ चव्हाण, प्रकाश त्रिभुवन, भि.शि. शिन्दे, टेक्सास गायकवाड, प्रेमानन्द गज्वी, कमलाकर डहाट, प्रभाकर दुपारे, हेमन्त खोब्रागडे, ई.मो. नारनवरे, अमर रामटेके, दादाकान्त धनविजय, संजय जीवने, जॉनी मेश्राम, भगवान हिरे, शिल्पा मुंब्रीसकर, अरुणकुमार इंगळे, संजय लांडगे, भगवान सवाई, राम दोतोंडे और रुस्तुम आचलखांब ने दलित नाटक लिखे। नाटक के प्रयोग किये और दलित रंगभूमि की स्वतन्त्र पहचान निर्माण की। दलित नाटकों के साथ ही अनेक ग़ैर-दलित नाटककारों ने भी दलितों के प्रश्नों पर नाटक लिखे। विजय तेंडुलकर, जयवन्त दळवी, रत्नाकर मतकरी, सुधीर गव्हाणे, सदानन्द मोरे ने दलित नाटक के विचार को मज़बूती दी।

दत्ता भगत का 'वाटा पळवाटा', रामनाथ चव्हाण का 'बामनवाडा', प्रकाश त्रिभुवन का 'थाम्बा रामराज्य येतंय', प्रेमानन्द गज्वी का 'घोटभर पाणी' और 'तनमाजोरी', भि.शि. शिन्दे का 'काळोखाच्या गर्भात', टेक्सास गायकवाड का

'आम्ही देशाचे हत्यारे', रुस्तम आचलखांब' का 'कैफियत' और संजय पवार का 'कोण म्हणतं टक्का दिला?' इन नाटकों पर प्रचण्ड विचार-विमर्श हुआ। दलित रंगभूमि के ये स्तरीय नाटक हैं। ये नाटक दूरदर्शन द्वारा प्रदर्शित हुए हैं। ख्यातनाम नाटक संस्थाओं के लिए विख्यात अभिनेता-अभिनेत्रियों ने इन नाटक में अभिनय किया। परिणामत: ये नाटक मील के पत्थर बने। इन नाटकों के कारण तथा प्रत्येक वर्ष होने वाले दलित नाट्य सम्मेलन के कारण दलित रंगभूमि अध्ययन का विषय ठहरी। नामान्तर के दरमियान भि.शि. शिन्दे का 'काळोखाच्या गर्भात' नाटक काफ़ी ख्यात रहा। इस नाटक के अनेक प्रयोग हुए।

दलित नाटककार दलितों के प्रश्नों को रंगमंच पर ले आये। नाटक का प्रेक्षक मध्यवर्गीय मनुष्य था। वह पैसा ख़र्च करके नाटक देखने आता था। वह हास्य और वासना इतनी ही बातों पर ख़ुश होता था। मध्यवर्ग दिल खोलकर हँसने के लिए नाटक की ओर मुड़ा था। 'हीट एंड हॉट' प्रकार के व्यावसायिक नाटक भी रंगभूमि पर चल रहे थे। दलित नाटकों ने व्यावसायिक रंगभूमि को अलग मोड़ दिया। मध्यम वर्ग के लिए अज्ञात प्रश्नों का विचार दलित नाटकों के कारण थिएटर में आया। परिणामत: मध्यवर्ग की नींद उड़ गयी। दलित नाटक का आक्रोश, न्याय, वेदना और हाय देखकर प्रेक्षक अचेत हो गया। दलित नाटकों ने प्रेक्षकों को अस्वस्थ किया। अन्तर्मुख किया। अनेक ने दलित नाटकोंविषयक अनुद्गार निकाले। दलित नाटक भद्दे हैं, प्रचारकी है। दलितों का आक्रोश कि जेब के पैसे ख़र्च करके क्यों देखें? ऐसी प्रतिरोधी निन्दा भी सुनने मिली। परन्तु इससे दलित नाटक रुका नहीं। इस नाटक के प्रयोग हाउसफुल हुए।

दलित रंगभूमि दलित आन्दोलन कार्य को आगे ले जाती है। इसका चित्र स्पष्ट करती है कि जातिव्यवस्था ने दलितों पर कैसे अमानुष अत्याचार किये हैं। दलित कलाकारों की सामर्थ्यपूर्ण अभिनय के कारण तथा नाटक के अलग विषय के कारण दलित नाटक चर्चा में रहा। नाटक सांघिक कला है। नाटक लिखना आसान होता है परन्तु नाटक का प्रयोग करना कठिन होता है। नाटक के प्रयोग में अनेक के कौशल्य की परीक्षा ही होती है। अभिनय, संगीत, नेपथ्य, प्रकाश योजना, रंगभूषा, वेशभूषा और ध्वनि व्यवस्था ये सभी बातें नाटक को यश की प्राप्ति करा देती है। परिणामत: एक संगठन की भावना से नाटक का प्रयोग किया जाता है।

नाटक घुमन्तू कला है। प्रयोग होने पर नाटकवालों को दूसरे प्रेक्षकों के सामने जाना पड़ता है। नाटक कला थिएटर में बन्दिस्त हुई है। नाटक का प्रेक्षक मध्यवर्ग

का है। थिएटर की मर्यादा लाँघकर नाटक सामान्य जनों तक पहुँचना चाहिए। परन्तु ऐसा होते हुए नहीं दिखाई देता। बस्तियों में नाटक का प्रयोग करते समय थिएटर की सारी सुविधाएँ नहीं मिलतीं। दलित प्रेक्षक के लिए थिएटर में जाकर नाटक देखना महँगा पड़ता है। चित्रपटों तथा दूरदर्शन के कारण नाटकों के प्रेक्षकों पर परिणाम हुआ है। नाटक खेलना महँगी कला है। इस कारण अनेक स्थानों पर जाकर नाटक के प्रयोग करना सम्भव नहीं होता। इसका दलित नाटक को बहुत बड़ा नुकसान हुआ है। आन्दोलन के रूप में नाटक खेलना और आन्दोलन के रूप में नाटक देखना इन बातों के बीच सन्तुलन नहीं हुआ।

नेशनल स्कूल ऑफ़ ड्रामा, नयी दिल्ली ने 19वें अन्तरराष्ट्रीय नाटक महोत्सव का आयोजन किया था। इसमें 12 फरवरी 2017 ई. को रणधीर कुमार ने 'अक्करमाशी' हिन्दी नाटक का प्रयोग किया। इसके लिए मैं उपस्थित था। प्रयोग दरमियान अनेक बार प्रेक्षकों ने तालियाँ बजायीं। लोकेश जैन ने 'अक्करमाशी' का सोलो प्रयोग निरन्तर सोलह वर्ष प्रस्तुत किया। मैंने यह यूट्यूब पर देखा। इसमें प्रेक्षकों की ओर से तालियों द्वारा सराहना मिलती हुई दिखाई देती है। दलित नाटक प्रेक्षक के मर्म को छू जाता है। अक्करमाशी, बलुतं, उचल्या और आठवणींचे पक्षी जैसी विख्यात आत्मकथाओं पर नाटकों के प्रयोग खेले गये हैं। बाबासाहेब आम्बेडकर और रमाई के जीवन पर भी दलित नाटक खेले गये हैं। हाल के समय सम्भाजी भगत ने दलित विषयों को अत्यन्त, प्रभावशाली प्रस्तुत करने का प्रयत्न किया है। 'शिवाजी अंडरग्राउंड इन दलित मुहल्ला' नाटक काफ़ी चर्चा में रहा। कबीर कला मंच ने कलापथक के माध्यम से 'अत्यन्त प्रखरता से दलितों के प्रश्न प्रस्तुत किये हैं।' दलित नाटकों के कारण दलितों पर हुए अन्याय पर विचार हुआ। नाटक माध्यम अन्य साहित्य प्रकारों की तुलना में प्रभावशाली माध्यम है। इस कारण सामाजिक बदलाव की प्रक्रिया को गति प्राप्त हुई। दलित नाटकों के कारण दलित साहित्य पर विचार हुआ तथा दलित साहित्य का प्रवाह अधिक समृद्ध हुआ।

खण्ड-तीन

11
दलित चेतना

मैंने कब लिखा, कैसा लिखा इसकी जब मैं खोज करता हूँ तब कौतुहल लगता है। मेरी परिस्थिति मेरे लेखन के मूल में दिखाई देती है। मुझे तथा मेरे लेखन को परिस्थिति ने बनाया है। उसी कारण मुझे और मेरे लेखन को समझते समय मेरी परिस्थिति को समझ लेना अनिवार्य होता है।

मैंने कक्षा पाँचवीं-छठी में लिखना शुरू किया। यह आयु यदि वर्षों में गिननी हो तो ग्यारह वर्षों की होगी। इस उम्र में लड़की भी ऋतुमति नहीं हुई होती। यह लेखन छोटे बालक ने बड़ों को अनुकरण करने जैसा था।

प्राथमिक शिक्षा के उम्र में मैंने जो लिखा वह केवल बारहखड़ी लिखने जैसा प्रकार था। मैंने लेखन का प्रारम्भ कब किया यह बताने जितना ही है इस लेखन का महत्त्व।

मेरा जन्म देहात का। हमारे गाँव में हर साल गर्मी के दिनों में मेला लगता था। इस बहाने गाँव में पौराणिक नाटक होते थे। हम वे नाटक देखते थे तथा इस नाटक के महत्त्वपूर्ण प्रसंगों का नाटकीकरण करते थे। हममें से कोई भीम होता था, कोई दुर्योधन, कोई द्रौपदी। संवाद जैसे याद होते थे, वैसे कहते थे। हमारा छोटा प्रतिनाटक प्रारम्भ होता था। हमसे भी छोटे बच्चे हमारे प्रेक्षक होते थे। पश्चात् के समय में मैं आसपास के देहातों में नाटक देखने जाता था। ऐसे नाटकों के दृश्यों का, गीतों का और संवादों का मन पर प्रभाव होता था। ये नाटक हमें खेलने के लिए विषय की पूर्तता करते थे।

गाँव में मेला लगता था और हमारे महारक़स्बे में भीम जयन्ती। मन पर इस भीम जयन्ती का भी परिणाम होता था। भीम जयन्ती के कार्यक्रम के लिए आसपास के देहातों में भीमगीतगायन करने समूह आते थे। उनमें प्रतियोगिताएँ होती थीं। इन भीमगीतों का भी मन पर परिणाम होता था। हमारे महारक़स्बे के भीमगीत गायन

समूह के साथ मैं भी जयन्ती के समय बाहर गाँव जाता था। भीम जयन्ती के कारण भीमगीतों के चरण होंठों पर होते थे। परिणामतः भीमगीत गाने का और लिखने का मोह होता था। मेले के नाटक और भीम जयन्ती के गीतों के कारण मेरे मन में अक्षर उदित होते थे।

हमारे गाँव में दो गुट थे। एक के बाद दूसरा, दूसरे के बाद पहला ऐसे ये गुट ग्रामपंचायत का चुनाव जीत लेते थे। उनमें होड़ होती थी। उन्होंने गाँव के दो मन्दिर बाँट लिये थे। एक गुट विट्ठल मन्दिर में, दूसरा गुट महादेव मन्दिर में पोथी वाचन का आयोजन करता था। दोनों मन्दिरों में सावन के महीने में पोथियाँ पढ़ी जाती थीं। जिस मन्दिर में पोथी अच्छी उस मन्दिर में मैं पोथी सुनने जाता था। रामायण, महाभारत, मार्कंडेय पुराण, नवनाथ कथासार, पाण्डव प्रताप, शिवलीला अमृत, भगवद्गीता जैसी पोथियाँ अलट-पलट कर पढ़ी जाती थी। एक व्यक्ति पोथी की ओवियों को शुरू में पढ़ता था तो दूसरा इन ओवियों का भावार्थ बताता था। मुझे पुराण साहित्य का परिचय गाँव के मन्दिरों के कारण हुआ। पुराण साहित्य कथानक के कारण अच्छा लगता था। सवर्ण मन्दिर में बैठकर पोथी सुनते थे, हम मन्दिर के पायदान के नज़दीक बैठकर। हमारे आसपास ग्रामजनों के जूतों के ढेर होते थे। हमारा और जूतों का स्थान एक था।

सावन महीना पसन्द था। क्योंकि पूरा महीना पुराण कथा सुनने की सुविधा होती थी। बाद के महीनों में दादा कहानी बताता था। कहानी के बदले में इसके पैर दबाने पड़ते थे। चाचा कहानी बताता था और पीठ दबा लेता था। बाद में तो वे वहीं कहानियाँ सुनाते थे। मैं नवीन कथा सुनाने का आग्रही रहता था। मेरा आग्रह देखकर चाचा मुझे कथाओं की पुस्तकें पढ़ने के लिए लाकर देने लगे थे। 'बैताल पचीसी', 'सिंहासन बत्तीसी', 'तोता-मैना' जैसी पुस्तकें पढ़ने मिलीं। चाचा के कारण पुनः एक बार रामायण, महाभारत, नवनाथ कथासार, मार्कण्डेय पुराण, शिवलीला अमृत, हरिविजय, पाण्डव प्रताप, भगवद्गीता, ॠग्वेद, सत्यार्थ प्रकाश जैसी पुस्तकें पढ़ ली थीं। सातवीं-आठवीं की उम्र में इतना पढ़ने मिला। पाठ्यक्रम की तुलना में मुझे अतिरिक्त वाचन पसन्द आने लगा था। मेरे बाल मन पर पुराण साहित्य के वाचन से हिन्दू धर्म का तथा हिन्दू देवी-देवताओं का प्रचण्ड प्रभाव बढ़ गया। मेरा बचपन शरारतें करने के अलावा ईश्वर की भक्ति से व्याप्त था। वन में जाए, तप करे और ईश्वर को प्रसन्न करा ले, ऐसा लगने लगा था। मैं अनेक बार ईश्वर का नामस्मरण करता था। ईश्वर सर्वशक्तिमान है। उसीने अपना भाग्य तथा समाज व्यवस्था में स्थान निश्चित किया है, ऐसी ही यह धारणा थी।

हमारे गाँव में सातवीं कक्षा तक की पाठशाला थी। माध्यमिक शिक्षा के लिए नज़दीक के देहात में गया। मैं पाठशाला में अनुपस्थित रहता था, इसलिए मुझे छात्रावास में डाल दिया। मैं छात्रावास की ओर मेरा जीवन बदल ने के कारख़ाने के रूप में देखता हूँ। प्राथमिक शिक्षा की उम्र में मेरे मन पर आरूढ़ पुराणों का प्रभाव छात्रावास की भट्ठी में जलकर खाक हुआ। छात्रावास में अनेक गाँव के अनेक जातियों के छात्र भी रहते थे। परिणामत: हमारे बीच का मानसिक अन्तर नष्ट हुआ था और सामाजिक अन्तर भी गल गया था। हम छात्रावास में इकट्ठा रहते थे, कक्षा में इकट्ठा बैठते थे। अर्थात गाँव आने पर हम गाँव के बाहर और वे गाँव में ऐसा विभाजन होता था। जब हम गाँव में घूमने जाते थे तब 'महार के बच्चों' के रूप में हमारी ओर हीन दृष्टि से देखा जाता था। गाँव की औरतें हम पर इसलिए झल्लाती हुई कहती थी कि 'ये क्यों गाँव में घूमते हैं, छुआछूत हो जायेगी।' हम मन में प्रचण्ड भय लेकर ही गाँव में घूमते थे। गाँव के लोगों की कुत्सित नज़रों के कारण व्यथित होते थे। हमारे मन में हमारी जाति के सम्बन्ध में तीव्र असन्तोष लगने लगा। हम जातिव्यवस्था को गालियाँ देने लगे। 'इस विश्व को ईश्वर ने निर्माण किया है और उसी ने हमें अस्पृश्य बनाया है।' मेरी ऐसी समझ बनी और मेरे मन से ईश्वर सीमापार हुआ।

परिच्छेद आलंकारिक भाषा में निबन्ध लेखन करने में आनन्द होता था। आलंकारिक भाषा का साहित्य पढ़ते समय मज़ा महसूस होता था। हाई स्कूल की उम्र में देव-धर्म का आकर्षण कम होकर लैंगिकताविषयक आकर्षण लगने लगा। इसी से शेवन्ता से प्रेम करने लगा। उसके प्रति विशेष आकर्षण लगता था। उसकी शीघ्र ही शादी हुई। कथा-उपन्यास में स्थित प्रेम तथा प्रेमभंग का अनुभव न ले सका। किशोरवयीन भिन्न लिंगविषयक लगनेवाला केवल आकर्षण था यह। शेवन्ता से होने वाले प्रेम ने भविष्य में काल्पनिक प्रेम कविता लिखने के लिए सहायता की, बस् इतना ही!

हाई स्कूल के दरमियान भयानक अकाल का सामना करना पड़ा। 1972 ई. का महाराष्ट्र का प्रचण्ड अकाल था। इस अकाल ने अनेक का जीवन उध्वस्त कर डाला। देहात पूर्णत: उध्वस्त हुए। अनेक ने जीने के लिए स्थलान्तर किया। जानवरों की दशा बुरी हुई। खेती बंजर हुई। सर्वत्र भयावह वेदना फैली। सभी की भूखा मरने की स्थिति हुई। देहात की समाजव्यवस्था की कमर ही टूट गयी। शासन द्वारा अकाल निर्मूलन के हर सम्भव प्रयत्न किये गये। गाँव-गाँव अकालविषयक

काम शुरू हुए। सभी जातियों के लोग अकालविषयक काम करने लगे। जो लोग आज तक घर से बाहर नहीं निकले थे वे भी रास्ते पर आ गये। सभी को इकट्ठा काम करना पड़ा। एक ही टैंकर का पानी पीना पड़ा। सभी को अकालविषयक काम पर मिलनेवाली सुखड़ी खानी पड़ी। समान काम, समान वेतन और एक ही तरह का भोजन और पानी सभी को मिलने से समाज की असमानता को पहली ही बार आघात पहुँचा था। प्रस्थापित विषम व्यवस्था की प्रकृति ने इस तरह अत्यन्त दुर्दशा की थी। ग्राम व्यवस्था शिथिल हुई थी। हमें थोड़ी स्वतन्त्रता मिलने जैसी स्थिति हुई थी। अकाल के दरमियान गाँव स्तर पर भ्रष्टाचार जमना शुरू हुआ था। अकाल के कारण देहातों-पाड़ों में गुंडागीरी, भ्रष्टाचार, व्यभिचार और दुर्लतों से प्रस्थापित व्यवस्था का सिर कुचल गया। ऐसा कभी नहीं लगा कि इस भयानक अकाल के सम्बन्ध में लिखे। मुझे मेरी दरिद्रता की तुलना में मेरी अस्पृश्यता अधिक कष्टदायक तथा अपमानजनक लगती रही।

मैं महाविद्यालय गया। छात्रावास में प्रवेश मिला। छात्रावास में अनेक दलित छात्र थे। दलित छात्रों का संगठन था। महाविद्यालय में दलित छात्रों का बड़ा रोब था। इस दरमियान बाबासाहेब आम्बेडकर का साहित्य प्राप्त कराकर पढ़ने लगा। दलितों पर होने वाले अन्याय-अत्याचार के समाचार पढ़ते ही माथा भड़कने लगा, जातिव्यवस्था के विरोध में विचार-विमर्श होने लगे। मन में विद्रोह की संवेदनाएँ निर्माण होने लगीं। परन्तु पाठ्यक्रम में तो अलग ही विश्व पढ़ना पड़ता था। मध्यवर्गीय लेखकों द्वारा लिखा काल्पनिक साहित्य पढ़ता था। सफ़ेदपोश साहित्य पर मेरे व्यक्तित्व का पोषण हो रहा था। मुझमें स्थित कार्यकर्ता आम्बेडकरी विचार से विकसित हो रहा था तो काल्पनिक रंजनवादी साहित्य से मुझमें स्थित लेखक का विकास हो रहा था। मैं आन्दोलन की तुलना में साहित्यविश्व में अधिक रम जाता था। मैंने महाविद्यालयीन जीवन में अनेक काल्पनिक नाटक लिखे। ये नाटक व्यावसायिक रंगभूमि के नाटकों जैसे थे। मुझ पर मध्यवर्गीय साहित्य का प्रचण्ड प्रभाव था। मैं निरन्तर कल्पना में रमता रहता था। विचार करता था। कल्पना करना, विचार करना, चिन्तन करना और सूझना जैसी प्रक्रिया की आदत हुई थी। मुझे बहुत सूझता था। मस्तिष्क निर्झर-सा बहता था। मैं बहुत लिखता था। मेरे लेखन में मैं, मेरी वेदना, समाज और मेरे प्रश्न नहीं थे। मेरे लेखन में मेरी कल्पना थी और प्रस्थापित साहित्य द्वारा उधार ली शैली थी। यह सब दिखाऊ, झूठ तथा अस्थायी था। परन्तु इसका एहसास नहीं हो रहा था।

मध्यवर्गीय समीक्षा का प्रचण्ड रोब था। क्या लिखें, कैसे लिखें इसका एक समीकरण निश्चित था। छपनेवाले निश्चित थे। पाठक निश्चित थे। इस चक्रव्यूह के बाहर कोई आ नहीं सकता था। मैं मध्यवर्गीय लेखकों ने लिखे साहित्य के जादू के जंगल में भटक रहा था। काल्पनिक प्रेम कविता, काल्पनिक नाटक लिख रहा था। सम्पूर्ण समीक्षा लिखने के लिए पढ़ता रहा था। लेखक सरस्वती का पुत्र होता है। वह दैवी देन से लाभान्वित होता है। वह शब्दप्रभु होता है। उससे देवदूत लिखवा लेता है। उसे सपने में सूझता रहता है। बादल के उमड़ आने पर और बन में मोर नाचने लगने पर उसे सूझता है। उसकी प्रतिभा 'जो न देखें रवि, वह देखें कवि' ऐसी होती है। ऐसा सुनने और पढ़ने मिलता था कि लेखक के लिए चिन्तन महत्त्वपूर्ण, तपश्चर्या महत्त्वपूर्ण, कलात्मकता महत्त्वपूर्ण, सौन्दर्य महत्त्वपूर्ण होता है। यह सिद्धान्त ऐसा ही प्रस्तुत किया गया था कि लेखन ऐरे-ग़ैरे का काम नहीं। इस क्षेत्र में साधारण व्यक्ति आ ही नहीं सकता था। इसमें मुझे सुर मिल न रहे थे क्योंकि यह समय वास्तविक अनुभवों की तुलना में नकली कल्पना को प्रधानता देनेवाला था।

मैंने मेरे प्रारम्भिक काल में समीक्षा की अनेक पुस्तकें पढ़ीं। मुझे मार्क्सवादी, वास्तववादी तथा जीवनवादी शब्द सन्निकट लगने लगे। मुझे कलावाद की तुलना में जीवनवाद महत्त्वपूर्ण लगने लगा। जीवनवादी समीक्षा और साहित्य प्राप्त कराकर पढ़ने लगा। मेरी आँखें जीवनवाद के कारण चकाचौंध हो गयी। मेरे मन ने कलावाद से अन्तर रखा। मैं उच्चवर्णीय प्रगतिशील लेखकों द्वारा दलितोंविषयक किया लेखन पढ़कर अभिभूत होने लगा। विभावरी शिरूरकर का 'बळी', गोदावरी परुळेकर की 'जेव्हा माणूस जागा झाला' जैसी पुस्तकों ने मेरी साहित्यविषयक भूमिका ही बदल डाली। मैं जब सवर्ण लेखकों द्वारा दलितोंविषयक लिखी पुस्तकें पढ़ता था, तब मेरे मन में ऐसे प्रगतिशील लेखकों के सम्बन्ध में प्रचण्ड आदर रहता था। प्रगतिशील लेखक जातीयवादियों से न डरते हुए लेखन करते हैं। यह उनका क्रान्तिकारकत्व लगता था। मैं जीवनवादी साहित्य की ओर आकर्षित हो रहा था।

महाविद्यालय में होते हुए 'दलित पैंथर' संगठन में काम करने लगा। यह पैंथर की निर्मिति का काल था। यह समय दलितों पर अन्याय-अत्याचार करनेवालों के मन में दहशत निर्माण करने का था। पैंथर के भाषणों का प्रारम्भ ही देवता-धर्म को गालियाँ देकर होता था। दलित पैंथर की बैठकें, सभा, मोर्चे तथा कार्यकर्ताओं के साथ के विचार-विमर्श से मेरा नवीन जन्म होता था। दलित साहित्य पर होने वाला विचार सुनने मिलता था। दलित साहित्यविषयक समाचारपत्रों में आये पुस्तक

परीक्षण और समाचार पढ़ने मिलते थे। परन्तु प्रत्यक्ष रूप में दलित साहित्य पढ़ने नहीं मिल रहा था। मुम्बई, औरंगाबाद तथा नागपुर शहर दलित साहित्य तथा आन्दोलन के केन्द्र बने थे। पंजाब तथा कश्मीर के दहशतवादियों का आकर्षण लगने लगा। ऐसी सन्तप्त भावना वृद्धिंगत होने लगी कि हम भी हाथ में बन्दूक़ लेकर दलितों पर अत्याचार करनेवालों को मार डालना चाहिए। भारत में दो देश हैं। एक भारत है तो दूसरा बहिष्कृत भारत है। बहिष्कृतों के लिए स्वतन्त्र दलित स्थान की निर्मिति होनी चाहिए, ऐसे प्रखर विचार अस्वस्थ करने लगे। 'दलित साहित्य' और 'दलित पैंथर' आन्दोलन के कारण दलितों के स्वतन्त्र अस्तित्व की तीव्रता का परिचय होने लगा।

ऐसी अलगता का रसायन मन में उबलने लगा 'हमारी बस्ती अलग है, हमारी पनघट अलग है, हमारी श्मशान भूमि अलग है, हमारे नाम अलग हैं, हमारा आन्दोलन अलग है, हमारा साहित्य अलग है।' 'मराठी साहित्य अपना साहित्य नहीं है, वह सवर्णों का साहित्य है।' प्रस्तुत साहित्य के इतिहास में दलित कहीं भी दिखाई नहीं देता। ऐसी मानसिकता तैयार होने लगी कि इस साहित्य के विरुद्ध हमें प्रतिकार करना चाहिए।' नक्सलवादी आन्दोलन भी ऐसा ही साँय-साँय करते आया। नक्सलवाद को समझने का प्रयास किया। मार्क्स, लेनिन, माओ, एंगल्स के विचारों से अवगत हो रहा था। मार्क्सवाद की सीख सुधीर बेडेकर, शरद पाटील के भाषण द्वारा मिली थी; समाजवादी विचार बाबा आढाव, यदुनाथ थत्ते के कारण नज़दीक के लग रहे थे। मैं दलित लड़कों के समूह में उठने-बैठने से मेरे मन का ढंग निडर बन रहा था। दलितों की मुक्ति का विचार आम्बेडकरी विचार है। और यह भूमिका दृढ़ होती जा रही थी कि आम्बेडकरी विचार द्वारा प्रेरित दलित आन्दोलन अपनी साँस है। घर की मर्मान्तक दरिद्रता, कमाऊ आयु में प्रवेश तथा बेरोज़गारी के कारण मन पीसता जा रहा था। मैं अभी भी दलित लेखन की ओर नहीं मुड़ा था। मन में अशान्ति थी। फिर भी काल्पनिक प्रेम कविताएँ लिख रहा था। दैनिक समाचारपत्रों में पाठकों के पत्र लिखता था। समाचारपत्रों, साप्ताहिकों के पुस्तक परीक्षण लिखता था। स्त्रियों की मासिक पत्रिकाओं के लिए स्त्री स्वतन्त्रता की कविताएँ लिखता था, वामपन्थी विचारों की मासिक पत्रिकाओं के लिए, साप्ताहिकों के लिए श्रमिकोंविषयक कविताएँ लिखता था। दलित मासिक पत्रिकाओं के लिए दलितोंविषयक लेख लिखता था। धीरे-धीरे मेरे मन से काल्पनिक लेखन नष्ट हो रहा था और वास्तववादी संवेदनाएँ प्रबल हो रही थीं। आगे आगे तो मुझे काल्पनिक लिखना ही नहीं आया।

बी.ए. उपाधि प्राप्त करने पर भारत सरकार के दूरसंचार विभाग में टेलीफ़ोन

ऑपरेटर की नौकरी मिली। मुझे मराठवाड़ा के अहमदपुर तहसील में नौकरी के लिए हाज़िर होना था। मेरा बचपन महारबाड़े में बीता था। आसपास हमारी ही बस्ती थी। परिणामत: मुझे कभी अकेला महसूस नहीं हुआ। तदनन्तर मैं छात्रावास में रहा। वहाँ भी मेरी जाति के लड़कों की संख्या अधिक थी। मुझे छात्रावास में भी असुरक्षित महसूस नहीं हुआ। छात्रावास में तो हम ही बहुसंख्यक थे। परिणामत: हम आदी हुए थे। परन्तु अहमदपुर में तो एकदम उल्टा हुआ। यहाँ मैं अकेला आया था। कार्यालय में बहुसंख्य सवर्ण थे। मैं जिस बस्ती में किराये पर रह रहा था वह बस्ती सवर्णों की थी। काम के कारण जिनसे सम्पर्क आ रहा था वे भी सवर्ण थे। मुझे सवर्ण जनसंख्या ने चारों ओर से घेर रखा था। मेरे मन में अल्पसंख्यक मन का भय, अविश्वास, संशय और असुरक्षा बढ़ने लगी। मेरे चेहरे पर भय का ठप्पा लग गया था। औरंगाबाद के मराठवाड़ा विश्वविद्यालय को डॉ. बाबासाहेब आम्बेडकर का नाम देने हेतु दलितों का आन्दोलन प्रारम्भ हुआ था। मराठवाड़ा विश्वविद्यालय को डॉ. बाबासाहेब आम्बेडकर का नाम देने के लिए महाराष्ट्र सरकार ने एक मत से दोनों सदनों में घोषित किया था। मराठवाड़ा के बहुसंख्य सवर्ण जनों ने सरकार के इस निर्णय को विरोध दर्शाया था। विश्वविद्यालय का नामान्तर न किये जाने के लिए नामान्तरविरोधक रास्ते पर उतरे थे। जातीय दंगलें मराठवाड़ा में सुलग गयी थी। दलितों की झुग्गी-झोंपड़ियाँ जलायी जा रही थीं। जगह-जगह दलितों पर अन्याय-अत्याचार शुरू हुए थे। नामान्तरवादी नामान्तर के लिए नामान्तर विरोधकों के अन्याय-अत्याचार की परवाह किये बग़ैर लड़ रहे थे। दलित समाज नामान्तर आन्दोलन के कारण संगठित हुआ था तो सवर्ण समाज दलितों के विरोध में आक्रमक हुआ था। अहमदपुर के नामान्तर विरोधकों ने दूरसंचार भवन जलाया था। अहमदपुर के तत्कालीन विधायक किसनराव देशमुख के घर पर पत्थरबाज़ी हुई थी। पुलिस की गोलीबारी में तीन मारे गये थे। मैं ऐसे शहर में नौकरी के लिए हाज़िर हुआ था।

समाचारपत्रों के ख़बरें नामान्तर आन्दोलन के कारण रोजाना छप रहे थे। दलितों पर होने वाले अन्याय-अत्याचारों को स्पष्ट रूप से ख्याति मिल रही थी। समाचारपत्रों का सामूहिक वाचन हो रहा था। समाचारपत्र पढ़कर सवर्ण लोगों की भावनाएँ भड़की जा रही थीं और दंगल एक के बाद एक गाँव-गाँव फैलता जा रहा था। नामान्तर आन्दोलन के परिणामस्वरूप मेरे मन का तनाव बढ़ता जा रहा था। मेरे सहकर्मी सुधीर गव्हाणे टेलीफ़ोन ऑपरेटर की नौकरी करते हुए शिक्षा भी

ले रहे थे। समाचारपत्र में लिखते थे। इस कारण वे पूरे शहर में परिचित थे। सुधीर गव्हाणे के साथ मैं भी घूमता था, इसलिए मेरा भी परिचय बढ़ता गया। मैंने गव्हाणे को मेरे नाटकों के हस्तलिखित पढ़ने दिये; परन्तु उन्होंने वे नहीं पढ़े। सुधीर गव्हाणे के कारण मेरा उत्साह बढ़ गया था। अहमदपुर में मैंने इस बात का अनुभव किया कि जातिव्यवस्था की दहशत क्या होती है। आप पर किसी के द्वारा हमला होने की ज़रूरत ही नहीं। जातीयवादी वातावरण ही ऐसा होता है कि आप उसके नीचे दब जाते हैं। नामान्तर के काल में मुझे दलित के रूप में एक प्रचण्ड दम घुट जाने का अनुभव हुआ। सुधीर गव्हाणे सवर्ण होते हुए भी नामान्तरवादी थे। आम्बेडकर जयन्ती के समय वक्ता के रूप में जाते थे। परन्तु मैं तो शहर में अकेला पड़ा था। सुधीर गव्हाणे दया पवार का 'कोंडवाडा' कविता-संग्रह पढ़ने ले आये थे। मैंने यह कविता-संग्रह पढ़ने माँगा। उन्होंने नहीं दिया। मुझे दया पवार का नाम मालूम था। मुझे 'कोंडवाडा' पढ़ने की उत्सुकता थी। मुझे यह जान लेने की इच्छा थी कि दलित साहित्य कैसा होता है, दलित कविता कैसी होती है। मैंने गव्हाणे की ओर से 'कोंडवाडा' प्राप्त किया और एक ही समय मैं पढ़ लिया। मैंने गव्हाणे से कहा, 'ऐसी कविताएँ मैं लिख सकता हूँ" उस पर वे दिल खोलकर हँस पड़े और उन्होंने कहा, "उसके लिए दलित होना पड़ता है।" मैंने झट से कहा, 'मैं दलित हूँ।' और इस तरह मैंने छिपाकर रखी मेरी जाति प्रकट हो गयी।

मैंने पहली दलित कविता लिखी। सुधीर गव्हाणे को बहुत पसन्द आयी। मैं गव्हाणे के साथ घूमता था। वे लोगों से मेरी पहचान कवि के रूप में करा देते थे। रास्ते में ही मुझे कविता सुनाने आग्रह करते थे। मुझे संकोच लगता था। फिर वे ही मेरी कविता की पंक्तियाँ उत्साह से सुनाते थे। मेरी कविता मेरी जाति का परिचयपत्र ही था। सवर्णों ने ढोकी में पारिधियों की बस्ती जलाकर खाक की और उनकी हत्या भी। यह ढोकी हत्याकाण्ड बहुत चर्चा में रहा। सुधीर गव्हाणे ने ढोकी हत्याकाण्ड का वृत्तान्त 'साप्ताहिक मुम्बई दिनांक' में लिखा था। उन्होंने मेरी कविता की पंक्तियाँ अपने वृत्तान्त में उद्धृत की थीं।

'क्यों कहते हो साहित्य इन शब्दों को?
ये तो हैं जलनेवाले मनुष्य
चारों ओर से जलती झोंपड़ी में
झुलसने वाली
चार बदमाशों के चुंगल में

दम घुटनेवाला आक्रोश
हमले में गुण्डों के
खोया करुण चीत्कार
अंजुलिभर पानी के लिए
व्याकुल आक्रोश
बताओ बताओ गन्धर्वों,
ये सुर हैं कौन सी पट्टी के? "

कविताएँ सुधीर गव्हाणे के परिचित सम्पादकों के पास भेजी। गव्हाणे ने मेरी कविताएँ अस्मितादर्श को भेजीं। आत्मविश्वास आया कि मैं दलित कविताएँ लिख सकता हूँ। मैंने यहाँ से दलित कविताएँ लिखने की गति बढ़ायीं। महानगर में दलित साहित्य का विस्फोट हो रहा था। अब वह गाँव स्तर तक फैलने लगा था। दलित समाज ज्ञान से अभिभूत था। देखते-देखते पुस्तकें बेची जा रही थीं। पढ़ी जा रही थीं। 'महार ने पुस्तक महँगा किया। बामन ने मटन महँगा किया।' ऐसी कहावत ही रूढ़ हो गयी। न पढ़नेवाले पढ़ रहे थे। न खानेवाले खा रहे थे।

उस्मानाबाद में 1981 ई. में अस्मितादर्श लेखक-पाठक सम्मेलन हुआ। इस सम्मेलन के लिए मैं गया। मैं पहली ही बार अनेक दलित लेखकों को नज़दीक से देख रहा था। उनसे बात करने का प्रयास कर रहा था। प्रत्येक वर्ष नियमित रूप से होने वाले अस्मितादर्श के सम्मेलन यानी मेरे लिए कार्यशाला ही थी। डॉ. गंगाधर पानतावणे ने मुझमें स्थित लेखक को जानबूझकर निर्माण किया है। अनेक सम्मेलनों के लिए मैं स्वखर्चे से जाता था। कविता पढ़ता था। नवोदित कवि के रूप में मेरी पहचान बढ़ रही थी। आकाशवाणी पर भी मेरा कविता वाचन होने लगा। मेरा उत्साह बढ़ रहा था। मैं पूर्णतः आम्बेडकरमय हुआ था। एक दिन मेरे सपने में बाबासाहेब का पुतला आया। मेरी नींद खुल गयी। पत्नी को जगाया। उसकी समझ में कुछ नहीं आ रहा था। सपने में बाबासाहेब का पुतला आने से मैं बहुत ही अभिभूत हो गया था। उस समय मेरी पत्नी की उम्र चौदह-पन्द्रह वर्षों की होगी और मैं तेईस-चौबीस वर्षों का। मेरी पत्नी चौथी कक्षा तक पढ़ी थी। मैं मेरी कविताएँ उसे पढ़कर सुनाता था। वह कविता सुनती थी। पता नहीं उसे मेरी कविता कितनी समझ में आती थी? परन्तु मैं अभिभूत हो कविता पढ़ता था। और मैं ही कहता था, कविता अच्छी बनी है। एकाध कविता एक ही बैठक में पूर्ण होती थी। एकाध कविता आठ-आठ दिन होने पर भी पूर्ण नहीं होती थी। प्रत्येक नवीन कविता अच्छी लगती थी। कविता पुनः-पुनः

लिखनी पड़ती थी। मेरी कविताएँ जगह-जगह छप रही थी। जिस दिन मालूम होता था कि कविता छप गयी है तो वह दिन हवा में विचरण करने जैसा बीत जाता था। वह समय दलित साहित्य के तूफ़ानी विचारों का समय था। दलित लेखक एक ही पुस्तक से ख्यात होता था। दलित साहित्य वास्तविक अनुभवों के सामने जीवनवादी साहित्य भी अवास्तव लगने लगा। दलित लेखक प्रस्थापित साहित्य की निन्दा करते थे तो प्रस्थापित लेखक दलित साहित्य पर आरोप करते थे। दलित साहित्य का विकास आरोप-प्रत्यारोप द्वारा हो रहा था।

शरद देशमुख सुधीर गव्हाणे के मित्र थे। हमारी मित्रता गव्हाणे के कारण हुई थी। शरद देशमुख कवि थे। महाराष्ट्र राज्य साहित्य संस्कृति मण्डल द्वारा दिये अनुदान के माध्यम से शरद देशमुख का 'ग्रासलेला सूर्य' कविता-संग्रह प्रकाशित हुआ। मैंने भी मेरा 'उत्पात' कविता-संग्रह अनुदान हेतु भेजा। मुझे भी अनुदान मिला और मेरा 'उत्पात' (1982 ई.) नामक पहला कविता-संग्रह प्रकाशित हुआ। 'उत्पात' कविता-संग्रह पर बहुत छप गया था। इस संग्रह की कुछ कविताओं के अनुवाद हुए। कुछ कविताएँ पाठ्यक्रम में अध्ययनार्थ लगायी गयीं। 'मैं एक आम्बेडकर' और 'उत्पात' कविताएँ विख्यात रहीं।

पाठकों ने 'उत्पात' संग्रह की पंक्तियों पर आक्षेप लिया। उस पर उलटा-सीधा विचार हुआ। 'उत्पात' संग्रह पर विचार होने का एकमात्र कारण यही कि इसकी कविताएँ आत्मनिन्दा करने वाली थीं। इन कविताओं द्वारा दलितों की गुटबाज़ी, स्वार्थ तथा मक्कारीविषयक उपहास तथा उपरोध का स्वर प्रकट हुआ था। 'उत्पात' के प्रकाशन तथा इस संग्रह पर हुए विचार के कारण मेरी भूमिका ठोस तथा दृढ़ होती गयी। 'उत्पात' में अनेक पौराणिक बिम्बों की भरमार हुई थी। उसे आगे त्याग दिया। यह समय नवीन रूप से निर्माण करने का था। स्वयं को खोजने का समय था। यह समय था अपने पर हुए मध्यवर्गीय साहित्य तथा हिन्दू वास्तव का प्रभाव मिटा डालने का। म. ना. वानखेडे का एक ही विधान कि 'सफ़ेदपोशी मूल्य उखाड़ फेंके' मेरे लेखन में प्रचण्ड बदलाव लानेवाला था। 'सफ़ेदपोशी मूल्य कौन से? मध्यवर्गीय मानसिकता से तात्पर्य क्या है? उसे नकारना यानी क्या करना होगा?' इस तरह के तफ़सील के विचार का प्रारम्भ हुआ। बाबूराव बागुल के इस विधान ने कि 'देव, धर्म तथा देश से भी मनुष्य महान होता है' मेरे मस्तिष्क का सर्विसिंग ही किया। जनार्दन वाघमारे के 'अमरिकन नीग्रो वाङ्मय' विषय पर लिखे लेखों के कारण मेरे अगले मार्ग प्रशस्त हुए। नामदेव ढसाळ की कविता में स्थित गालियों ने मुझे उन्मुक्तता से

व्यक्त होना सिखाया। यदि दलित पैंथर्स का आन्दोलन नहीं हुआ होता और नामान्तर का आन्दोलन व्यापक तथा तीव्र नहीं हुआ होता तो मैं दलित लेखक बन जाता या नहीं इसके बारे में आशंका है। दलित होना तथा दलितोंविषयक लिखना दोनों भिन्न और स्वतन्त्र बातें हैं। यहाँ से दलित साहित्य का स्वरूप तथा प्रयोजन कैसा अलग है, इसकी तरफ़दारी करना और वैसे साहित्य की निर्मिति करने का प्रवास शुरू हुआ।

'दलित पैंथर' आन्दोलन पर आधारित 'दंगल' नामक लघु उपन्यास लिखा। यह लघु उपन्यास 1983 ई. के 'अस्मितादर्श' के दीपावली अंक में प्रकाशित हुआ। इस लघु उपन्यास पर दोषारोप हुआ। 'दंगल' लघु उपन्यास 'दलित पैंथर' आन्दोलन में स्थित गुटबाज़ी तथा दमन की कड़ी आलोचना करने वाला था। इस कारण पैंथर के कार्यकर्ता नाराज हुए थे। ऐसी तीखी प्रतिक्रिया सुनने को मिली कि 'ऐसा आन्दोलनविरुद्ध लिखनेवालों के हाथ तोड़ने चाहिए।' पैंथर के कार्यकर्ताओं ने लातुर में मुझे धाक दिलायी। दया पवार ने मुझे एक बार कहा था, ' 'तुम' बड़ा साहस करते हो। 'दंगल' जैसा उपन्यास लिखने के लिए साहस होना चाहिए।' 'दंगल' के कारण पैंथर्स का क्रोध सहना पड़ा। साहित्य, अन्य माध्यमों जैसा ही समाज के लिए ज़िम्मेदार होता है। इस बात का तीव्र एहसास 'दंगल' के कारण हुआ।

'दंगल' उपन्यास पूर्णतः बोली-भाषा में लिखा था। 'दंगल' में दलितों की बोली, गालियाँ और तफ़सीलों के साथ प्रयुक्त की थी। दलित साहित्य बोली-भाषा में ही लिखना चाहिए। प्रमाण भाषा अभिजनों की भाषा है। ऐसी भूमिका लेकर लिखने का यह समय था कि प्रमाण भाषा नकारना चाहिए। हमारे साहित्य की अलगता स्पष्ट करने के लिए हमने बोली-भाषा और गालियों का भरसक उपयोग किया। हमारी बोली आक्रमक थी। अशिष्ट थी। मानक भाषा के पास हमारे जीवन के सन्दर्भ और तफ़सील नहीं थे। हमारी भाषा मानक भाषा पढ़नेवालों को अशिष्ट लगने लगी। ऐसे प्रश्न उपस्थित होने लगे कि यह साहित्य कैसे पढ़े, कैसे सिखाये। इतना ही नहीं तो ऐसी ख़बरदारी ली जाने लगी कि 'ऐसी पुस्तकें छोटे बच्चों के हाथ में न जायें।' दलित लेखकों को व्याकरण समझ लेना चाहिए, उन्हें मानकीकृत लिखना चाहिए, सरस्वती के दरबार में गन्दगी नहीं लानी चाहिए, दलित साहित्य की बोली-भाषा समझ में नहीं आती, दलित लेखकों को आक्रमक भूमिका छोड़ देनी चाहिए, अन्यथा समाज में तनाव निर्माण होगा, दलित साहित्य में आवेश नहीं चाहिए, तटस्थता चाहिए। लेखक कार्यकर्ता नहीं होता। वह कलाकार होता है। हम दलित साहित्य 'साहित्य' के रूप में पढ़ते हैं। ऐसा प्रतिपक्ष प्रस्तुत होने लगा कि

उसमें साहित्यिक मूल्य होना चाहिए। इसी से हमें हमारे शब्दों की सामर्थ्य का पता चला। हम शब्दों को शस्त्र की तरह प्रयुक्त करने लगे। ऐसी भूमिका प्रस्तुत करने लगे कि 'दलित साहित्य सामाजिक परिवर्तन का हथियार है।' हमारा लिखना एक सांस्कृतिक संघर्ष का अविभाज्य भाग है। कभी मैं सार्वजनिक ग्रन्थालय में गया तो मेरी पुस्तकें प्राप्त करवाकर अवलोकन करने लगा। मेरी पुस्तकों पर पाठकों द्वारा प्रतिकूल टिप्पणियाँ लिखी दिखाई देती थीं। यह पुस्तक ख़राब है। कृपया, 'यह पुस्तक न पढ़ें।' ऐसी सूचनाएँ लिखी होती थीं। यह तफ़सील दलित साहित्य की निर्मिति प्रक्रिया समझ लेते समय मालूम करा लेनी होगी।

दया पवार की 'बलुतं' और लक्ष्मण माने की 'उपरा' जैसी आत्मकथाएँ बहुत विख्यात हुईं। 'बलुतं' और 'उपरा' के कारण मराठी साहित्य में आत्मकथा लेखन की लहर उछली। अनेक जाति-जमात के लेखकों ने अपनी आत्मकथाएँ लिखीं। 'बलुतं' और 'उपरा' पश्चात् मेरी आत्मकथा अलग ठहरी एवम चर्चा में रही। 'अक्करमाशी' का पहला लेखन गुलबर्गा के अनुबन्ध त्रैमासिक में प्रकाशित हुआ। तदनन्तर अगला भाग 'अस्मितादर्श' में क्रमश: प्रकाशित हुआ। 'अक्करमाशी' को पुस्तक रूप में 10 जुलाई 1984 ई. में पुणे के श्रीविद्या प्रकाशन ने प्रकाशित किया। 'अक्करमाशी' पर तूफ़ानी विचार-विमर्श हुआ। 'अक्करमाशी' आज तीस-पैंतीस वर्षों के बाद भी विचार योग्य रही है। पाठकों के पत्र आते हैं और मुझे 'अक्करमाशी' के लेखक के रूप में ही पहचाना जाता है। मेरे जीवन को एक अलग ही घुमाव 'अक्करमाशी' पुस्तक के कारण मिला। अपमानित जीवन का सम्मान हुआ।

अगली अनेक कलाकृतियाँ 'अक्करमाशी' के प्रभाव के सामने धुँधली पड़ी। ऊँचे वृक्षों के नीचे झाड़झंखाड़ों की जैसी अवस्था होती है, वैसी अवस्था 'अक्करमाशी' के बाद प्रकाशित पुस्तकों की हुई। अगली प्रत्येक पुस्तक के दरमियान ऐसी टिप्पणी सुनने को मिली कि 'अक्करमाशी' जितनी ऊँचाई आपको पुन: प्राप्त करने नहीं आयी।

एकाध पुस्तक प्रकाशित होने के बाद अमर्यादित रिक्तता अनुभवित होती है। यह 'गैप पिरीयड' होता है। अपने पास का बताने जैसा जो कुछ था वह सब ख़त्म हुआ, ऐसा महसूस होते समय ही मन पुन: स्त्रवित होने लगता है। पुन: नींव की खुदाई करना, भरना शुरू होता है। मैं मेरी रिक्तता की परिपूर्ति हेतु पुस्तकों का सम्पादन करता हूँ। ये सम्पादन ऐसे होते हैं कि जिन विषयों पर आगे चलकर सृजनशील लेखन करना होता है, उसे पूरक होंगे। मैंने अनेक विषयों पर पुस्तकें सम्पादित की हैं।

मेरे सम्पादन सन्दर्भ ग्रन्थ के रूप में उपयोगी ठहरे हैं। मेरे जैसा लेखक सम्पादन में क्यों अटके? ऐसी बातचीत शुरू हुई कि अनेक पुस्तकों का सम्पादन करने की तुलना में एकाध अच्छी पुस्तक लिखी जाये। ऐसी समीक्षा भी होने लगी कि 'अक्करमाशी' से परे कुछ लिखना नहीं आता। दलित साहित्य के विकास के मार्गक्रमण में सम्पादित पुस्तकें महत्त्वपूर्ण ठहरी हैं। दलित साहित्य को समृद्ध करने वाली अनेक सम्पादित पुस्तकें प्रकाशित हुई हैं। नवीन विषय, नवीन प्रवाह स्थापित करने के लिए ऐसे सम्पादित पुस्तकों की ज़रूरत होती है। सम्पादित पुस्तक में एक ही विषय के अनेक पहलू स्पष्ट होते रहते हैं। एक ही विषय पर अनेक पहलुओं से अनेक विशेषज्ञ तथा विद्वान लेखक प्रस्तुति करते हैं। दलित साहित्य सर्वांगीण रूप से समृद्ध करना, दलित साहित्य का विचार जारी रखना, दलित साहित्य की नवनवीन पुस्तकें पाठकों के हाथ में देना, इस भूमिका से मैंने सम्पादन सम्पन्न किये हैं। मैंने कुछ समय भारत सरकार की आकाशवाणी में नौकरी की। सोलापुर आकाशवाणी केन्द्र में काम करते समय अनेक संवादात्मक कार्यक्रम लिखे। प्रस्तुत लेखन का स्वरूप लोकरंजन तथा जनजागरण करने वाला था। मैंने प्रारम्भ में नाट्य-लेखन किया था, परिणामतः आकाशवाणी के लिए संवादात्मक कार्यक्रम लिखते समय अड़चन नहीं आयी। बचपन का नाट्यप्रेम आकाशवाणी की नौकरी में पूर्ण करा लिया। आकाशवाणी के मेरे सहकारी मित्र हृषिकेश अयाचित मेरे लेखनिक के नाते काम करते थे, अभिराम सराफ मेरे साहित्य का टंकन करते थे, सुनीता तारापुरे ने 'श्वेत पत्रिका' कविता-संग्रह का हस्तलिखित तैयार किया था। ऐसे सहकार्य के कारण मेरे लेखन की गति बढ़ी थी। पश्चात् काल में मैं मुक्त विश्वविद्यालय की नौकरी में हाज़िर हुआ। इसके कारण विश्वविद्यालयीन लेखन का अनुभव लेना सम्भव हुआ।

दलित साहित्य में 'उपन्यास' नहीं लिखा जा रहा था। यह क्षेत्र उपेक्षित ही था। पुनः-पुनः प्रश्न उपस्थित किया जा रहा था कि 'दलित लेखक उपन्यास लेखन की ओर क्यों नहीं मुड़ते?' दलित कविता, कथा, आत्मकथा और नाटक बहुत लिखे गये थे, इनकी तुलना में उपन्यास का क्षेत्र समृद्ध नहीं था। कुछ उपन्यास प्रकाशित हुए थे तो भी वे आकर्षक नहीं ठहरे थे। मैं सोच-समझकर उपन्यास लेखन की ओर मुड़ गया। मेरा पहला उपन्यास 'उपल्या' शीर्षक से प्रकाशित हुआ। (1998 ई.) मुम्बई तथा मन्त्रालय के अनुभवों का संचित प्रस्तुत उपन्यास में था। इस उपन्यास पर काफ़ी विचार सम्पन्न हुए। 'उपल्या' उपन्यास कथा, आत्मकथा, डायरी और उपन्यास जैसे साहित्यिक विधाओं का प्रयोग करके लिखा था। 'उपल्या' के आशय

विषय पर विचार हुआ; परन्तु 'उपल्या' की शैली का विचार न हुआ। दलित साहित्य की सम्पूर्ण समीक्षा में ऐसी गफलत हुई दिखाई देगी।

दलित साहित्य का अनुभव ही इतना विदारक होता है कि दलित साहित्य का पाठक और समीक्षक इस अनुभवविश्व में ही अटककर रह जाता है। अचेत हो जाता है। अन्तर्मुख हो जाता है। दलित साहित्य के साहित्यिक वैशिष्ट्य की ओर ध्यान देने जितना वह सचेत ही नहीं रहता है। दलित साहित्य के आशय-कथ्य पर विचार होता रहता है और दलित साहित्य के साहित्यिक मूल्यों की ओर दुर्लक्ष होता है।

लेखन का प्रारम्भ करने के पूर्व मैंने लेखन धर्म जान लेने हेतु मराठी के लगभग सभी समीक्षा ग्रन्थ पढ़ लिये थे। यही गति दलित साहित्य लिखते समय भी निरन्तर रखी थी। दलित साहित्य समीक्षा के सभी ग्रन्थ पढ़ लिये। इतना ही नहीं तो समाचार, साक्षात्कार, लेख, प्रस्तावना, पुस्तक परीक्षण, भाषण, परिसंवाद, सभा, सम्मेलनों के द्वारा भी दलित साहित्य का विचार समझा लिया। यह नवीन प्रवाह की तैयारी थी। सभी नवीन रूप से ही निर्माण हो रहा था। आगे चलकर पीएच.डी. के अध्ययन के समय दलित साहित्य समीक्षा का अध्ययन सहायक रहा।

प्रस्तुत वृत्तान्त 'मैं लेखक कैसे बना?' इसका नहीं है। यह इसका आरेख है कि एक धार्मिक प्रवृत्ति का लड़का विद्रोही दलित लेखक बनते समय कौन-कौन से मार्गों-घुमावों से गुजरता है। यह दलित लेखक के व्यक्तित्व गठन का तफ़सील बताने वाली हक़ीक़त है। यदि मेरे जीवन में कटु अनुभव न आये होते, जातिव्यवस्था में मैं यदि पीसा न गया होता तो मैंने दलित साहित्य न लिखा होता। केवल मेरे अनुभव मेरे लेखन की सामग्री नहीं। मेरी संवेदना महत्त्वपूर्ण है। जिस चेतना के परिणामस्वरूप मैं और मेरा लेखन अलग ठहरा है। मुझे लगता है, प्रतिरोधी विषम व्यवस्था तथा उसके विरुद्ध की विद्रोही भावना द्वारा मेरा व्यक्तित्व गठन हुआ है। जिस प्रकार मेरे साहित्य में मुझ पर थोपी परिस्थिति प्रकट होती है उस प्रकार मेरे मन में उबलनेवाली, उछलनेवाली संवेदनाएँ भी व्यक्त हो रही हैं। यद्यपि ऐसा नहीं कि केवल मेरे अनुभव अलग हैं, इसलिए मेरा साहित्य अलग है, बल्कि इस साहित्य में व्यक्त हुई चेतना, इस चेतना के पीछे का आम्बेडकरी विचार महत्त्वपूर्ण है। दलित लेखक के मन का प्रस्तुत तफ़सील जान लेने पर अन्य लेखकों के मन के तफ़सील की अलगता अपने आप ही स्पष्ट होगी। दलित चेतना की अलगता स्पष्ट करने के लिए लेखक के नाते मैंने मेरा ही उदाहरण लिया है। इसके पीछे की भूमिका यही कि दलित लेखक की भूमिका, प्रेरणा तथा प्रतिबद्धता की पृष्ठभूमि में स्थित आम्बेडकरी विचारों का प्रकाशप्रवाह समझ में आये।

12
ग़ैर-दलित चेतना

मराठी दलित साहित्य के उदय के साथ भारतीय प्रादेशिक भाषाओं में दलित साहित्यविषयक विचार की लहर उछली दिखाई देती है। ऐसे प्रश्न उपस्थित हुए दृष्टिगत होंगे। वे हैं–'दलित साहित्य से तात्पर्य क्या है?' 'दलित साहित्य कौन लिख सकता है?' 'क्या ग़ैर-दलित लेखक कल्पना के आधार पर दलित साहित्य लिख नहीं सकते?' दलित साहित्य स्वातन्त्र्योत्तर काल की साहित्यनिर्मिति है। दिखाई देगा कि अनेक भारतीय भाषाओं में अनेक ग़ैर-दलित लेखकों ने दलित साहित्य के उदय के पूर्व दलितोंविषयक उत्तम प्रकार के साहित्य की निर्मिति की थी। इतना ही नहीं तो आज भी ग़ैर-दलित लेखक दलितोंविषयक लेखन करते हुए दिखाई देंगे। परन्तु ऐसा दिखाई नहीं देता कि उनके साहित्य को 'दलित साहित्य' के रूप में सम्बोधित किया हो। क्या हो सकता है इसका कारण? ऐसा कौन सा योग्य अन्तर दलित और ग़ैर-दलित लेखकों के लेखन में कर सकते हैं? ग़ैर-दलित लेखक दलितोंविषयक लेखन कर क्यों रहे हैं और कैसे कर रहे हैं? ऐसे प्रश्नों के उत्तर खोजने होंगे।

ग़ैर-दलित लेखकों ने दलितोंविषयक विपुल लेखन किया है। मराठी में तो प्रगतिशील लेखकों की बहुत महान गरिमामयी परम्परा है। मराठी के ग़ैर-दलित लेखकों ने अन्य भारतीय भाषाओं की तुलना में दलितोंविषयक लिखा साहित्य विपुल तथा समृद्ध है। मैं इस साहित्य को पढ़कर अभिभूत हुआ हूँ। ग़ैर-दलितों के लेखनविषयक एक दलित लेखक के नाते मुझे अनेक बार प्रश्न पूछे गये हैं। ऐसे प्रश्नों के उत्तर भी मैंने समय-समय पर दिये हैं। इस सन्दर्भ में विशेषत: हिन्दी में मुझे बहुत बोलना पड़ा है। इसी कारण ग़ैर-दलित लेखकों के साहित्य की ओर देखने की मेरी एक भूमिका तैयार हुई। इस सन्दर्भ में मराठी के दलित लेखकों ने काफ़ी विचार किया है। ग़ैर-दलित लेखक कल्पना और करुणा से दलितोंविषयक जो लिखते हैं उसका मूल्यांकन होना चाहिए। 'ब्राह्मण्य' एक मानसिकता है। वह भारत

के जातिप्रधान समाज में प्रत्येक के मनमस्तिष्क में घुली हुई है। लेखक, कलाकार और विचारक तक इसे अपवाद नहीं हो सकते। लेखक कितना भी प्रगतिशील हो, उसके लेखन में किंचित ही क्यों न हो 'ब्राह्मण्य' व्यक्त होता ही है। केवल उसकी बड़ी होशियारी से खोज करनी पड़ती है।

- दलितों के प्रश्नों की ओर ग़ैर-दलित चेतना मानवाधिकारों की दृष्टि से न देखकर मानवतावाद की दृष्टि से देखती है।
- ग़ैर-दलित चेतना सुधारवादी विचार से प्रेरित हुई चेतना है तथा वह क्रान्तिकारी भूमिका लेते हुए दिखाई नहीं देती।
- ग़ैर-दलित चेतना हिन्दू धर्म तथा समाजविषयक आस्था की चेतना है। परिणामतः उससे दलितों के धर्मान्तरविषयक क्षुद्रता का स्वर व्यक्त होते हुए दिखाई देता है।
- दलितों की यातनाओं का चित्रण ग़ैर-दलित चेतना इस तरह से करती है कि जिससे सवर्णों के मन में दलितों के बारे में अनुकम्पा निर्माण होती है; दलितों के मन में विप्लव तथा विद्रोह की भावना निर्माण होने के अलावा दलितों को स्वच्छ रहना चाहिए; सही बोलना चाहिए, अच्छे लोगों जैसा बर्ताव करना चाहिए। इस प्रकार का विचार ग़ैर-दलित चेतना करती है।
- दृष्टिगत होता है कि ग़ैर-दलित चेतना पर गांधीवाद और साम्यवादी विचारों का प्रभाव है।
- यद्यपि ग़ैर-दलित चेतना जातिव्यवस्था के विरोध में बात कर रही हो तो भी हिन्दू धर्म तथा हिन्दू ईश्वरशाही विरुद्ध बात करते हुए दिखाई नहीं देती।
- यद्यपि ग़ैर-दलित चेतना प्रगतिशील विचार से प्रेरित हुई हो तो भी उसमें ब्राह्मण्य के विषाणु होने का आभास होता है।
- समरसता की भावना से हिन्दुत्ववादी लेखकों ने दलितों के सम्बन्ध में सहानुभूति से लेखन किया है। इसमें दलितों की तुलना में 'हिन्दुत्व' की ही अधिक चिन्ता की हुई दिखाई देती है।

भारतीय समाजव्यवस्था पर इस्लाम और ईसाई धर्म ने प्रचण्ड आक्रमण किया है। भारतीय भूमि पर ये दोनों जेताओं के धर्म के रूप में प्रवेशित थे। परिणामतः इन धर्मों के प्रचार-प्रसार के लिए तत्कालीन राज्यकर्ताओं के समर्थन का लाभ मिला था। हिन्दू धर्म में स्थित पीड़ादायी अत्याचार से परेशान होकर अनेक दलितों ने

इस्लाम तथा ईसाई धर्म में प्रवेश किया था। एक ओर इस्लाम और ईसाई धर्म का प्राबल्य तो दूसरी ओर बड़े पैमाने पर दलितों के होने वाले धर्मान्तर के कारण हिन्दू समाज के मुखिया बिल्कुल जग गये दिखाई देते हैं।

मुस्लिम शासनकाल में सन्तों का कार्य और ब्रिटिश शासनकाल में समाज सुधारकों का कार्य एक ही उद्देश्य से प्रेरित हुआ था। प्रस्तुत प्रयत्न हिन्दू समाज में उदारमतवादी विचार अंकित कराना था। ब्रिटिश भारत में महात्मा फुले, राजर्षि शाहु महाराजा और बाबासाहेब का उदय होता है। ब्राह्मणेतर आन्दोलन तथा सत्यशोधक जलसे महात्मा फुले की प्रेरणा लेकर तो दलित आन्दोलन और आम्बेडकरी जलसे डॉ. बाबासाहेब आम्बेडकर की प्रेरणा से प्रारम्भ होते हुए दिखाई देते हैं। हिन्दू समाज को फुले-आम्बेडकर के विचार तथा आन्दोलन के कारण प्रचण्ड आघात पहुँचे। इसी समय ब्राह्मणविरोधी परन्तु ब्रिटिश समर्थक 'जस्टिस पार्टी' (20 नवम्बर, 1916) का कार्य शुरू हुआ। पेरियार ई.वी. रामस्वामी नायकर (1927 ई.) का ब्राह्मणविरोधी आन्दोलन आक्रामक होता दृष्टिगत होता है। ब्राह्मो समाज (20 अगस्त, 1828 ई.), प्रार्थना समाज (1867 ई.), सत्यशोधक समाज (24 सितम्बर, 1873 ई.), आर्य समाज (10 अप्रैल, 1875 ई.) और रामकृष्ण मिशन (1 मई, 1897 ई.) के भी हिन्दू समाज सुधार आन्दोलन हुए दिखाई देते हैं।

निम्न जातियों ने हिन्दू समाज में स्थित अभेद्य जातिव्यवस्था और मानवता को कलंक लगानेवाले अस्पृश्यता के परिणामस्वरूप हिन्दू धर्म के विरुद्ध विद्रोह किया। प्रस्तुत विद्रोह उत्तरोत्तर व्यापक और तीव्र स्वरूप धारण करते हुए दिखाई देगा। हिन्दू धर्म के समक्ष निर्माण हुए आह्वान के परिणामस्वरूप हिन्दू समाज में पुनरुज्जीवनवादी और उदारमतवादी जैसी दो प्रवृत्तियों का जन्म हुआ। पुनरुज्जीवनवादी विचार उग्र स्वरूप का था तो उदारमतवादी विचार नरम स्वरूप का। दिखाई देता है कि इन दोनों का स्वर तथा चेहरे भिन्न होने पर भी उनका अन्तिम इप्सित एक ही था। वह था हिन्दू धर्म रक्षा।

एक ओर स्वराज्य आन्दोलन व्यापक तथा आक्रमक स्वरूप धारण कर रहा था तो दूसरी ओर सामाजिक स्वतन्त्रता आन्दोलन गतिमान हो रहा था। 'स्वतन्त्रता मिली तो ब्राह्मणों के हाथ में जायेगी' इस भय से ब्राह्मणेतर जाति आशंकित हुई थीं। अपने राजनीतिक स्वार्थ का विचार शूद्र, अतिशूद्र तथा अल्पसंख्य जनसमूह संगठित होकर करने लगे थे। साधारण मनुष्य महात्मा गांधी जी के नेतृत्व के कारण स्वतन्त्रता संग्राम में आगे आया था। सम्पूर्ण देश में मानसिक एकता की लहर उछली थी। स्वतन्त्रतापूर्व कालावधि में प्रचण्ड सामाजिक तथा राजनीतिक उथल-पुथल हो रही थी और इसी से ही हिन्दू समाज का पुराना चेहरा बदल रहा था।

महात्मा गांधी जी की हत्या पश्चात् ब्राह्मणों पर हमले हुए। स्वातन्त्र्योत्तर काल में समाज के ब्राह्मणों के श्रेष्ठत्व को नकारने का प्रारम्भ था यह। जनजागरण आन्दोलन, शोषितों का समर्थन करने वाला साम्यवाद तथा महात्मा गांधी जी द्वारा किया गया हरिजनों के समर्थन के परिणामस्वरूप अस्पृश्योद्धार कार्यविषयक अनुकूल विचार होने लगा था। इसी समय शोषित और दलित संगठित होकर अपने प्रश्न अग्रणी रखते हुए नज़र आयेंगे। तत्कालीन लेखकों की मानसिकता पर इन सभी का एकत्रित परिणाम होना अपरिहार्य था। रवीन्द्रनाथ टैगोर का 'गीतांजलि' कविता-संग्रह 4 अगस्त 1910 ई. में प्रकाशित हुआ और 1913 ई. में उसके लिए नोबल पुरस्कार मिला। 'गीतांजलि' में ये पंक्तियाँ लिखी दृष्टिगत होती हैं–

हे मेरे अधम देश!
जिन्हें तुमने आज तक निचोड़ा
और रौंद डाला
रखा अधिकारों से विमुख
न लिया कभी भी आगोश में
तुम्हें उनका अनादर बाँट लेना चाहिए
दिख रहा है तुम्हें वह दरवाज़े पर खड़ा मृत्युदूत
तुम्हारे अहंकारी वर्चस्व को श्राप देते हुए
तुम अभी भी उन्हें दूर रखकर
यदि रम गये स्वयं के अहंकार में
तो विनाश तुम्हारा अटल है।

रवीन्द्रनाथ टैगोर के काव्य द्वारा अभिव्यक्त भावना उस समय की प्रातिनिधिक भावना है जो अनेक भारतीय लेखकों के साहित्य द्वारा व्यक्त हुई है। अन्य भारतीय भाषाओं के साहित्य की तुलना में मराठी साहित्य में स्त्रीशूद्र-अतिशूद्रों का समर्थन करने वाला लेखन प्रचुर मात्रा में प्रकाशित हुआ दिखाई देता है।

1

ईश्वर ने इस व्यवस्था का निर्माण किया है। पूर्वजन्म में किये पापों के कारण वर्तमान में यह जन्म मिला है। यदि इससे मुक्ति प्राप्त करनी हों तो इस जन्म में सत्कर्म करके पुण्यपाप्त करना ही एक मार्ग है, अन्यथा नर्क में जाना होगा, ऐसी दैवी धमकी के

कारण दलितों की हज़ारों पीढ़ियाँ चुपचाप हीन तथा दीन होकर जी चुकी हैं। दलितों ने यह मानते हुए कि 'यह अपना भोग है, यह अपना नसीब है, उसे वे बदल नहीं सकते क्योंकि वही ईश्वर की इच्छा है', परम्पराशरणवृत्ति स्वीकार की दिखाई देती है। 'अपना जन्म ईश्वर के हाथ में है और उसी ने अपना भाग्य लिखने के कारण यह अत्याचार, अपमान अपने भाग्य की लिखावट का भाग है, उसके बारे में किसके पास तक़रार करनी नहीं है', ऐसा विचार करके दलितों ने ग़ुलामी को अपना जीवन माना। उन्होंने देव तथा दैव के विरुद्ध कभी भी विद्रोह नहीं किया। प्रेमचन्द के 'रंगभूमि' का सूरदास हो, वि. दा. सावरकर के 'संगीत उ:शाप' का चोखामेळा हो अथवा र. वा. दिघे के 'कार्तिकी' का कान्ह्या महार हो, ये पात्र गतानुगतिक जीवन जीने वाले हैं। समाज व्यवस्था के अन्तिम स्थान पर होने वाले ये पात्र अपने शोषण विरुद्ध और दु:ख के विरुद्ध तकरार करते हुए नहीं दिखाई देते। बल्कि उन्हें सर्वहारा के रूप में जीते हुए कृतार्थ महसूस होता है। उन्होंने ईश्वरी व्यवस्था का पालन करने के लिए मौन धारण किया है।

- हिन्दू समाज की बुनियाद का मैं एक जूता हूँ। मैं पाण्डुरंग की प्रदक्षिणा का मार्ग साफ़ करने वाला महार हूँ। (संगीत उ:शाप। वि. दा. सावरकर। पृ.130)
- अब तुम्हारे नसीब में ही न होगा तो उसके लिए रोकर क्या होगा? (चोमा महार। शिवराम कारंथ। पृ. 40)

शिवराम कारंथ का 'चोमा महार', तकळी शिवशंकर पिल्लै का 'चुडलमुत्तू', विभावरी शिरूरकर का 'आबा' और र. वा. दिघे का 'कान्ह्या महार' जैसे चरित्र यानी दलितों के आँसू और पसीने के चित्र ही हैं। ये पात्र अवरुद्धता की भयानक वेदना लेकर जीनेवाले हैं जो परिस्थिति के बोझतले नष्ट होते हुए दिखाई देते हैं।

2

ग़ैर-दलित लेखकों के लेखन में दलितों के सन्दर्भ में 'समानता, स्वातन्त्र्य तथा न्याय' जैसी भावनाएँ व्यक्त हुई दिखाई नहीं देतीं। दलितों के सन्दर्भ में दया, सहानुभूति, अनुकम्पा, मानवता जैसे महान शब्द प्रयुक्त किये गये। दलितों को दया और सहानुभूति की तुलना में हक तथा अधिकारों की सच्ची ज़रूरत है। ग़ैर-दलित लेखक दलितों के मानवाधिकार विषयक बात करना टाल देते हैं। ग़ैर-दलित लेखकों

ने अपनी प्रतिभा 'सहभोजन' और 'मन्दिर प्रवेश' के लिए ही प्रयुक्त की दिखाई देती है। 'थोड़ा धीरज रखो', 'आहिस्ता-आहिस्ता', 'पहुँचेंगे अन्दर आते-आते' ऐसा पैंतरा लेकर दलितों के सहभोजन और मन्दिर प्रवेश की तरफ़दारी की हुई दिखाई देती है। वेंकट पर्वतीश्वर कवलू के 'मातृमन्दिरम्' (1919) तेलुगु उपन्यास, प्रेमचन्द के हिन्दी उपन्यास 'रंगभूमि' (1923 ई.), साने गुरु जी के 'रामाचा शेला' (1944 ई.) और मधु मंगेश कर्णिक के 'भाकरी आणि फूल' (1982 ई.) उपन्यासों में दलितों के मन्दिर प्रवेश पर विचार हुआ दिखाई देता है। प्रेमचन्द के 'रंगभूमि', श्री. कृ. कोल्हटकर के 'श्यामसुन्दर', भा. वि. वरेरकर के 'मी रामजोशी' (1941 ई.) और र. वा. दिघे के 'कार्तिकी' में दलितों के सहभोजन का विचार हुआ नज़र आता है। प्रेमचन्द का 'सूरदास', श्री. कृ. कोल्हटकर का 'श्याम' और र. वा. दिघे का 'ओंकारशास्त्री' जैसे चरित्र दलितों के सहभोजन के प्रश्न पर आग्रही भूमिका लेते हुए दिखाई देते हैं। ये बातें भी बतायी हैं कि ग़ैर-दलित लोगों को दलितों के साथ सहभोजन करना चाहिए, इस भूमिका का समर्थन करते समय दलितों को अभक्ष्य भक्षण बन्द करना चाहिए और स्वच्छ रहना चाहिए।

- हम महार, मेहतर आदि अस्पृश्य माने गये लोग स्वयं का रहना इतना सही रखें, स्वयं का मन इतना निर्मत्सर तथा हिन्दू धर्मपरायण रखे कि हमारे उच्चवर्णीय बन्धुओं को हमें हीन और अमंगल समझने के कारण स्वयं ही पछतावा हों। (संगीत उ:शाप। वि. दा. सावरकर। पृ.20)

हिन्दू समाज अस्पृश्यों के साथ कभी समानता और सम्मान से पेश नहीं आया। दलितों ने हिन्दू धर्म में स्थित अपना दोयम स्थान और कलंकित जीवन बदल ने के लिए धर्मान्तर का मार्ग अपनाया। सवर्ण हिन्दुओं को दलितों का धर्मान्तर कभी रास न आया। उसके दो कारणों की सम्भावना है। हज़ारों वर्षों से जिनका स्थान अपने जूतों के पास था वे धर्मान्तर करने पर अपने से बराबरी करने लगेंगे; यह बात जात्यान्ध मानसिकता को चुभनेवाली थी। दूसरा यह कि दलितों के धर्मान्तर से मुसलमान और ईसाइयों की जनसंख्या बढ़नेवाली थी। सार्वत्रिक चुनाव और सामूहिक हिंसा के वक़्त जनसंख्या महत्त्वपूर्ण ठहरती है। धर्मान्तरित मुस्लिम और ईसाई पूर्वाश्रम के अपमानित जीने का बदला लेंगे। इस भावना से हिन्दू हमेशा परेशान दिखते रहे हैं।

ग़ैर-दलित लेखकों ने दलितों के धर्मान्तरविषयक अस्वस्थ होकर लेखन किया।

प्रेमचन्द से लेकर वि. दा. सावरकर तक यह स्वर कटुता से व्यक्त हुआ नज़र आता है।

- डोम चमार जो गिरजा में जाकर खाना खा ले वही क्रिस्तान हो जाता है। वही बाद में कोट पतलून पहनकर साब बन जाता है (रंगभूमि। प्रेमचन्द। पृ. 114)
- जो कोई दु:ख टालने के लिए किसी लड़की को, किसी नर्क के सुनहरे माटी के कुम्भ से मोहित होकर व्यक्तिगत सन्त्रास का बदला लेने के लिए अपने हिन्दू धर्म को लताडता है, उसकी नीचता की पराकाष्ठा हुई है, ऐसा मैं समझूंगा। (संगीत उ: शाप। वि. दा. सावरकर। पृ. 121)
- भ्रष्ट होकर परधर्म में जानेवाला प्रत्येक अस्पृश्य अपने धर्म का, संस्कृति का और देश का कमोबेश मात्रा में शत्रु होता है। (चंदनवाडी। गं. त्र्यं. माडखोलकर। पृ. 209)

परधर्मियों की संख्या में धर्मान्तर के कारण वृद्धि हो जायेगी; इस भय से हिन्दुओं ने 'अब स्वयं में सुधार लाने के अतिरिक्त कोई चारा नहीं' ऐसा संरक्षक पैंतरा लिया हुआ दिखाई देता है। इसमें दलितों के हित की तुलना में हिन्दुओं के हित की ही अधिक चिन्ता ली हुई नज़र आती है। सभी प्रगतिशील हिन्दू लेखकों के लेखन द्वारा यह स्वर प्रकट हुआ दृष्टिगत होता है। अंग्रेज़ी में ए. माधवय्या के 'थिकाई गोविन्दन' (1908 ई.) आत्मकथात्मक उपन्यास में, हिन्दी में श्यामकिशोर शर्मा के 'काशियात्रा' (1916 ई.), मन्मनाथ द्विवेदी के 'रामलाल' (1916 ई.) और शरतचन्द्र चट्टोपाध्याय के 'पथेरदोषी' और 'विप्रदास' जैसे बंगाली उपन्यासों के माध्यम से दलितों के धर्मान्तरविषयक सहानुभूति का स्वर प्रकट हुआ दिखाई नहीं देता। बाबासाहेब आम्बेडकर के धर्मान्तर के सम्बन्ध में वि. दा. सावरकर ने अत्यन्त कटु प्रतिक्रिया व्यक्त की थी। आज भी दलितों के धर्मान्तर के सम्बन्ध में चरमसीमा की द्वेषमूलक भूमिका प्रकट होते हुए नज़र आती है। इस मानसिकता से ही 'धर्मान्तरविरोधी विधेयक' मंजूर करने की आक्रमक तथा आग्रही भाषा व्यक्त होती हुई दिखाई देती है। दलितों को प्रलोभन दिखाकर उनका धर्मान्तर किया जाता है, ऐसे भड़कीले स्वरूप के विचार भी सुनने मिलते हैं। अपने धर्म के सम्बन्ध में आक्रमक सिरफिरे, दलितों के दर्दविषयक तो बाकायदा मौन रखते हुए दिखाई देते हैं। भारतीय संविधान ने अपने नागरिकों को 'धार्मिक स्वातन्त्र्य' का मूलभूत अधिकार दिया है, यह बात वे भूल गये हैं।

3

दलितों के सम्बन्ध में सवर्णों में अनेक ग़लतफ़हमियाँ और दुराग्रह हैं। दलित अस्वच्छ रहते हैं, अभक्ष्य भक्षण करते हैं, उनकी भाषा सही नहीं होती है, वे लतखोर और दुवर्तनी होते हैं, वे गंदे और रंग-रूप से बेढंगे होते हैं, वे गन्दी बस्ती में रहते हैं, वे बराबरी से बर्ताव कराने योग्य नहीं होते, उनकी वही योग्यता होती है, उन्हें वहीं रखना चाहिए, दलितों का लाड़-प्यार बहुत हुआ, बौद्ध बहुत उन्मत्त हुए हैं, इस तरह की भाषा का प्रयोग हर जगह सुनने मिलता है। ऐसी भाषा आम है। दलितोंविषयक सवर्णों के मन में तिरस्कार धिक्कार, निषेध और द्वेष भावना होती है। सवर्णों के मन में दलितों की सुन्दर कन्याओं को देखकर वासना उमड़ती हुई मालूम पड़ती है। 'संस्कार' की चन्द्री हो अथवा 'चन्दनवाडी' की रखमा हो उनकी ओर हवसभरी आँखें टिकी होती हैं। इस बात के लिए 'कार्तिकी' की 'कार्तिकी' अपवाद नहीं है। इतना ही नहीं तो दलितों की सुन्दर लड़कियों को देखकर सवर्णों के मन में विकृत कल्पनाएँ आती दिखाई देती हैं।

- अस्पृश्यों की लड़कियाँ ब्राह्मण की लड़की जैसी गोरी और सुन्दर हैं। उनकी तरफ़ देखें तो मुझे घारुअण्णा नागे और कृष्णंभट फुरशे की याद आती है। इतना उनके चेहरे में साम्य है। (इन्दु काळे तथा सरला भोळे। वा. म. जोशी। पृ. 62)
- सुनिए! उसकी माँ पुणे के लश्कर में पारसी के पास काम करती थी। फिर सुन्दर होगी तो उसमें क्या आश्चर्य? (कार्तिकी। र. वा. दिघे। पृ. 26)

4

दलितों की माँगें थीं कि समानता से पानी भरने दो, मन्दिर में जाकर ईश्वर दर्शन करने दे, आपकी पंक्ति में बैठने दे। देश को स्वतन्त्रता मिली और भारतीय संविधान ने 'एक व्यक्ति एक मूल्य' तत्त्व का स्वीकार किया। अस्पृश्यता को क़ानूनन नष्ट कराया गया। जनतन्त्र के परिणामस्वरूप स्वातन्त्र्योत्तर काल में जातिव्यवस्था की कमर टूट गयी। पंक्ति से लेकर गृहस्थी तक दलित और सवर्णों में स्नेह सम्बन्ध होते गये। एक नवीन भारतीय समाज निर्माण होने लगा। अनेक के अन्तरजातीय विवाह सम्पन्न हुए। जाति-पाँति की दीवारें कालबाह्य ठहरी। ग़ैर-दलित लेखकों ने दलित और संवर्णों के बीच 'प्रेम' और 'विवाह' जैसे विषयों पर लेखन किया दिखाई देता है। अडिगल के तमिळ उपन्यास 'कोकिलपल कट्टीकल', विजय तेंडुलकर के

'कन्यादान' और जयवन्त दळवी के 'पुरुष' नाटकों में, मल्लिका अमर शेख की आत्मकथा 'मला उध्वस्त व्हायचंय' में दलित और सवर्णों के बीच के नाते-सम्बन्धों के अनेक पहलू व्यक्त हुए नज़र आयेंगे। साथ ही दलित और सवर्णों के बीच के विवाहेतर सम्बन्धों का भी चित्रण दिखाई देगा। 'कार्तिकी' के कार्तिकी और हेरंब के सम्बन्ध अथवा 'द गॉड ऑफ़ स्मॉल थिंग्ज' के अम्मू और वेलूथ के सम्बन्ध इस तरह के दिखाई देंगे।

5

ग़ैर-दलित लेखकों के लेखन में जातिव्यवस्थाविषयक अपराध बोध का स्वर व्यक्त हुआ दिखाई देता है। इस लेखन द्वारा अस्पृश्यों के साथ अमानुष व्यवहार करने का ख़ेद व्यक्त हुआ दृष्टिगत होता है। 'अस्पृश्य अपने स्वजन हैं। हमें उन्हें समझ लेना चाहिए और उनके साथ मनुष्यता का बर्ताव करना चाहिए।' इस तरह की प्रांजल भावना ग़ैर-दलित लेखकों के साहित्य में प्रकट हुई प्रतीत होती है। अस्पृश्य, आदिवासी, घुमन्तू-विमुक्त, पिछड़ा वर्ग और अल्पसंख्य वर्ग की जनसंख्या कुल जनसंख्या की तुलना में 85% है। इन 85% लोगों का निर्वाह साधन, समस्या और प्रश्न एक जैसे ही है; परन्तु ये जाति-जनजातियाँ अलग-अलग जातियों के खाने में विभाजित हैं। ये जातियाँ सामाजिक ध्रुवीकरण प्रक्रिया में एकत्र आ रही हैं तथा जनसंख्या की मात्रा में हक़ और अधिकार की भाषा बोल रही हैं। श्री. कृ. कोल्हटकर ने 'श्यामसुन्दर' (1925 ई.) में इस सामाजिक बदलाव का चेतना व्यक्त किया प्रतीत होता है। 'स्त्री, शूद्र, उसे समाविष्ट कर होने वाले दस आनों के हिस्से' का विचार करते हुए वे नज़र आते हैं। इतना ही नहीं तो 'अन्य जातियों को अस्पृश्य समझनेवाले ब्राह्मण स्वयं ही अस्पृश्य हो बैठेंगे, क्या ऐसा भय भी लगने लगा है।' (श्यामसुन्दर, पृ. 157) उन्होंने इस तरह की स्पष्टोक्ति भी की हुई प्रतीत होती है। श्रीपाद कृष्ण कोल्हटकर के 'श्यामसुन्दर' की भावना र. वा. दिघे के 'कार्तिकी' में (1966 ई.) अधिक स्पष्ट स्वरूप में व्यक्त होती हुई नज़र आती है। दिघे कहते हैं, 'ये लोग यदि आपके विरुद्ध (ब्राह्मणों के विरुद्ध) गये तो क्या करेंगे? यदि एक दिन उन्होंने बग़ावत किया तो उनके पैरों पर सिर रखकर उनकी शरण में आपको जाना चाहिए।' (पृ. 117, 118) स्वातन्त्र्योत्तर काल में होने वाले सामाजिक अभिसरण के कारण हिन्दू धर्म की जातिव्यवस्था का स्वरूप बदलता जा रहा है तथा जाति के समीकरण भी बदलते जा रहे हैं। ग़ैर-दलित लेखकों को इस बदलाव की संवेदना

हुई है। परिणामतः उन्होंने सूज्ञ विचार करके प्रगतिशील भूमिकाओं को अपनाया है, ऐसा दिखाई देता है। सामाजिक परिवर्तन के मार्गक्रमण में ग़ैर-दलित लेखकों का दलितोंविषयक प्रकाशित साहित्य अत्यन्त महत्त्वपूर्ण भूमिका निबाहता दृष्टिगत होता है। ग़ैर-दलित लेखकों ने विशेषतः ब्राह्मण लेखकों ने समाजसुधार का आवेशपूर्ण समर्थन करने से दकियानूसी विचारों को तमाचा बैठ सका। इस साहित्य ने सवर्ण पाठकों को अन्तर्मुख किया। इस साहित्य की समाज में सौहार्द का वातावरण निर्माण करने के लिए बड़ी सहायता हुई है। इतना ही नहीं तो इस साहित्य ने विद्रोही दलित साहित्य के प्रवेश हेतु द्वार खोल रखे। ग़ैर-दलित लेखकों ने स्वसमाजविषयक आक्रमक होकर आत्मनिन्दा की। परिणामतः यहाँ के सवर्ण समाज की सनातन मानसिकता विचारप्रवण हो सकी। ग़ैर-दलित लेखकों ने समय पर ही सामाजिक समानता के धोखे पहचानकर उस पर उपाय-योजना करने के लिए अपनी लेखनी तेजी से चलायी।

6

दलित चेतना जन्माधिष्ठित है तो ग़ैर-दलित चेतना कल्पनाधिष्ठित है। दोनों मूल्यगर्भ हैं। दलित लेखक का अपने वास्तव से अनुभव का तथा वेदना से रक्त का नाता है। ग़ैर-दलित लेखक सामाजिक प्रतिबद्धता और प्रगतिशील भूमिका लेकर लिखता है। इन दोनों चेतनाओं से प्रेरित लेखन प्रगतिशील समाज निर्मिति प्रक्रिया में महत्त्वपूर्ण है। यद्यपि ऐसा हो तो भी मनुष्य जिस जाति में जन्म लेता है उस जाति के संस्कार की परिधि को चीरकर बाहर निकलते हैं। अपनी जाति के संस्कार, अहंकार तथा हित का विचार दूर रखकर समग्र भारतीय समाज का विचार होना आवश्यक है। एक नवीन भारतीय मन के निर्माण हेतु व्यापक तथा धर्मनिरपेक्ष भूमिका लेकर लेखन करना चाहिए। जातिग्रस्त मानसिकता से किया लेखन पुनः एक बार मनुस्मृति के विचार को मज़बूती देनेवाला ठहरेगा। यदि लेखक और विचारकों के आविष्कार में उसकी ब्राह्मण्यग्रस्त मानसिकता व्यक्त हुई तो उसकी भूमिका के बारे में आशंका लेनी पड़ती है। विषम व्यवस्था में स्थित लेखक और विचारकों के लिए सामाजिक न्याय की भूमिका लेकर व्यक्त होना आवश्यक है। यह इतिहासप्रदत्त भूमिका ग़ैर-दलित लेखकों के लेखन में कमोबेश अन्तर से व्यक्त हुई दिखाई देती है।

13
साहित्य के निकष और बदलते सन्दर्भ

लक्ष्मण गायकवाड ने मेरे पास 'राघववेळ' की भाषा की स्तुति की थी, इसलिए मैंने वह पुस्तक पढ़ी। मुझे भी प्रस्तुत पुस्तक की भाषा, पुस्तक की कुल रचना और लेखक के अपने लेखन पर होने वाले जबरदस्त प्रभाव के कारण बहुत भा गयी। फिर भी इस पुस्तक में कुछ अवास्तवता का चेतना भी हुआ। एकाध बार एक पुस्तक अच्छी भी लगती है और उसके दोष भी नज़रअन्दाज़ नहीं कर सकते। ऐसा बहुत बार होता है। 'राघववेळ' के सम्बन्ध में यहीं हुआ। मैंने 'राघववेळ' के अच्छे-बुरे की खोज करने के उद्देश्य से इस पुस्तक का परीक्षण किया। बाबूराव बागुल के 'सूड' के बारे में भी यही अनुभव आया। उसका भी परीक्षण मैंने किया।

दलित साहित्य की पुस्तकें विख्यात होती हैं। दलित लेखकों की काफ़ी स्तुति होती है। परन्तु उनके लेखन में स्थित दोषों की ओर दुर्लक्ष होता है। दलित साहित्य के समीक्षकों के पास दलित लेखकों के लेखन की त्रुटि दर्शाने का साहस नहीं था या उन्हें इन दोषों का आकलन नहीं होता, इसके बारे में मेरे मन में अशान्ति निर्माण हुई। दलित साहित्य के तटस्थ और वस्तुनिष्ठ मूल्यांकन की ज़रूरत महसूस होने लगी। इसी ज़रूरत से ही मैंने दलित साहित्य की विख्यात पुस्तकों का पुनर्वाचन करना सोच लिया। मराठी दलित साहित्य की बहुचर्चित अलग-अलग साहित्य प्रकारों में से कुछ चुनिन्दा रचनाओं का चयन करके उसके आधार पर दलित साहित्य का स्वरूप, प्रयोजन, वैशिष्ट्य तथा भूमिका समझ लेने का प्रयत्न किया। कविता, कथा, उपन्यास, आत्मकथा, नाटक, यात्रावर्णन तथा स्तम्भ लेखन जैसे साहित्य प्रकारों में से कुछ महत्त्वपूर्ण पुस्तकों का मूल्यांकन कर दलित साहित्य की अलगता का अवलोकन किया। यह भी जाँच लेने का प्रयत्न किया कि दलित साहित्य की विख्यात पुस्तकों के मूल्यांकन के साथ ही इस साहित्य ने दलितों के समग्र जीवन को कैसा स्पर्श किया है, इसकी भी जाँच करने का प्रयास किया।

स्वातन्त्र्योत्तर काल में लिखे गये दलित साहित्य का विवेचन करते समय इस काल के दलितों के सामाजिक स्थित्यन्तर का भी सुराग लेने का प्रयत्न किया। यह भी ध्यान में आया कि दलित साहित्य का अध्ययन केवल 'साहित्य' के रूप में कर नहीं सकते तो इस साहित्य में व्यक्त हुई 'समस्या' तथा 'विचार' को गाम्भीर्य से दखलन्दाज़ी लेनी होगी।

दलित साहित्य में अनेक पुस्तकें विख्यात हुई हैं। उन सभी पुस्तकों का समावेश इस अध्ययन में नहीं किया है। जिन पुस्तकों का अध्ययन करना है, उसकी एक सूची तैयार की तथा एक के बाद एक पुस्तकों का अध्ययन किया। एक ही समय में कुछ पुस्तकें पढ़ी गयी तो कुछ पुस्तकों को अनेक बार पढ़कर पूर्ण करना पड़ा। एक ही समय में कुछ पुस्तकों का परीक्षण सहजता से पूर्ण हुआ तो कुछ पुस्तकों के परीक्षण के लिए अनेक दिन लगे। ये सभी परीक्षण पुन: पुन: लिखे हैं। इस अध्ययन के पीछे एक निश्चित मेहनत है। पुस्तकें पढ़ लेना, उसके मुद्दे निकालना, इन मुद्दों के आधार पर परीक्षण करना जैसी बातें घटित हुईं, वैसे पुस्तकें पढ़ना तथा पुस्तकों का मन पर हुए कुल परिणाम का विचार करना, उनकी सुसंगति लगाना तथा उसके आधार पर परीक्षण करना भी हो गया है। एक से अधिक बार बैठकर जो परीक्षण पूर्ण हुए, लगा कि उसमें पुस्तक का गहरा विचार हुआ था और जिस पुस्तक पर एक ही बार बैठकर लेखन हुआ उससे उत्स्फूर्त लेखन होने का अन्तस्तल से आनन्द हुआ। कभी ऐसा भी हुआ कि एक पुस्तक का कच्चा परीक्षण लिखकर दूसरी पुस्तक पढ़ने ली तथा उसका परीक्षण लिखा। तदनन्तर पहले लिखे कच्चे परीक्षण पर संस्कार किये। पुस्तक पढ़कर उस पर तुरन्त लिखने में एक जीवन्तता, उत्स्फूर्तता होती है। परिणामत: ऐसे लेखन में तटस्थता महसूस नहीं होती। पुस्तक पढ़कर कुछ समय बीत जाने पर लेखन में संयतता तथा गाम्भीर्य आता है। कुछ पुस्तकोंविषयक अच्छा लिखा गया है तो कुछ पुस्तकोंविषयक लिखे लेखन के सम्बन्ध में एक धुँधला-सा असमाधान भी लगता है।

दलित साहित्य के बिल्कुल उदय से लेकर एक भूमिका एकदम दृढ़पूर्वक तथा स्पष्टता से व्यक्त हुई दिखाई देती है। अपने साहित्य के मूल्यांकन के लिए दलित लेखकों ने निरन्तर पृथक निकषों की माँग की हुई दृष्टिगत होती है। रूढ़ निकषोंविषयक असमाधान व्यक्त किया है। दलित साहित्य की समीक्षा में व्यक्त हुआ यह एक प्रमुख स्वर है। दलित लेखकों की प्रस्तुत माँग ने मुझे हमेशा ही आकृष्ट किया है।

मौखिक परम्परा से लेकर आधुनिक इलेक्ट्रॉनिक माध्यमों तक साहित्य का प्रवाह विकसित हुआ दिखाई देता है। आदिमानव हो या आधुनिक मानव हो वह अलग-अलग तरह से व्यक्त हुआ दिखाई देगा। मनुष्य की मूलभूत ज़रूरत है, व्यक्त होना। मूलतः मनुष्य की जीवन्तता का यह महत्त्वपूर्ण लक्षण है। दृष्टिगत होगा कि मनुष्य के व्यक्त होने की ज़रूरत से ही साहित्य, संस्कृति और परम्पराओं का विकास हुआ है। मनुष्य कभी अकेला तो कभी समूह द्वारा व्यक्त होता रहता है। मनुष्य के व्यक्त होने से ही समाज गतिमान होता है, संस्कृति का संवर्धन होता है, आन्दोलनों का उदय होता है, इतिहास को चेहरा मिलता है, साहित्य में स्थित्यन्तर घटित होते हैं, राजनीतिक सत्ताएँ बदलती हैं और भविष्य का अस्तित्व स्पष्ट होने लगता है। मनुष्य के व्यक्त होने के इतने व्यापक सन्दर्भ हैं, इसी कारण भारतीय संविधान ने अभिव्यक्ति स्वतन्त्रता को मूलभूत अधिकारों का स्थान दिया है।

अपनी अभिव्यक्ति की सुरक्षा मनुष्य अन्तस्तल से करता है। अभिव्यक्ति भी खेतीबाड़ी की तरह ही मनुष्य की सम्पत्ति होती है। अभिव्यक्ति जब एक निश्चित वर्ग की मिल्कियत बनती है, तब उसके स्वर, स्वरूप और प्रयोजन में एकसूत्रता, अनुशासन, अभ्यास और परम्परा को महत्त्व प्राप्त होता है। अभिव्यक्ति के स्वामित्व का समाज अपनी अभिव्यक्ति अन्यों पर थोपता रहता है। अपनी अभिव्यक्ति अपने हित के लिए प्रयुक्त करता रहता है। अपनी अभिव्यक्ति को दैवी अधिष्ठान देने का प्रयत्न करता रहता है। ऐसी अभिव्यक्ति का स्वरूप एक-सा बनता है। जो समाज जनतन्त्र स्वीकृत और ज्ञान पर आधारित होता है, उसमें अभिव्यक्ति का स्वर समानता, स्वातन्त्र्य और बन्धुता के लिए व्यक्त होता रहता है। उसी कारण स्वातन्त्र्योत्तर काल की अभिव्यक्ति को जनप्रवाहों का स्वरूप प्राप्त हुआ दिखाई देगा।

आधुनिक समाज, साहित्य और संस्कृति का स्वरूप और प्रयोजन गति से परिवर्तित होते हुए नज़र आयेंगे। आधुनिक ज्ञान, विज्ञान, जीवन के प्रत्येक क्षेत्र में हुआ जनतन्त्रीय मूल्यों का प्रवेश, विश्व के सन्निकट आने के चेतना से निर्माण हुआ उदारमतवाद, खान-पान, अभिरुचि, परिधान और फ़ैशन में हो रहा रुचि परिवर्तन, सूचना-प्रौद्योगिकी के कारण मानव ज्ञान की विस्तृत सीमाएँ, व्यापार-उद्योग, पर्यटन, लेन-देन और संचार माध्यमों के कारण निर्माण हुई नवीन आधुनिक संवेदना, जागतिकीकरण के दबाव से उदित होने वाला वैश्विक भान, चित्रपट, संगीत, क्रीड़ा, साहित्य और देशी-विदेशी चैनेल्स के कारण निर्माण होनेवाली नवीन मानसिकता, जनसंख्या और शहरीकरण के कारण शिथिल होने वाले पुराने बन्धन, समानता,

स्वातन्त्र्य और बन्धुता जैसे मूल्यों के प्रसार के कारण मनुष्यों के बीच निर्माण हुआ हक-अधिकारों की चेतना, सामाजिक आन्दोलन, परिवर्तन और आधुनिक क़ानूनों के कारण शोषितों की मानसिकता में होने वाले बदलाव, कुपोषण से लेकर छिछौरे जीने में स्थित गम्भीर, विषमता, हिंसा, गुनहगारी, भ्रष्टाचार, अतिरेकी कार्रवाइयाँ और महँगाई से जर्जर हुई समाज व्यवस्था, सेक्स की बेशुमार झड़ी, वैश्वीकरण की तेजी में होने वाले अपरिहार्य बदलाव और दुर्लक्षित रही ग्रामव्यवस्था, मूलतत्त्ववादी संगठनों की आक्रमकता तथा दंगलों के एकत्रित परिणाम के कारण आज का समग्र मानवी जीवन उबल रहा है। प्राचीन समाज, साहित्य और संस्कृति की तुलना में आधुनिक समाज, साहित्य और संस्कृति का स्वरूप अलग है। समाज बदलाव की गति भी बढ़ी है।

स्वातन्त्र्योत्तर काल में फुले-आम्बेडकर के विचारों से मराठी साहित्य विश्व में दलितों की अभिव्यक्ति के परिणामस्वरूप तूफ़ान उठा है। दलितों की अभिव्यक्ति को हज़ारों वर्षों से दबाया था। दलितों को ज्ञानार्जन का तथा व्यक्त होने का अधिकार ही नहीं था। दलित समाज मौन रह कर तथा चुपचाप जी रहा था। शोषण के साधन के रूप में भी दलितों की ओर देखा जाता था। अपने शोषण का चेतना दलितों को न हो इसलिए प्रारब्धवाद बताया जा रहा था। फुले आम्बेडकर ने दलितों को ग़ुलामी का चेतना करा दिया। परिणामतः ग़ुलामी विरुद्ध व्यक्त होने की प्रेरणा दलितों को प्राप्त हुई।

दलितों का व्यक्त होना सामाजिक प्रक्रिया थी। दलितों की अभिव्यक्ति विषम समाज व्यवस्था विरुद्ध की हाय, असन्तोष और उसके विरुद्ध का प्रतिकार जैसी भावनाओं के सम्मिश्रण से प्रकट होती हुई दिखाई देती है। शोषक और शोषित के स्वार्थ परस्पर विरुद्ध होते हैं। उनके स्वार्थ का आविष्कार कला होती है; परिणामतः उसमें यह तनाव व्यक्त होता है। ऐसे कारणों से ही दलित साहित्य द्वारा 'समाज में खाई निर्माण होगी, सामाजिक मनमुटाव बढ़ेगा' ऐसी प्रतिक्रियाएँ व्यक्त हुई पायी जाती हैं।

दलित साहित्य का कलावादी मूल्यांकन करने का आग्रह रखनेवाले, दलित साहित्य में व्यक्त विचारों की ओर जानबूझकर दुर्लक्ष करने का प्रयत्न करते रहते हैं। दलितों की अभिव्यक्ति मुख्यधारा की अभिव्यक्ति की तुलना में अनेकार्थों से पृथक होती है। इस अलगता के कारणों से ही इस साहित्य के मूल्यांकन हेतु अलग निकषों की ज़रूरत होना ध्वनित होता है। यद्यपि दलित लेखकों ने अपने लेखन के

लिए रूढ़ साहित्य प्रकारों का उपयोग किया हों तो भी ऐसा दिखाई देता है कि उनकी अभिव्यक्ति अत्यन्त अलग होती है। उसके कारण इस प्रकार हैं–

अ. दलित लेखक की जन्मसिद्ध जाति
आ. जन्मजाति के कारण दलित लेखक का पृथक अनुभव
इ. आम्बेडकरी विचारों की प्रेरणा
ई. दलित लेखकों की प्रतिबद्धता
उ. दलित लेखक की जातिअन्त की विद्रोही भूमिका
ऊ. जाति का जीवन तथा बोली
ए. उपरोक्त कारणों का दलित लेखक की अभिव्यक्ति पर हुआ परिणाम
ऐ. दलित साहित्य का सामाजिक योगदान

दलित साहित्य का मूल्यांकन करते समय उपरोक्त कारणों का विचार करना पड़ता है। परन्तु कलावादी मूल्यांकन इन कारणों को महत्त्व देते हुए दिखाई नहीं देता। दलित साहित्य का योग्य मूल्यांकन नहीं किया जाता। मैंने 'दलित साहित्य का सौन्दर्यशास्त्र' ग्रन्थ में इसका ऊहापोह किया है। जिस प्रकार स्वातन्त्र्योत्तर काल में अनेक सामाजिक स्तरों से नवीन लेखक उदित हुए, वैसे अनेक स्तरों से बहुत बड़ा पाठकवर्ग भी निर्माण हुआ। नवीन रूप में निर्माण हुए पाठकवर्ग की सांस्कृतिक ज़रूरत अलग थी। परिणामत: साहित्यिक जगत में एक रिक्तता निर्माण हुई। इस रिक्तता के कारण हवा जोरों से बहने लग जायें और आँधियाँ निर्माण हों, इस प्रकार नवीन साहित्यिक एहसासों का उदय होने लगा। इसमें दलित चेतना बहुत ही विवादग्रस्त ठहरी दिखाई देगी। पवित्र धर्मग्रन्थों की होली करना, मन्दिर प्रवेश का आन्दोलन खड़ा करना, जबरदस्ती से सवर्णों के पनघट पर प्रवेश करना, ईश्वर के अस्तित्व तथा पावित्र्य को नकारना, धर्म का धिक्कार कर धर्मत्याग करने जैसी दलितों की गतिविधियों के कारण यहाँ की सनातन व्यवस्था की कमर टूट गयी। प्रस्थापित व्यवस्था का मज़बूत अस्तित्व टूटने लगा। आरक्षित स्थान तथा चुनावों के कारण यहाँ का दलित वर्ग अधिकारों तथा सत्ता के स्वप्नों पर आरूढ़ हुआ। उस कारण दलितों पर हज़ारों वर्षों से थोपा गया कर्फ्यू शिथिल होने लगा। बहिष्कृत समाज में गतिविधियाँ शुरू हुईं। समाज के आख़िरी तबके में विस्फोट होने लगे। एक प्रचण्ड जन समूह जग जाने से यहाँ की विषम व्यवस्था की मंजिल काँपने लगी। समाज में असन्तोष मचा। सामाजिक मनमुटाव निर्माण हुआ। दलितों पर अन्याय-अत्याचार बढ़ गये। दलितों की आवाज़ दबाने की दमनकारी दहशतें प्रारम्भ

हुईं। दलितों की झोंपड़ियाँ जलाना, दलितों की सामूहिक हत्या करना, सामूहिक बलात्कार करना, सामूहिक बहिष्कार करने जैसी घटनाएँ होने लगीं। सवर्णों के अन्याय सामने दलितों ने घुटने न डालते हुए, संगठित रूप में संघर्ष करना प्रारम्भ किया। दलित साहित्य की ओर हम संघर्ष का एक महत्त्वपूर्ण सांस्कृतिक हथियार के रूप में देखना चाहिए।

अभिजनों के लिए अभिजनों ने लिखे साहित्य पर ही बहुजनों की अनेक पीढ़ियाँ पोषित हुईं। इस साहित्य में दलितों का वास्तव चित्रण नहीं हुआ था। वरिष्ठ वर्ग के लेखकों ने लिखे साहित्य में कनिष्ठ वर्ग के हित का ऐसा कुछ भी नहीं था। इसलिए निर्मलकुमार फडकुले कहते हैं, 'मराठी साहित्य में व्यक्त जीवनानुभव केवल एक ही वर्ग के हैं। इस समय इस बात का एहसास होता है कि साहित्य को जीवन का दर्पण सम्बोधित करने में कितनी अतिशयोक्ति है।'[1] दलितों को साहित्य में अपना प्रतिबिम्ब और अपने प्रश्न चाहिए थे। इतना ही नहीं तो सामाजिक परिवर्तन के लिए साहित्य की ज़रूरत महसूस हो रही थी। इसके लिए स्वयं ही लिखना चाहिए इस उद्देश्य से दलित लेखकों ने लेखन किया।[2] उसी कारण दलित साहित्य में समाजरचना तथा प्रस्थापित मूल्यों को आह्वान देनेवाला एक विद्रोही मन व्यक्त हुआ।[3] इस सन्दर्भ में भालचन्द्र फडके का मत जान लेना उचित होगा। वे कहते हैं, 'दलित साहित्य सांस्कृतिक विरासत नकारता है और उसी समय ईश्वर, आत्मा, कर्मविपाक, कर्मकाण्ड नकारता है।' साथ ही हिन्दू धर्म द्वारा अस्पृश्यता जैसी अन्यायकारक थोपी हुई रूढ़ियों को भी नकारता है।[4] प्रस्तुत साहित्य को 'दलित' विशेषण क्यों धारण करना पड़ा इसका बोध इन सभी कारणों का एकत्रित विचार करने पर होगा। उसी कारण सर्वार्थ से अलग साहित्य के मूल्यांकन हेतु रूढ़ निकष कैसे प्रयुक्त किये जायेंगे यह मूल प्रश्न है।

दलितों द्वारा हिन्दू धर्म नकारने के पीछे जो मानसिकता है, दलितों ने उन पर थोपे हीन काम नकारने के पीछे जो मानसिकता है, वही मानसिकता रूढ़ निकष नकारने के पीछे है। जब दलित नकार की भूमिका लेने लगते हैं, तब प्रस्थापितों के अहंकार को ठेस पहुँचती है। इस समय प्रस्थापितों की ओर से स्वसमर्थनार्थ की भाषा सुनने मिलती है। इस सन्दर्भ में राजेन्द्र यादव कहते हैं कि, 'दलित साहित्य वह नहीं है जो दलित लिख रहे हैं, बल्कि वह है जो हम बता रहे हैं, क्योंकि दलितों के पास न विश्लेषण का शास्त्र है, न पद्धति, न गम्भीर विवेचन की भाषा, न कला और सौन्दर्य की बारीक पकड़ और समझ।' यानी उत्कृष्टता, दक्षता की सारी कसौटियाँ मानक

और मॉडेल सिर्फ़ हमारे पास है। वे अपरिवर्तनीय, अपरिष्करणीय और शाश्वत है क्योंकि उनके पीछे शास्त्र और सिद्धान्त हैं।[5] इस तरह की दर्पोक्ति का राजेन्द्र यादव ने उपहास किया है। प्रस्थापितों के विवाद का स्तर इतिहास का दाखिला देनेवाला होता है। ये मूल्य शाश्वत हैं, साधारण हैं, हज़ारों वर्षों से रूढ़ हैं, यह परम्परा है ये तो ठोस कारण नहीं हो सकते। हज़ारों वर्ष अनिष्ट प्रथाएँ टिकी रहती हैं, इस कारण उनका पालन होना चाहिए ऐसा कह नहीं सकते। ये निकष हज़ारों वर्षों से रूढ़ थे। क्योंकि इन पर दलितों ने आक्षेप नहीं लिया था। वस्तुतः दलितों द्वारा आक्षेप लेने का इतिहास फुले-आम्बेडकर से शुरू होता है। इस कारण हज़ारों वर्षों का कोई अर्थ शेष नहीं रहता। 'सर्वमान्य' का अर्थ 'सवर्ण मान्य' ऐसा ही होता है। जो व्यवस्था अस्पृश्यों का स्पर्श, छाया और वाणी अपवित्र मानती है, वह व्यवस्था दलितों द्वारा नकारी न जायें, यह कौन सा युक्तिवाद है? राजेन्द्र यादव की तरह ही आनन्द यादव भी रूढ़ निकषों की निष्फलता स्पष्ट करते हुए दिखाई देते हैं।[6]

दलित साहित्य का लेखक

दलित लेखक एक कार्यकर्ता लेखक है। 'जो जो जी लिया, भोगा, अनुभवित किया वह वैसा ही लिखने वाला लेखक है'[7] आन्दोलन में बिल्कुल सम्मिलित न होने वाले अशोक व्हटकर जैसे दलित लेखक भी सामाजिक चेतना से अभिभूत दिखाई देंगे। मेरी समझ जैसे ही विकसित होने लगी तब से मैं जिस पद्धति के समाज में रहा, बड़ा हुआ, शिक्षित बना और अभी घूम-फिर रहा हूँ, उस समाज का यथाशक्ति प्रामाणिकता से मैंने चित्रण किया है।[8] बाबूराव बागुल कहते हैं, 'अस्पृश्यता शीघ्र दूर करनी हो तो देहातों को छोड़ दो। अन्यथा धर्मव्यवस्था पर आधृत अर्थव्यवस्था को ऊखाड़ दो।[9] दलित साहित्य का योग्य मूल्यांकन दलित लेखकों के लेखन के पीछे की सामाजिक भूमिका जान लेने के अतिरिक्त नहीं कर सकते। प्रस्तुत लेखन 'मुझे यह बताना है, मेरे ये प्रश्न हैं, मुझे यह नकारना है' ऐसे स्पष्ट उद्‍देश्यों से होने से वह हेतुपूर्ण स्वरूप का हुआ है। दलित लेखक एक क्रान्तिकारी मानसिकता से ग्रस्त है। वह अपने शब्दों को शस्त्र जैसा चलाते हुए दिखाई देता है। वह समाज में जब जब अत्याचार होता है तब तब जलता हुआ नज़र आता है। दलित लेखकों की मानसिकता अन्य लेखकों की मानसिकता से अलग है।

दलित लेखकों की प्रतिबद्धता

दलित लेखक सामाजिक प्रतिबद्धता माननेवाला लेखक है। उसके लेखन में आवेश तथा अभिनिवेश व्यक्त होता हुआ नज़र आता है। उस कारण उसके लेखन में

तटस्थता दिखाई नहीं देती, ऐसा उनके लेखन पर आरोप किया जाता है। वह अपने समाज का समर्थक होकर लेखन करता हुआ दिखाई देता है, उसकी प्रतिबद्धता सामाजिक ज़िम्मेदारी की भावना से निर्माण हुई है। दलित लेखक 'दलित' शब्द की व्याख्या करते समय सामाजिक हित की भूमिका लेता हुआ दिखाई देता है। दलित लेखकों की धारणा है कि 'जो जो शोषित, पीड़ित, अन्यायग्रस्त हैं, वे सभी दलित हैं'। अनुसूचित जाति और जमात सबसे अधिक दबी हुई थी, इसलिए दलित लेखक की जन्मनाल इस वर्ग की वेदना से बद्ध है। दलित लेखक की प्रतिबद्धता के कारण उसके लेखन को जिस प्रकार नुकीली आक्रमकता का लाभ हुआ है, वैसे आन्दोलन का स्वरूप भी प्राप्त हुआ है।

दलित लेखक की भूमिका

दलित लेखक की भूमिका फुले आम्बेडकर के विचारों के अधिष्ठान से सम्बन्धित है। हिन्दू धर्म जातिव्यवस्था पर आधारित है। हिन्दू धर्म से जातिव्यवस्था कम की तो इस धर्म का गुंबज गिर जायेगा। मूलत: यह धर्म उच्च-नीचता की कल्पना पर तथा स्त्री शूद्रों के ज्ञान के शोषण पर आधारित है। इस धर्म ने जिनका पोषण किया है, वे सभी वर्ग इस धर्म द्वारा थोपी ग़ुलामी विरुद्ध विद्रोह कर रहे हैं। इस विद्रोही सम्प्रदाय का सेनापति दलित लेखक है। दलित लेखक इस भूमिका को अपनाकर लेखन करते हुए दिखाई देता है कि मनुष्य का अवमूल्यन करने वाली यन्त्रणा समूल नष्ट होनी चाहिए।

अन्य लेखकों को दलित लेखक की जातिअन्त की भूमिका व्यर्थ, अनेक विषयों को ठूँसी हुई, आक्रान्त, आक्रोशपूर्ण और साहित्यिक मूल्यों की हानि करने वाली लगती है। दलित लेखक का लेखन उसकी भूमिका के कारण 'पोज' लिया हुआ लगता है।

'ऊपर की ओर आप पानी भरना,
नीचे की ओर हम,
कैसे अशौच से सिखाया जाता है
पानी को भी चातुर्वर्ण्य'

—(नामदेव ढसाळ-गोलपिठा)

दलित साहित्य की ओर सामाजिक जनतन्त्र प्रस्थापना के आन्दोलन के रूप में देखना चाहिए।

दलित लेखक का अनुभव

क्या दलित लेखक का अनुभव और अन्य लेखक का अनुभव जैसा भेद कर सकते हैं? क्या लेखक का अनुभव सामान्य मनुष्य के अनुभवों की तुलना में अलग होता है? लेखक का कौन सा अनुभव, साहित्य का रूप धारण करता है? ऐसे प्रश्न उपस्थित हो सकते हैं। रंजनप्रधान लेखन करने वाले लेखक का अनुभव कल्पना की उड़ानें भरनेवाला होता है। बादल घिर आते हैं, तूफ़ान मच जाते हैं, मेघ गर्जना करने लगते हैं, बन में मोर नाचने लगते हैं तब दिखाई देता है कि ऐसे लेखकों को रम्य कल्पनाएँ सूझती हैं। 'सरस्वती पुत्र', 'शब्द प्रभु', 'कला का पुजारी' रूपों में ऐसे लेखकों का सम्मान होता है। परन्तु दलित लेखक तो अपनी प्रतिभा को दैवी देन मानता हुआ दिखाई नहीं देता। इस सन्दर्भ में दया पवार कहते हैं, 'आकाश से मुझे कभी भी कल्पनाएँ सूझती नहीं है। अथवा मेरे हाथों से देवदूत लिखवाकर लेता है इस पर विश्वास नहीं रखा जाता।'[10] दलित लेखक प्रतिभा की जगह अपनी प्रेरणा को महत्त्व देता हुआ दृष्टिगत होता है। गंगाधर पानतावणे[11], राजा ढाले[12], यशवन्त मनोहर[13] और अर्जुन डांगळे[14] कहते हुए नज़र आयेंगे कि दलित साहित्य की प्रेरणा डॉ. बाबासाहेब आम्बेडकर हैं। वह आम्बेडकरी प्रेरणा से लिखता है। परिणामतः 'सरस्वती पुत्रों' और 'आम्बेडकरी प्रेरणा' का कभी भी मेल होते हुए दिखाई नहीं देता। आम्बेडकरी प्रेरणा भी जातिअन्त के संघर्ष से दलितों को प्राप्त हुए स्वाभिमान की प्रतीति है।

दलित लेखक का अनुभव जातिविशिष्ट अनुभव है। दलित लेखक के लेखन में जाति एक महत्त्वपूर्ण इकाई होती है। मूलतः दलित साहित्य वादग्रस्त ठहरने का कारण दलित लेखक के जन्म में हैं। जन्म से दलित मनुष्य व्यवस्था को आह्वान देता है, यह पसन्द न आनेवाला सत्य है। आम्बेडकरी विचार और दलित लेखक ने जि हुई सच्चाई जैसे रसायन से 'दलित चेतना' का जन्म हुआ है। यही दलित लेखक के अनुभव को मूर्त स्वरूप देती रहती है।

दलित लेखक का साहित्य

बाबासाहेब आम्बेडकर द्वारा प्रारम्भ किये नियतकालिकों के माध्यम से मराठी दलित लेखकों का साहित्य प्रकाशित हुआ दिखाई देता है। यह मराठी दलित साहित्य की नींवभराई का समय था। इस समय बन्धुमाधव, शंकरराव खरात और अण्णाभाऊ साठे का विपुल लेखन प्रकाशित हुआ दिखाई देता है। तथापि बाबूराव बागुल की

विद्रोही कहानियों से ही दलित साहित्य की विद्रोही पहचान हुई। तदनन्तर नामदेव ढसाळ की कविता ने दलित साहित्य का विद्रोही चरित्र बताया।

दलित साहित्य के प्रारम्भिक काल में दलित कविता बड़ी मात्रा में लिखी गयी। परिणामत: दलित साहित्य का आरम्भ विस्तारित हुआ दिखाई देता है। दलित कविता दलितों की समग्र मानसिकता की प्रखर अभिव्यक्ति बनी। इस कविता में वेदना, विद्रोह और नकार की तीव्र भावना तीखेपन से व्यक्त हुई नज़र आती है। यह कविता ईर्ष्या की लड़ाई जैसी है। दलित कविता का स्वभाव जलते हुए त्वेष जैसा है। अत्यन्त तप्त और उग्र भावनाओं का उद्रेक हुआ दिखाई देगा। जिस आवेग और आवेश से दलित कविता व्यक्त हुई, वह अभिव्यक्ति रूढ़ अभिव्यक्ति को प्रचण्ड धक्के देनेवाली ठहरी। दलित कविता की हाय, अश्लील गालियों की लखौरी, प्रचण्ड आक्रोश, नकार की तीव्र चुभनेवाली भाषा, विद्रोह का अनावर आविष्कार, आज तक नकारे गये समाज के प्राणान्तक वास्तव प्रश्नों की दलित कविता ने पाठकों का ध्यान आकर्षिक करा लिया। नामदेव ढसाळ जैसा मूलत: कार्यकर्ता, दलित कविता को कवि सेनापति के रूप में मिला। नामदेव ढसाळ के कारण 'दलित कविता' और 'दलित पैंथर' संगठन पर विचार रहा। ढसाळ की ख्याति 'गोलपिठा' कविता-संग्रह के कारण फैलती गयी। अब तक की मराठी कविता में ढसाळ का विश्व और संवेदनाएँ व्यक्त नहीं हुई थीं।[15] दलित कविता को ढसाळ के कारण तेज और त्वेष की दीप्ति प्राप्त हुई। जिस तरह सम्पूर्ण दलित कविता ढसाळ के प्रभाव से दीप्तिवान हुई है, वैसी ही वह ढसाळ के उत्तुंग ऊँचाई से ठिठक भी गयी है। ढसाळ एक महाकाय पर्वत है। ढसाळ के पश्चात् अनेक कवियों ने यह महाकाय पर्वत लाँघने का प्रयास नहीं किया, उल्टा ढसाळी शेली का अनुकरण करने में ही दलित कवि स्वयं को विद्रोही मानने लगे। परिणामत: विद्रोह के परिधि में ही दलित कविता व्यक्त होती रही। एक प्रचण्ड ध्वस्तता की कार्रवाई जैसी दलित कविता व्यक्त होती रही।

यशवन्त मनोहर की कविता प्रचण्ड संघर्ष से अभिभूत है। यशवन्त मनोहर की कविता ने ढसाळी शैली को मनोहर रूप देने का काम किया। भुजंग मेश्राम की कविताओं को आदिवासित्व की जन्म पहचान प्राप्त हुई है। लोकनाथ यशवन्त की कविता आत्मनिवेदन की शैली द्वारा तो राम दोतोंडे की कविता आत्मनिन्दा के स्वरूप में खुलती हुई नज़र आती है। दलित कविता विधानों की कविता है। यह कविता संघर्षप्रधान है। दलित कवियों के लिए अपने अतीत को कभी भी भूलना सम्भव नहीं होता। उनकी कविता में उनका जी लिया भूतकाल निरन्तर झाँकता हुआ

महसूस होता है। दलित साहित्य के उदय काल में लिखे जानेवाले नवसाहित्य की तुलना में भी दलित साहित्य की अलगता लक्षणीय है। सदा कऱ्हाडे इस सन्दर्भ में कहते हैं, 'नवसाहित्य द्वारा व्यक्त हुए अनुभवों की तुलना में भी दलित साहित्य का स्वरूप भिन्न तथा अलग है। मुख्यधारा के साहित्य की सात सौ वर्षों की परम्परा में ऐसे अनुभव कभी व्यक्त हुए ही नहीं थे।'[16] परिणामतः दलित साहित्य विचार में रहा।

दलित साहित्य का प्रवाह दलित कविता के साथ साथ ही दलित कथा ने अधिक सशक्त करने का प्रयत्न किया। कविता तथा कथा साहित्य विधाएँ आकार से छोटी हैं। इन साहित्य विधाओं को दीर्घ परम्परा तथा जनाधार प्राप्त हुआ है। इन साहित्य विधाओं को दलित कवि और कथाकारों ने अपनी अभिव्यक्ति के लिए बेमुर्वत रीति से प्रयुक्त किया है। दलित कविता में जिस प्रकार नामदेव ढसाळ का रोब रहा वैसा दलित कथाक्षेत्र में बाबूराव बागुल का वर्चस्व अबाधित रहा दिखाई देता है। दलितों का जीवन बागुल की कथाओं के कारण सामने आया। बागुल के पात्र आक्रमक, रक्तपात करने वाले और भडकीले मस्तिष्क के हैं। शिरीष पै ने बागुल की कथाओं के बारे में लिखा है। 'वे अन्तस्तल की आग धधकती हुई चारों ओर फैल जाने जैसा लिखते हैं। वे कथा का भाव प्रक्षोभकारक उपमा का प्रयोग करते हुए तीव्र करते जाते हैं।[17] ऐसा दिखाई देता है कि बागुल ने केवल दलित ही नहीं तो शोषित पीड़ितों का पक्ष लेकर अपनी लेखनी उठायी है। बागुल ने स्त्री-शूद्रों पर होने वाले अन्याय के विरुद्ध तीव्र सन्ताप व्यक्त करने के लिए कथा-लेखन किया है। स्त्री का नग्न अपमानजनक जुलूस निकालना, उसकी नाक, स्तन काटना, उस पर बलात्कार करने जैसे प्रसंगों के उग्र वर्णन बागुल की कथाओं में आये हैं। बागुल ने पुरुषों द्वारा स्त्रियों पर किये अन्याय को वाणी देने के लिए इस तरह के वर्णन किये हैं। उनके 'विद्रोह' कथा का मैल ढोहनेवाला युवक सामाजिक परिवर्तन की भाषा बोलते हुए दिखाई देगा। बागुल ने अपनी कथाओं में सामान्य मनुष्य को विद्रोही ढंग से खड़ा किया हुआ नज़र आयेगा। बागुल के साथ-साथ अमिताब और वामन होवाळ ने दलित कथा को समृद्ध किया हुआ दिखाई देता है।

दलित कविता और कथाओं से विचार में रहा दलित साहित्य का प्रवाह दलित आत्मकथाओं के कारण व्यापक हुआ। बाबूराव बागुल, नामदेव ढसाळ के बाद दया पवार ने दलित साहित्य को अधिक विचार विमर्श में करने रखा। दलित साहित्य को व्यापक जनमान्यता दया पवार के 'बलुतं' नामक आत्मकथा ने प्राप्त करवा दी। दलितों की आत्मकथाएँ वास्तव और सत्य थीं। दया पवार का 'बलुतं' और

मलिका अमर शेख का 'मला उध्वस्त व्हायचंय' जैसी आत्मकथाओं में दलितों का सम्पूर्ण जीवन हिला दिया तो लक्ष्मण माने का 'उपरा' और लक्ष्मण गायकवाड का 'उचल्या' जैसी आत्मकथाओं से घुमन्तू-विमुक्तों के मर्मान्तक प्रश्नों को पाठकों के सामने प्रस्तुत किया। किशोर काळे का 'कोल्हाट्याचं पोर' अशोक पवार का 'बिराड', उत्तम बंडू तुपे का 'काट्यावरची पोटं' जैसी आत्मकथाएँ पढ़ते ही मनुष्य पर आघात होता है। दलितों का जीवन परिस्थिति के बोझ तले कैसे पीसा जाता है, ये इसके जीवन्त उदाहरण हैं। मूलतः दलित साहित्य यानी प्रतिरोधी परिस्थिति के विरुद्ध संघर्ष करने वाले व्यक्ति का चरित्र है।

दया पवार अपनी पत्नी के चारित्र्य पर आशंकित होकर उसका त्याग करते हैं तो उत्तम बंडू तुपे उनकी पत्नी के अन्यों के साथ के सम्बन्धों की कबूली देने के बाद भी उसका त्याग नहीं करते। तुपे को अपनी पत्नी परिस्थिति की बलि चढ़ी हुई लगती है। दिखाई देता है कि दलित आत्मकथाओं में व्यक्त निर्भयता और प्रांजलता के कारण दलित आत्मकथाओं ने पाठकों का ध्यान आकर्षित किया है। उत्तम कांबळे उस सन्दर्भ में कहते हैं, 'सभी आत्मकथाएँ मेरे जीवन से सुसंगति रखने वाली, मुझे रुलाने वाली तथा जिद्दी से चलते रहो बताने वाली थी।'[18]

दलित कविता और कथा जिस प्रकार दलित आत्मकथाओं को प्राप्त हुई प्रचण्ड प्रतिक्रिया के दबावतले दुर्लक्षित की गयी उस प्रकार दलित उपन्यास भी उपेक्षित ठहरा। आज भी दलित उपन्यास अण्णाभाऊ साठे के 'फ़कीरा' के पार पहुँच न सका है। अण्णाभाऊ साठे ने अपने उपन्यासों के माध्यम से दलित समाज का लड़ाकू चित्र अंकित किया है। दलित आत्मकथा के प्रभाव काल में ही दलित रंगभूमि ने अपना अस्तित्व प्रमाणित किया है। वस्तुतः आम्बेडकरी जलसा पश्चात् लुप्त हुई प्रस्तुत साहित्यविधा दलित रंगभूमि के रूप में प्रेक्षकों के समक्ष आई। भि.शि. शिन्दे के 'काळोखाच्या गर्भात' नाटक का उल्लेख दलित रंगभूमि का अत्यन्त सशक्त प्रारम्भ करा देने वाले नाटक के रूप में करना होगा। व्यावसायिक 'हिट एंड हॉट' नाटक की हाउसफुल्ल भीड़ में दलित नाटककारों ने मराठी रंगभूमि बहकर जाते समय रंगभूमि को जीवनवादी नाटक का प्राणदान दिया।

यद्यपि नामदेव ढसाळ ने कविता, उपन्यास और स्तम्भ लेखन किया हो तो भी उनकी साहित्यिक प्रौढ़ता एक ही साहित्य विधा में दिखाई देती है। ढसाळ कवि के रूप में ही विख्यात हैं। बाबूराव बागुल ने कथा, उपन्यास और समीक्षा लेखन किया हो तो भी उन्हें कथाकार के रूप में ही ख्याति प्राप्त हुई है। दया पवार ने

कविता, कथा, आत्मकथा और स्तम्भ लेखन किया हो तो भी उन्हें उनकी आत्मकथा 'बलुतंकार' के रूप में ही पहचाना जाता है। इसी कारण दया पवार कहते हैं, 'कोंडवाडा' और 'बलुतं' की ख्याति के कारण मेरी कथाओं को दबकर बैठना पड़ा।'[19] सभी तरह की साहित्यिक विधाओं में कुछ चुनिन्दा लेखकों ने लेखन किया हो तो भी उन्हें सभी साहित्यिक विधाओं के लेखन में यश प्राप्ति नहीं हुई। शंकरराव खरात, केशव मेश्राम और शरणकुमार लिंबाळे ने अपने लेखन के लिए अनेक साहित्यिक विधाओं को अपनाया दिखाई देगा।

दलितों के आन्दोलन पर दलित साहित्य पोषित हुआ है। बाबासाहेब आम्बेडकर के महानिर्वाण से लेकर अगला सम्पूर्ण काल दलित साहित्य से अभिभूत हुआ है। दलित साहित्य में आम्बेडकरी आन्दोलन की ध्वनि-प्रतिध्वनियाँ स्पष्ट दिखाई देती हैं। चवदार तालाब का सत्याग्रह, मनुस्मृति दहन, काळाराम मन्दिर प्रवेश का सत्याग्रह, रिपब्लिकन और दलित पैंथर का आन्दोलन का प्रभाव दलित साहित्य पर महसूस होता है। इस साहित्य में अनेक बार भारतीय संविधान, जनतन्त्र, समानता, स्वातन्त्र्य और बन्धुता का उल्लेख हुआ दिखाई देता है। प्रस्तुत साहित्य मानव मूल्यों की उच्चरव से उद्घोषणा करने वाला है। दलित लेखक बाबासाहेब आम्बेडकर और माँ पर अन्तस्तल से प्रेम करता हुआ नज़र आता है। 'धर्मान्तर' और 'नामान्तर' दो महान आन्दोलन थे जिनसे सम्पूर्ण दलित समाज आन्दोलनमय हुआ और उसका दलित लेखक के लेखन पर परिणाम हुआ। आरक्षित पद, शिक्षा का महत्त्व, संघर्ष और संगठन की ज़रूरत, अन्तरजातीय विवाह आदि विषयों पर दलित लेखकों ने लेखन किया नज़र आता है। दलित लेखकों ने दलितों और स्त्रियों पर होने वाले अन्याय विरुद्ध तीव्र निषेध की भावनाएँ व्यक्त की हुई दिखाई देती हैं। दलित लेखकों ने हिन्दू धर्म, देवी-देवताएँ और जातिव्यवस्था के विरुद्ध सन्ताप व्यक्त किया हुआ दिखाई देता है। दलित साहित्य में अंकित अनुभव ही अलग हैं, इतना ही नहीं तो इन अनुभवों की ओर देखने का लेखकों का दृष्टिकोण भी अलग है। दलितों की प्रारम्भिक अभिव्यक्ति आक्रोश की, मानवता की माँग करने वाली, अपनेविषयक अन्यों के मन में दया निर्माण करने वाली थी। आगे के समय में वेदना के साथ ही नकार का स्वर व्यक्त होने लगा। अपने प्रश्न केवल मानवता की भाषा बोलकर सुलझनेवाले नहीं हैं, इस कारण दलित लेखकों ने सम्पूर्ण प्रस्थापित व्यवस्था देव-धर्म के साथ नकारने की भूमिका अपनायी। दलितों का नकार नीरस नहीं था। दलितों द्वारा विषम व्यवस्था नकारते समय समानताधिष्ठित नवीन समाजव्यवस्था

का समर्थन किया दिखाई देगा। नवीन समाजव्यवस्था अस्तित्व में आने के लिए केवल नकार काफ़ी नहीं होता तो उससे भी आगे जाकर कृतिशील कदम उठाने होते हैं। विद्रोह पुकारना होता है। हमें अभिप्रेत समाजव्यवस्था तभी अस्तित्व में आ सकती है। इस भूमिका को लेकर दलित लेखकों ने विद्रोह का स्वर गाया। 'हम मनुष्य हैं और मनुष्य के सारे हक़ हमें मिलने चाहिए, इस संवेदना से विद्रोह ने जन्म लिया' ऐसा भालचन्द्र फडके ने विद्रोह का जन्म कारण बताया है।[20] दलित साहित्य का त्रिसूत्र है वेदना, विद्रोह तथा नकार जो इसके पूर्व मुख्यधारा साहित्य में इस तरह प्रकट नहीं हुआ है।

दलित साहित्य का पाठक

दलित साहित्य का पाठक वर्ग अनेक जाति-जमात में फैला है। वह जिस प्रकार दलित है वैसा ग़ैर-दलित भी है। इसी कारण इस सन्दर्भ में रा. ग. जाधव ने कहा है, 'दलितों की व्यथा वेदनाएँ दलित समाज को जिस तरह और जिस तीव्रता से महसूस होती हैं, वे उस तरह तथा उसी तीव्रता से ग़ैर-दलितों को महसूस होंगी, ऐसा माना जाना कठिन है।'[21] दया पवार ने इस सन्दर्भ में अपना अनुभव इन शब्दों में व्यक्त किया है, 'नवीन सुशिक्षित वर्ग देहाती स्तर पर बड़ी मात्रा में आ रहा है। वहाँ का हायस्कूल, महाविद्यालय स्तर पर मेरा कविता वाचन के अनुभवों को भूल नहीं सकता। मराठी के प्राध्यापक को यह पसन्द नहीं आया था। पवई के आई.आई.टी. के छात्रों के सामने कविता वाचन करते समय बर्फ़ के ठण्डे गोले-सा लगता है। बर्फ़ पर छुरी घुमाने जैसा अनुभव।'[22] दलित साहित्य पढ़ते समय जातीय अहंकार दूर रखकर ही पढ़ना चाहिए। प्रेमानन्द गज्वी का 'तनमाजोरी' नाटक देखकर प्रेक्षकों ने व्यक्त किये उद्गार अत्यन्त स्पष्ट हैं। 'शी, ये कैसी ज़िन्दगी? ऐसा नाटक देखकर हम हमारी गहरी नींद क्यों तोड़े?'[23] रामनाथ चव्हाण की 'वेदनेच्या वाटेवरून' पुस्तक में भी ऐसी ही प्रतिक्रिया व्यक्त हुई दिखाई देगी।[24] इसी कारण यशवन्त मनोहर कहते हैं, 'जिस पाठक को समानता के मूल्य मान्य नहीं हैं उसे दलित साहित्य सौन्दर्यप्रत्यय नहीं दे सकेगा।'[25] नवीन प्रवृत्ति और संवेदनाओं को जान लेते समय पाठक के मन पर स्थायी स्वरूप में अंकित हुए जातीय संस्कार बाधाएँ बन सकते हैं। इस सन्दर्भ में निर्मलकुमार फडकुले कहते हैं, 'जो कल्पनाएँ और अनुरोध तथा कुछ दुराग्रह अनेक पीढ़ियों से जाने अनजाने सुरक्षित रखे जाते हैं वे अपने साहित्यिक समझ पर अपना प्रभाव डालते हैं।'[26] ऐसी दृढ़ समझ होने वाले पाठकों को कि वे जन्म

से ही दलितों की तुलना में श्रेष्ठ हैं; उन्हें दलितों का अनुभव चोट पहुँचाने वाला तथा उपद्रवी स्वरूप का लग सकता है। प्रारम्भ में तो पाठकों ने दलित साहित्य का भरसक कौतुक किया दिखाई देता है। इसमें प्रगतिशील विचार के लेखक-समीक्षकों ने दलित साहित्य की तरफ़दारी का समर्थन किया हुआ दिखाई देता है।

1. उसमें (नामदेव ढसाळ की कविता में स्थित) आये अनेक शब्द, बिम्ब मेरी समझ में न आने पर भी वह मुझे सच्ची, सारयुक्त तथा अस्वस्थ करने वाली (कविता) महसूस हुई।

   –विजय तेंडुलकर–प्रस्तावना (नामदेव ढसाळ-गोलपिठा)

2. जिस जिस समय मुझे बाबूराव बागुल की कथा पढ़ने का अवसर मिलता है, उस उस समय मेरे मन को एक ही समय आनन्द तथा भय दोनों भावनाओं का प्रत्यय आता है।

   शिरीष पै–प्रस्तावना *(बाबूराव बागुल-जेव्हा मी जात चोरली होती)*

3. दलित समाज का आक्रन्दन करने वाला मन अमिताब की कथाओं द्वारा पाठकों को अस्वस्थ करा देता है। सभी सहृदय पाठकों को ये कथानुभव अन्तर्मुख होकर विचार कराने बाध्य करने वाले हैं। वे निरन्तर अपराध बोध की ज्वलन्त संवेदना करा देते हैं, यही उनका साहित्यिक मूल्य है।

   –लीला बान्दवडेकर–पुस्तक परीक्षण (राजधानी, मार्च 21, 1982)

4. विद्रोही साहित्य का आस्वाद लेते समय रसिकता की भावनाओं को ठेस क्यों पहुँचती है?

   –यशवन्त मनोहर–बाँधीलकी आणि साहित्य–पृ. 24

विजय तेंडुलकर की समझ में नामदेव ढसाळ की कविता में आये शब्द, बिम्ब और प्रतीक नहीं आये तो भी उन्हें ढसाळ की कविता सच्ची, सारयुक्त तथा अस्वस्थ करने वाली महसूस होती है। शिरीष पै को बाबूराव बागुल की कथा पढ़ते समय आनन्द तथा भय लगता है तो लीला बान्दिवडेकर को अमिताब की कथाएँ अस्वस्थ करने वाली और पाठकों को अपराध बोध का एहसास करा देनेवाली लगती है। हमें ये सभी प्रतिक्रियाएँ तथा अभिप्राय मालूम करा लेना आवश्यक है। दलित साहित्य एक ही समय पर आनन्द भी देता है और अस्वस्थ भी करता है। दलित साहित्य पाठकों को अन्तर्मुख करता है, अपराध बोध का एहसास कराता है और विचार-प्रवृत्त भी करता है। दलित साहित्य पढ़कर विशुद्ध आनन्द नहीं होता। यह आनन्द अस्वस्थ करने वाला, अपराध बोध का एहसास करा देनेवाला, मन में भय निर्माण

करने वाला, पाठक को विचार-प्रवृत्त तथा अन्तर्मुख करने वाला है, इसे ध्यान में लेना चाहिए।

पाठक के मन में दलित साहित्य पढ़कर अस्वस्थ आनन्द क्यों निर्माण होता है? ऐसा नहीं कि समाज में केवल दलितों पर अन्याय, अत्याचार होते हैं। समाज के अनेक लोग अनेक तरह का अन्याय सहते रहते हैं। दु:ख सह लेते हैं। प्रतिरोधी परिस्थिति के विरुद्ध संघर्ष करते रहते हैं। ऐसे व्यक्ति को दलित साहित्य अपना लगता है। पाठकों को दलितों के अन्याय विरुद्ध का चीमड़ संघर्ष बढ़कर अपना दु:ख, दैन्य, शोषण, अवमान, असहायता, ग़ुलामी और लाचारी का एहसास होता है। मानवाधिकार की परिभाषा मालूम होती है। दलित साहित्य यानी आत्मसम्मान के लिए संघर्ष करने वाले सामान्य मनुष्य का सांस्कृतिक चित्र है। जातिव्यवस्था के कारण भारतीय समाज का कैसा नुकसान हुआ है, जाति के नाम पर मनुष्य ने ही मनुष्य पर कैसा अमानुष अत्याचार किया है, इसका एहसास दलित साहित्य करा देता है।

दलित साहित्य का योगदान

दलित साहित्य के सन्दर्भ में इस तरह के विधान किये पाये जाते हैं कि दलित साहित्य ने मराठी साहित्य को नवीन नायक दिया, मराठी साहित्य समीक्षा का क्षितिज विस्तारित किया, अभिरुचि को अन्तर्मुख किया, मराठी भाषा को समृद्ध किया। उदाहरण–बाबूराव गायकवाड का विधान ले सकते हैं। वे कहते हैं, 'मराठी साहित्य को अमीर बनानेवाला दलित साहित्य का एक बड़ा प्रपात आ मिला है।"[27] ऐसे विधान अर्धसत्य पर आधारित होते हैं। एक मर्यादित पाठकवर्ग के लिए लिखे जानेवाले, मर्यादित वर्ग के लेखकों की ओर से उस मर्यादित वर्ग का ही चित्रण किया जाता है। शिक्षा का प्रचार और प्रसार से प्रस्तुत मर्यादा टूट जाती है। परिणामत: अनेक वर्गों के अनुभव और उनकी भाषा साहित्य में प्रकट होने लगती है। एक परिधि में घिरे साहित्य विश्व को दूसरे साहित्य विश्व के साथ जुड़ने से साहित्य की परिधि का विस्तार होता रहता है। दलित साहित्य का उदय केवल महाराष्ट्र और मराठी भाषा में नहीं ही हुआ है। सम्पूर्ण भारतीय भाषाओं में दलित साहित्य की लहर निर्माण हुई है।

मराठी दलित साहित्य का अन्य भारतीय भाषाओं में अनुवाद हुआ। विशेषत: राष्ट्रभाषा में दलित साहित्य का काफ़ी अनुवाद हुआ। बीसवीं शती के आख़िरी दशक में महाराष्ट्र और केन्द्र सरकार ने भी बाबासाहेब आम्बेडकर के समग्र साहित्य

का प्रकाशन और वितरण शुरू करने से सम्पूर्ण भारत के दलितों में आम्बेडकरी विचार और कार्य का गति से प्रसार हुआ। भारत के सभी राज्यों में दलित आन्दोलन और दलित साहित्य की प्रबल गतिविधि शुरू हुई।

मराठी दलित साहित्य ने भारतीय दलित साहित्य के उदय के लिए ऊर्जा पूर्ति की। भारत के दलित आन्दोलनों को मराठी दलित साहित्य ने वैचारिक रसद की पूर्ति की। भारतीय साहित्य में मराठी दलित साहित्य ने अपना एक अलग ही स्थान निर्माण किया। भारत और भारत के बाहर के अलग-अलग भाषाओं के लेखकों, प्रकाशकों और अध्ययनकर्ताओं का ध्यान अपनी ओर केन्द्रित किया। अन्य भाषिक दलित लेखकों तथा समीक्षकों ने मराठी दलित साहित्य को मॉडल के रूप में स्वीकार किया। दलित साहित्य के कारण भारत के प्रगतिशील विचारों के लेखकों को समविचारी मित्रता का नवीन अधिष्ठान प्राप्त हुआ है। भारतीय समाज जीवन में शोषितों के उद्‌गार को एक नवीन आयाम मिला। भारत के दलितों में एकता और संघर्ष की चेतना में वृद्धि हुई। दलित साहित्य के उदय के कारण अनेक सामाजिक स्तरों में भी साहित्यिक गतिविधियों को गति मिली। कहना होगा कि दलित साहित्य का यह वास्तविक योगदान होगा।

दलित लेखक की जाति अलग। उसका जातिनिष्ठित अनुभव अलग। उस अनुभव के पीछे की भाषा अलग। इस भाषा के पीछे की प्रतिबद्धता अलग। इस प्रतिबद्धता से व्यक्त विचार अलग। इस विचार द्वारा प्रेरित संवेदना अलग। दलित साहित्य में इस सारी अलगता का मिश्रण व्यक्त हुआ है। दलित साहित्य के मूल्यांकन हेतु इस तरह के रूढ़ निकष प्रयुक्त नहीं कर सकते। क्योंकि साहित्य का केन्द्र परिवर्तित हुआ है, पाठकों की मानसिकता परिवर्तित हुई है, सामाजिक परिस्थिति परिवर्तित हुई है, लेखक की भूमिकाएँ परिवर्तित हुई हैं। ऐसा होते हुए निकष कैसे नहीं परिवर्तित होंगे?

सन्दर्भ –

1. फडकुले निर्मलकुमार–'साहित्य वेध', पृ. 111
2. खरात शंकरराव–'दलित वाङ्मय; प्रेरणा आणि प्रवृत्ति'
3. मांडे प्रभाकर–'दलित साहित्याचे निराळेपण', पृ. 10
4. फडके भालचन्द्र–'डॉ. आम्बेडकर आणि दलित साहित्य', पृ. 36
5. यादव राजेन्द्र–'हंस', अगस्त 2004, नयी दिल्ली, पृ. 6
6. यादव आनन्द–'काट्यावरची पोटं', उत्तम बंडू तुपे, प्रस्तावना

7. माने लक्ष्मण–'उपरा', मनोगत
8. व्हटकर अशोक–'मेलेलं पाणी', मनोगत
9. बागुल बाबूराव–'जेव्हा मी जात चोरली होती', कथा
10. पवार दया–'कोंडवाडा', मनोगत
11. पानतावणे गंगाधर–'विद्रोहाचे पाणी पेटले आहे', मनोगत
12. ढाले राजा–'अस्तित्वाच्या रेषा', सम्पा. ज. वि. पवार–पृ. 87
13. मनोहर यशवन्त–'दलित क्रान्ति', मार्च 1977, पृ. 5
14. डांगळे अर्जुन–'दलित साहित्य : एक अभ्यास', पृ. 2
15. तेंडुलकर विजय–'गोलपिठा', प्रस्तावना
16. कऱ्हाडे सदा–'वारसदार' (कथा-संग्रह), वामन होवाळ, पृ. 7
17. पै शिरीष–'जेव्हा मी जात चोरली होती'–बाबूराव बागुल–प्रस्तावना, पृ. 6
18. कांबळे उत्तम–'वाट तुडवताना', पृ. 115
19. पवार दया–'विटाळ', मनोगत
20. फडके भालचन्द्र–'दलित साहित्य : वेदना आणि विद्रोह' पृ. 67
21. जाधव रा. ग.–'नव वाङ्मयीन प्रवृत्ति व प्रमेये', पृ. 1
22. पवारदया–'कोंडवाडा', मनोगत
23. गजवी प्रेमानन्द–'तनमाजोरी', मनोगत
24. चव्हाण रामनाथ–'वेदनेच्या वाटेवरुन', पृ. 27
25. मनोहर यशवन्त–'दलित साहित्य चिन्तन', पृ. 96
26. फडकुले निर्मलकुमार–साहित्य वेध, पृ. 19
27. गायकवाड बाबूराव–दृष्टिक्षेप, पृ. 39

14
दलित साहित्य और सौन्दर्य बोध

1

दलित साहित्य के सौन्दर्यशास्त्र पर मराठी में विपुल विचार हुआ। वह आज लुप्त हुआ है। दलित साहित्य के सौन्दर्यशास्त्र पर हिन्दी तथा अंग्रेज़ी में विचार जारी है। निश्चित रूप से वह भी लुप्त होगा। लेखक के नाते मेरा तकरीबन चालीस वर्षों का अनुभव है। मुझे कभी भी इन चालीस वर्षों में चालीस पुस्तकें लिखते समय सौन्दर्यशास्त्र की ज़रूरत नहीं पड़ी। जिस तरह लेखन करते समय मुझे सौन्दर्यशास्त्र की ज़रूरत नहीं पड़ी वैसी समीक्षक को भी नहीं पड़ी, ऐसा दिखाई देता है। क्योंकि समीक्षक दलित हो या ग़ैर-दलित, किसी ने भी दलित साहित्य का मूल्यांकन करते समय सौन्दर्यशास्त्र प्रयुक्त किया नहीं दिखाई देता। किसी भी रचना की समीक्षा केवल विशुद्ध सौन्दर्यशास्त्र के आधार पर नहीं कर सकते। सौन्दर्यशास्त्र साहित्य का दर्शन है। दलित समीक्षकों ने दलित साहित्य की समीक्षा सौन्दर्यशात्र के आधार पर नहीं की। ग़ैर-दलितों के लिए तो वह कभी सम्भव न हुआ।

अपौरुषीय वेदों से लेकर दलित साहित्य के उदय तक अनेक ग्रन्थ लिखे गये हैं। क्या इसका उत्तर देना सम्भव है कि इसमें कितने ग्रन्थों पर सौन्दर्यशास्त्र के आधार पर विचार हुआ है। एक बात ध्यान में लेनी चाहिए कि अपौरुषीय वेदों से लेकर दलित साहित्य तक साहित्य के स्वरूप उद्देश्यों में बिल्कुल ही परिवर्तन नहीं हुआ है, ऐसा कह सकते हैं? साहित्य के स्वरूप और उद्देश्य में अन्तर होगा या नहीं? समय बदल गया है। साहित्य कालानुरूप बदल गया है। साहित्यकारों का वर्ग बदल गया है। जब मैं लेखक के रूप में चर्चा में रहा तब मुझे अनेक पत्र मेरे नाम के पहले प्राध्यापक लिखे हुए आते थे। तब मैं टेलीफ़ोन ऑपरेटर था। कूली, जेबकतरा, डाकबाबू, टैक्सी ड्राइवर, अस्पृश्य और आदिवासी जैसे सामाजिक स्तरों से लेखक का उदय होगा, ऐसा किसी को नहीं लगता था। लिखने वाला, छापने

वाला, पढ़ने वाला वर्ग निश्चित था। लेखक का वर्ग बदल गया। परिणामत: साहित्य का स्वरूप तथा उद्देश्य बदलते गये। आशय विषय में परिवर्तन हुआ। अभिव्यक्ति तथा भाषाशैली बदल गयी। पाठकों का वर्ग बदल गया। साहित्यविषयक अपेक्षाएँ बदल गयी। क्या यह बदलाव साहित्य के विचार-विमर्श में महत्त्वपूर्ण नहीं? समाज बदलता जा रहा है। देश बदलता जा रहा है। विश्व परिवर्तित हुआ है। क्या यह झूठ है? सारी दुनिया परिवर्तित होते समय कला की कसौटियाँ परिवर्तित नहीं होंगी, वे अपरिवर्तनीय होगी। क्या यह सच है? ये कसौटियाँ हज़ारों वर्षों से नहीं बदली है, क्योंकि साहित्य का केन्द्र नहीं बदला था। जो ऐसा कहते थे कि कला की कसौटियाँ नहीं बदलेगी, उन्हें इस बात का एहसास नहीं होगा अथवा उनकी क्षमता नहीं होगी कि सामाजिक बदलावों को आत्मसात कर कला की कसौटियों का विकास करें।

कला स्वायत्त होती है। कला के क्षेत्र में समाज परिवर्तन का प्रश्न नहीं उद्भवित होता। ऐसी तरफ़दारी कर सकते हैं कि कला के लिए कला। लोककला स्वायत्त प्रकार में ही गिनी जाती है। आज उसका अस्तित्व समाप्त हुआ है। नीरो को सम्पन्न रोम के जलने के सम्बन्ध में कुछ लेना देना नहीं था। यदि वह फिडेल न बजा रहा होता तो सम्पन्न रोम के जलने के सम्बन्ध में कुछ तो करने की हिम्मत करता। रोम की तुलना में उसे फिडेल बजाने में अत्यन्त प्रेम है। उसे प्रेम के अतिरिक्त कुछ दिखाई नहीं देता। यह कैफ है। ये सुन्दर आनन्द देने वाले क्षण हैं। ये क्षण, यह कैफ अत्यन्त तरल, रम्य, उदात्त तथा गहरा है। यह मन की एक उत्तुंग अवस्था है। इस अवस्था में रोम जल गया या स्वयं नीरो जला तो क्या होगा इसकी किंचित भी चिन्ता नहीं थी। यह नशा है। इस नशीले व्यक्ति को अपने शौक़ के आगे, आदत के आगे, प्रेम के आगे अथवा अपने विलासी मन के आगे कुछ समझता नहीं है। इसीलिए कला का कैफ, नशा कम महत्त्वपूर्ण नहीं ठहरती।

कलावादी व्यक्ति का स्वातन्त्र्य मान्य ही करना चाहिए। मनुष्य के व्यक्तिगत जीवन पर आघात करने का अधिकार किसी को भी नहीं है। इतना ही नहीं, कलावादी मनुष्यों का कला के साथ तादात्म्य होना उसके जीने की रीति है। परन्तु कलावादियों द्वारा ऐसा मानना गफलत है कि स्वच्छन्द कलावाद ही अन्तिम है। कलावादी को कला की दूसरी बाजुएँ होने की सम्भावना ही ज्ञात नहीं होती। उनके समझ की यह मर्यादा है।

दलित लेखक की पुस्तक कलावादी मनुष्य ख़रीद सकता है। पुस्तक के रूप में उसे पढ़ सकता है। उसमें उसे कला मिल सकती है। उसे दलित साहित्य की

कला का आनन्द हो सकता है। इसे नकारा नहीं जा सकता। दलित लेखक यह बता नहीं सकते कि कलावादियों को दलित साहित्य कैसे पढ़ना चाहिए। लेखक को लेखन कैसे करना चाहिए यह बताना जैसे ग़ैर है, वैसे पाठक को पुस्तक कैसे पढ़ना चाहिए यह बताना भी ग़ैर है। कलावादियों द्वारा अपनी स्वायत्त कला की कसौटियाँ अन्यों पर थोपना ग़ैर है। समस्त दुनिया यदि परिवर्तित हो जाये तो भी कलावादी तथा कला की कसौटियाँ परिवर्तित नहीं होंगी। इस वास्तव को भी स्वीकारना चाहिए कि स्वच्छन्दी नीरो के वारिसों का एक ऐसा वर्ग समाज में स्थायी रहेगा। कलावादी केवल कलावादी होते हैं। ऐसा मानना अत्युक्ति होगी कि वे स्वच्छन्द और स्वायत्त होते हैं। जब वे दलित साहित्य पढ़ने की इच्छा रखते हैं, उसकी समीक्षा करने की इच्छा रखते हैं, तब वे कला के अलग क्षेत्र में आने की इच्छा व्यक्त करते रहते हैं। जीवनवादी, केवल जीवनवादी होते हैं। ऐसा मानना भी अति होगा कि वे कला तथा कलामूल्यों के विरोधी होते हैं। जीवनवादियों को भी कला पसन्द है। वे कला के भोक्ता होते हैं। जब जीवनवादियों को कला भाती है तब वे रसिक होते हैं। कलावादी और जीवनवादी यदि एक समय में एक सामाजिक परिस्थिति में रहते हों तो भी उनके कलाविषयक दृष्टिकोण में अन्तर होता है। फिर भी कलावादी और जीवनवादी कलामूल्यों को विरोध नहीं करते। उत्तम कला दोनों को भी एक ही तरह का आनन्द देती है। भाती रहती है।

दलित साहित्य कला की अलग कसौटियाँ माँगती हैं अथवा अलग सौन्दर्यशास्त्र की माँग करती है इसका अर्थ कला की कसौटियाँ नकारना अथवा सौन्दर्यशास्त्र नकारना ऐसा नहीं होता। दलित साहित्य पर बेहद विचार होता है। इसका अर्थ ऐसा ही है कि दलित साहित्य 'साहित्य' के रूप में पाठक को पसन्द आता है। यह सच है कि इस साहित्य पर बातचीत दलित साहित्य में प्रकट हुए 'सामाजिक मूल्यों के कारण' होती है। परन्तु उस साहित्य में 'कलामूल्य' नहीं हैं अथवा प्रस्तुत साहित्य 'साहित्य' नहीं, क्या ऐसा कह सकते हैं? कुछ ने कहा है कि दलित साहित्य की बातचीत वाङ्मयबाह्य कारणों से होती रही है। वाङ्मयबाह्य कारण छोड़ दें तो इस साहित्य में 'साहित्य' ने नाते कुछ शेष रहेगा या नहीं? क्या दया पवार की 'बलुतं' अथवा लक्ष्मण माने की 'उपरा' उत्कृष्ट दर्जे की आत्मकथाएँ नहीं हैं? क्या नामदेव ढसाळ और यशवन्त मनोहर की कविता का काव्य नकारनेवाले हैं? क्या बाबूराव बागुल और अण्णाभाऊ साठे की कथाएँ केवल प्रचारक हैं? हज़ार पुस्तकों से दस पुस्तक ही क्यों न हो, 'कला की कसौटियाँ' पर टिकेंगी या नहीं? दलित साहित्य

की जो उत्तम पुस्तकें हैं, उन पर सौन्दर्यशास्त्र के आधार पर विचार क्यों नहीं होता? मुझे लगता है कि यह वकूब किसी के पास न होगा अथवा ऐसा भी अहम् होगा कि दलितों के साहित्य को हम मान्यता क्यों दें।

2

दलित साहित्य के सौन्दर्यशास्त्र का केवल विचार करके कुछ होने वाला नहीं है। इस विचार का मूल्यांकन करना चाहिए। दलित साहित्य के स्वतन्त्र सौन्दर्यशास्त्र की माँग क्यों आगे आयी? कुछ तो कारण होगा ही न? दलित साहित्य का एकदम प्रारम्भ से जो विचार हुआ है, उसकी खोज करनी चाहिए।

इतना ही नहीं फुले के लेखन से लेकर दलित लेखक के लेखन तक एक निन्दा का स्वर प्रकट हुआ दिखाई देगा। वह है कि लिखने के पूर्व व्याकरण का अध्ययन करो। दलित लेखक के लेखन की व्याकरणिक त्रुटियों को निकालकर जिन्हें सही लेखन करना नहीं आता वे लेखन क्या करेंगे, ऐसी खिल्ली उड़ायी। क्या नरहर कुरुन्दकर का लेखन कभी पढ़ा है? कुरुन्दकर ने दलितों का पक्ष लिया था। परन्तु उनका मराठी लेखन हैरान करने वाला था। जिन्होंने कुरुन्दकर की पाण्डुलिपि पढ़ी है, वे ही इसे समझेंगे। ऐसा ही तकरार का स्वर दलित लेखकों की बोली-भाषा के सम्बन्ध में था। यह भाषा समझ में नहीं आती। मालूम नहीं होती। शब्दों के अर्थ शब्दकोश में नहीं मिलते। दलित लेखकों की भाषा ग्राम्य और अशिष्ट है। इस तकरार की ओर दलित लेखकों ने कभी ध्यान नहीं दिया। वे लिखते रहे। उन्हें पाठक मिलता गया। दलितों की आक्रमक भाषा के कारण समाज में मनमुटाव निर्माण होगा। हज़ारों वर्षों से दलित और सवर्णों के बीच मनमुटाव था ही। उसके विरुद्ध दलित प्रतिक्रिया व्यक्त नहीं करते थे, क्योंकि शोषण का अर्थ उनकी समझ में नहीं आया था। ऐसी सलाह भी दी गयी कि दलित परम्परा को न नकारें। दलितों का अवमूल्यन जिस परम्परा ने किया उसे न नकारें तो क्या करें? सनातन परम्परा को दलितों ने नकारा और उन्होंने अपनी अवैदिक परम्परा का समर्थन किया। तदनन्तर यह मुद्दा गरमा गया कि लेखकों को तटस्थ होना चाहिए। दलितों का लेखन काल्पनिक नहीं था। वह उनका जीवनानुभव था। उन पर हुए अत्याचार का वे पहाड़ा पढ़ते थे। परिणामत: दलित लेखक तटस्थ कैसा रहेगा? उसके मतानुसार तटस्थ रहना गुनाह था। वे अपना पक्ष रखते थे। दलित साहित्य का स्वागत हो रहा था। तब ऐसी भी सलाह दी गयी कि 'मुख्यधारा' में शामिल हो जाइए। अलग चूल्हा न

जलाये। यदि दलितों का समाज में स्थान अलग हो तो उनका साहित्य भी अलग ही होगा। क्योंकि साहित्य को समाज का दर्पण कहा है। दलित लेखक अपनी भूमिका को छोड़ते नहीं। वह समानता, स्वातन्त्र्य, न्याय और बन्धुता की माँग करता है। उसे आत्मसंवेद्यता तथा आत्मविश्वास प्राप्त हुआ है। जब ऐसा लगा कि वह मुख्यधारा की भाषा सुननेवाला नहीं है तब उच्चभ्रू समीक्षकों ने दलित साहित्य सौन्दर्यशास्त्र के निकषों पर उतरना चाहिए, ऐसा स्वर प्रकट किया। तब दलित लेखकों ने अलग सौन्दर्यशास्त्र की आवश्यकता प्रतिपादित की। दलित लेखकों ने दलित साहित्य के लिए अपना सौन्दर्यशास्त्र प्रमाणित नहीं किया और उच्चभ्रू समीक्षकों अपनी कला की कसौटियों का प्रयोग कर दलित साहित्य की समीक्षा नहीं की। दलित साहित्य की समीक्षा समाजशास्त्रीय दृष्टि से हुई है। दलित साहित्य की 'साहित्य' के रूप में समीक्षा नहीं हुई। समीक्षकों की दलित साहित्य के कलामूल्यों की ओर लापरवाही ही हुई है।

3

दलित साहित्य के अलग सौन्दर्यशास्त्र पर जबरदस्त विचार शुरू हुआ। और इसकी खोज लेना प्रारम्भ हुआ कि अलग सौन्दर्यशास्त्र कैसा होगा। गोरे रंग को सुन्दर कहा जाता है। गोरा रंग सुन्दर क्यों है और काला रंग सुन्दर क्यों नहीं है? इसका उत्तर कोई नहीं देता। सौन्दर्य की कल्पनाएँ उच्चभ्रू वर्ग का अनुनय करने वाली हैं। यदि गोरे लोग सुन्दर होते हैं कहा तो समस्त काले लोगों का अपमान होता है। काले को भी गोरे रंग का आकर्षण लगने लगता है, परन्तु जब काले लोगों को पता चला कि उन्हें दोयम माना जाता है तो उन्होंने 'ब्लैक इज ब्यूटीफुल' कहा। हज़ारों काले लोग सुन्दर नहीं है। गोरी स्त्री की नाक छोटी हो तो भी वह सुन्दर होती है। सौन्दर्य की कल्पना रंगभेद पर निर्भर है। वह काले लोगों का अपमान करने वाली है। गोमूत्र पवित्र माना जाता है परन्तु अस्पृश्यों को अपवित्र माना जाता है। अस्पृश्यों के स्पर्श, छाया और वाणी को भी अछूत माना जाता है। अस्पृश्यों ने हज़ारों वर्ष इसके विरुद्ध तकरार नहीं की। परन्तु अब उन्हें अवमूल्यन का एहसास हुआ तब उन्होंने अपनी प्रतिष्ठा और आत्म सम्मान के लिए संघर्ष शुरू किया। परिणामत: उन्हें पावित्र्य की कल्पना उनका अपमान करने वाली लगी। गोमूत्र पवित्र हो सकता है और दलित मनुष्य पवित्र नहीं हो सकता। वर्ण संकर न हो, वंश शुद्धता रहे, इसलिए योनिशुचिता की कल्पना प्रस्तुत की। इसके पीछे उद्‌देश्य रहा कि 'अस्पृश्य

अस्पृश्य ही रहें। ब्राह्मण ब्राह्मण ही रहें।' जब तक वर्णसंकर नहीं होगा तब तक मनुष्यत्व का अवमूल्यन करने वाली पवित्र-अपवित्रता की कल्पना भेदभाव पर आधारित ही होगी। अस्पृश्यों का भेदभाव को विरोध है। इसी कारण तो बाबासाहेब आम्बेडकर ने अन्तरजातीय विवाह का समर्थन किया। उच्चवर्णियों के पवित्रवंश की रक्षा योनिशुचिता करती है। दलितों को अपनी मनुष्यत्व का अवमूल्यन करने वाली कल्पनाओं का विरोध करना है। दलित गन्दे हैं, वे गन्दी बस्ती में रहते हैं, गन्दा बोलते हैं–यह भाषा और प्रवृत्ति दलितों का अपमान करने वाली है। जहाँ दलितों के मनुष्यत्व का उपहास होता है, वहाँ उनके साहित्य का मूल्यांकन क्या होगा? दलितों को अस्पृश्य माननेवाली परम्परा क्या दलितों के साहित्य की पूजा करने वाली हैं? वाल्मीकि उच्च कुल के नहीं थे, इसलिए वाल्मीकि रामायण की पूजा नहीं की जाती, पर तुलसी रामायण की पूजा की जाती है। मनुष्य का अवमूल्यन करने वाली प्रत्येक बात की दलित लेखक भर्त्सना करता है। मूलतः सौन्दर्यशास्त्र भेदभाव पर आधृत है। एकाध को सुन्दर कहते समय अनेक को असुन्दर ठहराना पड़ता है। यह मनुष्य की जन्मतः प्रवृत्ति नहीं हैं। जन्म के बाद से ही मनुष्य पर उच्च-नीचता के संस्कार किये जाते हैं। दलित की गुणवत्ताविषयक निरन्तर आशंका उपस्थित करने वाली परम्परा दलित साहित्य में कौन सा सौन्दर्य खोजने वाली है? उच्चवर्णियों के मूल्य और परम्परा दलित विरोधी है। प्रस्तुत परम्परा दलित विरोध पर ही खड़ी है। इस परम्परा का विरोध दलित कर रहे हैं। प्रस्तुत संघर्ष इतना अटल तथा खुला होते हुए सौन्दर्यशास्त्र पर समझौता कैसा हो सकता है? उसी कारण दलित लेखकों ने अलग सौन्दर्यशास्त्रों पर विचार प्रारम्भ किया तथा उच्चभ्रू पण्डितों ने मौन धारण किया। वस्तुतः लेखकों ने सृजन करना चाहिए। मुझे ऐसा लगता है कि वे सौन्दर्यशास्त्र के विचार में व्यर्थ समय न गँवाएँ। दलितों को निषेधार्ह मानने के कारण ही उन पर संस्कृत सीखने प्रतिबन्ध लगाया गया। 'वेद पढ़े तो जिह्वा काटे। मन्त्र सुने तो कान में तप्त सीसे का रस उँड़ाले।' ऐसी आज्ञाएँ धर्मग्रन्थ में लिखकर रखी हैं। उसी कारण बाबासाहेब आम्बेडकर को 'संस्कृत' के अतिरिक्त 'पारसी' भाषा सीखनी पड़ी। उच्च-नीच कल्पना का उदय एक वर्ग का स्थायी वर्चस्व रखने के हेतु से ही हुआ। क्या ऐसा कह सकते हैं कि कला की स्वायत्तता पर समाज व्यवस्था का किसी भी तरह का प्रभाव नहीं होता?

कला, कला के लिए नहीं होती। वह जीवन के लिए होती है। समाज का विशिष्ट वर्ग कला का उपभोक्ता होता है। क्या इस विशिष्ट वर्ग की संस्कृति और

अभिरुचि का कला की कसौटियों पर प्रभाव नहीं होता होगा? कलाकार समाज की इकाई होता है। समाज की ओर से उसका जीवन व्यवहार और कलाव्यवहार नियन्त्रित किया जाता है। एम.एफ. हुसैन के चित्र उत्कृष्ट होकर भी उन्हें देश छोड़कर क्यों जाना पड़ा? यजमान समाज की संस्कृति का वर्चस्व मान्य करना चाहिए और उनका अनुनय करना चाहिए। कला, यजमान समाज की संस्कृति का वर्चस्व मान्य करती रहती है और उनका अनुनय करती रहती है। परिणामतः मेरे मन में कला की स्वायत्तता के सम्बन्ध में आशंका निर्माण होती है। यदि स्वायत्त कला ने यजमान समाज के वर्चस्व के विरुद्ध आवाज़ उठायी तो क्या होगा? यजमान समाज के विरुद्ध आवाज़ न उठाना यानी यजमान समाज का अनुनय करना है। जो कला यजमान समाज का अनुनय करती है वह स्वायत्त कैसी हो सकती है? यजमान संस्कृति के वर्चस्व का अनुनय करना यानी उसका समर्थन करना। उसी कारण कला की स्वायत्तता तटस्थ होती है, कहना धोखेबाज़ी है। इतना ही नहीं तो धोखेबाज़ी के लिए ही कला की स्वायत्तता की ढाल आगे की जाती होगी। दलित लेखक कला की स्वायत्तता के सम्बन्ध में उदासीन है। समाज को बदलने के लिए उसे कला की उत्तोलकों को प्रयुक्त करना है। परिणामतः कला और समाज के गहरे रिश्ते के सम्बन्ध में वह आग्रही है।

पावित्र्य, शुचिता और सौन्दर्य की कल्पनाएँ दलितविरोधी हैं तथा सवर्णों की महानता स्पष्ट करने वाली हैं। सवर्ण और दलितों के बीच अन्तर है। यह अन्तर कभी दूर नहीं हुआ है। यह अन्तर मन-मस्तिष्क में जैसा है, वैसा रोजमर्रा के व्यवहार में भी है। दलित व्यक्ति को दूर तथा अलग रखा है। उनकी बस्तियाँ अलग हैं। पनघट अलग हैं। श्मशानभूमि अलग है। उन्हें मन्दिर तथा पनघट पर प्रवेश करने प्रतिबन्ध है। दलितों को जीवन के प्रत्येक क्षेत्र में अस्वीकृत किया है। यद्यपि देश के संविधान में 'एक मनुष्य एक मूल्य' घोषित किया हो तो भी प्रत्यक्षतः अस्पृश्य का स्थान निचले सोपान पर है। इस परम्परा की सीख ऐसी ही है कि दलित अस्पृश्य ही है, मनुष्य नहीं है। मनुष्य को अस्पृश्य ठहराने वाला धर्म कैसा है? परम्परा कैसी? ऐसी अपेक्षा कैसी की जाती है कि दलित को अस्पृश्य मानकर प्रताड़ित किया तो भी वह संयम से बर्ताव करें? दलित साहित्य जाग्रत हुए दलित मन का आविष्कार है। जो अपेक्षाएँ हज़ारों वर्षों से दलितों के निर्लज्ज मन से कीं, वे जाग्रत हुए दलितों के मन से कैसे कर सकते हो? दलित का अर्थ शोषित-पीड़ित है। उसी के साथ वह जाग्रत हुआ तथा उस पर थोपी व्यवस्था नकारने वाला प्रज्ञावान और प्रलयंकारी दलित है।

कल का दलित व्यवस्था का बोझ ढोने वाला था। आज का दलित बोझ नकारने वाला और आम्बेडकर विचार से प्रेरित है। ऐसे दलितों की एक-एक अभिव्यक्ति प्रस्थापित व्यवस्था द्वारा उनके लिए निश्चित की प्रत्येक शर्त के विरुद्ध है। उसी कारण 'सौन्दर्यशास्त्र' नकारना तो है ही।

4

मैंने जब मराठी में लिखना प्रारम्भ किया तब ऐसा नहीं लगा था कि बहुत पुस्तकें लिखूँगा। मैं आन्दोलन के दबाव में लिखता था। मैं इन उद्देश्यों से अभिभूत था कि दलित साहित्य को विचार में रखना, दलित साहित्य पर लिये गये आक्षेपों को उत्तर देना तथा दलित साहित्य प्रस्थापित करना। दलित कविता क्षेत्र में दो कविता-संग्रह लिखकर वृद्धि की। आत्मकथा की लहर में आत्मकथा लिखी। दलित साहित्य में उपन्यास न थे, इसलिए आठ उपन्यास लिखे। दलित साहित्य के समर्थन हेतु समीक्षा लिखी। कुल मिलाकर मेरे जैसे अनेक दलित लेखकों ने इस साहित्य प्रवाह को आगे ले जाने के लिए प्रयास किये। मेरा लेखन आन्दोलन के लिए किया प्रयास है। मैं जिस जाति में जन्मा, बड़ा हुआ, उस जाति के तमाम लोगों ने बाबासाहेब का विचार शिरोधार्थ माना था। वही संस्कार मुझ पर भी थे। मैं जातिव्यवस्था के विरुद्ध लड़ना केवल मेरा ही काम है ऐसा समझकर टक्कर के लिए निकले बैल-सा बर्ताव करता था। मैं केवल मेरी जाति तक ही विचार करता था। यह विचार धीरे-धीरे व्यापक बना। मैं मातंग, चर्मकार और ढोरों के बारे में विचार करने लगा। मेरी उनसे भी नाल जोड़ी। यह विचार केवल राज्य तथा मराठी तक सीमित था। मेरा यही कार्यक्षेत्र था। मेरे साहित्य का हिन्दी में अनुवाद हुआ और मुझे उत्तर भारत से आमन्त्रण आने लगे। इस कारण मैं मराठी और महाराष्ट्र से बाहर जाने लगा। परिणामतः मेरी नाल चर्मकार और वाल्मीकि दलित लेखकों के साथ जुड़ गयी।

हिन्दी क्षेत्र के चर्मकार लेखक महार लेखकों से अन्तर रखकर बर्ताव करते थे। अनेक बार द्वेष भी करते थे। उन्हें महाराष्ट्र के चर्मकार समाज के लेखक सन्निकट लगते थे। हमारे बारे में उनके मन में मनमुटाव था। मैं उनका रोष समझता था। महारों ने चर्मकारों के सम्बन्ध में जो कटुता दिखाई थी, उसकी यह वापसी थी। परिणामतः यह सहजता से स्वीकारता गया। जिस आवेश से बाबासाहेब का विचार कांशीराम और मायावती आगे ले गयी, वह चौंधानेवाला था। उत्तर भारत का चर्मकार समाज बहुजन समाज पार्टी के आन्दोलन के कारण आम्बेडकरमय हुआ था। यदि बहुजन

समाज पार्टी का आन्दोलन न हुआ होता तो चर्मकार समाज सम्भवतः हिन्दू समाज के गराँव में बन्धा गया होता। महार समाज एक राज्य में है। चर्मकार समाज अनेक राज्यों में है। मुझे चेतना हुआ कि उनकी संख्या बड़ी है। महार समाज आम्बेडकरी आन्दोलन में जिस तरफ़ से आता है, उसी तरफ़ से चर्मकार समाज आम्बेडकरी आन्दोलन आगे ले जाता है, इसे देखने के बाद मेरे मन का महारपन कम हुआ। मैंने सन्त रैदास और बाबासाहेब आम्बेडकर के चित्र एकत्रित देखे।

आगे के समय में बाबासाहेब आम्बेडकर और गौतम बुद्ध, बाबासाहेब और वाल्मीकि, बाबासाहेब और बसवेश्वर, बाबासाहेब और अयंकाळी, बाबासाहेब और गांधी जी, बाबासाहेब और गोळवलकर गुरु जी, बाबासाहेब और मार्क्स ऐसे चित्र एकत्रित देखे। इस कारण यह आवेश भी दूर हो गया कि बाबासाहेब केवल महारों के प्रेरणा स्थान हैं। अनेक बार भारत के अनेक प्रदेश में गया। ध्यान में आया कि प्रत्येक प्रदेश की दलित जातियाँ अलग हैं। नज़र आया कि प्रत्येक राज्य की दलित जातियाँ अलग हो तो भी वे बाबासाहेब के विचारों से प्रेरित हुई हैं। बाबासाहेब के चित्र तथा पुतले अनेक राज्यों में दिखाई दिये। मालूम हुआ कि बाबासाहेब को माननेवाला एक बड़ा वर्ग प्रगतिशील समाज में भी है। परिणामतः बाबासाहेब का विचार सभी का है। यह बात प्रकर्ष से ध्यान में आयी कि विशेषतः जातिव्यवस्था के विरोध में संघर्ष करने वाली भारत के सभी दलित जाति-जनजातियों की मुक्ति का विचार, आम्बेडकरी विचार है। अनेक राज्यों में दलित लेखक हैं। उन्होंने विपुल लेखन किया है। ऐसा नहीं कि केवल मराठी दलित लेखकों ने ही दलित साहित्य लिखा है। इस बात को अनदेखा नहीं कर सकते कि भारत के सभी दलित महाराष्ट्र के दलित आन्दोलन और साहित्य की ओर उत्सुकता से देखते हैं। परिणामतः महाराष्ट्र के दलित लेखक और कार्यकर्ताओं की बड़ी ज़िम्मेदारी ध्यान में आई। सम्पूर्ण देश के दलितों ने आम्बेडकरी विचार को अपना मानकर संघर्ष शुरू किया है। यह ध्यान में आते ही मैं देश के सम्पूर्ण दलितों की ओर से विचार करने लगा। देश के अनेक राज्यों में गया। मेरी पहचान मेरे साहित्य का अनेक प्रादेशिक भाषाओं में हुए अनुवाद के कारण हुई थी। परिणामतः मैं अनेक प्रादेशिक भाषा के कार्यक्रमों को जाने लगा। दलित आन्दोलन तथा दलित साहित्य के सम्बन्ध में बात करने लगा। साक्षात्कार देने लगा। उससे मेरे राष्ट्रीय स्तर पर अनेक मित्र हुए। दलित और प्रगतिशील लेखकों ने मेरे साहित्य पर विचार किया। परिणामतः मेरा अनेक प्रादेशिक भाषाओं में विचार हुआ। इसका उपयोग दलित साहित्य और आम्बेडकरी विचार का प्रचार और प्रसार करने के लिए कर सका।

दलित साहित्य उसके अंग्रेज़ी अनुवाद के कारण सम्पूर्ण देश में पहुँचा तथा विदेशों में उस पर विचार होता रहा। दलित साहित्य का विश्वविद्यालय के पाठ्यक्रम में समावेश हुआ। परिणामत: अनेक विश्वविद्यालयों ने दलित साहित्य पर संगोष्ठियाँ आयोजित की। देश के अनेक विश्वविद्यालयों ने संगोष्ठियों के लिए अनेक दलित लेखकों को आमन्त्रित किया। उस कारण मैं भी देश के अनेक विश्वविद्यालयों में जा सका। अनेक संगोष्ठियों में दलित लेखकों को और दलित साहित्यविषयक लेखन-अनुसन्धान करनेवालों को मिल सका। देश के कुछ चुनिन्दा दलित लेखक राष्ट्रीय और अन्तरराष्ट्रीय संगोष्ठियों में सहभागी होते थे। इन चुनिन्दा लेखकों में मैं एक था। इस दरमियान हमारा मिलना-जुलना होता था। हममें विचार-विमर्श होते थे। हम आम्बेडकरी विचार से बोलते थे। फिर भारतीय दलित साहित्य का विचार दृढ़ होता गया। इससे मैं मराठी के प्रादेशिक कवच से बाहर आ गया।

विश्वविद्यालयों की संगोष्ठियों के कारण 'मार्जिनालाइज्ड', 'सबार्ल्टन', 'ऑप्रेस्ड', 'प्रोटेस्ट', 'अब ओरिजनल', 'ब्लैक' और 'डायस्पोरा' जैसे शब्दों की पहचान हुई। विश्वविद्यालय की संगोष्ठी में क्रिश्चन दलित लेखकों से मिलना हुआ। विश्वविद्यालयीन संगोष्ठी में दलित साहित्य के अनेक पहलुओं पर विस्तार से बात होने लगी। हमने इसके बारे में कभी विचार नहीं किया था। दलित साहित्य के साथ अनेक विषय जुड़ गये। अनेक प्रदेश जुड़ गये। अनेक भाषाएँ जुड़ गयीं। अनेक देश जुड़ गये। उससे इस बात का भी पता चला कि भारत के बाहर भी दलित साहित्य पर विचार होता है भारत के बाहर के देशों के विश्वविद्यालयों में दलित साहित्य का समावेश हुआ। यह बातचीत भी सुनने में आने लगी। दलित केवल भारत में नहीं हैं। भारत के बाहर भी दलित हैं, इसका एहसास हुआ। पाकिस्तान, नेपाल, बांग्ला देश, श्रीलंका जैसे दक्षिण आशिया के दलितों पर विचार होने लगा। परिणामत: मेरा मन दक्षिण आशिया के दलित साहित्य और प्रश्नों की ओर आकर्षित हुआ। मैं सार्क लिटरेचर फेस्टिवल में अजित कौर के कारण अनेक बार सम्मिलित हुआ। मुझे दक्षिण आशिया के दलितों के सम्बन्ध में ममत्व लगने लगा। यद्यपि भारत की प्रादेशिक भाषाओं में दलित साहित्य लिखा जाता हो तो भी दलित लेखकों में सुसंवाद नहीं है। इस संवाद में प्रादेशिक भाषा की अड़चन है। दक्षिण आशिया के दलितों में जागृति की गतिविधियाँ शुरू हैं। दक्षिण आशिया के दलितों का आन्दोलन संगठनात्मक स्तर पर या निजी मित्रता के स्तर पर भी खड़ा न हुआ। भारत में दलितों का राष्ट्रीय पार्टी नहीं है। राष्ट्रीय नेता नहीं है। राष्ट्रीय संगठन नहीं है। दिखाई देता

है कि दलितों में संवाद का अभाव दलितों में स्थित जाति-उपजातियों के बीच का मनमुटाव और प्रादेशिक भाषाओं की अड़चन के कारण है।

मुझे यूनिवर्सिटी ऑफ़ वेस्टर्न; सिडनी, ऑस्ट्रेलिया का आमन्त्रण मिला। साथ ही मेलबॉर्न के लिटरेचर फेस्टीवल का भी मिला। मैं और उदय प्रकाश मेलबॉर्न के लिटरेचर फेस्टीवल में थे तो सिडनी की अन्तरराष्ट्रीय संगोष्ठी में मैं, उदय प्रकाश, सी. लक्ष्मी और गिरीश कर्नाड थे। मुझे ऑस्ट्रेलिया में दो बातों का पता चला जो अत्यन्त महत्त्वपूर्ण थी।

पहली महत्त्वपूर्ण बात अब ओरिजनल लिटरेचर की। यहाँ अनेक अब ओरिजनल लेखकों से मिल सका। बोल सका। ऑस्ट्रेलिया खण्ड नेटिव लोगों का था। इस खण्ड पर गोरे लोगों ने अतिक्रमण किया। समुद्र किनारे पर बड़े-बड़े शहरों को आबाद किया। गोरे लोगों ने ऑस्ट्रेलिया पर क़ब्ज़ा किया और मूल ऑस्ट्रेलियन लोगों को दूर जंगल में खदेड़ दिया। उनकी ज़मीन हथिया ली। उनकी हत्याएँ कीं। उन्हें विस्थापित किया। गोरों के पास प्रगत तकनीक, विज्ञान और ज्ञान था। उसके बल पर उन्होंने मूल ऑस्ट्रेलियन लोगों को खदेड़ दिया। इन विस्थापित लोगों में धीरे-धीरे अन्याय विरुद्ध संवेदना तीव्र होती गयी। उनके संगठन और आन्दोलन हुए। उन्होंने गोरों के विरुद्ध प्रतिकार किया। ऑस्ट्रेलिया में गोरे बाहर से आये थे। आक्रमणकारी थे। मूल ऑस्ट्रेलियन काले थे। यहाँ काले-गोरे संघर्ष खड़ा न रहा। ऑस्ट्रेलिया के मूल लोगों का वंश और बाहर से आये गोरों का वंश अलग था। इस संघर्ष को वांशिक संघर्ष की धार थी। मूल लोगों ने बाहर के लोगों के विरुद्ध प्रखर प्रतिक्रिया व्यक्त की। इससे ही अब ओरिजनल लिटरेचर का उदय हुआ। आदिवासी और अब ओरिजनल लिटरेचर में बहुत साम्य है। परिणामत: मेरे मन में अब ओरिजनल लोग तथा लिटरेचर के बारे में सजगता निर्माण हुई। फिर कुछ समय बाद मद्रास विश्वविद्यालय में 'इंडियन दलित लिटरेचर तथा अब ओरिजनल लिटरेचर' विषय पर अन्तरराष्ट्रीय संगोष्ठी आयोजित की थी। इस कार्यक्रम का मुझे आमन्त्रण था। उस समय भी मेरा अब ओरिजनल लेखकों से परिचय हुआ। दलित और अब ओरिजनल लिटरेचर पर बैंग्लोर लिटरेचर फेस्टिवल में भी विचार हुआ। मैं यहाँ भी था। 'दलित और अब ओरिजनल' इस तरह की अन्तरराष्ट्रीय स्तर पर संवाद की सम्भावना निर्माण हुई। मुझे यह बात महत्त्वपूर्ण लगती है। ऑस्ट्रेलिया के मूल निवासियों में अपना वंश नष्ट होने का भय निर्माण हुआ है। उनकी वांशिक पहचान, उनकी भाषा, संस्कृति पर विपत् काल आया है। उनका संघर्ष अपना अस्तित्व तथा अपना वंश टिकाने हेतु शुरू है। ऐसा नहीं कि गोरे लोगों ने केवल मूल निवासी लोगों

की ज़मीनें हथिया लीं, बल्कि बड़ी मात्रा में स्त्रियों पर लैंगिक अत्याचार किये। मूल निवासियों को वन-जंगल में भगा दिया। उन्हें ग़ुलाम बनाकर उनसे कष्टकार्य करा लिए। मूल निवासी स्वयं के देश में ग़ुलाम जैसे होकर जी रहे हैं। उनकी कमर अन्याय, अत्याचार के साथ दरिद्रता से टूट गयी है। वे अपने देश में पराये ठहरे हैं। उन्हें जड़ से उखाड़ने का काम शुरू हुआ है। अब ओरिजनल संगठित होकर सांस्कृतिक सर्वनाश के विरुद्ध संघर्ष कर रहे हैं। अब ओरिजनल लिटरेचर उनके संघर्ष का ही एक भाग है।

दूसरी बात यह कि भारत के बाहर अनेक देशों में भारतीय लोग गये हैं। अनेक अन्तरराष्ट्रीय शहरों में 'लिटल इंडिया' नामक बस्तियाँ हैं। भारत से आये लेखकों को सिडनी के 'लिटल इंडिया' के लोगों ने निमन्त्रित किया। हमारे सम्मानार्थ रात्रिभोजन का आयोजन किया। इस रात्रिभोजन समारोह में हमारा सत्कार किया। भारत के अनेक प्रदेशों के लोग 'लिटल इंडिया' में थे। अनेक जाति-जमात के लोग थे। अनेक प्रदेश तथा जाति-जमात के होने पर भी उनमें भारतीय के नाते सख्य भाव था। ऑस्ट्रेलिया के विकास में भारतीयों ने महत्त्वपूर्ण योगदान दिया है। विगत अनेक वर्षों से वे यहाँ रहते आये हैं। फिर भी उन्हें स्वीकारा नहीं जाता। उनके साथ दोयमता का बर्ताव किया जाता है। उनके नागरिकत्व, व्हिसा, रहना, नौकरी-धन्धे के प्रश्न हैं। उन्हें निरन्तर नकारा जाता है। 'लिटल इंडिया' के लोगों को प्रखरता से अवमूल्यन का एहसास होता है। उनके साथ वहाँ दलितों जैसा बर्ताव किया जाता है। उन पर अत्याचार होता है। उनकी हत्या होती है। उन्हें सीमापार किया जाता है। उनके साथ धोखा किया जाता है तथा शोषण किया जाता है। 'लिटल इंडिया' के भारतीय मनुष्य का दु:ख और भारत के दलितों के दु:ख में समानता है। दुनिया में कितने लिटल इंडिया हैं? इस लिटल इंडिया में कितने भारतीय रहते हैं? वे कौन सी जाति-जमात के हैं? इसे कभी तो दर्ज करना चाहिए। अनेक भारतीय 'लिटल इंडिया' के अतिरिक्त अन्तरराष्ट्रीय शहरों में फैले हुए हैं। इस प्रवासी जनसंख्या के प्रश्न अत्यन्त गम्भीर बने हैं। मुझे सिडनी में कुछ दलित मिले। उन्होंने बताया कि उनके साथ जाति के भेदभाव से बर्ताव किया जाता है। ऑस्ट्रेलिया के लोग भी उन पर अत्याचार करते हैं और भारत से गये उच्च जाति के लोग भी भेदभाव का बर्ताव करते हैं। मुझे इस बात का आश्चर्य है।

आगे चलकर मुझे 'कैनाडा आर्ट फेस्टिवल' का आमन्त्रण मिला। मैं टोरांटो गया। कैनडा में रहने वाले भारतीयों ने 'कैनडा आर्ट फेस्टिवल' का आयोजन किया

था। इस फेस्टिवल का आयोजन प्रवासी लोगों के प्रश्न और संस्कृति को केन्द्र में रखकर किया गया था। इस कार्यक्रम के लिए प्रवासी लोगों के जो लेखक थे वे आये थे। इस कार्यक्रम के लिए मैं गया था। प्रवासियों के मानवाधिकारों के प्रश्न गम्भीर थे। अपने प्रश्न प्रवासी लोग अपने साहित्य के माध्यम से प्रस्तुत करने लगे थे। उन पर विचार होने लगा था। इससे 'डायस्पोरा लिटरेचर' का विचार आगे आया। प्रवासी अल्पसंख्य हैं। परिणामत: बहुसंख्यक लोग उन पर अत्याचार करते हैं। टोरंटो में भी 'लिटल इंडिया', 'लिटल पाकिस्तान' है। टोरंटो के एक भाग में प्रवासी भारतीय और प्रवासी पाकिस्तानी एकत्रित रहते थे। आगे चलकर उनकी संख्या बढ़ गयी। परिणामत: रास्ते के एक ओर भारतीय प्रवासियों की बस्ती है। दूसरी ओर पाकिस्तानी प्रवासियों की बस्ती है। पाकिस्तान से आये लोग 14 अगस्त को पाकिस्तान का स्वातन्त्र्य दिवस मनाते हैं तो भारतीय लोग भारतीय स्वातन्त्र्य दिवस 15 अगस्त को मनाते हैं। अनेक देशों में प्रवासियों की निष्ठा के सम्बन्ध में आशंका उठायी जाती है। भारत में सोनिया गांधी के विदेशी होने के मुद्दे पर बहुत ही विचार होता है। बांग्लादेशी घुसपैठियों को हकलाने की भाषा बोली जाती है। भारतीय प्रवासियों को यही प्रताड़ना भोगनी पड़ती है।

अपने देश से टूट जाने की भावना, स्थानियों की ओर से हमले होने का डर, काले होने के नाते उनके साथ होने वाला तिरस्कार का बर्ताव, प्रवासियों के लिए तैयार किये तकलीफ़देह कायदे, नियम, शर्तें और अनेक वर्षों से वहाँ रहकर भी उन्हें नागरित्व न मिलने वाले अधिकार के कारण प्रवासियों की समस्याएँ कठिन हुई हैं। प्रवासी एकत्रित होकर अपने पर होने वाले अन्याय-अत्याचार के विरुद्ध आवाज़ उठा रहे हैं। उन्हें स्थानीय राजनीति में महत्त्व प्राप्त हो रहा है। प्रवासी जिस देश में रहते हैं उस देश के विकास काम में उन्होंने सहभागिता की है। परिणामत: उनमें हक़ और अधिकारों का एहसास निर्माण हुआ है। उनके स्थानीय होने के प्रश्न, उनके सांस्कृतिक प्रश्न, उनकी सुरक्षा, स्थैर्य तथा भविष्य के प्रश्नों के कारण उनमें बड़ी मात्रा में जागृति निर्माण हो रही है। इस जागृति के कारण ही 'डायस्पोरा लिटरेचर' का उदय हुआ है।

मैंने यॉर्क विश्वविद्यालय, टोरंटो के अंग्रेज़ी विभाग में बात की। मेरे साहित्य का एम.ए. अंग्रेज़ी पाठ्यक्रम में समावेश था। इस कार्यक्रम के लिए दो युवतियाँ उपस्थित थीं। उनके चेहरे भारतीय महसूस हुए, इसलिए मैंने उनकी पूछताछ की। वे दोनों मूल भारतीय वंश की थीं। वे तीसरी पीढ़ी की थीं। वे यॉर्क विश्वविद्यालय में

अनुसन्धान कर रही थीं। भारतीय समस्त दुनिया में फैले हैं। उनकी अनेक पीढ़ियाँ विदेश में रहती हैं। उनके गम्भीर प्रश्न हैं। उनकी तरफ़ किसी का ध्यान नहीं जाता। हम केवल देश में रहने वाले व्यक्ति का विचार करते हैं। जब भारत में विदेशी नागरिकों पर हमले होते हैं, बलात्कार होते हैं, तब मुझे विदेश में रहने वाले भारतीयों की हमेशा चिन्ता महसूस हुई है। हमें ध्यान में लेना चाहिए कि हम जब एकाध व्यक्ति पर हमला करते हैं तब दुनिया के कितनी संवेदनाक्षम व्यवस्था पर बेपरवाह वार करते हैं। दलित साहित्य पर यूनिवर्सिटी ऑफ़ ईस्ट अंग्लिया, नॉर्विच, इंग्लैंड में अन्तरराष्ट्रीय संगोष्ठी का आयोजन किया था। एक सम्पूर्ण सत्र मेरे साक्षात्कार पर आधारित था। थायरा निकोल तथा ज्यूडिथ मिराशी बॅरॅक दोनों ने इस कार्यक्रम के लिए प्रयत्न किये थे। थायरा निकोल नॉटिंघम विश्वविद्यालय में थी तो ज्यूडिथ मिराशी बॅरॅक फ्रांस की थी।

मैंने ज्यूडिथ को पूछा 'आप दलित साहित्य में क्यों रुचि रखती हैं?' कारण यह था कि इन दोनों ने अन्तरराष्ट्रीय स्तर पर 'दलित साहित्य' के सम्बन्ध में अनेक संगोष्ठियों का आयोजन किया था। ज्यूडिथ ने मुझे बताया कि वह कैरेबियन देशों में पढ़ाती है। वहाँ के पाठ्यक्रम में 'इंडियन कैरेबियन लिटरेचर' का समावेश किया है। यह कैरेबियन लोगों द्वारा लिखा साहित्य है। भारत की जाति व्यवस्था, अस्पृश्यता और दलित साहित्य का अनेक बार सन्दर्भ आता है। परिणामत: भारत के दलित साहित्य के सम्बन्ध में उत्सुकता निर्माण हुई। भारतीय समाज व्यवस्था और दलित साहित्य समझ लेने के लिए मैं यह काम कर रही हूँ। मैं ज्यूडिथ का उत्तर सुनकर स्तब्ध हुआ। भारत के अध्यापक दलित साहित्य पढ़ाते नहीं है। समझ नहीं लेते। फ्रांस की ज्यूडिथ को तो दलित साहित्य और भारतीय समाज व्यवस्था को समझ लेने की इच्छा है। यह विरोधाभास था। दुनिया का ध्यान दलित साहित्य ने आकर्षित कर लिया है। भारतीय जातिव्यवस्था समझ लेने, मानवाधिकारों का उल्लंघन समझ लेने तथा विद्रोही साहित्य का स्वरूप समझ लेने के लिए अध्ययनकर्ता दलित साहित्य पढ़ रहे हैं। देश के प्रति प्रेम करने वाले व्यक्ति ऐसा दोषारोपण करते हैं कि भारत के चीथड़े सारी दुनिया के सामने जाहिर करके ख्याति प्राप्त कराना ग़लत है। यदि देश के प्रति इतना प्रेम हो और देश की बदनामी न हो ऐसा लगता हो तो जिस कारण से शर्म से गर्दन झुकानी पड़ती है, वे कारण नष्ट करने के लिए क्यों नहीं प्रयत्न किया जाता? दलित लेखक जातिव्यवस्था के विरोध में बोलते हैं। वे जातिव्यवस्था को नष्ट करना चाहते हैं। एक दृष्टि से दलित लेखक राष्ट्रीय कार्य

करते हैं। फिर दलित लेखक को क्यों विरोध होता है? ऐसा लगता कि देश की बदनामी न हो और देश को बदनाम करने वाली जातिव्यवस्था अबाधित रहे, यह दोगलापन है। भेदभाव का समर्थन करने वाले देशविरोधी हैं।

प्रारम्भ से ही दलित लेखक 'ब्लैक लिटरेचर' के सम्बन्ध में बात करता है। आफ्रोअमेरिकन लिटरेचर के अध्ययन के कारण दलित साहित्य को मार्ग प्राप्त हुए हैं। अनेक ने 'दलित लिटरेचर और ब्लैक लिटरेचर' जैसे विषय पर तुलनात्मक अध्ययन किया है। दलित साहित्य की तुलना में 'ब्लैक लिटरेचर' समृद्ध है। 'ब्लैक लिटरेचर' और 'ब्लैक पैंथर' के सम्बन्ध में दलितों को प्रायः आकर्षण रहा है। 'दलित लिटरेचर', 'अब ओरिजनल लिटरेचर', 'ब्लैक लिटरेचर' और 'डायस्पोरा लिटरेचर' जैसे साहित्यिक आन्दोलनों का उचित अध्ययन होना चाहिए। ये आन्दोलन परस्परपूरक हैं।

5

दलित विमर्श और स्त्री विमर्श पर विचार हुआ है। दलित साहित्य तथा स्त्रीवादी साहित्य हक़-अधिकारों की भाषा कहनेवाला साहित्य है। स्त्रीवादी साहित्य दलित साहित्य से सुरक्षित अन्तर पर खड़ा है। स्त्रीवादी साहित्य की लेखिकाएँ मध्यवर्गीय स्त्रियाँ हैं। वे जातिव्यवस्था के विरोध में बात नहीं करती। परिणामतः मध्यवर्गीय स्त्रियों के आन्दोलन में आक्रमकता दिखाई नहीं देती। यदि दलित साहित्य और स्त्रीवादी साहित्य ने तय किया तो समाजपरिवर्तन गति से हो सकता है परन्तु स्त्रीवादी साहित्य मध्यवर्ग के पार छलाँग नहीं लगाता। मध्यवर्गीय स्त्री पर यदि अन्याय हुआ कि उसकी जबरदस्त प्रतिक्रियाएँ उमड़ती है। मध्यवर्ग मोमबत्तियाँ लेकर मौन मोर्चा निकालता है तथा माध्यमों के ज़रिये उस पर काफ़ी विचार होता है। दलित लेखकों की भूमिका ऐसी होती है कि स्त्री कोई भी क्यों न हो उस पर अन्याय न हों। अन्याय के सम्बन्ध में भी जातिवाद दिखाई देता है। सवर्ण स्त्री पर हुए अन्याय के विरोध में समस्त समाज एकत्रित हो जाता है परन्तु दलित स्त्री पर हुए अन्याय के सम्बन्ध में सभी मौन रखते हैं। दलित स्त्री पर हुए अन्याय पर विचार नहीं होता। मानो दलित स्त्री पर अन्याय होगा, उसमें इतना रोने की क्या ज़रूरत है? दलित स्त्री पर अनेक बार अन्याय होते हैं। ये अन्याय गृहीत माने जाते हैं। दलित ही इसके विरोध में निदर्शन करते हैं। यदि सवर्ण स्त्री पर अन्याय हुआ तो सभी के अहंकार को ठेस पहुँचती है। सभी को असुरक्षित नहीं लगता। उल्टा, 'वेश्या व्यवसाय होना चाहिए।

उससे स्त्रियों पर अन्याय नहीं होंगे,' ऐसी समझ होगी तो वह बात घृणास्पद है। फिर वेश्या कौन सी भी वर्ण तथा वर्ग की हो। दलित स्त्री के सम्बन्ध में पक्षपाती भूमिका होने के कारण 'दलित स्त्रीवाद' का उदय हुआ। दलित साहित्य दलित पुरुष व्यवस्था का विरोध करता है। साथ ही मध्यवर्गीय स्त्रीवाद की मर्यादाओं पर प्रहार करता है।

मैं अनेक लिटरेचर फेस्टिवल में आमन्त्रित था। यहाँ एक अलग ही विषय पर विचार होता है। दलितों के प्रश्नों के साथ तथा साहित्य के साथ एलजीबीटी के प्रश्न तथा उनके साहित्य का विचार होता था। मेरे साथ यहाँ लेस्बियन लेखक, ट्रांसजेंडर लेखक बैठे है। उनके प्रश्न गम्भीर ही हैं। उनके साहित्य पर भी गाम्भीर्य से विचार होना चाहिए। मेरा मत ऐसा ही रहा है कि उनके मानवाधिकारों की सुरक्षा होनी चाहिए। परन्तु यह समझ में नहीं आ रहा था कि दलितों के प्रश्नों के साथ एलजीबीटी के प्रश्नों पर विचार करते समय क्या भूमिका लेनी चाहिए। मैं एलजीबीटी के प्रश्नों का समर्थन ही करता हूँ। ये प्रश्न बहुत ही अलग अलग हैं। एलजीबीटी के साहित्य का प्रवाह होना चाहिए। इस वर्ग के लेखकों को अपने अनुभव प्रस्तुत करने का साहस दिखाना चाहिए। साथ ही वेश्याओं के प्रश्नों को उठाने वाला लेखन भी होना चाहिए। साहित्य में तूफ़ान उठना चाहिए। इसके अलावा कलावादी साहित्य की समझ में साहित्य की व्यापकता तथा विविधता नहीं आयेगी। एक ओर चिरन्तन मूल्यों की सुरक्षा करने वाला कलावादी साहित्य है और दूसरी ओर व्यापक सामाजिक हित की भाषा करने वाला विविध तरह का साहित्य निर्माण हो रहा है। इसी कारण दलित साहित्य कलावादियों के बारे में आक्रमक भूमिका लेता है। कलावादियों ने समाज के दैन्य दास्य की तरफ़ अनदेखा किया। ऐसी ही भूमिका रखी कि यह 'साहित्य का काम नहीं' है। समय बदल गया है। कलावादी साहित्य की चलती ख़त्म हुई है। दुनिया और जीवनविषयक अभिभूत होकर लिखा साहित्य उदित हुआ है। लेखक व्यापक सामाजिक हित की भूमिका लेकर लिख रहे हैं। ऐसे साहित्य की समीक्षा कलावादी कसौटियाँ लगाकर कैसे करें? केवल बहस नहीं चाहिए। ऐसी समीक्षा किसने की? कितनी की? कलावादी समीक्षक नवीन प्रवाहों की निर्मल मन से समीक्षा करने वाले होंगे तो स्वागत ही करना चाहिए। अपने देश में संविधान ने ही नागरिकों को लेखन स्वातन्त्र्य का मूलभूत अधिकार दिया है। परिणामत: कलावादियों को लिखने का स्वातन्त्र्य है। वे दलित साहित्य के सम्बन्ध में लिखें, परन्तु वैसा होते हुए दिखाई नहीं देता।

6

कलावादियों के निकष दलित साहित्य की समीक्षा के लिए चलनेवाले नहीं हैं, ऐसा कहते समय दलित साहित्य की समीक्षा के पथदर्शक तत्त्व तो बताने ही पड़ेंगे। दलित साहित्य की विपुल समीक्षा हुई है। इस साहित्य का प्रचण्ड स्वागत हुआ है। दलित साहित्य के सौन्दर्यशास्त्र पर भी विपुल विचार हुआ है। मैंने 'दलित साहित्य का सौन्दर्यशास्त्र' पुस्तक इन सभी का आधार लेकर लिखी है। इस पुस्तक पर विचार हुआ। अनेक संस्करण निकले। इस पुस्तक का हिन्दी, अंग्रेज़ी, गुजराती, तमिळ, कन्नड़, पंजाबी और बंगाली भाषा में अनुवाद हुआ। इस पुस्तक के अनुवाद पर भी विचार हुआ। इस पुस्तक का कुल पाँच भागों में विभाजन किया है। पहले प्रकरण में दलित साहित्य के उदय, स्वरूप, उद्देश्य, व्याख्या और साहित्य के सन्दर्भ में लिए आक्षेपों का विश्लेषण किया है। दूसरे प्रकरण में दलित साहित्य की आम्बेडकरी विचार के आधार से समीक्षा कैसी करना सम्भव होगा, इसका विवेचन किया है। तीसरे प्रकरण में दलित साहित्य की मार्क्सवादी दृष्टि से कैसी समीक्षा कर सकेंगे, इसका विचार किया है। चौथे प्रकरण में नीग्रो साहित्य और दलित साहित्य की तुलना की है। पाँचवें प्रकरण में ग़ैर-दलितों ने दलित साहित्य की जो समीक्षा की है, उसका मूल्यांकन किया है तथा साररूप से दलित साहित्य का सौन्दर्यशास्त्र 'स्वातन्त्र्य' जैसे मूल्य पर आधारित होगा एवं आम्बेडकरी विचार दलित साहित्य का सौन्दर्यविचार होगा, ऐसा संकेत किया है। दलित साहित्य, दलितों की मुक्ति का साहित्य है। 'स्वातन्त्र्य' दलित साहित्य का प्राणबिन्दु है। दलित साहित्य का सौन्दर्य मूल्यांकन समानता, स्वातन्त्र्य, बन्धुता तथा न्याय जैसे मूल्यों के आधार पर हो सकता है, ऐसी प्रस्तुति की है। तदनन्तर के काल में यह प्रस्तुति किसी ने मिटाने का कोई प्रयत्न नहीं किया अथवा इस प्रस्तुति को शास्त्र रूप में आगे ले जाने का प्रयत्न नहीं किया। ऐसा प्रश्न है कि इस प्रस्तुति के सन्दर्भ में क्या आज पुनर्विचार हो सकता है।

7

अपने देश के संविधान में समानता, स्वातन्त्र्य, न्याय और बन्धुता जैसे मूल्यों का विचार किया है। ये मूल्य संविधान द्वारा स्वीकृत हैं। इन्हीं मूल्यों पर आम्बेडकरी विचार भी आधृत हैं तथा इन्हीं मूल्यों का समर्थन दलित साहित्य में भी किया है। परिणामतः दलित साहित्य का मूल्यांकन अलग मूल्यों के आधार पर करना ग़लत

होगा। यदि समानता, स्वातन्त्र्य, न्याय और बन्धुता जैसे मूल्य दलित साहित्य में व्यक्त हुए होंगे तो इन्हीं मूल्यों के आधार पर इस साहित्य का मूल्यांकन करने में क्या ग़लत है? समानता, स्वातन्त्र्य, बन्धुता और न्याय अलग-अलग मूल्य नहीं हैं। ये परस्परपूरक मूल्य हैं। यदि इनमें से एकाध मूल्य अलग किया तो अन्य मूल्यों का कोई अर्थ नहीं रहता। ये मूल्य अनपढ़ व्यक्ति की समझ में आने जैसे हैं। वस्तुतः इन मूल्यों ने मानव जीवन को व्याप्त किया है। इन मूल्यों के कारण मानव जीवन उन्नत होता है। यद्यपि अपने देश को राजनीतिक स्वातन्त्र्य मिला हों तो भी बहुत बड़ा समाज अभी भी सामाजिक पारतन्त्र्य में ही जी रहा है। समानता, स्वातन्त्र्य, बन्धुता और न्याय जैसे मूल्यों को प्रस्थापित करने के लिए दलित साहित्य का संघर्ष जारी है। यद्यपि ये मूल्य संविधान द्वारा स्वीकारे गये हों तो भी संविधान द्वारा अभिप्रेत समाज व्यवस्था तक समाज पहुँचा नहीं है। दलित लेखक संविधान द्वारा अभिप्रेत समाज व्यवस्था अस्तित्व में आयें, इसलिए संघर्ष कर रहा है। एक अर्थ से यह प्रयत्न सुन्दर राष्ट्र निर्माण करने का है।

जिस प्रकार जंगल में समुद्र खोजना या समुद्र में जंगल खोजना ग़लत है, उस प्रकार कलावादी साहित्य से जीवनवाद की अपेक्षा करना अथवा जीवनवादी साहित्य द्वारा कलावाद की अपेक्षा करना ग़लत है। ये दो साहित्य की दो भिन्न शाखाएँ हैं। परिणामतः कलावादी सौन्दर्यशास्त्र के निकष जीवनवादी साहित्य के लिए लागू नहीं कर सकते। दलित साहित्य जीवनवादी साहित्य है। दुनिया में प्रताड़ितों का विपुल साहित्य है। उस पर विपुल विचार हुआ है। मैक्सिम गोर्की की 'माँ' के लिए कौन सा सौन्दर्यशास्त्र लागू करने वाले हैं? मूलतः सौन्दर्यशास्त्र दर्शन के स्तर पर रहता है। सौन्दर्यशास्त्र के आधार पर कला का आस्वाद लेना, मूल्यांकन करना नहीं हुआ। दलित लेखकों ने हज़ार बार कथन किया है कि दलित साहित्य का दर्शन समानता, स्वातन्त्र्य, बन्धुता और न्याय जैसे मूल्यों पर आधारित है। क्या ऐसा सुझाना है कि दलित लेखक ये मूल्य न मानें? ऐसी एक धारणा है कि साहित्य प्रचार न करें, लेखक भूमिका न लें, लेखक जब भूमिका स्वीकार करके लिखने लगता है तब साहित्य का स्तर गिर जाता है। प्रस्तुत विचार दलित लेखक नहीं मानता। दलित लेखक सामाजिक प्रतिबद्धता मानता है। वह आम्बेडकरी विचार को अपनी प्रेरणा मानता है तथा उसका लेखन हेतु पूर्ण है। परिणामतः साहित्य कैसा हो, कैसा न हो इस विवाद की तुलना में जो साहित्य निर्माण हुआ है, उस साहित्य का मूल्यांकन करना अनिवार्य होता है।

समीक्षा कार्य में लेखक महत्त्वपूर्ण है या समीक्षक? यह मुद्दा संवेदनशील बनता है कि लेखक की भूमिकानुसार उसके साहित्य की समीक्षा करनी है या समीक्षक को स्वयं क्या लगता है, उस विचारानुसार समीक्षा करनी है। समीक्षा कार्य में लेखक और समीक्षक गौण ठहरते हैं। साहित्य महत्त्वपूर्ण ठहरता है। इस कारण साहित्य का प्रकार, स्वरूप, भूमिका, शैली जैसी बातें महत्त्वपूर्ण ठहरती हैं। अब ओरिजनल साहित्य का विचार-विमर्श स्त्रीवादी साहित्य की समीक्षा करते समय उपयोगी नहीं पड़ेगा। समीक्षक को साहित्य के मिज़ाज को समझ लेना ही होगा। दलित साहित्य समझ लेने के लिए जातिव्यवस्था समझ लेनी ज़रूरी है। दलित साहित्य का आकलन जातिव्यवस्था का आकलन हुए बग़ैर नहीं होगा। एकाध रचना पढ़कर उसमें व्यक्त अन्याय के सम्बन्ध में पाठक के मन में चिढ़ निर्माण होती हो तो उस रचना में 'न्याय' मूल्य है, ऐसा सामान्य पाठक भी समझ सकेगा। समीक्षक विद्वान पाठक होता है। क्या एकाध रचना में समानता, स्वातन्त्र्य, बन्धुता और न्याय मूल्य व्यक्त हुए हैं? यदि हुए हों तो क्या ये मूल्य पाठक को प्रभावित करते हैं? पाठक दलित साहित्य पढ़कर अस्वस्थ होता है। चिढ़ता है। व्यवस्था बदल ने का स्वप्न देखता है। वह दलित साहित्य में व्यक्त भ्रातृभाव से अभिभूत होता है। उसे आनन्द होता है। वह मानवाधिकार का संघर्ष देखकर प्रेरणा लेता है। दलित साहित्य में चित्रित सामान्य से सामान्य पात्र अन्याय विरुद्ध लड़ते हैं और न्याय प्राप्त करते हैं। दलित साहित्य, दलित व्यक्ति की यशगाथा है। इस यशगाथा को पढ़कर जीवन में हारे मनुष्य को सम्बल मिल सकता है। अन्याय के विरुद्ध बोलने की हिम्मत आ सकती है। दलित साहित्य पाठक को आत्मसन्तुष्ट नहीं करता तो अन्तर्मुख करता है। समाज परिवर्तन के लिए प्रेरित करता है। जिद निर्माण करता है। पाठक को समाज परिवर्तन के लिए प्रेरित करता है। अन्तिमतः पाठक मानव मन का सुन्दर प्रतीक बनता है। समाज में स्थित भेदभाव, मनुष्य का होने वाला अवमूल्यन, मनुष्यता को कलंक लगानेवाला शोषण, मानव अधिकारों का होने वाला उल्लंघन, एकात्म राष्ट्रीय सहजीवन की प्रेरणा में बाधा ठहरने वाली जातीय भावना, रौंद डालने वाले अन्याय में भी संघर्ष करने वाला दलित, सर्वस्व छीनने के बाद भी हिंस्र न बनकर बुद्ध के मार्ग पर क्रमण करने का सपना देखने वाला दलित आन्दोलन, सभी जाति जमात के पाठकों को प्रभावित करने वाला दलित साहित्य, केवल विद्रोही नहीं तो समानता पर आधारित नवीन समाज का सपना देखने वाला दलित लेखक ऐसे अनेक कारणों से दलित साहित्य पाठकों के मन पर अधिराज्य करता है।

15
दलित साहित्य और अभिरुचि

'कला के लिए कला' एक निष्क्रिय भूमिका है। यह मानसिकता है, कला की नशा की ओर से कला के उन्माद की ओर वृद्धिंगत होनेवाली! उन्माद यानी मन की अति उच्च संवेदनाक्षम अवस्था की एकाग्रता में चेतना भूलकर कला के साथ रमनेवाली स्वान्त सुखाय अवस्था। स्वान्त सुखाय अवस्था चाहत-सी होती है। रमने के लिए दोनों की ज़रूरत होती है। रमने के लिए दोनों का उतना ही उत्सुक होना आवश्यक होता है। दो सजीव प्राणियों के बीच का रम जाना अति तरल और उच्च प्रकार की तन्मयता प्रदान करने वाला होता है। परन्तु जहाँ एक सजीव और एक निर्जीव का सम्बन्ध आता है तब रमने की तन्मयता निर्जीव की प्रेरक शक्ति पर निर्भर होती है। पाठक और लेखक के बीच का नाता ऐसा है। पाठक सजीव है। रचना निर्जीव है।

रचना की प्रेरक शक्तियों पर निर्भर होता है कि पाठक रचना के साथ कैसा, कितना तन्मय होता है। प्रत्येक रचना में प्रेरकता होती ही है। प्रेरकता बग़ैर रचना हो ही नहीं सकती। प्रेरकता रचना का प्राण होती है। एकाध रचना एकाध को कितनी पसन्द आती है, यह उस रचना में अनुस्यूत प्रेरक शक्ति की प्रतिध्वनि पर निर्भर होता है। केवल संवेदनाक्षम मन रचना के आस्वाद हेतु नहीं चलता। कला की अध्येता के प्रगल्भ बुद्धि और कला का आस्वाद लेने का गहरा अनुभव होना भी आवश्यक ठहरता है। कला का सर्वस्पर्शी प्रत्यय तभी आ सकता है।

कला प्रचार करने वाली नहीं होनी चाहिए, ऐसी भूमिका कलावादी साहित्य लेता है। ऐसी भूमिका सामने आती है कि कलाकार तटस्थ होना चाहिए। कला के आस्वाद में बाधा निर्माण होती है जब कला में प्रचार आता है अथवा भूमिका व्यक्त होती है। अत: ऐसी भूमिका प्रस्तुत की जाती है कि कला में 'प्रचार' तथा 'भूमिका' न हों। श्रेष्ठ रचना में 'प्रचार' और 'भूमिका' होती ही है। परन्तु यह बात कलावादियों को मान्य नहीं होती। कला एक अलग ही दुनिया में रम जाती है। उसका वास्तव के

साथ कुछ सम्बन्ध नहीं होता। कला, कला के लिए होती है। परिणामत: जीने-मरने के प्रश्न का कुछ लेना देना नहीं होता। इसका अर्थ यह कि कला मनुष्यों को वास्तव से दूर ले जाती है और कलानन्द की अक्षय्य अवस्था में रमाती है।

दलित साहित्य में 'प्रचार' और 'भूमिका' होने से उस पर कलावादी प्रतिकूल बातें करते हैं। कला और कलावादी रसिक के बीच समानधर्मिता का दृढ़ नाता होता है। इस नाते के कारण ही कला का आस्वाद लिया जाता है। 'समानधर्मिता का दृढ़ नाता' और 'कला का आस्वाद' में से ही अभिरुचि सम्पन्न होती है। इन बातों की जाँच करा लेनी चाहिए कि दलित साहित्य का पाठक, उस पाठक का दलित साहित्य के साथ का नाता और दलित साहित्य का पाठक द्वारा लिया गया आस्वाद। सभी पाठक रसिक नहीं हो सकते। ऐसे ही पाठक रसिक हो सकते हैं जिन्हें पढ़ने का शौक़ है, जो मन से पढ़ते हैं, जिन्हें पढ़ने में रुचि है। इन पाठकों के भी प्रकार बना सकते हैं। किसी को धार्मिक साहित्य पसन्द होता है तो किसी को हास्य-व्यंग्य साहित्य। किसी को जासूसी कथा। प्रत्येक पाठक की मानसिकता अलग होती है। संगीत के भी ऐसे प्रकार हैं। शास्त्रीय संगीत, सुगम संगीत, लोक संगीत, चित्रपट संगीत। हमें पाठक तथा कला के प्रकार ध्यान में लेने चाहिए। शास्त्रीय संगीत के चहीतों को लोक संगीत पसन्द आयेगा ही, ऐसा नहीं। परिणामत: कला कितनी भी अच्छी क्यों न हो पाठक को वह कैसी भाती है, यह महत्त्वपूर्ण है। यह भी उतना ही महत्त्वपूर्ण है कि पाठक की मानसिक स्थिति कैसी है, उसका वर्ग कौन सा है, उसकी कला द्वारा क्या अपेक्षाएँ हैं। परिणामत: पाठक दर पाठक सौन्दर्यानुभूति परिवर्तित होनेवाली हो तो वह दलित साहित्य के सन्दर्भ में और दलित साहित्य के पाठक के सन्दर्भ में क्यों नहीं परिवर्तित होती? यह सौन्दर्यानुभूति अपरिवर्तनीय कैसे हो सकती है? क्योंकि यह बता नहीं पाते कि एक को जो बात पसन्द आयेगी वह दूसरे को आयेगी ही। परिणामत: अनेक व्यक्तियों को पसन्द आनेवाली, अनेक व्यक्तियों को भाने वाली रचना श्रेष्ठ ठहरती है। प्रश्न निर्माण होता है कि अनेक व्यक्तियों को गिने कैसे? इस कारण व्यक्ति की अभिरुचि से समूह की अभिरुचि की ओर जाना पड़ता है। समूहों को प्रतिसाद देने वाली कला महत्त्वपूर्ण ठहरती है। लोक अभिरुचि का निर्माण समूहमन द्वारा होता है। व्यक्ति की अभिरुचि की तुलना में लोगों की अभिरुचि श्रेष्ठ स्तर की होती है।

केवल पाठक और रचना पर ही सौन्दर्यानुभूति का आधार निर्भर होता है। इन दो इकाइयों पर विमर्श होना अभिप्रेत होता है। दलित साहित्य रचना का वैसा नहीं।

दलित साहित्य की आस्वाद प्रक्रिया में चार इकाइयाँ महत्त्वपूर्ण ठहरती हैं। पाठक, रचना, कलाकार और विचार। दलित साहित्य की सौन्दर्यानुभूति इन चार इकाइयों पर आधृत है। कलाकार या रचनाकार का यह अनुभव केवल अनुभव नहीं होता तो कलाकार द्वारा रचना में प्रस्तुत किया अनुभव होता है। रचना में व्यक्त अनुभव, वास्तव अनुभव की प्रतिनिर्मिति होती है।

रचना के साथ कलाकार का नाता अत्यन्त महत्त्वपूर्ण है। कलाकार का नाता यानी उसकी कला निर्मितिप्रक्रिया अन्तर्गत की सृजनशीलता है। यह महत्त्वपूर्ण है कि इस सृजन के समय कलाकार अपने अनुभवों के साथ कितना प्रामाणिक रहता है। कलाकार वास्तविक जीवन में अप्रमाणिक हो सकता है परन्तु सृजन के साथ उसका प्रामाणिक होना आवश्यक है। कलाकार और रचना के बीच के रिश्ते को ही प्रामाणिकता कह सकते हैं। कलाकार की प्रामाणिकता आकाश से नहीं गिरती। जिस काल में कलाकार जीता रहता है, उस परिस्थिति में उसका व्यक्तित्व गठित होता है, जिन लोगों के साथ वह रहता है, जिस भूत-भविष्य और वर्तमान से सम्बद्ध होता है, जिस राजसत्ता द्वारा वह नियन्त्रित होता रहता है, इतनी बातों पर कलाकार की प्रामाणिकता निर्भर होती है। क्योंकि कला की व्यापकता बहुत बड़ी होती है। परिणामत: कला की ओर एक अत्यन्त संवेदनाक्षम माध्यम के रूप में ही देखना चाहिए। कलाकार को इस माध्यम की संवेदनक्षमता नियन्त्रित करती है। इस बाह्य जगत का आवरण कलाकार पर होता है। कलाकार के अनुभव पर अन्तर विश्व का आवरण होता है। इसमें कलाकार की प्रतिभा, कल्पना, चिन्तन, शैली, भाषा प्रभुत्व, जीवनविषयक दृष्टिकोण तथा वृत्ति कलाकार की आंतरिक कारक शक्तियाँ हैं। बाह्य तथा आंतरिक कारक शक्ति द्वारा सिक्त अनुभव जैसे का तैसा व्यक्त नहीं होता। लेखक के प्रत्येक प्रकटीकरण में उसका विवेक, उसका भय, परिणाम भोगने की उसकी तैयारी, परम्परा तथा अभिरुचि का भी तारतम्य विचार होता है। रचना में व्यक्त अनुभवों के सभी पहलू इस समस्त बातों का गम्भीरता से विचार किये बग़ैर समझ में नहीं आयेंगे।

कलाकार के अनुभव में जीवन दृष्टिकोण व्यक्त होता रहता है। और इस दृष्टिकोण की प्रेरणा, विचार होता है। जीवन दृष्टिकोण तथा विचार के बीच जो नाता होता है, वह यानी प्रतिबद्धता! दलित रचना में दलित कलाकार और उसकी जीवन प्रेरणा व्यक्त होती है। मन के प्रत्येक स्तर की ग़ुलामी को नकार देने की प्रेरणा जाग्रत होती है।

- दलित साहित्य पढ़कर समाज में स्थित न्याय पर विश्वास दृढ़ होता है। अन्याय के विरुद्ध चिढ़ जन्म लेती है। बन्धुभाव जाग्रत होता है।
- दलित साहित्य अन्याय के विरुद्ध संघर्ष करने की प्रेरणा देता है। समानताविषयक संवेद्यता जाग्रत करती है।
- दलित साहित्य मनुष्य के हक़-अधिकारों की ओर से बोलता है। मनुष्य के अवमूल्यन के विरुद्ध प्रतिकार करता है।

दलित साहित्य के पाठक के मन में दलित साहित्य पढ़ने के पश्चात् दास्यविमोचन तथा मुक्ति की संवेदना निर्माण होगी ही। परन्तु यदि पाठक सवर्ण हो तो फिर सांस्कृतिक संघर्ष के प्रश्न निर्माण होते हैं। कलावादी दलित साहित्य का विरोध ऐसे संघर्ष निर्माण न होने हेतु करते रहते हैं। वे दलित साहित्य के विरोध में सौन्दर्यशास्त्र का उपयोग हथियार जैसा करते हैं।

सवर्ण पाठक भी दलित साहित्य पढ़ेगा। यह कठिन प्रश्न है कि सवर्ण पाठक को दलित साहित्य कैसा भायेगा। जब पाठक पढ़ने के लिए पुस्तक चुनता है तब वह उसकी पसन्द-नापसन्द के अनुसार पुस्तक का चयन करता है। पाठक को एकाध लेखक की पुस्तक पढ़नी है अथवा एकाध साहित्य विधा की पुस्तक पढ़ने की इच्छा होती है अथवा मशहूर पुस्तक पढ़ने की इच्छा होती है अथवा किसी के द्वारा सुझायी, चर्चा में रही पुस्तक पढ़ने की इच्छा होती है। तुनकमिज़ाज पाठक का चयन तुनकमिज़ाज होता है। उसके द्वारा वह पुस्तक तय कराकर लेने के कारण उसे वह पुस्तक पढ़ने की इच्छा होती है। पढ़ने पश्चात् वह पुस्तक पसन्द आयी या नहीं यह प्रश्न होता है। जब पाठक दलित लेखक की पुस्तक का चयन करता है तब उसे दलित साहित्य के पुस्तकों की विषयादि की जानकारी होती है। मान लीजिए कि ग़लती से दलित साहित्य की एकाध पुस्तक पाठक को मिली तो पुस्तक के नाम से, लेखक के नाम से, लेखक का मनोगत पढ़कर अथवा पुस्तक के कुछ पृष्ठ पढ़कर उसके 'दलित साहित्य' के होने की पहचान होती है। दलित साहित्य इतना स्पष्ट तथा ठोस रूप में समझ में आनेवाला साहित्य है। ग्रन्थालय में होनेवाली अनेक पुस्तकों पर पाठक अभिप्राय लिखते हैं। 'पुस्तक गन्दी है, न पढ़ें;' एकाध को दलित लेखक की पुस्तक गन्दी लग सकती है, एकाध को वह पसन्द आ सकती है। भा सकती है।

इसके कारण ढूँढ़ने चाहिए कि दलित साहित्य पाठक को क्यों पसन्द नहीं आता।

- दलित साहित्य धर्म, ईश्वर और परम्परा को नकारता है। उच्चभ्रू समाज के श्रेष्ठत्व को अस्वीकार करता है। यह बात परम्पराशरण पाठक को पसन्द न आती होगी।
- दलित साहित्य आक्रमक है। उसमें वेदना और विद्रोह व्यक्त हुए हैं। दलितों की वेदना, व्यथा तथा आक्रोश पाठक को पसन्द न आता होगा। दलित को निरन्तर दोयम स्थान पर मानने से उसकी उच्च स्वर में व्यक्त होनेवाली भावना पाठक को सहनीय नहीं होती होगी।
- दलित साहित्य की भाषा देहाती, जाँगलू अशिष्ट है। दलितों के जीवन के अनेक तफ़सील समझ के परे हैं। दलितों का संघर्ष आक्रोशपूर्ण होने से उसे दलित साहित्य पढ़ने लायक नहीं लगता होगा।
- जो पाठक मनोरंजन, आनन्द और समय बिताने हेतु पढ़ता है, उसे दलित साहित्य का आशय-विषय आक्रोश-सा लगा होगा। व्यथा-वेदना पढ़कर उसका समय कैसा जायेगा? प्रचण्ड दरिद्रता और भयावह संघर्ष पढ़कर उसका मनोरंजन कैसे होगा?

यह ध्यान में लेना होगा कि पाठकों की अपेक्षा, अभिरुचि और रचना के आशय-विषय में विसंवाद निर्माण होने पर सौन्दर्यानुभूति का प्रत्यय आ नहीं सकता।

इन कारणों को ढूँढ़ना चाहिए कि पाठक को दलित साहित्य क्यों पसन्द आ सकता है।

- दलित साहित्य जाति संस्था तथा भारतीय समाज व्यवस्था का अध्ययन करने के लिए अत्यन्त उपयुक्त साधन है।
- दलित साहित्य का नायक अत्यन्त सामान्य मनुष्य है जो बलाढ्य व्यवस्था के विरुद्ध चीमड़ रूप में संघर्ष करके सफल होता है। दलित साहित्य अत्यन्त सामान्य और उपेक्षित मनुष्य की यशगाथा है। पाठक को वह एक नवीन आशा दे सकती है।
- दलित साहित्य का लेखक अत्यन्त सामान्य परिस्थिति से आगे आया है और वह मानवाधिकार के समर्थनार्थ लेखन करता है। दलित साहित्य यानी ग़ुलामी विरुद्ध का विद्रोह है। इस तरह का लेखन करने के लिए तथा अपने पर हुए अन्याय को प्रकट करने वाला लेखन करने के लिए पाठक उद्युक्त हो सकता है।

- दलित साहित्य में हुए समानता, स्वातन्त्र्य, न्याय और बन्धुता का उद्‌घोष नवीन समाज के स्वप्न देखनेवालों को अन्तस्तल से पसन्द आ सकता है।
- दलित साहित्य के कारण मनुष्य आत्मसम्मान की भाषा समझ सकता है। स्वातन्त्र्य के लिए किया संघर्ष समझ सकता है। प्रतिरोधी परिस्थिति का आकलन हो सकता है। परिणामतः पाठक की जीवनदृष्टि में बदलाव आ सकता है। उसकी अभिरुचि और साहित्यिक संवेदनाएँ परिवर्तित हो सकती हैं।
- दलित साहित्य मनोरंजन अथवा कला के लिए कला कहनेवालों के लिए भिन्न अनुभव पढ़ने का आनन्द दे सकता है। साहित्य द्वारा जिस तरह आनन्द मिलता है उस तरह न्याय के लिए लड़ने की प्रेरणा भी मिलती है। इसका बोध रसिकों को हो सकता है कि 'संघर्ष' साहित्य का प्राण है।

दलित साहित्य की प्रेरणा आम्बेडकरी विचारों की है। दलित लेखक आम्बेडकरी प्रेरणा से लिखता है। इस प्रेरणा का अधिष्ठान समानता, स्वातन्त्र्य, न्याय और बन्धुता जैसे मूल्यों पर आधृत है। दलित लेखक का अनुभव इन मूल्यों तथा इस प्रेरणा का वहन करता है। पाठक दलित साहित्य पढ़ता है। इसका अर्थ यह कि उसका संवाद मानव मूल्यों के साथ और मानव मुक्ति के विचारों के साथ होता है। प्रस्तुत संवाद ही अभिरुचि है। प्रस्तुत संवाद जितना मानव मूल्यों से अभिभूत होगा उतना दलित साहित्य पाठक को भाएगा। दलित साहित्य पढ़ने के लिए जाति के पूर्वग्रह दूर रखकर उसका आस्वाद लेना चाहिए।

दलित साहित्य जाति व्यवस्था समझे बग़ैर नहीं जान सकते। साथ ही साम्प्रदायिक अहंकार और पूर्वग्रह दूर रखे बग़ैर मनुष्य का अवमूल्यन तथा उसका मुक्ति के लिए जारी संघर्ष समझ नहीं सकते। दलित साहित्य के मन तक पहुँचने के मार्ग के बीच के अवरोध दूर करने होंगे। उसके लिए रूढ़ अभिरुचि को बदलना पड़ेगा। उसके अलावा दलित साहित्य की सौन्दर्यानुभूति नहीं होगी। दलित व्यक्ति का अन्यायी व्यवस्था के विरुद्ध जारी चीमड़ संघर्ष और उसकी मुक्ति का यशगान दलित साहित्य का सौन्दर्यानुभव है। रचना सौन्दर्यानुभव की आस्वाद प्रक्रिया में बदलेगी नहीं। रचना की पृष्ठभूमि के विचार और कलाकार नहीं बदलेंगे। रचना, कलाकार और विचार स्थिर बातें हैं। प्रकाशित साहित्य समझना है तो पाठक को अपने मन की तैयारी रखनी होगी। दलित साहित्य को अच्छे पाठक तथा समीक्षक की ज़रूरत है। अच्छा समीक्षक पाठक तथा रचना के बीच की दूरी नष्ट कर सकता है।

दलित साहित्य 'साहित्य' है या नहीं ऐसा प्रश्न यदि उपस्थित हुआ तो उसका उत्तर दलित साहित्य 'साहित्य' है, ऐसा उत्तर देना होगा। यदि दलित साहित्य 'साहित्य' हो तो 'दलित साहित्य' कला है या नहीं, इसका उत्तर 'दलित साहित्य एक कला है', ऐसा देना होता है। यदि दलित साहित्य कला है तो इस साहित्य के कलामूल्यों पर विचार विमर्श होना चाहिए या नहीं, ऐसा प्रश्न आगे आता है। दलित साहित्य के कलामूल्यों पर विचार-विमर्श होना चाहिए, ऐसा कहना होता है। कलावादी साहित्य के 'कलामूल्य' और जीवनवादी साहित्य के 'कलामूल्यों' में भेद होता है? इसका विचार करना पड़ता है।

यह ध्यान में लेना चाहिए कि मूलत: 'कला' एक माध्यम है। दलित लेखकों की भूमिका है कि कला को साध्य न मानकर कला को साधन कहना चाहिए। कलावादी कला को 'साध्य' और 'स्वायत्त' मानते हैं तथा भूमिका लेना नकारते हैं। मूलत: कला को 'साध्य' और 'स्वायत्त' मानना भी एक भूमिका ही है। तानाशाही में कलाकार को तानाशाही के विरुद्ध बोलने का अधिकार नहीं होता। कलाकार को 'राजा' और 'इतिहास' का गरिमागान करना ही पड़ता है और कलाकार 'धर्म तथा प्रकृति' में रमने लगता है। राजा, इतिहास, धर्म और प्रकृति कलावादियों के चरागाह हैं। कलावादी भूमिका नहीं लेते। वह तटस्थ रहता है। उसकी तटस्थता 'जैसे थे' की समर्थक होती है। जो व्यवस्था होती है वही स्थायी रहनी चाहिए। उसमें हस्तक्षेप करना यानी कला को निकृष्ट करना है, ऐसी इस निरूपद्रवी स्वच्छन्दी कलाकार की भूमिका होती है। मूलत: प्रस्तुत भूमिका परिवर्तनवाद का प्रखर विरोध करने वाली प्रतिगामी प्रवृत्ति होती है। इस प्रवृत्ति को 'समाज और मनुष्य' पसन्द नहीं है। कला का प्रयोग कलावादी कलाकार प्रस्थापित व्यवस्था की ओर मनुष्य का दुर्लक्ष करने के लिए करता है। वह मनुष्य को कला क्षेत्र में स्वैर विन्यास के लिए ले जाता है। कलावादी कलाकार मनुष्य का समाज के साथ का नाता नष्ट करने और उसे सामाजिक परिवर्तन से परावृत्त करने का काम करता है। अपनी कला का प्रयोग वह मनुष्य को 'स्वान्त सुखाय' बनाने के लिए करता है। इसके विपरीत जीवनवादी लेखक अपनी कला का उपयोग सामाजिक परिवर्तन के लिए करता है। यह ध्यान में लेना चाहिए कि कलावादी कलाकार तथा जीवनवादी कलाकार, कला का उपयोग विविध कारणों के लिए करते हैं। जनतन्त्र में राजा, इतिहास, धर्म और प्रकृति के सम्बन्ध में बोलने की तुलना में 'सामान्य मनुष्य और उसके प्रश्न' के सम्बन्ध बोलना आवश्यक ठहरता है। सामान्य व्यक्ति और उनके प्रश्नों के बारे में बात न

करते हुए राजा, इतिहास, धर्म और प्रकृति के सम्बन्ध में बात करना यानी समय के प्रति सजग न रहना होगा। जनतन्त्र में तानाशाही के बीच के विषय कालबाह्य ठहरने से कलावादी मानव जीवन को रिझाने वाली भावना की ओर मुड़े हैं। सेक्स, प्रेम, आनन्द और यश जैसे आवर्त में कला जकड़ी हुई दिखाई देती है। जनतन्त्र की पहली शर्त है, मनुष्य को निर्भय करना। 'मनुष्य निर्भय होना चाहिए और उसे अवमूल्यन के विरुद्ध बात करनी चाहिए।' दलित साहित्य की यह पहली शर्त है। कलावादी लेखक कला का उपयोग रंजन के लिए करता है तो दलित लेखक कला का उपयोग जनजागरण के लिए करता है।

कलावादी साहित्य और जीवनवादी साहित्य के बीच का फ़र्क़ पाठक की समझ में आता है। परिणामत: वह कलावादी साहित्य की ओर से जीवनवादी मूल्यों की अपेक्षा नहीं करता और जीवनवादी साहित्य के ओर से कलामूल्यों की अपेक्षा नहीं करता। एक ही पाठक 'कलावादी' और 'जीवनवादी' दोनों तरह का साहित्य पढ़ता है। कलावादी साहित्य द्वारा उसका 'रंजन' होता है तो जीवनवादी साहित्य की ओर से 'परिवर्तन' होता है।

ये दोनों बातें 'रंजन' और 'परिवर्तन' मानव मन के लिए महत्त्वपूर्ण हैं। ऐसे मत तक पहुँचना पड़ता है कि दलित साहित्य ने मनुष्य को सजग किया परन्तु साथ ही रंजन भी करना चाहिए। ऐसा नहीं कि दलित लेखकों ने केवल जनजागरणविषयक लेखन किया है बल्कि उसने परिहास, उपहास, उपरोध, प्रेम और व्यंग्य के सम्बन्ध में लेखन किया है। परन्तु दिखाई देता है कि इस तरह के लेखन को दर्ज नहीं किया है। ऐसा लगता है कि शायद लेखक और पाठक के गठबन्धन को दलित साहित्य की ओर से परिवर्तन की प्रेरणा अपेक्षित होगी।

दलित साहित्य का प्रचण्ड स्वागत हुआ है। दलित साहित्य वास्तववादी साहित्य है तथा वह जीवनमूल्यों का समर्थन करने वाला साहित्य है। सामाजिक परिवर्तन की ज़रूरत समाप्त नहीं हुई है। परिवर्तन के लिए लिखने की आवश्यकता है। पढ़ने की भी आवश्यकता है। परिणामत: ध्यान में लेना होगा कि कलावादी साहित्य पर पोषित अभिरुचि को करवट बदलने की ज़रूरत है। स्वच्छन्दी, स्वान्तसुखाय लेखक और कार्यकर्ता लेखक के बीच का अन्तर ध्यान में आते ही दोनों के लेखन का मूलभूत अन्तर ध्यान में आता ही है। पाठक को कार्यकर्ता लेखक समझ लेना चाहिए। यदि लेखक को कार्यकर्ता माना तो उसके साहित्य को कार्य मानना होता है। परिणामत: कार्य का स्वरूप, उद्‌देश्य, भूमिका और प्रेरणा महत्त्वपूर्ण ठहरती है। कार्य का

मूल्यांकन करते समय ईमानदारी, चीमड़ जिद, यश और प्रतिरोध की समझ जैसी बातों की तरफ़ अनदेखा नहीं कर सकते। कलावादियों की दलित साहित्यविषयक बात करते समय अड़चन होती है और इस बात का ख़ेद होता है कि दलित साहित्य के सम्बन्ध में साहित्यबाह्य बातों पर बोलना पड़ता है। कलावादी और दलित लेखकों के कला की ओर देखने के दृष्टिकोण में बहुत अन्तर है। यह ध्यान में लेना चाहिए कि इन दोनों साहित्य के लिए एक ही नाप प्रयुक्त नहीं कर सकते।

खण्ड-चार

16

जाति व्यवस्था को समझे बिना दलित साहित्य को नहीं समझ सकते

शरणकुमार लिंबाळे से ज्ञानचन्द्र बागड़ी की बातचीत

ज्ञानचन्द बागड़ी : नमस्कार लिंबाळे जी! सबसे पहले अपने बचपन और प्राथमिक शिक्षा के अच्छे और बुरे अनुभवों के विषय में बताइए।

शरणकुमार लिंबाळे : एक तो मैं ग़रीब था और अछूत था। इतना ही नहीं मैं 'अकारमाशी' भी था। अछूत होने के कारण गाँव वाले अच्छा बर्ताव नहीं करते थे और 'अक्कारमाशी' होने के कारण दलित लोग भी अच्छा बर्ताव नहीं करते थे। ग़रीब होने के कारण भुखमरी हमेशा पीछा करती। बचपन डरावना था। इस उम्र में मेरे मन में भय ने साम्राज्य किया। मैं सब से डरता था। डरना ही ज़िन्दगी थी। आज भी यह भय ख़त्म नहीं हुआ है। मैं इस भय के ख़िलाफ़ पूरी उम्र विद्रोह कर रहा हूँ। यह भय केवल मेरा नहीं। ऐसे हज़ारों लोग हैं।

स्कूल की शिक्षा तो मैंने जूतों के पास बैठकर ली है। सवर्ण बच्चों के साथ बैठने की मनाही थी। मुझे हर सवर्ण आदमी से भय लगता था। मैं अछूत हूँ, इस भावना ने मेरा हमेशा पीछा किया है। आज भी यह भय मुझे हमेशा सताता है। इसको मैं खत्म नहीं कर सकता। मेरी पूरी ज़िन्दगी इस भय से नाचीज बन गयी है। इस भय ने मेरे अन्दर के मनुष्य को हमेशा मारने की कोशिश की है। मैं इस भय से बचपन से लड़ रहा हूँ।

मैं अपने बचपन को हमेशा एक भयानक हादसे के रूप में देखता हूँ। आज भी मेरे शरीर पर रोंगटे आते हैं। मैं मेरी बीती हुई जिन्दगी के बारे में सोचता हूँ तो मुझे बहुत बुरा लगता है। मैंने किस प्रकार का जीवन जिया है यह सोचकर मैं हैरान होता हूँ। मैंने यह सब कैसे जिया होगा, सहा होगा यह पता नहीं। इतना तय है कि मैंने बहुत संयम से जिया है। अन्याय, अत्याचार का मुकाबला करने की शक्ति नहीं

थी। यहाँ केवल अन्याय को जीना पड़ता है। मैंने हज़ारों अन्याय और अवमान जिये हैं। इससे सहने की एक आदत भी पड़ गयी है। मुझे अच्छा मकान मिला नहीं। मैं रास्ते पर रहा हूँ। मुझे अच्छे कपड़े नहीं मिले। मैंने पुराने, दूसरों के दिये हुए फटे कपड़े पहने हैं। मुझे अच्छा खाना मिला नहीं। भीख माँगकर जो मिलता वह खाते थे। अच्छा पानी पीने को नहीं मिला। गाँव के मन्दिर में कभी नहीं जा सका। जीवन एक भयानक भय था। इस भय में क्या अच्छा और क्या बुरा यह सोच भी नहीं सकता था।

ज्ञानचन्द बागड़ी : मराठवाड़ा विश्वविद्यालय नामकरण विवाद और दलित लेखक चेतना का आप पर क्या असर पड़ा?

शरणकुमार लिंबाळे : मराठवाड़ा विश्वविद्यालय को डॉ. बाबासाहेब आम्बेडकर नाम देने के लिए महाराष्ट्र के दलितों ने पन्द्रह साल आन्दोलन किया। देश का संविधान लिखने वाले महान इन्सान का नाम एक विश्वविद्यालय को देने के लिए हमें पन्द्रह साल संघर्ष करना पड़ा। इस आन्दोलन के कारण ही मैं दलित लेखक बना। यह आन्दोलन नहीं होता तो शायद मैं दलित लेखक नहीं बनता। डॉ. बाबासाहेब आम्बेडकर का संसद में फ़ोटो लगाने के लिए, बाबासाहेब को भारत रत्न मिलना चाहिए इन सामान्य माँगों के लिए दलितों को संघर्ष करना पड़ा है। दलितों को संघर्ष किये बिना कुछ नहीं मिलता। इस आन्दोलन ने मुझे लिखने की हिम्मत दी। दलित साहित्य लिखना कोई आसान कार्य नहीं है। दलित लेखक अन्याय के ख़िलाफ़ लिखता है। इसके पहले दलितों ने अन्याय के ख़िलाफ़ विद्रोह नहीं किया। अन्याय को हम हमारा भाग्य समझते थे। हम दलित हैं इसलिए हमारे ऊपर अन्याय होता है, यह हमारी भावना थी। सवर्ण लोगों को अन्याय करने का अधिकार है, यह मेरी मानसिकता थी। दलित युवाओं के संगठन दलित पैंथर ने मराठवाड़ा नामकरण के लिए आन्दोलन चलाया। मैं दलित पैंथर से जुड़ा था। बाबासाहेब आम्बेडकर के विचारों के कारण हमें ग़ुलामी के ख़िलाफ़ लड़ने का बल मिला। बाबासाहेब ही मेरी प्रेरणा हैं। बाबासाहेब नहीं होते तो हम नहीं होते। देश ने संविधान को स्वीकारा है लेकिन बाबासाहेब आम्बेडकर को नहीं स्वीकारा। मेरा यही अनुभव है।

देश में अनेक विश्वविद्यालयों को महापुरुषों का नाम दिया हुआ था, मगर बाबासाहेब के नाम पर एक भी विश्वविद्यालय नहीं था। इस कारण दलित पैंथर ने मराठवाड़ा विश्वविद्यालय को बाबासाहेब आम्बेडकर का नाम देने की माँग उठायी। प्रगतिशील समाज ने इसका समर्थन किया। युवक क्रान्तिदल और अखिल भारतीय विद्यार्थी परिषद ने भी इस माँग का समर्थन किया। महाराष्ट्र सरकार ने अपने दोनों

सदनों में इस माँग को मान्यता दी। महाराष्ट्र सरकार ने 'डॉ. बाबासाहेब आम्बेडकर विश्वविद्यालय' की घोषणा की। दूसरे दिन इसके विरोध में आन्दोलन शुरू हुए। दलितों के घर जलाये गये। बहुत से दलितों पर अत्याचार हुआ। किसी की आँख निकाली गयी, किसी का बलात्कार हुआ, किसी की जान ली गयी। सवर्णों ने नामान्तर का विरोध किया और महाराष्ट्र सरकार ने अपनी घोषणा वापस ले ली। इसके विरोध में दलितों ने पन्द्रह साल आन्दोलन किया। दलितों के आन्दोलन के कारण महाराष्ट्र सरकार को मजबूरन मराठवाड़ा विश्वविद्यालय का नाम बदलने का निर्णय लेना पड़ा।

आज हमारे देश में बाबासाहेब आम्बेडकर के नाम पर सबसे ज़्यादा विश्वविद्यालय बने हुए हैं। यह हमारे आन्दोलन की देन है। बाबासाहेब आम्बेडकर के नाम के लिए लड़ना, यह हमें हमेशा ही प्रेरित करता है। मैं समाज बदलने के लिए लिखता हूँ। विषमता और अन्याय के ख़िलाफ़ लिखता हूँ। मैं हमारी मुक्ति के लिए लिखता हूँ। मेरा लिखना एक आन्दोलन है।

ज्ञानचन्द बागड़ी : आप देश-विदेश का सब कुछ पढ़ रहे थे, आपको कब लगा कि हमारी बात तो हमें स्वयं ही लिखनी पड़ेगी?

शरणकुमार लिंबाळे : आपने सही पूछा है। मैं देश-विदेश का साहित्य पढ़ रहा था। अंग्रेज़ी लिटरेचर पढ़ने के लिए मैंने अंग्रेज़ी विषय लिया था। मैं जब शिक्षा ले रहा था तब आदर्शवाद और सौन्दर्यवाद का बोलबाला था। मैंने ख़ूब पढ़ा है। इसमें कहीं भी मेरी वेदना नहीं थी। मेरे समाज का दु:ख-दर्द नहीं था। इस साहित्य में हमारे प्रश्न नहीं थे। ढकोसला साहित्य पढ़कर हमने डिग्री हासिल की है। मुझे स्कूल, कॉलेज और विश्वविद्यालयों ने कुछ नहीं सिखाया। आन्दोलन ने मुझे सिखाया है। आन्दोलन ही मेरी पाठशाला है। इस आन्दोलन के कारण मुझे लगा कि मुझे लिखना चाहिए। यह मेरी ज़िम्मेदारी है। इससे मैं मुकर नहीं सकता। मैं अपनी पीड़ा के बारे में लिखने के बजाय प्रेम कविता लिखता तो यह अपराध होता। हज़ारों सालों के बाद हमें शिक्षा का अधिकार मिला। लिखने और बोलने का अधिकार मिला है तो हमें हमारे प्रश्न उठाने होंगे। लोगों की ज़बान में मैं कब तक बोलता। मेरी अपनी ज़बान है, इससे मैं अवगत हो गया था। देश-विदेश के साहित्य ने मेरा मनोरंजन किया है। टाइमपास किया है। मुझे एंटरटेनर नहीं बनना था। मुझे समानता, स्वातन्त्र्य और न्याय के लिए लड़ना था। मेरा लिखना मेरा लड़ना है और कुछ नहीं।

ज्ञानचन्द बागड़ी : मैंने लगभग सभी दलित आत्मकथाएँ पढ़ी हैं लेकिन 'अक्करमाशी' जितना विचलित किसी ने भी नहीं किया। इसी क्रम में दलित विमर्श में मराठी दलित साहित्य पर भी रोशनी डालें?

शरणकुमार लिंबाळे : मराठी में दया पवार की पहली दलित आत्मकथा 'अछूत' (बलुत) प्रकाशित हुई। इसकी बेहद चर्चा हुई। दया पवार के बाद बहुत से लेखकों को आत्मकथा लिखने की प्रेरणा मिली और उन्होंने अपनी आत्मकथाएँ लिखीं। लिखने के लिए आत्मकथा बहुत ही आसान विधा है। आत्मकथा कोई भी लिख सकता है। मराठी दलित आत्मकथाओं की बहुत ही चर्चा हुई है। मेरी आत्मकथा 'अक्करमाशी' की भी बेहद चर्चा हुई है। मेरी आत्मकथा और मेरी पीड़ा सबसे अलग थी। मैं दलित में भी दलित था। बहुत लेखकों ने आत्मकथा के बाद किताबें नहीं लिखीं। केवल एक ही किताब तक सिमट गये। मैं पहले से ही लेखक था, 'अक्करमाशी' के पहले मेरा कविता-संग्रह आ गया था। उसकी भी बहुत चर्चा हुई थी। मराठी में कम से कम एक हज़ार आत्मकथा की किताबें छपी हुई हैं। इन आत्मकथाओं के कारण मराठी दलित साहित्य को प्रसिद्धि मिल गयी। दलित आत्मकथा दलित जीवन का दस्तावेज़ है।

दलित आत्मकथा के कारण सवर्ण पाठकों को दलित समाज के जीवन और उनकी पीड़ा की पहचान हुई। आत्मकथा लिखने के लिए प्रामाणिकता और साहस की ज़रूरत होती है। दलित आत्मकथा प्रकाशित होने के बाद लेखकों को सम्मान मिला और उतनी ही आपत्तियाँ झेलनी पड़ीं। आत्मकथा लिखने के बाद क़ीमत चुकानी पड़ती है। मराठी में दलित विमर्श का बहुत ही स्वागत हुआ है। मराठी दलित लेखकों ने हर विधा में लेखन किया है। इस प्रकार का लेखन अन्य भाषाओं में नहीं दिखाई देता। लेखक में प्रतिभा होनी चाहिए, इसके बिना लेखक नहीं हो सकते। मराठी के दलित लेखक प्रतिभाशाली थे। उनके पास अनुभव और प्रामाणिकता थी। इस कारण मराठी दलित विमर्श की अलग पहचान बनी हुई है।

ज्ञानचन्द बागड़ी : अक्करमाशी के बाद दलित साहित्य का सौन्दर्यशास्त्र (समीक्षा), दलित ब्राह्मण (कहानी-संग्रह), बहुजन (उपन्यास), यल्गार (काव्य) और सनातन (उपन्यास) आपके लेखन के महत्त्वपूर्ण पड़ाव हैं। इस यात्रा के विषय में बताइए।

शरणकुमार लिंबाळे : मैंने बचपन में ही लेखक होना तय कर लिया था। जब मैं स्कूल में पढ़ता था, तब मैंने लिखना शुरू किया। स्कूल से लेकर कॉलेज शिक्षा

तक मैंने जो लिखा वह मेन स्ट्रीम लिटरेचर का अनुकरण था। मैंने काल्पनिक लिखा था। यह लिखने का प्रयास था। होमवर्क था। लेखक कैसे लिखते हैं, यह समझने के लिए मैंने कॉलेज लाइफ में मराठी आलोचना की सब किताबें पढ़ ली थीं। मैंने लिखने के लिए हमेशा परिश्रम किया है। मेहनत की है।

दलित साहित्य का यह शुरुआती दौर था। जो भी लिखता वह एक किताब में ही बड़ा लेखक बन जाता। उनकी किताब पर बहस होती थी। मेन स्ट्रीम लेखक को बीस-बीस किताबें लिखकर भी मान्यता नहीं मिलती थी और दलित लेखक को एक ही किताब में मान्यता मिल जाती थी। मराठी में दलित साहित्य का बहुत स्वागत हुआ। दलित साहित्य के कारण जीवनवादी साहित्य को बल मिला। कलावादी साहित्य पीछे पड़ा।

मुझ से पहले मेरे सीनियर दलित लेखक लिख रहे थे। उनका बड़ा नाम था। मुझे आन्दोलन ने जितना आकर्षित किया उतना ही महान लेखकों ने भी किया। मुझे लगता था कि मुझे भी बड़ा लेखक बनना है और मेरी कोशिश जारी थी। मराठी में कुल मिलाकर मेरी 40 किताबें प्रकाशित हो चुकी हैं। मेरे किताबों का विभिन्न भाषाओं में अनुवाद होकर कुल मिलाकर अब तक 83 किताबें प्रकाशित हुई हैं। हिन्दी, अंग्रेज़ी, मलयालम, तमिळ, तेलुगु, कन्नड़, गुजराती, पंजाबी, उर्दू, बंगाली, उड़िया आदि भाषाओं में किताबें अनूदित होकर प्रकाशित हुई हैं। साहित्य की हर विधा में मैंने लेखन किया है। सरस्वती सम्मान मिलने वाला मैं देश में पहला दलित लेखक हूँ।

ज्ञानचन्द बागड़ी : दलित साहित्य की त्रासदी को उसके स्त्री दलित पात्रों के द्वारा ठीक से समझा जा सकता है। आपकी रचनाओं के महत्त्वपूर्ण स्त्री पात्रों के विषय में बताइए।

शरणकुमार लिंबाळे : मुझे हमेशा महसूस हुआ है कि मैं पुरुष लेखक हूँ। मैंने स्त्री विमर्श का अध्ययन किया है। फिर भी मैं स्त्री के मानस को प्रभावशाली ढंग से व्यक्त करने में असफल रहा हूँ। मैंने जो लिखा है उसमें स्त्री पात्र आये हैं। स्त्री हो या पुरुष पात्र यह कथा को ढोने वाले कुली जैसे होते हैं। 'सनातन' उपन्यास में और 'गर्व से कहो' उपन्यास में स्त्री पात्रों का आविष्कार किया है। कथा के विकासक्रम में पात्रों का विकास होना चाहिए। कथा महत्त्व की होती है। हमें पाठकों तक कथा को पहुँचाना होता है। कथा जितनी सशक्त होगी उतना ही पात्रों का चित्रण परिणामकारक होगा। कथा, पात्र, शैली इस पर प्रतिभाशाली लेखक का प्रभुत्व होता है। मैं मानता हूँ कि मेरे स्त्री या पुरुष पात्र से मेरा विचार हमेशा महत्त्वपूर्ण रहा है।

ज्ञानचन्द बागड़ी : साहित्य की दुनिया में आपके लेखन को स्वीकृति और विशेषत: आपको और दूसरे दलित लेखकों को मिले पुरस्कारों पर दोहरे मापदण्ड अपनाते हुए जिस ओछी भाषा में लिखा गया उस पर आपकी क्या प्रतिक्रिया थी?

शरणकुमार लिंबाळे : दलित लेखकों की प्रशंसा होती है मगर अवॉर्ड नहीं मिलते। पद्मपुरस्कार बहुत कम दलित लेखकों को मिले हैं। साहित्य अकादमी अवार्ड भी नहीं मिलते। ज्ञानपीठ पुरस्कार 70 साल में किसी दलित लेखक को नहीं मिला है। साहित्य में भी गुट होते हैं। राजनीति होती है। कुछ हद तक यह चलता है। राज्य पुरस्कारों और राष्ट्रीय पुरस्कारों में ऐसा नहीं होता। पुरस्कार चयन समिति होती है। पुरस्कार देने के नियम होते हैं। पुरस्कार देते वक़्त केवल एक लेखक पर विचार नहीं होता। कुछ नामों से एक नाम का चयन होता है। जब किसी दलित लेखक को सम्मान मिलता है तो उसकी योग्यता की चर्चा नहीं होती। उस की जाति की चर्चा होती है। यह दलित है, इसलिए इसे मिला। यह जातिवादी मानसिकता है। लेखक भी जातिवादी होते हैं। दलित लेखक को इग्नोर किया जाता है। इसका मुझे अनुभव है। जो प्रतिभाशाली लेखक होते हैं उनको बहुत समय तक इग्नोर नहीं कर सकते।

ज्ञानचन्द बागड़ी : अपने लेखन में आप लगातार तोड़-फोड़ करते आ रहे हैं। हमेशा कुछ नया करने का प्रयास करते हैं। फिर भी एकरसता के आरोप लगते हैं। किसी तरह का दबाव महसूस करते हैं?

शरणकुमार लिंबाळे : एकरसता का आरोप दलित साहित्य पर होता आ रहा है। हर लेखक को लिखने के लिए अपना फ़ील्ड चुनना पड़ता है। बाल साहित्य का लेखक बाल की दुनिया पर लिखेगा। विज्ञान साहित्य का लेखक विज्ञान को लेकर लिखेगा। जासूसी कहानी लिखने वाला हो या प्रेम कविता लिखने वाला उसका क्षेत्र तय किया रहता है। प्यार पर कितना लिखा जा रहा है। रामायण काल से आज तक प्रभु रामचन्द्र पर कितना लिखा जा रहा है। इसमें एकरस नहीं दिखाई देता। दलित विमर्श, स्त्री विमर्श और आदिवासी विमर्श के लेखक प्रतिबद्धता से लिखते हैं। लेखक को तटस्थ होना चाहिए ऐसी मान्यता है। यह कलावादी सोच है। मैं एक कार्यकर्ता लेखक हूँ। मैंने दलितों पर लिखना तय किया है। क्या लिखना है, कैसा लिखना है और क्यूँ लिखना है यह हर लेखक को तय करना पड़ता है। हर लेखक की एक उम्र होती है। अपने सीमित समय में क्या लिखे और क्या पढ़े इसे गम्भीरता से तय करना होता है। मैंने मेरा फ़ील्ड तय किया है। इसमें मैं काम कर रहा हूँ।

मैंने साहित्य में नया अनुभव जोड़ा है। नया नायक घड़ा है। नयी भाषा और

नया विचार लाया गया है। मैं प्रतिबद्धता से लिखता हूँ और मेरे लिखने का उद्देश्य तय है। मेरी हर किताब का विषय अलग होता है। लेखक को पढ़ना चाहिए, खारिज करना ग़लत है। दलित साहित्य पढ़ने के लिए जाति व्यवस्था का गहरा ज्ञान होना ज़रूरी है। जाति-व्यवस्था को समझे बिना दलित साहित्य को नहीं समझ सकते। दलित साहित्य की आलोचना नहीं हुई है। बहस होना अलग बात है। दलित साहित्य को गम्भीरता से पढ़कर कितनी आलोचना लिखी गयी है? दलित साहित्य की आलोचना ही नहीं हुई। टीका-टिप्पणियाँ होती रहती हैं। टीका-टिप्पणी करने वाले लोगों का क्या वजूद है, यह भी देखना होगा।

ज्ञानचन्द बागड़ी : मराठी दलित साहित्य की तुलना में हिन्दी दलित साहित्य में आक्रामकता के वैसे तेवर नहीं हैं। मराठी के अलावा और किन भाषाओं के दलित साहित्य ने आपको प्रभावित किया है?

शरणकुमार लिंबाळे : हिन्दी दलित साहित्य की तुलना में मराठी दलित साहित्य का तेवर अधिक आक्रामक रुख अख्तियार करता है। ज्योतिबा फुले और बाबासाहेब आम्बेडकर की विचारधारा ही इसका इसका कारण है। महाराष्ट्र में दलित पैंथर का आन्दोलन सक्रिय था। उसका भी प्रभाव रहा है। मराठी दलित लेखन आन्दोलन से जुड़ा हुआ है। हिन्दी दलित लेखक कार्यकर्ता नहीं, वह कर्मचारी है। सरकारी नौकरी करने वाले हैं। मराठी दलित लेखकों ने भी नौकरियाँ की हैं मगर वे आन्दोलन से जुड़े रहे हैं। इसका परिणाम उनके लेखन में आया है। हर भाषा में दलित साहित्य लिखा जा रहा है। हिन्दी बेल्ट बड़ा होने के कारण यहाँ के दलित लेखकों की संख्या अधिक है। केरल, तमिळनाडु, आन्ध्र और तेलंगाणा के दलितों ने ईसाई धर्म को अपनाया है। ईसाई होते हुए भी इनको जाति के कारण सताया जाता है। वे समानता के लिए संघर्ष कर रहे हैं। केरल और पश्चिम बंगाल में लेफ्ट मूवमेंट प्रभावशाली था। यहाँ जाति का विचार नहीं होता था। दलित आन्दोलन के कारण यहाँ के दलितों का संगठन मज़बूत हो रहा है। पश्चिम बंगाल के दलित लेखकों को अपनी जाति और भारत-पाकिस्तान पार्टीशन के कारण जो पीड़ा सहनी पड़ी है उसको बेबाकी से लिख रहे हैं। महात्मा गांधी जी के कार्य और विचारों का प्रभाव गुजरात के दलितों पर रहा है। आरक्षण विरोधी आन्दोलन और दलित पैंथर के आन्दोलन के कारण गुजरात में भी दलित साहित्य लिखा जा रहा है। यहाँ आम्बेडकर के विचारों का प्रभाव दिखाई देता है। कर्नाटक में सन्त बसवेश्वर के कार्यों और विचारों का प्रभाव रहा है। कन्नड़ में भी दलित साहित्य लिखा जा रहा है। पंजाब में

दलितों की आबादी बहुत है फिर भी यहाँ दलित साहित्य का प्रभाव कम दिखाई देता है। आदिवासी बहुल राज्यों में दलित साहित्य का विकास नहीं हुआ है। राजस्थान में दलित साहित्य की शुरुआत हो चुकी है। पूर्वोत्तर राज्यों में दलित साहित्य नही दिखाई देता। मराठी, हिन्दी, गुजराती, तमिळ, कन्नड़, तेलुगु और पंजाब में दलित साहित्य की धारा मज़बूत हुई है।

ज्ञानचन्द बागड़ी : आम्बेडकर पर आपने बहुत काम किया है। उनको आप किस तरह समझते हैं?

शरणकुमार लिंबाळे : बीसवीं शती के दो महानायक हुए है—एक महात्मा गांधी जी और दूसरे बाबासाहेब आम्बेडकर। महात्मा गांधी जी ने अंग्रेज़ों के ख़िलाफ़ संघर्ष किया और देश को आज़ाद किया। देश आज भी सामाजिक ग़ुलामी से मुक्त नहीं हुआ। बाबासाहेब सामाजिक असमानता के ख़िलाफ़ लड़ रहे थे। उनकी लड़ाई आज भी अधूरी है। बाबासाहेब का मूल्यांकन करते वक़्त उनके विचारों को नहीं देखा जाता। उनकी जाति दिखाई देती है। राष्ट्र का पुनर्निर्माण समानता, न्याय, स्वतन्त्रता और भाईचारे के आधार पर होना चाहिए। देश चाँद पर पहुँच गया है, मगर आज भी दलित गाँव के मन्दिर में जा नहीं सकता। इस राष्ट्र को सुन्दर और महान बनाने वाले विचार बाबासाहेब के हैं। राष्ट्र का जनतन्त्र मज़बूत और महान हो, ये बाबासाहेब का सपना था। दलितों की ग़ुलामी केवल दलित की पीड़ा नहीं, यह राष्ट्र की पीड़ा है। केवल दलित ही दलित पीड़ा को लेकर संघर्ष करे यह नया जातिवाद है। बाबासाहेब आम्बेडकर के विचारों को नकार कर हम राष्ट्रवाद पर विचार नहीं कर सकते, ऐसा मेरा मानना है।

ज्ञानचन्द बागड़ी : आजकल सभी विश्वविद्यालयों में अम्बेडकरवादी समूह स्पष्ट दिखाई देते हैं। अब ये जागृति बढ़ती ही जायेगी। दुर्भाग्यवश ये समूह भी ब्राह्मणों की तरह नफ़रत को ही अपना हथियार बना रहे हैं। आपको सभी पढ़ते हैं, सुनते हैं, इस विषय में उनसे आपका क्या कहना है?

शरणकुमार लिंबाळे : यह आरम्भ है। आरम्भ आक्रामक होता है। जब समानता की स्थिति आयेगी तब इसमें बदलाव होगा। जातिवाद को जातिवाद से निपटने की एक विचित्र स्थिति निर्मित हुई है, ऐसी मिडिल क्लास की सोच है, ऐसा नहीं है। सभी दलितों को संगठित करने के लिए उन्हें जागरूक करने की आवश्यकता है। दलित ब्राह्मण विरोधी नहीं है, बल्कि ब्राह्मणवादी मानसिकता के विरोधी हैं। हो सकता है, कुछ जगहों पर कुछ लोग द्वेषमूलक भूमिका अपनाते

होंगे। यह ग़लत है। इसका मैं विरोध करता हूँ। दलितों की भी ग़लती हो सकती है। आन्दोलन में सभी पहलुओं पर काम करना पड़ता है। विश्वविद्यालयों में नई जनरेशन पनप रही है। वह अलग तरह से सोच सकती है। नये पैमाने और नई स्ट्रॅटजी को अपनाना होगा। इसका प्रयास जरूर होना चाहिए। सभी को समानता और न्याय का विचार करना होगा।

ज्ञानचन्द बागड़ी : आपकी ही पंक्तियाँ हैं "प्रत्येक शहर जातिवादी। प्रत्येक गाँव जातिवादी। प्रत्येक घर जातिवादी। प्रत्येक मनुष्य जातिवादी। जाति ने यहाँ के लोगों को भीतर से इतना तोड़ दिया है कि कहीं पर 'मनुष्य' ही शेष नहीं है।" कुछ बदलाव देख रहे हैं?

शरणकुमार लिंबाळे : देश बदल रहा है। दुनिया बदल रही है। समाज बदल रहा है। मैं बदलाव जरूर देख रहा हूँ। यह बदलाव सकारात्मक है। मगर पूरी व्यवस्था नहीं बदली है। सामाजिक परिवर्तन धीरे-धीरे होते हैं। समाज लिबरल हो रहा है। इसे मानना पड़ेगा। यह भी सही है कि समाज में तनाव बढ़ रहा है। विकास में असमानता बढ़ी है। समाज बदला है, मानसिकता नहीं बदली। जातिवादी मानसिकता बदलनी होगी। दलित बदल रहे हैं और सवर्ण समाज भी बदल रहा है। आन्दोलन के कारण जागृति आई है। ज्ञान और विज्ञान के कारण, शिक्षा और जनतन्त्र के कारण, क़ानून और प्रगतिशील समाज के कारण समाज बदल रहा है।

ज्ञानचन्द बागड़ी : दलित अमानवीय जीवन और उसकी त्रासदी किसी हद तक लोगों तक पहुँच गयी है। एक लेखक का दायित्व है कि अब इससे आगे बढ़कर समाज को सही रास्ता दिखाएँ। इस विषय में दलित लेखकों से आपको क्या कहना है?

शरणकुमार लिंबाळे : दलित साहित्य के विकास का एक दौर था। दलित साहित्य सैलाब जैसा फैल रहा था। लेखक लिख रहे थे। दलित पैंथर का आन्दोलन आक्रामक हो रहा था। फिर भी दलितों पर अन्याय हो रहा था। कहीं न कहीं दलित महिला का बलात्कार होता था। कहीं दलित समाज का बहिष्कार किया जाता था। कहीं दलित युवक की हत्या होती थी। ऐसे हालात में जब दलित साहित्य सम्मेलन का आयोजन होता था या अगर दलित लेखकों का मेला होता था तब यह बात जरूर उठती थी 'अब क़लम को छोड़ो, बन्दूक़ उठाओ' केवल लिखने से कुछ नहीं होगा। ऐसी भी प्रतिक्रिया आयी थी। 'दलितों को अपनी रक्षा के लिए सरकार द्वारा बन्दूक़ें देनी चाहिए। अब किताबों से कुछ नहीं होगा। नाटक में नायक की एक भूमिका होती है, नायिका की एक भूमिका होती है और खलनायक की अलग भूमिका होती

है। नाटक के डायरेक्टर की एक अलग भूमिका होती है। सभी को अपनी भूमिका निभानी पड़ती है। आन्दोलन में कार्यकर्ता को कार्य करना पड़ता है और लेखकों को आन्दोलन के लिए विचार देने पड़ते हैं। विचारों से क्रान्ति होती है। किताबें दुनिया बदल सकती हैं। लेखक को लिखने की ही भूमिका में रहना चाहिए। मैंने कई बार कहा है, 'मेरे शब्द ये केवल शब्द नहीं, बल्कि हथियार हैं।' लेखक को अनुभव लेने के लिए समाज और आन्दोलनों में शरीक होना चाहिए। इतना ही नहीं उन्हें सवर्ण समाज को भी समझना चाहिए। लेखक को हमेशा जाग्रत रहना ज़रूरी है। पुराने लोग क्या लिख रहे थे। आज क्या साहित्य लिखा जा रहा है। कौन से लेखक की चर्चा हो रही है। किस प्रकार का साहित्य पाठक पसन्द कर रहे हैं। इन बातों को समझना होगा। लेखन प्रामाणिकता से और निर्भय होकर करना होगा। परिणामों की चिन्ता न करके लिखना होगा। क़ीमत चुकाने की तैयारी रखनी होगी। समानता और न्याय के लिए क़लम को उठाना होगा। ऐसा मुझे लगता है।

ज्ञानचन्द बागड़ी : आपके लेखन को शुरू से सराहा भी गया है तो आलोचना का लक्ष्य बनाकर बहुत ज़हरीले सवाल भी पूछे गये। अब तो बहुत पानी बह चुका, पिछले वर्ष सरस्वती सम्मान और उसके बाद लगातार आपको जो स्वीकृति और सम्मान मिल रहा है, उन अनुभवों को कृपया साझा करें?

शरणकुमार लिंबाळे : मैं चालीस साल से लिख रहा हूँ। मेरा पहला कविता-संग्रह 'उत्पात' सन् 1982 में प्रकाशित हुआ था। सन् 2024 में 'कौन जात हो?' यह कविता-संग्रह प्रकाशित होगा, यह एक लम्बा सफ़र है। आज पूरे देश के कोने-कोने में मैं जा रहा हूँ। विभिन्न भाषाओं में मेरा स्वागत हो रहा है। इसके पहले मैं दलितों के बीच में बोलता था। आज मैं सभी समाजों और संस्थाओं में जा रहा हूँ। हमारे प्रश्न हिन्दू से जुड़े हुए हैं। सब हिन्दू जातिवादी और खलनायक नहीं होते। हमें प्रगतिशील हिन्दू पर भरोसा करना होगा। हमारे मित्र बढ़ाने होंगे। सारे हिन्दू समाज को कटघरे में खड़ा नहीं कर सकते। जो हमारे साथ खड़ा हुआ है, उसे नकार नहीं सकते। हमेशा नकारात्मक और आक्रामक भूमिका लेंगे तो अकेले पड़ सकते हैं। कोई भी एक जाति इस देश पर राज्य नहीं कर सकती। हमें मिलकर असमानता के ख़िलाफ़ लड़ना होगा। हमारे राष्ट्र को सुन्दर करने के लिए और मनुष्य को महान बनाने के लिए हम सबको मिलकर रहना होगा और कार्य करना होगा।

17

मानवाधिकारों के लिए दलित साहित्य लिखा जा रहा है

शरणकुमार लिंबाळे से प्रदीप कुमार ठाकुर की बातचीत

प्रदीप कुमार ठाकुर : पिछले दशकों के दलित आन्दोलन की क्या उपलब्धियाँ हैं और इनका साहित्य पर क्या प्रभाव पड़ा हैं?

शरणकुमार लिंबाळे : दलित आन्दोलन का प्रभाव दलित और ग़ैर-दलित समाज दोनों पर हुआ है। इससे दलित साहित्य कैसे बच सकता था? दलित लेखकों ने सामाजिक प्रतिबद्धता से लेखन-कार्य किया। समाज में क्रान्ति हो, इस उद्देश्य से यह लेखन हुआ है। दलित साहित्य, दलित आन्दोलन का दूसरा पहिया है। आन्दोलन के कारण दलित लेखक जुझारू तरीक़े से लिखने लगे। दलित लेखक अपने लेखन को अपनी ज़िम्मेदारी मानता है। हज़ारों सालों से दलितों को दबाकर जो लिखा गया है, उसे सिरे से ख़ारिज करने के लिए दलित साहित्य का उदय हुआ है। दलित साहित्य में जो जागरूकता पैदा हुई है और जिस तरह से यह समाज मानव अधिकारों के लिए संघर्ष कर रहा है, इसके कारण दलित आन्दोलन और दलित साहित्य है। दलित साहित्य का सही आकलन करने के लिए यहाँ की जाति व्यवस्था को जानना होगा। जाति के ख़िलाफ़ संघर्ष करने वाले लेखक और कार्यकर्ताओं की भूमिका को तभी सही तरीक़े से समझा जा सकता है। दलित आन्दोलन का असर दलित साहित्य पर हुआ है और दलित साहित्य का असर दलित आन्दोलन पर हुआ है। दलित आन्दोलन और साहित्य का प्रभाव इतना सीमित नहीं है। दलित आन्दोलन और साहित्य का असर मुख्यधारा पर भी पड़ा है। इसके फलस्वरूप समाज में हलचल पैदा हुई है। पुरानी व्यवस्थाएँ डगमगाई हैं। दलित लेखक मनुष्य को महान मानकर और केन्द्र में रखकर लगातार लिख रहे हैं।

प्रदीप कुमार ठाकुर : निजीकरण का दलित आन्दोलन पर क्या असर है, दलित इस चुनौती का किस तरह सामना कर पा रहे हैं?

शरणकुमार लिंबाळे : निजीकरण का दलितों पर सीधे कोई प्रभाव नहीं पड़ेगा। दलितों की कोई इंडस्ट्री नहीं है और न ही इनकी कोई निजी सम्पत्ति है। सम्पत्ति का मालिक सवर्ण था। अब समय बदल रहा है। बाहर की कम्पनियाँ आ रही हैं और नये-नये उद्योगधन्धे खड़े हो रहे हैं। दलित तो पूरे परिदृश्य में कहीं नहीं है। वह तो इस व्यवस्था में सिक्यूरिटी गॉर्ड की भूमिका में है। निजीकरण का असर आरक्षण पर ज़रूर हुआ है। सरकारी नौकरियाँ कम हुई हैं। इसका असर दलित और ग़ैर-दलित दोनों तबके पर हुआ है।

जब भी बाहरी सत्ता प्रवेश करती है, इसका लाभ दलितों को मिलता है। बाहर से आने वाली सत्ता और संस्कृति दलित विरोधी नहीं है। भारत में अंग्रेज़ नहीं आते तो आम्बेडकर का उदय नहीं होता। राजा राममोहन रॉय से लेकर नवजागरण के अंत तक हमारे यहाँ अंग्रेज़ों का असर दिखाई देता है। जनतान्त्रिक आन्दोलनों के कारण ही देश में नई व्यवस्था निर्मित हुई है। निजीकरण इसमें दख़ल दे रहा है। मैं निजीकरण का विरोध नहीं कर रहा हूँ। यहाँ पर भी दलितों के लिए आरक्षण की व्यवस्था हो, यह मेरी माँग है। आज भी आरक्षण का लाभ छोटी जातियों तक नहीं पहुँच पाया है। असल बात यह है कि दलित आन्दोलन पर किसी का असर नहीं पड़ सकता। आन्दोलन अपने बल-बूते पर खड़ा होता है। नयी व्यवस्थाएँ आती हैं, नये प्रश्न खड़े होते हैं। आन्दोलन इनका डटकर सामना करता है। आन्दोलन को हमेशा नये प्रश्नों की प्रतीक्षा होती है। निजीकरण के कारण भविष्य में मज़दूरों और दलितों में एकजुट होने की सम्भावना दिखाई देती है।

प्रदीप कुमार ठाकुर : दलित राजनीति और दलित साहित्य के बीच आज कैसा सम्बन्ध है? क्या यह दलित साहित्य के आन्दोलन में बिखराव का दौर है या इसके पुनर्गठन के लक्षण दिख रहे हैं? ये लक्षण किन रूपों में दिख रहे हैं?

शरणकुमार लिंबाळे : दलित साहित्य एक पॉलिटिकल डॉक्यूमेंट है। दलित साहित्य और कुछ नहीं, वह दलित राजनीति का एक हिस्सा है। दलित साहित्य में दलितों के सामाजिक और राजनीतिक प्रश्नों की चर्चा होती है। समानता, स्वतन्त्रता और बन्धुत्व इस साहित्य का प्राण है। दलित साहित्य सामाजिक न्याय, सामाजिक स्वाधीनता और सामाजिक जनतन्त्र के लिए लिखा गया है। दलितों के मानवाधिकारों के तहत यह साहित्य लिखा जा रहा है। दलित साहित्य राजनीति से प्रेरित है। मैं

लिखता हूँ इसका अर्थ है, मैं राजनीति करता हूँ। दलित नेता, दलितों के दल और दलित राजनीति से दलित साहित्य का ख़ून का रिश्ता है। दलित राजनीति जब भटक जाती है तब दलित लेखक उसके विरोध मे लिखते है। निस्सन्देह दलित साहित्य पर दलित राजनीति का असर दिखाई देता है। जब आन्दोलन चरम सीमा पर होता है तो उसका व्यापक असर दलित साहित्य में देखने को मिलता है। वही जब आन्दोलन में बिखराव नजर आता है। तो उसका असर भी दलित साहित्य पर दिखाई देता है। उसमें भी बिखराव आता है। इस स्थिति को दलित लेखकों को गम्भीरता से लेना चाहिए। नये विषय और प्रश्नों पर लिखना होगा और समकालीन समय से भिड़ना होगा। वर्तमान राजनीति और समाजनीति कर भी अध्ययन करना होगा। दलित लेखकों की नयी पीढ़ी इसी प्रकार के लेखन की तरफ़ अग्रसर है।

प्रदीप कुमार ठाकुर : 21वीं सदी के वर्तमान दौर में दलित साहित्य किस मोड़ पर खड़ा है और इसके सामने क्या समस्याएँ हैं?

शरणकुमार लिंबाळे : हमारे लिए 21वीं सदी नाम की है। हम तो 16वीं सदी में जी रहे हैं। इन्सान चाँद पर पहुँच गया, मंगल तक चल गया। मगर आज भी दलित मन्दिरों में प्रवेश नहीं कर सकता। एक तरफ़ हम आज़ादी का अमृत महोत्सव मना रहे हैं, वहीं दूसरी तरफ़ राजस्थान में शिक्षक अपने दलित विद्यार्थी को अपने घड़े से पानी पी लेने मात्र से उसे जान से मार डालता है। जब शिक्षक की जातिवादी मानसिकता नहीं बदली तो आम आदमी की जातिवादी मानसिकता कैसे बदलेगी? 21वीं सदी के कारण हमें विभिन्न अवसर मिल रहे हैं। फेसबुक, व्हाट्सएप और अन्य सर्च इंजनों के कारण हम दुनिया के सम्पर्क में आ रहे हैं। इलेक्ट्रॉनिक माध्यम हो या प्रिंट माध्यम हो, दलितों से जुड़े प्रश्नों की चर्चा हो रही है। मेरा मानना है कि पुरानी व्यवस्था ख़त्म होनी चाहिए। हर नयी व्यवस्था का हम स्वागत करते हैं। 21वीं सदी के कारण समाज तेज़ी से बदल रहा है। इस बदलाव की ओर दलित लेखक गम्भीरता से देखता है। नयी व्यवस्था नये प्रश्न लेकर आती है। हर नये लेखक को नये प्रश्नों की ओर ध्यान देना होगा।

दलित साहित्य प्रादेशिक भाषाओं में भी लिखा जा रहा है। 21वीं सदी के कारण दलित लेखकों में जो दूरी थी, वह कम हो गयी है। तमिळ, तेलुगु, मराठी, कन्नड़, गुजराती, बांग्ला, मलयालम आदि भाषाओं में भी दलित लेखन हो रहा है। दलित लेखक एक-दूसरे से बात कर रहे हैं। दलित साहित्य को लेकर कॉलेजों और विश्वविद्यालयों में संगोष्ठियाँ हो रही हैं। अन्तरराष्ट्रीय स्तर पर भी दलित साहित्य

की चर्चा हो रही है। दलित लेखकों को 'लिटरेचर फेस्टिवल' में बुलाया जा रहा है। दलित साहित्य का दूसरी भाषाओं अनुवाद भी हो रहा है। कहने का मतलब है कि हमें अब नये-नये अवसर मिल रहे हैं। हम नयी व्यवस्था का स्वागत करते हैं। पुरानी व्यवस्था ने हमारा बहुत नुकसान किया है।

प्रदीप कुमार ठाकुर : 'राष्ट्र' के पहले के स्वरूप से आज के स्वरूप में क्या भिन्नता है? इस नये स्वरूप से दलितों का क्या सम्बन्ध है?

शरणकुमार लिंबाळे : समाज बदल रहा है। पुरानी व्यवस्था ने करवट ली है। मल्टीनेशनल कल्चर से हम लिबरल हो रहे हैं। साथ में राष्ट्र भी बदल रहा है। महात्मा गांधी ने कहा था 'भारतमाता के चेहरे पर जाति धब्बे के समान है। इसे मिटाना होगा'। वहीं बाबासाहेब आम्बेडकर ने कहा था–'भारतमाता के चेहरे पर जो जाति के काले धब्बे हैं वह हम अपने ख़ून से धोयेंगे।' दलित लेखक इसी भावना से प्रेरित हुआ है। वह चाहता है कि यह राष्ट्र सुन्दर बने तथा पुराना समाज भी बदले। यह सोचकर दलित लेखक इसमें अपना योगदान दे रहा है। नये राष्ट्र के निर्माण में दलित लेखकों की रचनात्मक भूमिका होगी।

किन्तु आज भी गाँव के मुखिया से लेकर देश के ऊँचे-ऊँचे पदों तक सवर्ण मनुष्य ही दिखता है। ईश्वर और धर्म की राजनीति इस देश की विरासत को नुकसान पहुँचा रही है। अध्यात्म की जगह मन्दिरों में, धर्मग्रन्थों में और मनुष्य के निजी जीवन में है। हमने उसे बाज़ार बना दिया है। आज वह एक राजनीतिक षड्यन्त्र का हिस्सा बन गया है। यह जनतन्त्र के लिए भी और धर्म के लिए भी नुकसानदेह है। आज हिंसा चरम पर है, जबकि मनुष्य और राष्ट्र के जीवन का आधार अहिंसा होनी चाहिए। दलित साहित्य में जो विद्रोह है वह विध्वंसक नहीं है। वह नयी व्यवस्था के निर्माण का विचार है। वास्तव में मनुष्य और समाज का मन बदलने का औज़ार है दलित साहित्य। आज़ादी से पहले हम राष्ट्र नहीं थे, बल्कि विभिन्न प्रान्तों और विभिन्न विचारों में बँटे हुए थे। आज़ादी के बाद एक नये जनतान्त्रिक राष्ट्र का निर्माण हो रहा है जिसका आधार संविधान है। दलित साहित्य संविधान को मानता है। बाबासाहेब आम्बेडकर ने इस संविधान का निर्माण किया है और इस संविधान पर दलित लेखक गर्व करता है।

प्रदीप कुमार ठाकुर : क्या दलित विमर्श वर्तमान युग में स्त्री विमर्श, आदिवासी विमर्श, किसान विमर्श तथा अन्य वंचित लोगों के बीच पुल बन सकता है? स्वानुभूति तक सीमित रहने के सम्बन्ध में आपके क्या विचार हैं?

शरणकुमार लिंबाळे : ‘दलित’ एक तरह का अंब्रेला टर्म है। दलित, आदिवासी और बहुजन सामाजिक विषमता के ख़िलाफ़ लड़ रहे हैं। स्त्री विमर्श भी सामाजिक बदलाव चाहता है। दलित विमर्श, आदिवासी विमर्श और स्त्री विमर्श के बीच पुल बनना चाहिए। इसकी सम्भावना भी है। वंचितों का विमर्श एक होना चाहिए मगर इसमें जाति आड़े आती है। स्त्री विमर्श को लेकर आज स्त्रियाँ लगातार प्रगतिशील लेखन कर रही हैं और पुरुषवादी सत्ता को चुनौती दे रही हैं। मगर उनका विमर्श जाति-व्यवस्था के ख़िलाफ़ विद्रोह नहीं करता। दलित, आदिवासी, बहुजन और स्त्री साहित्य के बीच पुल बनेगा तो हमारी लड़ाई और भी आसान होगी।

18
आज़ादी की प्रेरणा बौद्धिक स्वतन्त्रता है
शरणकुमार लिंबाळे से संजय जायसवाल की बातचीत

शरणकुमार लिंबाळे हमारे समय के महत्त्वपूर्ण और समादृत लेखक हैं। उनका समस्त लेखन एक गहरी बेचैनी का प्रतिफलन है। सामाजिक न्याय और लोकतान्त्रिक मूल्यों के लिए समर्पित लिंबाळे जीवन और लेखन को एक दूसरे का पर्याय मानते हैं। वे हमेशा से मानव-विरोधी शक्तियों से टकराते हुए लेखन को अपना औज़ार बनाते हैं। वे सदियों की ग़ुलामी से मुक्ति का आख्यान रचने वाले लेखक हैं। वे दलित साहित्य को लिटरेचर ऑफ़ विक्ट्री मानते हैं। सैकड़ों सालों के संघर्ष में जीत का आस्वाद है दलित साहित्य। आज बौद्धिक स्वतन्त्रता पर लगातार ख़तरा बढ़ रहा है। लेखकों का एक वर्ग अभिव्यक्ति के ख़तरे उठाने से बच रहा है। व्यवस्था से टकराने की जगह कई लोग आत्मसमर्पण कर रहे हैं। ऐसे समय में शरणकुमार लिंबाळे अपने नैतिक बल के साथ सृजन कर्म में लगे हुए हैं। वे लिखने के साथ लोगों के साथ भी खड़े हैं। उनका इस तरह सच के पक्ष में खड़ा होना, हमें आश्वस्त करता है। दलित साहित्य का सौन्दर्यशास्त्र, अक्करमाशी, दलित ब्राह्मण, नरवानर, देवता आदमी, बहुजन आदि उनकी चर्चित रचनाएँ हैं।

संजय जायसवाल : बौद्धिक स्वतन्त्रता एक दौर में आधुनिक साहित्य का मुख्य स्वर था। इसकी मुख्य चीज़ें क्या हैं?

शरणकुमार लिंबाळे : बौद्धिक स्वतन्त्रता जनतन्त्र में महत्त्वपूर्ण होती है। यह एक आधुनिक सोच है। आज़ादी के बाद इस विषय पर गम्भीरता से मत प्रकट हुए हैं। बुद्धिजीवी वह होता है जो स्वतन्त्र सोचता है। बुद्धिजीवी समाज का ब्रेन होता है। ओपिनियन मेकर होता है। वह नये विचारों का नेतृत्व करता है और संकीर्णता का पुख़्ता विरोध करता है। बौद्धिक स्वतन्त्रता का अर्थ है ग़ुलाम मानसिकता और विचारों का विरोध करना। बौद्धिक स्वतन्त्रता का अर्थ है जनतन्त्र का समर्थन करना

और आम इन्सान के हित में बोलना। सत्ता, संस्कृति और परम्पराओं के ख़िलाफ़ भी बोलना पड़ता है। बौद्धिक स्वतन्त्रता वह है जो हमेशा निर्भय होकर सत्य का पक्ष लेती है।

जनतन्त्र की पहली शर्त निर्भय होना है। जो निर्भय बन नहीं सकता, वह सत्य का पक्ष नहीं ले सकता, जो अपनी भूमिका के लिए परिणाम भुगतने से डरता है, वह पतित होता है। उसे बुद्धिजीवी नहीं कह सकते। बुद्धिजीवी हमेशा प्रतिबद्ध होता है। रवीन्द्रनाथ टैगोर, प्रेमचन्द, महाश्वेता देवी, गिरीश कर्नाड, मुक्तिबोध, दुर्गा भागवत, विजय तेंडुलकर जैसे लेखकों के लेखन और जीवन में यह भूमिका दिखाई देती है। यह जीवन मूल्यों की रक्षा करने का व्रत है। बौद्धिक स्वतन्त्रता व्यक्ति, समाज और राष्ट्र की स्वतन्त्रता की गरिमा और सौन्दर्य बढ़ाती है। बुद्धिजीवी का अलर्ट होना और व्यक्त होना मुझे महत्त्वपूर्ण लगता है।

बौद्धिक स्वतन्त्रता किसी की निजी बात नहीं है। यह सामाजिक सम्पत्ति है। बौद्धिक स्वतन्त्रता प्रखर होती है। वह सोचने के लिए मजबूर करती है। लोगों की मानसिकता पर उसका असर होता है। इसलिए सत्ता भी बौद्धिक स्वतन्त्रता से डरती है। बौद्धिक स्वतन्त्रता कोई लिखने की चीज नहीं है। यह बुद्धिजीवी को अपनी भूमिका निभाने की प्रेरणा है।

चित्रकार का चित्र बनाना, गीतकार का गीत लिखना, नृत्यांगना का नृत्य करना, गायक का गाना, कवि का कविता लिखना, लेखक का साहित्य लिखना यह उच्च कोटि का सृजन-उत्सव है। कलावन्त जब भी सृजन करता है तब वह अपनी आज़ादी जश्न मनाता है। मेरा लिखना केवल लिखना नहीं, बल्कि आज़ादी का उत्सव है यानी मैं लिख रहा हूँ। हर कलावन्त की कला उसकी स्वतन्त्रता का सृजन होती है। कला की जन्मभूमि स्वतन्त्रता है। कला और कलावन्त कभी भी मानसिक ग़ुलाम नहीं होते। उनका मन आज़ाद होता है। कलावन्त अपनी कला के प्रति जितना ईमानदार है, उतना ही जीवन के प्रति ईमानदार होता है। मैं अपनी कला के प्रति ईमानदार हूँ और जीवन से मेरा कोई लेना-देना नहीं, यह बेईमानी है। कलाकार समाज का हिस्सा होता है। उसकी कला समाज के लिए होती है। वह एक इन्सान भी है। कलावन्त का इन्सान होना मुझे महत्त्वपूर्ण लगता है। बौद्धिक स्वतन्त्रता और कुछ नहीं। यह तो इन्सानियत की बात है। नाइंसाफ़ी के ख़िलाफ़ बोलने की हिम्मत दिखाना बौद्धिक स्वतन्त्रता का पुरस्कार करना है।

संजय जायसवाल : बौद्धिक स्वतन्त्रता और सामाजिक उत्तरदायित्व के बीच क्या सम्बन्ध है?

शरणकुमार लिंबाळे : बौद्धिक स्वतन्त्रता और सामाजिक उत्तरदायित्व एक-दूसरे के अभिन्न अंग हैं। सामाजिक उत्तरदायित्व माने सामाजिक कार्य नहीं। सामाजिक उत्तरदायित्व हमेशा वंचित, पीड़ित, शोषित के पक्ष में होता है। अमीरों के पक्ष में नहीं होता। जो पीड़ित है उसके प्रति हमारा जो दायित्व है उसे मैं सामाजिक उत्तरदायित्व कहता हूँ। व्यक्ति हो, समाज हो या वर्ग हो उन पर होने वाले अन्याय के ख़िलाफ़ काम करना, बोलना, लिखना बुद्धिजीवी का दायित्व है। हम जब भी पीड़ित का पक्ष लेते हैं तब पीड़ित के लिए काम नहीं करते, हम स्वतन्त्रता के पक्ष में काम करते हैं। समाज में जो ग़ुलामी है उसके ख़िलाफ़ बोलना यह बुद्धिजीवी का दायित्व है। सारा देश आज़ादी का 75वाँ अमृत महोत्सव मना रहा था। उसी वक़्त राजस्थान में एक उच्च जाति के शिक्षक ने अपने पानी पीने के घड़े से पानी पीने के कारण अछूत विद्यार्थी का ख़ून किया। सारा देश चन्द्रयान-3 की सफलता का जश्न मना रहा है और उत्तर प्रदेश में एक शिक्षिका क्लास में सारे बच्चों को एक मुस्लिम विद्यार्थी को पीटने को कहती है। हम चाँद पर गये, यह गौरव की बात है। मगर आज भी अछूत गाँव के मन्दिर में नहीं जा सकता। ऐसे समाज में बुद्धिजीवी का उत्तरदायित्व महत्त्वपूर्ण हो जाता है। बौद्धिक स्वतन्त्रता बुद्धिजीवियों द्वारा समाज के प्रति उत्तरदायित्व निभाने के लिए ज़रूरी है। हम जिस समाज के अंग हैं उस समाज के प्रति हम अपना दायित्व नहीं निभायेंगे तो यह अपराध है। स्वतन्त्रता की जड़ समाज है। स्वतन्त्रता की जड़ मनुष्य है। स्वतन्त्रता की जड़ गणतन्त्र है। स्वतन्त्रता की जड़ राष्ट्र है। स्वतन्त्रता सामाजिक मूल्य है, केवल राजकीय मूल्य नहीं। स्वतन्त्रता व्यक्ति, समाज, राष्ट्र और जनतन्त्र को जीवित रखने वाली प्रेरणा है। जनतन्त्र इससे प्रेरित होकर कार्य करता है। बुद्धिजीवी जब अपनी बौद्धिक स्वतन्त्रता सामाजिक उत्तरदायित्व के पक्ष में व्यक्त करेगा, तभी उसकी बौद्धिक स्वतन्त्रता का मूल्य है। बौद्धिक स्वतन्त्रता और सामाजिक उत्तरदायित्व एक-दूसरे से प्रेरित होते हैं। बुद्धिजीवी का समाज के प्रति जवाबदेह होना आवश्यक है।

केवल बुद्धिजीवी ही सामाजिक उत्तरदायित्व को निभाता है, यह सही नहीं है। सामाजिक कार्यकर्ता भी समाज के प्रति प्रतिबद्ध होता है। अनपढ़ इन्सान भी सामाजिक उत्तरदायित्वों को निभा सकता है। अनेक मज़दूर, किसान, आदिवासी आन्दोलन में सक्रिय होते हैं। सामाजिक उत्तरदायित्व मनुष्य का मनुष्य होने का लक्षण है। बौद्धिक स्वतन्त्रता इस सामाजिक उत्तरदायित्व का समर्थन करती है।

संजय जायसवाल : किसी कलाकार या लेखक के लिए बौद्धिक स्वतन्त्रता कितनी जरूरी है? संवेदनशील मामलों में बौद्धिक स्वतन्त्रता का उपयोग किस तरह किया जा सकता है?

शरणकुमार लिंबाळे : कलाकार या लेखक कलावादी है या जीवनवादी है, इसपर उसका विचार निर्भर करता है। कलावादी लेखक और कलाकार कला को महत्त्व देते हैं। वे कला की स्वतन्त्रता को महत्त्व देते हैं। कला जीवन से अलग और हटकर होती है। वह स्वायत्त होती है। ऐसा कलावादी मानते हैं। उन्हें कला का मूल्य श्रेष्ठ लगता है। वे जीवन मूल्यों को नहीं मानते। कला मूल्यों का महत्त्व नकारा नहीं जा सकता। पर कला में जीवन मूल्य होते हैं तो कला अमर होती है, वह जीवन को प्रभावित करती है। जीवनवादी लेखक और कलाकार कला को माध्यम मानते हैं। कला जीवन बदलने के लिए होती है। कला जीवन को सुन्दर और समृद्ध करने के लिए होती है। कला लोगों के लिए होती है। कलाकार और लेखक को अपने सृजन के प्रति ईमानदार होना महत्त्वपूर्ण होता है। उनका मनुष्य होना भी महत्त्वपूर्ण है। समाज में जब आक्रोश पैदा होता है तब कलाकार और लेखक को अपनी भूमिका निभानी पड़ती है। जब सम्पन्न रोम जल रहा था, तब नीरो फिडेल बजा रहा था। ऐसी भूमिका अलिप्त होती है। मुझे लोगों से क्या लेना-देना, यह भूमिका आत्मघाती होती है। हम जहाज़ में बैठे हैं। जहाज़ चल रहा है और जहाज़ में छेद हो जाये तो उसे अनदेखा नहीं कर सकते। यदि अनदेखा करेंगे तो सबके साथ आप भी डूब जायेंगे।

लेखक या कलाकार कला के प्रति जितना ईमानदार होगा, उतना ही बौद्धिक स्वतन्त्रता के प्रति भी ईमानदार होगा। लेखक और कलाकार बौद्धिक स्वतन्त्रता के प्रति जाग्रत नहीं होंगे तो उनकी कला का और उनका कोई सामाजिक अस्तित्व नहीं होगा। ऐसे लेखक या कलाकार केवल 'टाइम पास' के लिए होते हैं। वे 'एंटरटेनर' होते हैं। बौद्धिक स्वतन्त्रता एंटरटेन नहीं करती।

लेखक और कलाकार को अपनी बौद्धिक स्वतन्त्रता किसी के पास गिरवी नहीं रखनी चाहिए। बौद्धिक स्वतन्त्रता से लेखक और कलाकार की भूमिका की पहचान होती है। ऐसे लेखक आम लोगों के लेखक होते हैं। उनका साहित्य सामाजिक परिवर्तन लाता है।

लेखक और कलाकार को हमेशा सत्य का पक्ष लेना होता है, समानता की बात करनी होती है। कभी-कभी ये बातें समाज के एक बड़े हिस्से के विरोध में जा सकती हैं। तब समाज में बवाल मचता है। लेखक को कभी स्टंटबाजी नहीं करनी

चाहिए। उसका प्रयोजन समाज को बदलना है। अति संवेदनशील मामलों में लेखक को ज़िम्मेदारी से काम लेना पड़ेगा। बौद्धिक स्वतन्त्रता से ही सामाजिक भाईचारा को महत्त्व देना सम्भव है, राष्ट्रहित सम्भव है। अणुबम से युद्ध जीते जा सकते हैं, किंतु संस्कृति का निर्माण नहीं हो सकता। संस्कृति का निर्माण तो महाकाव्यों की रचना से होता है।

बौद्धिक स्वतन्त्रता बहुत ही गम्भीरता और ज़िम्मेदारी से निभानी पड़ती है। लेखक और कलाकार केवल व्यक्ति नहीं होते। उनकी भूमिका, उनके विचारों और उनकी स्वतन्त्रता का समाज पर असर पड़ता है। स्वायत्तता सर्वोपरि नहीं हो सकती, मनुष्यता सर्वोपरि है। बौद्धिक स्वतन्त्रता को मनुष्यता के लिए ख़तरा नहीं बनना चाहिए, ऐसा मैं मानता हूँ। मैं केवल लेखक नहीं हूँ। मैं एक कार्यकर्ता लेखक हूँ। समाज में परिवर्तन लाने के लिए मैं लिखता हूँ। मेरे लेखन से सवर्ण समाज में भी परिवर्तन होना चाहिए, ऐसा मैं सोचता हूँ। सवर्ण समाज मेरा शत्रु नहीं है। मैं उनकी जातिवादी मानसिकता का विरोध करता हूँ।

संजय जायसवाल : बौद्धिक स्वतन्त्रता का सम्बन्ध यदि सूचना पाने और सूचना देने के अधिकार से है, तो इस सन्दर्भ में सतत तकनीकी क्रान्ति ने क्या समस्याएँ पैदा की हैं?

शरणकुमार लिंबाळे : सूचना क्रान्ति से हमें लाभ हुआ है। विश्व एक ग्लोबल विलेज में तब्दील हुआ है। इतना ही नहीं, तकनीकी क्रान्ति के कारण हम चन्द्रयान-3 की चाँद पर लैंडिंग लाइव देख सके हैं। सूचना सत्य हो, सही हो तो लोगों तक पहुँचाने में तकनीकी क्रान्ति के कारण आसान हुआ है। तकनीकी क्रान्ति के कारण बौद्धिक स्वातन्त्र्यता की बात लोगों तक पहुँचाना आसान हो गया है। सोशल मीडिया पर वायरल हुआ वीडियो और पोस्टर कई बार बवाल के कारण बने हैं। सूचना सही है या ग़लत, यह देखना ज़रूरी है। सूचना ग़लत है तो उसका परिणाम ग़लत ही होगा। उसका दोष हम तकनीकी क्रान्ति को नहीं दे सकते।

तकनीकी क्रान्ति के कारण बौद्धिक स्वातन्त्र्य को बल मिला है ऐसा मैं मानता हूँ। यदि हमारी सोच और हमारा पक्ष सही है तो हमें फालोवर मिलेंगे। सोशल मीडिया के कारण कविता हो, कहानी हो या कोई किताब हो, यदि जन भावना के ख़िलाफ़ है तो आक्रोश पैदा होता है। उस पर पाबन्दी की बात शुरू होती है। जब तकनीकी क्रान्ति नहीं थी, तब लेखक या कलाकार एक भाषा या एक प्रदेश में सीमित रहता था। लेखक या कलाकार के चाहने वाले दुनिया भर में फैले हों तो

तकनीकी क्रान्ति के कारण एक ही पल में लेखक या कलाकार दुनिया के किसी भी कोने तक पहुँचता है। मेरा मानना यह है कि इस प्रकार लेखक अपना पक्ष रख सकता है। उसे अपना पक्ष की आज़ादी है। मगर उसकी भूमिका आम लोगों के लिए और आम लोगों के पक्ष में होनी ज़रूरी है। वह अपनी बात को अपनी ज़िम्मेदारी से कह रहा है तो वह मन की बात होगी। मन की बात बोलने वाला और सुनने वाला स्वयं हो तो कोई बात नहीं। मन की बात जब जन की बात बनती है, तो जन की बात को बौद्धिक स्वातन्त्र्य से ही परखा जा सकता है।

हमें फासीवाद, जातिवाद, धर्म का उन्माद, भ्रष्टाचार और बलात्कार के ख़िलाफ़ एक भूमिका निभानी होगी। इसको मैं बौद्धिक स्वातन्त्र्य मानता हूँ। स्वातन्त्र्य कभी एक व्यक्ति का नहीं होता। स्वातन्त्र्य आकाश से पैदा नहीं होता। स्वातन्त्र्य लोगों के हक़-अधिकारों से जन्म लेता है। लेखक का बौद्धिक स्वातन्त्र्य लोगों के हक़ और अधिकारों से जुड़ा हुआ है।

लेखक जब एक भाषा में लिखता है तब उस भाषा का जो सोशल कल्चर है, उसको वह प्रजेंट करता है। भारतीय लेखक कास्ट कल्चर के हैं। लेखक अपने काल और परिस्थिति की देन है। एक भाषा का लेखक जब अन्य भाषाओं के प्रदेश में जाता है तब कई मुश्किलें पैदा होती हैं। क्षेत्रीय लेखक क्षेत्रीय भाषा में लिखते हैं। पाठक को ज़्यादातर क्षेत्रीय साहित्य पर ही निर्भर रहना पड़ता है। अनुवाद के कारण और तकनीक के कारण लेखक का लेखन क्षेत्रीयता को पार करता है। दूसरे प्रदेश की भाषा और कल्चर अलग है। हिन्दुस्तान में बहुत-सी भाषाएँ और संस्कृतियाँ हैं। ऐसे माहौल में लेखक की ज़िम्मेदारी बढ़ती है।

मैं जाति व्यवस्था के ख़िलाफ़ बग़ावत करता रहता हूँ। मैंने हमेशा मालिक व्यवस्था के ख़िलाफ़ विद्रोह किया है। मेरा विद्रोह मेरे हित में होता है। मगर मेरा ग़ुलामी के ख़िलाफ़ बोलना मालिक व्यवस्था को नुकसान पहुँचाता है। मैं मराठी में बहुत ही आसानी से और सहजता से 'हराम परम्परा' ऐसा लिखता हूँ, बोलता हूँ, क्योंकि इस परम्परा ने हमें अछूत ठहराया है। जब मैं हिन्दी बेल्ट में आया था और अपनी सहजता से 'हरामी परम्परा' कह गया तो कई बुद्धिजीवी मुझे कोसने लगे। यह हमारी 'परम्परा' को 'हरामी' कहता है। वह मुझे टालने लगे। यह पुरानी बात है। अनुवाद, सोशल मीडिया, ट्रांसपोर्ट और ऑन लाइन प्लेटफ़ार्म के कारण हमें लोगों तक पहुँचने में बड़ी आसानी हुई है। जो उपद्रवी होते हैं वे इस तकनीकी का ग़लत इस्तेमाल करते हैं। बुद्धिजीवी कभी भी उपद्रवी नहीं होते। हाँ, उनके विचार हो

सकते हैं। मुझे लगता है, इसका दोष तकनीक क्रान्ति को नहीं देना चाहिए। लोगों को बौद्धिक स्वातन्त्र्य की आदत नहीं है। लोगों को संवदेनशील होना चाहिए। एक-दूसरे के मतों का आदर करना चाहिए। लोगों की संकीर्ण मानसिकता का ख़तरा हमेशा डरावना होता है। बुद्धिजीवी को यह ख़तरा उठाना होगा।

बाज़ार से राजनीति प्रभावित होती है। राजनीति बाज़ार की प्रॉडक्ट बनती जा रही है। राजनीति से बाज़ार प्रभावित है। ये दोनों आज के हथियार हैं। मैं कमिटेड लेखक हूँ। मैं लिखता हूँ, मैं राजनीति करता हूँ। राजनीति और बाज़ार ने इंसान के जीने के हक़-अधिकार को अपने काबू में रखा है। इस विवशता से लेखक अलग कैसे हो सकता है।

हम जनतन्त्र में रहते हैं। लोगों ने अपना सरकार चुनकर दिया होता है। लोगों की सरकार होती है। सरकार में आने के लिए लोककल्याण की बात करना ज़रूरी होता है। सत्ता मुँह से लोककल्याण की बात करती है और पैरों तले लोगों को रौंदती है। सत्ता में और भीड़ में कोई फ़र्क़ नहीं होता। सत्ता जब क्रूर होती है, तब बुद्धिजीवी को लोगों की आवाज़ बनना पड़ता है। सत्ता का डरावना चेहरा देखकर बुद्धिजीवी मौन रहना पसन्द करता है। बुद्धिजीवी का मौन वस्तुत: सत्ता को निरंकुश करता है। इस तरह बौद्धिक स्वातन्त्र्य एक 'पोलिटिकल स्टैंड' है। बुद्धिजीवी की बौद्धिक स्वतन्त्रता सत्ता और लोगों के बीच जन्म लेती है। राजनीति जितनी ख़ूँखार बनेगी, बौद्धिक स्वतन्त्रता उतनी प्रखर बनेगी, ऐसा मेरा मानना है। हम राजनीति को टाल नहीं सकते। हाँ, यह बात सच है कि नरेन्द्र दाभोलकर, गोविन्द पानसरे, गौरी लंकेश और एम.एम. कुलबर्गी को अपने विचारों के लिए जान की क़ीमत चुकानी पड़ी है। इस कारण समाज में भय का माहौल बना है। यह भय हिंसा का रौद्र रूप है। यह भय और कुछ नहीं, बुद्धिजीवियों का मौन है।

संजय जायसवाल : वर्तमान समय में बाज़ार और राजनीति बौद्धिक स्वतन्त्रता को किस तरह प्रभावित कर रहे हैं?

शरणकुमार लिंबाळे : बाज़ार के साहित्य का स्वतन्त्रता पर असर दिखाई देता है। बेस्ट सेलर किताबों की मार्केटिंग होती है। कई संस्थाएँ बेस्ट लेखकों की सूची बना रही हैं। टॉप टेन कौन लेखक हैं इसपर बहस होती है। मल्टीनेशनल पब्लिशिंग हाउस के कारण लेखक को अच्छे प्रकाशक मिल रहे हैं। अच्छी किताबों का अनुवाद हो रहा है। लेखक की किताब बेचने की चीज़ है। कला बेची जा रही है। फेस्टिवल और मेले हो रहे हैं। अपनी किताब बेस्ट सेलर हो, मल्टीनेशनल

पब्लिशर्स द्वारा प्रकाशित हो, किताब को अवार्ड मिले, किताब का ट्रांसलेशन हो, यह बाज़ारवाद की एक कड़ी है। कुछ लेखक इसके पीछे पड़ते हैं। लेखक कौन से बड़े शहर में रह रहा है और उसका लेखन कौन बड़ा प्रकाशक छाप रहा है, यह महत्त्व का मामला नहीं है। अब हर किताब ऑनलाइन मिल रही है। वस्तुतः लेखकों को मॉडर्न होना ज़रूरी है।

राजनीति और बाज़ारवाद का लेखन पर असर होता है और होना भी चाहिए, क्योंकि साहित्य समय का आईना होता है। लेखक की किताब बाज़ार में बेची जाती है, उसका ईमान नहीं बिकता। यह हमें ध्यान में रखना चाहिए।

संजय जायसवाल : बौद्धिक स्वतन्त्रता का भविष्य क्या है?

शरणकुमार लिंबाळे : बौद्धिक स्वतन्त्रता का भविष्य क्या है? यह एक बहुत अच्छा सवाल है। मनुष्य, समाज और विश्व में बड़ी रफ़्तार से बदलाव हो रहे हैं। समाज लिबरल बन रहा है। क़ानून, विज्ञान, जनतन्त्र, एजुकेशन और आन्दोलनों के कारण समाज में परिवर्तन हो रहा है। समाज बदला है। देश बदल रहा है। विश्व बदल रहा है। नयी पीढ़ी नये ज्ञान-विज्ञान से आगे आ रही है। नयी पीढ़ी पर 'इसरो' का ही प्रभाव पड़ेगा, धार्मिक नारों का नहीं। नये समाज और नई पीढ़ियों के दौर में बौद्धिक स्वतन्त्रता का महत्त्व और बढ़ेगा। लोग जितने शिक्षित होंगे, उतने ही बौद्धिक स्वतन्त्रता का आदर करेंगे। समाज में सकारात्मक बदलाव हो रहा है। ये बदलाव बौद्धिक स्वतन्त्रता के बीज हैं।

बुद्धिजीवी केवल मध्यवर्ग में होते थे। ये व्हाइट कॉलर की मानसिकता लेकर चलते हैं। बुद्धिजीवी का दायरा अब बढ़ रहा है। विभिन्न सामाजिक स्तरों पर बुद्धिजीवियों का निर्माण हो रहा है। नये लेखक और चिन्तकों का निर्माण हो रहा है। नये विमर्शकार मिसाल के तौर पर ले सकते हैं। बुद्धिजीवियों की संख्या और वर्ग बढ़ने लगे हैं। आगे का काल मल्टीनेशनल, मल्टीकल्चरल और मल्टीलिंगुएल होगा। तरह-तरह के फ़ैशन और फूड हमारी आदत के अंग बन गये हैं। आगे जाकर मल्टीरिलीजन के दर्शन का जरूर निर्माण होगा। हम इसे रोक नहीं पायेंगे। आज हर धर्म आक्रामक और हिंसक हुआ है। धर्म के नाम पर हिंसा हो रही है। धर्म का भय सताता है। अस्तित्व पर ख़तरा मँडरा रहा है। आगे की पीढ़ियाँ मल्टीकल्चरल होंगी।

खण्ड-पाँच

19
आन्दोलन के ख़ूनी पहचानो

मैं तालिबान का निषेध करता हूँ, जिन्होंने प्राचीन बौद्ध मूर्तियों का विध्वंस किया।

मैं निषेध करता हूँ संघ प्रवृत्ति का जो भारतीय संविधान बदलने का प्रयत्न कर रहे हैं।

मैं उन दलित नेताओं का निषेध करता हूँ जिन्होंने बाबासाहेब की संकल्पना का रिपब्लिकन पार्टी भंग कर डाली

मैं उन कार्यकर्ताओं का निषेध करता हूँ जिन्होंने दलित पैंथर जैसा विद्रोही आन्दोलन ख़त्म किया।

मैं उन दलित लेखकों का निषेध करता हूँ जिन्होंने मनु विरुद्ध लड़ने के बग़ैर आपस में ही संघर्ष शुरू किये।

मित्रों, मैंने दो प्रवृत्तियों का निषेध किया। एक, रूढ़िवादी प्रवृत्ति का। दो, आपसी दरार डालने वाली प्रवृत्ति का। आम्बेडकरी आन्दोलन के वास्तविक शत्रु यहाँ के रूढ़िवादी तो हैं ही परन्तु उससे भी घातक शत्रु आपस में दरार डालने वाले हैं। एक बार रूढ़िवादी व्यक्तियों के विरुद्ध लड़ना आसान होता है, क्योंकि वे अपने खुले रूप में शत्रु होते हैं; परन्तु घरभेदियों के विरुद्ध लड़ना कठिन होता है। क्योंकि वे अपनी गतिविधि को आम्बेडकरी विचारों का अधिष्ठान देने का प्रयत्न करते रहते हैं। हमें आन्दोलन के ख़ूनी पहचानना आना चाहिए। हमारे आन्दोलन में भी मूलतत्त्ववादी हैं। जात्यन्ध हैं। वे बाबासाहेब को अपनी जाति तक सीमित करते हैं। संकुचित करते हैं।

लड़ाकू कार्यकर्ता हो या प्रतिभाशाली विचारक हो, उसे बदनाम कर ख़त्म करने का प्रयत्न होता रहता है। आन्दोलन के एक-एक प्रमुख को अकेला रखने का दाँव खेला जाता है। निजी द्वेष के बीज सामाजिक आन्दोलन में पिरोये जाते हैं। जब तक अपना आन्दोलन एक दिल से प्रस्थापित व्यवस्था को आघात दे रहा था तब

वह तूफ़ान-सा साँय-साँय कर रहा था। अब, हम ही अपने गढ़ ध्वस्त कर रहे हैं, अपने कार्यक्रम बन्द कराते हैं, अपने आन्दोलन के टुकड़े कराते हैं, हम ही अपने कार्यकर्ताओं को ख़त्म कराते हैं, हम ही अपने लेखक ख़त्म करा रहे हैं। 'वास्तविक आम्बेडकरवादी कौन?' हममें ही इसके लिए होड़ शुरू हुई है। परिणामत: रूढ़िवादी शक्तियों का आत्मविश्वास बढ़ा है।

हम तो क्रान्ति की भाषा बोल रहे हैं। दुनिया बदल ने निकले हैं। फिर भी हममें अनेक गुट हैं। आपस में ही नहीं पटती। हम एक मंच पर नहीं आते। हममें सुसंवाद नहीं है। क्रान्ति की भाषा बोलनेवाले जब गुट-गुट में रहते हैं तब क्या उन्हें सचमुच क्रान्ति करनी होती है? यह एक बार तय करना चाहिए कि गुट की भाषा बोलनेवाले, गुट में रहनेवाले आम्बेडकरवादी होते हैं या आम्बेडकरी आन्दोलन के ख़ूनी होते हैं। आन्दोलन प्राय: गतिमान प्रवाह-से होने चाहिए। जब प्रवाह की गति रुक जाती है, तब गड्ढे निर्माण होते हैं। हमारे आन्दोलन में गड्ढों की संख्या बढ़ गयी। हमारे आन्दोलन को गति देनी हों तो सबसे पहले आन्दोलन में होने वाले गड्ढे नष्ट करने होंगे।

हमारे आन्दोलन के रथ के दो चाक हैं, कलाकार और कार्यकर्ता। इनमें से कोई भी एक चाक टूटना नहीं चाहिए। बाबासाहेब जो आन्दोलन यहाँ तक ले आये उस आन्दोलन को यदि हमें आगे ले जाना हों तो हमारे समाज के साधारण में से साधारण कार्यकर्ता और साधारण में से साधारण दलित लेखक को सुरक्षित रखना चाहिए। किसी भी कार्यकर्ता अथवा कलाकार के विरुद्ध तय की मुहिमें उखाड़ फेंकनी चाहिए। हज़ारों वर्षों की विषम व्यवस्था में अभी वहाँ हम बोल रहे हैं, लिख रहे हैं, संघर्ष कर रहे हैं। ऐसे समय पर हमारे बीच ही पीछे खींचने वाले जन्म ले रहे होंगे तो वह बुरी बात है। यह प्रवृत्ति भोगवाद से जन्म लेती है। ख़ुशामतखोरों की संस्कृति का उदय भोगवाद से होता है। जब किसी भी आन्दोलन में ख़ुशामतखोरों की संख्या बढ़ने लगती है तब उस आन्दोलन की शक्ति क्षीण होने लगती है। मैं आन्दोलन से प्रेम करने वाला लेखक हूँ। मेरा साहित्य, आन्दोलन का साहित्य है। परिणामत: आन्दोलन को छोड़कर मेरा साहित्य समझ नहीं सकते। दलित साहित्य का स्वरूप ही ऐसा है। आन्दोलन में कार्यकर्ता लड़ता है तो आन्दोलन के लिए लेखक लिखता रहता है। अपने आन्दोलन में लिखना और लड़ना एक ही सिक्के के दो पहलू हैं। कार्यकर्ता और कलाकार अपने आन्दोलन के एक ही व्यक्ति के दो चेहरे हैं। साम्प्रत ये चेहरे परस्पर अपरिचित लग रहे हैं। हमारे आन्दोलन की यह वास्तविक त्रासदी है।

आन्दोलन और साहित्य हमारे समाज के दो नथुने हैं। साहित्य और आन्दोलन का नाता अत्यन्त ज़रूरत का होना चाहिए। साहित्य आन्दोलन के लिए रसद पूर्ति करता रहता है तो आन्दोलन अपने साहित्य की निर्मिति का ऊर्जास्रोत होता है। ऐसा लगने लगता है कि क्या आज अपने आन्दोलन की ऊर्जा ही ख़त्म हुई है? मराठवाड़ा विश्वविद्यालय के नामान्तर आन्दोलन के काल में अपना आन्दोलन और साहित्य चरम सीमा पर पहुँचा था। महाड के चवदार तालाब का सत्याग्रह, नासिक के कालाराम मन्दिर प्रवेश का सत्याग्रह, भूमिहीनों का संघर्ष, नामान्तर आन्दोलन और मण्डल आयोग का संघर्ष अपने आन्दोलन के क्रान्तिकारी सोपान हैं।

बीसवीं शती एक महान शती थी। इस शती के दो चेहरे थे। एक बाबासाहेब आम्बेडकर का तो दूसरा महात्मा गांधी जी का। हमें इस शती ने बाबासाहेब का विचार दिया। आन्दोलन दिया। इस शती में ही हज़ारों वर्षों की जातिव्यवस्था के विरुद्ध विद्रोह किया। यह विद्रोह अभी ठण्डा नहीं हुआ है। हमें इस विद्रोह की व्याप्ति बढ़ानी होगी। अस्पृश्यों के भी परे घुमन्तू विमुक्त जनजातियों के प्रश्नों के लिए संघर्ष करने की ज़रूरत है। क्रान्ति का चक्र आधा ही घूमा है। उसे पहिये की धुरी के साथ सम्पूर्ण घुमाना हो तो अपने आन्दोलन का केन्द्रबिन्दु उस व्यवस्था का पारधी तथा मसनजोगी बनना चाहिए। हम ग्राम व्यवस्था के बीच के हैं; परन्तु घुमन्तू-विमुक्त जनजातियों का गाँव भी नहीं, घर भी नहीं। आज भी वे घूम रहे हैं। उन्हें जन्मना गुनहगार ठहराया जाता है। जिस देश में मनुष्य को दो समय के भोजन के लिए चोरी करनी पड़ती है, वह देश स्वतन्त्र होकर भी व्यवस्था का ग़ुलाम होता है। जिस संस्कृति में मनुष्य को जन्मत: ही गुनहगार ठहराया जाता है, क्या वह संस्कृति महान हो सकती है? जिस परम्परा द्वारा शंबूक, एकलव्य से लेकर पोचिराम कांबळे तथा पिन्या काळे तक दलितों पर अन्याय किया, उस परम्परा के प्रति दलितों को अभिमान कैसा लगेगा?

हमें हमारे आन्दोलन की पुनर्प्रस्तुति करनी होगी। घुमन्तू-विमुक्तों के पुनर्वसन के लिए एक बार नामान्तर जैसा आन्दोलन सुलगना होगा। इस संघर्ष को तीव्र करने के लिए घुमन्तू-विमुक्तों को आम्बेडकरी आन्दोलन में शामिल होना होगा।

इस देश में विगत दशक में करोड़ों रुपये के अनेक घपले हुए। करोड़ों घोटाले करने वाले प्रतिष्ठित ठहरते हैं। भूख के लिए चोरी करने वाला पक्का गुनहगार होता है। उसकी मृत्यु पुलिस चौकी में होती है। हर्षद मेहता, किरण पारेख, भरत शहा, बी.पी. वर्मा तो फासेपारधी नहीं है। इस देश की सत्ता, सम्पत्ति, साहित्य संस्कृति

पर सवर्णों का अधिकार है। वह ख़त्म होना चाहिए। जब तक इस देश की सत्ता, सम्पत्ति, साहित्य तथा संस्कृति पर पारधी के अधिकार की मुहर नहीं लगेगी तब तक इस देश के जनतन्त्र को अर्थ प्राप्त नहीं होगा।

अपनी लड़ाई केवल आरक्षित जगहों तक मर्यादित नहीं। केवल दो-चार सुविधाओं के लिए नहीं है। हमें यह सम्पूर्ण व्यवस्था ही बदल नी पड़ेगी। आज तक हम केवल अस्पृश्यता के प्रश्न को ही महत्त्व दिया। एकाध दलित स्त्री पर अन्याय होता है तब हम रस्ते पर उतरते हैं। जब एकाध दलित का ख़ून होता है, तब अपना माथा भड़क उठता है। दलित पर जब बहिष्कार डाला जाता है, तब हम संघर्ष की भाषा बोलने लगते हैं। हमारे आन्दोलन के मुख्य विषय जातीय अहंकार के कारण सवर्णों द्वारा किये अन्याय, अत्याचार की घटनाएँ बन रहे हैं। केवल इतनी स्पष्ट अन्याय अत्याचार की घटनाओं तक ही अस्पृश्यता और जातीयता सीमित नहीं। अस्पृश्यता को इतिहास का सन्दर्भ है। यहाँ के धर्म और संस्कृति का जातिव्यवस्था के लिए आधार है। जातीयता यहाँ के व्यक्ति के दैनन्दिन जीने का, विचार करने का अविभाज्य अंग है। जातीयता देश की राजनीति से सम्बन्धित है। वह अर्थकरण से सम्बन्धित है। राष्ट्र के विकास और अध:पतन में उसका अन्तर्भाव है। देश की प्रत्येक योजना, चुनाव, न्याय-निर्णय, शिक्षा, नियोजन और नीति में वह झाँकती हुई दिखाई देती है। उसका समावेश देश के उद्योग व्यवसाय में है। वह क़ानून और सुव्यवस्था में शामिल है। शंकराचार्य से लेकर मेहतर तक की जातीयता से देश खोखला हुआ है। जातीयता के बदले हुए सन्दर्भ ध्यान में लेकर नवीन व्यूहरचना रेखांकित करनी होगी।

इस देश में जब-जब विदेशी सत्ता और संस्कृति का प्रवेश होता है, तब वहाँ की रूढ़िवादी व्यवस्था शिथिल होती है, यह इतिहास है। हमारे देश में जागतिकीकरण के परिणामस्वरूप विदेशी बाज़ार और संस्कृति आ रही हैं। दुनिया की अनेक भाषाएँ, अनेक संस्कृति, अनेक वस्तुएँ, अनेक फ़ैशन आ रही हैं। दुनिया का ज्ञान-विज्ञान और मनोरंजन हमारे जीवन का अविभाज्य भाग बनने के मार्ग पर हैं। परिणामत: यहाँ का सनातन हिन्दू वास्तव बदल ने मदद होनेवाली है। जातिव्यवस्था के टाँके ढीले होने वाले हैं। इक्कीसवीं शती में यह संस्कृति आख़िरी घड़ियाँ गिननेवाली हैं।

हम प्रस्तुत जातिव्यवस्था को मरते हुए देखकर हँसने वाले हैं। चिल्लाने वाले हैं। एक नवीन विश्वसमाज आकार लेने की स्थिति में है। एक नवीन विश्वसंस्कृति भी अस्तित्व में आने की स्थिति में है। नवीन राजनीतिक समीकरण आकार ले रहे

हैं। बेशुमार जनसंख्या और बढ़ती बेगारी, पानी और ईंधन, पर्यावरण और प्रदूषण अपने सामने की भयावह समस्याएँ हैं। दुनिया को भयावह लगनेवाले प्रश्न हमें भी भयावह लगने वाले हैं।

हमारे देश में आज जितनी गति से जागतिकीकरण फैल रहा है, उतनी ही गति से जातीय और धार्मिक कट्टर पन्थ का उदय भी हो रहा है। हम एक विचित्र अवस्था अनुभवित कर रहे हैं। भ्रष्टाचार, व्यभिचार और हिंसा व्यक्ति के जीने का दैनन्दिन भाग बन रही है। ऐसा नहीं लगता कि पुलिस हमारी मदद करेंगी। ऐसा नहीं लगता कि न्यायालय में हमें समय पर न्याय मिलेगा। कोई भी प्रश्न बहुत समय तक प्रलम्बित रखने की मानसिकता बढ़ने लगी है। एक ओर यह व्यवस्था गुंडों के झुण्डों को जन्म दे रही है और उसी समय समाज में उदासीनता भी बढ़ रही है। ऐसे समय में व्यक्ति का जीना रौंदा जाने की सम्भावना ही अधिक होती है। हमें केवल अस्पृश्यता के प्रश्न जितना विचार करना ठीक नहीं। नवीन प्रश्नों, नवीन समस्याओं, नवीन स्वप्नों का सामना करने की तैयारी रखनी होगी। ऐसी तकरार करने की वृत्ति झटक डालनी चाहिए कि सर्वत्र सूचना और प्रौद्योगिकी का बोलबाला होता रहा है और अभी भी हमारी झोंपड़ी में बिजली का दिया नहीं आया। वे हमें सोलहवीं शती में ही रखेंगे और वे तो इक्कीसवीं शती में जायेंगे। वे हमें मराठी भाषा का सम्मान समझा देंगे, अपने बच्चों को तो कॉन्वेंट में डालेंगे। वे हमें स्वदेशी का अर्थ समझा देंगे, परन्तु वे तो विदेश में स्थायी रूप में रहेंगे। हमें सबसे पहले स्वदेशी का प्रचार करने वालों से सजग रहना चाहिए। इस स्वदेश में तो हमारे साथ पराये जैसा ही बर्ताव किया जाता है। इसका एक बार हिसाब करना होगा कि इस स्वदेश पर हमारा कितना अधिकार है।

बुद्धमूर्ति तोड़ने वाले अफ़ग़ानिस्तान के तालिबान हो या भारत के बाबासाहेब आम्बेडकर के पुतले की अप्रतिष्ठा करने वाले हो, ये एक ही तरह के होते हैं। देश अलग हो, धर्म अलग हो तो भी ये प्रवृत्तियाँ एक ही हैं। ईरान में इस्लाम के विरुद्ध लेखन करने के कारण लेखक सल्मान रुश्दी को फाँसी देने का आदेश निकलता है। बांग्लादेश में 'लज्जा' पुस्तक के कारण लेखिका तस्लिमा नसरीन को देश छोड़कर जाना पड़ता है। विचार स्वातन्त्र्य का दमन होता है। हमारे यहाँ हिन्दू शक्तियाँ अधिक आक्रमक बन रही हैं। उसके परिणामस्वरूप मुस्लिम अधिक कट्टर बन रहे हैं। इन दो शक्तियों की कट्टरता का परिणाम दलित आन्दोलन पर हो रहा है। किसी भी समाज अथवा राष्ट्र में उग्र शक्तियाँ तेज़ी से बढ़ने लगती हैं तब विचारस्वातन्त्र्य के लिए मर्यादाएँ आने लगती हैं।

सरकारी सेंसरशिप की तुलना में सामाजिक सेंसरशिप अधिक कठोर होती है। वह अधिक आक्रमक होता है। 'फायर' सिनेमा के प्रयोग बन्द कराने वाले शिवसैनिक, 'वॉटर' सिनेमा का चित्रीकरण बन्द कराने वाले बजरंग दल के कार्यकर्ताओं की मानसिकता एक ही है। वास्तव का सामना करने की हिम्मत जब नहीं होती तो ऐसा कुछ होता है। जब हम दलित लेखकों की आत्मकथाओं की निन्दा करते हैं, तब ऐसा मुझे नहीं लगता कि हममें और 'फायर' सिनेमा का प्रदर्शन बन्द कराने वालों में कुछ फ़र्क़ होता है।

पाकिस्तान के कलाकार भारत में आते हैं, तब पाकिस्तान में उनका बहिष्कार कर दिया जाता है। पाकिस्तानी कलाकारों को लगता है कि उन्हें भारत जाना चाहिए। अपनी कला व्यक्त करने का स्वातन्त्र्य हमें होना चाहिए। परन्तु पाकिस्तान को लगता है, 'अपने कलाकार शत्रु राष्ट्र में न जायें।' भारत को भी ऐसा ही लगता है कि अपने क्रीड़ापटु पाकिस्तान के साथ क्रिकेट न खेलें। जब दो राष्ट्रों के बीच वैमनस्य बढ़ता है, तब कला और खेल दोनों पर बन्धन आते रहते हैं। बिल्कुल ऐसा ही जब हिन्दू और दलित समाज के बीच का तनाव तेज़ होने लगता है तब दलित समाज को भी लगने लगता है कि अपने लेखक हिन्दुत्ववादियों के मंच पर न जायें। जब दो राष्ट्र अथवा दो समाजों में मनमुटाव निर्माण होने लगता है तब पहला संकट अभिव्यक्ति स्वातन्त्र्य पर आता है।

चुनाव की राजनीति हेतु दलित नेताओं के एकत्रित रहने की क़सम ली और दलित युवाओं के सामाजिक संगठनों को बरखास्त कर दिया। आगे चलकर वे एकत्रित न रहे। क़सम का पालन नहीं किया। परन्तु दलितों के प्रश्नों पर लड़ने वाले अनेक संगठन बरखास्त ही हुए। इसमें 'भारतीय दलित पैंथर' और 'दलित मुक्ति सेना' जैसे विद्रोही संगठन नष्ट हुए। अनेक कार्यकर्ताओं की फ़ौजें नष्ट हुईं। हमारे आन्दोलन में कार्यकर्ता कम, नेता ही अधिक हुए तथा आन्दोलन तहस-नहस हुआ। दलित युवाओं के लड़ाकू संगठन दलितों के प्रश्नों पर लड़ने के लिए होने आवश्यक हैं। मुझे आज की ज़रूरत लगती है दलित पैंथर संगठन की पुनर्स्थापना की। समय की ज़रूरत है कि सभी दलित युवा निढालता को झटककर नवीन ऊर्जा से 'दलित पैंथर' के बैनर तले एक होने चाहिए। हमारे आन्दोलन में 'आम्बेडकरवाद' बनाम 'मार्क्सवाद' पर काफ़ी विचार-विमर्श हुआ। हमारे आन्दोलन में 'आम्बेडकरवाद' बनाम 'गांधीवाद' पर भी काफ़ी विचार-विमर्श हुआ। साम्प्रत के दो दशकों में 'आम्बेडकरवाद' बनाम 'हिन्दुत्ववाद' पर भी। हमारे यहाँ के दोयम स्तर के

तथाकथित विचारकों द्वारा ये विमर्श शुरू हुए। ये गम्भीरता से होने चाहिए थे। अरुण शौरी और बाळ गांगल जैसे वैचारिक विदूषकों ने बाबासाहेब और महात्मा फुले पर कीचड़ फेंकने का निंद्य प्रकार किया। हमने 'रिडल्स' प्रकरण में अपनी शक्ति दिखा दी है। मराठवाड़ा विश्वविद्यालय को डॉ. बाबासाहेब आम्बेडकर का नाम देने हेतु निरन्तर पन्द्रह वर्षों तक संघर्ष किया है और नामान्तर कराया है। मण्डल आयोग के प्रश्न पर हम लड़े हैं। ये अंगारें जलते रहने चाहिए।

अपने साहित्य का नाम क्या होना चाहिए, इसके सम्बन्ध में विगत 40-42 वर्षों से निरन्तर विमर्श शुरू है। विवाद जारी हैं। मराठावाड़ा विश्वविद्यालय नामान्तर की तुलना में प्रदीर्घ काल दलित साहित्य के नामान्तर का वैचारिक संघर्ष शुरू है। सबसे पहले ऐसी भूमिका ली गयी कि अपने साहित्य को 'दलित लेखकों का साहित्य' कहना चाहिए। नवबौद्ध लेखक बड़ी संख्या में लिखते रहने से दलित साहित्य पर विचार नवबौद्ध लेखकों को केन्द्र में रखकर हुआ है। दलित साहित्य को 'नवबौद्ध लेखकों का साहित्य', 'प्रोटेस्ट लिटरेचर', 'विद्रोही साहित्य' कहा गया। तथापि अपना साहित्य 'दलित साहित्य' के रूप में पहचाना जाने लगा। परिणामतः हममें से कुछ जनों ने 'दलित' शब्द पर आक्षेप उठाया। 'दलित' शब्द गन्दा है, घिनौना है, बीभत्स है। इस शब्द को जातीयता की दुर्गन्ध आती है, ऐसी निन्दा शुरू हुई। ऐसा प्रचार शुरू हुआ कि दलित साहित्य को 'बौद्ध साहित्य' कहना चाहिए। 'बौद्ध साहित्य सम्मेलन' आयोजित किये गये। उसकी तरफ़ अनदेखा कर 'दलित साहित्य सम्मेलन' भी आयोजित किये गये। दोनों सम्मेलनों में उपस्थित रहने वाले लेखक तो वही थे।

'बौद्ध साहित्य' कहने पर 'बौद्ध धर्म का साहित्य' अर्थ निकलता है। अतः आगे के समय में 'प्रबुद्ध साहित्य' ऐसे भी शब्दों का प्रयोग किया गया। दलित साहित्य लिखने वाला लेखक अनेक जनजातियों का है। उन्होंने बौद्ध धर्म का स्वीकार नहीं किया है। फिर उनके साहित्य को बौद्ध साहित्य कैसे कहे? 'बौद्ध साहित्य' कहने से अथवा 'दलित साहित्य' कहने से 'आम्बेडकर' शब्द दूर रह जाता है, इसलिए अपने साहित्य को 'आम्बेडकर प्रेरणा का साहित्य' कहना चाहिए ऐसा आग्रह रखा गया। बाबासाहेब आम्बेडकर जन्मशती के काल में पुनः एक बार दलित साहित्य का नामान्तर करने का प्रयत्न हुआ और 'फुले-आम्बेडकर प्रेरणा का साहित्य' नाम धारण किया जाये, ऐसा सुझाया गया। इसी काल में दलित लेखकों के साथ समविचारी प्रगतिशील लेखकों को एकत्रित कर 'परिवर्तन साहित्य सम्मेलन' आयोजित करने का भी प्रयत्न हुआ, विदर्भ में 'आम्बेडकरवादी साहित्य सम्मेलन'

आयोजित किया गया। तदनन्तर के काल में 'फुले और आम्बेडकर' शब्दों को छोड़कर 'विद्रोही साहित्य सम्मेलन' आयोजित करने का प्रयास हुआ।

यद्यपि विगत चार दशकों में हमने विविध नामों से साहित्य सम्मेलन आयोजित किये हो तो भी इन सम्मेलनों के अध्यक्ष तो कुछ चुनिन्दा लोग ही हुए, ऐसा दिखाई देता है। कुछ चुनिन्दा लेखकों को अध्यक्ष कराने के लिए ही इन सम्मेलनों का आयोजन किया गया। परिणामतः उन चुनिन्दा लेखकों की अपनी विशिष्ट भूमिकाएँ ही विगत दशकों में पुनः-पुनः रखी गयी नज़र आती हैं। कुछ दोयम स्तर के लेखकों ने 'दलित' शब्द का विरोध किया जिसके हाथ से अच्छे साहित्य का निर्माण नहीं हुआ। परिणामतः उनके द्वारा किये विमर्श हवा में ही अदृश्य हुए। विवाद निर्माण करना, विवाद बढ़ाना और विवाद में अटककर रहना तो अपना वैशिष्ट्य ही बन गया। दलित साहित्य जातीयवादी नहीं। यह भूलना नहीं चाहिए कि वह दलित चेतना का साहित्य है।

प्रत्येक वर्ष हम अनेक तरह के साहित्य सम्मेलनों का आयोजन करते हैं। साहित्य सम्मेलनों का आयोजन करना अपने समाज की सांस्कृतिक ज़रूरत है। ऐसे सम्मेलनों के माध्यम से सामाजिक परिवर्तन का विचार प्रस्तुत किया जाता है। परन्तु सम्प्रति एक अलग चित्र दिखाई देता है। हमारे दलित लेखकों में भी अनेक गुट हैं। एक-एक गुट के सम्मेलन आयोजित किये जाते हैं। सम्मेलन के आयोजनकर्ता दूसरे गुट के लेखक को नहीं बुलाते। अपने गुट के लेखक को पुरस्कार देना, सम्मेलन में उनका प्रबन्ध रखना, उनके गुणगान करना ऐसे प्रकार किये जाते हैं तथा दूसरे गुट के लेखकों की निन्दा की जाती है। यह प्रकार निंद्य है। हम ही अपना गुट निर्माण करते हैं, हम ही अपने लेखकों पर आरोप करते हैं, हम ही अपने कार्यकर्ताओं की बदनामी करते हैं और हम ही पुनः आवेश में बात करते हैं, 'रूढ़िवादी' शक्तियाँ बढ़ रही हैं। यह तो अजीब पद्धति है। कोई दलित साहित्य सम्मेलन आयोजित करता है, इस कारण दूसरा बौद्ध साहित्य सम्मेलन आयोजित करता है, तीसरा प्रबुद्ध साहित्य सम्मेलन, चौथा परिवर्तन साहित्य सम्मेलन, पाँचवाँ आम्बेडकरवादी साहित्य सम्मेलन, छठा विद्रोही साहित्य सम्मेलन आयोजित करता है, कितने लेखक इससे बन जाते हैं? फिर प्रति वर्ष ऐसे सम्मेलन आयोजित करने की होड़ शुरू होती है। आजकल तो मराठी साहित्य सम्मेलन के विरोध में 'विद्रोही साहित्य सम्मेलन' आयोजित किया जाता है। क्या क्रान्तिकारक कार्यसूची है? मृतवत मराठी साहित्य

का विरोध क्यों करना? पु.ल. देशपाण्डे को गालियाँ देने से हमने बहुत बड़ी क्रान्ति की, ऐसा उन्हें लगता रहता है।

पु.ल. देशपाण्डे ने दलित साहित्य से प्रेम किया है। पु.ल. देशपाण्डे, वि.स. खाण्डेकर, कुसुमाग्रज, गं.बा. सरदार, नरहर कुरुन्दकर, भालचन्द्र फडके, निर्मलकुमार फडकुले, सदा कऱ्हाडे जैसे अनेक लेखकों ने दलित साहित्य का समर्थन किया है। हमें उनकी क़द्र करनी चाहिए। अन्यथा ग़लत रिवाज और संकेत रूढ़ होने का धोखा निर्माण होगा।

इस तरह का दोषारोपण हुआ है कि 'दलित आन्दोलन नवबौद्धों का आन्दोलन है।' परन्तु ऐसा दोषारोपण दलित साहित्य पर नहीं हुआ है। दलित साहित्य का प्रवाह अनेक जनजातियों के लेखकों ने लेखन कर समृद्ध किया है। दलितों का विश्व दो-चार जनजातियों तक सीमित नहीं है। वह अनेक जनजातियों का है। अब तक कुछ जनजातियाँ ही लिखने लगी हैं। बोलने लगी है। अनेक जनजातियाँ इक्कीसवीं शती की दहलीज पर भी अज्ञान के अन्धकार में टटोल रहे हैं। उनके द्वार तक शिक्षा का प्रसार अभी पहुँचा ही नहीं है। वह वर्ग अभी शिक्षित होना है। मराठी को इक्कीसवीं शती में एक नवीन पाठक वर्ग मिलनेवाला है जो आज तक वर्णशत्रु था। जब 'अमृत जैसी' मराठी भाषा महार-माँगों की भाषा होगी। उसका कमनीय मानक रूप बिगड़ जायेगा। वह पारधियों के तम्बू में पड़ी रहेगी। आदिवासियों की बोली से अशुद्ध होगी। मराठी सारस्वत के दरबार में घुमन्तू-विमुक्तों के गर्दभ आयेंगे। कुत्ते आयेंगे, तब मराठी भाषा अभिजात होगी।

मराठी भाषा एक प्रदेश की भाषा है। हमें सबसे पहले मराठी के गड्ढे से बाहर आना होगा। अन्य भारतीय भाषाएँ सीखनी होंगी। अंग्रेज़ी भी सीखनी होगी। हमें मराठी से सिखने के अतिरिक्त हिन्दी, अंग्रेज़ी में लिखने का प्रयत्न करना चाहिए। यदि हमारे साहित्य को राष्ट्रीय-अन्तरराष्ट्रीय स्तर पर पहुँचाना है तो हममें से ही उत्तम अनुवादक तैयार होने चाहिए। हमें ही अपने साहित्य का अनुवाद करना होगा। आगे के काल में पाठकों को दुनिया का उत्तमोत्तम साहित्य सहज ही उपलब्ध होने वाला है। अत: हमारी होड़ विश्वसाहित्य के साथ ही होगी। हमारे लेखन की ओर विश्व के उत्तम स्तर के साहित्य के रूप में ही देखना चाहिए और उसी प्रकार का लेखन करना चाहिए। मराठी लेखकों की ओर जितना शीघ्र अनदेखा करोगे और जागतिक साहित्य के साथ स्वयं को जोड़ोगे उतना अच्छा होगा। विश्व की अनेक भाषाओं में शोषितों का, पददलितों का साहित्य है। उस साहित्य के साथ अपना

नाता बताना चाहिए। समविचारी साहित्य का अध्ययन करना चाहिए। उनके साथ आदान-प्रदान का नाता रखना चाहिए।

हज़ारों वर्षों से अपनी कला, साहित्य, संस्कृति और भाषा का शोषण हुआ है। मुझे यह मालूम नहीं कि यहाँ के प्रस्थापित समाज को साहित्य और संस्कृति की कितनी ज़रूरत है। मूलत: प्रस्थापित समाज साहित्य और संस्कृति की ओर भोगवादी दृष्टि से देखता है। हमारे समाज को साहित्य की साँस जितनी ज़रूरत है। परिवर्तन की प्राण जितनी ज़रूरत है। 'अस्मितादर्श' त्रैमासिक विगत चार दशक परिवर्तन के मुखपत्र के रूप में कार्यरत है। 'अस्मितादर्श' दलित साहित्य का विश्वविद्यालय है। मैं 'अस्मितादर्श' के कारण ही लेखक बना। 'अस्मितादर्श' मेरी जन्मभूमि है। गंगाधर पानतावणे ने 'अस्मितादर्श' आर्थिक समस्या में अटक जाने की घोषणा की है। किसी भी समाज के राजनीतिक आन्दोलन अड़चन में आने पर बहुत कुछ नुकसान नहीं होता। परन्तु यदि किसी भी समाज के सांस्कृतिक आन्दोलन अड़चन में आये तो उस समाज के अध:पतन का प्रारम्भ होता है। क्योंकि सामाजिक और राजनीतिक आन्दोलनों का मूलाधार सांस्कृतिक आन्दोलन होता है। 'अस्मितादर्श' संकट में आने का मतलब ऐसा ही होता है कि अपने सामाजिक और राजनीतिक आन्दोलन धोखे में आ रहे हैं। अपना सांस्कृतिक आन्दोलन गतिमान होने के लिए कुछ भी हुआ तो 'अस्मितादर्श' बन्द नहीं हो जाना चाहिए। रिपब्लिकन पार्टी में दरारें पड़ी हैं। दलित पैंथर जैसा विद्रोही संगठन ख़त्म हुआ है। दलित लेखकों में भी गुट-भेद हुए हैं। यह अँधेरा छाने का काल महसूस होता है। अब हमें स्वयं प्रकाशित होना चाहिए और गिरने की स्थिति में आ रहे आन्दोलनों को गति देने का प्रयत्न करना चाहिए। मैंने कवि के नाते मेरी पहली कविता 1981 ई. में उस्मानाबाद में आयोजित 'अस्मितादर्श' लेखक पाठक मेले में पढ़ी थी। आज 'अस्मितादर्श' साहित्य सम्मेलन के अध्यक्ष के रूप में आपके साथ बात कर रहा हूँ। मेरा आज जो सम्मान हो रहा है उसका सारा श्रेय इचलकरंजी के फुले-शाहु-आम्बेडकर विचार मंच के कार्यकर्ताओं का है। हमारा बहुत बड़ा सुशिक्षित वर्ग सत्ता और स्वार्थ के पीछे दौड़ रहा है। उसे ज्ञान के आन्दोलन के सम्बन्ध में कोई भी लेना-देना नहीं है। वह दलित साहित्य पढ़ता नहीं। उसे 'अस्मितादर्श' का नाम मालूम नहीं होता। इतना ही नहीं तो इस वर्ग का फुले-आम्बेडकर के आन्दोलन के सम्बन्ध में कोई भी लेना-देना नहीं होता। यह वर्ग आन्दोलन से दूर-दूर रहता है। इसे इचलकरंजी के फुले, शाहु, आम्बेडकर विचार मंच के सुशिक्षित जन अपवाद हैं। इचलकरंजी के सरकारी कर्मचारियों ने

एकत्रित होकर 24वें अस्मितादर्श साहित्य सम्मेलन का आयोजन किया है। विशेषत: बी.डी. कांबळे, अरविन्द शिन्दे, मनोहर धरणगुत्तीकर, भास्कर कांबळे और उनके सहकारी मित्रों के कितने भी आभार मानें उतने कम ही होंगे। आपने इस शती के प्रारम्भ में जलायी मशाल इस शती के अन्त तक जलती रहेगी, ऐसा विश्वास है।

धन्यवाद।

—अध्यक्षीय भाषण
24वाँ अस्मितादर्श लेखक-पाठक सम्मेलन, इचलकरंजी
26 तथा 27 मई 2001

20
सामाजिक दहशतवाद का मृत्युपत्र लेखक ही लिख सकता है!

मित्रो,

मैं यवतमाळ के आम्बेडकरी साहित्य तथा कला अकादमी का अभिनन्दन करता हूँ। उन्होंने रूढ़ मार्ग तोड़ा है। विगत अनेक वर्षों में जिन्होंने अनेक बार साहित्य सम्मेलन के अध्यक्ष पद को विभूषित किया है, उन्हें इस सम्मेलन का अध्यक्ष पद न देकर मेरे जैसे लेखक को दिया है। अब सभी क्षेत्रों में नवीन चेहरे स्थापित होना आवश्यक है। इसके अतिरिक्त हममें आयी शिथिलता दूर करना सम्भव न होगा।

इस देश को मिला स्वातन्त्र्य देश के आख़िरी व्यक्ति तक पहुँचाने के लिए स्वातन्त्र्योत्तर काल के सभी परिवर्तनवादी आन्दोलन हुए हैं। इसके लिए दलित साहित्य भी अपवाद नहीं है। इस देश के मनुष्य के ग़ुलामी विरुद्ध के प्रतिकार से दलित साहित्य प्रकट हुआ है, स्वतन्त्र भारत में भी दलित, आदिवासी, घुमन्तू-विमुक्तों पर अन्याय हो रहा है। उसके विरुद्ध दलित लेखकों ने अपना साहित्यिक युद्ध शुरू किया है।

दलित साहित्य प्रचुर मात्रा में प्रकाशित हुआ है। उसका अन्य भाषाओं में अनुवाद हुआ है। दलित साहित्य पाठ्यक्रम में लगाया है। दलित साहित्य पर अनेक विमर्श हुए हैं। परिसंवाद हुए हैं। सम्पूर्ण भारत में दलित साहित्य का आन्दोलन शुरू हुआ है। विदेशों में भी दलित साहित्य का अध्ययन हो रहा है। इतना स्पष्ट होते हुए आज इस साहित्य का नाम क्या हों? ऐसे प्रश्न पूछे जा रहे हैं। ऐसे प्रश्न पूछनेवालों की मानसिकता की जाँच करना ज़रूरी है।

प्रारम्भिक काल से ही अलग-अलग नामों से दलित साहित्य सम्मेलनों के आयोजन हुए हैं। जिस तरह दलित साहित्य सम्मेलन, बौद्ध साहित्य सम्मेलन,

अस्मितादर्श लेखक पाठक सम्मेलन और दलित नाट्य सम्मेलन आयोजित हुए हैं; उस तरह हाल के समय में आम्बेडकरवादी साहित्य सम्मेलन भी होते हुए नज़र आते हैं। ये सभी नाम 'साहित्य वाचक' न होकर 'सम्मेलन वाचक' हैं। यह ध्यान में लेना चाहिए कि ये अलग-अलग साहित्य सम्मेलनों के नाम हैं, अलग-अलग साहित्य के नहीं।

साहित्य सम्मेलन के आयोजक चाहे जितने साहित्य सम्मेलन लें। निधि इकट्ठा करें। साहित्यकारों को एकत्रित करें, उनका खान-पान करें। उनके साहित्य पर विचार-विमर्श करें। परन्तु ऐसी शेखी न बरतें कि वे साहित्यकारों को जन्म देते हैं और उनके साहित्य का नामकरण करते हैं। सम्मेलन साहित्यकारों और उनके साहित्य का सम्मान करने के लिए होते हैं। यह रसिकों का उत्सव होता है। एक सांस्कृतिक ज़रूरत से लेखक और रसिक एकत्रित आते हैं। साहित्य से बहुत प्रेम करने वाले कुछ साहित्य प्रेमी व्यक्ति एकत्रित होकर ऐसे खर्चीले सम्मेलन आयोजित करने का साहस करते हैं। ऐसे साहसी रसिकों के ही कारण साहित्य आन्दोलन होते हैं। आनन्द गायकवाड, बळी खैरे, सतीश राणा, कवडू नगराळे, अरुण फुलझेले, आर.यू. नन्नावरे, गोपीचन्द कांबळे, राजू ढोले जैसे कष्टरत कार्यकर्ताजन देखें तो आम्बेडकरी आन्दोलन के भविष्य उज्ज्वल है, इसका विश्वास होता है।

दलित साहित्य में अनुरागी कम और कार्यकर्ता, नेता अधिक हैं। कोई मोर्चा निकालकर नेतृत्व करता है तो कोई सम्मेलन लेकर। अब समाज में कार्यकर्ता निर्माण नहीं होते, नेता ही निर्माण हो रहे हैं। इतने नेताओं को नेतृत्व करने के लिए एक आन्दोलन जब काफ़ी नहीं होता, तब आन्दोलन का विभाजन करना पड़ता है। पिता की मृत्यु पश्चात् सन्तान सम्पत्ति-जायदाद बाँट लेती हैं, वैसे आन्दोलन का विभाजन हो रहा है। जिस प्रकार अपने बंगले का नाम शौक़ से रखा जायें वैसे ही अपने साहित्यिक गिरोह का नाम शौक से रखा जाता है और ऐसे नाम का लोहा मनवाने के लिए अलग-अलग नामों से साहित्य सम्मेलन आयोजित किये जा रहे हैं। स्मारिकाएँ छापी जा रही हैं। इसी को मैं साहित्यिक समृद्धि का काल मानता हूँ। जितने ज़्यादा सम्मेलन होंगे, उतने ज़्यादा आमन्त्रण लेखक को मिलेंगे। जितने ज़्यादा रसिक लेखक से मिलेंगे उतने ज़्यादा साहित्यिक विमर्श होंगे। इसलिए अनेक नामों से अनेक सम्मेलन होने ही चाहिए। क्योंकि विगत हज़ारों वर्षों से अपनी भाषा और बुद्धि का शोषण हुआ है। अब हमें मुक्त रूप से व्यक्त होना चाहिए। हम मुक्त रूप में व्यक्त होने के अत्यन्त आकर्षण से अनेक नाम धारण कर रहे हैं। अब तक हम एक ही मार्ग से जा रहे थे। अब उसके चार रास्ते हुए हैं। परिणामतः उन पर

चलनेवालों के मन में सम्भ्रम निर्माण हो सकता है। ऐसे सम्भ्रम में हमारी सम्पूर्ण शक्ति भटक सकती है। हमें जितना शीघ्र सम्भव हों उतना शीघ्र ऐसे सम्भ्रम से बाहर निकलना चाहिए। क्रान्ति की ओर जाते समय एक ही रूढ़ मार्ग से गुज़रना चाहिए ऐसा नहीं। हज़ारों मार्गों को रौंदते हुए गुज़रना चाहिए। कुछ मार्ग भटक जायेंगे, कुछ थक जायेंगे, अत: सम्भ्रान्त होने का कारण नहीं। हमारे तमाम मार्ग एक ही दिशा से जानेवाले हैं। प्रज्ञासूर्य की दिशा की ओर, जातिअन्त की दिशा की ओर, सामूहिक धर्मान्तर की दिशा की ओर, सम्पूर्ण क्रान्ति की दिशा की ओर।

आज समाज में एक विचित्र चित्र देखने मिलता है। अपने देश की राजनीतिक सत्ताएँ राजनीतिक संगठनों के कारण हतप्रभ और अस्थिर हुई हैं। आज तक कभी इतनी राजनीतिक स्तर पर हतप्रभ होने की स्थिति हमारे देश में नहीं थी। इस हतप्रभ स्थिति का और अस्थिरता का लाभ लेकर मूलतत्त्ववादी आन्दोलन उग्र तथा हिंस्त्र बन रहे हैं। इस देश का इतिहास युद्धों का इतिहास है। स्वातन्त्र्योत्तर काल में इस देश को तीन युद्ध करने पड़े हैं। युद्ध, जातीय दंगलें तथा अतिरेकी कार्रवाइयों के कारण देश को बड़ी क़ीमत चुकानी पड़ी है। समाज की एकता, सामंजस्य, तनाव और असुरक्षितता वर्तमान नाम के रोग के लक्षण बने हैं! अपना सामाजिक जीवन गुनहगारी तथा भ्रष्टाचार के घेरे में अटका है। सम्पूर्ण राष्ट्र, हिंसा, आक्रोश और मन्दी की लहर में फँसा है। एक ओर वर्ल्ड ट्रेड सेंटर पर हुआ हमला हो या भारतीय संसद पर हुआ हमला हो, दूसरी ओर अमरिका द्वारा अफ़ग़ानिस्तान और इराक पर किये गये हमले हो, इस कारण संवेदनक्षम व्यक्ति पर आघात होगा, ऐसा ही भयावह वातावरण है। समझ में नहीं आता कि आधुनिक विश्व सुसंस्कृत हो रहा है या निर्दयी बन रहा है। शस्त्रास्त्रों की होड़ तथा व्यापारी स्पर्धा के कारण दुनिया को एक छावनी और बाज़ार का स्वरूप प्राप्त हुआ है। जहाँ राष्ट्रों का सार्वभौमत्व कसौटी की कगार पर खड़ा है, वहाँ साधारण व्यक्ति के अस्तित्व का क्या? ऐसा प्रश्न आता है। यह ध्यान में लीजिए कि इस व्यापारी दुनिया में सबसे अधिक सस्ती पूँजी दलित होने वाले हैं।

आर्यअनार्यों से लेकर आज तक के सवर्ण दलितों तक का जो संघर्ष जारी है, वह सत्ता-संघर्ष है। जब-जब दलितों ने अपने हक़ और अधिकारों की माँग की, तब-तब सवर्ण समाज आक्रमक तथा हिंस्त्र हुआ है। सवर्णों को दलितों की सत्ता में भागीदारी मान्य नहीं और हमें सत्ता हासिल करनी है।

सवर्ण समाज गाँव में रहें, इसलिए हम गाँव के बाहर रहे। वे अच्छे घर में रहें, इसलिए हम झोंपड़ी में रहे। उनके नाम मंगलमय हों इसलिए हमने हमारे नाम

अमंगल रखे। वे अमीर हों, इसलिए हमने कुत्ते, सुअर पाले। परन्तु हमारे जीवन में आम्बेडकर नाम का तूफ़ान आया और हम बदल गये। जाग गये। हमने सवर्णों की साहित्य में स्थित एकाधिकारशाही समाप्त की। हमने उनकी आन्दोलन में होनेवाली एकाधिकारशाही समाप्त की। अब, हमारा मोर्चा राजसिंहासन की दिशा से निकला है। क्योंकि आम्बेडकर नाम का तूफ़ान अब समस्त देश में पहुँचा है। यह ध्यान में लीजिए कि हम राज्यकर्ता जाति होने के लिए लिख रहे हैं, बोल रहे हैं।

ऐसा कभी कह नहीं सकेंगे कि जब तक अपने देश में जातिव्यवस्था चिरंजीव है, तब तक इस देश में जनतन्त्र है। ऐसा कभी कह नहीं सकते कि जब तक इस देश में जातिधर्म के आधार पर मनुष्य-मनुष्य में भेदभाव किया जाता है, तब तक इस देश की संस्कृति महान है। लश्कर की सहायता से राजनीतिक दहशतवाद ख़त्म कर सकते हैं, परन्तु सामाजिक दहशतवाद नहीं। सामाजिक दहशतवाद का मृत्युपत्र लेखक ही लिख सकता है।

युद्ध का भयानक परिणाम कुछ समय तक सीमित होता है। दूसरे महायुद्ध में 'नागासकी' और 'हिरोशिमा' शहरों पर अणुबम फेंक कर इन शहरों का विध्वंस कराया गया। ये शहर पुनः नवीन रूप में निर्माण हुए। युद्ध में नष्ट हुई व्यवस्था पुनः नवीन रूप में निर्माण कर सकते हैं। एक युद्ध से भी भयानक परिणाम एक ग्रन्थ के कारण हो सकता है। मनुस्मृति जैसा विषैला ग्रन्थ अणुबम से भी अधिक विध्वंसक होता है। मनुस्मृति जैसे विषैले ग्रन्थ के दुष्परिणाम हम आज भी भुगत रहे हैं। ध्यान में लेना चाहिए कि तब लेखक को अपनी लेखनी कितनी सामाजिक ज़िम्मेदारी से प्रयुक्त करनी चाहिए। राजनीतिक दहशतवाद की तुलना में सामाजिक दहशतवाद अधिक क्रूर होता है। हमारे देश के समक्ष आज राजनीतिक दहशतवाद ने हो-हल्ला मचाया है। यह आधुनिक दहशतवाद है। हाल के काल का है। सामाजिक दहशतवाद प्राचीन काल से अस्तित्व में है। हज़ारों वर्षों से दलितों की हत्या हो रही है, उनके घर जलाए जा रहे हैं। इस सामाजिक दहशतवाद को गम्भीरता से नहीं लिया जा रहा है। यदि एकाध बम विस्फोट में बस जलायी गयी तो उसकी अन्तरराष्ट्रीय वार्ता हो जाती है। परन्तु दलितों की झोंपड़ियाँ जलायीं तो उसकी सादी वार्ता भी नहीं आती। हमारे देश का सामाजिक दहशतवाद देश का विभाजन करने वाला है। यह देश, देश की एक बड़ी जनसंख्या को अस्पृश्य तथा जन्म से ही गुनहगार ठहराकर कैसे महान हो सकता है? गाय जैसे जानवर को पवित्र माननेवाली और दलित मनुष्य को अपवित्र माननेवाली संस्कृति श्रेष्ठ कैसे हो सकती है?

सामाजिक दहशतवाद के अनेक चेहरे हैं। प्रस्तुत दहशतवाद कभी दंगलों के रूप में तो कभी महाआरती के रूप में धमकाता रहता है। प्रस्तुत दहशतवाद झुण्ड के

रूप में, सांस्कृतिक कार्यक्रमों के रूप में, कलावादी साहित्य के रूप में तथा शैक्षिक पाठ्यक्रमों के माध्यम से लहलहाता रहता है। यहाँ गंगा के शुद्धीकरण की ज़रूरत नहीं। यहाँ ज़रूरत है शैक्षिक पाठ्यक्रम सही करने की। क्योंकि शैक्षिक पाठ्यक्रम जातीय द्वेष से ग्रस्त हैं। सामाजिक दहशतवाद स्वकीयों द्वारा स्वकीयों के विरोध में किया जघन्य अपराध होता है। सामाजिक दहशतवाद समाज में फूट मचाता है। लोगों में असुरक्षितता की भावना निर्माण करता है। लोगों को धर्मान्ध तथा आक्रमक बनाता है। लोगों की धार्मिक भावना में इस दहशतवाद का मूल छिपा होता है। दहशतवाद की सच्ची ताकद लोगों की अन्धश्रद्धा होती है। यह दहशतवाद धर्म की ढाल आगे कर लड़ता रहता है। दहशतवाद नष्ट किये बग़ैर बन्धुभाव निर्माण नहीं होगा और जिस राष्ट्र की जनता में बन्धुत्व का अभाव है, ध्यान में लीजिए कि वह जनता गोला बारूद के भण्डार जैसी होती है।

महात्मा गांधी जी की हत्या या बाबासाहेब आम्बेडकर के पुतले की अप्रतिष्ठा सामाजिक दहशतवाद की घटनाएँ हैं। सामाजिक दहशतवाद का उग्र रूप देखकर लेखक पर दबाव आने की सम्भावना होती है। एक तो उसे दहशतवाद के विरुद्ध भूमिका लेनी पड़ती है अथवा मौन रखना पड़ता है। ऐसे समय पर जो मौन रखता है वह मृतवत हो जाता है। आम्बेडकरवादी लेखक कभी भी मौन का पालन नहीं कर सकता। दलित लेखकों की पहली कलात्मक कसौटी है कि दलितों का समर्थन करना। सामाजिक दहशतवाद के विरुद्ध शुरू लड़ाई का नाम है–आम्बेडकरवाद। सामाजिक न्याय की भाषा यानी आम्बेडकरवाद। साधारण मनुष्य के स्वातन्त्र्य का उद्गार यानी-आम्बेडकरवाद। दलित साहित्य यानी देश के सुन्दर भविष्य का सौन्दर्यशास्त्र है। हम एक सुन्दर भारत का स्वप्न देखते हैं। हमारे सपने का भारत जातिविहीन है। हमारे सपने का भारत दलितों की हथेली पर खिले फूल जैसा है।

दलित साहित्य के तूफ़ान को जन्म देने वाले पहली पीढ़ी के लेखकों का लेखन लगभग रुक-सा गया है। उन्होंने तूफ़ान को जन्म दिया। हम उस तूफ़ान के वंशज हैं। इस तूफ़ान को साँय-साँय रखने के ज़िम्मेदारी है। नवीन ऊर्जा के लेखकों को समकालीन जीवन से भिड़ना चाहिए। अब सार्वजनिक जगह दलितों को प्रवेश करने के लिए प्रतिबन्ध नहीं किया जाता। ध्यान में लीजिए कि परन्तु अधिकार के स्थान पर आने के लिए दलितों को प्रतिबन्ध किया जा रहा है।

लोकनाथ यशवन्त, अरुण काळे, आनन्द गायकवाड, प्रज्ञा पवार, युवराज गंगाराम, सागर जाधव, महेन्द्र भवरे, सुरेखा भगत, शशिकान्त हिंगोणेकार और कुमार अनिल ने दलित कविता को एक नवीन चेहरा दिया है। अशोक पवार दलित

आत्मकथा को एक अलग मोड़ पर ले आये हैं तो संजय पवार दलित नाटक को। हरि नरके, उत्तम कांबळे, मोतीराम कटारे, मनोहर जाधव, हृषिकेश कांबळे, प्रदीप आगलावे और रामनाथ चव्हाण ने अपनी लेखनी से दलित साहित्य गतिशील रखा है। बळी खैरे, आनन्द गायकवाड और दिलीप सूर्यवंशी के रेखाचित्र, भ.मा. परसवाळे और श्रीधर अंभोरे की कला दिल को छू लेने वाले हैं। राष्ट्रीय स्तर पर दलित साहित्य में लक्ष्मण गायकवाड, शरणकुमार लिंबाळे, ओमप्रकाश वाल्मीकि, मोहनदास नैमिशराय, जयप्रकाश कर्दम, सूरजपाल चौहान, देवनुरु महादेव, कँवल भारती, मलखान सिंह, कांच्या इलाई, जयन्त परमार, बामा, सोहनलाल सुमनाक्षर, सुरेंद्र अज्ञात, धर्मवीर, शिवगामी, कोलाकुरी इनोक, दलपत चौहान, निरंजन बेपारी, श्यौराज सिंह 'बेचैन', जोसेफ मकवान और एम.आर. रेणुकुमार के नाम महत्त्वपूर्ण हैं। दलित साहित्य को भारतीय स्तर पर ले जाने का सम्पूर्ण श्रेय दलित साहित्य के अनुवादकों का है। सामाजिक प्रतिबद्धता की भावना से अनेक अनुवादकों ने दलित साहित्य का अनुवाद किया है। मुझे सूर्यनारायण रणसुभे, दामोदर खड़से, निशिकान्त ठकार, माया पण्डित और सन्तोष भूमकर के नाम महत्त्वपूर्ण लगते हैं। राष्ट्रीय स्तर पर राजेन्द्र यादव, रमणिका गुप्ता, महीप सिंह और कमलेश्वर ने दलित साहित्य का पक्ष लिया है।

हमने साहित्य के क्षेत्र में एक रोब निर्माण किया है। सम्पूर्ण भारत में आज दलित साहित्य का बहुत बड़ी शक्ति से उदय हो रहा है। अन्तरराष्ट्रीय स्तर पर दलित साहित्य के सम्बन्ध में उत्सुकता बढ़ी है। ओरिएंट लांगमन ने अर्जुन डांगळे द्वारा संपादित 'पायझंड ब्रेड' नामक पुस्तक प्रकाशित की और दलित साहित्य को विश्व स्तर पर पहुँचाने का कार्य किया। तदनन्तर मल्टीनेशनल प्रकाशन कम्पनियों में दलित साहित्य प्रकाशित करने की होड़ शुरू हुई। शरणकुमार लिंबाळे की 'अक्करमाशी' ऑक्सफर्ड यूनिवर्सिटी प्रेस अंग्रेज़ी में ले आयी है। अब ऑक्सफर्ड द्वारा जोसेफ मकवान की आत्मकथा आ रही है। 'विकिंग' ने नरेन्द्र जाधव की 'आमचा बाप आणि आम्ही' तथा 'पेंग्विन' ने किशोर काळे की 'कोल्हाट्याचे पोर' पुस्तकें अंग्रेज़ी में प्रकाशित की हैं। वसन्त मून की 'बस्ती' सेज पब्लिकेशन ने छापी है। कलकत्ता के साम्य पब्लिकेशन ने ओमप्रकाश वाल्मीकि की 'जूठन' अंग्रेज़ी में छापी है। ऑक्सफर्ड यूनिवर्सिटी प्रेस ने तमिळ लेखिका बामा की 'कोरकू' प्रकाशित की है। 'बलुतं', 'उपरा' और 'उचल्या' पुस्तकें विदेशी भाषाओं में अनूदित हुई हैं। ओरिएंट लांगमन की ओर से अगले महीने में दलित साहित्य की तीन पुस्तकें प्रकाशित हो

रही हैं। उसमें मराठी के शरणकुमार लिंबाळे के 'दलित साहित्य का सौन्दर्यशास्त्र' पुस्तक का भी समावेश है। अन्तरराष्ट्रीय स्तर पर एलिनार जेलिएट, गेल आमवेट, आलोक मुखर्जी और अरुण प्रभा मुखर्जी जैसे विद्वतजन दलित साहित्य का प्रचार कर रहे हैं। इस देश की सीमान्तर्गत आज तक दबाकर रखा दलितों का दुःख विश्व के सामने खुला हो रहा है। इस देश के चरित्र पर पड़े जातीयता के कालेकलूटे दाग दुनिया को दिखनेवाले हैं। अपने देश पर लगा जातीयता का कलंक मिटे बग़ैर यह देश सुन्दर नहीं दिखेगा। जाति व्यवस्था के विरुद्ध बोलना यानी अपने राष्ट्र की एकता तथा सौन्दर्य की भाषा बोलना है।

दलित साहित्य का सच्चा पाठक अभी भी अज्ञान के अँधेरे में लड़खड़ा रहा है। अभी भी दलित, आदिवासी, घुमन्तू-विमुक्तों की झोंपड़ियों तक शिक्षा का प्रसार नहीं पहुँचा है। जब दलितों में सम्पूर्ण साक्षरता का प्रसार होगा तब अपना पाठक वर्ग तैयार होगा। जिनके लिए हम लिखते हैं वे अभी भी वर्णशत्रु ही हैं। वैद्यकीय शिक्षाक्रम के लिए प्रवेश नहीं मिलता, इसलिए सम्पूर्ण महाराष्ट्र हिल जाता है; परन्तु जिनकी झोंपड़ियों तक अभी भी प्राथमिक शिक्षा नहीं पहुँची है, उनके लिए तो कोई भी नहीं बोलता। यह दुहरापन है।

क्रीड़ाक्षेत्र में तो उच्चवर्णीय का ही एकाधिकार है। यदि क्रिकेट जैसा खेल लिया तो क्रीड़ापटुओं के नाम क्या है? गावस्कर, तेंडुलकर, आगरकर, कानिटकर, वेंगसरकर, जडेजा, गांगुली। ऐसे उपनामों में कांबळे तथा बनसोड कब चमकनेवाले हैं? मसराम आत्राम कब चमकनेवाले हैं? बॉक्सिंग के क्षेत्र में निग्रो लोगों का जो वर्चस्व है, वैसा वर्चस्व हमने किसी भी खेल में हासिल नहीं किया है। अपने नेताओं को राजनीति का खेल भी ठीक खेलना नहीं आता।

मुस्लिम कलाकारों ने भारतीय कला को बहुत बड़ी देन दी है। बिस्मिल्ला खाँ, दिलीपकुमार, एम.एफ. हुसैन, झाकिर हुसैन, जब्बार पटेल, शबाना आजमी, अमीर खान, सलमान खान और शाहरुख खान भारतीय कला क्षेत्र के अग्रगण्य नाम हैं। हम लोककला के जनक हैं। हमने आन्दोलन के दबाव में लोककला छोड़ दी। डोंबरी, बाघ्या-मुरली, मसन जोगी, बूरबूर पोचम्मा, पोतराज, गोंधली और रायरंदों ने लोककला को सुरक्षित रखा। कोल्हाटी जनजाति ने तो लोककला के लिए ही अपना जीवन समर्पित किया है। अन्न के लिए मोहताज समाज की कला की ओर भीख माँगने के साधन के रूप में देखा गया। मित्रों, अपनी कला हो, साहित्य हो, आन्दोलन हो अथवा मतदान हो, इसे ख़रीद सकते हैं, ऐसी सभी की समझ को झूठा ठहरायेंगे और उसी के लिए आज हम एकत्रित हुए हैं।

हमें आधुनिक भारत के निर्माण में पीछे रहकर नहीं चलेगा। हमें सभी क्षेत्रों में अतिक्रमण करना चाहिए। हमें भी देश के सामने की समस्याएँ भयप्रद लगती हैं। हम दहशतवादियों के विरुद्ध बात करते हैं। देश में अशान्ति मचानेवाले संघ परिवार के विरुद्ध बात करते हैं। ज्ञानविज्ञान के क्षेत्र में कदम रखते हैं। हमारा लक्ष्य केवल आरक्षित पद नहीं होना चाहिए। हम सम्पूर्ण आधुनिक भारत पर नज़र केन्द्रित करते हैं। अब, ध्यानस्थ बुद्ध भी अपनी आँखें खोल दें, इसलिए कविताएँ लिखते हैं। जय भीम!

—अध्यक्षीय भाषण

7वाँ अ.भा. आम्बेडकरी साहित्य सम्मेलन, यवतमाळ

7 से 9 नवम्बर 2003

21

लेखक का शब्द 'काल' का उद्गार!

मेरे मत अंकुर साहित्य सम्मेलन के अध्यक्ष के रूप में प्रस्तुत करते हुए मुझे विशेष आनन्द हो रहा है। मुझे मेरी उम्मीदवारी के दिन याद आते हैं। लेखक बनने के लिए मैंने उठाये कष्ट याद आते हैं। मेरे लेखन का अभ्यास याद आता है। मेरा अध्ययन याद आता है। उम्मीदवारी के काल में मेरा साहित्य छापने वाली मासिक पत्रिकाएँ याद आती हैं। साप्ताहिक याद आते हैं। दीपावली अंक याद आते हैं। दैनिकों के रविवार संस्करण याद आते हैं। सम्पादकों की ओर मेरा साहित्य भेजने पश्चात् की प्रतीक्षा याद आती है। साहित्य प्रकाशित होने के बाद का आनन्द याद आता है। विगत तीन दशकों से मैं लिख रहा हूँ, पढ़ रहा हूँ।

मैं 1980 ई. के बाद लिखने लगा। मेरा प्रारम्भिक समय स्वतन्त्रता पश्चात् मोहभंग हुई पीढ़ी का समय था। स्वातन्त्र्य मिला, परन्तु हमारे प्रश्न नहीं सुलझे; बल्कि वे जटिल हुए–ऐसी मानसिकता की पीढ़ी का समय था यह! इस काल में नव लेखक लिख रहे थे। ग्रामीण लेखक लिख रहे थे। दलित लेखक भी लिख रहे थे। नवलेखकों ने प्रस्थापित साहित्य के विरुद्ध चिढ़ व्यक्त की। यह चिढ़ मराठी साहित्य के लिए अनोखी थी। नवलेखकों ने निर्धास्त रूप में तथा अपने मनोनुकूल खुलेपन से व्यक्त किया। यह साहित्य में स्थित सत्य, शील और सुन्दर साहित्यमूल्यों पर आघात देनेवाली अभिव्यक्ति थी। नवलेखकों ने मराठी साहित्य के अप्रवाहित तथा काई से छाये पानी को नवीन राह करा दी एवं मराठी साहित्य का प्रवाह तीव्र गति से बहने लगा। नवलेखकों ने मराठी भाषा और साहित्य की आवाज़ ही परिवर्तित की। उन्होंने पारम्परिक चौखट में बन्दिस्त साहित्य का भण्डाफोड़ किया। यह काम लघुनियतकालिकों ने टिकने के भाव से किया। इसी काल में ग्रामीण साहित्य ने अपनी केंचुल फेंक दी। स्वातन्त्र्योत्तर काल के रोमांटिक ग्रामीण साहित्य की तुलना में स्वातन्त्र्योत्तर काल का ग्रामीण साहित्य अधिक वास्तवनिष्ठ था, क्योंकि यह

लेखक देहात में रहने वाला था। महानगर में रहकर ग्रामीण साहित्य लिखने वालों की छुट्टी हुई। देहात-पाड़ों में रहने वाले लेखकों पर विचार होने लगा। इसी समय मार्क्सवादी साहित्य जोश में था। वामपन्थी विचार सशक्त था। इसी समय दलित साहित्य भी उदित हुआ। मुझसे पूर्व का समय ऐसा था।

मैं लिखने लगा। वह समय आन्दोलनों से रसभीना था। इस समय युक्रान्द का आन्दोलन था। दलित पैंथर तो आँधी जैसी बढ़ रही थी। नक्सलवादी आन्दोलनों के प्रति कौतुहल था। स्वयंसेवी संस्थाओं के सामाजिक कार्य का जाला फैल रहा था। शिवसेना और अ. भा. वि. प. प्रतिस्पर्धियों जैसी बढ़ रही थी। मैं आन्दोलनों से रसभीने काल में लिखने लगा। मराठवाड़ा विश्वविद्यालय को डॉ. बाबासाहेब आम्बेडकर का नाम देने हेतु जो नामान्तर आन्दोलन हुआ, उस आन्दोलन ने मुझमें स्थित लेखक को ऊर्जा दी। यदि नामान्तर आन्दोलन न हुआ होता तो मैं दलित लेखक नहीं हुआ होता। आन्दोलन के कारण मैंने लिखा। आन्दोलन ने मुझे रसद की पूर्ति की। जब आन्दोलन गतिमान होता रहता, मेरा साहित्य गतिमान होता रहता। आन्दोलन धीमा होते ही, मेरा साहित्य धीमा होता था। आन्दोलन स्थिर हुआ, आवर्त में अटक गया कि मेरा लेखन भी आवर्त में अटकता था। मैं लिखने लगा, प्रस्तुत सम्पूर्ण काल नवीन साहित्य प्रवाहों के उदय का था। मैं लेखक के रूप में बढ़ रहा था, उसी समय आसपास नवीन साहित्यप्रवाह बढ़ रहे थे। स्त्रीवादी लेखन पर तेजी से विचार हो रहा था। घुमन्तू-विमुक्त तथा आदिवासी जनजातियों के लेखकों का लेखन अचम्भित करने वाला था। मुस्लिम साहित्य, खिस्ती साहित्य पर विचार होने लगा था। शिक्षा का प्रसार जैसे-जैसे होता गया, वैसे-वैसे जनतन्त्र का प्रचार-प्रसार होता गया; जैसे-जैसे शोषितों के आन्दोलन का प्रसार और प्रचार होता था, वैसे-वैसे अनेक सामाजिक स्तरों पर नवीन लेखक उदित हो रहे थे। इन नवीन लेखकों ने अपने नवीन रास्ते ढूँढ़े। अपने नवीन अनुभव साहित्य में प्रस्तुत किये। परिणामत: मराठी साहित्य की अमीरी बढ़ गयी।

स्वातन्त्र्योत्तर काल में मराठी साहित्य में ऐसे प्रवाह निर्माण हुए। उसमें ग्रामीण साहित्य, दलित साहित्य और स्त्रीवादी साहित्य पर ही विपुल विचार-विमर्श होता हुआ दिखाई देता है। ग्रामीण साहित्य खेतीबाड़ी और किसानों के प्रश्न लेकर अवतरित हुआ, दलित साहित्य जातिव्यवस्था की विध्वंस भूमिका लेकर व्यक्त हुआ तो स्त्रीवादी साहित्य स्त्रीमुक्ति का विचार लेकर प्रकट हुआ। नवीन प्रवाहों ने मराठी साहित्य का क्षितिज विस्तृत किया। अभिरुचि को नवीन कोंपलें फूटीं। रूढ़

समीक्षा को नवीन मार्ग तैयार करना पड़ा। इन नवीन प्रवाहों को प्रकाशकों ने भी अच्छी तरह से दर्ज किया। एक बार दलित को अपने द्वार पर खड़ा नहीं किया जाता, परन्तु दलितों ने लिखीं पुस्तकें तो पाठकों के मध्यगृह तक पहुँची। दलित लेखक को दलित साहित्य के कारण दलितों की समस्याएँ सवर्ण समाज के मन-मस्तिष्क तक पहुँचाना सम्भव हुआ। सवर्ण समाज ने दलित साहित्य का अन्तस्तल से स्वागत किया। यद्यपि सवर्ण समाज दलित साहित्य का स्वागत कर रहा था तो भी उनके मन में दलित समस्याओं के सम्बन्ध में अभी भी किल्मिष होना दिखाई देता है। कुछ दिनों पूर्व भूम तहसील में चोरी के आरोप में बेकसूर पारधी का निर्घृण ख़ून हुआ। चोरी के आरोप में मंगळवेढा तहसील में मातंग समाज के परिवार को बहुत पीटा गया। मातंग जाति के व्यक्ति को उबलते तेल से पैसा निकालने बाध्य किया गया। औरंगाबाद में पारधियों की पूरी बस्ती ही जलाकर खाक की गयी। ये सभी घटनाएँ अमानुष हैं। उनका निषेध होना चाहिए। मराठी लेखक झुंडशाही के विरुद्ध बात नहीं करते। समाज में होने वाले अन्याय-अत्याचार के विरुद्ध बात नहीं करते। मराठी साहित्य लेखक को वर्ष में एक ही बार बात करनी आती है। वह हर साल की तरह मराठी सम्मेलन के अध्यक्ष पद के चुनाव के समय ही बोलता है। कभी-कभी मुझे लगता है कि अपने अन्दर का लेखक मर गया है, हममें केवल एक बाबू शेष रहा है।

मैं मराठी के नवीन प्रवाहों के सम्बन्ध में बात रहा था। मराठी साहित्य का इन प्रवाहों ने कुछ अच्छा-बुरा किया हो परन्तु लिखने वाले कलाकारों की संवेदनशीलता तो एक एक प्रवाह में बाँध रखा हुआ दिखाई देता है। नवोदित दलित लेखक आम्बेडकरी विचारों के स्वप्न देखते हुए नज़र आता है। नवोदित ग्रामीण लेखक केवल देहातों के सम्बन्ध में ही विचार करते हुए दिखाई देता है तो नवोदित लेखिकाएँ स्त्री-मुक्ति के विचार से अभिभूत दृष्टिगत होती हैं। मेरी इसके सम्बन्ध में कोई तकरार नहीं। दलितों के सम्बन्ध दलित अच्छा लिख सकता है। हमने ऐसा लेखन करनेवालों की स्तुति की है। मुझे यह मान्य नहीं है कि दलित केवल दलितों के सम्बन्ध में लिखे, स्त्रियाँ केवल स्त्रियों के सम्बन्ध में ही लिखें, ग्रामीण लेखक केवल देहातों के सम्बन्ध में लिखें। विगत अनेक वर्षों से यही होता आ रहा है। यह प्रचार बहुत निचले स्तर पर पहुँचा है। दलित विद्यार्थी दलित साहित्य पर अनुसन्धान करता है तो लड़कियाँ स्त्रीवादी साहित्य पर। यह यहीं तक ही सीमित नहीं है। दलित साहित्य के सम्मेलन दलित आयोजित कर रहे हैं, ग्रामीण व्यक्ति ग्रामीण साहित्य सम्मेलन तो स्त्रियों के सम्मेलन स्त्रियाँ। ये घटनाएँ समाज के हित और परिवर्तन की

हैं। अपनी मुक्ति के लिए प्रत्येक प्रताड़ित इकाई को सभी दिशाओं में प्रयत्न करना चाहिए और ऐसे प्रयत्नों को हमें समर्थन करना चाहिए।

मराठी साहित्य में निर्मित नवीन प्रवाहों के कारण नवीन विचार करने वाला, नवीन लिखने वाला, नवीन अनुसन्धान करने वाला जो नवोदित वर्ग था; उसके आकलन तथा अभिव्यक्ति पर मर्यादाएँ आयीं। मैं नवोदित था, तो मुझे दलित लेखक होना था। मैं विगत तीस वर्षों से दलित लेखक के रूप में लिखता हूँ। परन्तु आज अंकुर साहित्य सम्मेलन के अध्यक्ष के रूप में बोलते समय थोड़ी अलग बात करता हूँ। मुझे समस्त नवीन पीढ़ी को पुकारना है। मित्रो! ध्यान में लीजिए कि अपनी जाति के अतिरिक्त अन्य जातियाँ भी इस देश में हैं। यह भी ध्यान में लीजिए कि अपने प्रश्नों के साथ ही अन्यों के भी प्रश्न हैं। प्रश्न स्वतन्त्र नहीं होते कि अपने प्रश्न, अपने जाति के प्रश्न, अपने आन्दोलन के प्रश्न। यह समझिए कि अपने प्रश्न अनेक के साथ जुड़े हैं। हम जिस काल में रहते हैं, जिस समाज में रहते हैं, जिस राज्य में रहते हैं, जिस राष्ट्र में रहते हैं, उससे हम कसकर बन्धे होते हैं। इस देश पर होने वाले दहशतवादी हमले, इस देश को मूल से खोखले किये भ्रष्टाचार, इस देश की जनता की दिशाभ्रम करने वाली धर्मान्ध भावना, यहाँ के सामान्य मनुष्य को सन्त्रस्त करने वाली महँगाई, बेशुमार बढ़ने वाली जनसंख्या और गुनहगारी जैसे विषयों पर नवीन पीढ़ी को गाम्भीर्य से विचार करने की ज़रूरत है। भ्रष्टाचार विरुद्ध जागृति करने वाले अन्ना हज़ारे, आदिवासियों के जीवन के लिए जूझनेवाली मेधा पाटकर और समस्त समाज को अन्धश्रद्धा से मुक्त करने का प्रयत्न करने वाले नरेन्द्र दाभोळकर मुझे आदर्श लगते हैं।

हाथ में शस्त्र लेकर युद्धभूमि पर लड़ते समय भी पीछे हट सकते हैं; परन्तु यदि एक बार हाथ में लेखनी ले ली तो इस क्षेत्र से कभी भी वापसी नहीं ले सकते। परिणाम की परवाह न करते, क़ीमत चुकाने की तैयारी रखकर, साहस से लिखने की आज ज़रूरत है। मराठी लेखकों में साहस कम हो रहा है। अनेक बार मुझे ऐसी आशंका महसूस होती है। समाज में आक्रोश बढ़ा है। सामाजिक मन झुण्डशाही में परिवर्तित हो रहा है। समाज में बवंडर जैसे उठनेवाले झुण्डों को जनमान्यता मिल रही है। कभी धर्म के नाम पर, कभी प्रदेश के नाम पर, कभी भाषा के नाम पर समाज में तनाव निर्माण करने के प्रयत्न हो रहे हैं। मित्रो! ऐसी परिस्थिति में स्वच्छ विचार करना, धर्मनिरपेक्ष जनतन्त्र की ओर से खड़ा रहना, महान भारत के निर्माण में सामाजिक न्याय पर खड़ी मज़बूत भूमिका लेना–हमसे यह सम्भव होना चाहिए।

स्वातन्त्र्योत्तर काल में लिखना बहुत आसान था। वह विद्रोही विचार का उत्साहपूर्वक स्वागत करने वाला समय था। हमारे संविधान ने प्रत्येक को विचार स्वातन्त्र्य का हक़ दिया है। उस पर अनेक बार संकट आया है। विचार स्वातन्त्र्य पर निर्बन्ध डाले गये। सत्ताविरुद्ध बोलनेवालों को बन्दी बनाया गया। परन्तु आज का समय भयावह है। आज केवल विचारस्वातन्त्र्य की आवाज़ दबायी नहीं जा रही है तो स्वतन्त्र विचार प्रस्तुत करने वाले की हत्या की जा रही है, उस पर हमले हो रहे हैं। घर में भी मुझे अनेक बार असुरक्षित लगने लगा है। मित्रो! समाज में बढ़ रहे दहशतवाद के विरुद्ध निडरता से लिखने की ज़रूरत है। मुझे केवल मनोरंजन के लिए लिखना मान्य नहीं। मैं मनोरंजन हेतु लिखने वाले का अनादर नहीं करता। मैं रंजनवादी साहित्य को क्षुद्र नहीं मानता। यह बुद्धि को मान्य नहीं होता कि हमारे सामने इतने ज्वलन्त प्रश्न होते हुए हम हास्य-व्यंग्यात्मक लिखें। गुदगुदी करने से मनुष्य हँसता है, उसके लिए साहित्य की क्या आवश्यकता? मनुष्य के मनोरंजन के लिए प्रसारमाध्यम हैं। मुझे लगता है कि समाज परिवर्तन के सम्बन्ध में हमारी ज़िम्मेदारी ज़्यादा है। लेखक विचारों पर जीता रहता है, स्वप्नों पर जीता रहता है। अपने लेखन का धर्म लोगों को विचार देना और स्वप्न देना होना चाहिए।

अपनी समस्याओं के सम्बन्ध में दलित लेखकों को लिखना ही चाहिए। वह ऐतिहासिक ज़रूरत है। परन्तु साथ ही राष्ट्रीय प्रश्नों के बारे में बोलना चाहिए। ग्रामीण लेखकों को केवल खेतीबाड़ी का विचार नहीं करना चाहिए। अपना प्रत्येक प्रश्न राजनीति से जुड़ा है। नवीन पीढ़ी को राजनीति में लगन रखनी चाहिए। ऐसी समझ रखनी चाहिए कि अपना लेखन राजनीतिक दस्तावेज़ है। अपनी कलाकृति की ओर साधारण व्यक्ति के हक़ की सनद के रूप में देखना चाहिए।

ग्रामीण लेखक महात्मा गांधी जी को अपना प्रेरणा-स्थान मानते थे। आजकल उन्होंने महात्मा फुले को भी स्वीकृत किया दिखाई देता है। परन्तु उन्हें बाबासाहेब आम्बेडकर का स्वीकार करने में शर्म महसूस होती है। किसी भी सुबुद्ध नागरिक को सर्वप्रथम जातिव्यवस्था के विरोध में बात करनी होगी। हम जाति के गड्ढे में रहते हैं। यदि हम इस गन्दगी के विरुद्ध बोलनेवाले न हों तो हम कलाकार कैसे? ग्रामीण और स्त्रीवादी लेखकों को सर्वप्रथम जातिव्यवस्था के विरुद्ध बात करना ज़रूरी है। केवल दलित लेखक ही जातिव्यवस्था के विरुद्ध बात करें और अन्यों द्वारा मौन रखा जायें, यह प्रकार सृजन क्षेत्र का जघन्य अपराध ही है।

मैंने स्वातन्त्र्योत्तर काल में मोहभंगग्रस्त पीढ़ी देखी। मैंने आन्दोलनों से सिक्त काल देखा। मैं बाबरी मस्जिद के विध्वंस से, मुम्बई के बम-विस्फोट से तथा गुजरात

की दंगलों से निराश हुआ। इक्कीसवीं शती का स्वागत करते समय में हकबका रहा। इक्कीसवीं शती का पहला दशक ख़त्म होता आया है। अब संक्रमणकाल मानो समाप्त ही हुआ है। अब, इक्कीसवीं शती के सम्बन्ध में, इस शती के भविष्यविषयक भूमिका लेने का समय आया है। मित्रो! रुकिए, थोड़ा विचार कीजिए और फिर अपने साहित्यिक प्रवाह के वारिस बनिये। हमें सम्पूर्ण समाजविषयक लिखना है। समाज की समग्र गतिविधियोंविषयक लिखना है। निचले तबके में उफनाए अंगारविषयक लिखना है। मित्रो! साम्प्रत मराठी साहित्य की ओर समस्त विश्व की आँखें लगी हैं। मराठी में निर्माण हुआ दलित साहित्य अन्य भाषाओं में अनूदित हो रहा है। उस पर अन्य भाषाओं में विचार हो रहा है। मराठी का दलित साहित्य समस्त भारतीय लेखकों को आकर्षित करता है। मुझे लगता है कि यह मराठी का संचित है।

महाराष्ट्र ऋणभारित किसानों की आत्महत्याओं से हिल गया है। पुन: एक बार विद्यार्थियों की आत्महत्याओं से हम पर आघात हुए हैं। देश के सभी विश्वविद्यालयों को गुणवत्ता के भूत से चपेटा है। देश के सभी विश्वविद्यालयों के कुलगुरुओं को एकत्रित करना चाहिए। उन्हें गाँव के चौपाल पर ले जाना चाहिए। सुशिक्षित बेगारों की झुण्ड उनके सामने खड़ी रहनी चाहिए तथा उन्होंने उन्हें पूछना चाहिए कि 'अरे गर्दभो! आपने हमें कैसी शिक्षा दी?' जिनके बच्चे विदेश में पढ़ते हैं वे इस देश की शैक्षिक नीति निर्धारित करते हैं। जिनके बच्चे कॉन्वेंट में पढ़ते हैं, वे मातृभाषा के सम्बन्ध में रोते हैं। यह सारा पाखण्ड हैं। जिनके पास स्लेट-पेंसिल ख़रीदने पैसा नहीं है, जिनके पास पहनने के लिए यूनीफॉर्म नहीं है, जो शुल्क जमा करने के लिए पैसा न होने के कारण पाठशाला जाना बन्द कर देते हैं, जिन्हें पढ़ने का मौक़ा ही नहीं मिलता; हम ऐसे जनों का क्या करने वाले हैं? मुट्ठीभर गुणवत्ताधारक निर्माण करने के लिए सम्पूर्ण शिक्षा व्यवस्था से क्या हम ज़बरदस्ती काम करानेवाले हैं? विषय कौन से हों, उसकी पुस्तकें कितनी हों, उसका अध्ययन कितना हों, क्या इसका कभी गाम्भीर्य से विचार होने वाला है? बोझिल पाठ्यक्रम छात्रों पर थोपकर उन्हें गुणवत्ता की होड़ में मूक जानवरों जैसा भगाया जाता है। इस मर्मान्तक होड़ के कारण विद्यार्थी आत्महत्या कर रहे हैं। जिस समाज में विद्यार्थी आत्महत्या करते हैं वह समाज संवेदनहीनता से ग्रस्त होता है। ऐसी शिक्षा प्रणाली निर्माण होनी चाहिए कि किसी भी विद्यार्थी को आत्महत्या करनी न पड़ें। यह मैं इसलिए कह रहा हूँ कि नवोदित लेखक और सुशिक्षित बेरोजगार का अटूट नाता है। मुझे लगता है कि हमें

सुशिक्षित बेरोजगारविषयक बात करनी चाहिए। मेरी सुशिक्षित बेरोजगारों से बहुत अपेक्षाएँ हैं। यह वर्ग ही देश को सही रास्ते पर ला सकेगा।

मराठी लेखक के लेखन के सम्बन्ध में तकरार न करते हुए मराठी पाठक ने उसका लेखन पढ़ा है। परन्तु अब समय बदल गया है। मराठी पाठकों को भारतीय भाषाओं के अनेक लेखकों की पुस्तकें अपनी मातृभाषा में उपलब्ध हो रही हैं। विद्रोही उत्तम लेखकों का लेखन मराठी में अनूदित हो रहा है। अनूदित साहित्य का पाठक बढ़ रहा है। मराठी लेखकों का पाठकवर्ग उनके हाथ से निकलता जा रहा है। आज पाठक तुनकमिज़ाज हुआ है। वह दुनिया और जीवन समझा लेने के लिए पढ़ता है। उसे उत्तम प्रकार का साहित्य बाज़ार से मिलता है। अब मराठी लेखक की होड़ अन्य भाषाओं के श्रेष्ठ लेखकों के साथ होगी। भविष्य में चुनौती निर्माण हो सकती है। इसका नवोदितों को गाम्भीर्य से विचार करना चाहिए। हम केवल प्रवाहप्रतीत होकर अथवा पूर्ववर्तियों का अनुकरण कर अपना उत्कृष्ट प्रकार का साहित्य निर्माण नहीं कर सकते। उत्तम लिखने के लिए उत्तम जीना पड़ता है और उत्तम पढ़ना पड़ता है। लेखन करना शौक़ नहीं अथवा चाह नहीं। मैं लेखन की ओर परिश्रम के रूप में देखता हूँ। नवोदितों को उत्तम प्रकार की उम्मीदवारी करनी चाहिए। उम्मीदवारी का काल जितना धक्कमधक्के का, धधकने का; उतना ही महत्त्वपूर्ण होता है। अपने बल और कौशल्यों की बाज़ी लगनी चाहिए। नवोदितों को बड़ों का मार्गदर्शन लेना चाहिए। मित्रों के साथ अपने के बारे में बातें करनी चाहिए। अन्य नवोदित लेखकों का प्रकाशित होने वाला साहित्य अन्तस्तल से पढ़ना चाहिए। अच्छी कलाकृतियों का अध्ययन करना चाहिए। निरन्तर लिखते रहना चाहिए। उम्मीदवारी के काल में हम जितनी नींवभराई करेंगे, उतनी कम ही होती है। इस काल में लिए श्रम ही भविष्य को आकार देते हैं। यह एहसास रखना ज़रूरी है कि अपने क्षेत्र में अपनी छाप अंकित करनी है, इसके अलावा गति से लिखना न होगा। कला का प्रान्त स्वायत्त नहीं होता। कला समाज के साथ प्रतिबद्ध होती है। कला का जन्म आकाश से नहीं होता। कला का जन्मदाता मनुष्य होता है और मनुष्य समाज का अविभाज्य अंग। हमने आज तक सूर्य-चन्द्र के सम्बन्ध में लिखा। तारों-हवाओं के सम्बन्ध में लिखा। राजा-महाराजाओं विषयक लिखा। मध्यवर्गियों के मनोरंजनविषयक लिखा। अब समाज के आख़िरी इकाई के शोषण के विरुद्ध लिखने की ज़रूरत है। हमारे साहित्य का विषय सामान्य मनुष्य होना चाहिए और इस सामान्य मनुष्य को अपने साहित्य द्वारा जीने का सपना देना चाहिए। राजनीति में नवीन पीढ़ी आ रही है। युवाओं की

ओर सत्ता सौंपने की बात हो रही है। अपने देश का युवा वर्ग बहुत है। राष्ट्र का चैतन्य समाज की युवा मानसिकता होती है। इस युवा वर्ग द्वारा ही नवोदित लेखक उदित होते हैं। नवोदित लेखक हज़ारों वर्षों की प्राचीन परम्परा को नवीन लेखन पृष्ठ जोड़ने का काम करता। नवोदित लेखक निश्चल साहित्य में तूफ़ान मचाता है। वह साहित्य की दिशा बदल ने का काम करता है। नवोदित लेखक साहित्य को नवीन चेहरा देने का काम करता है। ऐसे नवोदित लेखकों की संख्या जिस भाषा में अधिक होती है, वह भाषा और उस भाषा का साहित्य समाज का सांस्कृतिक नेतृत्व करता है। मराठी भाषा, मराठी साहित्य सम्मेलन में होने वाले प्रस्तावों के कारण विकसित नहीं होती; तो वह नवोदितों की उम्मीदवारी से विकसित होती रहती है। परिणामत: मराठी भाषा के नवोदितों को प्रोत्साहन देने का काम जानबूझकर होना चाहिए। जिस प्रकार प्रत्येक सार्वत्रिक चुनाव के दरमियान नवीन नेतृत्व का उदय होता है, उस प्रकार प्रत्येक साहित्य सम्मेलन द्वारा नवोदित लेखक आगे आने चाहिए। नवीन अँखुओं को स्थान देने वाले 'अंकुर साहित्य सम्मेलन' की महानता अ.भा. मराठी साहित्य सम्मेलन की तुलना में बहुत होती है। इस मंच पर उगते सूरज को नमस्कार किया जाता है, उस मंच पर डूबते सूरज को।

मित्रो!

आज तक के सूर्य दडवे में बन्द रखे मुर्गे की आरव निकलने के लिए ही उगे थे। इस सूर्य के उगने की दिशा निश्चित की थी और डूबने की भी दिशा निश्चित की थी। अब, हम उत्तर से उगेंगे, दक्षिण से उगेंगे, दस दिशाओं से उगेंगे और लोगों की अभिरुचिविषयक बात करेंगे।

मुझे यह बताना नहीं है कि लोगों की उत्तम अभिरुचि कौन सी होती है। लोग उनके प्रश्नों पर विचार सुनने के लिए उत्सुक होते हैं। उनके प्रश्नों पर बात करते हैं। लोगों के प्रश्न अपने साहित्य के विषय होने चाहिए। अपनी कला यानी लोगोंविषयक प्रकट की श्रद्धा है। लोग विट्ठल जैसे हैं, हम वारकरियों के जैसे हैं। मेरी इतनी ही विनति है कि हमें हज़ारों वर्षों से हम विट्ठल होने का और लोगों को वारकरी करने का गुनाह इसके बाद नहीं करना चाहिए।

हर वर्ष अ.भा. साहित्य सम्मेलन जैसा ख़र्चीला प्रयोग आयोजित किया जाता है तथा वह सफल भी होता है। समाज के सभी स्तर के लोग साहित्य सम्मेलन सफल होने हेतु प्रयासरत रहते हैं। राज्यकर्ताओं का उत्साह भी भारी होता है। मुझे मराठी लेखक के नाते इसमें बड़ा सुकून लगता है। यह इसका प्रमाण है कि मराठी समाज

साहित्य से कितना अधिक प्रेम करता है। इसके अतिरिक्त सम्पूर्ण राज्य में अनेक सम्मेलनों का आयोजन किया जाता है और वे सफलता से सम्पन्न होते हैं। यह मराठी संस्कृति की जीवन्तता है। पाठकों के लिए साहित्य सम्मेलन आयोजित किये जाते हैं। इनमें लेखक तो केवल कारण मात्र होता है। मैं साहित्य सम्मेलनों की ओर पाठकों के उत्तम प्रतिसाद के स्थान के रूप में देखता हूँ। लेखकों को सम्मेलनों के कारण पाठकों का प्रतिसाद, पाठकों की ज़रूरत और पाठकों की रुचि जान लेने का अवसर मिलता है। लेखक अपने पाठकों से मिलता है। उसे ग्रन्थ व्यवहार का ज्ञान मिलता है। अनेक लेखक मित्रों से मिलना-जुलना होता है। उससे भी अधिक कि सम्मेलन के कारण उनकी और लोगों की नाल जुड़ती है, यह मुझे महत्त्वपूर्ण लगता है।

मुझे साहित्य सम्मेलन का आयोजन करने वाले लोगोंविषयक बहुत आदर है। ये लोग साहित्य सम्मेलन के आयोजन के लिए प्रचण्ड कष्ट करते हैं। लोगों का प्रचण्ड प्रतिसाद सम्मेलन के लिए मिलता है पर ऐसा नहीं कि उतनी आर्थिक सहायता मिलती ही है। महाराष्ट्र में सम्मेलन आयोजित करने वालों की एक जमात है। मुझे ये लोग बहुत अनमोल महसूस होते हैं। आज हम अनेक के दोषारोपण सहकर, अपमान के ताने सुनकर, अपना स्वयं का ख़र्चा कर साहित्य सम्मेलन आयोजित करने का पागल हठ करने वाले साहित्यप्रेमी लोगों के कारण आज हम इकट्ठा हुए हैं। मुझे खुले रूप में सम्मेलन के लिए काम करने वाले हाथों के आभार मानने हैं। मैं प्रा. लक्ष्मण मस्के, श्री. भरतकुमार मोरे, डॉ. बी.वाई. यादव, प्राचार्य मधुकरराव फरताडे और श्री. हिंमत शेकोकार का सम्मानपूर्वक उल्लेख करता हूँ। इनके कारण आज हम इकट्ठा हुए हैं। दो व्यक्तियों के नाते-सम्बन्ध की व्याख्या करने के लिए, समाज जीवन की पद्धति निश्चित करने के लिए, दुनिया और जीवन की रचनात्मक वृत्ति सुरक्षित रखने के लिए, मनुष्य को उसकी ग़ुलामी का एहसास करा देने के लिए, भाषा और संस्कृति के संवर्धन के लिए, विश्व के भूत-भविष्य तथा वर्तमान का चरित्र वर्णन करने के लिए साहित्य की ज़रूरत है। लेखक का शब्द काल का उद्गार होता है। किसी को अज्ञानी रखकर, किसी का दमन कर, किसी की हत्या कर ये उद्गार नष्ट नहीं कर सकते। समाज की किसी भी अपप्रवृत्ति के सामने बुद्धि गिरवी न रखते हुए, किसी भी उन्मत्त सत्ता की खिदमत न करते हुए, किसी भी आमिष पर बलि न चढ़ते हुए; अपने अनुभवों से प्रामाणिक रहकर सत्य का उचार यदि कर सकते हों तो ही लिखना चाहिए, ऐसा मेरा मानना है। नवोदितों

के लेखन में साहस होता है, विद्रोह होता है। इस कारण मैं नवोदितों के लेखन का स्वागत करता हूँ। मुझे महान ग्रन्थ पढ़ने की तुलना में नवोदितों की पाण्डुलिपियाँ पढ़ते समय अधिक आनन्द होता है।

मित्रो! पूर्ववर्ती लेखकों ने अपने गुट निर्माण करने के लिए अपनी लेखनी छीजाई। अपने गुट बनाये, अपने मठ बनाये। अपना सम्प्रदाय किया, अपना शिष्य परिवार तैयार किया। ध्यान में लीजिए कि हम साहित्य में निर्माण हुए मठों और एकाधिकारशाही को नकारने वाले हैं। हमें हमारा प्रकाश बनने दो!

धन्यवाद।

—अध्यक्षीय भाषण

45वाँ अंकुर मराठी साहित्य सम्मेलन, बार्शी

6 फरवरी, 2010

22
आन्दोलन को अपने मित्र बढ़ाने चाहिए

आज यशवन्तराव चव्हाण की जयन्ती है। मैं उन्हें विनम्र अभिवादन करता हूँ। उनका आधुनिक महाराष्ट्र के शिल्पकार के रूप में सम्मान किया जाता है। यशवन्तराव चव्हाण के कार्य की ओर प्रगतिशील विचारों के नेता के रूप में देखा जाता है। उन्होंने अपने मुख्यमन्त्री के काल में बौद्धों को सहुलियतें दी जाने से बौद्धों के आरक्षण का प्रश्न महाराष्ट्र में सुलझ गया तथा दलितों का धर्मान्तर का मार्ग खुला हुआ। यशवन्तराव चव्हाण ने इस भावना से कि दलितों को सत्ता में सहभागी करा लेना चाहिए, ऐसी भूमिका ली कि 'कांग्रेस रिपब्लिकन संगठन होना चाहिए।' परिणामत: विगत अनेक वर्षों तक दलित जनता कांग्रेस के साथ रही। रिपब्लिकन पार्टी सत्ता में रहने से दलित समाज में राज्यकर्ता होने की महत्त्वाकांक्षा वृद्धिंगत हुई। बाबासाहेब के 'दलितों को सत्ताधारी बनना चाहिए' सन्देश की प्रतीति आयी। रिपब्लिकन पार्टी सत्ता के साथ रहने से दलितों के प्रश्न सुलझ गये। दलितों की सत्ता में सहभागिता से उनकी ओर उपमर्द और उपेक्षा से देखने की वृत्ति में परिवर्तन हुआ। रिपब्लिकन पार्टी का कांग्रेस के साथ का संगठन तथा दलित का जनता का कांग्रेस को प्राप्त समर्थन के कारण राज्य में प्रदीर्घ काल तक धर्मनिरपेक्ष सत्ता, सत्ता पर रह सकी। साम्प्रत अलग हवाएँ बहने लगी हैं। ऐसा विचार शुरू हुआ है कि 'भीमशक्ति और शिवशक्ति एकत्रित होनी चाहिए।'

मायावती ने भाजपा के साथ गठबन्धन किया। इस मुद्दे पर हम बहुजन समाज पार्टी पर निरन्तर दोष लगाते रहते हैं। अब हम मायावती के साथ जाने का विचार कर रहे हैं। समाज से ऐसी एक प्रतिक्रिया आ रही है। नामदेव ढसाळ जैसे विद्रोही कवि शिवसेना के साथ गये और ख़त्म हुए। कुछ दलित लेखक समरसता मंच पर गये, इसलिए उन पर भी चारों ओर से दोषारोपण हुआ। यह ताजा इतिहास है। आजकल रामदास आठवले शिवसेना प्रमुख से मिले हैं। महाराष्ट्र में 'भीमशक्ति और शिवशक्ति' संगठित होने का विचार शुरू हुआ है।

क्यों रिपब्लिकन पार्टी को शिवसेना के द्वार पर जाने की ज़रूरत महसूस हुई? दलित नेताओं को आत्मपरीक्षण करना आवश्यक है। कांग्रेस-राष्ट्रवादी पक्षों ने रिपब्लिकन पार्टी का उपयोग कराकर फेंक दिया है। अनेक दलित कार्यकर्ताओं की ओर से ऐसी प्रतिक्रिया सुनने को मिलती है। वह नैराश्य से आयी प्रतिक्रिया है। मूलतः रिपब्लिकन पार्टी निष्प्रभ हुआ है। इस पार्टी का नुकसान गुटबाज़ी के कारण हुआ है। रिपब्लिकन पार्टी की तबाही क्यों हुई? क्यों बाबासाहेब आम्बेडकर के स्वप्न का रिपब्लिकन पार्टी अस्तित्व में आ नहीं सका? क्यों रिपब्लिकन पार्टी एक जाति तक ही सीमित रहा? दलित नेतृत्व को इन सभी प्रश्नों के उत्तर देने होंगे। रिपब्लिकन पार्टी की शक्ति गुटबाज़ी के परिणामस्वरूप क्षीण हुई है। परिणामतः दुर्बल पार्टी के साथ जो बर्ताव किया जाता है, वही बर्ताव कांग्रेस और राष्ट्रवादी कांग्रेस की ओर से किया जा रहा है। जनता भी रिपब्लिकन पार्टी की गुटबाज़ी के कारण उदासीन हुई है। इसका रिपब्लिकन पार्टी के नेतृत्व द्वारा गाम्भीर्य से विचार किया जाना चाहिए। यदि बाबासाहेब आम्बेडकर के स्वप्न की रिपब्लिकन पार्टी निर्माण हुई तो दलित नेताओं को द्वार-द्वार घूमना नहीं पड़ेगा।

दलित जनता मराठवाड़ा विश्वविद्यालय को डॉ. बाबासाहेब आम्बेडकर का नाम दिया जायें, इसलिए रास्ते पर आयी। दलित जनता रिडल्स के प्रश्न पर रास्ते पर उतरी। दलित जनता खैरलांजी हत्याकाण्ड के विरुद्ध रास्ते पर आयी। प्रत्येक चुनाव के समय ऐसी भावानिक एकता दिखाई देनी चाहिए और मतदान के लिए बड़ी संख्या में दलित जनता रास्ते पर आनी चाहिए। 'बुद्ध विहार बन्धवाकर दें,' 'समाज मन्दिर बँधवाकर दें,' 'प्रत्येक मत को पाँच सौ रुपये दें।' इस तरह के सौदे मत के लिए नहीं होने चाहिए। देश की दलित जनता महाराष्ट्र के दलित आन्दोलन की ओर आस्था से तथा आशा से देख रही है। सत्ता में सहभागिता मिले, इसलिए प्रयत्न होने चाहिए परन्तु इस बात की प्रत्येक द्वारा ख़बरदारी ली जानी चाहिए कि आम्बेडकर आन्दोलन का रथ ग़लत दिशा में खींचा नहीं जायेगा।

बाबासाहेब आम्बेडकर हमारी यशगाथा हैं। अपना आदर्श हैं। बाबासाहेब ने 'शिक्षित हों' कहा; हम शिक्षित हुए परन्तु अभी भी बहुत बड़ा समाज शिक्षा से दूर है। उन तक ज्ञान-विज्ञान पहुँचा ही नहीं है। अभी भी देहातों में रहनेवाले दलित, घुमन्तू, विमुक्त और आदिवाली लोग चौदहवीं शती का जीवन जी रहे हैं। अन्याय का शिकार हो रहे हैं। बाबासाहेब ने 'संगठित हो' कहा। हम संगठित हुए। अभी भी बहुत बड़ा वर्ग असंगठित है। अनेक दलितों में से जनजातियाँ दलित-आन्दोलन से

चार हाथ दूर रहना पसन्द करती हैं। ऐसा नहीं कि इन सभी को ही संगठन का महत्त्व नहीं मालूम होता। परन्तु उन्हें बौद्ध का नेतृत्व नहीं चाहिए। इन सभी को संगठित करने के विकल्प ढूँढ़ने चाहिए। बाबासाहेब ने 'संघर्ष करो' कहा। हमने बहुत संघर्ष किया। लड़ाई की। नामान्तर के लिए पन्द्रह वर्षों तक संघर्ष किया। मण्डल आयोग के लिए संघर्ष किया। रिडल्स के लिए संघर्ष किया। खैरलांजी के लिए संघर्ष किया। अभी भी संघर्ष करना ही पड़ेगा। सामाजिक क्रान्ति का चक्र आस के साथ पूर्ण घुमाने के लिए लड़ना ही पड़ेगा। आपसी संघर्ष कम करना होगा। दलित लेखकों को अपने लेखन के लिए ये क्षेत्र चुनने चाहिए। दलितों का होने वाला अपमान, दलितोंविषयक किया जानेवाला भेदभाव, दलितों पर होने वाला अन्याय-अत्याचार के सम्बन्ध में हमें लिखना ही चाहिए। परन्तु उसके साथ ही बढ़ती जनसंख्या, बढ़ती बेरोज़गारी, बढ़ती महँगाई, बढ़ता भ्रष्टाचार और बढ़ता दहशतवाद के सम्बन्ध में हमें लिखना होगा। हमें इन ज्वलन्त प्रश्नोंविषयक बोलना ही होगा।

जातिव्यवस्था अपने राष्ट्र पर लगा कलंक है। अपने राष्ट्र पर लगा यह कलंक मिटना चाहिए और अपना राष्ट्र सुन्दर दिखना चाहिए, ऐसा सभी को मन से क्यों नहीं लगता? केवल दलितों ने ही इस जातिव्यवस्था के विरुद्ध लड़ते रहने से क्या यह व्यवस्था नष्ट होनेवाली है? क्या जातिव्यवस्था राष्ट्रीय समस्या नहीं है? यदि जातिव्यवस्था अपने राष्ट्र पर लगी कालिमा होगी और यह कालिमा नष्ट करने के लिए दलित लड़ते होंगे तो क्यों उनके विरुद्ध हमले होते हैं? दलितों का स्वप्न है कि राष्ट्र सुन्दर हो। अपने राष्ट्र का सौन्दर्यविचार आम्बेडकरी विचार है। जब तक जातिव्यवस्था जीवन्त है तब तक दलित साहित्य ख़त्म होने वाला नहीं है। दलित साहित्य का उदय जातिअन्त के लिए हुआ है। जातिअन्त की लड़ाई यानी दलितों के सामाजिक स्वातन्त्र्य की लड़ाई है। जब तक दलितों को सामाजिक स्वातन्त्र्य नहीं मिलेगा, तब तक वे निर्विघ्नता से राजनीतिक स्वातन्त्र्य का उपभोग नहीं कर सकते। दलितों की मुक्ति का आशय यानी दलित साहित्य।

दलित साहित्य को आन्दोलन का अधिष्ठान था। जब-जब दलित आन्दोलन अग्रसर था, तब-तब दलित साहित्य भी बड़ी मात्रा में प्रकाशित होता था। दलित लेखक एक आन्दोलन है। दलित लेखक एक कार्यकर्ता है। उसके शब्द, उसका शस्त्र है। आज दलितों के पास दलित युवकों के दलित पैंथर जैसा लड़ाकू संगठन नहीं है। क्या दलितों के सामाजिक प्रश्न समाप्त हुए हैं? क्या दलितों के सामाजिक प्रश्नों पर लड़ने के लिए स्वतन्त्र संगठन की ज़रूरत नहीं है? क्या दलितों के

राजनीतिक प्रश्न समाप्त हुए हैं? क्या दलितों की राजनीति के लिए प्रभावशाली रिपब्लिकन पार्टी की ज़रूरत नहीं है? इसका कौन उत्तर देगा? क्यों दलितों के प्रश्न राष्ट्रीय प्रश्न नहीं होते? क्यों दलितों का एक राष्ट्रीय नेतृत्व नहीं मिलता? क्यों दलितों का एक राष्ट्रीय दल निर्माण नहीं हो सकता? अर्थात ऐसा प्रश्न पूछना पागलपन ठहरेगा, क्योंकि जहाँ रिपब्लिकन पार्टी के चार गुट एक नहीं हो सकते वहाँ राष्ट्रीय पार्टी का निर्माण क्यों नहीं हो सकता।

दलित के सामाजिक और राजनीतिक आन्दोलन की सैलाब धीमी हुई है। तूफ़ान थम गया है। आकाश निरभ्र हुआ है। मैं ऐसी सदिच्छा व्यक्त करता हूँ कि ऐसे निरभ्र समय पर नवोदित दलित लेखकों की असीमित उर्मियाँ उफ़नकर आयें।

बाबासाहेब आम्बेडकर के विचारों तथा कार्य का प्रचार-प्रसार करने का काम रिपब्लिकन पार्टी ने किया है। दलित पैंथर ने भी किया। परन्तु उनका कार्य दलित साहित्य जितना प्रभावशाली नहीं ठहरा। दलित साहित्य ने रिपब्लिकन पार्टी तथा दलित पैंथर की तुलना में आम्बेडकरी विचार तथा कार्य का प्रचार-प्रसार अधिक किया है। दलित साहित्य का आन्दोलन केवल मराठी में ही नहीं तो सम्पूर्ण भारतीय भाषाओं प्रारम्भ हुआ है और वह भारत के बाहर भी पहुँचा है। दलितों में से अनेक जनजातियों के लेखक दलित साहित्य लिखने लगे हैं। दलित साहित्य ने बाबासाहेब आम्बेडकर का स्वप्न सर्वदूर फैलाने का महान कार्य किया है। जिस प्रकार रिपब्लिकन पार्टी और दलित पैंथर को स्वार्थ तथा गुटबाज़ी ने खोखला किया; उस प्रकार दलित साहित्य की हानि नहीं हुई। जो लेखक स्वार्थ में अटक गये, गुटबाज़ी की राजनीति करते रहे; वे लेखक के रूप में नष्ट हुए। उनका लेखन रुक गया, उनका प्रभाव नष्ट हुआ। दलित साहित्य रुका नहीं, नष्ट नहीं हुआ। वह रास्ता भटक न गया। वह (गुटबाज़ी) गुट-दलों में विभाजित नहीं हुआ। दलित लेखकों के गुट निर्माण हुए। दलित लेखक भी अपनी जाति, गुट की ढालें लेकर लड़ें। उन्होंने सच्चा आम्बेडकरवादी वे ही, ऐसा हो हल्ला भी मचाया। दलित लेखकों की 'तू तू- मैं मैं' की लड़ाई से दूर लेखकों ने अपना लेखन शुरू ही रखा। वे इस आपसी लड़ाई में नहीं पड़े। अनेक नवीन दलित लेखक दलित साहित्य के प्रवाह में लेखन करते रहे। दलित साहित्य प्रवाह नवोदितों के अच्छे लेखन करने से विस्तृत हुआ। आज दलित साहित्य सात समुन्दर पार पहुँचा है। यह प्रवाह कुण्ठित क्यों नहीं हुआ? इसका समस्त श्रेय नवोदित दलित लेखकों को देना होगा। उसी तरह हर साल दलित साहित्य के सम्मेलनों को आयोजित करनेवालों को भी देना होगा। इन सभी ने दलित साहित्य का मार्गक्रमण जारी रखने का काम किया है।

दलित समाज की प्रचण्ड बदनामी वेद-पुराणों ने की है। दलितों को अभद्र और अस्पृश्य ठहराया है। हम पर लगी इस कालिमा को हमें मिटाना पड़ेगा। एक तो हिन्दू धर्म की जातिव्यवस्था के विरुद्ध तीव्र संघर्ष करना पड़ेगा अथवा जातिव्यवस्था प्रधान हिन्दू धर्म का त्याग कर बाबासाहेब आम्बेडकर द्वारा दिये बौद्ध धम्म का स्वीकार करना होगा। धर्मान्तर जातिव्यवस्था के विरुद्ध उठाया एकमात्र हथियार है। यह प्रश्न महाराष्ट्र के बौद्धों ने अपने तक सुलझाया है।

महाराष्ट्र की आम्बेडकर प्रिय जनता ने सामाजिक क्रान्ति का नेतृत्व किया है और उसके परिणाम भी भोगे हैं। दलित साहित्य क्रान्तिकारी समाज की सन्तान है। लोकशाहिर आण्णाभाऊ साठे के लेखन में क्रान्ति की चिंगारियाँ प्रज्वलित होती हुई दिखाई देंगी। अनेक सामाजिक स्तर शिक्षा और जनतन्त्र का जैसे-जैसे प्रसार होता है वैसे-वैसे जाग्रत हो रहे हैं। अनुसूचित जाति और जनजातियाँ जग गयी हैं तथा उनमें से नवीन लेखकों का उदय हो रहा है। घुमन्तू-विमुक्त जनजाति के अशोक पवार अग्रणी दलित लेखक हैं। दलित साहित्य को बहुविख्यात करने का श्रेय नामदेव ढसाळ, बाबूराव बागुल, दया पवार जैसे बौद्ध लेखकों तथा लक्ष्मण माने, लक्ष्मण गायकवाड जैसे घुमन्तू-विमुक्त जमात के लेखकों को देना होगा। लक्ष्मण माने ने यद्यपि बौद्ध धर्म का स्वीकार किया हो तो भी उन्होंने घुमन्तू-विमुक्तों का किया प्रतिनिधित्व कभी भी भूल नहीं सकते।

'क्या है दलित साहित्य का योगदान?' मैंने इस प्रश्न के इसके पूर्व उत्तर दिये हैं। दलित साहित्य ने मराठी भाषा को नवीन शब्द दिये। मराठी साहित्य को नवीन नायक दिया, मराठी पाठकों को नवीन अनुभव दिये। मराठी अभिरुचि को अन्तर्मुख किया। मराठी साहित्य-समीक्षा का क्षितिज विस्तृत किया। प्रगतिशील साहित्य की कक्षा बढ़ायी। ग्रामीण साहित्य तथा स्त्रीवादी साहित्य को दलित साहित्य के प्रभाव के कारण नवीन दीप्ति मिली। सफ़ेदपोश वर्ग को दलित साहित्य के कारण दलित समाज के प्रश्न मालूम हुए। पाठशाला के तथा विश्वविद्यालयीन पाठ्यक्रमों में दलित साहित्य का समावेश होने से नवीन पीढ़ी को दलितों पर होने वाले अन्याय-अत्याचारों का एहसास हुआ। परिणामत: दलित और ग़ैर-दलितों में भावनिक सामंजस्य निर्माण होने सहायता हुई। भारतीय भाषाओं में दलित साहित्य के अनुवादों के कारण दलित साहित्य की निर्मिति होने लगी। उस कारण दलितों का साहित्य राष्ट्रीय स्तर पर उदित हुआ। मराठी के दलित साहित्य ने अन्य भाषाओं के पाठक, अनुसन्धाता, लेखक, अनुवादक और प्रकाशकों का ध्यान आकर्षित करा

लिया। परिणामतः मराठी साहित्य की समृद्धि पर विचार हुआ। स्वातन्त्र्योत्तर काल के एक महत्त्वपूर्ण साहित्य प्रवाह के रूप में दलित साहित्य की समीक्षा हुई। इसे दलित साहित्य का योगदान कह सकते हैं।

वस्तुतः दलित साहित्य के प्रवाह ने अनेक जनजातियों के लेखकों को अपने में समा लिया है। शंकरराव खरात, प्र. ई. सोनकांबळे और यशवन्त मनोहर जैसे बौद्ध लेखकों ने दलित साहित्य समृद्ध किया है। लक्ष्मण माने, लक्ष्मण गायकवाड, वैजनाथ कळसे, अशोक पवार जैसे घुमन्तू-विमुक्त जनजातियों के लेखकों ने सकस दलित साहित्य की निर्मिति की है। भुजंग मेश्राम, वाहारु सोनवणे और नजुबाई गावित जैसे आदिवासी लेखकों के लेखन को 'मराठी दलित साहित्य' के रूप में पहचाना गया। माधव कोंडविलकर, राम दोतोंडे, लहु कानडे और ना. म. शिन्दे जैसे चर्मकार समाज के लेखकों की पुस्तकों पर 'दलित मराठी' के रूप में ही विचार किया गया। उत्तम बंडू तुपे, नारायण कांबळे जैसे मातंग समाज के लेखकों ने दलित साहित्य को ख्याति दिलायी है। ध्यान में लेना चाहिए कि दलित साहित्य, दलितों की सांस्कृतिक एकता की पहचान है। सभी जातियों के पाठकों ने दलित साहित्य की काफ़ी प्रशंसा की है। फिर भी दलित साहित्य का मनुष्य अभी भी उपेक्षित ही है, यह ध्यान में लेना चाहिए। दलित साहित्य स्वातन्त्र्य की आकांक्षा से व्यक्त हुआ है। राजनीतिक प्रेरणा से स्वातन्त्र्य की आकांक्षा जन्म लेती है। राजनीतिक आकांक्षा से प्रेरित समाज जाग्रत होता है। ऐसा समाज 'शासनकर्ती जमात होने का' स्वप्न देखता है। क्या उसी कारण 'शासनकर्ती जमात होने का' स्वप्न देखने वाले समाज का साहित्य समाप्त हुआ है? आन्दोलन ख़त्म हुआ है? ऐसे प्रश्नों पर विमर्श होना ज़रूरी ठहरता है। इस पर बात करनी चाहिए कि विगत 'साठ-पैंसठ वर्षों में' भारतीय जनतन्त्र में दलित जनता एक निर्णायक राजनीतिक शक्ति के रूप उदित हो रही है या नहीं। क्या सामाजिक ध्रुवीकरण की गति नष्ट हो रही है? इस पर भी विमर्श करना होगा कि सामाजिक अभिसरण के लिए दलितों में स्थित बुद्धिजीवियों ने क्या भूमिका ली है। और ऐसे विधायक विमर्श के लिए आम्बेडकरवादी साहित्य सम्मेलनों की ज़रूरत है।

सामाजिक समानता का विचार आम्बेडकरवादी साहित्य सम्मेलनों के कारण लोगों में अँखुआ सकते हैं। सामाजिक परिवर्तन के लिए लिखने वाले लेखकों का आत्मविश्वास बढ़ा सकते हैं। सामाजिक न्याय के लिए जगह-जगह जारी संघर्षों की स्थिति-गति का विचार कर सकते हैं। दलित समाज में विचार मन्थन की प्रक्रिया को गति दे सकते हैं। आम्बेडकरवादी साहित्य सम्मेलन के आयोजन का उपयोग

ग़ैर-दलित समाज के साथ सुसंवाद स्थापित करने के एक साधन के रूप करना सम्भव होता है। इसलिए आम्बेडकरवादी साहित्य सम्मेलनों का होना, सामाजिक ज़रूरत है।

ऐसा चित्र है कि दलितों और स्त्रियों को अवसर मिलते ही वे अवसर का सोना बनाते हैं। राष्ट्र निर्माण में भारतीय दलितों ने अपनी सहभागिता सँभाली है। मैं दलितों की सांस्कृतिक गुणवत्ता के प्रतीक के रूप में दलित साहित्य की ओर देखता हूँ। महाराष्ट्र के दलितों ने भारत के दलितों को दिशा दिखाने का प्रयत्न किया है। फुले-आम्बेडकर का दर्शन सामाजिक क्रान्ति का दर्शन है। सम्पूर्ण भारत के शोषितों के आन्दोलनों को इस दर्शन ने मज़बूत अधिष्ठान दिया है। सुशीलकुमार शिन्दे, गंगाधर पानतावणे, रामदास आठवले, रा. सू. गवई, प्रकाश आम्बेडकर, जोगेन्द्र कवाडे, लक्ष्मणराव ढोबळे, सुखदेव थोरात, भालचन्द्र मुणगेकर, नरेन्द्र जाधव, बाळकृष्ण रेणके, रत्नाकर गायकवाड, रावसाहब कसबे और उत्तम कांबळे ने अपने क्षेत्र में अपना अस्तित्व बनाया है।

विगत साठ-पैंसठ वर्षों में दलितों ने की प्रगति का हिसाब हमें देना पड़ेगा। लोगों के सामने दलितों की सफलताएँ प्रस्तुत करनी पड़ेंगी। आरक्षित पदों तथा जनतन्त्र के कारण दलितों की जो प्रगति हुई उसे सकारात्मक रूप में दोहराना पड़ेगा। अन्यथा, दलितों की अगली पीढ़ियों में नैराश्य का वातावरण निर्माण होगा तथा ग़ैर-दलितों में आरक्षित पदों के विरोध में असन्तोष निर्माण होगा। दलित सुशिक्षितों को दलित समाज का सकारात्मक चित्र खड़ा करने का प्रयत्न करना चाहिए। आम्बेडकरवादी साहित्य सम्मेलन आयोजित करने के पीछे का यही उद्‌देश्य है।

दलितों का आरक्षित पदों के कारण कितना उद्धार हुआ इसका एक बार लेखा-जोखा लेना चाहिए। इसका भी विचार होना चाहिए कि आरक्षित पदों के परिणामस्वरूप क्या दलितों के सभी प्रश्न सुलझ जाते हैं? आरक्षित पदों के कारण दलितों में एक मध्य वर्ग निर्माण हो रहा है। यह महत्त्वपूर्ण है कि सामाजिक न्याय के संघर्ष में यह मध्यवर्ग कौन सी भूमिका लेता है। इस तरह का अपप्रचार हो रहा है कि प्रस्तुत मध्यवर्ग समाज से दूर हो रहा है, आन्दोलन से दूर हो रहा है। सामाजिक न्याय के लिए भारतीय संविधान ने प्रदान किये आरक्षित पदों पर कार्यरत प्रत्येक को सामाजिक प्रतिबद्धता की भावना से काम करना होगा।

मैं दलितों के बीच के सुशिक्षित वर्ग की ओर हज़ारों वर्षों से अज्ञान के अन्धकार में लड़खड़ानेवाले दलित समाज की जाग्रत इकाई के रूप में देखता हूँ।

इक्कीसवीं शती में भी अनुसूचित जनजातियाँ ज्ञान-विज्ञान से कोसों दूर हैं। यह समझने की ज़रूरत है कि इन निरक्षर दलितों से अपना क्या देय है। दलितों के बीच की प्रताड़ित इकाई के विकास और जागृति के सम्बन्ध में केवल देखनेवाले की भूमिका नहीं ले सकते। दलितों के कल्याणविषयक सरकार द्वारा शुरू की गयी योजनाओं के निधि में दुराचार होता है। दलितों के विकास कामों के लिए उपलब्ध करा दिये निधि का व्यय नहीं किया जाता। व्यय हुआ हो तो निधि अन्यत्र घुमाया हुआ होता है। यह प्रशासकीय जातिवाद है। इस बात को भूलना नहीं होगा कि प्रशासन और सरकार में भी मनुवादी हैं। दलितों के कल्याण की योजनाएँ हड़प की जा रही हैं, दलितों के बीच के सुशिक्षितों को इसके बारे में सजग होने की ज़रूरत है। सामाजिक कार्यकर्ताओं को प्रताड़ितों का पक्ष लेने के लिए सूचना का अधिकार प्रयुक्त करना चाहिए।

भारतीय संविधान ने दलितों के लिए आरक्षित पदों की व्यवस्था की है। परन्तु यहाँ के चालाक जातिवादी प्रशासन ने अनेक वर्षों से आरक्षित पदों की पूर्ति ही नहीं की। ये पद रिक्त रखे इसलिए कि उचित उम्मीदवार नहीं मिल रहे हैं और उन पदों पर खुले प्रवर्ग के उम्मीदवारों को अवसर दिया। सरकार को इसके लिए क़ानून करना पड़ा। आज भी अनुशेष की पूर्ति नहीं की जा रही है। आरक्षित पदों पर नियुक्त उम्मीदवारों पर अनेक तरह से अत्याचार किये जाते हैं। उन्हें काम नहीं दिया जाता। उन्हें अधिकार नहीं दिये जाते। उनका तबादला अड़चनों के स्थान पर किया जाता है। उनके पीछे जाँचें लगायी जाती हैं। उनके गोपनीय रिपोर्ट ख़राब लिखे जाते हैं। उन्हें 'सरकार का दामाद' कहकर अपमान किया जाता है। प्रशासन में होने वाला जातिवाद देहात के जातिवाद से भी भयंकर है। दलित आन्दोलन ने दलित कर्मचारियों के साथ केवल सदस्यत्व राशि वसूलने जितना सम्बन्ध रखा है। आन्दोलन के माध्यम से दलितों के बीच के मध्यवर्ग के प्रश्न जान लेने चाहिए। यदि दलितों में से आनेवाला मध्य वर्ग ही दबाया जा रहा हो तो उसका समर्थन करना होगा।

दलित समाज के सुशिक्षित बेरोजगारों के प्रश्नों का गाम्भीर्य से विचार नहीं किया जाता। दलित युवक बहुत बड़ी संख्या से पारम्परिक शिक्षा की गराँव को बाँधे जा रहे हैं। सुशिक्षित दलित बेरोज़गारों के पास आधुनिक उद्योग-व्यवसायों में नौकरी हासिल करने लगने वाले कौशल नहीं है। यह बेरोज़गारी बढ़ती ही जा रही है। दलितों के आरक्षित पदों पर जाति के झूठे प्रमाणपत्र देकर डाका डालने का प्रयत्न हो रहा है। बढ़ती जनसंख्या, बढ़ता भ्रष्टाचार, बढ़ती महँगाई, बढ़ती बेरोज़गारी और

बढ़ती हिंसा का सर्वाधिक बुरा परिणाम दलितों पर हो रहा है। दलितों की रोजी-रोटी के प्रश्न क्लिष्ट हुए हैं। प्याज के दर बढ़ते ही सरकार गड़बड़ा जाती है। दलित-आदिवासियों को पीने के पानी के लिए व्यर्थ घूमना पड़ता है। परन्तु शासन को दलितों के प्रश्न कभी महत्त्वपूर्ण लगे ही नहीं। दलित साहित्य में दलित लेखकों की गुटबाज़ी है। गुटबाज़ी होना जीवन्तता का लक्षण है। हज़ारों वर्षों पश्चात् मुक्त रूप में साँस लेने का अवसर प्राप्त समाज में अनेक स्वर प्रकट होना प्राकृतिक ही है। परन्तु जब दलितों के सामाजिक, राजनीतिक हित का प्रश्न आता है तब इस गुट द्वारा रचनात्मक भूमिका लेना आवश्यक है; परन्तु वैसा होता नहीं। एक गुट दूसरे गुट को शत्रु समझकर बर्ताव करते हुए दिखाई देता है। उससे गुट-गुट का नुकसान हो रहा है। गुटाधिपतियों को इसे पहचानने की ज़रूरत है। दलित आन्दोलन की समाज में स्थित विश्वासार्हता नष्ट हो रही है। नेतृत्व द्वारा इसका विचार करने का समय आया है। सम्पूर्ण दलित आन्दोलन नष्ट होने का भय लगने जैसी स्थिति है।

देश ने सिखों का दहशतवाद देखा, मुस्लिमों का दहशतवाद देखा, हिन्दुत्ववादियों का भी दहशतवाद देखा; परन्तु दलितों ने कभी भी दहशतवादी कृत्य नहीं किये हैं। यही भूमिका दलित आन्दोलन ने ली है, 'युद्ध न चाहिए, बुद्ध चाहिए।' इस देश में सर्वाधिक पीड़ित और लुटाया दलित ही है। इस देश में सर्वाधिक अपमान तथा अप्रतिष्ठा दलितों की हुई है। परन्तु दलितों ने कभी भी प्रतिशोधबुद्धि से बर्ताव नहीं किया अथवा उन्होंने आत्मघाती कार्रवाइयाँ भी नहीं कीं। दलितों ने जनतन्त्र का आदर ही किया है। बाबासाहेब द्वारा स्वीकृत बौद्ध धम्म तथा उन्होंने लिखे संविधान में इसका कारण मिलता है। ये घटनाएँ दलित आन्दोलन को अहिंसा तथा जनतन्त्र के मार्ग से ले जानेवाली हैं। दलित साहित्य में अंकित विद्रोह रचनात्मक है। बन्धुता के लिए वह व्यक्त हुआ है। हिन्दुत्ववादी चिल्लाते हैं कि गोहत्या न हों। उन्हें गोमाता की हत्या पाप महसूस होता है। परन्तु मालेगाँव में दलितों को मारा, हैदराबाद में दलितों को मारा, खैरलांजी में दलितों को मारा; हिन्दुत्ववादियों को उसका कुछ नहीं लगता। गाय का मूत्र जातिवादियों को पवित्र लगता है और दलितों का स्पर्श अपवित्र; क्या यह विकृति नहीं है?

दलित लेखकों को स्त्रियों के प्रश्नों के बारे में समर्थन की भूमिका लेना ज़रूरी है। स्त्रियाँ घर में ग़ुलाम हैं तो दलित गाँव सीमा बाहर के ग़ुलाम हैं। यहाँ की परम्परा ने स्त्री-शूद्रों का शोषण किया है। यदि इस देश की स्त्री ने प्रगतिशील भूमिका ली तो जातिव्यवस्था की कमर टूटे बग़ैर नहीं रहेगी। यह व्यवस्था स्त्री और अतिशूद्रों

की ग़ुलामी पर ही ज़िन्दा है। परिणामत: स्त्री स्वातन्त्र्य संघर्ष के हम समर्थक हैं। वह अपनी नैतिकता है। अन्याय-अत्याचारों की सर्वाधिक आँच स्त्री को ही पहुँचती है। दरिद्रता के सर्वाधिक बुरे परिणाम स्त्री को ही भुगतने पड़ते हैं। सबसे अधिक निरक्षर स्त्रियाँ ही हैं। हमें इस उपेक्षित इकाई के साथ खड़े रहने की ज़रूरत है। ऐसे भ्रम में न रहे कि यह विषमता केवल अपने बल पर नष्ट होगी। आन्दोलन के अपने मित्र बढ़ाने चाहिए। जातिअन्त का संघर्ष सर्वव्यापी होना चाहिए। अपनी कटु आक्रमक भूमिका के कारण अपने समर्थक अलग होते जायेंगे, इसका विचार हो। सभी स्तरों से हमें समर्थक मिलने चाहिए। ध्यान में लीजिए कि अन्यथा हमारा आन्दोलन अकेला हो जायेगा।

हमारे विचारकों को बताना चाहिए कि इक्कीसवीं शती के ज्ञान-विज्ञान द्वारा निर्मित प्रश्नों का सामना कैसे करें। दरिद्रता तथा सामाजिक विषमता बढ़ ही रही है। दलितों पर होने वाले अन्याय-अत्याचार कम नहीं होते हैं। दुनिया बदल रही है, परन्तु धर्मान्ध नहीं बदल रहे हैं। मुक्त आर्थिक नीति और निजीकरण में दलित कैसे टिकेंगे, इसका विचार हमारे नेताओं को करना चाहिए। दलितों के बीच की जाति और उपजातियों में मनमुटाव निर्माण हो रहा है। आन्दोलन के कार्यकर्ताओं को तय करना चाहिए कि दलितों के बीच की जातीयता के विरुद्ध कैसा संघर्ष करें। घुमन्तू-विमुक्त जनजातियाँ अभी भी पशुतुल्य जीवन जी रही हैं। दलितों के सामाजिक और शैक्षिक संस्थाओं को विचार करना चाहिए कि इन जनजातियाँ का नागरीकरण और पुनर्वसन कैसा करें। दलित जनसंख्या की दृष्टि से अल्पसंख्य हैं। सामाजिक कार्यकर्ताओं को इसका विचार करना चाहिए कि समस्त अल्पसंख्यकों में बन्धुत्व किस तरह निर्माण करना सम्भव होगा। दलित के नाते अपनी अलग पहचान रखकर, दलितों को भारतीय कैसे होना सम्भव है, इसके बारे में दलित लेखकों को चिन्तन करना चाहिए। इसके लिए साहित्य सम्मेलन में विचार होना चाहिए।

डॉ. बाबासाहेब आम्बेडकर ने हिन्दू धर्म का त्याग कर बौद्ध धम्म का स्वीकार किया। परिणामत: हमें एक नवीन धम्म मिला। एक नवीन जीवनशैली मिली। एक नवीन दृष्टि मिली। हममें हिन्दू के रूप में जन्म लेकर बाद में बौद्ध बनी एक पीढ़ी है तथा बौद्ध के रूप में जन्म ली हुई दूसरी एक पीढ़ी है। बौद्धों को पूर्वाश्रम के अस्पृश्य मानकर उन पर अत्याचार किये जा रहे हैं। यह निश्चित करने का समय आया है कि इस जात्यन्ध मानसिकता के विरुद्ध संघर्ष कैसे करें। अभी भी दलितों के बीच की अनेक जनजातियाँ धर्मान्तर न करते हुए हिन्दू धर्म में ही रही हैं। उन पर भी

जातिवादी अत्याचार कर रहे हैं। धर्मान्तर न किये दलितों की ओर से भी बात करने की ज़रूरत है। यह तय करने का समय आया है कि जो हिन्दू जातिवादी नहीं है, प्रगतिशील हैं; ऐसे हिन्दुओं के साथ जाति-व्यवस्था के विरुद्ध कैसा संघर्ष करना है।

दलितों में धर्मान्तर के बाद एक नवीन जागृति निर्माण हुई है। सम्पूर्ण भारत में यह जागृति फैल रही है। भारत के दलित बाबासाहेब आम्बेडकर के साथ तथागत गौतम बौद्ध को मुक्तिदाता मानते हैं। ऐसा हो तो अभी भी बहुत बड़ी जनसंख्या अज्ञान के अन्धकार में लड़खड़ा रहा है। धर्मान्तरित न हुए दलितों में धर्मान्तर की लहर निर्माण करने तथा धर्मान्तरित दलितों में नवीन परम्परा और संस्कृति का असर कराने के लिए दलित बुद्धिजीवियों को विचार करना ज़रूरी है। बौद्ध विहार ज्ञान के भण्डार बनने चाहिए।

हम भारत में जन्मे हैं, भारतीय के रूप में जीवन जीनेवाले हैं और भारतीय के रूप में ही मरनेवाले हैं। हमें अपना राष्ट्रीयत्व जाति धर्म के परे जाकर समझ लेना है। राष्ट्रीयत्व यानी हिन्दुत्व नहीं। हिन्दुत्व यानी हिन्दू धर्म नहीं। हिन्दुत्व यानी भेदभाव पर आधृत तथा वर्णश्रेष्ठत्व के स्वार्थ की भाषा बोलनेवाला कट्टर ब्राह्मणवाद है। हम हिन्दू विरोधी न होकर हिन्दुत्वविरोधी हैं। हम ब्राह्मणविरोधी न होकर ब्राह्मण्यविरोधी हैं। हमारा विरोध हिन्दू मनुष्य को नहीं; उसकी जातिवादी प्रवृत्ति को है। मैं इस जातिवादी प्रवृत्ति पर प्रहार करने वाले प्रभावी हथियार के रूप में दलित साहित्य की ओर देखता हूँ।

भारतीयत्व यानी जहाँ प्रान्त, भाषा, धर्म, पन्थ तथा जातियों का विलय होता है और केवल भारतीय नागरिकत्व की भावना का गरूर लगता है। भारतीयत्व यानी बन्धुत्व। भारतीयों में बन्धुत्व और भगिनी भाव निर्माण होना यानी हमारा व्यक्तित्व राष्ट्रीय होना। राष्ट्रीय होना प्रत्येक नागरिक के जीवन की सर्वोत्तम सुन्दर प्रणाली है। दलित साहित्य समानता, स्वातन्त्र्य, बन्धुता जैसे मूल्यों को महान मानता है। आम्बेडकरवादी साहित्य सम्मेलन यानी बन्धुता का महान उत्सव है।

दलितों को बन्धु मानने की मानसिकता अभी तैयार नहीं हुई है। जातिवादी प्रवृत्ति के लोग दलितों को अभी भी जूते समान मानते हैं। हमारी हज़ारों पीढ़ियाँ उनके पैरों के सन्निकट जीती रही। बाबासाहेब ने दलितों को वहाँ से उठाया और कन्धे से कन्धा लगाकर खड़े रहने तथा आँख से आँख मिलाकर बोलने का साहस सिखाया है। हमें लाचारी को ऊखाड़ देना चाहिए। हमें जीवन के विविध क्षेत्रों में उतरना होगा। स्पर्धा करनी होगी तथा सत्ता-सम्पत्ति में सहभागिता माँगनी होगी। बाबासाहेब आम्बेडकर

का आदर्श आँखों के सामने रखकर प्रत्येक क्षेत्र में अग्रसर होने के लिए संघर्ष करना होगा। यही अपनी जीवनशैली है। यही अपनी विचारशैली है।

यह मालूम करा लेना चाहिए कि दलित साहित्य का आज के सन्दर्भ में क्या महत्त्व है। दलित साहित्य के कारण दलितों का भयानक अतीत आँखों के सामने खड़ा रहता है। इसके तफ़सील मालूम होते हैं कि दलितों के साथ विषम समाज व्यवस्था ने कैसे अमानुषता का व्यवहार किया। इसका आकलन होता है कि इन हज़ारों वर्षों की असमानता के विरुद्ध दलित समाज कैसा संघर्ष करता है। यह साहित्य दलितों को आत्मसम्मान का एहसास करा देनेवाला साहित्य है। इस साहित्य में भारतीय विषम समाज व्यवस्था की चीर-फाड़ की हुई दिखाई देगी। मैं दलित साहित्य की ओर मानवाधिकार के दस्तावेज़ के रूप में देखता हूँ।

पहले ऐसा सोचा जाता था कि 'क्या दलित साहित्य आवर्त में फँसा है?' अब 'क्या दलित साहित्य समाप्त हुआ है?' ऐसा सोचने जैसी स्थिति निर्माण हुई है। दलित साहित्य का 1970-80 के दशक में जो अभूतपूर्व स्वागत हुआ, वह अब थम गया है। दलित लेखकों की पुस्तकें प्रकाशित होते ही उन पर विपुल विचार होता था। आज अनेक लेखक लिखते हैं, अनेक पुस्तकें प्रकाशित हो रही हैं परन्तु उन पर बातचीत नहीं होती। दलित साहित्य के समीक्षक ही दुर्लभ हुए हैं।

दलितों के बीच से नवीन प्रतिभाशाली समीक्षक निर्माण होने की ज़रूरत है। नवीन दलित लेखकों की समीक्षा करने वाले समीक्षक ही बचे नहीं हैं। यह बहुत बड़ी रिक्तता निर्माण हुई है। वस्तुस्थिति यह कि ग़ैर-दलितों के बीच से दलित साहित्य की समीक्षा करने वाले नवीन समीक्षक आगे नहीं आते हैं। आज मराठी के महान समीक्षक ज़िन्दा नहीं है। जो ज़िन्दा हैं वे लिखते नहीं हैं। परिणामत: नवोदितों के साहित्य की बात नहीं होती। जिस भाषा में नवोदित लेखक नहीं होते उस भाषा की पतझर शुरू होती है। नवोदित लेखक नवीन बौर होती है। नवीन पत्ते होते हैं। नवीन आविष्कार होता है। नवोदितों के कितने हाथ लिखते हैं, उस बात के आधार पर उस साहित्य की अमीरी आँकी जाती है।

दलित लेखकों की पहली पीढ़ी निवृत्त हुई है। इन सभी ने एक काल धूम मचायी थी। दलित साहित्य को प्रस्थापित किया। इस पुरानी पीढ़ी के अनेक लेखक आज नहीं लिखते। एकाध-दूसरा अपवाद छोड़े तो सभी ने अपनी लेखनियाँ म्यान की हैं। नवीन लेखक पुराने लेखकों का अनुकरण कर रहे हैं; तो पुराने लेखक उन्हीं मुद्दों को व्यक्त कर रहे हैं। नवीन शतक की शैली और भाषा हजम करने का प्रयत्न होते

हुए दिखाई नहीं देता। ध्यान में लेना चाहिए कि ऐसी परिस्थिति में लेखक की मृत्यु असमय होती रहती है।

बाबासाहेब आम्बेडकर ने बीसवीं शती में पुन: एक बार प्राचीन बौद्ध धम्म का पुनरुज्जीवन किया है। बाबासाहेब ने समय के परे बुद्ध को नया रूप दिया। 'बुद्ध एंड हिज धम्म' नामक बाबासाहेब ने लिखा नवीन त्रिपिटक है। बाबासाहेब आम्बेडकर को अभिप्रेत बौद्ध समाजनिर्मिति कार्य में दलित लेखक व्यस्त हैं। दलित साहित्य में दलित समाज की सांस्कृतिक आशा-आकांक्षाओं का प्रतिबिम्ब रेखांकित हुआ है। दलित साहित्य में सामाजिक समानता का आन्दोलन गतिमान हुआ। सामाजिक परिवर्तन की ज़रूरत ख़त्म नहीं हुई। बाबासाहेब आम्बेडकर ने केवल पीपल के वृक्ष तले ध्यानस्थ बैठा बुद्ध देखा नहीं है तो उन्होंने अमानुष जातिव्यवस्था पर प्रहार करने वाली महान प्रेरणा के रूप में तथागत बुद्ध की ओर देखा है। बाबासाहेब आम्बेडकर को अभिप्रेत सामाजिक क्रान्ति के लिए हमें लिखना चाहिए, बोलना चाहिए। अपना सम्मेलन उसी का एक भाग है। अत: इस सम्मेलन के आयोजकों को और इस सम्मेलन में उपस्थित साहित्य प्रेमी भाई-बहनों के प्रति मैं धन्यवाद ज्ञापित करता हूँ।

जय भीम!

—अध्यक्षीय भाषण

12वाँ अ.भा.आम्बेडकरवादी साहित्य सम्मेलन, नान्देड़

मार्च 2011

23
मनुष्य हिंस्त्र है

मित्रो!

मैं सोनई, खर्डा और जवखेड़ में हुए दलित हत्याकाण्डों का तीव्र शब्दों में निषेध करता हूँ।

कार्यक्रम हेतु जब मैं महाराष्ट्र के बाहर जाता हूँ तो मुझे कुछ प्रश्न पूछे जाते हैं। ये प्रश्न सुनकर मुझे आश्चर्य होता है। ये प्रश्न ही मूलतः अस्वस्थ करने वाले होते हैं। इन प्रश्नों के सामने में निरुत्तर होता हूँ। 'हम निशस्त्र हुए हैं।' हम हमारे हथियार खो चुके हैं, ऐसा मुझे लगने लगा। मेरा निशस्त्र होना यानी मेरे अन्दर के लेखक की मृत्यु होना। मुझसे हथियार खो जाना यानी मेरे शब्द निष्प्रभ होना है। दुनिया में सबसे बड़ा जनतन्त्र होने वाले देश में यदि दिन में घर में घुसकर बलात्कार हो रहे होंगे, हत्याएँ हो रही होंगी तो इस जनतन्त्र का अभिमान कैसे रखें? आजकल मुझे तो इस जनतन्त्र के प्रति आशंका लगती है। देश मंगल पर जा रहा है। हमें इसका अभिमान महसूस होना चाहिए। देश मंगल पर गया परन्तु दलित मन्दिर में नहीं जा सकते, पनघट पर नहीं जा सकते। देश का सामाजिक वास्तव है यह। हमें इसका अपमान महसूस होना चाहिए। यह जनतन्त्र अभिमान तथा अपमान के आश्रय से जी रहा है। दलित पैंथर के अस्तित्व के काल में मैं लगभग तीस-चालीस वर्षों पूर्व जातिव्यवस्था के विरुद्ध अत्यन्त प्रखरता से बात करता था। लगता है कि आज मेरी प्रखरता भोथरी हुई है। ऐसा लगने लगा है कि मैं जातिव्यवस्था के सामने बहुत ही लाचार हुआ हूँ।

जब मैं महाराष्ट्र के बाहर जाता हूँ तब प्रमुखता से पूछा जाता है, महाराष्ट्र में तो दलित आन्दोलन की बड़ी शक्ति है। वही मराठी दलित साहित्य का उदय हुआ। यहाँ दलित पैंथर का आन्दोलन हुआ। यह फुले-आम्बेडकर की भूमि है। ऐसा है तो भी क्यों दलितों पर होने वाले अत्याचार बढ़ रहे हैं? ऐसे प्रश्नों का उत्तर क्या देना है? क्या महाराष्ट्र के दलित आन्दोलनों की शक्ति समाप्त हुई है? क्या सामाजिक

परिवर्तन के आन्दोलन को मराठी दलित साहित्य आगे नहीं ले गया? क्या फुले-आम्बेडकर अभी गाँव के बाहर ही हैं? अथवा दलितों पर होने वाले अत्याचार हज़ारों वर्षों से होते रहने से इन प्रश्नों के सम्बन्ध में यहाँ का समाज मन संवेदनशील नहीं है? सरकार-प्रशासन में भी जातिव्यवस्था के ही प्रतिनिधि होने से इस प्रश्न की ओर वे उदासीनता से देख रहे हैं? मुझे लगता है कि इन सभी प्रश्नों की जड़ में बन्धुता है। मेरे मन में प्रश्न है कि क्या इस देश में रहने वाले लोगों के मन में वस्तुतः 'बन्धुभाव' और 'भगिनीभाव' है?

अपने देश की बन्धुता जातिव्यवस्था की दासी है। जातिव्यवस्था ने यहाँ के व्यक्ति के जन्म से लेकर मृत्यु तक और मृत्यु पश्चात् के भी सभी व्यवहार नियन्त्रित किये हैं। बन्धुता मानव जीवन-व्यवहार के साथ जुड़ी होती है। मानव जीवन व्यवहार जाति संवेद्यता से प्रेरित होने से इस देश की बन्धुता जाति की हदबन्दी लाँघ न सकी। बुद्ध से ही इस बन्धुता को सामाजिक आत्मभान देने का काम हुआ है। फिर भी यह बन्धुता 'अपनी जाति का मनुष्य', 'अपना मनुष्य' के पार जाने की इच्छा नहीं रखती। उसी कारण ही शायद आज प्रत्येक मनुष्य को अपनी जाति सुरक्षा का कवच लगने लगी है। ऐसी मानसिकता बढ़ने लगी है कि जाति व्यवस्था मज़बूत होनी चाहिए और प्रत्येक मनुष्य की जाति वैध होनी चाहिए।

सभी आन्दोलन इक्कीसवीं शती में कालबाह्य होंगे। समस्त दर्शन बेकार ठहरेंगे। इस तरह का भविष्य कथन किया गया है। क्या यह भविष्य सच हो रहा है? अन्तर्मुख होकर इसका भी विचार करना होगा। जातियों को तोड़ने की तुलना में जातियों को सुरक्षित रखना, जाति के संगठन निकालना, जाति के मेले लेना, जाति के मनुष्य का समर्थन करना, जाति के वर-वधू सम्मेलनों का आयोजन करना ऐसे अनेक प्रकारों से जाति का प्राबल्य बढ़ा है। जब दलितों पर अन्याय होता है, तब जातिवादियों को आनन्द ही होता है। जातिवादियों का स्वर होता है, 'अच्छा हुआ। बहुत उन्मत्त हुए थे। हम उनकी उन्मत्तता को दबा नहीं रहे थे। किसी ने तो उन्हें दंडित किया। यह आवश्यक ही था।' उन्हें यह उद्धतता लगती है जब दलित अपने नागरी हक़ों के सम्बन्ध में बोलते हैं। जातिवादी मनुष्य दलितों की दोयमता भूलने तैयार नहीं हैं। यह वास्तविकता है। जातिवादी मानसिकता दलित को मनुष्य के रूप स्वीकृत करने की इच्छा नहीं रखती। ऐसे संस्कार ही हैं। जब दलित इन संस्कारों के सम्बन्ध में बोलना शुरू करते हैं तो ऐसी तीखी प्रतिक्रिया सुनने मिलती है कि 'दलित उन्मत्त हुए हैं।' मैं जातिव्यवस्था के विरुद्ध बात करता हूँ क्योंकि जातिव्यवस्था ने

मेरा घोर अपमान किया है। मेरा बोलना अत्यन्त स्वाभाविक है। जब मैं 'मनुष्य' के रूप में मानव मूल्यों की माँग करता हूँ, तब कहा जाता है कि 'मैं उन्मत्त होकर बात करता हूँ।' वस्तुतः मैं उन्मत्तता से बात नहीं करता, सहज रूप में बात करता हूँ। स्वाभाविकता से बात करता हूँ। उनकी परम्परा उन्हें बताती है कि दलित का बोलना लाचारी का होना चाहिए।

'आदर्श दलित कैसा होना चाहिए' इसका एक मानक उनकी पोथियों-पुराणों में है। 'दलित ने अन्याय के विरुद्ध एक शब्द भी निकालना नहीं। दीन होकर जीना है। तकरार नहीं करनी है। गर्दन झुकाकर जीना है।' इस तरह जीनेवाला दलित 'आदर्श दलित' होता है, यह व्यवस्था ऐसा बताती है। ऐसे आदर्श दलितोंविषयक 'भूतदया दिखाना' यानी सन्त होना, महात्मा होना, दलित मित्र होना जैसी प्रवृत्ति व्यक्त होती है। दलितों के उत्थापन की ओर एक बड़े कालपट पर देखना होगा। यदि विगत बीस शतकों की ओर निहारा तो क्या दिखाई देता है? दलितों के उन्नीस शतक क्रूर अन्धकार में नष्ट हुए हैं। उन्नीसवीं शती में दलितों की ओर से महात्मा फुले का कार्य और विचार प्रकट हुए दिखाई देते हैं। महानुभाव साहित्य और सन्त साहित्य में व्यक्त दलितोंविषयक 'भूतदया' बन्धुता के लिए योग्य नहीं ठहरती। बन्धुता में आत्मीयता और बराबरी की भावना होती है। भूतदया में सहानुभूति होती है।

सामाजिक समानता की भाषा महात्मा फुले के काल से अधिक तीव्र और अधिक स्पष्ट होती हुई दिखाई देती है। ब्रिटिश भारत का जनजागरण की कालावधि अत्यन्त महत्त्वपूर्ण है। स्त्रियों और दलितों के सम्बन्ध में इस कालावधि के समाज-सुधारकों ने जो प्रगतिशील भूमिका ली, उसका महत्त्व नकारा नहीं जाता। न्यायमूर्ति रानडे, गोखले और लोकसेवक आगरकर का कार्य भूल नहीं सकते। पारतन्त्र्य के काल में जो सामाजिक और राजनीतिक जागृति हुई थी वह अभूतपूर्व थी। इसी पृष्ठभूमि पर डॉ. बाबासाहेब आम्बेडकर का उदय हुआ है।

महात्मा फुले ने अपने घर का पानी का हौज अस्पृश्यों के लिए खुला किया। फुले के घर के हौज से शुरू हुआ समानता का आन्दोलन बाबासाहेब के समय तक महाड के सार्वजनिक 'चवदार तालाब' तक आ पहुँचा नज़र आता है। महात्मा फुले ने वर्णव्यवस्था के विरुद्ध 'गुलामगीरी' में प्रकट किया सन्ताप बाबासाहेब के समय तक 'अनहिलशन ऑफ़ कास्ट' के रूप में व्यक्त होता हुआ दिखाई देता है। महात्मा फुले ने शुरू किया 'सार्वजनिक सत्यधर्म' का स्वरूप बाबासाहेब के समय तक 'बुद्ध एंड हिज धम्म' का रूप लेता है। फुले-आम्बेडकर का कार्य और विचार दलितों को 'नव-जागरण युग' जैसे लगते हैं।

'अपना देश एकसंघ नहीं। यह देश अनेक जाति, धर्म, प्रान्त और भाषा भेदों से विभाजित है। भारत भेदों पर आधारित एक राष्ट्र है। जातिभेद के द्वीप नष्ट किये बिना हम एक राष्ट्र के रूप में खड़े नहीं हो सकते।' यह एक अस्वस्थ करने वाला वास्तव है तो 'अनेक जाति, धर्म, पन्थ, भाषा के कारण अपना देश विविधता से अलंकृत है। हमें इस वैविध्य से अलंकृत परम्परा का अभिमान रखना चाहिए।' इस तरह की सीख देनेवाला दूसरा एक वास्तव है। इक्कीसवीं शती के कारण और एक समाजवास्तव नवीन रूप में उदित हो रहा है। Multy Cultural, Multy Lingual, Multy National रूप धारण करने वाली यह Multy व्यवस्था है। इससे 'ग्लोबल' विरुद्ध 'लोकल' संघर्ष चरम सीमा पर पहुँचा है। स्थानिक आचार-विचार, रूढ़ि विरुद्ध एक चुनौती खड़ी है। स्थानिक भाषाएँ मर रही हैं। नवीन प्रौद्योगिकी के कारण समाजमन हिल गया है। 'वेलेंटाइन डे' से 'किस ऑफ़ लव' तक यह ज्वार फैला है। मॉरल पोलिसिंग का विरोध करने के लिए उच्चभ्रू वर्ग के युवक-युवती परस्पर आलिंगन देकर रास्ते पर चुम्बन ले रहे हैं। परन्तु एकाध दलित युवकों ने उच्चवर्णीय लड़की से प्रेम किया तो उसकी और उसके सम्पूर्ण परिवार की हत्या हो रही है। सोनई में हुआ दलितों का क्रूर हत्याकाण्ड, खर्डा में हुई दलितों की अमानुष हत्या और जवखेड़ में हुए दलितों के भीषण ख़ून सबूत हैं। जो सवर्ण युवती दलित तरुण पर प्रेम करती है उसकी क्रूरता से हत्या की जा रही है। सम्पूर्ण देश में Honour killing की घटनाएँ हो रही हैं। यही है वह इक्कीसवीं शती।

भेदभाव, हिंसा और शोषण असभ्य समाज के आज तक टिके रहे अवशेष हैं। मनुष्य स्वभाव की अविभाज्य इकाई है हिंसा। मनुष्य हिंस्र है। मनुष्य की हिंस्र प्रवृत्ति एक बार समझ में आती है। समाज तथा धर्म भी हिंस्र बनने लगे हैं। जाति-धर्म के नाम से होनेवाली दंगलें और हत्या उसके जीते-जागते उदाहरण हैं। अफ़ग़ानिस्तान में स्थित भव्य बुद्ध की मूर्ति तोड़ने वाले तालिबान, भारत की बौद्ध लेणियों को विद्रूप करने वाले जातिवादी और बाबासाहेब के पुतले की अप्रतिष्ठा करने वाले सिरफिरे एक ही वंश तथा प्रवृत्ति के हैं। इस प्रवृत्ति को बन्धुता सिखाना ज़रूरी है। अहिंसा बन्धुता का दूसरा नाम है, इतनी व्यापकता से 'बन्धुता' को समझना चाहिए।

बाबासाहेब आम्बेडकर के महानिर्वाण पश्चात् महाराष्ट्र के दलित आन्दोलन का नेतृत्व 'रिपब्लिकन पार्टी' और 'दलित पैंथर' ने किया। दलित युवक 'दलित पैंथर' के आन्दोलन में बड़ी संख्या में संगठित हुए थे। दलित पैंथर ने मराठवाड़ा विश्वविद्यालय को डॉ. बाबासाहेब आम्बेडकर का नाम देने हेतु पन्द्रह वर्षों तक

संघर्ष किया। यह आन्दोलन एक ही भावना प्रधान प्रश्न के आसपास गूँथा गया। नामान्तर हुआ और इस आन्दोलन में रिक्तता आयी। यह आन्दोलन पुनः उसी जोश से खड़ा न रह सका। दलितों के बीच का बुद्धिजीवी वर्ग 'रिपब्लिकन पार्टी की एकता नहीं होता', इसी एक ही भावनिक मुद्दे को घेरकर बैठा है, ऐसी इस वर्ग की मानसिकता है। 'नामान्तर' और 'रिपब्लिकन ऐक्य' जैसे दो भावनाप्रधान प्रश्नों के आसपास दलित आन्दोलन बहुत समय तक अटका हुआ दिखाई देता है।

दलित और सवर्ण संघर्ष लम्बे समय से जारी है। इस संघर्ष का नेतृत्व आम्बेडकरी जनता कर रही है। आम्बेडकरी आन्दोलन से अन्य दलित जातियाँ दुराव का बर्ताव करते हुए दिखाई देती हैं। परिणामतः आम्बेडकरी आन्दोलन को अलग रखने में जातीय शक्तियों को यश मिल रहा है। दलितों के प्रश्नों पर केवल दलितों को ही संघर्ष करना पड़ता है। दलित-सवर्ण संघर्ष जैसा शुरू है, वैसा ब्राह्मण-ग़ैर-ब्राह्मण संघर्ष होते हुए दिखाई देता है। मराठा समाज इस संघर्ष का नेतृत्व करता है। इस मराठा समाज से ओ. बी. सी. और दलित समाज कटकर रहता है। इस कारण यह भी संघर्ष व्यापक स्वरूप धारण न कर सका। उल्टा मराठा–ओ. बी. सी. ऐसा भी संघर्ष आगे आता हुआ नज़र आ रहा है। प्रस्तुत सामाजिक संघर्ष के रण पर 'ब्राह्मण, दलित और आदिवासियों को एकत्रित कराने का भी' प्रयत्न हो रहा है। इसके लिए राष्ट्रीय स्वयंसेवक संघ द्वारा सामाजिक समरसता की मुहिम का नियोजन किया है। ये सामाजिक संघर्ष की विविध चौखटें हैं।

राजनीति में भी ऐसा हुआ है। मैं केवल दलितों की राजनीतिविषयक बात करने वाला हूँ। आम्बेडकर जनता ने केवल स्वयं की ही राजनीति की है। अन्य दलित जातियों ने स्वयं का राजनीतिक अस्तित्व निर्माण करने की तुलना में अन्य राजनीतिक पक्षों के साथ रहना पसन्द किया है। अन्य दलित जातियों ने स्वयं का राजनीतिक पार्टी निर्माण नहीं किया अथवा वे एकसंघ स्वरूप में रिपब्लिकन पार्टी के साथ भी खड़ी नहीं रही। इतना ही नहीं सम्पूर्ण आम्बेडकरी जनता का एक ही राजकीय पार्टी निर्माण न हो सका। केवल गुट निर्माण हो सके। किसी एक गुट को आम्बेडकरी जनता का सम्पूर्ण समर्थन प्राप्त करना न आया। परिणामतः ये गुट जिस पार्टी के साथ रहे उस पार्टी ने दलित नेता को एक गुट के प्रमुख के रूप में देखा। इस कारण सत्ताधारी पक्ष ने अपने साथ होने वाले दलित गुट को न्याय हिस्सा नहीं दिया।

आम्बेडकरोत्तर दलितों की राजनीति, सत्ताधारियों के साथ की गठबन्धन की राजनीति है। सामाजिक क्षेत्र में दलितों ने संघर्ष किया, राजनीतिक क्षेत्र में तो गठबन्धन करने का चित्र है। रिपब्लिकन पार्टी प्रदीर्घ काल से कांग्रेस और राष्ट्रवादी

कांग्रेस के साथ सत्ता में रहा है। परन्तु इस पार्टी को सत्ता में न्याय हिस्सा नहीं मिला। अपने प्रश्न सत्ताधारियों के साथ रहकर सुलझते नहीं। हमें गृहीत माना जाता है। उपयोग किया जाता है। न्याय हिस्सा नहीं दिया जाता है, ऐसी निरन्तर की अनबन रिपब्लिकन पार्टी में दिखाई दी। इसीके परिपाक के रूप में रामदास आठवले ने भाजपा के साथ जाना पसन्द किया। देश में भाजपा के साथ महाराष्ट्र के दलित राजनीति की पहली पारी शुरू हुई। इस राजनीतिक स्थित्यन्तर का दलित लेखक, विचारकों को विश्लेषण करना आवश्यक है। रिपब्लिकन एकता पर विचार करने वाले दलित बुद्धिजीवी वर्ग को एक नवीन विषय मिला है। इस पर गाम्भीर्य से विचार विमर्श होना चाहिए।

राज्य में जब प्रथम सेना-भाजपा की सरकार अस्तित्व में आयी थी, तब दलितों पर अन्याय-अत्याचार की घटनाओं में वृद्धि हुई थी और दलितों में सन्ताप की लहर उछली थी। 1995 ई. में गठबन्धन की सरकार सत्ता पर आते ही दलितों ने 'अनुसूचित जाति-जमात अत्याचार प्रतिबन्धक कायदे' का ग़ैर उपयोग किया, ऐसी भूमिका ली। 'दलितों ने सवर्ण समाज पर झूठे मुक़दमे दर्ज किये हैं। ये सभी मुक़दमे वापस लिए जाने चाहिए।' ऐसी भूमिका लेकर गठबन्धन की सरकार ने दलितों पर लगाए गये अनेक मुक़दमे वापस लिए। सरकार के इस निर्णय का विरोध दलितों ने सामाजिक सद्भाव के लिए नहीं किया। अब, पुनः एक बार राज्य में भाजपा सरकार आयी है और जवखेड़ के दलितों पर हुए हत्याकाण्ड के कारण सन्ताप उछला है। इस समय तो सरकार ने अलग भूमिका ली है। 'अनुसूचित जाति-जमात अत्याचार प्रतिबन्धक कायदे पर ठीक अमल नहीं होता है। ऐसे मुक़दमे में एक प्रतिशत आरोपियों का सजा होती है। 99 प्रतिशत आरोपी निर्दोष छूट जाते हैं। सरकार इस कायदे में उचित बदल करेगी।' सरकार की इस भूमिका का स्वागत ही करना चाहिए।

और एक सामाजिक-राजनीतिक गठबन्धन की सम्भावना अस्तित्व में आ रही है। यह दलित और एम.आई.एम. एकत्रित आने का प्रयोग है। इस प्रयोग की ओर अनदेखा करके नहीं चलेगा। यह प्रयोग आक्रमक हिन्दुत्ववादी शक्ति को शह देने अस्तित्व में आ रहा है। अगले काल में क्रिश्चन भी इसमें शामिल हो सकते हैं। अल्पसंख्य समाज एकत्र आने की यह शुरुआत है। अल्पसंख्य निरन्तर हिन्दुत्ववादियों के भक्ष्य ठहरे हैं। दलित, मुस्लिम और क्रिश्चन समदुखी हैं। इस देश के मुस्लिम और क्रिश्चन पूर्वाश्रम के हिन्दू हैं। बहुसंख्य दलितों ने हिन्दुओं

के अत्याचार से थककर धर्मान्तर किया है। परिणामत: इन समाजों के अन्तर्गत के समदुखीपन की भावना और पिछड़ेपन के कारण मानसिक एकता निर्माण हो सकती है। उसीके एक राजनीतिक तैयारी के रूप में दलित–एम.आई.एम. के गठबन्धन की ओर देखना होगा।

दलितों का आन्दोलन और दलितों का साहित्य दूसरा तीसरा कुछ न होकर नागरी हक़ों का आन्दोलन है। दलित सरपंच, दलित सभापति, दलित मन्त्री, दलित अधिकारी और कर्मचारियों को उनके हक़ों से प्रताड़ित रखना राष्ट्रीय गन्दगी है। दलितों की बस्ती के लिए आरक्षित रखा निधि दूसरी ओर घुमाना सांस्कृतिक अफरा-तफरी है। दलितों पर होने वाले अन्याय अत्याचार को दर्ज न करना गन्दगी है। यह गन्दगी साफ़ करने का समय आया है। तभी देश साफ़ होगा। इस देश के चेहरे पर जातीयता के काले-कलूटे दाग़ पड़े हैं। इस देश का चेहरा पोंछने का समय आया है। इस देश की नदियाँ उद्योग-धन्धों इस्तमाल किये पानी से जितनी दूषित हुई हैं, उतनी ही धार्मिक प्रथा-परम्परा और रूढ़ियों से मलिन हुई हैं। इन अन्धश्रद्धाओं के विरुद्ध बोलने का साहस दिखाना चाहिए। तभी देश स्वच्छ होगा। जिन्होंने इस देश को हज़ारों वर्षों से स्वच्छ करने का काम किया, मैला सर पर लेकर ढोने का काम किया, उस समाज के बारे में कृतज्ञता व्यक्त करने का यह समय है।

हम पर एक नवीन व्यवस्था बाज़ार के रूप में सवार हो रही है। सभी को इस बाज़ार ने निगल लिया है। जनतन्त्र तो बाज़ार का पाँवड़ा होता है। अपना राष्ट्र बाज़ार में खड़ा है और बाज़ार को आमन्त्रण दे रहा है। बाज़ार और धर्म गले मिल रहे हैं। एक ओर धर्म का बाज़ार रखा जा रहा है तो दूसरी ओर बाज़ार ही दुनिया का धर्म बनने जा रहा है। इस बाज़ार को धनिकों ने नियन्त्रित किया है। अमीरों के हाथ का खिलौना बनी व्यवस्था के हम निवासी हुए हैं। अपने घर में बाज़ार ने प्रवेश किया है। हम वित्तीय संस्थाओं की ओर इस बाज़ार को जीवित रखने के लिए गिरवी पड़े हैं। ऋण और बाज़ार का गहरा नाता होता है। हमारा राष्ट्र, अपना राज्य और हम ऋण के बोझ तले दबे हैं। अपना जीना यह है। हम इस व्यवस्था को नकार नहीं सकते। यह ध्यान में लेना चाहिए कि हमारी बन्धुता ने भी बाज़ार का भेस परिधान किया है।

भारतीय जनतन्त्र ने जातिधर्म का मतपेटियों के रूप में उपयोग किया है, उस कारण जातिधर्म को राजनीतिक अधिष्ठान प्राप्त हुआ है। यह मनु के काल की व्यवस्था नहीं है तो आज के काल की व्यवस्था है। काल का यह अन्तर समझते हैं। हमें मनु से आज तक आने की तैयारी करनी चाहिए। क्योंकि जातिधर्मों ने राजनीतिक

चेहरे पाये हैं। धर्म और जाति राजनीतिक हथियार बने हैं। जातिधर्मों ने राजनीतिक संगठनों का स्वाँग लिया है। उन्मत्त झुण्ड जब रास्ते पर उतर कर दंगलें करती हैं, तब यह लोगों की उत्स्फूर्त प्रतिक्रिया है, ऐसी भाषा बोली जाती है। ऐसी उत्स्फूर्त प्रतिक्रियाओं का अन्तर्मुख होकर गाम्भीर्य से विचार करने की ज़रूरत निर्माण हुई है। क़ानून हाथ में लेने वाली और क़ानून ख़रीदने वाली व्यवस्था ने जन्म लिया है। मित्रो! कल बन्धुता भी बाज़ार में ख़रीदी जायेगी। हमें भ्रम में नहीं रहना है।

मनुष्य की स्थानिक पहचान उसकी जाति से होती है। व्यक्ति की जाति, उसका घराना और उसका कुल; उसकी परम्परा से चलती आयी पहचान होती है। स्थानिक पहचान राज्य के स्तर पर प्रादेशिक अस्मिता का रूप धारण करती है। यहाँ व्यक्ति और उसकी स्थानिक पहचान गौण ठहरती है। प्रादेशिक अस्मिता प्रदेश, प्रादेशिक भाषा और प्रादेशिक संस्कृति से प्रेरित होती है। प्रादेशिक मनुष्य की भौगोलिक, ऐतिहासिक और सांस्कृतिक पूँजी होती है। जब प्रादेशिक अस्मिता राष्ट्रीय स्तर पर पहुँचती है तब उसे राष्ट्रीयता का स्वरूप प्राप्त होता है। यहाँ प्रदेश गौण ठहरता है और राष्ट्र महान होता है। राष्ट्र, राष्ट्रीय भावना तथा राष्ट्रीय एकता; राष्ट्रीयता की ऊर्जा होती है। यह ऊर्जा ही बन्धुता होती है। मुझे इस 'बन्धुता' विषयक बात करनी है।

'बन्धुता' राखी बाँधने जितनी आसान बात नहीं है। 'बन्धुता' ईद के मौक़े पर गले मिलनी जितनी आसान बात नहीं है। 'बन्धुता' दशहरा त्योहार के दिन सोना देकर आलिंगन देने जितनी आसान बात नहीं है। 'बन्धुता' तिल और गुड़ बाँटना नहीं, 'बन्धुता' यानी केक काटना नहीं, 'बन्धुता' यानी हल्दी-कुमकुम का कार्यक्रम नहीं। किसी भी राष्ट्र को अभेद होकर समृद्ध और सुन्दर जीने के लिए जो नैतिक रसायन लगता है, वह महान शक्ति यानी 'बन्धुता'। 'बन्धुता' से तात्पर्य है, जनता का सामाजिक सयानापन। बन्धुता यानी राष्ट्रीय विवेक। यह पूर्णतः असत्य है कि स्थिर सरकार के कारण राष्ट्र को स्थैर्य प्राप्त होता है। बन्धुता के कारण राष्ट्र को स्थैर्य प्राप्त होता है। जिस देश में स्थिर सरकार होती है, परन्तु जनता में बन्धुता का भाव नहीं होता, ऐसा देश अराजकता की दहलीज पर खड़ा होता है। कायदा और सुव्यवस्था रास्ते पर आनेवाले समूहों को प्रतिबन्ध नहीं कर सकती। उसके लिए लोगों में भ्रातृभाव होना ही सही उत्तर है।

राष्ट्र का नेतृत्व करने वाली सरकार को विविधता से अलंकृत देश का ऐक्य अबाधित रखने के लिए बड़ी मेहनत से प्रयत्न करने चाहिए। इसके लिए शासन के हाथ में शिक्षा जैसा एक औज़ार है। समानता पर आधृत राष्ट्र की निर्मिति करने के लिए सरकार को ज्ञान का नियोजनपूर्वक उपयोग करना चाहिए। क़ानून और

सुव्यवस्था केवल सार्वजनिक शान्ति की रक्षा करने वाली फ़ौज नहीं तो जाति-धर्म के परे जाकर व्यक्ति के मानवाधिकार की रक्षा करने वाली संवेदनाक्षम तथा पारदर्शी यन्त्रणा बननी चाहिए। मन्दिर, मस्जिद, चर्च, गुरुद्वारा तथा विहारों में सामाजिक समानता की प्रार्थनाएँ होनी चाहिए। यह राष्ट्र निर्माण की सच्ची राह है।

दलित साहित्य का अनुष्ठान बन्धुता है। दलित लेखक समानता, स्वातन्त्र्य और बन्धुता जैसे मूल्यों के लिए ही लिखता है। दलित साहित्य दलितों के राजनीतिक हकों के आन्दोलन की सन्तान है। दलित साहित्य पोलिटिकल एक्शन है। लोगों के कल्याण की बात राजनीति से दूर रहकर बोल नहीं सकते। सत्ता के सम्बन्ध में उदासीन होना यानी लोगों की प्रताड़ना करना है। जनसत्ताक राज्य में रहनेवाले व्यक्ति को सत्ता के चक्रवात से दूर नहीं रह सकते। यदि लोगों के हक़-अधिकारोंविषयक बोलना हों तो राजनीतिक भाषा में ही बोलना होगा। लिखना होगा। बन्धुता व्यक्ति की केवल नैतिक भावना नहीं तो वह सामाजिक तथा राजनीतिक भावना है। मैं बन्धुता की ओर पारम्परिक अर्थ से नहीं देखता और मुझे लगता है कि वैसे देखना भी नहीं चाहिए। बन्धुता के कारण ही मनुष्य एक-दूसरे की स्वतन्त्रता का आदर कर सकते हैं। बन्धुता के कारण ही मनुष्य एक-दूसरे से समानता का व्यवहार करते हैं। इसलिए बाबासाहेब आम्बेडकर ने बन्धुता को सर्वोपरि श्रेष्ठ माना है।

अपने देश के सभी पन्तप्रधान लाल किले से भाषण करते हैं। किला राजाशाही का प्रतीक है। राजाशाही का शेष रहा अवशेष यानी किला। किले से बोलना यानी स्वयं देश के राजा है, ऐसी समझ करा लेना है। मुझे लगता है, जनतन्त्र को अब राजाशाही के कांधे से उतरना चाहिए। सत्ता के घरानों से बाहर निकलना चाहिए। जनतन्त्र को अब लोगों में आना चाहिए। जनतन्त्र और लोगों में सुरक्षा रक्षकों का कवच है। लोगों से दूर किया जनतन्त्र पानी के बाहर निकाली मछली जैसा होता है। जनतन्त्र किसी किले में नहीं रहता। जनतन्त्र राष्ट्रपति निवास अथवा राजभवन में नहीं रहता। वह सामान्य मनुष्य के व्यक्ति के होंठों पर रहता है और उसकी मुट्ठी में विश्राम करता है।

मित्रो! सामान्य मनुष्य बोलने की ज़रूरत है, मैं उनके होंठों पर शब्द रखता हूँ।

धन्यवाद।

—अध्यक्षीय भाषण

16वाँ राष्ट्रीय बन्धुता साहित्य सम्मेलन, पुणे

जनवरी 2015

□□